Beiträge zum ausländischen und internationalen Privatrecht

123

Herausgegeben vom

Max-Planck-Institut für ausländisches
und internationales Privatrecht

Direktoren:

Holger Fleischer und Reinhard Zimmermann

Corporate Social Responsibility

Achtes deutsch-österreichisch-schweizerisches Symposium,
Hamburg 1.–2. Juni 2017

Herausgegeben von

Holger Fleischer, Susanne Kalss und Hans-Ueli Vogt

Mohr Siebeck

Holger Fleischer ist Direktor am Max-Planck-Institut für ausländisches und internationales Privatrecht in Hamburg.

Susanne Kalss ist Universitätsprofessorin am Institut für Zivil- und Unternehmensrecht an der Wirtschaftsuniversität Wien.

Hans-Ueli Vogt ist Professor für Privat- und Wirtschaftsrecht an der Universität Zürich.

ISBN 978-3-16-156211-2 / eISBN 978-3-16-156212-9
DOI 10.1628/978-3-16-156212-9

ISSN 0340-6709 / eISSN 2568-6577
(Beiträge zum ausländischen und internationalen Privatrecht)

Die Deutsche Nationalbibliothek verzeichnet diese Publikation in der Deutschen Nationalbibliographie; detaillierte bibliographische Daten sind im Internet über *http://dnb.dnb.de* abrufbar.

© 2018 Mohr Siebeck Tübingen. www.mohrsiebeck.com

Das Buch wurde von Gulde Druck in Tübingen auf alterungsbeständiges Werkdruckpapier gedruckt und von der Buchbinderei Spinner in Ottersweier gebunden.

Printed in Germany.

Vorwort

Der vorliegende Band geht auf ein Symposium am Hamburger Max-Planck-Institut für ausländisches und internationales Privatrecht im Juni 2017 zurück. Er dokumentiert die Referate und Diskussionen des achten Jahrestreffens von Gesellschafts- und Kapitalmarktrechtlern aus Deutschland, Österreich und der Schweiz. Wir danken allen Referenten sehr herzlich für ihre stimulierenden Vorträge. Ein weiterer Dank gebührt Frau Dr. Elke Heinrich und den studentischen Hilfskräften am Max-Planck-Institut für die redaktionelle Überarbeitung der Manuskripte sowie Frau Gundula Dau für die Erstellung der Druckvorlage.

Hamburg, Wien und Zürich
im Juni 2018

Holger Fleischer
Susanne Kalss
Hans-Ueli Vogt

Inhaltsverzeichnis

Vorwort V

Abkürzungsverzeichnis IX

Holger Fleischer
Corporate Social Responsibility:
Vermessung eines Forschungsfeldes aus rechtlicher Sicht 1

Daniel M. Häusermann
Corporate Social Responsibility:
Aktienrechtliche Grundfragen und Zweck des Gesellschaftsrechts 39

Eva Micheler
Corporate Social Responsibility:
Gesellschaftstheoretische Überlegungen 63

Diskussion *(Dubovitskaya)* 83

Petra Buck-Heeb
Internationale Regel- und Standardsetzung
im Bereich Corporate Social Responsibility 91

Sebastian Mock
Berichterstattung über Corporate Social Responsibility
im Bilanzrecht 125

Diskussion *(Rüßmann)* 189

Andreas Bohrer
Die Haftung schweizerischer Unternehmen
für Menschenrechtsverletzungen im Ausland?
Überlegungen zur „Konzern-Initiative" 195

Patrick Warto
Die Haftung österreichischer Unternehmen
für Menschenrechtsverletzungen im Ausland 213

Diskussion *(Hahn)* 227

Rüdiger Krause
Corporate Social Responsibility und Arbeitnehmerbeteiligung:
zwei Welten? 233

Diskussion *(Heinrich/Fuhrmann)* 261

Janine Wendt
Corporate Social Responsibility:
Anreizmechanismus Vergütung 265

Karin Müller
Corporate Social Responsibility:
Politisches Engagement von Unternehmen 283

Diskussion *(Heinrich/Pendl)* 335

Autorenverzeichnis 343

Abkürzungsverzeichnis

a.A.	andere Ansicht
a.a.O.	am angegebenen Ort
a.E.	am Ende
a.M.	andere Meinung
ABGB	Allgemeines Bürgerliches Gesetzbuch
ABGB-ON	ABGB Online-Kommentar
ABl.	Amtsblatt
Abs.	Absatz
abw.	abweichend
AcP	Archiv für die civilistische Praxis
ADHGB	Allgemeines Deutsches Handelsgesetzbuch
AEUV	Vertrag über die Arbeitsweise der Europäischen Union
AG	Die Aktiengesellschaft
AGB	Allgemeine Geschäftsbedingungen
AGG	Allgemeines Gleichbehandlungsgesetz
AiB	Arbeitsrecht im Betrieb
AJP	Aktuelle Juristische Praxis
AktG	Aktiengesetz
ALR	Preußisches Allgemeines Landrecht
Amtl. Begr.	Amtliche Begründung
AnwBl.	Anwaltsblatt
APR	Allgemeines Persönlichkeitsrecht
APuZ	Aus Politik und Zeitgeschichte
ArbG	Arbeitsgericht
ARRL	Aktionärsrechterichtlinie
Art.	Artikel
ATX	Austrian Traded Index
Aufl.	Auflage
AuR	Arbeit und Recht
Az.	Aktenzeichen
BaFin	Bundesanstalt für Finanzdienstleistungsaufsicht
BAG	Bundesarbeitsgericht
BAnz	Bundesanzeiger
BB	Betriebs-Berater
BBl	Schweizerisches Bundesblatt
Bd.	Band
BDA	Bundesvereinigung der Deutschen Arbeitgeberverbände
BeckOK	Beck'scher Online-Kommentar
Begr. RegE	Gesetzesentwurf der Bundesregierung
BEPS	Base Erosion and Profit Shifting
betr.	betreffend
BetrVG	Betriebsverfassungsgesetz

BFuP	Betriebswirtschaftliche Forschung und Praxis
BGB	Bürgerliches Gesetzbuch
BGBl.	Bundesgesetzblatt
BGE	Entscheidungen des Schweizerischen Bundesgerichts
BGer	Schweizerisches Bundesgericht
BGH	Bundesgerichtshof
BGHSt	Entscheidungen des Bundesgerichtshofs in Strafsachen
BGHZ	Entscheidungen des Bundesgerichtshofs in Zivilsachen
BilKoG	Bilanzkontrollgesetz
BilReG	Bilanzrechtsreformgesetz
BiRiLiG	Bilanzrichtlinie-Gesetz
BJS	Bulletin Joly Sociétés
BKR	Zeitschrift für Bank- und Kapitalmarktrecht
BMU	Bundesministerium für Umwelt, Naturschutz und Reaktorsicherheit
BMW	Bayerische Motoren Werke
BR-Drucks.	Bundesratsdrucksache
BSCI	Business Social Compliance Initiative
BSK	Basler Kommentar
BT-Drucks.	Bundestagsdrucksache
Buchst.	Buchstabe
Bus. L. Rev.	Business Law Review
BV	Bundesverfassung der Schweizerischen Eidgenossenschaft
BVerfG	Bundesverfassungsgericht
BVerfGE	Entscheidungen des Bundesverfassungsgerichts
BVerwGE	Entscheidungen des Bundesverwaltungsgerichts
BWI	Bau- und Holzarbeiter Internationale
bzgl.	bezüglich
bzw.	beziehungsweise
C&SLJ	Comany and Securities Law Journal
CA	Companies Act
Cal. Civ. Code	Civil Code of California
CCZ	Corporate Compliance Zeitschrift
CDU	Christlich Demokratische Union Deutschlands
CEO	Chief Executive Officer
CHF	Schweizer Franken
CO2	Kohlenstoffdioxid
Colum. L. Rev.	Columbia Law Review
Comp.	Comparative
CR	Corporate Responsibility
CSR	Corporate Social Responsibility
CSR-RL-UmsG	Gesetz zur Stärkung der nicht-finanziellen Berichterstattung der Unternehmen in ihren Lage- und Konzernlageberichten
CSU	Christlich-Soziale Union in Bayern
d.h.	das heißt
DAV	Deutscher Anwaltverein
DAX	Deutscher Aktienindex
DB	Der Betrieb
DBG	Bundesgesetz über die direkte Bundessteuer

DCF	Discounted-Cash-Flow-Methode
DCGK	Deutscher Corporate Governance Kodex
Del.	Delaware
ders.	derselbe
DGB	Deutscher Gewerkschaftsbund
DGCN	Deutsches Global Compact Netzwerk
dies.	dieselbe/n
Diss.	Dissertation
DRÄS	Deutscher Rechnungslegungs Änderungsstandard
DrittelbG	Drittelbeteiligungsgesetz
DSG	Schweizerisches Bundesgesetz über den Datenschutz
DStR	Deutsches Steuerrecht
DuD	Datenschutz und Datensicherheit
E-BV	Entwurf Bundesverfassung
e.V.	eingetragener Verein
EBLR	European Business Law Review
ECCHR	European Center for Constitutional and Human Rights
ECFR	European Company and Financial Law Review
ECGI	European Corporate Governance Institute
ECLI	European Case Law Identifier
EG	Europäische Gemeinschaft
EGHGB	Einführungsgesetz zum Handelsgesetzbuch
Einl.	Einleitung
EMAS	Eco Management and Audit Scheme
EMRK	Europäische Menschenrechtskonvention
endg.	endgültig
ESMA	Europäische Wertpapier- und Marktaufsichtsbehörde
et al.	et alii
etc.	et cetera
EU	Europäische Union
EuGH	Europäischer Gerichtshof
EuZW	Europäische Zeitschrift für Wirtschaftsrecht
EWCA Civ	England and Wales Court of Appeal (Civil Division) Decisions
EWG	Europäische Wirtschaftsgemeinschaft
f./ff.	folgend
FASB	Financial Accounting Standards Board
FDP	Freie Demokratische Partei
FIFA	Fédération Internationale de Football Association
Fn.	Fußnote
FS	Festschrift
Geo. Wash. L. Rev.	George Washington Law Review
GES	Zeitschrift für Gesellschaftsrecht und angrenzendes Steuerrecht
GesKR	Zeitschrift für Gesellschafts- und Kapitalmarktrecht
GesRZ	Der Gesellschafter
GG	Grundgesetz
GK-BetrVG	Gemeinschaftskommentar zum Betriebsverfassungsgesetz
GmbH	Gesellschaft mit beschränkter Haftung
GmbHG	Gesetz betreffend die Gesellschaften mit beschränkter Haftung
GmbHG-E	Entwurf zum GmbHG für GmbH-Reform

GmbHR	GmbH-Rundschau
GRECO	Staatengruppe des Europarats zur Korruptionsbekämpfung
GRI	Global Reporting Initiative
Großkomm	Großkommentar
GRUR	Gewerblicher Rechtsschutz und Urheberrecht
GV	Generalversammlung
GWR	Gesellschafts- und Wirtschaftsrecht
h.A.	herrschende Ansicht
h.L.	herrschende Lehre
h.M.	herrschende Meinung
Habil.	Habilitation
Halbs.	Halbsatz
Harv. Bus. L. Rev.	Harvard Business Law Review
Harv. L. Rev.	Harvard Law Review
Hastings Int'l & Comp. L. Rev.	Hastings International & Comparative Law Review
HGB	Handelsgesetzbuch
HGer ZH	Handelsgericht Zürich
HRegV	Handelsregisterverordnung
Hrsg.	Herausgeber
i.S.	im Sinne
i.V.m.	in Verbindung mit
IAS	International Accounting Standards
IASB	International Accounting Standards Board
IFA	International Framework Agreement
IFRS	International Financial Reporting Standards
IG BCE	Industriegewerkschaft Bergbau, Chemie, Energie
IG Metall	Industriegewerkschaft Metall
IHK	Industrie- und Handelskammer
ILO	Internationale Arbeitsorganisation
inc.	Incorporation
Ind. J. Global Legal Stud.	Indiana Journal of Global Legal Studies
Ind. L. Rev.	Indiana Law Review
insb.	insbesondere
IPRG	Schweizerisches Bundesgesetz über das Internationale Privatrecht
IRZ	Zeitschrift für Internationale Rechnungslegung
ISO	Internationale Organisation für Normung
IStR	Internationales Steuerrecht
IT	Informationstechnik
JBl	Justizblatt
JBL	Juristische Blätter
JCP E	La Semaine juridique Entreprise et Affaires
JORF	Journal Officiel de la République Française
JSG	Schweizerisches Jagdgesetz
JW	Juristische Wochenschrift
JZ	JuristenZeitung
Kap.	Kapitel
KJ	Kritische Justiz

KMRK	Kapitalmarktrechts-Kommentar
KMU	Kleine und mittlere Unternehmen
KölnKomm	Kölner Kommentar
KOM	Europäische Kommission
Komm.	Kommentar
KUKO	Kurzkommentar
KVI	Konzerninitiative
L. J.	Law Journal
L. Rev.	Law Review
Lab.	Labor
LeGes	Gesetzgebung und Evaluation
LG	Landgericht
lit.	Buchstabe
LLC	Limited Liability Company
LugÜ	Lugano-Übereinkommen
m.E.	meines Erachtens
m.w.H.	mit weiteren Hinweisen
m.w.N.	mit weiteren Nachweisen
MAR	Marktmissbrauchsverordnung
MBF-Report	Mitbestimmungsreport der Hans-Böckler-Stiftung
Md. L. Rev.	Maryland Law Review
MGB	Migros-Genossenschafts-Bund
Mio.	Millionen
MitbestG	Mitbestimmungsgesetz
MMR	MultiMedia und Recht
Mod. L. Rev.	Modern Law Review
MünchKomm	Münchener Kommentar
MWSTG	Mehrwertsteuergesetz
n.	Numero
N.C. L. Rev.	North Carolina Law Review
N.W.	North Western Reporter
NaDiVeG	Nachhaltigkeits- und Diversitätsverbesserungsgesetz
NeSoVe	Netzwerk für Soziale Verantwortung
NGO	Nichtregierungsorganisation
NJW	Neue Juristische Wochenschrift
NJW-RR	NJW-Rechtsprechungs-Report
NKP	Nationaler Kontaktpunkt
NLCC	Le nuovo leggi civil commentate
no.	Number
Nr.	Nummer
NSDAP	Nationalsozialistische Deutsche Arbeiterpartei
Nw. J. L. & Soc. Pol'y	Northwestern Journal of Law & Social Policy
NZA	Neue Zeitschrift für Arbeitsrecht
NZG	Neue Zeitschrift für Gesellschaftsrecht
öAktG	Österreichisches Aktiengesetz
ÖCGK	Österreichischer Corporate Governance Kodex
OECD	Organisation für wirtschaftliche Zusammenarbeit und Entwicklung
OGer	Obergericht

OGH	Oberster Gerichtshof
OLG	Oberlandesgericht
OR	Schweizerisches Obligationenrecht
ParlG	Parlamentsgesetz
PPP	Public Private Partnerships
PR	Öffentlichkeitsarbeit
ProdHaftG	Produkthaftungsgesetz
PWW	Prütting/Wegen/Weinreich
RA	Rechtsausschuss
RabelsZ	Rabels Zeitschrift für ausländisches und internationales Privatrecht
RdA	Recht der Arbeit
RdTW	Recht der Transportwirtschaft
ReaG	Recht auf den eingerichteten ausgeübten Gewerbebetrieb
RefE	Referentenentwurf
RG	Reichsgericht
RGZ	Entscheidungen des Reichsgerichts in Zivilsachen
RIW	Recht der Internationalen Wirtschaft
RL	Richtlinie
RLCG	Richtlinie Corporate Governance
Rn.	Randnummer
Rs.	Rechtssache
RTDE	Rivista Trimestrale di Diritto dell'Economia
RWE	Rheinisch-Westfälisches Elektrizitätswerk
Rz.	Randziffer
s.	Section
SAFA	Sustainability Assessment of Food and Agriculture systems
SAG	Die Schweizerische Aktiengesellschaft
SCBP	Swiss Code of Best Practice for Corporate Governance
SCE	Societas Cooperativa Europaea
SCE-VO	Verordnung über das Statut der Europäischen Genossenschaft
sch.	Schedule
SE	Societas Europaea
SJZ	Schweizerische Juristen-Zeitung
SMI	Swiss Market Index
sog.	sogenannte
SPD	Sozialdemokratische Partei Deutschlands
SSRN	Social Science Research Network
ST	Der Schweizer Treuhänder
StGB	Strafgesetzbuch
StHG	Bundesgesetz über die Harmonisierung der direkten Steuern der Kantone und Gemeinden
SVG	Schweizerisches Straßenverkehrsgesetz
SWK	Steuer- und WirtschaftsKartei
SZW	Schweizerische Zeitschrift für Wirtschafts- und Finanzmarktrecht
TEV	total enterprise value
U. Chi. L. Rev.	University of Chicago Law Review
U. St. Thomas L. J.	University of St. Thomas Law Journal
u.a.	unter anderem
U.C. Davis Bus. L. J.	UC Davis School of Law – Business Law Journal

U.S.	United States Reports
UGB	Unternehmensgesetzbuch
UIG	Umweltinformationsgesetz
UK	Vereinigtes Königreich
UKlaG	Gesetz über Unterlassungsklagen bei Verbraucherrechts- und anderen Verstößen
UN/UNO	Vereinte Nationen
Unterabs.	Unterabsatz
US/USA	Vereinigte Staaten von Amerika
UWG	Gesetz gegen den unlauteren Wettbewerb
ver.di	Vereinte Dienstleistungsgewerkschaft
Verf.	Verfasser
VersR	Versicherungsrecht
vgl.	vergleiche
VGR	Gesellschaftsrechtliche Vereinigung
VO	Verordnung
VorstAG	Gesetz zur Angemessenheit der Vorstandsvergütung
vs.	versus
VuR	Verbraucher und Recht
VW	Volkswagen
wbl	Wirtschaftsrechtliche Blätter
WiPol	Zeitschrift für Wirtschaftspolitik
WM	Wertpapier-Mitteilungen
WPg	Die Wirtschaftsprüfung
WpHG	Wertpapierhandelsgesetz
WRP	Wettbewerb in Recht und Praxis
WSI	Wirtschafts- und Sozialwissenschaftliches Institut
WWI	Wirtschafts-Wissenschaftliches Institut
z.B.	zum Beispiel
ZAkDR	Zeitschrift der Akademie für Deutsches Recht
ZaöRV	Zeitschrift für ausländisches öffentliches Recht und Völkerrecht
ZBJV	Zeitschrift des Bernischen Juristenvereins
ZCG	Zeitschrift für Corporate Governance
ZfB	Zeitschrift für Betriebswirtschaft
zfbf	Schmalenbachs Zeitschrift für betriebswirtschaftliche Forschung
zfwu	Zeitschrift für Wirtschafts- und Unternehmensethik
ZGB	Schweizerisches Zivilgesetzbuch
ZGR	Zeitschrift für Unternehmens- und Gesellschaftsrecht
ZHR	Zeitschrift für das gesamte Handels- und Wirtschaftsrecht
Ziff.	Ziffer
ZIP	Zeitschrift für Wirtschaftsrecht
ZPO	Zivilprozessordnung
ZSR	Zeitschrift für Schweizerisches Recht
ZStR	Schweizerische Zeitschrift für Strafrecht
ZStW	Zeitschrift für die gesamte Strafrechtswissenschaft
ZUR	Zeitschrift für Umweltrecht

Corporate Social Responsibility: Vermessung eines Forschungsfeldes aus rechtlicher Sicht

Holger Fleischer [*]

I. Einführung 2
II. Aktienrechtliche Grundlagen 4
   1. Traditionslinien des aktienrechtlichen Gemeinwohlpostulats 4
      a) Deutschland 5
      b) Vereinigte Staaten 7
   2. Kodifizierung der Unternehmenszielbestimmung 8
      a) Wandlungen der Unternehmenszielbestimmung
         in Deutschland und Österreich 9
      b) Einführung einer Unternehmenszielbestimmung
         in den angelsächsischen Systemen 10
      c) Vergleichende Würdigung 11
   3. CSR-Satzungsklauseln 12
   4. Kodex-Leitbild des Ehrbaren Kaufmanns 14
      a) Fragwürdige Festschreibung 14
      b) Betriebswirtschaftliche Annäherung 16
      c) Aktienrechtliche Bedeutung 16
   5. Rechtsform- oder Größenabhängigkeit von Gemeinwohlbindung
      und CSR 17
III. Betriebswirtschaftliche Grundlagen 20
   1. Entwicklungslinien des CSR-Gedankens 20
   2. Stand der Management-, Rechnungslegungs- und Finanzierungs-
      literatur 22
   3. Zum „Business Case" für CSR 23
   4. Stakeholder Value und Shareholder Value
      in der Unternehmenspraxis 24
IV. Internationale Regel- und Standardsetzung 25
   1. Vielfalt und Varianz der Verhaltensstandards 25
   2. Nationaler Aktionsplan Wirtschaft und Menschenrechte 27
   3. Haftung für Menschenrechtsverletzungen 27
V. CSR-Berichterstattung 28
   1. Richtlinie und Umsetzungsgesetz 28
   2. Neue Aufgaben für Vorstand und Aufsichtsrat 30
   3. Ausstrahlung auf die aktienrechtliche Zielkonzeption? 30

---

[*] Dieser Beitrag ist zuerst in AG 2017, 509 erschienen.

VI. Weitere Einzelfragen der aktienrechtlichen CSR..32
   1. Korporative Freigebigkeit 32
   2. Nachhaltige Vorstandsvergütung..33
VII. Sonderforschungsbereiche der CSR 34
   1. CSR und Arbeitnehmerbeteiligung..34
   2. CSR und Wettbewerbsrecht...34
   3. CSR und Socially Responsible Investment 35
VIII. Schaffung neuer Rechtsformen? 35
   1. US Benefit Corporation und Società Benefit Italiana...35
   2. Statutarische Nachbildung oder Neueinführung einer Sozialgesellschaft?..............36
IX. Ausblick...37

I. Einführung

Corporate Social Responsibility, kurz CSR – es vergeht kaum ein Tag, an dem unter dieser Überschrift nicht neue Beiträge aus betriebswirtschaftlicher, soziologischer oder juristischer Sicht veröffentlicht werden. Das einschlägige SSRN eJournal enthält inzwischen mehr als 600.000 wissenschaftliche Artikel.[1] Welche gesellschaftspolitische Bedeutung dem Fragenkreis beigemessen wird, veranschaulicht die Webseite „csr-in-deutschland.de", auf der die Bundesregierung aktuelle Informationen aufbereitet und sogar einen jährlichen CSR-Preis auslobt.[2] Daher ist es nicht übertrieben, Corporate Social Responsibility zu den großen Gegenwarts- und Zukunftsthemen (auch) des Aktien-, Bilanz- und Kapitalmarktrechts zu zählen. Als solches steht Corporate Social Responsibility neben Corporate Governance und Corporate Compliance, mit denen es manche Überschneidungen gibt.

Ebenso schwer fassbar wie diese beiden Wieselwörter ist der Begriff Corporate Social Responsibility, dem Betriebswirte und Soziologen ganz unterschiedliche Bedeutungen beilegen.[3] Verkürzt spricht man zur Vermeidung

---

[1] SSRN e-Journal Corporate Social Responsibility (CSR): 621.575 Volltextbeiträge, von denen 64.154 während der letzten zwölf Monate eingestellt wurden (Stand: 1.6.2017).

[2] <www.csr-in-deutschland.de>, gepflegt vom Bundesministerium für Arbeit und Soziales.

[3] Anschaulich zu dieser Ambiguität *Carroll*, 38 Business and Society 268, 280(1999) unter Hinweis auf eine Beobachtung von *Votaw:* „The term is a brilliant one; it means something, but not always the same thing, to everybody. To some, it conveys the idea of legal responsibility or liability; to others, it means socially responsible behavior in an ethical sense; to still others, the meaning transmitted is that of ,responsible for', in a causal mode; many simply equate it with a charitable contribution; some take it to mean socially conscious; many of those who embrace it most fervently see it as a mere synonym for ,legitimacy', in the context of ,belonging' or being proper or valid; a few see it as a sort of fiduciary duty imposing higher standards of behavior on businessmen than on citizens at large."

von Missverständnissen auch von Corporate Responsibility.[4] Eine internationale Untersuchung hat für den Zeitraum von 1953 bis 2014 insgesamt 110 Definitionen zutage gefördert und ihnen mittels Begleitwort-Analyse sechs wiederkehrende Bedeutungsschichten entnommen: ökonomisch, sozial, ethisch, Anspruchsgruppen, Nachhaltigkeit, freiwillig.[5] Juristen bevorzugen eine Begriffsbildung anhand von Rechtstexten, doch werden sie bei ihrer Suche nach einer Legaldefinition bisher kaum fündig: In der sog. CSR-Richtlinie von 2014[6] kommt der Begriff nur in den Erwägungsgründen vor, die ihrerseits auf die Mitteilung der EU-Kommission vom Oktober 2011 zu deren neuer CSR-Strategie verweisen. Dort definiert die Kommission CSR als „die Verantwortung von Unternehmen für ihre Auswirkungen auf die Gesellschaft"[7]. Mehr als diese deutungsoffene Basisdefinition – noch bündiger: gesellschaftliche Verantwortung von Unternehmen – hat die Rechtsordnung einstweilen nicht zu bieten.

In der Wissenschaft hat sich Corporate Social Responsibility längst als eigenes fächerübergreifendes Forschungsfeld konstituiert. Die untrüglichen Kennzeichen einer solchen Verselbständigung – CSR-Symposien, Spezialzeitschriften, Textbücher und CSR-Lehrstühle – liegen allesamt vor. Ob der Vielfalt der Fragestellungen bilden sich ständig neue Spezialbereiche heraus, die sich rasch weiter verästeln. Es ist daher höchste Zeit für eine orientierende Bestandsaufnahme. Der vorliegende Beitrag versucht die verschiedenen Entwicklungsstränge und Fachdiskurse rund um CSR zu sichten und zu systematisieren. Er konzentriert sich vor allem auf die aktien-, bilanz- und kapital-

---

[4] Vgl. dazu <www.csr-in-deutschland.de>, Stichwort: Nachhaltigkeit und CSR: „Seit einigen Jahren verwenden viele Unternehmen auch häufig den Begriff Corporate Responsibility (CR) als Synonym für CSR. Manche Autoren betonen beim Konzept CR die wirtschaftliche Dimension von Nachhaltigkeit und Fragen der Unternehmensführung stärker als bei CSR, andere bevorzugen CR, um ein Missverständnis zu vermeiden: Denn das ‚social' in CSR wird im Deutschen oft als ‚sozial' missverstanden und CSR fälschlicherweise als Konzept interpretiert, das lediglich auf die soziale Dimension unternehmerischer Nachhaltigkeit abzielt."

[5] Vgl. *Sarkar/Searcy*, 135 Journal of Cleaner Production 1423 (2016): „Using co-word analysis of definitions from 1953 to 2014, the study maps how the structure of the definitions has evolved during the field's historical development. [...] The findings suggest that, despite the profusion and definitional heterogeneity over the six decades of the development of the field, there are six recurrent, enduring dimensions that underpin the CSR concept. These dimensions are economic, social, ethical, stakeholders, sustainability and voluntary."

[6] Richtlinie 2014/95/EU des Europäischen Parlaments und des Rates vom 22.10.2014 zur Änderung der Richtlinie 2013/34/EU im Hinblick auf die Angabe nichtfinanzieller und die Diversität betreffender Informationen durch bestimmte große Unternehmen und Gruppen, ABl. EU L 390/1 vom 15.11.2014.

[7] Europäische Kommission, Eine neue EU-Strategie (2011–14) für die soziale Verantwortung der Unternehmen (CSR), KOM(2011) 681 endgültig, S. 7 unter der Zwischenüberschrift „Eine neue Definition".

marktrechtlichen Aspekte[8], ohne die ökonomischen Hintergründe gänzlich zu vernachlässigen. Eindrucksvolle Vorarbeiten für die juristische Durchdringung von CSR stammen fast ausnahmslos von Forscherinnen: *Birgit Spießhofer* aus Berlin, die sich den globalen Entwicklungsprozessen von CSR-Regeln widmet,[9] *Beate Sjåfjell* aus Oslo, deren Arbeiten um den Nachhaltigkeitsgedanken im Gesellschaftsrecht kreisen,[10] und *Catherine Malecki* aus Paris, die neben der CSR-Berichterstattung auch die Governance- und Sanktionsseite in den Blick nimmt[11]. Auf ihren weit ausgreifenden und tief schürfenden Studien lässt sich trefflich aufbauen.

II. Aktienrechtliche Grundlagen

1. *Traditionslinien des aktienrechtlichen Gemeinwohlpostulats*

So richtig es ist, die CSR-Aufmerksamkeitsspirale auch als Zugeständnis an den Zeitgeist zu deuten,[12] so falsch wäre es, sie nur als vorübergehende Modeerscheinung abzutun.[13] Vielmehr rührt die Diskussion um soziale Verantwortung von Unternehmen an Grundfragen des Gesellschaftsrechts: Worin liegt die *raison d'être* der modernen Aktiengesellschaft? Welchen Zwecken soll sie dienen, welche Ziele darf sie verfolgen? Diese Fragen zum *corporate purpose*[14]

---

[8] Näher dazu zuletzt *Kapoor,* Corporate Social Responsibility. Das Leitbild der nachhaltigen Entwicklung im deutschen Aktienrecht, 2016; *Roth-Mingram,* Corporate Social Responsibility in der sozialen Marktwirtschaft, 2017; *Schulte-Wintrop,* Die Leitungsmacht des Vorstands (AG) im Spannungsverhältnis von Shareholder Value und Corporate (Social) Responsibility, 2015; *Wolfmeyer,* Steuerung von Corporate Social Responsibility durch Recht, 2016; weiter ausgreifend der Sammelband von *Walden/Depping* (Hrsg.), CSR und Recht, 2015; mit engerem Zuschnitt *Deinert/Schrader/Stoll* (Hrsg.), Corporate Social Responsibility. Die Richtlinie 2014/95/EU – Chancen und Herausforderungen, 2015.

[9] Vgl. etwa *Spießhofer,* Unternehmerische Verantwortung. Zur Entstehung einer globalen Wirtschaftsordnung, 2017; *dies.,* in: VGR (Hrsg.), Gesellschaftsrecht in der Diskussion 2016, 2017, S. 61.

[10] Vgl. etwa *Sjåfjell/Richardson* (Hrsg.), Company Law and Sustainability. Legal Barriers and Opportunities, 2015.

[11] Vgl. etwa *Malecki,* Responsabilité sociale des entreprises. Perspectives de la gouvernance d'entreprise durable, 2014.

[12] Vgl. *Koch,* in: Hüffer/Koch, AktG, 12. Aufl., 2016, § 76 Rn. 35: „zeitgeistige[s] Schlagwort der Corporate Social Responsibility".

[13] Dazu bereits *Fleischer,* ZGR 2007, 500, 508: „Umgekehrt bildet die soziale Verantwortlichkeit der Aktiengesellschaft eines jener Ewigkeitsthemen, das die Gesellschaftsrechtswissenschaft seit Walther Rathenaus berühmt gewordenem Vortrag über das Aktienwesen beschäftigt und in unserer Zeit unter dem Stichwort ‚Shareholder value versus stakeholder value' wiederkehrt."

[14] Aus englischer Sicht jüngst *Min Yan,* 38 Bus. L. Rev. 14 (Part I), 55 (Part II) (2017); *Zhao,* Legal Studies 37 (2017), 103; aus ökonomischer Perspektive *Mayer,* 33 Oxford

haben über Zeit- und Ländergrenzen hinweg unterschiedliche Antworten gefunden.[15]

a) Deutschland

Hierzulande reichen die Traditionslinien des aktienrechtlichen Gemeinwohl-postulats zurück bis zum Octroi-System des Preußischen Allgemeinen Land-rechts (ALR) von 1794, nach dem rechtsfähige Korporationen eines speziellen hoheitlichen Anerkennungsaktes bedurften. § 25 II 6 ALR verlangte für die Verleihung von Korporationsrechten die Verfolgung eines fortdauernden gemeinnützigen Zwecks.[16] Diese normative Gemeinwohlverpflichtung war zwar unter dem Konzessionssystem im preußischen Gesetz über Aktiengesell-schaften von 1843 und im ADHGB von 1861 nicht mehr ausdrücklich vorge-sehen[17], wirkte aber in der Möglichkeit zum Konzessionsentzug aus Gründen des Gemeinwohls noch eine Weile fort. Als gemeinnützig galt eine Zweck-verfolgung regelmäßig dann, wenn sie in einem „allgemeinen staatswirtschaft-lichen Interesse"[18] wurzelte. Überwunden wurde dieses Gemeinwohlpostulat erst 1870 mit dem Übergang zum Normativsystem, das mit der Genehmi-gungsfreiheit für die Errichtung von Aktiengesellschaften auch die wirtschaft-liche Freiheit des Marktbürgers begründete.[19] Ganz in diesem Sinne hielt das RG im Jahre 1904 fest: „Die Aktiengesellschaft ist kein selbstnütziges Ver-mögenssubjekt, ihre Bestimmung ist, für die Aktionäre zu arbeiten und die-sen, während ihres Bestehens in Form des Gewinnes, nach der Auflösung durch Verteilung, das Vermögen wieder zufließen zu lassen."[20] Noch präg-

---

Review of Economic Policy 157, 159 (2017): „It is almost impossible to pick up a manage-ment journal today without seeing reference to ‚purpose'."

[15] Vgl. aus englischer, US-amerikanischer und indischer Sicht zuletzt *Afsharipour,* 40 Seattle L. Rev. 465, 470 f. (2017): „Questions about corporate purpose and the role and responsibilities of directors in advancing the purpose of the corporation have arisen in many different contexts and jurisdictions."

[16] Wörtlich heißt es dort: „Die Rechte der Corporationen und Gemeinden kommen nur solchen vom Staate genehmigten Gesellschaften zu, die sich zu einem fortdauernden ge-meinnützigen Zwecke verbunden haben."; dazu *Dernburg,* Lehrbuch des Preußischen Pri-vatrechts und der Privatrechtsnormen des Reiches, Bd. 1, 3. Aufl., 1881, S. 101.

[17] Vgl. Königliches Ober-Tribunal vom 18.7.1865, in: Striethorst (Hrsg.), Archiv für Rechtsfälle, die zur Entscheidung des Königlichen Ober-Tribunals gelangt sind, Bd. 59, S. 329, 332 f.

[18] Motive zu der Verordnung über Aktien-Gesellschaften vom 31.1.1840, abgedruckt bei *Baums* (Hrsg.), Gesetz über die Aktiengesellschaften für die Königlich Preußischen Staaten vom 9. November 1843, 1981, S. 54 f.; eingehend dazu *Weber,* Die gemeinnützige Aktiengesellschaft, 2014, S. 28 ff. m.w.N.

[19] Eindringlich dazu *Goldschmidt,* ZHR 30 (1885), 69, 75; neuestens der Materialien-band von *Schubert,* Vom Konzessions- zum Normativsystem, 2017.

[20] RGZ 59, 423, 425.

nanter formulierte *Karl Lehmann,* die Aktiengesellschaft sei nur das „Rechts-
gewand"[21] für eine den Interessen der Mitglieder dienende Vereinigung.

Mit *Walther Rathenaus* sog. Lehre vom „Unternehmen an sich"[22] kehrte in
der Weimarer Republik nach Kriegswirren und Strukturwandel der Wirtschaft
die Vorstellung zurück, dass Aktiengesellschaften im Dienste der Volkswirtschaft stünden und damit an den Interessen von Staat und Gesellschaft auszurichten seien.[23] In den Worten des Direktors einer Hamburger Reederei:
„Der Norddeutsche Lloyd ist nicht dazu da, Dividenden zu verteilen, sondern
Schiffahrt zu treiben."[24] Befürworter dieser Lehre zogen aus ihr weitreichende Schlüsse für den Einbau der Aktiengesellschaft in eine gemeinwirtschaft-
liche Ordnung;[25] ihre Gegner, allen voran *Fritz Haussmann,* sahen in ihr den
Versuch einer „Umformung und Abwandlung des in der AG verkörperten
kapitalistischen Prinzips"[26], später sogar eine „zwangsläufige Vorstufe zur
Sozialisierung"[27].

Ob sich Teilelemente der Lehre vom „Unternehmen an sich" in der Gemeinwohlformel des Aktiengesetzes von 1937[28] wiederfanden, wird unterschiedlich beurteilt.[29] Methodisch fällt jedenfalls auf, dass der Begriff vom
„Unternehmen an sich" ebenso wie die notorische Gemeinwohlformel dazu
verwendet wurde, gesamtgesellschaftliche Widersprüche und aktienrechtliche
Interessengegensätze dialektisch aufzuheben oder wegzudefinieren.[30]

---

[21] *K. Lehmann,* Das Recht der Aktiengesellschaften, Bd. I, 1898, S. 242.

[22] Die Bezeichnung stammt nicht von *Rathenau* selbst, sondern von seinem Kritiker
Haussmann, JW 1927, 2953 unter der Überschrift „Die Aktiengesellschaft als ‚Unternehmen
an sich'"; näher *Riechers,* Das ‚Unternehmen an sich', 1996, S. 16 ff.

[23] Vgl. *Rathenau,* Vom Aktienwesen. Eine geschäftliche Betrachtung, 1917, S. 62 mit
folgendem Schlusssatz: „Auch dem Wesen der Unternehmung wird nicht die Verstärkung
des privatwirtschaftlichen Gedankens beschieden sein, sondern die bewußte Einordnung in
die Wirtschaft der Gesamtheit, die Durchdringung mit dem Geiste der Gemeinverantwort-
lichkeit und des Staatswohls."; umfassende Aufarbeitung von *Laux,* Die Lehre vom Unternehmen an sich, 1998, auch mit eingehenden Analysen zum Verhältnis von Aktiengesellschaft zu Staat und Gesellschaft, S. 39 ff.; zuletzt die ausführliche Würdigung dieses Werkes bei *Fleischer,* JZ 2017, 991 ff.

[24] Zitiert nach *Riechers* (Fn. 22), S. 5.

[25] Vgl. etwa *Netter,* FS Pinner, 1932, S. 512 ff.

[26] *Haussmann,* Vom Aktienwesen und vom Aktienrecht, 1928, S. 46 und passim.

[27] *Nöll v. der Nahmer,* AG 1957, 53, 55.

[28] Näher zu ihr unter II.2.a).

[29] Verneinend *Bergmann,* ZHR 105 (1938), 1, 6; bejahend *Grossmann,* Unternehmensziele im Aktienrecht, 1980, S. 148 f.

[30] In diesem Sinne *Riechers* (Fn. 22), S. 167 mit dem erläuternden Zusatz: „In dieser
Funktion teilt das ‚Unternehmen an sich' seine Verantwortung für die Erosion des Rechts
mit den Gemeinwohlformeln und dem Gemeinschaftsbegriff, die ebenfalls spätestens während der Weimarer Republik die Herrschaftsideologie des Nationalsozialismus vorbereiten
halfen."

Unter der Geltung des Grundgesetzes gab und gibt es gewichtige Literaturstimmen, die eine Gemeinwohlbindung der Aktiengesellschaft aus der verfassungsrechtlichen Eigentumsgarantie ableiten. Ihnen zufolge gebietet die Sozialpflichtigkeit des Eigentums nach Art. 14 Abs. 2 GG, dass der Vorstand auch Allgemeininteressen wahrt und aktiv fördert.[31] Diese Sichtweise ist freilich nicht unwidersprochen geblieben; sie übersieht, dass die Sozialpflichtigkeitsklausel nur einen Regelungsauftrag an den Gesetzgeber vorsieht und keinerlei Maßstäbe für gesetzesübersteigende Gemeinwohlförderung bereithält.[32]

Im aktuellen Text des Aktiengesetzes finden sich Spurenelemente des Gemeinwohlbezugs noch in § 241 Nr. 3 AktG (Nichtigkeit eines Hauptversammlungsbeschlusses bei Verletzung von Vorschriften, die im öffentlichen Interesse gegeben sind) und in § 396 Abs. 1 AktG (Auflösung der Gesellschaft, wenn sie durch gesetzwidriges Verhalten ihrer Verwaltungsträger das Gemeinwohl gefährdet).[33] Die Vorgängervorschrift des § 288 Abs. 1 AktG 1937 war noch sehr viel weiter gefasst, indem sie als Auflösungsgrund auch einen Verstoß gegen die „Grundsätze verantwortungsbewußter Wirtschaftsführung" – und damit gegen die Gemeinwohlklausel des § 70 Abs. 1 AktG 1937[34] – vorgesehen hatte.[35]

b) Vereinigte Staaten

Ähnliche Wellenlinien lassen sich für die *business corporation* in den Vereinigten Staaten nachzeichnen.[36] Ursprünglich hatten die einzelnen Bundesstaaten spezialgesetzliche *corporate charters* fast ausschließlich für öffent-

---

[31] In diesem Sinne *Baas,* Leitungsmacht und Gemeinwohlbindung der AG, 1976, S. 79 ff.; *Rittner,* FS Geßler, 1979, S. 139, 146 ff.; *Schmidt-Leithoff,* Die Verantwortung der Unternehmensleitung, 1989, S. 155 ff.

[32] Vgl. *Empt,* Corporate Social Responsibility, 2004, S. 134 ff.; *Fleischer,* AG 2001, 171, 175; *Mülbert,* ZGR 1997, 129, 149 f.; *ders.,* AG 2009, 766, 769 f.

[33] Nach *H.P. Westermann,* AcP 175 (1975), 376, 393 sind dies „ausgesprochene Randerscheinungen, die teils auch über die Anwendung des allgemeinen Sittenwidrigkeitsurteils hätten bewältigt werden können."; zur größeren Zahl einschlägiger Vorschriften unter dem AktG von 1937 *Zöllner,* Die Schranken mitgliedschaftsrechtlicher Stimmrechtsmacht bei den privatrechtlichen Personenverbänden, 1963, S. 52 ff.

[34] Dazu Amtl. Begr. zu §§ 70, 71 AktG 1937 bei *Klausing,* Gesetz über Aktiengesellschaften und Kommanditgesellschaften auf Aktien nebst Einführungsgesetz und „Amtlicher Begründung", 1937, S. 59: „Die Wahrung dieser Richtlinien gehört zu den Grundsätzen einer verantwortungsbewußten Wirtschaftsführung."

[35] Vgl. *Danielcik,* AktG, 1937, § 70 Rn. 6: „§ 70 enthält insoweit nicht nur eine ethische Forderung, sondern eine bindende Rechtsvorschrift, deren Nichtbefolgung die Auflösung der AG. nach § 288 [...] nach sich ziehen kann."

[36] Grundlegend *Hurst,* The Legitimacy of the Business Corporation in the Law of the United States, 1780–1970, 1970; neuestens *Johnson,* Corporate Law and the History of Corporate Social Responsibility, in: Wells (Hrsg.), Handbook on the History of Company and Corporate Law, 2018, S. 570 ff.

liche Zwecke im weiteren Sinne gewährt, etwa für den Bau von Straßen, Kanälen und Brücken oder die Gründung von Banken.[37] Dieser *public service*-Gedanke ging Mitte des 19. Jahrhunderts in dem Maße zurück, in dem die Nachfrage nach Inkorporierung während der Hochphase der Industrialisierung zunahm. Spätestens mit dem *deregulatory turn* des Korporationsrechts um die Wende vom 19. zum 20. Jahrhundert hatte sich die Vorstellung einer Gemeinwohlbindung der *business corporation* fast gänzlich verflüchtigt. Es bildete sich eine sog. *shareholder primacy norm* heraus, wie sie der *Michigan Supreme Court* 1919 in der Leitentscheidung *Dodge v. Ford Motor Co.*[38] zum Ausdruck brachte und der Ökonom *Thorstein Veblen* in dem Satz zusammenfasste, die *corporation* sei „a means of making money, not goods"[39].

Vor dem Hintergrund der Großen Depression forderte *Merrick Dodd* dann 1932 in einem legendären Schlagabtausch mit *Adolph Berle* mehr soziale Verantwortung der Gesellschaft und ihrer Geschäftsleiter[40] – eine Forderung, die er zehn Jahre später durch die *New Deal*-Gesetzgebung auf andere Weise als weithin erfüllt ansah.[41] Hierin zeigt sich im Übrigen ein globaler Entwicklungszug von CSR: Was ursprünglich auf freiwilligem sozialen Unternehmertum beruhte – man denke an *Henry Fords* Acht-Stunden-Tag für Arbeitnehmer – ist inzwischen großenteils in gesetzlichen Schutzvorschriften aufgegangen. Insoweit ist CSR heute gleichbedeutend mit Compliance.[42]

2. *Kodifizierung der Unternehmenszielbestimmung*

Der Aktiengesetzgeber kann dem Vorstand genauere Leitplanken für die Unternehmensführung vorgeben. Für eine solche Kodifizierung der Unternehmenszielbestimmung gibt es in Geschichte und Gegenwart bekannte Beispiele.[43]

---

[37] Näher *Hurst* (Fn. 36), S. 13 ff. unter der Kapitelüberschrift „From Special Purpose to General Utility"; zusammenfassend *Johnson* (Fn. 36), S. 570: „In short, there appears to have been a correlating of corporateness with public-oriented service of a sort that did not exist with business activity more generally."

[38] 170 N.W. 668, 684 (1919): „A business corporation is organized and carried on primarily for the profit of the stockholders. The powers of the directors are to be employed for that end."; rechtsvergleichend zuletzt *Windbichler,* FS Baums, 2017, S. 1443.

[39] *Veblen,* Absentee Ownership and Business Enterprise in Recent Times, 1923, S. 85: „The corporation is always a business concern, not an industrial application. It is a means of making money, not goods."

[40] Vgl. *Dodd,* 45 Harv. L. Rev. 1145 (1932) in Erwiderung auf *Berle,* 44 Harv. L. Rev. 1049 (1931).

[41] Vgl. *Dodd,* 9 U. Chi. L. Rev. 538, 546 f. (1942); eingehend zur *Berle-Dodd*-Debatte *Empt* (Fn. 32), S. 41 ff.

[42] Treffend *Windbichler* (Fn. 38), S. 1443, 1453: „Damit verschiebt sich ein Großteil des unternehmerischen ,Engagements' auf die Einhaltung der einschlägigen Schutzvorschriften, also Compliance und Legalität."

a) Wandlungen der Unternehmenszielbestimmung in Deutschland und Österreich

Aus deutscher Sicht kommt sofort § 70 Abs. 1 des Aktiengesetzes von 1937 in den Sinn: „Der Vorstand hat unter eigener Verantwortung die Gesellschaft so zu leiten, wie das Wohl des Betriebs und seiner Gefolgschaft und der gemeine Nutzen von Volk und Reich es fordern." Diese Vorschrift geht auf einen Formulierungsvorschlag des Aktienrechtsausschusses der Akademie für Deutsches Recht zurück.[44] Ursprünglich sollte sie dem Aktiengesetz von 1937 als Präambel vorangestellt werden.[45] Ins Auge fällt, dass in ihrer Aufzählung ausgerechnet jene Anspruchsgruppe fehlt, die der AG juristisches Leben eingehaucht hat: die Aktionäre. Die Amtliche Begründung widmete ihnen nur, aber immerhin einen Nebensatz.[46]

Während der Beratungen zum Aktiengesetz von 1965 wogte die Diskussion um die Gemeinwohlklausel hin und her.[47] Der Referentenentwurf übernahm sie in einer bereinigten, erstmals auch die Aktionäre einbeziehenden Fassung: „Der Vorstand hat unter eigener Verantwortung die Gesellschaft so zu leiten, wie das Wohl des Unternehmens, seiner Arbeitnehmer und Aktionäre sowie das Wohl der Allgemeinheit es erfordern."[48] Demgegenüber hielt der Regierungsentwurf eine solche Klausel für entbehrlich.[49] In den Ausschussberatungen des Bundestages ist beantragt worden, vor § 76 AktG einen neuen § 75a AktG einzufügen und in ihm zu bestimmen, dass die Gesellschaft das Unternehmen unter Berücksichtigung des Wohls seiner Arbeitnehmer, der Aktionäre und der Allgemeinheit zu betreiben hat. Die Ausschussmehrheit sprach sich aber dagegen aus, weil sie befürchtete, dass man aus der Reihenfolge der Aufzählung schließen könne, das zuerst genannte Wohl der Arbeitnehmer habe im Zweifel Vorrang vor dem Wohl der Aktionäre und diese beiden wiederum vor dem Wohl der Allgemeinheit.[50] Gesetz geworden ist damit die – kupierte – Vorgabe des § 76 Abs. 1 AktG.

---

[43] Näher zu Folgendem *Fleischer,* ZGR 2017, 411 ff.

[44] Vgl. den Bericht des Ausschussvorsitzenden *Kißkalt,* ZAkDR 1934, 20, 30.

[45] Vgl. *Geßler,* Stenographisches Protokoll der 86. Sitzung des Rechtsausschusses des Bundestages am 11. März 1964, S. 28; angedeutet auch bei *Schlegelberger/Quassowski,* AktG, 3. Aufl., 1939, § 70 Rn. 8, wonach die Gemeinwohlklausel die „ungeschriebene Präambel des Aktiengesetzes" sei.

[46] Vgl. Amtl. Begr. zu §§ 70, 71 AktG 1937 bei *Klausing* (Fn. 34), S. 58 f.

[47] Sorgfältig abschichtende Darstellungen des Gesetzgebungsverfahrens bei *Rittner* (Fn. 31), S. 139, 142 ff.; *Schmidt-Leithoff* (Fn. 31), S. 31 ff.

[48] § 71 Abs. 1 RefE 1958.

[49] Dazu Begr. RegE bei *Kropff,* AktG, 1965, S. 97.

[50] Vgl. Ausschussbericht bei *Kropff* (Fn. 49), S. 97.

Während der vergangenen fünf Jahrzehnte ist die Frage nach der maßgeblichen Richtschnur für das Vorstandshandeln nur selten praktisch geworden.[51] Rechtsprechung und herrschende Lehre gehen von einer stillschweigenden Fortgeltung des § 70 Abs. 1 AktG 1937 aus und befürworten eine interessenpluralistische Zielkonzeption.[52] Begrifflich verwenden sie die Figur des Unternehmensinteresses, die sich ideengeschichtlich teils aus der Lehre vom „Unternehmen an sich" speist.[53] Auch in der Spruchpraxis schimmerte diese Lehre noch verschiedentlich durch.[54] Eine vordringende Gegenauffassung wirbt für ein moderates Shareholder-Value-Konzept.[55]

In Österreich, wo seit 1938 das deutsche Aktiengesetz von 1937 gegolten hatte, führte der Reformgesetzgeber von 1965 folgende Neufassung des § 70 Abs. 1 öAktG ein, die bis heute gilt: „Der Vorstand hat unter eigener Verantwortung die Gesellschaft so zu leiten, wie das Wohl des Unternehmens unter Berücksichtigung der Interessen der Aktionäre und der Arbeitnehmer sowie des öffentlichen Interesses es erfordert."

b) Einführung einer Unternehmenszielbestimmung
in den angelsächsischen Systemen

Im US-amerikanischen Gesellschaftsrecht haben zahlreiche Gliedstaaten in den achtziger Jahren des letzten Jahrhunderts sog. *corporate constituency statutes* eingeführt, nach denen die Direktoren einer *public corporation* bei ihren Entscheidungen neben den Aktionärsinteressen auch Belange anderer Bezugsgruppen berücksichtigen können. Den Anfang machte Pennsylvania im Jahre 1983. Repräsentativ ist der 1989 eingeführte § 717(b) des *New York Business Corporation Act*: „In taking action, [...] a director shall be entitled to consider, without limitation (1) both the long-term and the short-term interests of the corporation and its stakeholders and (2) the effects that the corporation's actions may have in the short-term or the long-term upon any of the following: (i) the prospects for potential growth, development, productivity and profitability of the corporation; (ii) the corporation's current employees; (iii) the corporation's retired employees [...]; (iv) the corporation's customers and creditors; and (v) the ability of the corporation to provide, as a going concern,

---

[51] Für einen Überblick über den Diskussionsverlauf *Fleischer,* in: Hommelhoff/Hopt/ v. Werder (Hrsg.), Handbuch Corporate Governance, 2. Auflage, 2009, S. 185, 187 ff.

[52] Vgl. *Koch,* in: Hüffer/Koch (Fn. 12), § 76 AktG Rn. 38 ff. m.w.N.

[53] Näher *Riechers* (Fn. 22), S. 175 ff. unter der Zwischenüberschrift „Das ‚Unternehmen an sich' als Vorläufer des Unternehmensinteresses."; aus systemtheoretischer Sicht *Teubner,* ZHR 149 (1985) 470: „Das Unternehmensinteresse ist das gesellschaftliche Interesse des Unternehmens an sich."

[54] Vgl. etwa BGHZ 15, 71, 78: „Die Pflichten der Vorstandsmitglieder erschöpfen sich nicht darin, allein die Belange des Unternehmens als solchen wahrzunehmen; sie haben sich auch den Aktionären gegenüber loyal zu verhalten."

[55] Vgl. *Fleischer,* in: Spindler/Stilz, AktG, 3. Aufl., 2015, § 76 Rn. 22 ff., 36 ff. m.w.N.

goods, services, employment opportunities and employee benefits and other- wise to contribute to the communities in which it does business." Keine Ermächtigung zur Berücksichtigung von Stakeholder-Interessen enthalten jedoch bis heute das *Delaware General Corporation Law*[56] und der *Model Business Corporation Act.*

Das englische *common law* hatte die Direktoren einer *company* seit jeher angehalten, ihr Verwaltungshandeln am Interesse der Gesellschaft auszurich- ten. Im Zuge der Gesellschaftsrechtsreform von 2006 entschied sich der Ge- setzgeber zu einer Kodifizierung der Unternehmenszielbestimmung. Nach langen Beratungen votierte er für einen sogenannten *enlightened shareholder value*-Ansatz, der seinen Niederschlag in s. 172(1) des *Companies Act 2006* gefunden hat:

„A director of a company must act in the way he considers, in good faith, would be most likely to promote the success of the company for the benefit of its members as a whole, and in doing so have regard (amongst other matters) to (a) the likely consequences of any decisions in the long term, (b) the interests of the company's employees, (c) the need to foster the company's business relationship with suppliers, customers and others, (d) the interest of the company's operations on the community and the environment, (e) the desir- ability of the company maintaining a reputation for high standards of business conduct, and (f) the need to act fairly as between members of the company."

c) Vergleichende Würdigung

Einzelheiten dieser recht unterschiedlichen Vorschriften können hier nicht behandelt werden.[57] Zwei Hauptbefunde verdienen aber Hervorhebung:

Erstens war die gesetzliche Konkretisierung der Zielvorgaben in den ge- nannten Fällen von ganz unterschiedlichen Motiven getragen: § 70 Abs. 1 AktG 1937 hatte den nationalsozialistischen Grundsatz Gemeinnutz vor Eigen- nutz – Punkt 24 des Parteiprogramms der NSDAP vom Februar 1920[58] – in Gesetzesform gegossen.[59] Die aktienrechtlichen Reformgesetze in Deutsch- land und Österreich von 1965 zielten im Vorstandsrecht auf eine Reinigung von nationalsozialistischen Formelresten;[60] der österreichische Gesetzgeber rückte zudem die Bedeutung des Faktors Kapital stärker ins Bewusstsein.[61]

---

[56] Vgl. etwa *ebay Domestic Holdings, Inc. v. Newmark,* 16 A.3d 1, 33 (Del. 2010): „Promoting, protecting, or pursuing nonstockholder considerations must lead at some point to value for stockholders."

[57] Näher hierzu *Fleischer,* ZGR 2017, 411, 421 ff.

[58] Eingehend dazu *Stolleis,* Gemeinwohlformeln im nationalsozialistischen Recht, 1974, S. 76 ff.

[59] So etwa *Danielcik* (Fn. 35), § 70 AktG Rn. 6.

[60] Vgl. für Deutschland *Kropff,* in: Fleischer/Koch/Kropff/Lutter (Hrsg.), 50 Jahre Ak- tiengesetz, 2016, S. 1, 2 f.; für Österreich *Kastner,* JBl 1965, 392, 393 f.

[61] Vgl. *Kastner,* JBl 1965, 392, 394.

In den Vereinigten Staaten bildeten die *corporate constituency statutes* eine gesetzgeberische Antwort auf die mächtige Bugwelle feindlicher Übernahmen seit Beginn der 1980er Jahre. Für ihre Einführung machten sich vor allem die Manager börsennotierter Unternehmen stark[62] und fanden dabei in den Gewerkschaften wichtige Verbündete[63]. In England war die Einführung einer gesetzlichen Unternehmenszielbestimmung Teil einer größeren Reform, die sich die Kodifizierung der *directors' duties* zum Ziel gesetzt hatte.[64]

Zweitens hat die Einführung gesetzlicher Unternehmenszielbestimmungen in keiner der untersuchten Rechtsordnungen zu großen Veränderungen geführt und kaum Gerichtsentscheidungen hervorgebracht.[65] Kurz: Viel Lärm um Wenig![66] Dafür gibt es zwei Gründe: Zum einen steht den Geschäftsleitern allerorten ein breiter Ermessensspielraum bei der Abwägung von Aktionärs- und Nichtaktionärsinteressen zu.[67] Zum anderen – und vielleicht noch wichtiger – verfügen Nichtaktionäre über kein eigenes Klagerecht zur Durchsetzung von Stakeholder-Interessen gegenüber der Gesellschaft.[68] Wer mit der Kodifizierung von Unternehmenszielbestimmungen einen besseren Stakeholder-Schutz erreichen will, muss Nichtaktionären wohl eine direkte oder derivative Klagebefugnis einräumen.[69] Diese Büchse der Pandora hat bisher aber – aus guten Gründen – keine der genannten Rechtsordnungen zu öffnen gewagt. International gibt es dafür, soweit ersichtlich, nur einen schmalen Anhalt im *Canadian Business Corporation Act* von 1985.[70]

3. CSR-Satzungsklauseln

Ist die gesetzliche Ausgangslage ermittelt, stellt sich die Folgefrage nach den Möglichkeiten und Grenzen privatautonomer Feinsteuerung durch die Satzung: Kann eine Aktiengesellschaft eine CSR-Klausel in ihr Statut aufnehmen?

---

[62] Vgl. *Macey,* 21 Stetson L. Rev. 23, 26 (1991).

[63] Vgl. *Ort*s, 51 Geo. Wash. L. Rev. 14, 24 ff. (1992).

[64] Dazu *Mayson/French/Ryan,* Company Law, 33. Aufl., 2016, S. 477 f. unter der Überschrift „Codification of Directors' General Duties".

[65] International *Ventoruzzo/Conac/Goto/Mock/Notari/Reisberg,* Comparative Corporate Law, 2015, S. 279: „This discussion is both interesting and relevant, but sometimes it might be quite theoretical, and it does not always have a significant practical impact on the life of the corporation."

[66] In Anlehnung an *Keay,* 22 EBLR 1 (2011).

[67] Vgl. für Deutschland *Fleischer,* in: Spindler/Stilz (Fn. 55), § 76 AktG Rn. 44.

[68] Vgl. aus US-amerikanischer Sicht *Geczy/Jeffers/Musto/Tucker,* 5 Harv. Bus. L. Rev. 73, 114 (2015); aus englischer Sicht *Keay/Zhang,* ECFR 2011, 445, 470.

[69] So die Vertreter der sog. *Progressive Corporate Law*-Schule in den Vereinigten Staaten, etwa *Millon,* 24 Ind. L. Rev. 223, 248 (1991); aus englischer Perspektive *Keay/ Zhang,* ECFR 2011, 445, 471.

[70] Vgl. s. 238(d); näher dazu *Vasudev,* 45 Ottawa L. Rev. 135 ff. (2013).

In der Ursprungssatzung stehen dem keine prinzipiellen Bedenken entgegen: Als Allzweckmöbel darf eine AG nach allgemeiner Ansicht gemeinnützig tätig werden;[71] *a maiore ad minus* müssen dann auch weniger weitreichende Gemeinwohlbindungen und Misch- oder Mehrfachzwecke möglich sein.[72] Außerdem können die Aktionäre als „Herren der Gesellschaft"[73] Grundprinzipien der Unternehmensführung statutarisch festlegen.[74] Dies wird für eine satzungsmäßige Verankerung des Shareholder-Value-Konzepts überwiegend anerkannt[75] und muss gleichermaßen für den spiegelbildlichen Fall des Stakeholder-Value-Konzepts gelten.[76] Eine äußere Grenze zieht der Grundsatz der aktienrechtlichen Satzungsstrenge (§ 23 Abs. 5 AktG) nur, aber immerhin dort, wo eine allzu engmaschige CSR-Klausel die Leitungsautonomie des Vorstands (§ 76 Abs. 1 AktG) auszuhöhlen droht.[77]

Größeres Kopfzerbrechen bereitet die Frage nach dem erforderlichen Quorum für die nachträgliche Einführung einer CSR-Klausel. Verschiedene Literaturstimmen verlangen hierfür entsprechend § 33 Abs. 1 Satz 2 BGB eine Zustimmung aller Aktionäre, weil der Wechsel von erwerbswirtschaftlicher zu gemeinnütziger Tätigkeit eine Zweckänderung darstelle.[78] Letzteres trifft zwar zu,[79] doch erscheint es zweifelhaft, ob mit einer CSR-Klausel stets eine zweckändernde Wirkung verbunden ist.[80] Richtigerweise stellt sie die erwerbswirtschaftliche Ausrichtung der Gesellschaft nicht in Frage. Vielmehr handelt es sich regelmäßig um eine statutarische Ermächtigung an den Vorstand, im Rahmen des Angemessenen soziale Aktivitäten zu entfalten. Hierin liegt eine behutsame Konkretisierung der Zielvorgaben des § 76 Abs. 1 AktG, aber typischerweise keine „Veränderung der faktischen Geschäftsgrundlage des

---

[71] Vgl. *Raiser/Veil*, Recht der Kapitalgesellschaften, 6. Aufl., 2016, § 9 Rn. 9; monographisch *Weber*, Die gemeinnützige Aktiengesellschaft, 2014.

[72] Wie hier *Kort*, NZG 2011, 929, 931; *ders.*, NZG 2012, 926, 930; früher schon *Wiedemann*, Gesellschaftsrecht, Bd. I, 1980, § 6 III 2 b cc, S. 340 f.

[73] *Wiedemann*, Organverantwortung und Gesellschafterklagen in der Aktiengesellschaft, 1989, S. 33: „Die Aktionäre sind Herren der Gründung, Änderung oder der Auflösung der Gesellschaft; dafür schulden sie niemand Rechenschaft."

[74] Vgl. *Fleischer*, in: Spindler/Stilz (Fn. 55), § 76 AktG Rn. 39; *Mülbert*, FS Röhricht, 2005, S. 421, 440.

[75] Vgl. *Birke*, Das Formalziel der Aktiengesellschaft, 2005, S. 219 f.; *Fleischer*, in: Spindler/Stilz (Fn. 55), § 76 AktG Rn. 39; *Groh*, DB 2000, 2153, 2158; *Ulmer*, AcP 202 (2002), 143, 159.

[76] Für die Zulässigkeit einer CSR-Klausel auch *Mülbert*, AG 2009, 766, 772; *Müller-Michaels/Ringel*, AG 2011, 101, 111; *Spindler*, FS Hommelhoff, 2012, S. 1133, 1140; abw. *Säcker*, BB 2009, 282, 283 mit Fn. 98.

[77] Allgemein zu dieser Grenze OLG Stuttgart NZG 2006, 790; *Fleischer*, in: Spindler/Stilz (Fn. 55), § 76 AktG Rn. 60.

[78] So etwa *Mülbert*, AG 2009, 766, 772; *Spindler* (Fn. 76), S. 1133, 1141 f.

[79] Dazu etwa *Koch*, in: Hüffer/Koch (Fn. 12), § 23 AktG Rn. 22.

[80] Wie hier *Müller-Michaels/Ringel*, AG 2011, 101, 111 f.

Zusammenschlusses der Gesellschafter"[81] im Sinne des § 33 Abs. 1 Satz 2 BGB. Folgerichtig genügt für die nachträgliche Einführung einer CSR-Klausel vielfach die Mehrheit von drei Viertel des bei der Beschlussfassung vertretenen Grundkapitals gemäß § 179 Abs. 2 Satz 1 AktG.

4. Kodex-Leitbild des Ehrbaren Kaufmanns

Einsprengsel des CSR-Gedankens finden sich seit einiger Zeit auch im Deutschen Corporate Governance Kodex. Als Reaktion auf die Kapitalismuskritik im Gefolge der Finanzmarktkrise heißt es dort seit 2009 in Abs. 2 der Präambel: „Der Kodex verdeutlicht die Verpflichtung von Vorstand und Aufsichtsrat, im Einklang mit den Prinzipien der sozialen Marktwirtschaft für den Bestand des Unternehmens und seine nachhaltige Wertschöpfung zu sorgen (Unternehmensinteresse)." Um dem abermaligen Vertrauensverlust der Öffentlichkeit in die Managementeliten nach den jüngsten Unternehmensskandalen entgegenzuwirken, hat die Regierungskommission den Kodex kürzlich um den Zusatz ergänzt: „Diese Prinzipien verlangen nicht nur Legalität, sondern auch ethisch fundiertes, eigenverantwortliches Verhalten (Leitbild des Ehrbaren Kaufmanns)."[82]

Nach eigenem Bekunden erblickt die Regierungskommission hierin eine „deutliche Leitbotschaft zum Thema ethisches Verhalten"[83]: Kapitalgesellschaften sollten so geführt werden, dass durch sie ein betriebswirtschaftlicher wie gesamtwirtschaftlicher Nutzen entstehe. Marktwirtschaft sei ein auf Freiheit gegründetes, wertebasiertes System, dessen Funktionsfähigkeit auf dem Vertrauen beruhe, dass allgemein anerkannte ethische Grundsätze im Wirtschaftsleben beachtet würden.[84] Dies sei letztlich das Verhalten ehrbarer Kaufleute, die auch ohne gesetzliche oder festgelegte Regelungen wüssten, was man tun dürfe und was nicht. Der Ehrbare Kaufmann werde dabei als Leitbild verstanden, das sich fortlaufend weiterentwickle.[85]

a) Fragwürdige Festschreibung

Als Lokalpatriot müsste man dieser Ergänzung an sich begeistert zustimmen. Hier gibt es den Verein „Versammlung eines Ehrbaren Kaufmanns zu Hamburg e.V.", dessen Tradition bis 1517 zurückreicht.[86] Dennoch wirkt der Rückgriff

---

[81] So die Definition einer Zweckänderung der Aktiengesellschaft durch das Kammergericht NZG 2005, 88, 89.

[82] Bekanntmachung der Neufassung im BAnz vom 24.4.2017; ausführlicher dazu und zur Figur des Ehrbaren Kaufmanns *Fleischer*, DB 2017, 2015 ff.

[83] *Regierungskommission Deutscher Corporate Governance Kodex*, Erläuterungen der Änderungsvorschläge aus der Plenarsitzung vom 13. Oktober 2016, S. 1.

[84] So *Regierungskommission* (Fn. 83), S. 1.

[85] Vgl. *Regierungskommission* (Fn. 83), S. 1.

[86] Näher *Baasch*, Zur Geschichte des Ehrbaren Kaufmanns in Hamburg, 1899.

auf dieses altehrwürdige Leitbild eher wie ein letzter Rettungsanker, der von zunehmender Ratlosigkeit der Regelgeber zeugt. So sehr Unternehmenslenker einen moralischen Kompass benötigen, so fragwürdig erscheint seine Festschreibung im Kodex: (1) *Dogmatisch* beginnen die Ungereimtheiten damit, dass Vorstandsmitglieder selbst gar keine Kaufleute sind;[87] die Kaufmannseigenschaft kommt nach § 3 Abs. 1 AktG nur der Aktiengesellschaft zu. Als angestellte Manager verwalten die Vorstandsmitglieder typischerweise auch kein eigenes, sondern fremdes Vermögen. (2) *Sachlich* ist vor allem einzuwenden, dass die Präambel mit großem Aplomb ein Leitprinzip vorgibt, ohne sich im Mindesten um seine Konkretisierung zu bemühen. Konsenssichere Maßstäbe für ein ethisch fundiertes Geschäftsgebaren fehlen; über die Legitimität von Leitungsentscheidungen lässt sich nicht selten trefflich streiten.[88] Diese Bewertungsschwierigkeiten erhöhen sich noch, wenn ein Unternehmen in verschiedenen Ländern mit unterschiedlichen Wertesystemen tätig ist oder wenn der Unternehmensgegenstand selbst manchen als anrüchig gilt (z.B. Waffen- oder Zigarettenindustrie). An alledem vermag auch der Hinweis auf das Konzept des Ehrbaren Kaufmanns in § 1 Abs. 1 IHK-Gesetz[89] nichts zu ändern. Vielmehr droht aufgrund unterschiedlicher ethischer Bewertungsmaßstäbe eine Erwartungslücke beim Anlegerpublikum, weil manche Erwartungen unweigerlich enttäuscht werden. Das viel berufene Vertrauen der Öffentlichkeit wird so im Zweifel nicht gestärkt, sondern geschwächt. (3) *Konzeptionell* fügt sich die Neuregelung kaum in das bisherige Regelungsgefüge des Kodex ein: Sie ist weder Anregung noch Empfehlung und beschreibt ebenso wenig das geltende Recht, weil Leitungsentscheidungen aktienrechtlich nicht am Maßstab moralischer Legitimität gemessen werden.[90] (4) *Systematisch* vermisst man eine Abstimmung mit den neuen gesetzlichen CSR-Regelungen, die sich gemäß § 289b Abs. 1 HGB in Berichtspflichten erschöpfen und gerade keine inhaltlichen Vorgaben enthalten.[91] (5) *International* ist das Leitbild des Ehrbaren Kaufmanns in hohem Maße erläuterungsbedürftig und nur schwer ins Englische zu übersetzen.[92]

---

[87] Vgl. BGH NJW 1996, 1467, 1468 (GmbH-Geschäftsführer); *K. Schmidt,* in: MünchKommHGB, 4. Aufl., 2016, § 1 Rn. 66.

[88] Allgemein dazu *Schmitz/Schneider,* NZG 2016, 561, 563 ff.

[89] Wörtlich heißt es dort: „Die Industrie- und Handelskammern haben [...] die Aufgabe, das Gesamtinteresse der ihnen zugehörigen gewerbetreibenden ihres Bezirkes wahrzunehmen [...]; dabei obliegt es ihnen insbesondere [...] für Wahrung von Anstand und Sitte des ehrbaren Kaufmanns zu wirken.“; eingehend dazu *Stober,* NJW 2010, 1573.

[90] So auch *DAV-Handelsrechtsausschuss,* NZG 2017, 57.

[91] Dazu auch *Gesellschaftsrechtliche Vereinigung,* AG 2017, 1, 2.

[92] Vgl. etwa die Eingabe von *International Corporate Governance Network* vom 16.12.2016, S. 3: „[...] how to interpret this new language relating to ethics, legitimacy and the ‚Leitbild des Ehrbaren Kaufmanns‘ (Honorable Business Person). In this context the Commission may wish to provide some additional guidance on what practical changes

b) Betriebswirtschaftliche Annäherung

Dies alles spricht selbstverständlich nicht gegen eine weitere Vergewisserung der Betriebswirtschaftslehre über den Begriff des Ehrbaren Kaufmanns[93] und die richtige Rolle einer – eigenständigen oder integrierten – Unternehmensethik[94]. Instruktiv sind ferner institutionenökonomische Studien darüber, wie aus ehrbarer unternehmerischer Tätigkeit Reputation entsteht, die sich dann zur Erlangung strategischer Wettbewerbsvorteile einsetzen lässt.[95] Ganz in diesem Sinne hat man den modernen Unternehmer neuerdings (auch) als „Reputator" konzipiert und verstanden.[96]

c) Aktienrechtliche Bedeutung

§ 161 AktG erspart Vorstand und Aufsichtsrat einer börsennotierten Gesellschaft die Verlegenheit, sich zu ihrem eigenen ethischen Verhalten zu äußern, weil die „comply-or-explain"-Erklärung Programmsätze der Präambel nicht einschließt.[97] Ebenso wenig wird die Maßfigur des ordentlichen und gewissenhaften Geschäftsleiters in § 93 Abs. 1 Satz 1 AktG fortan durch den Ehrbaren Kaufmann ersetzt.[98] Ungeachtet des neuen Kodex-Leitbildes gehört es weiterhin nicht zu den „harten" gesetzlichen Vorstandspflichten, die anerkannten Grundsätze der Geschäftsmoral einzuhalten.[99] Solche Verhaltensstandards sind inhaltlich kaum fassbar, und selbst dort, wo sie ausnahmsweise einmal in ausformulierter Form vorliegen, genießen sie – über die §§ 138, 242 BGB hinaus – keine gesetzliche Dignität.[100] Mit dieser kategorialen Trennung von Legalität und Moralität im *Kantschen* Sinne, von juridischem und ethischem Imperativ[101] ist die deutsche Privatrechtsordnung bisher gut gefahren; sie

---

might be expected by this embrace of this more aspirational wording. Observers from outside of Germany might also appreciate a clearer understanding of what is meant by the ‚Leitbild des Ehrbaren Kaufmanns'; […] it is important to appreciate what this term means in a German context."

[93] Näher dazu *Schwalbach,* zfwu 17 (2016), 216 ff. m.w.N.; eingehend auch *Klink,* ZfB-Special Issue 3/2008, 57 ff.

[94] Vgl. etwa den Sammelband von Albach (Hrsg.), Unternehmensethik und Unternehmenspraxis, ZfB-Special Issue 5/2005.

[95] Näher dazu *Gerbaulet,* Der Unternehmer als Reputator, 2016, S. 132 ff. m.w.N.

[96] Monographisch *Gerbaulet* (Fn. 95), S. 136 ff. und passim.

[97] Dazu auch *v. Werder/Bartz,* DB 2017, 769, 770.

[98] Vorsichtig fragend, aber im Zusammenhang mit einem entschuldbaren Rechtsirrtum *Florstedt,* NZG 2017, 601, 609.

[99] Vgl. *Fleischer,* in: Spindler/Stilz (Fn. 55), § 93 AktG Rn. 25; *Habersack,* NZG 2016, 321, 324; *Hopt/Roth,* in: Großkomm. AktG, 5. Aufl., 2015, § 93 Rn. 149 f., abw. *Mertens/Cahn,* in: Kölner Komm. AktG, 3. Aufl., 2010, § 93 Rn. 71; *U. Schmidt,* in: Heidel (Hrsg.), Aktien- und Kapitalmarktrecht, 4. Aufl., 2015, § 93 AktG Rn. 11.

[100] Dazu bereits *Fleischer,* ZIP 2005, 141, 144.

[101] Näher dazu *Geismann,* Jahrbuch für Recht und Ethik 14 (2006), 3 ff. m.w.N.

ausgerechnet im Aktienrecht mit seinem ausgeprägten Rechtssicherheitsbe-
dürfnis aufzugeben, besteht kein Anlass.[102] Zulässig ist es aber, den Vorstand
im Anstellungsvertrag auf die Einhaltung bestimmter CSR-Konzepte zu verpflichten. Dann werden diese unverbindlichen Verhaltensempfehlungen zum
Bestandteil der Organpflichten und damit zu verbindlichen gesellschaftsinternen Verhaltensregeln.

Unabhängig davon ruft der Bedeutungsaufschwung von CSR in Erinnerung, dass manche Geschäftsführungsmaßnahmen im Hinblick auf die Reputation der Gesellschaft einer besonders sorgfältigen Prüfung bedürfen.[103] Ins
aktienrechtliche Rampenlicht rückt damit das Reputationsmanagement, das
immer mehr zu einer Leitungsaufgabe des Vorstands wird.[104] Seine rechtssatz-
förmige Verdichtung steht allerdings noch aus.[105]

5. Rechtsform- oder Größenabhängigkeit von Gemeinwohlbindung und CSR

Ob die Grundaussagen der herrschenden Meinung zur interessenpluralis-
tischen Zielkonzeption im Rahmen des § 76 Abs. 1 AktG auch für andere
Gesellschaftsformen gelten, wird bisher wenig diskutiert. Historisch war der
Gemeinwohlgedanke ganz auf Großunternehmen zugeschnitten: Die Aktiengesellschaft bildete im 19. und frühen 20. Jahrhundert *die* typische Rechtsform für Großunternehmen,[106] als solche wurde ihr eine weitreichende Bedeutung für Staat und Gesellschaft zugeschrieben.[107] Trefflich eingefangen wurde

---

[102] Ähnlich *DAV-Handelsrechtsauschuss,* NZG 2017, 57: „Gerade vor dem Hintergrund
der internationalen Diskussion um Corporate Social Responsibility erscheint eine klare
Trennung zwischen rechtlich verbindlichen Handlungspflichten der Unternehmensleitung
einerseits und ethisch sowie moralisch verantwortlichem unternehmerischen Handeln andererseits geboten."

[103] Vgl. dazu schon *Flume,* Allgemeiner Teil des bürgerlichen Rechts, Bd. I/2, Die juristische Person, 1983, § 2 VIII 3, S. 60: „Wenn aber die öffentliche Meinung solche Geschäfte mißbilligt, so muß der Vorstand dies beachten, und wenn er der Ansicht ist, daß der
Abschluß des – für sich genommen lukrativen – Geschäfts in der Rückwirkung auf die
öffentliche Meinung für das Unternehmen und damit für die Gesellschaft nachteilig ist, muß
er das Geschäft unterlassen."

[104] Nachdrücklich dazu schon *Seibt,* DB 2015, 171, 174 ff., *ders.,* DB 2016, 2707.

[105] Grundlegende Vorarbeiten bei *Klöhn/Schmolke,* NZG 2015, 689.

[106] Vgl. aus dem zeitgenössischen Schrifttum *Passow,* Strukturwandel der Aktiengesellschaft, 1930, S. 1; rückblickend *Reich,* in: Horn/Kocka (Hrsg.), Recht und Entwicklung
der Großunternehmen im 19. und frühen 20. Jahrhundert, 1979, S. 255, 263 f., wonach „die
Aktiengesellschaft *die typische Rechtsform von Großunternehmen* ist und eigentlich nur
von ihnen bewältigt und in Anspruch genommen werden kann".

[107] Vgl. *Rathenau* (Fn. 23), S. 38 f.: „[D]ie Großunternehmung ist heute überhaupt nicht
mehr lediglich ein Gebilde privatrechtlicher Interessen, sie ist vielmehr, sowohl einzeln
wie in ihrer Gesamtzahl, ein nationalwirtschaftlicher, der Gesamtheit angehöriger Faktor,
der zwar aus seiner Herkunft, zu Recht oder zu Unrecht, noch die privatrechtlichen Züge
des reinen Erwerbsunternehmens trägt, während er längst und in steigendem Maße öffent-

dieses öffentliche Interesse an Wachstum und Wohlergehen der Aktiengesellschaft in *Rathenaus* berühmtem Beispiel über die Deutsche Bank: Würde deren Generalversammlung durch Beschluss mit Dreiviertelmehrheit die Liquidation der Bank beschließen, so sei der Beschluss zwar privatrechtlich unantastbar; gleichwohl bleibe dem preußischen Staat oder der Reichsregierung keine andere Wahl, als umgehend ein Sondergesetz zu erlassen, das den Beschluss rückgängig mache.[108] Auch die schon zitierte Gemeinwohlklausel des § 70 Abs. 1 AktG 1937 traf praktisch allein Großunternehmen, weil der Mindestbetrag des Grundkapitals gemäß § 7 Abs. 1 AktG 1937 500.000 Reichsmark betrug.

Einen bisher wenig bekannten Versuch, die aktienrechtliche Gemeinwohlklausel auf die GmbH zu erstrecken, machte der Entwurf des Reichsjustizministeriums zu einem Gesetz über die Gesellschaft mit beschränkter Haftung von 1939, der in seinem § 2 wörtlich bestimmte: „Die Gesellschaft ist so zu leiten, wie das Wohl des Betriebs und seiner Gefolgschaft und der gemeine Nutzen von Volk und Reich es fordern."[109] Ausweislich der Amtlichen Begründung beruhte diese Vorschrift auf der Erwägung, dass jedes Unternehmen seine Daseinsberechtigung erst durch die Eingliederung in die Volkswirtschaft erhalte, und brachte damit eine Forderung zum Ausdruck, die in sozial- und wirtschaftspolitischer Hinsicht wie an jedes andere Unternehmen so auch an die Gesellschaft mit beschränkter Haftung zu stellen sei.[110] Bezeichnenderweise hat diese Gemeinwohlklausel im Regierungsentwurf eines GmbH-Gesetzes von 1973, der sich in Aufbau und Inhalt stark am Entwurf von 1939 orientierte, keine Berücksichtigung mehr gefunden.[111] Bei aller Vorsicht gegenüber interpretatorischen Rückschlüssen aus dem Untätigbleiben des Gesetzgebers wird man diese Entwicklung nur dahin verstehen können, dass der Reformgesetzgeber den Gedanken einer Gemeinwohlbindung der GmbH mit Stillschweigen abgewiesen und seither nicht wieder aufgegriffen hat.[112]

---

lichen Interessen dienstbar geworden ist und hierdurch sich ein neues Daseinsrecht geschaffen hat."

[108] So *Rathenau* (Fn. 23), S. 39.

[109] Abgedruckt bei *Schubert* (Hrsg.), Entwurf des Reichsjustizministeriums zu einem Gesetz über die Gesellschaften mit beschränkter Haftung von 1939, 1985, S. 94; zeitgeschichtliche Einordnung bei *Fleischer,* in: MünchKomm GmbHG, 3. Aufl., 2017, Einl. Rn. 94 ff.

[110] Abgedruckt bei *Schubert* (Fn. 109), S. 153 mit dem Zusatz: „Wenn der Entwurf diese Vorschrift an die Spitze des Gesetzes rückt, so trägt er damit ihrer besonderen Bedeutung für das gesamte Dasein der Gesellschaft Rechnung und stellt klar, daß die in ihr enthaltene Verpflichtung für alle mit der Gesellschaft befassten Verwaltungsträger verbindlich ist."

[111] Näher *Fleischer* in MünchKomm GmbHG (Fn. 109), Einl. Rn. 99.

[112] Dazu bereits *Fleischer,* GmbHR 2010, 1307, 1309; ähnlich *Flume* (Fn. 103), § 2 VIII 3, S. 61: „Wenn auch das Unternehmen als Wirkungseinheit in der GmbH als juristi-

Wenn überhaupt, so könnte man allenfalls erwägen, die interessenpluralistische Zielkonzeption des Aktienrechts auf eine *große* GmbH anzuwenden.[113]
Hierzu passt, dass die neue Pflicht zur CSR-Berichterstattung gemäß § 289b
Abs. 1 HGB auch kapitalmarktorientierte GmbHs trifft, welche die (Größen-)
Merkmale des § 267 Abs. 3 HGB erfüllen und im Jahresdurchschnitt mehr als
500 Arbeitnehmer beschäftigen. Die Gemeinwohlbindung würde dann nicht
rechtsform-, sondern größenabhängig angeknüpft. In die Pflicht genommen
würde gleichsam ein „Großunternehmen an sich"[114] als wirtschaftliche und
soziale Organisation wegen seiner umfassenden volkswirtschaftlichen und
gesellschaftlichen Bedeutung. Dass ein solcher Sonderstatus für Großunternehmen *sub specie* „überprivater Erheblichkeit"[115] schon seit längerem der
öffentlichen Wahrnehmung und Erwartungshaltung entspricht,[116] lässt sich
kaum leugnen. Der Gesetzgeber hat dem etwa durch größenabhängige Son-
dervorschriften im Publizitätsgesetz von 1969[117] und im Mitbestimmungsgesetz von 1976 Rechnung getragen.[118] Er muss allerdings bei jeder weiteren
Indienstnahme von Großunternehmen für das Gemeinwohl im Auge behalten,
dass mit ihr eine zunehmende Erosion mitgliedschaftlicher Strukturen und
privatrechtlicher Ordnungsprinzipien einhergeht.[119] Das „Großunternehmen

---

scher Person verselbständigt ist, bestimmen doch wie bei der Personengesellschaft die
Gesellschafter nach ihren Interessen über das Unternehmensinteresse."; mit ausführlicher
Begründung auch *Grigoleit,* Gesellschafterhaftung für interne Einflußnahme im Recht der
GmbH, 2006, S. 332 ff.

[113] So aus österreichischer Sicht *P. Doralt/M. Doralt,* in: Kalss/Frotz/Schörghofer
(Hrsg.), Handbuch für den Vorstand, 2017, § 2 Rn. 16 mit Fn. 11: „Zu erwägen ist daher
uE eine vorsichtige analoge Anwendung der Zielvorgabe des § 70 AktG auf große GmbHs.
Interessanterweise hat aber der NS-Gesetzgeber diese aus damaliger ideologischer Sicht
naheliegende Analogie nicht verfolgt." Der letzte Satz übersieht freilich § 2 GmbHG-E 1939.

[114] Dazu schon die Beobachtung von *Potthoff,* WWI-Mitteilungen 7 (1954), 97, 99:
„[Die] große Aktiengesellschaft ist in der Tat ein *Unternehmen an sich* geworden."; ferner
ders., DB 1957, 49, 50: „Die große Aktiengesellschaft als Unternehmen von besonderer
gesamtwirtschaftlicher Bedeutung".

[115] Begriff: *Krüger,* öffentlich-rechtliche Elemente der Unternehmensverfassung, in:
Planung V (1971), S. 21; adaptiert von *H.P. Westermann,* AcP 175 (1975), 376, 396.

[116] Zum Großunternehmen „als öffentliche Veranstaltung" *Wiedemann* (Fn. 72), § 6 II
2 b, S. 318; ferner *Kübler/Assmann,* Gesellschaftsrecht, 6. Aufl., 2006, § 14 III 2 e cc, S. 183.

[117] Dazu Begr. RegE, BT-Drucks. V/3197, S. 13 ff.

[118] Zu diesen Sonderregelungen für Großunternehmen *Ballerstedt,* FS Duden, 1977,
S. 15, 27; *Kunze,* FS Robert Fischer, 1979, S. 365 ff.; allgemeiner *Förster,* Die Dimension
des Unternehmens, 2003.

[119] Vgl. *Raiser/Veil* (Fn. 71), § 6 Rn. 2, welche die Ziele der Lehre vom Unternehmensrecht wie folgt zusammenfassen: „Zunächst ging es darum, wirtschaftliche Unternehmen
nicht mehr allein als Veranstaltung der Anteilseigner zu ihrem privaten Nutzen zu begreifen,
sondern als Institutionen, welche die Allgemeinheit mit wirtschaftlichen Gütern versorgen,
von deren Produktivität der Volkswohlstand abhängt und die als privatrechtliche Macht-
zentren öffentlichen und privaten Einfluss ausüben."

an sich" trägt unverkennbar anstaltsähnliche Züge. Daher wäre es ordnungs-
politisch fatal und rechtssystematisch verfehlt, Sonderregelungen für Großunternehmen allmählich auf Unternehmen geringer Größe und Bedeutung
auszudehnen: „Das mittelständische Familienunternehmen und erst recht der
Kiosk um die Ecke sind private Veranstaltungen und sollen es bleiben."[120]

III. Betriebswirtschaftliche Grundlagen

1. Entwicklungslinien des CSR-Gedankens

Die Anfänge der CSR-Bewegung reichen zurück bis in die fünfziger Jahre
des vergangenen Jahrhunderts.[121] Als ihr geistiger Vater gilt vielen *Howard
Bowen,* der mit seinem Buch „Social Responsibilities of the Businessman"
1953 die Grundlagen für eine wissenschaftliche Beschäftigung mit CSR in
der Managementliteratur legte.[122] Weitere Schlüsselveröffentlichungen steuer-
te *Keith Davis* bei, der in den sechziger Jahren erstmals Überlegungen anstell-
te, die später unter dem Stichwort „Business Case for CSR" bekannt wurden.[123]
Von ihm stammt auch das sog. *Iron Law of Responsibility,* nach dem die soziale Verantwortung von Unternehmen ihrer sozialen Macht entsprechen
müsse, wenn es langfristig nicht zu einer Erosion der sozialen Macht kommen
solle.[124]

Die zweite Phase von CSR begann 1970 mit *Milton Friedmans* publizisti-
schem Paukenschlag für die ausschließliche Profitorientierung von Unternehmen.[125] Der *Friedman*-Doktrin zufolge besteht die einzige Verantwortung
von Managern in einem marktwirtschaftlichen System darin, den Wünschen
der Anteilseigner nachzukommen und den Unternehmensgewinn zu erhöhen
– freilich nur im Rahmen der Gesetze und der ethischen Grundregeln der
Gesellschaft.[126] In einer verkürzten und nicht zweifelsfrei nachweisbaren Ver-

---

[120] *Wiedemann* (Fn. 72), § 6 II 2 b, S. 318; gleichsinnig *Rehbinder,* FS Baums, 2017,
S. 959, 966: „Für kleine und mittlere Unternehmen sollte es jedenfalls bei dem gegenwärtig praktizierten Konzept reiner Freiwilligkeit bleiben."
[121] Für eine Zusammenstellung von Schlüsseltexten mit einer instruktiven Einleitung
Cragg/Schwartz/Weitzman (Hrsg.), Corporate Social Responsibility, 2009.
[122] *Bowen,* Social Responsibilities of the Businessman, 1953; Neuauflage 2013 mit le-
senswerter Einleitung von *Gond* und einem Vorwort von *Bowens* ältestem Sohn.
[123] Vgl. *Davis,* 11 California Management Review 70 (1960).
[124] Vgl. *Davis,* 1 Academy of Management Journal 312 (1973).
[125] *Friedman,* The Social Responsibility of Business is to Increase its Profits, The New
York Times Magazine, 13.9.1970.
[126] *Friedman* (Fn. 125): „In a free-enterprise, private-property system, a corporate exe-
cutive is an employee of the owners of the business. He has direct responsibility to his
employers. That responsibility is to conduct the business in accordance with their desires,

sion: „The business of business is business". Mit ähnlicher Stoßrichtung hatte zuvor schon *Friedrich August von Hayek* davor gewarnt, dass soziale Erwägungen von Unternehmensleitern am Ende wahrscheinlich höchst unerwünschte Ergebnisse hervorbrächten.[127]

In Auseinandersetzung mit der *Friedman*-Doktrin gingen führende Vertreter der Management-Lehre in den achtziger Jahren daran, den CSR-Gedanken zu verfeinern und auf eine stabile konzeptionelle Grundlage zu stellen. *Edward Freeman* legte mit seinem 1984 veröffentlichten Buch „Strategic Management: A Stakeholder Approach" den Grundstein für eine neue Art der strategischen Unternehmensführung, in deren Mittelpunkt das Management von Stakeholder-Beziehungen steht.[128] *Peter Drucker* argumentierte im selben Jahr ganz handfest, dass sich die soziale Verantwortung von Unternehmen in Geschäftsgelegenheiten und Gewinn ummünzen lasse.[129] Und *Archie Carroll* entwickelte in Fortführung früherer Arbeiten[130] die heute weit verbreitete CSR-Pyramide, die von unten nach oben vier Stufen enthält: „The CSR firm should strive to make a profit, obey the law, be ethical, and be a good corporate citizen."[131]

Aktuelle Beiträge nähern sich dem Thema bisweilen von der entgegengesetzten Seite und fragen nach den Gründen für und Mitteln gegen sozial unverantwortliches Verhalten von Unternehmen.[132] Ein Ratschlag lautet, die Unternehmen sollten ihre Bemühungen um Corporate Social Responsibility zuvörderst daran ausrichten, Corporate Social Irresponsibility zu minimieren.[133] Auf diese Weise vergrößern sich die Schnittflächen von CSR und Compliance.

---

which generally will be to make as much money as possible, while conforming to the basic rules of the society, both those embodied in law and those in ethical custom."

[127] Vgl. *Hayek,* The Constitution of Liberty, 1960, S. 78 f.; *ders.,* The Corporation in a Democratic Society, 1960, wieder abgedruckt in ders. (Hrsg.), Studies in Philosophy, Politics and Economics, 1967, S. 300 ff.; eingehend dazu jüngst *Kusunoki,* 27 Constitutional Political Economy 93 (2016).

[128] *Freeman,* Strategic Management: A Stakeholder Approach, 1984.

[129] *Drucker,* California Management Review 26 (1984), Nr. 2, S. 53, 62: „The proper responsibility of business is to tame the dragon, that is to turn a social problem into economic opportunity and economic benefit, into productive capacity, into human competence, into well paid jobs, and into wealth."

[130] Vgl. insbesondere *Carroll,* 4 Nr. 1 Academy of Management Review 497, 500 (1979): „The social responsibility of business encompasses the economic, legal, ethical, and discretionary expectations that society has of organizations at a given point in time."

[131] *Carroll,* Business Horizons, Juli/August 1991, S. 39, 43.

[132] Vgl. *Alexander,* Corporate Social Irresponsibility, 2015; ferner die Beiträge in Heft 2 des 33 Oxford Review of Economic Policy 157–354 (2017) unter dem Generalthema „Responsible Business".

[133] Vgl. *Kleinau/Kretzmann/Zülch,* 10 Global Journal of Business Research 71 (2016): „The paper turns traditional ideas about the responsibilities of corporations upside down by

2. *Stand der Management-, Rechnungslegungs- und Finanzierungsliteratur*

Heute füllt die stark fragmentierte CSR-Literatur[134] ganze Bibliotheken. Für einen orientierenden Überblick ist es hilfreich, sie nach Einzelfächern zu sortieren. In den internationalen Top-Journals finden sich CSR-Beiträge vor allem in den Bereichen Management, Accounting und Finance.[135] Von der überreichen Management-Literatur und ihrer Entwicklung über mehr als sechs Dekaden war gerade schon die Rede.[136] Methodisch handelt es sich zumeist um qualitative Studien, denen bestimmte normative Leitbilder zugrunde liegen. Weit verbreitet ist auch der Brückenschlag zur Unternehmensethik, wie er schon im Titel des 1982 gegründeten *Journal of Business Ethics* zum Ausdruck kommt. In der Rechnungslegungs-Literatur hat eine breitere Auseinandersetzung mit CSR erst seit der Jahrtausendwende stattgefunden, beginnend mit empirischen und theoretischen Arbeiten zur CSR-Berichterstattung.[137] Einen weiteren Forschungsschwerpunkt bildet die Bewertung und bilanzielle Abbildung von Human- und Sozialkapital, natürlichem und intellektuellem Kapital. Zunehmend geht es auch um Fragen des sog. *Integrated Reporting*.[138] Die noch recht schmale Finanzierungs-Literatur behandelt etwa Kapitalkosten und CSR, Philanthropie und Firmenwert, CSR und Steuerumgehung. Einem aktuellen Beitrag zufolge haben Unternehmen aus *common law*-Ländern niedrigere CSR-Ratings als solche aus *civil law*-Ländern. Seine Autoren leiten hieraus eine „legal origin"-Erklärung für CSR-Aktivitäten ab.[139]

---

arguing that it is not conducive to maximize corporate social responsibility (CSR). Instead, corporations should embrace their social responsibility by working to minimize corporate social irresponsibilty (CSI)."; zuvor schon *Lin-Hi/Müller,* 66 Journal of Business Research 1928 (2013) unter der Überschrift „The CSR bottom line: Preventing corporate social irresponsibility".

[134] Dazu *Aguinis/Glavas,* 38 Journal of Management 932, 933 (2012): „In spite of the reviews published thus far, the CSR literature remains highly fragmented."

[135] Für eine solche Einzelaufschlüsselung zuletzt *Malik,* 127 Journal of Business Ethics 419 (2015).

[136] Einen informativen Literaturüberblick bieten *Aguinis/Glavas,* 38 Journal of Management 932 (2012).

[137] Für einen Literaturüberblick *Huang/Watson,* 34 Journal of Accounting Literature 1 (2015).

[138] Zusammenfassend *de Villiers/Rinaldi/Unerman,* 27 Accounting, Auditing and Accountability Journal 1042 (2014).

[139] Vgl. *Liang/Renneboog,* 72 Journal of Finance 853, 896 (2017): „This is consistent with demand-side arguments that CSR reflects social preferences for good corporate behavior and a stakeholder orientation, and that such social preferences are more embedded in rule-based mechanisms that restrict firm behavior ex ante, mechanisms that are more prevalent in civil law countries."

3. Zum „Business Case" für CSR

Eine Schlüsselfrage der CSR-Debatte lautet über alle Fachgrenzen hinweg, ob sich soziale Verantwortung und Profitabilität vereinbaren lassen:[140] „Zahlt es sich aus, Gutes zu tun?"[141], wie es eine Meta-Studie aus dem Jahre 2009 formuliert hat. Eine endgültige Antwort darauf steht noch aus, und vielleicht wird es sie nie geben.[142] Immerhin gelangt die Mehrzahl der bisherigen Studien zu dem Ergebnis, dass zwischen CSR und finanzieller Unternehmensperformance ein – wenn auch kleiner – positiver Zusammenhang besteht.[143]

Dabei darf man allerdings nicht übersehen, dass eine solche positive Korrelation nicht zwingend den Schluss zulässt, dass Unternehmen *wegen* ihrer CSR-Aktivitäten wirtschaftlich erfolgreicher seien. Vielmehr kann es sich auch genau umgekehrt verhalten, dass wirtschaftlich erfolgreiche Unternehmen mehr Geld für Corporate Social Responsibility ausgeben können.[144] Ursache und Wirkung sind hier – wie auch sonst – nur schwer bestimmbar.[145]

Schließlich sollte nicht unerwähnt bleiben, dass die Strategie des „Doing well by doing good" nicht die einzig erfolgversprechende ist. Wie verschie-

---

[140] Vgl. zuletzt *Zülch/Kreutzmann,* DB 2017, 677, die selbst empfehlen, CSR als strategische Investition in den Aufbau von Wettbewerbsvorteilen und als Instrument der Wertschöpfung zu begreifen; eingehend einschließlich einer Zusammenstellung aller gängigen Argumente für und gegen CSR *Carroll/Shabana,* 12 International Journal of Management Reviews 85 (2010).

[141] *Margolis/Elfenbein/Walsh,* Does it Pay to Be Good … And Does it Matter? A Meta-Analysis of the Relationship between Corporate Social and Financial Performance, <http://dx.doi.org/10.2139/ssrn.1866371>.

[142] Skeptisch *Mayer,* 33 Oxford Review of Economic Policy 157, 164 (2017): „A decisive study of a relation between responsibility and performance is the Holy Grail to which the business and financial academic community is working frenetically. But like the quest for the Holy Grail, it is proving a bit more elusive than might have been hoped. […] So not only is theory less than conclusive, so too is the empirical evidence. And there is probably a very good reason why neither is decisive and that is that that there is no right answer. There is not a single right way of doing business."

[143] Vgl. den Befund der Meta-Studie von *Margolis/Elfenbein/Walsh* (Fn. 141), S. 28: „After 35 years of research and over 200 studies, there is a conclusive if perhaps unsatisfying answer to the question of whether companies benefit financially from social performance. The effect of CSP on CFP is small, positive, and significant. CSP does not destroy shareholder value, even if its effect on shareholder value is not large. Although a small positive relationship pleases neither proponents nor opponents of CSP, the number and breadth of studies, their stability over the past decade, and our file-drawer analysis suggest that ongoing inquiry will not turn up vastly different findings."

[144] Dazu *Huang/Watson,* 34 Journal of Accounting Literature 1, 7 (2015): „One key issue for studies of CSR and financial performance to consider is reverse causality; that is, CSR is a product of financial performance."; ferner *Fifka,* Corporate Citizenship in Deutschland und den USA, 2012, S. 32.

[145] Zum „Doing good by doing well" *Liang/Renneboog,* 72 Journal of Finance 853, 854 (2017) m.w.N.

dene Studien zeigen, lässt sich mit Investitionen in „sündige" Aktien (z.B. Zigaretten-, Glücksspiel- oder Waffenindustrie) ebenfalls eine stattliche Rendite erwirtschaften:[146] „Doing well by doing bad."[147]

4. Stakeholder Value und Shareholder Value in der Unternehmenspraxis

Viele Unternehmen sprechen heute in ihren Selbstdarstellungen die Sprache des Stakeholder-Value-Ansatzes, auch wenn sie ihn keineswegs immer praktizieren. Wie unterschiedlich die widerstreitenden Erwartungen von Stakeholdern und Anteilseignern tatsächlich ausbalanciert werden, hat eine Kolumne des *Economist* kürzlich auf den Punkt gebracht. Sie unterscheidet aus Shareholder-Value-Sicht sechs verschiedene Phänotypen von Unternehmen: (a) *corporate fundamentalists,* die nach sofortiger Gewinn- und Aktienkurssteigerung streben, (b) *corporate toilers,* die den Aktionärsinteressen ebenfalls Vorrang einräumen, sich aber in zeitlicher Hinsicht geduldiger zeigen, (c) *corporate oracles,* die ihren Gewinn innerhalb des rechtlich Zulässigen maximieren wollen, aber gleichzeitig überzeugt sind, dass sich die Rechtsordnung in Richtung der öffentlichen Meinung fortentwickeln wird, und daher schon heute tun, was morgen verpflichtend sein wird, (d) *corporate kings,* die den Shareholder Value so erfolgreich mehren, dass sie sich erlauben können, ihn gelegentlich zu ignorieren, (e) *corporate socialists,* kontrolliert vom Staat, Unternehmerfamilien oder dominierenden Managern, die ihren außenstehenden Aktionären gerade so viel Gewinn zubilligen, um eine Revolte zu verhindern, und (f) *corporate apostates,* die als Aktiengesellschaft organisiert sind, ohne sich im Geringsten um ihre Anteilseigner zu scheren.[148] Die Kolumne schließt mit der Einsicht, dass es im Ringen zwischen Stakeholdern und Anteilseignern keine endgültigen Siege, sondern nur stetige pragmatische Anpassungen gebe. Welcher Weg der richtige sei, könnten und müssten die einzelnen Unternehmen grundsätzlich selbst entscheiden. Dies trifft sich mit empirischen Beobachtungen, nach denen es über Branchengrenzen hinweg, aber auch innerhalb eines Wirtschaftszweiges erhebliche Unterschiede in den CSR-Aktivitäten gibt, ohne dass die Gründe hierfür schon vollständig erforscht wären.[149]

---

[146] Vgl. etwa *Hong/Kacperczyk,* 83 Journal of Financial Economics 15 (2009).

[147] Näher dazu *Mayer,* 33 Oxford Review of Economic Policy 157, 164 (2017) unter der Zwischenüberschrift „Doing well by doing good and bad".

[148] *Schumpeter*, Businesses can and will adapt to the age of populism, Economist, 21.1.2017.

[149] Zusammenfassend *Huang/Watson,* 34 Journal of Accounting Literature 1, 4 (2015): „Despite the widespread popularity of CSR, there remains significant variation in the observed levels of CSR activity and disclosure both across and within industries. The line of research on determinants of CSR provides explanations for why such variation exists."

IV. Internationale Regel- und Standardsetzung

Jüngeren Datums sind CSR-Standards auf internationaler Ebene, die darauf abzielen, einen globalen Ordnungsrahmen für globales Wirtschaften zu errichten.[150] Dieser Ordnungsrahmen soll *governance gaps* schließen, welche in einer weltweit vernetzten Wirtschaft durch den territorial begrenzten Wirkungsradius nationaler oder supranationaler Regeln entstehen[151]: „CSR is, essentially, a product of globalization."[152] Dabei dominieren bisher Instrumente des *soft law*, die in ihrem Formenreichtum eine neue Regelungsschicht des Internationalen Wirtschaftsrechts bilden[153] und konzeptionell wie begrifflich unter dem Dach der *Transnational Economic Governance* zusammengefasst werden.[154] Allmählich beobachtet man bei den CSR-Standards und ihrer Durchsetzung aber eine „gleitende Skala von Verbindlichkeit",[155] die auch harte Sanktionen einschließt.[156] Hiergegen regt sich indes rechtspolitischer Widerstand.[157]

1. Vielfalt und Varianz der Verhaltensstandards

Um der Vielfalt globaler CSR-Initiativen Herr zu werden, bietet sich eine akteurzentrierte Annäherung an.[158] Die wichtigsten Akteure sind die Vereinten Nationen (UN), die Organisation für wirtschaftliche Zusammenarbeit und Entwicklung (OECD) und die Internationale Organisation für Normung (ISO).

---

[150] So der Untertitel des Beitrags von *Spießhofer,* AnwBl 2016, 366: „Wie ein globaler Ordnungsrahmen für globales Wirtschaften entsteht".

[151] Vgl. *Spießhofer,* FS Kirchhof, 2013, § 113 Rn. 3: „Die mit zunehmender Intensität geführte Diskussion über das Thema Corporate Social Responsibility (CSR) ist eine Reaktion auf die ‚governance gaps', die nicht nur durch Skandale wie Enron, Worldcom, Siemens und die Subprime-Krise offenbar wurden, sondern auch durch Berichte über Korruption und sozial und ökologisch untragbare Wirtschaftsweisen in weniger entwickelten Ländern."

[152] *Amstutz,* SZW 2016, 189.

[153] So der Untertitel des Zeitschriftenbeitrags von *Kaltenborn/Norpoth,* RIW 2014, 402: „CSR Leitlinien als neue Regelungseben des Internationalen Wirtschaftsrechts"; aus der Lehrbuchliteratur *Herdegen,* Internationales Wirtschaftsrecht, 10. Aufl., 2014, § 4 Rn. 61 ff.

[154] Monographisch *Hale/Held* (Hrsg.), Handbook of Transnational Governance, 2011; *Tietje/Brouder* (Hrsg.), Handbook Transnational Economic Governance Regimes, 2009.

[155] *Spießhofer,* in: Hauschka/Moosmayer/Lösler (Hrsg.), Corporate Compliance, 3. Aufl., 2016, § 11 Rn. 8.

[156] Vgl. *Spießhofer* (Fn. 9), S. 61, 64: „Soft Law with Hard Sanctions".

[157] Kritisch aus schweizerischer Sicht etwa *Bohrer,* GesKR 2016, 273, 275 f., der fünf Erfolgsbedingungen für CSR benennt: (1) Voluntary engagement, (2) Global standards of soft law, not hard law, (3) Incentives and market forces as part of a smart mix, (4) Knowing and showing rather than naming ad shaming, (5) Remedy through mediation, not litigation.

[158] Ähnlich die Gliederungen von *Kaltenborn/Norpoth,* RIW 2014, 402, 403 f.; *Spießhofer* (Fn. 155), § 11 Rn. 10 ff.

Bei den Vereinigten Nationen nahm die Entwicklung im Jahre 2000 ihren Anfang mit dem UN Global Compact, der zehn Grundprinzipien in den Bereichen Menschenrechte, Arbeitsschutz, Umwelt und Antikorruption aufstellt. Im Jahre 2011 sind die UN-Leitprinzipien für Wirtschaft und Menschenrechte hinzugetreten, die auf einem Bericht des UN-Sonderberichterstatters *John Ruggie* beruhen und daher auch *Ruggie*-Prinzipien genannt werden.[159] Sie ruhen auf drei Säulen: die staatliche Verpflichtung zum Schutz der Menschenrechte („Schutz"), die unternehmerische Verantwortung zur Achtung der Menschenrechte („Achtung") und die Verpflichtung zur Gewährung effektiven Rechtsschutzes („Abhilfe"). Der Menschenrechtsrat der Vereinten Nationen hat diese Leitprinzipien in seiner Resolution 17/4 förmlich befürwortet.

Viel beachtet werden des Weiteren die OECD-Leitlinien für Multinationale Unternehmen von 2011, die sich als Empfehlungen für verantwortungsbewusstes Geschäftsverhalten im globalen Kontext verstehen.[160] Sie nehmen in ihrem Kapitel IV (Menschenrechte) Bezug auf die UN-Leitprinzipien. Auch wenn sie als nicht rechtsverbindlich konzipiert sind, verlangen sie von den OECD-Mitgliedern die Einrichtung einer Nationalen Kontaktstelle, die bei allfälligen Beschwerden ein unparteiliches Verfahren einleitet und mit einer Stellungnahme abschließt.[161] Diese Stellungnahmen sind Teil der Staatenpraxis und der völkerrechtlichen Überzeugungsbildung.[162]

Außerdem hat die Internationale Organisation für Normung im Jahre 2010 mit ISO 26 000 einen Leitfaden zur gesellschaftlichen Verantwortung von Organisationen vorgelegt, der unverändert in die deutsche DIN ISO 26 000: 2011-01 übernommen wurde. Diese ISO-Verantwortungskonzeption soll nach ihrem Selbstverständnis aber weder Ausdruck von Völkergewohnheitsrecht sein noch sonst als Grundlage für rechtliche Aktivitäten dienen und stellt auch keine zertifizierbare Managementsystem-Norm dar.

Hinzu kommen zahlreiche weitere sektoren-, themen- und instrumentenspezifische CSR-Ansätze, die hier nicht im Einzelnen vorgestellt werden können.[163] Wissenschaftlich unterbelichtet ist nach wie vor die Frage der demokratischen Legitimation der zahlreichen Standardsetzer.[164] Sie wird umso

---

[159] Dazu etwa *Kasolowski/Voland,* AnwBl 2014, 388; *Spießhofer* (Fn. 155), § 11 Rn. 14 ff.

[160] Dazu etwa *Hardeck,* IStR 2011, 933; *Krajewski/Bozorgzad/Heß,* ZaöRV 2016, 309; monographisch *Weidmann,* Der Beitrag der OECD-Leitsätze für multinationale Unternehmen zum Schutz der Menschenrechte, 2014.

[161] Näher dazu *Kasolowsky/Voland,* NZG 2014, 1288; für einen Überblick über die einschlägigen Verfahren der deutschen Nationalen Kontaktstelle *Krajewski/Bozorgzad/Heß,* ZaöRV 2016, 309, 311 ff.

[162] Dazu *Herdegen* (Fn. 153), § 4 Rn. 69.

[163] Näher *Spießhofer* (Fn. 155), § 11 Rn. 30 ff.

[164] Dazu etwa *Spießhofer,* NJW 2014, 2473, 2476.

drängender, je stärker der nationale Gesetzgeber diese Standards in Bezug nimmt, jüngst etwa in § 289d HGB.[165]

2. *Nationaler Aktionsplan Wirtschaft und Menschenrechte*

Die Umsetzung der UN-Leitprinzipien für Wirtschaft und Menschenrechte soll durch Nationale Aktionspläne für Wirtschaft und Menschenrechte erfolgen. In verschiedenen europäischen Ländern ist dies schon geschehen.[166] Hierzulande hat die Bundesregierung im Dezember 2016 ihren Nationalen Aktionsplan vorgelegt, der die UN-Leitprinzipien für alle Akteure praktisch anwendbar machen, Pflichten bzw. Verantwortlichkeiten für Staat und Wirtschaft aufzeigen, Politikkohärenz gewährleisten und sicherstellen soll, dass die deutsche Wirtschaft zukunfts- und wettbewerbsfähig bleibt.[167] Er erläutert die Erwartungshaltung der Bundesregierung an die unternehmerische Sorgfalt in der Achtung der Menschenrechte und kündigt weitere Maßnahmen mit unterschiedlichem Verbindlichkeitsgrad auf verschiedenen Handlungsfeldern an. Ergänzend werden Anreize und Unterstützungsangebote für die Unternehmen geschaffen.

3. *Haftung für Menschenrechtsverletzungen*

Aus privatrechtlicher Sicht hat in jüngster Zeit die Haftung inländischer Unternehmen für Menschenrechtsverletzungen von Tochtergesellschaften oder Zulieferern im Ausland besondere Aufmerksamkeit gefunden.[168] Dabei geht es zunächst um Fragen des Gerichtsstandes und des anwendbaren Rechts,[169] aber auch um die Reichweite konzernrechtlicher Haftungstatbestände, seien sie nun speziell-gesellschaftsrechtlicher oder allgemein-deliktsrechtlicher Natur.[170] Erste wegweisende Gerichtsentscheidungen aus England[171] und den

---

[165] Vgl. *Spießhofer* (Fn. 9), S. 61, 71: „Mit der dynamischen Verweisung auf private und internationale Standards wird ein wesentlicher Teil der normativen *Definition unternehmerischer Verantwortung,* die ansonsten dem Gesetzgeber obliegt, auf diese Organisationen *delegiert,* denen, jedenfalls soweit sie privatrechtlich organisiert sind, jede demokratische Legitimation fehlt."

[166] Dazu *Wernicke/Stöbener de Mora,* AnwBl 2016, 375, 377.

[167] So Nationaler Aktionsplan. Umsetzung der VN-Leitprinzipien für Wirtschaft und Menschenrechte, 2016 – 2020, 21.12.2016, S. 4.

[168] Dazu aus deutscher Sicht *Thomale/Hübner,* JZ 2017, 385; *Wagner,* RabelsZ 80 (2016), 717; *Weller/Kaller/Schulz,* AcP 216 (2016), 387; monographisch *Güngör,* Sorgfaltspflichten für Unternehmen in transnationalen Menschenrechtsfällen, 2016.

[169] Vgl. *Thomale/Hübner,* JZ 2017, 385, 389 ff.; *Weller/Kaller/Schulz,* AcP 216 (2016), 387, 391 ff.

[170] Vgl. aus deutscher Sicht *Wagner,* RabelsZ 80 (2016), 717, 750 ff., 762 ff.; aus schweizerischer Sicht *Kaufmann,* SZW 2016, 45; *Weber/Baisch,* EBLR 2016, 669, 684 ff.

[171] Vgl. *Chandler v Cape* [2012] EWCA Civ 525; dazu etwa *Sanger,* [2012] Cambridge L.J. 478; *Petrin,* [2013] Mod. L. Rev. 603.

Niederlanden[172] liegen bereits vor. In Deutschland ist eine Klage gegen den Textildiscounter KiK in erster Instanz anhängig.[173] Vereinzelt gibt es auch schon Reformanstrengungen des Gesetzgebers, namentlich in Frankreich das Gesetz vom 21.2.2017 betreffend die Überwachungspflicht von großen Aktiengesellschaften mit 5.000 Beschäftigten in Frankreich oder 10.000 Beschäftigten weltweit.[174] In der Schweiz hat sich mit ähnlicher Stoßrichtung eine sog. Konzernverantwortungsinitiative formiert, um einen Volksentscheid zu erwirken.[175] Speziell mit Blick auf die Bekämpfung von Menschenhandel und Zwangsarbeit in Lieferketten von Unternehmen ist zudem der *UK Modern Slavery Act* von 2015 zu nennen[176], der seinerseits am *California Transparency in Supply Chains Act* von 2010 Maß genommen hat.[177]

V. CSR-Berichterstattung

1. Richtlinie und Umsetzungsgesetz

Die stärkste normative Verfestigung hat das CSR-Konzept kürzlich durch die CSR-Richtlinie vom Oktober 2014[178] und das CSR-Richtlinie-Umsetzungsgesetz vom Mai 2017[179] erfahren. Die Richtlinie ist eine Frucht der schon erwähnten neuen EU-Strategie für die soziale Verantwortung von Unternehmen von 2011.[180] Sie führt für bestimmte große Unternehmen eine Mindestharmonisierung der verpflichtenden Berichterstattung über nichtfinanzielle Informationen ein und verlässt damit endgültig[181] den Boden eines auf Freiwilligkeit basierenden CSR-Konzepts. Begründet wird dies nicht etwa mit

---

[172] Vgl. Rechtbank Den Haag, 30.1.2013, ECLI:NL:RBDHA:2013:BY9845; dazu *Wagner,* RabelsZ 80 (2016), 717, 720 f.

[173] Vgl. LG Dortmund, Az. 7 O 95/15; dazu *Thomale/Hübner,* JZ 2017, 385, 386.

[174] Vgl. Loi relative au devoir de vigilance des sociétés mères et entreprises donneuses d'ordre; dazu etwa *Malecki,* BJS 2017, 298; *Schiller,* JCP E, 2017, 1193. Einzelne Bestimmungen über die Verhängung einer Geldbuße sind inzwischen vom *Conseil constitutionnel* wegen ihrer Unbestimmtheit als verfassungswidrig verworfen worden, vgl. Conseil, n° 2017-750 DC, 23.3.2017, JORF 28.3.2017.

[175] Eidgenössische Volksinitiative „Für verantwortungsvolle Unternehmen – zum Schutz von Mensch und Umwelt", BBl 2015 3245 (Konzerninitiative, KVI).

[176] Dazu aus deutscher Sicht *Gernand,* CCZ 2016, 102; *Zimmer/Doris,* BB 2016, 181.

[177] Hierzu aus deutscher Sicht *Determann/Mühling,* CCZ 2012, 117; umfassend und rechtsvergleichend *Fleischer/Hahn,* RIW 2018, Heft 7.

[178] Fn. 6; monographisch dazu *Szabó,* Mandatory Corporate Social Responsibility Reporting in der EU, 2015.

[179] BGBl. I, 802.

[180] Fn. 7.

[181] Vgl. bereits § 289 Abs. 3 HGB; dazu Baumbach/Hopt/*Merkt,* HGB, 37. Aufl., 2016, § 289 Rn. 3 m.w.N.

einem *Business Case* für CSR,[182] sondern ganz unverhohlen mit dem gesellschaftspolitischen Ziel, den Übergang zu einer nachhaltigen globalen Wirtschaft zu ermöglichen, die langfristige Rentabilität mit sozialer Gerechtigkeit und Umweltschutz verbindet.[183] In diesem Zusammenhang soll die Angabe nichtfinanzieller Informationen dabei helfen, das Geschäftsergebnis von Unternehmen und deren Auswirkungen auf die Gesellschaft zu messen, zu überwachen und zu handhaben.[184]

International waren Frankreich (2001) und Dänemark (2009) Vorreiter in Sachen verpflichtender CSR-Berichterstattung.[185] Der deutsche Gesetzgeber hat die unionsrechtlichen Vorgaben jüngst – verspätet – in nationales Recht überführt und sich dabei in den §§ 289b–289e, 315b–315d HGB auf eine 1:1-Umsetzung beschränkt.[186] Regelungsadressaten der neuen Pflicht zur nichtfinanziellen Erklärung sind kapitalmarktorientierte Kapitalgesellschaften, Genossenschaften, haftungsbeschränkte Personenhandelsgesellschaften sowie Kreditinstitute und Versicherungsunternehmen, welche die Merkmale des § 267 Abs. 3 HGB erfüllen und im Jahresdurchschnitt mehr als 500 Arbeitnehmer beschäftigen. Schätzungen zufolge sind dies insgesamt etwa 550 Unternehmen in Deutschland.[187] Diese müssen ihren Lagebericht für Geschäftsjahre, die nach dem 31.12.2016 beginnen, um eine nichtfinanzielle Erklärung ergänzen. In dieser Erklärung ist nach § 289c Abs. 1 HGB das Geschäftsmodell der betreffenden Gesellschaft kurz zu erläutern. Darüber hinaus bezieht sich die Erklärung gemäß § 289c Abs. 2 Nr. 1–5 HGB zumindest auf folgende Aspekte: Umweltbelange, Arbeitnehmerbelange, Sozialbelange, Achtung der Menschenrechte sowie Bekämpfung von Korruption und Bestechung. Zu allen diesen fünf Aspekten ist nach § 289c Abs. 3 Nr. 1 HGB eine Beschreibung der von der Gesellschaft verfolgten Konzepte einschließlich der von ihr angewandten Due-Diligence-Prozesse erforderlich. Wenn die berichtspflichtige Gesellschaft in Bezug auf einen oder mehrere dieser Aspekt kein Konzept verfolgt, hat sie dies in ihrer nichtfinanziellen Erklärung gemäß § 289c Abs. 4 HGB klar und begründet zu erläutern. Hervorhebung verdient schließlich, dass die Gesellschaft nach § 289d Satz 1 HGB für die Erstellung der Erklärung nationale, europäische oder internationale Rahmenwerke nutzen

---

[182] Darauf hinweisend auch *Szabó/Sörensen,* ECFR 2015, 307, 315 mit dem Zusatz: „In comparison, the Danish legislator relied on the business case when it introduced the disclosure requirement in 2009."

[183] So Richtlinie 2014/95/EU (Fn. 6), Erwägungsgrund 3.

[184] Vgl. Richtlinie 2014/95/EU (Fn. 6), Erwägungsgrund 3.

[185] Näher *Szabó/Sörensen,* ECFR 2015, 307, 313 f.; ferner *Böcking/Althoff,* Der Konzern 2017, 246, 252 f.

[186] Vgl. etwa *Böcking/Althoff,* Der Konzern 2017, 246; *Meeh-Bunse/Hermeling/Schomaker,* DStR 2017, 1127; *Richter/Johne/König,* WPg 2017, 566.

[187] Vgl. Begr. RegE CSR-Richtlinie-Umsetzungsgesetz, BT-Drucks. 18/9982, S. 41.

kann. Damit wird die private Normsetzung durch die in Erwägungsgrund 9 der Richtlinie genannten Standardgeber praktisch akzeptiert.[188]

2. *Neue Aufgaben für Vorstand und Aufsichtsrat*

Mit der verpflichtenden CSR-Berichterstattung kommen auf Vorstand und Aufsichtsrat der betroffenen Gesellschaften künftig neue Aufgaben zu. Die Pflicht zur Aufstellung des Lageberichts mitsamt der nichtfinanziellen Erklärung liegt nach § 264 Abs. 1 Satz 1 und 3 HGB i.V.m. § 78 Abs. 1 Satz 1 AktG beim Vorstand.[189] Er muss sich im Wege einer CSR-Inventur vergewissern, inwieweit die genannten fünf Belange in seinem Unternehmen eine Rolle spielen, und hierauf aufbauend für eine schlüssige CSR-Strategie sorgen. Wie für Compliance gilt auch hier: CSR ist Chefsache![190] Die grundlegenden Entscheidungen muss der Vorstand selbst treffen. Hiervon unberührt bleibt seine Möglichkeit, Vorbereitungs- und Ausführungsmaßnahmen nach allgemeinen Grundsätzen zu delegieren.

Der Aufsichtsrat muss den vom Vorstand aufgestellten Lagebericht mitsamt der nichtfinanziellen Erklärung gemäß § 171 Abs. 1 AktG prüfen.[191] Eine inhaltliche Prüfung der nichtfinanziellen Erklärung durch den Abschlussprüfer ist dagegen – anders als etwa in Dänemark und Frankreich – nicht zwingend vorgeschrieben.[192] Durch eine Ergänzung des § 111 Abs. 2 AktG wird dem Aufsichtsrat aber ausdrücklich gestattet, eine externe inhaltliche Prüfung der Erklärung in Auftrag zu geben.[193]

Zu alledem und möglichen Sanktionen bei Verstößen gegen die neue CSR-Berichtspflicht wird eine intensive Diskussion im Schrifttum nicht lange auf sich warten lassen.[194]

3. *Ausstrahlung auf die aktienrechtliche Zielkonzeption?*

Eine prominente Literaturstimme hat schon bald nach Verabschiedung der CSR-Richtlinie die These aufgestellt, dass die CSR-Berichtspflicht über das

---

[188] So auch *Rehbinder* (Fn. 120), S. 959, 972.

[189] Vgl. *Hennrichs/Pöschke,* NZG 2017, 121, 123; *Roth-Mingram,* NZG 2015, 1341, 1343; *Seibt,* DB 2016, 2707, 2708.

[190] *Fleischer,* Der Aufsichtsrat 2017, 65.

[191] Vgl. *Böcking/Althoff,* Der Konzern 2017, 246, 250 f.; *Hennrichs/Pöschke,* NZG 2017, 121, 123 ff.; *Lanfermann,* BB 2017, 747. Zum Ermessen des Aufsichtsrats hinsichtlich der Prüfungsdichte und des Prüfungsumfangs: Beschlussempfehlung und Bericht des Ausschusses für Recht und Verbraucherschutz, BT-Drucks. 18/11450, S. 47.

[192] Vgl. *Böcking/Althoff,* Der Konzern 2017, 246, 250.

[193] Zu den Gründen für diese Vorschrift Beschlussempfehlung und Bericht des Ausschusses für Recht und Verbraucherschutz, BT-Drucks. 18/11450, S. 47.

[194] Erste Beiträge bei *Roth-Mingram,* NZG 2015, 1341, 1343 ff.; *Seibt,* DB 2016, 2707, 2714 f.

Bilanzrecht hinaus weit in die Unternehmensverfassung ausgreife, den Unternehmenszweck der betroffenen Gesellschaften in seinem Kern verändere und die Handlungspflichten von Vorstand und Aufsichtsrat ausweite.[195] Insbesondere treffe den Vorstand künftig die Pflicht, die ihm vorgegebenen nichtfinanziellen Unternehmensziele im Rahmen seines unternehmerischen Ermessens mit dem Gewinnziel der Gesellschaft abwägend zum Ausgleich zu bringen.[196] Richtig hieran ist, dass die EU-Kommission danach trachtet, kapitalmarktorientierte Großunternehmen zu sozial verantwortlichem Verhalten zu erziehen.[197] Und mit Händen zu greifen ist ebenso, dass der *comply-or-explain*-Mechanismus der CSR-Richtlinie die betroffenen Unternehmen zu keiner Abweichungskultur ermuntern,[198] sondern sie bei Nichtbefolgen gerade umgekehrt in Erklärungsnot bringen will.[199] Weiter reichende Schlussfolgerungen sind aber nicht gerechtfertigt.[200] Vielmehr hat es die CSR-Richtlinie – ungeachtet aller Doppeldeutigkeiten und *nudging*-Tendenzen[201] – bei einer bloßen Berichtspflicht belassen. Davon ist auch der deutsche Umsetzungsgesetzgeber in § 289c Abs. 4 HGB ausgegangen, indem er – anders als von Teilen der Literatur gefordert[202] – die materiellen Kernvorschriften der §§ 76 Abs. 1, 93 Abs. 1 AktG gerade nicht angetastet hat. Zudem kann man ihm kaum unterstellen, die berichtspflichtigen Gesellschaften gleichsam unter der Hand in *public benefit corporations* US-amerikanischen Zuschnitts[203] verwandelt zu haben.[204]

---

[195] So namentlich *Hommelhoff*, FS Kübler, 2015, S. 291 f.; zuvor schon *ders.*, FS v. Hoyningen-Huene, 2014, S. 137, 140 ff.; *ders.*, NZG 2015, 1329, 1330.

[196] Vgl. *Hommelhoff* (Fn. 195), S. 291, 298.

[197] Vgl. *Müller-Graff*, ZHR 177 (2013) 564, 574, der von einem „persuasiven Weg zur Durchsetzung heteronomer politischer Detailvorstellungen und politikverträglicher Erziehung von Unternehmen" spricht.

[198] Dazu *Fleischer*, Der Aufsichtsrat 2017, 65.

[199] Dazu *Schön*, ZHR 180 (2016) 279, 283.

[200] Wie hier *Schön*, ZHR 180 (2016) 279, 285 ff.; *Spießhofer* (Fn. 9), S. 61, 70.

[201] Näher *Möslein/Sorensen*, Nudging for Corporate Long-termism and Sustainability, <http://dx.doi.org/10.2139/ssrn.2958655>, S. 22: „In any event, the directive's regulatory approach constitutes a prime example of nuding, meaning that it is consequently subject to a similar criticism that is represented in libertarian paternalism in general."

[202] Vgl. etwa *Hommelhoff* (Fn. 195), S. 137, 144.

[203] Zu ihnen unter VIII.1.

[204] Ebenso *Spießhofer* (Fn. 9), S. 61, 70.

VI. Weitere Einzelfragen der aktienrechtlichen CSR

Neben den großen Entwicklungsbögen gibt es auch eine Reihe kleinerer Fragen mit CSR-Bezug. Außerhalb des aktienrechtlichen Bezugsrahmens gehören hierzu etwa steuerliche Aspekte der CSR von Unternehmen[205] und die Vereinbarung von CSR-Klauseln in der Lieferkette mitsamt ihrer AGB-Problematik[206]. Im Aktienrecht selbst geht es vor allem um Zulässigkeit und Grenzen von Unternehmensspenden sowie um die Vorstandsvergütung.

1. *Korporative Freigebigkeit*

Hinsichtlich der externen CSR[207] spielen Zweifelsfragen der korporativen Freigebigkeit eine prominente Rolle.[208] Sie geben immer wieder Anlass zu Gerichtsentscheidungen, zuletzt etwa im Zusammenhang mit Spenden aus Gesellschaftsmitteln ohne hinreichenden Unternehmensbezug[209] oder Sponsoring in der Unternehmenskrise[210]. International ist vereinzelt sogar der Reformgesetzgeber vorgeprescht. Große Beachtung hat eine Bestimmung im indischen *Companies Act 2013* gefunden, nach der Kapitalgesellschaften ab einer bestimmten Größenordnung jährlich mindestens 2 % ihres Reingewinns in CSR-Projekte stecken müssen.[211] Sie folgt einem steuerrechtlichen Vorbild aus Mauritius und wurde von dort in das indische Recht übernommen.[212]

---

[205] Vgl. *Hüttemann,* FS Schaumburg, 2009, S. 405; *Herrmann,* in: Walden/Depping (Fn. 8), S. 213.

[206] Vgl. *Depping,* in: Walden/Depping (Fn. 8), S. 125; *Spießhofer/v. Westphalen,* BB 2015, 75.

[207] Zur externen CSR: EU-Kommission, Grünbuch vom 18.7.2001 KOM(2001) 366 endg., Rn. 42.

[208] Dazu bereits *Fleischer,* AG 2001, 171 mit umfangreichen rechtsvergleichenden Nachweisen.

[209] Vgl. LG Essen 44 O 164/10, juris Rn. 987: geschenkte Festschrift; dazu *Fleischer,* FS Meincke, 2015, S. 101.

[210] Vgl. LG Essen 44 O 164/10, juris Rn. 1013: Zuwendung an die Said Business School der Universität Oxford; dazu *Fleischer/Bauer,* ZIP 2015, 1901, 1909 f.

[211] Vgl. s. 135 Indian Companies Act 2013 (Corporate Social Responsibility): „(1) Every company having net worth of rupees five hundred crore or more, or turnover of rupees one thousand crore or more or a net profit of rupees five crore or more during any financial year shall constitute a Corporate Social Responsibility Committee of the Board consisting of three or more directors, out of which at least one director shall be an independent director. [...] (5) The Board of every company referred to in sub-section (1), shall ensure that the company spend, in every financial year, at least two per cent of the average net profit of the company made during the three immediately preceding financial years in pursuance of its Corporate Social Responsibility Policy."

[212] Vgl. *Zhan,* 37 Legal Studies 103, 127 (2017): „The idea of a mandatory contribution based on a certain percentage requirement of net profit was first proposed by Rama Krihna Sithanen, the Minister of Finance of Mauritius at that time. [...] The Mauritian government

Im Rampenlicht stehen außerdem politische Spenden von Unternehmen, für die national und international ganz unterschiedliche gesellschaftsrechtliche Regelungen gelten. Hierzulande erstreckt sich die grundsätzliche Statthaftigkeit von Unternehmensspenden nach ganz h.M. auch auf unentgeltliche Zuwendungen an politische Parteien.[213] Dabei steht es dem Vorstand als zuständigem Organ frei, eine bestimmte politische Richtung im Rahmen seines unternehmerischen Ermessens zu unterstützen, sofern dies im wohlverstandenen Unternehmensinteresse liegt. Für eine Entscheidungszuständigkeit der Hauptversammlung gibt es keinen Anhalt im Gesetz.[214] Gegenteilig hat der englische Reformgesetzgeber durch den *Political Parties, Election and Referendum Act 2000* entschieden, der eine Zustimmung der Hauptversammlung zu einer korporativen Spendenpolitik vorsieht und einer Aktionärsminderheit von 5 % ein Klagerecht bei *unauthorised political expenditure* einräumt.[215] Unter dem indischen *Companies Act 2013* gelten Spenden an politische Parteien nicht als taugliche CSR-Projekte.[216] In den Vereinigten Staaten hat der *Supreme Court* im Jahre 2010 entschieden, dass eine Spendenobergrenze für die *business corporation* gegen die verfassungsrechtliche Meinungsfreiheit verstößt.[217]

2. Nachhaltige Vorstandsvergütung

Einen CSR-Bezug weist ferner die Managervergütung auf, die hierzulande für börsennotierte Gesellschaften gemäß § 87 Abs. 1 Satz 2 AktG auf eine nachhaltige Unternehmensentwicklung auszurichten ist. Hiermit ist aber nicht das *Sustainable-Development*-Konzept gemeint, das eine ökologische Neuausrichtung der Unternehmensführung anstrebt.[218] Vielmehr geht es um eine Orientierung der Vergütungsstruktur am dauerhaften, also jedenfalls periodenübergreifenden Erfolg.[219] Hiervon losgelöst ist die Frage, inwieweit sich die CSR-Performance eines Unternehmens in der Vorstandsvergütung widerspiegeln soll.[220]

---

amended this; instead of company law, they used the Income Taxt Act 1995 by virtue of the Finance Act 2015 to make CSR mandatory. [...] Directly transplanted from the Mauritian legislation, this 2 % requirement was also introduced in the Indian Companies Act 2013."

[213] Vgl. *Fleischer,* in: Spindler/Stilz (Fn. 55), § 76 AktG Rn. 50.

[214] Näher *Fleischer,* AG 2001, 171, 179 ff.

[215] Vgl. *Gower/Davies/Worthington,* Principles of Modern Company Law, 10. Aufl., 2016, Rn. 16–85 und 17–29.

[216] Vgl. Companies Act 2013, s. 1235, sch. VII, r. 4.

[217] Vgl. *Citizens United v. Federal Election Commission,* 558 U.S. 310 (2010).

[218] Vgl. *Fleischer,* in: Spindler/Stilz (Fn. 55), § 87 AktG Rn. 27 m.w.N.

[219] Vgl. *Koch,* in: Hüffer/Koch (Fn. 12), § 87 AktG Rn. 10.

[220] Näher dazu *Kapoor* (Fn. 8), S. 254 ff.; *Pacher/Wagner/v. Preen/Siemer,* in: Walden/Depping (Fn. 8), S. 83 ff.; *Seibt,* DB 2016, 2707, 2709.

VII. Sonderforschungsbereiche der CSR

Jenseits des Aktienrechts lassen sich (mindestens) drei Sonderforschungsbereiche der CSR identifizieren: im Arbeits-, Wettbewerbs- und Kapitalmarktrecht.

1. *CSR und Arbeitnehmerbeteiligung*

Die Zusammenhänge zwischen gesellschaftlicher Verantwortung von Unternehmen und Arbeitnehmermitbestimmung reichen zurück bis in die Weimarer Republik. Es nimmt daher nicht Wunder, dass die Arbeitnehmer als gesellschaftsrechtliche Bezugsgruppe in § 70 Abs. 1 AktG 1937 („Betrieb und seiner Gefolgschaft") und später in den Unternehmenszielbestimmungen des österreichischen, englischen und US-amerikanischen Rechts ausdrücklich erwähnt werden. Hierzulande hat man den gedanklichen Faden mit dem Mitbestimmungsgesetz von 1976 fortgesponnen, das prominente Stimmen in die Tradition der Lehre vom „Unternehmen an sich" eingeordnet haben.[221]

In jüngerer Zeit werden die CSR-Debatte einerseits und die Diskussion um Arbeitnehmerbeteiligung andererseits von Arbeitsrechtlern als zwei verschiedene Diskurse wahrgenommen. Dies überrascht insofern, als die Trilaterale Grundsatzerklärung der Internationalen Arbeitsorganisation (ILO) in der CSR-Richtlinie als internationales Rahmenwerk genannt wird[222] und die CSR-Berichtspflicht gemäß § 289c Abs. 2 Nr. 2 HGB Arbeitnehmerbelange ausdrücklich einschließt.[223] Auch die *International Framework Agreements* hat man treffend als ein „Instrument demonstrierter Corporate Social Responsibility"[224] bezeichnet. Vieles spricht dafür, dass diese Schnittstellen im arbeitsrechtlichen Schrifttum künftig größere Aufmerksamkeit finden werden.[225]

2. *CSR und Wettbewerbsrecht*

Berührungspunkte zwischen CSR und Wettbewerbsrecht bestehen vor allem dann, wenn CSR gezielt als Mittel der kommerziellen Absatzförderung eingesetzt wird.[226] Hier gilt es, ein sog. *Greenwashing* der Unternehmen mit den Instrumenten des Lauterkeitsrechts zu unterbinden. Konkret geht es um irreführende CSR-Werbung,[227] die Nichteinhaltung von CSR-Standards entgegen

---

[221] Vgl. etwa *Ulmer,* Der Einfluß des Mitbestimmungsgesetzes auf die Struktur von AG und GmbH, 1979, S. 14 und S. 33 ff.; ferner *Ballerstedt,* ZHR 135 (1971), 479, 493.

[222] Vgl. Erwägungsgrund 9 der Richtlinie 2014/95/EU.

[223] Darauf hinweisend auch *Sommer,* RdA 2016, 291, 292 f.

[224] *Thüsing,* RdA 2010, 78, 92.

[225] Für einen ersten Beitrag zum Thema CSR-Richtlinie und Betriebsverfassung *Sommer,* RdA 2016, 291; ferner *Wolf,* in: Walden/Depping (Fn. 8), S. 143.

[226] Umfassend der Sammelband von *Hilty/Henning-Bodewig* (Hrsg.), Corporate Social Responsibility. Verbindliche Standards des Wettbewerbsrechts, 2014.

einer unternehmerischen Selbstverpflichtung[228] sowie um Zulässigkeit und Grenzen des sog. *Cause-related*-Marketing[229].

3. CSR und Socially Responsible Investment

An Bedeutung gewinnen dürften künftig auch Rechtsfragen rund um ethisch orientierte Aktienanlagen, grüne Fonds und *Socially Responsible Investments.*[230] Erste monographische Abhandlungen hierzu liegen schon vor.[231] Zudem verpflichtet die gerade reformierte Aktionärsrechte-Richtlinie die Vermögensverwalter, institutionellen Anlegern gegenüber offenzulegen, ob und ggf. wie sie Anlageentscheidungen auf Grundlage einer Beurteilung der mittel- bis langfristigen Entwicklung der Leistung, einschließlich der nichtfinanziellen Leistung, der Gesellschaft treffen, in die investiert wurde.[232] Ausweislich der Erwägungsgründe eignen sich diese Informationen besonders als Hinweis darauf, ob der Vermögensverwalter ökologische, soziale und Governance-Faktoren berücksichtigt.[233]

VIII. Schaffung neuer Rechtsformen?

Zu guter Letzt sei noch die Frage aufgeworfen, ob es sich zur besseren Verwirklichung der CSR-Idee empfiehlt, das Tableau der verfügbaren Gesellschaftsformen zu erweitern. Anlass dazu bietet die jüngere Rechtsentwicklung in den Vereinigten Staaten und in Italien.

1. US Benefit Corporation und Società Benefit Italiana

Beginnend mit Maryland im Jahre 2010 haben in den USA mehr als 30 Bundesstaaten auf der Grundlage eines Modellgesetzes (*Model Benefit Corporation Legislation*) die sog. *benefit corporation* eingeführt, die gleichermaßen auf Gemeinwohl und Gewinnerzielung geeicht ist.[234] Sie bildet eine eigenstän-

---

[227] Vgl. *Henning-Bodewig,* WRP 2011, 1014.

[228] Vgl. *Augsburger,* MMR 2014, 427; *Birk,* GRUR 2011, 196.

[229] Vgl. BGH GRUR 2007, 247 – Regenwaldprojekt I.

[230] Zu den wirtschaftlichen Grundlagen schon früh der Sammelband des *Deutsches Aktieninstituts* (Hrsg.), Ethisch orientierte Aktienanlage – Nische oder Wachstumsmarkt?, 2002.

[231] Vgl. *Richardson,* Socially Responsible Investment Law, 2008; *Scharlau,* Socially Responsible Investment. Die deutschen und europarechtlichen Rahmenbedingungen, 2009.

[232] Richtlinie (EU) 2017/828 des Europäischen Parlaments und des Rates vom 17.5.2017, ABl. EU L 132/1, Art. 3i Abs. 1 Satz 2.

[233] Vgl. Richtlinie 2017/828 Erwägungsgrund 22.

[234] Für einen Überblick über die *benefit corporation* und verwandte neue Organisationsformen *Murray,* in: Hillman/Loewenstein (Hrsg.), Research Handbook on Partnerships, LLC and Alternative Forms of Business Organization, 2015, S. 252; rechtsvergleichend *Möslein/Mittwoch,* RabelsZ 80 (2016), 399.

dige Rechtsform, auf die subsidiär allerdings die allgemeinen Regeln der *corporation* Anwendung finden. Strukturell zeichnet sie sich durch folgende Merkmale aus[235]: (1) Zunächst muss ihre Satzung die Gesellschaft generell (auch) auf das Gemeinwohl verpflichten und kann zusätzlich spezielle Gemeinwohlbelange vorgeben. (2) Ihren Geschäftsleitern obliegt die Pflicht, Aktionärsinteressen und Gemeinwohlbelange ohne vorgegebene Rangordnung gegeneinander abzuwägen. (3) Ein sog. *benefit director* im Leitungsgremium soll die Berücksichtigung der Gemeinwohlbelange sicherstellen. (4) Weitere Durchsetzungsinstrumente sind ein sog. *benefit report,* der von privaten Normierungseinrichtungen geprüft wird, und erweiterte Klagebefugnisse der Aktionäre, die sog. *benefit enforcement proceedings.* Sonstige Stakeholder sind nicht klagebefugt.

Diesseits des Atlantiks hat Italien durch die §§ 376–382 der *Legge di Stabilità* vom Dezember 2015 die *società benefit* eingeführt.[236] Sie lehnt sich in verschiedener Hinsicht an das US-amerikanische Vorbild an,[237] beschreitet konzeptionell aber auch eigene Wege. Insbesondere bildet sie keine eigenständige neue Rechtsform, sondern steht gemäß § 377 Satz 2 der *Legge di Stabilità* allen vorhandenen Rechtsformen bei entsprechender Ausgestaltung offen.[238]

2. Statutarische Nachbildung oder Neueinführung einer Sozialgesellschaft?

Hierzulande regt der rechtsvergleichende Rundblick zu rechtspolitischen Reformüberlegungen an:[239] Gibt es bei Gesellschaftsgründern, Anlegern oder Kunden ein Bedürfnis zur Schaffung einer neuen Sozialgesellschaft, bei der es sich mangels Gewinnausschüttungssperren nicht um eine gemeinnützige AG oder GmbH handelt?[240] Inwieweit lässt sich ein solches *Profit & Purpose*[241]-Unternehmen ggf. schon im Rahmen des geltenden Aktien- oder GmbH-Rechts satzungsmäßig nachbilden? Bedarf es eines sog. Vierten Sektors mit eigenen Gesellschaftsformen, um soziales Unternehmertum besser zu fördern? Oder wäre dies aus einer CSR-Gesamtsicht womöglich sogar kontraproduktiv, weil eine „ghettoization of corporate responsibility within benefit corporations"[242] die Folge wäre?[243]

---

[235] Eingehend *Möslein/Mittwoch,* RabelsZ 80 (2016), 399, 411 ff.

[236] Legge 28.12.2015, n. 208; näher dazu *Corso,* NLCC 2016, 995 ff.; *Siclari,* RTDE 2016, 36 ff.

[237] Dazu *Corso,* NLCC 2016, 995, 1011 unter der Zwischenüberschrift: „Il modello straniero di riferimento: le Benefit corporation (B-corps) di diritto statunitense".

[238] Wörtlich heißt es dort: „Le finalità possono essere perseguite da ciascuna delle società di cui al libro V, titoli V e VI, del codice civile, nel rispetto della relativa disciplina."

[239] Knapp *Möslein/Mittwoch,* RabelsZ 80 (2016) 399, 428 ff.; ausführlicher *Momberger,* Social Entrepeneurship, 2015, S. 312 ff.

[240] Befürwortend *Momberger* (Fn. 239), S. 312 mit ausformuliertem Gesetzesvorschlag.

[241] *Westaway,* Profit & Purpose, 2014.

IX. Ausblick

Die CSR-Berichtspflicht für kapitalmarktorientierte Großunternehmen bildet einen ersten Brückenkopf des CSR-Konzepts im Aktien- und Bilanzrecht.[244] Es steht zu erwarten, dass es hierbei nicht bleiben wird. International schwirren bereits kühne Vorschläge durch die Literatur, wie man das CSR-Konzept in der gesellschaftsrechtlichen Gesamtarchitektur noch fester verankern kann.[245] Nicht anders als sonst ist allerdings auch im Rahmen der CSR bei *legal transplants* eine gewisse Vorsicht geboten. Soziale Präferenzen und Pfadabhängigkeiten spielen hier traditionell eine große Rolle.[246] Dessen ungeachtet muss man bei einem Blick in die aktienrechtliche Kristallkugel hierzulande über kurz oder lang mit Folgendem rechnen:

(1) die Verankerung des CSR-Konzepts in der gesetzlichen Unternehmenszielbestimmung (§ 76 AktG), wie es ein aktueller SPD-Entwurf vorsieht,[247] oder in dem Pflichtenkatalog der Organmitglieder (§ 93 AktG), wie es *Bündnis 90/Die Grünen* vorgeschlagen haben;[248]
(2) eine Pflicht zur Einrichtung eines CSR-Ausschusses im Verwaltungsorgan nach dem Muster der US-amerikanischen *benefit director* oder des *CSR committee* im indischen *Companies Act 2013*[249] oder sogar eine Beteiligung von Vertretern des öffentlichen Interesses im Aufsichtsrat von Großunternehmen nach dem Drei-Bänke-Modell des Verordnungsentwurfs für eine Europäische

---

[242] *Johnson,* 10 U. St. Thomas L.J. 974, 975 (2013).

[243] Für eine Zusammenstellung weiterer Gegenargumente *Murray,* 75 Md. L. Rev. 541, 548 ff. (2016).

[244] Treffend *Spießhofer* (Fn. 9), S. 61: „Corporate Social Responsibility (CSR) ist auf dem Radar des deutschen Wirtschaftsrechts angekommen."

[245] Vgl. jüngst aus englischer Sicht *Zhao,* 37 Legal Studies 103, 124ff. (2017); aus australischer Sicht *du Plessis,* 35 C&SLJ 30, 39 ff. (2017); aus US-amerikanischer Sicht *Gopalan/ Kamalnath,* 10 Nw. J.L. & Soc. Pol'y 34, 100 ff. (2015).

[246] Zutreffend herausgestellt bei *Zhao,* 37 Legal Studies 103, 124f. (2017) 103, 124 f.; aus ökonomischer Sicht auch *Liang/Renneboog,* 77 Journal of Finance 853 (2017) 853.

[247] Vgl. den Gesetzesentwurf der Fraktion der SPD-Fraktion zur Angemessenheit von Vorstandsvergütungen und zur Beschränkung der steuerlichen Absetzbarkeit, Stand: 20.2.2017, S. 6.

[248] Vgl. den Gesetzesentwurf der Fraktion *Bündnis 90/Die Grünen* zur Änderung des Aktiengesetzes vom 28.11.2012, BT-Drucks. 17/11686; rechtsvergleichend *Möslein/Sorensen* (Fn. 201), S. 6 ff.

[249] Hierzu *Afsharipour/Rana,* 14 U.C. Davis Bus. L.J. 175, 217 ff. (2014); dies für das englische Recht erwägend *Zhao,* 37 Legal Studies 103, 132 (2017): „It might also be valuable to attend to the reasonableness of considering effectiveness and fairness by including a Chief Sustainability Officer, and forming a CSR committee within the board of directors […].“; s. auch *Möslein/Sorensen* (Fn. 201), S. 42.

Aktiengesellschaft von 1975[250], also ein unternehmensverfassungsrechtlicher CSR-Ansatz;

(3) eine obligatorische Verwendung von Teilen des Unternehmensgewinns für CSR-Projekte nach indischem Vorbild,[251] das im Schrifttum als *Ultra Mandatory Corporate Governance Model*[252] bezeichnet wird;

(4) eigenständige Klagerechte für Nichtaktionäre zur Durchsetzung von CSR-Zielen nach kanadischem Muster;[253]

(5) eine Einführung neuer Gesellschaftsformen, die Gewinnerzielung und Gemeinwohlorientierung miteinander verbinden, wie die *benefit corporation* und die *società benefit;*

(6) eine soziale Konzession (*grant of society*[254]) für Unternehmen in Form ihres Gemeinwohlversprechen als *quid pro quo* für die Verleihung der juristischen Persönlichkeit.[255]

Vieles von dem wäre nicht erstrebenswert, manches immerhin bedenkenswert. Aufgabe der rechtswissenschaftlichen CSR-Forschung ist es, die gegenwärtige Diskussion in einen größeren historischen und internationalen Kontext einzuordnen sowie künftige Reformvorschläge kritisch und wohlinformiert zu begleiten. Die Fragen sind zu wichtig, als dass man sie allein unseren Nachbardisziplinen überlassen könnte.[256]

---

[250] Vgl. Art. 74a des Geänderten Verordnungsvorschlags vom 30.4.1975, Beilage 4/75 Bulletin EG; dazu etwa *Mertens,* in: Lutter (Hrsg.), Die Europäische Aktiengesellschaft, 1976, S. 115, 117 ff.

[251] Dies für die Vereinigten Staaten vorschlagend *Gopalan/Kamalnath,* 10 Nw. J. L. & Soc. Pol'y 34, 100 ff. (2015) mit folgenden Kernsätzen auf S. 102: „This proposal suggests mandatory CSR by U.S. corporations modelled after the Companies Act 2013 provisions, with some important modifications. First, firms with an annual turnover of less than $100 million, regardless of the number of employees, will be exempt. All firms meeting this threshold will be required to spend 1 % of their net profit averaged over the previous three years on designated CSR activities, including those aimed at reducing inequality."

[252] So die Zwischenüberschrift bei *du Plessis,* 35 C&SLJ 30, 42 (2017) mit folgender Schlusserwägung auf S. 43: „[…] the Indian example is one that should possibly be considered for implementation in other jurisdictions."

[253] Befürwortend aus australischer Sicht *du Plessis,* 35 C&SLJ 30, 41 (2017): „In this regard, Canada can serve as an example for law reform in Australia."

[254] *Dine,* Companies, International Trade and Human Rights, 2005, S. 233 f.

[255] Kritisch *Förster,* RIW 2008, 833, 835: „Aus rechtshistorischer Sicht verursacht diese Idee gewisses Unbehagen, erinnert sie doch an das überholte Konzessionssystem gegen Ende des 19. Jahrhunderts […]; *Fleischer,* Der Aufsichtsrat 2017, 65: „Privatrechtlich organisierte Großunternehmen mutieren auf diese Weise wieder vom ‚private agent' zum ‚public actor' wie zu Zeiten des Konzessionssystems."

[256] Dazu auch *Amstutz,* SZW 2016, 189, 198: „While up until the 1970s, CSR was seen primarily as a subject for economics, business management, sociology and, to a certain extent, political science, it has since that time also come to be recognized as a potential subject for law, as well.", gleichsinnig *Spießhofer* (Fn. 9), S. 61 f.

Corporate Social Responsibility:
Aktienrechtliche Grundfragen
und Zweck des Gesellschaftsrechts

Daniel M. Häusermann [*]

I. Einführung 40
II. CSR und Gesellschaftsrecht – Stand der Dinge 41
III. CSR und Gesellschaftszweck...43
    1. Zweck (Gegenstand) der Gesellschaft...43
    2. Der Endzweck der Gewinnstrebigkeit...44
    3. CSR als (Neben-)Zweck einer Aktiengesellschaft?...........................45
    4. CSR als Zuständigkeitsfrage 46
IV. CSR und Verantwortlichkeit der Unternehmensleitung 48
    1. Organverantwortlichkeit und die Business Judgment Rule................48
    2. Prüfungsmaßstab: total enterprise value (TEV) als Konkretisierung
       des Gesellschaftsinteresses..50
    3. Organverantwortlichkeit als Schranke von CSR-Aktivitäten.............52
    4. Bezug zur Kompetenzordnung 54
V. CSR und Zweck des Gesellschaftsrechts..55
    1. Legitime und illegitime Ziele der Rechtssetzung im Gesellschaftsrecht 55
    2. Einordnung von CSR-Anliegen am Beispiel der OECD-Leitsätze
       von 2011 56
    3. Wünschenswerte Klarheit über Rechtssetzungsziele 58
    4. (Börsen-)Gesellschaftsrecht als ungeeignetes Gefäß für CSR-Anliegen 59
VI. Zusammenfassung der erarbeiteten Thesen 60

---

[*] Ich danke den Teilnehmern des 8. Deutsch-österreichisch-schweizerischen Symposiums zum Gesellschafts- und Kapitalmarktrecht 2017 sowie Herrn Rechtsanwalt *Dr. Daniel Daeniker, LL.M.,* für wertvolle Hinweise und meiner Frau, *PD Dr. Claudia F. Brühwiler Häusermann,* für die kritische Durchsicht des Manuskripts. Die zitierten Webseiten wurden zuletzt am 25.4.2018 besucht.

I. Einführung

Die soziale Verantwortung von Unternehmen (Corporate Social Responsibility, CSR / *responsabilité sociale des entreprises,* RSE)[1] ist in der Schweiz seit längerem Thema aktienrechtlicher Diskussionen und gerät zunehmend ins Blickfeld des Gesetzgebers.[2] Derweil entfalten vor allem große Schweizer Publikumsgesellschaften bedeutende CSR-Aktivitäten, inklusive organisatorische Maßnahmen, etwa indem sie einen CSR-Verwaltungsratsausschuss eingesetzt oder einen Verhaltenskodex erlassen haben.[3] Einige Unternehmen legen zudem freiwillig Nachhaltigkeitsberichte vor.[4]

Aktienrechtlich geht es in der CSR-Diskussion um zwei grundlegende Fragen:[5] Ist das Aktienrecht auf die Maximierung des Unternehmenswerts auszurichten oder sollen auch andere Anspruchsgruppen berücksichtigt werden? Und sind die Leitungsorgane einer AG berechtigt oder verpflichtet, in ihren Entscheidungen neben den Interessen der Aktionäre jene anderer Anspruchsgruppen zu berücksichtigen?

CSR und die Maximierung des Unternehmenswerts müssen einander nicht immer widersprechen.[6] Jedoch werfen jene Fälle, in denen CSR und das Gesellschaftsinteresse das gleiche Handeln gebieten, etwa wenn ein Unternehmen aus Reputationsgründen freiwillig Umwelt- und Sozialstandards einhält, keine besonderen aktienrechtlichen Fragen auf. Angebracht sind aktienrechtliche Überlegungen hingegen zu jenen Fällen, in denen ein Zielkonflikt besteht. Dies ist beispielsweise der Fall, wenn ein Unternehmen zum Verkauf

---

[1] Zu den Ursprüngen der Begriffsverwendung in den USA siehe aus der schweizerischen Literatur *Watter/Spillmann,* GesKR 2006, 94, 95 f.

[2] Für eine Übersicht siehe sogleich Abschnitt II. Für die Zwecke dieses Beitrags sei CSR definiert als die zumindest moralische Pflicht der Unternehmensleitung, über die Einhaltung des anwendbaren Rechts hinaus bei ihren Entscheidungen auch soziale Anliegen und Umweltbelange zu berücksichtigen. Vgl. *Böckli,* Schweizer Aktienrecht, 4. Aufl., 2009, § 14 N 372; ähnlich *Economiesuisse/Swissholdings,* Corporate Social Responsibility aus Sicht der Unternehmen, Juni 2015, abrufbar unter <http://www.swissholdings.ch/unser-verband/>, S. 4.

[3] Siehe die Auswertung der zehn größten SMI-Gesellschaften bei *Peter/Jacquemet,* ST 2014, 1027 ff., sowie kritisch *Kunz,* Festgabe für den Schweizer Juristentag, 2014, S. 217, 235 f.

[4] Nachweise bei *Kunz,* Festgabe für den Schweizer Juristentag, 2014, S. 217, 228 Fn. 70.

[5] Dazu *Häusermann,* Gestaltungsfreiheit im Recht der Publikumsgesellschaft, Habil. (St. Gallen) 2015, S. 30 m.w.H.

[6] Solche Konflikte grundsätzlich verneinend *Peter,* SZW 87 (2015), 170, 181; *Bühler,* SJZ 111 (2015), 349, 351. Die Existenz (seltener) Konfliktfälle bejahend *Forstmoser,* Festgabe für den Schweizer Juristentag, 2006, S. 55, 69 f.; *ders.,* FS Nobel, 2015, S. 157, 160, sowie *Kunz,* Festgabe für den Schweizer Juristentag, 2014, S. 217, 232. Den potenziellen Konflikt bejahend *Watter/Spillmann,* GesKR 2006, 94, 107. Vgl. auch *Hostettler,* EF 2016, 476 ff. u.a. zur ökonomischen Literatur zu diesem Thema.

steht und ein Interessent, der zur Synergiegewinnung Arbeitsplätze abbauen und Betriebsstätten schließen will, einen höheren Preis bietet als ein Interessent, der keine Synergien erwartet.[7] Ein ähnlicher Zielkonflikt kann auftreten, wenn ein Unternehmen vor der Entscheidung steht, sich zur Einhaltung von Umwelt- und Sozialstandards zu verpflichten, deren Kosten sie kaum wettmachen können wird.

In diesem Zusammenhang stellen sich aktienrechtliche Grundfragen wie:

1. Welche Bezüge haben CSR-Anliegen zum Gesellschaftszweck?
2. Wie wirkt sich die Organhaftung auf CSR-Aktivitäten aus?
3. Wie verhalten sich CSR-Anliegen zum Zweck des Gesellschaftsrechts?

Bevor in den Abschnitten III bis V auf jede dieser Fragen eingegangen wird, bietet Abschnitt II eine Kurzübersicht über den aktuellen Stand der CSR-Diskussion im schweizerischen Aktienrecht. Der Schlussabschnitt VI fasst die im Beitrag formulierten sieben Thesen zusammen. Nicht Gegenstand dieses Beitrags sind andere Aspekte von CSR, etwa die Verantwortlichkeit multinationaler Unternehmen,[8] die zahlreichen internationalen CSR-Kodizes[9] oder Definitionsfragen[10].

II. CSR und Gesellschaftsrecht – Stand der Dinge

Die Diskussion zum Verhältnis zwischen Aktionären und anderen Anspruchsgruppen eines Unternehmens erreichte in der Schweiz um 1960 einen ersten Höhepunkt, als *Rolf Bär* und *Walter Schluep* eine Kontroverse um die Konkretisierung des Unternehmensinteresses austrugen. *Bär* sprach sich mit Hilfe der Figur des typischen, eine Rendite erwartenden Aktionärs für eine Gleichsetzung des Gesellschaftsinteresses mit dem Aktionärsinteresse aus, wohingegen *Schluep*, beeinflusst von *Rathenaus* Theorie vom „Unternehmen an

---

[7] Vgl. die ähnlichen Beispiele bei *Forstmoser,* Festgabe für den Schweizer Juristentag, 2006, S. 55, 83.

[8] Dazu siehe *Schneuwly,* in: Bahar/Trigo Trindade (Hrsg.), L'égalité de traitement dans l'ordre juridique: fondements et perspectives, 2013, S. 297 ff.; *Geisser,* Ausservertragliche Haftung privat tätiger Unternehmen für „Menschenrechtsverletzungen" bei internationale Sachverhalten, Diss. (Bern) 2013, *passim; Kaufmann,* SZW 88 (2016), 45 ff.; *Weber,* SJZ 112 (2016), 25 ff.; die Beiträge verschiedener Autoren in AJP 26 (2017), Heft 8 (927 ff.); sowie den Beitrag *Bohrers* in diesem Band (S. 195 ff.).

[9] Dazu siehe die Übersichten bei *Nobel,* Internationales und transnationales Aktienrecht, Bd. 1, 2. Aufl., 2012, 3. Kap. Rn. 12 ff.; *Bretschger,* Unternehmen und Menschenrechte, Diss. (Zürich) 2010, S. 12 ff.; *Müller/Fritsch,* FS Stöckli, 2014, S. 407 ff.

[10] Siehe die Übersichten über verschiedene Definitionen bei *Economiesuisse/Swissholdings* (Fn. 2), S. 4, sowie bei *Watter/Spillmann,* GesKR 2006, 94, 95 f.; *Bühler,* Regulierung im Bereich der Corporate Governance, Habil. (Zürich) 2009, Rn. 435–438.

sich" das Unternehmen als selbständigen Interessenträger verstand.[11] Das oft
mit *Milton Friedman* und *Edward Freeman* assoziierte[12] Gegensatzpaar Shareholder Value vs. Stakeholder Value wurde in der Schweiz Mitte der 1990er
Jahre diskutiert.[13] In jüngster Zeit wurde der Stakeholder Value von Begriffen
wie Triple Bottom Line (Drei-Säulen-Modell, d.h. wirtschaftliche, soziale
und ökologische Wertschöpfung) und Shared Value (Verteilung der Wertschöpfung auf alle Anspruchsgruppen) verdrängt, ohne dass eine markante
Bedeutungsverschiebung erkennbar wäre.[14]

Das Bundesgericht nimmt für das Aktienrecht seit je eine interessenpluralistische Perspektive ein und hält jeweils fest, es seien z.B. auch Gläubiger-
und Arbeitnehmerinteressen zu berücksichtigen.[15] In der Lehre ist dies umstritten, und viele Autoren sprechen sich gegen eine stärkere Berücksichtigung externer Anspruchsgruppen aus.[16]

Seit einigen Jahren sind CSR und Nachhaltigkeit in der (börsen-)gesell-
schaftsrechtlichen Gesetzgebung und Selbstregulierung ein Thema. So wurde
2014 bei der Revision des schweizerischen Corporate-Governance-Kodex,
des Swiss Code of Best Practice, der Begriff „Aktionärsinteresse" durch
„nachhaltiges Unternehmensinteresse" ersetzt.[17] In einem Positionspapier von

---

[11] Siehe *Bär,* ZBJV 95 (1959), 369, insbes. 376–378; *Schluep,* SAG 33 (1960/61), 137, 170 und 188, insbes. 171 f.

[12] Siehe *Friedman,* Capitalism and Freedom, Fiftieth Anniversary Edition 2002, S. 133; *Freeman,* Strategic Management: A Stakeholder Approach, 1984, *passim.* Für einen wirt-schafts-, ideen- und rechtsgeschichtlichen Überblick zur Dichotomie von Stakeholdern und Shareholdern siehe *von der Crone/Beyeler/Dédeyan,* ZSR 122 (2003) I, 409, 409–437.

[13] Dazu siehe etwa *Forstmoser,* Festgabe für den Schweizer Juristentag, 2006, S. 55, 57 ff.

[14] Dazu *Forstmoser,* FS Nobel, 2015, S. 157, 158 f.; *Kunz,* Festgabe für den Schweizer Juristentag, 2014, S. 217, 232. Zur Triple Bottom Line grundlegend *Elkington,* Cannibals with Forks: the Triple Bottom Line of 21st Century Business, 1999. Zum Shared-Value-Konzept, das übrigens auch eine Kritik an gängigen CSR-Ansätzen beinhaltet, *Porter/Kramer,* Strategy & Society: The Link between Competitive Advantage and Corporate Social Responsibility, Harvard Business Review 84 (12), Dezember 2006, S. 78 ff.

[15] Siehe BGE 59 II 48 E. 2 („[…] dans [le droit] des sociétés anonymes […] on vise à protéger non seulement les intérêts des créanciers et des actionnaires, mais encore, et sur-tout, ceux des entreprises elles-mêmes […]."); BGE 105 II 114 E. 7c (Interessen der Unter-nehmung und Dritter, insbesondere der Arbeitnehmer, schließen richterliche Auflösung der Gesellschaft praktisch aus); BGE 116 II 320 E. 3b (gewichtiges Interesse der Arbeitneh-merschaft und Öffentlichkeit an Fortbestand der Unternehmung).

[16] Siehe eingehend *von der Crone/Beyeler/Dédeyan,* ZSR 122 (2003) I, 409, 438–471; ebenso *Watter/Roth Pellanda,* in: Basler Kommentar Obligationenrecht II, 5. Aufl., 2016, Art. 717 N 37 f.; *Leu,* Variable Vergütungen für Manager und Verwaltungsräte, Diss. (Zürich) 2005, S. 9 f.; *Steininger,* Interessenkonflikte des Verwaltungsrates, Diss. (Zürich) 2001, S. 68 f.

[17] Siehe *Economiesuisse,* Swiss Code of Best Practice for Corporate Governance (SCBP), 2014, S. 6 und Rn. 9(4); sich indirekt distanzierend *Hofstetter,* Swiss Code of Best Practice for Corporate Governance 2014: Grundlagen zur Revision, 2014, S. 3–9.

2015 drückte der Bundesrat zudem die Erwartung aus, „dass die Unternehmen ihre gesellschaftliche Verantwortung in der Schweiz und im Ausland – überall dort, wo sie tätig sind – wahrnehmen," und präzisierte, dass sich diese Verantwortung auf die Auswirkungen der unternehmerischen Tätigkeiten auf Gesellschaft und Umwelt beziehe.[18]

Auch im Bereich der Unternehmenspublizität sind CSR-Anliegen auf dem Vormarsch. Der Bundesrat schlägt im Rahmen der laufenden Aktienrechtsrevision vor, größere Unternehmen, die in der Rohstoffgewinnung tätig sind, zur Offenlegung von Zahlungen an staatliche Stellen von mehr als 100.000 Schweizer Franken zu verpflichten.[19] Zudem beabsichtigt der Bundesrat, eine Vernehmlassungsvorlage zur Nachhaltigkeitsberichterstattung auszuarbeiten, welche sich an der EU-Regelung orientiert.[20]

Angesichts dieser Entwicklung ist davon auszugehen, dass CSR noch für längere Zeit ein Thema bleiben wird.

III. CSR und Gesellschaftszweck

1. Zweck (Gegenstand) der Gesellschaft

Das schweizerische Aktienrecht kennt – anders als etwa das deutsche Recht[21] – keine implizite oder explizite gesetzliche Unternehmenszielbestimmung.[22] Die Aktiengesellschaften sind vielmehr in den Schranken des zwingenden Rechts und des faktisch Möglichen frei, sich eine Zielsetzung zu geben.[23] Dabei wird unterschieden zwischen dem Endzweck einer Gesellschaft (meist: Gewinnstrebigkeit) und ihrem statutarischen Zweck (Gegenstand), der ihren Tätigkeitsbereich umschreibt.[24]

---

[18] *Schweizerischer Bundesrat,* Gesellschaftliche Verantwortung der Unternehmen, 1.4.2015, abrufbar unter <http://www.news.admin.ch/NSBSubscriber/message/attachments/38880.pdf>, S. 5. Die Frage nach der Vereinbarkeit einer solchen bundesrätlichen Moralenzyklika mit den Grundsätzen staatlichen Handelns ist unbeantwortet.

[19] Art. 964a ff. E-OR, BBl 2017, 683, 738 ff.

[20] *Bundesrat* (Fn. 18), S. 41. Seit dem 1. Juli 2017 können die Emittenten von an der SIX Swiss Exchange notierten Beteiligungspapieren der Börse melden, dass sie einen Nachhaltigkeitsbericht erstellen (Opting in, Art. 9 Richtlinie Corporate Governance (RLCG) der SIX Swiss Exchange AG vom 13.12.2016), und sich damit zur Einhaltung gewisser Anforderungen verpflichten.

[21] Dazu *Fleischer,* in diesem Band S. 1 ff.

[22] Dazu *Forstmoser,* Festgabe für den Schweizer Juristentag, 2006, S. 55, 76.

[23] Siehe *Forstmoser/Meier-Hayoz/Nobel,* Schweizerisches Aktienrecht, 1996, § 8 N 49; vgl. auch Art. 52 Abs. 3 ZGB *e contrario.*

[24] Dazu statt aller *Meier-Hayoz/Forstmoser,* Schweizerisches Gesellschaftsrecht, 11. Aufl., 2012, § 4 N 2 und 7; *Böckli* (Fn. 2), § 1 N 474.

Letzterer ist in den Statuten (Satzung) so zu umschreiben, dass das Tätigkeitsfeld der Gesellschaft für Dritte klar ersichtlich ist.[25] Eine Zweckklausel
mit dem Inhalt „Die Gesellschaft kann jede rechtmäßige Tätigkeit ausüben"
wäre zu wenig konkret und würde vom Handelsregister nicht eingetragen.[26]

Die statutarische Zweckumschreibung bildet u.a. die äußerste Grenze der
Vertretungsmacht der Exekutivorgane.[27] Das Bundesgericht zieht diese Grenze
jedoch weit und bejaht die Vertretungsmacht in Bezug auf alle Rechtshandlungen, die durch den Gesellschaftszweck „zumindest nicht geradezu ausgeschlossen werden."[28] CSR-Aktivitäten liegen deshalb in aller Regel innerhalb des Gesellschaftszwecks,[29] zumindest solange die Gesellschaft gewinn-
strebig bleibt[30].

In der Lehre wird die Ansicht vertreten, finanzielle Zuwendungen einer
AG – einschließlich CSR-Aktivitäten, die dem Unternehmen keinen erkenn-
baren Nutzen stiften – seien nur dann zweckkonform und folglich von der
Vertretungsmacht der Organe abgedeckt, wenn die Statuten sie ausdrücklich
erlauben oder wenn sie das öffentliche Ansehen der Gesellschaft fördern.[31]
Umgekehrt seien Zuwendungen, die nicht publik gemacht werden, von vorn-
herein nicht zweckkonform und bänden deswegen die Gesellschaft nicht.[32]
Diese Ansicht ist aus Gründen der Rechtssicherheit abzulehnen.

2. *Der Endzweck der Gewinnstrebigkeit*

Der Endzweck einer AG kann grundsätzlich frei gewählt werden.[33] Der Gesetzgeber geht jedoch davon aus, dass Aktiengesellschaften in der Regel ge-
winnstrebig sind, und hat den Endzweck der Gewinnerzielung als *default rule*

---

[25] Art. 626 Ziff. 2 OR; Art. 118 Abs. 1 Handelsregisterverordnung (HRegV) vom
17.10.2007, SR 221.411.

[26] Siehe statt vieler *Böckli* (Fn. 2), § 1 N 474; *von der Crone,* Aktienrecht, Bern 2014,
§ 2 N 48.

[27] Vgl. Art. 718a Abs. 1 OR.

[28] BGE 116 II 320 E. 3a; BGE 111 II 284 E. 3b.

[29] *Watter/Spillmann,* GesKR 2006, 94, 112.

[30] Dazu sogleich Abschnitt III.2.

[31] *Watter/Rohde,* Festgabe für den Schweizer Juristentag, 2006, S. 329, 336 und
339 ff.; zust. *Kunz,* Festgabe für den Schweizer Juristentag, 2014, S. 217, 226 f.

[32] *Watter/Spillmann,* GesKR 2006, 94, 112. *Watter* vertritt generell die Ansicht, dass in
Verletzung der Sorgfalts- und Treuepflicht abgeschlossene Geschäfte von der Vertretungsmacht nicht erfasst seien. *Watter,* in: Basler Kommentar Obligationenrecht II (Fn. 16),
Art. 718a N 5; *Watter/Rohde,* Festgabe für den Schweizer Juristentag, 2006, S. 329, 333.
Der von *Watter* als Beleg zitierte Bundesgerichtsentscheid ist zu Recht zurückhaltender
und nimmt eine Überschreitung der Vertretungsmacht nur an, wenn eine Organperson
gegenüber der Gesellschaft einen Interessenkonflikt hatte und der Dritte diesen erkannt hat
oder hätte erkennen müssen. BGE 126 III 361 E. 3a.

[33] Vgl. Art. 620 Abs. 3 OR: „Die Aktiengesellschaft kann auch für andere als wirtschaftliche Zwecke gegründet werden."

festgelegt: Ein Ausschluss der Gewinnstrebigkeit müsste in den Statuten explizit vorgesehen werden.[34] Die Gewinnstrebigkeit ist zudem besonders geschützt, indem sie nur mit Zustimmung sämtlicher Aktionäre aufgehoben werden kann.[35] Demgegenüber kann die Generalversammlung den statutarischen Zweck mit einer Zweidrittelmehrheit der vertretenen Aktienstimmen und der absoluten Mehrheit der vertretenen Nennwerte ändern.[36]

3. CSR als (Neben-)Zweck einer Aktiengesellschaft?

Schweizer Aktiengesellschaften können in ihrer Zweckklausel explizit oder implizit CSR-Ziele festlegen, sofern dadurch der Endzweck der Gewinnstrebigkeit nicht aufgehoben wird. Eine CSR-Klausel könnte etwa positive Ziele formulieren, indem sie den Gesellschaftsorganen vorschreibt, die Interessen bestimmter externer Anspruchsgruppen zu berücksichtigen, oder dann – negativ – der Gesellschaft bestimmte Verhaltensweisen (z.B. politische Spenden) verbieten.

Statuarische CSR-Klauseln sind selten. Von den 47 Schweizer Publikumsgesellschaften, deren Anteilscheine im SMI Expanded® vertreten sind und rund 95 % der Kapitalisierung in frei handelbaren Aktien des Schweizer Aktienmarktes ausmachen,[37] verweisen drei in ihren Statuten mehr oder weniger deutlich auf ihre gesellschaftliche Verantwortung. Unter ihnen befinden sich immerhin zwei der drei größten Schweizer Publikumsgesellschaften, Nestlé und Novartis. In der Zweckklausel von Nestlé steht: „Bei der Verfolgung ihres Gesellschaftszwecks strebt Nestlé die Schaffung von langfristigem, nachhaltigem Wert an."[38] Die Zweckklausel von Novartis enthält einen praktisch gleichlautenden Satz.[39] Obschon diese Formeln nicht explizit auf externe Anspruchsgruppen Bezug nehmen, lassen sie sich – auch im Lichte der Bekenntnisse der beiden Unternehmen zu CSR[40] – kaum anders interpretieren, als dass es sich um CSR-Klauseln handelt. Die dritte Gesellschaft aus

---

[34] Vgl. den Wortlaut von Art. 620 Abs. 3 OR, soeben in Fn. 33. In der Praxis enthalten neuere Konzernfinanzierungsklauseln häufig einen zumindest partiellen Ausschluss der Gewinnstrebigkeit.

[35] Art. 706 Abs. 2 Ziff. 4 OR.

[36] Art. 704 Abs. 1 Ziff. 1 OR.

[37] Siehe *SIX Swiss Exchange,* SMI Expanded®, <https://www.six-swiss-exchange.com/indices/data_centre/shares/smi_expanded_de.html>.

[38] Art. 2 Abs. 3 Satz 2 Statuten der Nestlé AG, Fsg. 7.4.2016, abrufbar unter <http://www.nestle.com/asset-library/documents/library/documents/corporate_governance/articles-of-association-of-nestle-de.pdf>.

[39] „Bei der Verfolgung des Gesellschaftszwecks strebt die Gesellschaft die Schaffung von nachhaltigem Wert an." Art. 2 Abs. 3 Statuten der Novartis AG, Fsg. 28.2.2017, abrufbar unter <https://www.novartis.com/sites/www.novartis.com/files/statuten-de.pdf>.

[40] Siehe *Nestlé,* Nestlé in Society, <http://www.nestle.com/csv>; *Novartis,* Novartis Corporate Social Responsibility, <https://www.novartis.com/about-us/corporate-responsibility>.

dem SMI Expanded®, die über eine CSR-Klausel verfügt, ist die Flughafen Zürich AG. Ihre Zweckklausel verweist explizit auf eine externe Anspruchsgruppe, und zwar auf die Anliegen der Flughafenanwohner.[41] Hierbei handelt es sich jedoch um einen Spezialfall, da die Flughafen Zürich AG mehrheitlich im Besitz des Kantons und der Stadt Zürich steht und eine gemischtwirtschaftliche Aktiengesellschaft ist.[42] Diese Gesellschaften handeln auch im öffentlichen Interesse, was den Endzweck der Gewinnstrebigkeit relativiert.[43]

Außerhalb des Aktienrechts enthalten die Statuten des Migros-Genossenschafts-Bundes (MGB) eine CSR-Klausel. Der MGB ist ein Genossenschaftsverband nach Art. 921 OR, der die genossenschaftlich organisierte und hauptsächlich im Einzelhandel tätige Migros führt. Laut Statuten des MGB „dient [die Migros] den Menschen und ist gegenüber den Genossenschaftern, Kunden, Mitarbeitenden, Lieferanten, Sozialpartnern, Behörden und der allgemeinen Öffentlichkeit verantwortungsbewusst."[44] Die Zweckklausel hält sodann fest, dass die Migros nicht nur den Genossenschaftern, sondern der Bevölkerung allgemein „preiswerte Waren und Dienstleistungen von guter Qualität sowie Kultur, Bildung und Freizeitangebote vermitteln" soll.[45] Zudem hat die Migros finanzielle Mittel für kulturelle, soziale und wirtschaftspolitische Zwecke einzusetzen (sog. Migros-Kulturprozent).[46]

Es gibt mehrere Gründe, warum statutarische CSR-Klauseln selten sind. Erstens ist eine solche Klausel für CSR-Aktivitäten, die (auch) im Gesellschaftsinteresse liegen, nicht nötig, da diese zur normalen gewinnstrebigen Tätigkeit gehören. Zweitens könnte eine CSR-Klausel, welche explizit die Berücksichtigung der Interessen bestimmter Anspruchsgruppen vorschreibt, bei manchen Aktionären auf Widerstand stoßen. Drittens sind die Haftungsrisiken der Organe im Zusammenhang mit CSR-Aktivitäten auch aus anderen Gründen überschaubar.[47]

4. *CSR als Zuständigkeitsfrage*

Wie dargelegt, können die Organe einer Aktiengesellschaft nur, aber immerhin insoweit CSR-Aktivitäten entfalten, als diese vom statutarisch festgeleg-

---

[41] Art. 2 Abs. 2 Statuten der Flughafen Zürich AG, Fsg. 28.4.2016, abrufbar unter <https://www.flughafen-zuerich.ch/unternehmen/investor-relations/finanzergebnis-und-berichte/corporate-dokumente>.

[42] Vgl. Art. 762 Abs. 2 OR.

[43] Dazu vgl. etwa *Meier-Hayoz/Forstmoser* (Fn. 24), § 1 N 43 m.w.H.

[44] Art. 3 Abs. 1 Statuten des Migros-Genossenschafts-Bundes (MGB), Fsg. 9.4.2016, abrufbar unter <https://www.migros.ch/de/migros-gruppe/organisation/statuten-und-reglemente.html>.

[45] Art. 5 Abs. 1 lit. a Statuten MGB (Fn. 44).

[46] Art. 8 Abs. 1 Statuten MGB (Fn. 44).

[47] Dazu siehe unten Abschnitt IV.1.

ten Tätigkeitsfeld abgedeckt sind und den Endzweck der Gewinnstrebigkeit nicht in Frage stellen.

Die Umschreibung des Tätigkeitsfeldes in der Zweckklausel lässt sich allgemein als Kompetenzdelegation der Gründer bzw. der Generalversammlung an die Exekutivorgane ansehen.[48] Da der Gesellschaftszweck grundsätzlich frei gewählt werden und dabei fast beliebig eng oder weit gezogen werden kann, haben die diesbezüglichen gesetzlichen Regeln überwiegend dispositiven Charakter. Eine Ausnahme ist die Pflicht, das Tätigkeitsfeld der Gesellschaft zu spezifizieren.[49] Diese Norm ist genau besehen ein Delegationsverbot, da es den Aktionären verwehrt ist, die Festlegung der Geschäftstätigkeit komplett an den Verwaltungsrat zu delegieren. Dies ergibt die folgende

These 1: Die gesetzlichen Regeln zum Gesellschaftszweck lassen sich als Bündel überwiegend dispositiver Kompetenznormen verstehen.

Im Bereich der CSR sind noch weitere Kompetenznormen des schweizerischen Aktienrechts von Bedeutung. So ist innerhalb des (vom Bundesgericht weit ausgelegten) statutarischen Zwecks und unter Wahrung der Gewinnstrebigkeit die Unternehmensleitung zuständig, um CSR-Maßnahmen zu beschließen.[50] Dem Verwaltungsrat obliegt zwingend die Oberleitung und strategische Führung der Gesellschaft, und der Generalversammlung ist es verboten, in diesen Kompetenzbereich oder die Geschäftsführung einzugreifen.[51] Dessen ungeachtet kann die Generalversammlung zumindest theoretisch Zulässigkeit und Umfang von CSR-Aktivitäten steuern, indem sie die statutarische Zweckklausel entsprechend formuliert.[52] Dass das Problem kollektiven Aktionärshandelns *(collective action problem)* bei Gesellschaften mit einem größeren Aktionariat eine derartige Steuerung durch die Aktionäre illusorisch macht, versteht sich von selbst.[53] Dies alles mündet in die

These 2: CSR ist auch, wenn nicht sogar primär, eine Frage der Organzuständigkeit.

These 2 hat einen gewissen Bezug zu *Friedmans* viel zitierter und oft missverstandener Aussage, die einzige gesellschaftliche Verantwortung eines Unternehmens (abgesehen von der Rechtsbefolgung) liege in der Profitmaxi-

---

[48] Dazu und zum Folgenden *Häusermann* (Fn. 5), S. 200; ähnlich *O'Neill,* Die faktische Liquidation der Aktiengesellschaft, Diss. (Zürich) 2007, Rn. 74.

[49] Siehe oben bei Fn. 25 f.

[50] Teilweise relativierend die bei Fn. 31 f. referierten Lehrmeinungen.

[51] Art. 716a Abs. 1 bzw. Art. 716 Abs. 2 OR. Für eine Kritik an diesen Zuständigkeitsregeln siehe *Häusermann,* SZW 86 (2014), S. 255 ff.; *Häusermann* (Fn. 5), S. 207 ff.

[52] Den Aktionären ist es dabei nicht verboten, z.B. über ihr Stimmverhalten an der GV auch ideelle Ziele zu verfolgen. *Höhn,* relevant 2003, Nr. 6.

[53] Für Vorschläge, um dieses Problem zu mildern, siehe *Häusermann* (Fn. 5), S. 112 ff.

mierung.[54] *Friedman* ging es einerseits darum, dass Unternehmen nicht vom Staat verpflichtet werden sollten, andere Ziele zu verfolgen als den von den Gesellschaftern festgelegten Zweck.[55] Andererseits sprach er sich gegen die Praxis vieler Unternehmen aus, Geld für philanthropische Zwecke auszugeben, da dies nach Ansicht *Friedmans* jedem Aktionär anheimgestellt bleiben sollte.[56] *Friedmans* Postulat läuft folglich darauf hinaus, dass grundsätzlich die Aktionäre und nicht die Leitungsorgane entscheiden sollten, ob und in welchem Umfang ein Unternehmen CSR-Aktivitäten entfalten soll. Statutarische CSR-Klauseln wie die oben diskutierten Beispiele erfüllen somit *Friedmans* Kernanliegen.

Begreift man CSR als eine Frage der Organzuständigkeit, schärft dies den Blick auf Forschungsthemen, deren Bearbeitung sich lohnen könnte. Ein solches ist – *de lege ferenda* – die Wahl effizienter dispositiver Zuständigkeitsnormen im Zusammenhang mit CSR-Aktivitäten.[57] Die strengen gesetzlichen Regeln zur Gewinnstrebigkeit sprechen dafür, die Entscheidungszuständigkeit für CSR-Aktivitäten, die den (langfristigen) Unternehmenswert mindern,[58] im Grundsatz dispositiv der Generalversammlung und nicht wie heute dem Verwaltungsrat zuzuweisen. Auch konzernrechtliche Aspekte der Zuständigkeit für CSR-Aktivitäten sind eine Vertiefung wert.[59]

IV. CSR und Verantwortlichkeit der Unternehmensleitung

1. *Organverantwortlichkeit und die Business Judgment Rule*

Nach den Regeln zur aktienrechtlichen Verantwortlichkeit haften der Verwaltungsrat und die mit der Geschäftsführung betrauten Personen[60] u.a. für Verletzungen ihrer Sorgfalts- und Treuepflicht (Art. 717 Abs. 1 i.V.m. Art. 754 OR). Obschon bereits leichte Fahrlässigkeit eine Haftung auslösen kann,[61] sind Verantwortlichkeitsklagen außerhalb des Konkurses in der Schweiz zu-

---

[54] *Friedman* (Fn. 12), S. 133.

[55] Im Ergebnis gleich *Easterbrook/Fischel*, The Economic Structure of Corporate Law, 1991, S. 36.

[56] *Friedman* (Fn. 12), S. 135; ebenso *Watter/Spillmann*, GesKR 2006, 94, 111 und 114 f.

[57] Leitlinien und Anwendungsbeispiele hierzu bei *Häusermann* (Fn. 5), S. 190 ff.

[58] Dazu siehe auch unten Abschnitt IV.3.

[59] Dazu *Forstmoser*, Liber amicorum Donatsch, 2012, S. 713 ff.

[60] Das Schweizer Aktienrecht lässt den Gesellschaften einen weiten Spielraum bei der Ausgestaltung der Führungsebene unter dem Verwaltungsrat (vgl. Art. 716b OR). In Großunternehmen ist die Geschäftsführung häufig an ein Gremium unter der Leitung des CEO (zumeist als Geschäfts- oder Konzernleitung bezeichnet), an den CEO alleine oder an ein Mitglied des Verwaltungsrates (sog. Delegierter des Verwaltungsrates) delegiert.

[61] BGE 139 III 24 E. 3.5.

mindest bei Publikumsgesellschaften selten.[62] Ein wichtiger Grund dafür ist, dass außerhalb des Konkurses kaum Klageanreize bestehen, u.a. weil auf Leistung an die Gesellschaft zu klagen ist, das Kostenrisiko oft in einem Missverhältnis zum (quotalen) Klageerfolg steht, das *pactum de quota litis* verboten ist und ein klagender Aktionär ohne *pre-trial discovery* kaum an die für das Klagefundament notwendigen Informationen gelangen kann.[63]

Die schweizerische Version der Business Judgment Rule verlangt in den Worten des Bundesgerichts, dass „die Gerichte sich bei der nachträglichen Beurteilung von Geschäftsentscheiden Zurückhaltung aufzuerlegen haben, die in einem einwandfreien, auf einer angemessenen Informationsbasis beruhenden und von Interessenkonflikten freien Entscheidprozess zustande gekommen sind.“[64] Sind die Anwendungsvoraussetzungen der Business Judgment Rule erfüllt, so prüfen die Gerichte anschliessend, ob die Entscheidung auf damaliger Informationsbasis inhaltlich vertretbar war (sog. *sanity check*).[65]

Es ist umstritten, ob die Business Judgment Rule auch auf Unterlassungen anwendbar ist.[66] Nach hier vertretener Ansicht ist dies zu bejahen, wobei zwei Fälle zu unterscheiden sind. Hat ein Organ beschlossen, nichts zu tun, sind die Voraussetzungen der Business Judgment Rule auf diese Entschei-

---

[62] Zwei Fälle wurden in den letzten Jahren öffentlich bekannt. 2015 verklagte im Übernahmekampf um die Sika AG die beherrschende Aktionärin drei Verwaltungsratsmitglieder. Siehe „Drei Sika-Verwaltungsräte sehen sich Verantwortlichkeitsklage gegenüber", NZZ-Online, 15.5.2015, <https://www.nzz.ch/1.18543256>. Dieses Verfahren ist nach wie vor hängig. 2007 klagte der Erwerber der AFG Arbonia-Forster-Holding AG (heute Arbonia AG) gegen ehemalige Verwaltungsräte und Mitglieder des Managements wegen Verlusten im Zusammenhang mit Fremdwährungsgeschäften. Der Fall wurde 2010 außergerichtlich beigelegt. Siehe „AFG/Klage gegen Ex-Verwaltungsräte ist vom Tisch – Vergleich ausgehandelt", Handelszeitung, 29.6.2010, <http://www.handelszeitung.ch/unternehmen/afgklage-gegen-ex-verwaltungsraete-ist-vom-tisch-vergleich-ausgehandelt>.

[63] Außerhalb des Konkurses müsste ein Aktionär auf Leistung an die Gesellschaft klagen (Art. 756 Abs. 1 OR), was nur für Aktionäre mit hohem Kapitalanteil attraktiv ist. Der Streitwert richtet sich nach dem eingeklagten Gesamtschaden der Gesellschaft (Art. 91 Abs. 1 Schweizerische Zivilprozessordnung vom 19.12.2008, SR 272 (ZPO); vgl. auch BGE 139 III 24 E. 4). Wird die Klage abgewiesen, kann das Gericht – aber es muss nicht – die Prozesskosten der Gesellschaft auferlegen (vgl. Art. 107 Abs. 1 lit. f ZPO). Das Verbot des *pactum de quota litis* steht in Art. 12 lit. e des Bundesgesetzes über die Freizügigkeit der Anwältinnen und Anwälte vom 23.6.2000, SR 935.61.

[64] BGE 139 III 24 E. 3.2 (Zitate weggelassen).

[65] Urteil des Bundesgerichts 4A_626/2013, 4A_4/2014 vom 8.4.2014, E. 7; dazu etwa *Christen,* AJP 24 (2015), 123, 127 f.; *Gerhard,* SZW 88 (2016), 254, 257, je m.w.H.

[66] Dafür etwa – mit Nuancen – *Nikitine,* Die aktienrechtliche Organverantwortlichkeit nach Art. 754 Abs. 1 OR, Diss. (Zürich) 2007, S. 168 f.; *Garbarski,* La responsabilité civile et pénale des organes dirigeants de sociétés anonymes, Diss. (Lausanne) 2008, S. 125 und 133; *Kunz,* SZW 86 (2014), 274, 277; dagegen *Bärtschi,* Verantwortlichkeit im Aktienrecht, Diss. (Zürich) 2001, S. 406; *Böckli* (Fn. 2), § 13 N 583a und 594a–b.

dung anzuwenden.[67] Hat das Organ im Einzelfall gar nichts entschieden, sind die Voraussetzungen der Business Judgment Rule auf jene Entscheidungen anzuwenden, die zu dieser Nicht-Entscheidung geführt haben.[68]

Unterlag eine Organperson bei einer Entscheidung einem Interessenkonflikt, so ist die Business Judgment Rule nicht anwendbar. Zusätzlich greift hier eine tatsächliche – also durch Gegenbeweis umstoßbare – Vermutung, dass die Organperson wegen ihres Interessenkonflikts pflichtwidrig gehandelt hat.[69]

2. Prüfungsmaßstab: total enterprise value (TEV) als Konkretisierung des Gesellschaftsinteresses

Nach ständiger Rechtsprechung haben die Führungsorgane einer AG ihre Handlungen am Gesellschaftsinteresse auszurichten, und dieses ist auch der Maßstab für die Prüfung, ob eine Organperson pflichtwidrig gehandelt hat.[70]

Wie die Organe das Gesellschaftsinteresse im Fall konfligierender Interessen verschiedener Anspruchsgruppen zu konkretisieren haben, ist umstritten. Nach einem Teil der Lehre dürfen die Organe Drittinteressen berücksichtigen, aber sind nicht verpflichtet, dies in jedem Fall zu tun.[71] Andere Autoren sprechen sich dafür aus, im Konfliktfall dem Interesse der Aktionäre an einer langfristigen Steigerung des Unternehmenswerts den Vorrang einzuräumen.[72] In jedem Fall haben die Organe das anwendbare Recht einzuhalten, und zwar selbst dann, wenn sich ein Rechtsbruch für die Gesellschaft lohnen würde.[73] Allerdings verursachen entsprechende Pflichtverletzungen der Gesellschaft definitionsgemäß keinen ersatzfähigen Schaden.

---

[67] Ebenso *Nikitine* (Fn. 66), S. 168; *Garbarski* (Fn. 66), S. 125; *Kunz,* SZW 86 (2014), 274, 277; *Hopt,* FS Nobel, 2015, S. 217, 224 f.

[68] In diese Richtung wohl auch *Nikitine* (Fn. 66), S. 168 f.

[69] Urteil des Bundesgerichts 4A_259/2016, 4A_267/2016 vom 13.12.2016, E. 5.2; dazu kritisch *Rusterholz/Held,* GesKR 2017, 228, 230 ff.

[70] Siehe statt vieler BGE 139 III 24 E. 3.2.

[71] Siehe etwa *Binder,* Die Verfassung der Aktiengesellschaft, Diss. (Basel) 1988, S. 118; *Lambert,* Das Gesellschaftsinteresse als Verhaltensmaxime des Verwaltungsrates der Aktiengesellschaft, Diss. (Bern) 1992, S. 223 f.; *Jacquemet,* in: Hari (Hrsg.), Protection de certains groupements de personnes ou de parties faibles versus libéralisme économique: quo vadis?, 2016, S. 323, 327 f. Wohl ebenso *Forstmoser/Meier-Hayoz/Nobel* (Fn. 23), § 3 N 90; *Schluep,* FS Forstmoser, 2003, S. 227, 234 f., *Homburger,* in: Zürcher Kommentar, 2. Aufl., 1997, Art. 717 OR N 803, *Daeniker,* in: Tschäni (Hrsg.), Mergers & Acquisitions XVII, 2015, S. 139, 143; *Bühler* (Fn. 10), Rn. 564.

[72] Siehe – mit Nuancen – aus der neueren Lehre *Watter/Spillmann,* GesKR 2006, 94, 105 f.; *Watter/Rohde,* Festgabe für den Schweizer Juristentag, 2006, S. 329, 337 f.; *Kunz,* Festgabe für den Schweizer Juristentag, 2014, S. 217, 232; *von der Crone* (Fn. 26), § 1 N 24; *Hofstetter,* ST 2015, S. 171.

[73] Statt aller *Watter/Spillmann,* GesKR 2006, 94, 105; siehe auch Art. 716a Abs. 1 Ziff. 5 OR, wonach der Verwaltungsrat (auch) für die Befolgung der Gesetze zu sorgen hat.

Die Meinungsvielfalt darüber, was „Gesellschaftsinteresse" bedeutet, ist ein Symptom der Plastizität dieses Begriffs, der im Sinne eines gutschweizerischen Kompromisses jedem erlaubt darin hineinzulesen, was ihm als richtig erscheint.[74] Dies gilt nicht zuletzt für die Unternehmensleitung, die unter dem Deckmantel des Unternehmensinteresses die Anliegen verschiedener Anspruchsgruppen fast beliebig stark gewichten kann, wodurch die Organpflichten ihre Kontur verlieren.[75] Deshalb ist jede Konkretisierung des Gesellschaftsinteresses – egal, welchen Anspruchsgruppen der Vorrang eingeräumt wird – zu befürworten. Ein erwünschter Nebeneffekt davon wäre, dass die immanent politischen Wertungen zur wirtschaftlichen und gesellschaftlichen Funktion des Aktienrechts offengelegt werden müssen.

Das Gesellschaftsinteresse ist nach hier vertretener Ansicht anhand des Ziels des Gesellschaftsrechts zu konkretisieren. Dieses liegt darin, eine ökonomisch effiziente Ressourcenallokation zu gewährleisten, wobei, wie noch zu zeigen sein wird, nur rechtsformspezifische Effizienzziele ein legitimer Gegenstand gesellschaftsrechtlicher Normen sind.[76] Auf der Ebene der Leitungsorgane bedeutet dies, dass diese ihre Entscheidungen – unter der Nebenbedingung der Legalität – an einem einfachen Maximanden ausrichten können, nämlich den Gesamtwert der Unternehmung (*total enterprise value*, TEV).[77] Legt man der Unternehmensbewertung die Discounted-Cash-Flow-Methode (DCF) zugrunde, so entspricht der TEV der Summe der diskontierten Cashflows vor Zinszahlungen geteilt durch die gewichteten durchschnittlichen Kapitalkosten. Die Organe haben mithin von mehreren Handlungsvarianten jene zu wählen, mit welcher voraussichtlich die größte Steigerung des TEV verbunden ist. Dies bedeutet alles andere als eine Maximierung der kurzfristigen Gewinne.[78] So ist eine Schmälerung des kurzfristigen Gewinns, die auf lange Sicht mit einer Steigerung des TEV verbunden ist, aktienrechtlich nicht nur zulässig, sondern sogar geboten. Ebenso sind die Leitungsorgane gehalten, zukünftige, durch nicht nachhaltiges Wirtschaften verursachte Risiken (z.B. Reputationsrisiken, Haftpflichtfälle, drohende Regulierung bei Untätigkeit des Privatsektors) zu vermeiden, selbst wenn dies kurzfristig den Gewinn

---

[74] Vgl. *Forstmoser*, Festgabe für den Schweizer Juristentag, 2006, S. 55, 80 ff., der eine Ausrichtung auf Unternehmensinteressen zum Ausgleich divergierender Standpunkte befürwortet.

[75] *Watter/Spillmann*, GesKR 2006, 94, 113; im Ergebnis ebenso *Böckli*, ST 2014, S. 349, 350. Vgl. auch das deskriptive Verständnis des Gesellschaftsinteresses bei *Lambert* (Fn. 71), S. 215–217 und 245.

[76] Siehe unten Abschnitt V.1 a.E.

[77] Siehe statt aller *Spremann/Ernst*, Unternehmensbewertung, 2. Aufl., 2011, S. 91–94. Das Gegenstück zum TEV ist der Wert des Eigenkapitals (*equity value*).

[78] Die h.L. befürwortet es, im Zweifelsfall Daueraktionäre gegenüber Spekulanten zu bevorzugen. Siehe *Daeniker*, in: Tschäni (Fn. 71), S. 145 m.w.H.

schmälert. In diesem Sinne unterscheidet sich der Maximand TEV vom Shareholder Value.

Von der Frage nach dem Maximanden scharf zu trennen ist jene nach dem Ermessensspielraum der Organe bzw. der Eingriffsschwelle der Gerichte im Verantwortlichkeitsprozess. In der Schweiz ist allgemein anerkannt, dass dieser Spielraum groß und die Eingriffsschwelle entsprechend hoch sein soll.[79]

3. Organverantwortlichkeit als Schranke von CSR-Aktivitäten

Zwischen CSR und dem Gesellschaftsinteresse kann entweder Zielharmonie oder ein Zielkonflikt bestehen. Die beiden Ziele harmonieren miteinander, wenn eine CSR-Maßnahme insgesamt den TEV steigern wird, selbst wenn sie kurzfristig den Gewinn schmälert. Gleich verhält es sich, wenn aus CSR-Überlegungen auf eine kurzfristig gewinnbringende Tätigkeit verzichtet wird, weil insgesamt die Risiken für das Unternehmen – namentlich Reputationsrisiken – überwiegen. Umgekehrt besteht ein Zielkonflikt zwischen CSR und Gesellschaftsinteresse, wenn eine CSR-Maßnahme den TEV voraussichtlich senken wird, weil selbst die langfristig erwarteten Vorteile für das Unternehmen die Kosten nicht aufwiegen.

Die Rolle der aktienrechtlichen Verantwortlichkeit innerhalb dieses Rahmens lässt sich wie folgt formulieren:

These 3: Die aktienrechtliche Verantwortlichkeit setzt den Organen Anreize, die CSR-Aktivitäten des Unternehmens auf das Ziel der langfristigen Steigerung des Unternehmenswerts auszurichten.

Unternehmensentscheidungen zugunsten der CSR, von denen die Organe gleichzeitig in guten Treuen davon ausgehen, dass sie langfristig im Gesellschaftsinteresse liegen, d.h. den TEV steigern, sind verantwortlichkeitsrechtlich unbedenklich.[80] Die Organe haben diesbezüglich ein großes Ermessen, wobei gegebenenfalls die Business Judgment Rule zur Anwendung kommt. Beispielsweise ist die Einhaltung internationaler Umwelt- oder Sozialstandards nach Ansicht des Verfassers grundsätzlich nicht pflichtwidrig, selbst wenn sie mit Kosten verbunden ist und der Reputationsschaden im Fall einer Verletzung nur schwer quantifiziert werden kann. Gleiches gilt etwa für Umweltschutzprojekte zur Imagepflege, Ausbildungsprojekte, um die Qualifikation der Mitarbeiter in Entwicklungsländern und damit die Effizienz und Innovationskraft des Unternehmens zu verbessern, oder den Verzicht auf bestimmte Geschäfte aus Reputationsgründen.

---

[79] Siehe oben Abschnitt IV.1.
[80] Dazu und zum Folgenden *Watter/Spillmann*, GesKR 2006, 94, 111.

Herrscht zwischen CSR und Gesellschaftsinteresse Zielharmonie, ist auch denkbar, dass eine Unternehmensleitung sozial unverantwortlich handelt und dadurch die Gesellschaft schädigt. Dies kann etwa der Fall sein, wenn schlechte Arbeitsbedingungen in einem Entwicklungsland publik werden und dies zu einem Umsatz- und Gewinnrückgang führt.[81] Hier stellt sich die Frage nach der Organverantwortlichkeit, wobei gegebenenfalls die Business Judgment Rule zur Anwendung kommt.[82] Hat eine Unterlassung zur Schädigung geführt, ist die Business Judgment Rule unter Umständen auf vorgelagerte Entscheidungen anzuwenden, etwa auf jene über Einrichtung und Überwachung des Risikomanagements. Waren diese Entscheidungen nicht pflichtwidrig, so ist der Unternehmensleitung auch kein Vorwurf zu machen, wenn das Risikomanagement im konkreten Fall versagt und das Unternehmen deswegen im Einzelfall sozial unverantwortlich gehandelt hat.

Besteht ein Zielkonflikt zwischen CSR-Anliegen und Gesellschaftsinteresse und entscheidet die Unternehmensleitung diesen zu Lasten des Gesellschaftsinteresses, so besteht ebenfalls ein gewisses Haftungsrisiko. Beispiele sind etwa anonyme Spenden oder die Aufwendung hoher Summen zur freiwilligen Emissionsbegrenzung, obschon die erwarteten Vorteile (z.B. Reputationsgewinne, Wettbewerbsvorteile, Vermeidung von Regulierung) vernachlässigbar sind.

Die rechtlichen Mechanismen, die im Falle eines Zielkonflikts zwischen CSR und Gesellschaftsinteresse zur Anwendung kommen, unterscheiden sich je nachdem, ob eine Organperson bei der betreffenden Entscheidung einem Interessenkonflikt unterliegt oder nicht.

Liegt ein Interessenkonflikt vor und werden keine adäquaten Gegenmaßnahmen getroffen, so greift die tatsächliche Vermutung der Pflichtwidrigkeit.[83] Dies setzt Organpersonen einen starken Anreiz, einen Interessenkonflikt nicht zu Lasten des Unternehmens auszunützen, selbst wenn sie damit ein CSR-Anliegen verwirklichen würden.

Liegt kein Interessenkonflikt vor, so setzt das Verantwortlichkeitsrecht den Organen auf eine andere Weise einen Anreiz, den Zielkonflikt zugunsten des Gesellschaftsinteresses zu entscheiden, und zwar über die Business Judgment Rule. Da diese nur unter bestimmten informationellen und prozeduralen Voraussetzungen anwendbar ist, besteht für die Entscheidungsträger ein Anreiz, Kosten und Nutzen einer CSR-Maßnahme für die Gesellschaft zu ermitteln und abzuwägen, sich je nach Ergebnis für oder gegen eine Maßnahme zu entscheiden und den ganzen Prozess zu dokumentieren.[84] Die Business Judgment Rule hat somit eine informationsinduzierende Wirkung: Sie veranlasst die Organe zu ermitteln, ob eine CSR-Maßnahme wertsteigernd oder -mindernd

---

[81] Vgl. das ähnliche Beispiel bei *Watter/Spillmann*, GesKR 2006, 94, 111.
[82] Siehe oben bei Fn. 64 ff.
[83] Siehe oben bei Fn. 69.

ist. Schließlich dürfte die zusätzliche Vertretbarkeitsprüfung (*sanity check*)
den Zweck haben zu verhindern, dass ein Organ sich in Kenntnis der Sachlage sanktionslos für eine wertmindernde CSR-Maßnahme entscheidet.

In all diesen Fällen relativiert sich die verhaltenssteuernde Wirkung der
Organverantwortlichkeit durch die bekannten Durchsetzungshindernisse bei
Ansprüchen aus aktienrechtlicher Verantwortlichkeit.[85]

4. Bezug zur Kompetenzordnung

Das Verantwortlichkeitsrecht weist überdies eine Verbindung auf zur in Abschnitt III diskutierten Kompetenzverteilung zwischen den Gesellschaftsorganen, die zusammengefasst werden kann in

> *These 4: Die Organverantwortlichkeit, einschließlich der schweizeri-
> schen Variante der Business Judgment Rule, kann helfen, effiziente
> Organzuständigkeiten in Bezug auf CSR-Aktivitäten durchzusetzen.*

Die Business Judgment Rule setzt dem Verwaltungsrat, wie erwähnt, einen
Anreiz zu ermitteln, ob eine ins Auge gefasste CSR-Maßnahme voraussichtlich wertsteigernd ist oder nicht. Kommt der Verwaltungsrat zum Schluss, die
Maßnahme sei wertmindernd, kann er ein Haftungsrisiko weitgehend vermeiden, indem er das Geschäft der Generalversammlung zur Genehmigung vor-
legt.[86] Das Gleiche gilt, wenn der Verwaltungsrat sich in einem Interessen-
konflikt befindet. Genehmigt die Generalversammlung das Geschäft, so hat
dies in beiden Fällen gegenüber der Gesellschaft sowie den Aktionären die
Wirkung eines Entlastungsbeschlusses in Bezug auf jene Tatsachen, die den
Aktionären bekannt gegeben wurden oder anderweitig bekannt waren.[87] Der
Entlastungsbeschluss lässt insoweit allfällige Schadensersatzansprüche der
Gesellschaft gegenüber ihren Organen untergehen.[88]

---

[84] Eine praktische Frage, die weitere Überlegungen wert wäre, betrifft die Erstellung
der Entscheidungsgrundlagen, insbesondere wenn der Nutzen einer CSR-Maßnahme nicht
quantifiziert werden kann.

[85] Dazu oben bei Fn. 63.

[86] Nach herrschender Lehre ist dafür keine statutarische Grundlage nötig. Siehe *Isler*,
Konsultativabstimmung und Genehmigungsvorbehalt zugunsten der Generalversammlung,
Diss. (Zürich) 2010, S. 51 m.w.H.

[87] Siehe Art. 758 OR; vgl. auch Urteil des Bundesgerichts 4C.107/2005 vom 29.6.2005,
E. 3.2; die Möglichkeit der Entlastung für bestimmte Geschäfte bejahend Urteil des Bundesgerichts 4A_155/2014 vom 5.8.2014, E. 6.3. In der Lehre ist die Frage umstritten, ob
sich die konsultative Genehmigung eines Geschäfts wie ein Entlastungsbeschluss auswirkt.
Siehe etwa *Böckli* (Fn. 2), § 12 N 58b m.w.H. Gegenüber Aktionären, die zugestimmt oder
nach der Genehmigung Aktien erworben haben, wirkt die Entlastung sofort. Das Klagerecht
der übrigen Aktionäre erlischt sechs Monate nach dem Beschluss (Art. 758 Abs. 2 OR).

[88] BGE 128 III 142 E. 3b.

In der Theorie bewirkt dieser Mechanismus somit, dass der Verwaltungsrat wertsteigernde CSR-Aktivitäten in eigener Kompetenz beschließen kann und wertmindernde CSR-Aktivitäten, wenn überhaupt, der Generalversammlung vorgelegt werden. Diese Kompetenzausscheidung wäre effizient.[89] Der beschriebene Mechanismus ist jedoch wegen der erwähnten Durchsetzungsprobleme nur beschränkt wirksam.[90]

V. CSR und Zweck des Gesellschaftsrechts

1. Legitime und illegitime Ziele der Rechtssetzung im Gesellschaftsrecht

Die Ziele, die ein Gesetzgeber verfolgen kann, lassen sich nach verbreiteter Ansicht in drei Kategorien einteilen:[91] erstens ökonomische Effizienz, also das Anliegen, das meiste aus den verfügbaren, knappen Ressourcen zu machen oder mit ihnen möglichst haushälterisch umzugehen; zweitens Verteilungsziele, sprich die Umverteilung von Ressourcen von einem Personenkreis auf einen anderen; und drittens ideelle Ziele, z.B. die Verwirklichung ideeller Grundrechte. Die drei Arten von Rechtssetzungszielen sind grundsätzlich frei kombinierbar und können in der Privatrechtsgesetzgebung eine mehr oder weniger große Bedeutung haben.

Wie andernorts begründet, sollte die Gesetzgebung im Gesellschaftsrecht einzig ein Effizienzziel verfolgen.[92] Verteilungsziele oder ideelle Anliegen, soweit politisch erwünscht, sind demgegenüber in anderen Rechtsgebieten zu verwirklichen.

Spezifisch gegen eine Umverteilung auf dem Wege des Aktienrechts spricht unter anderem, dass die Personengruppen, an die das Aktienrecht anknüpft (z.B. Aktionäre, Verwaltungsrat, Gläubiger), sich für eine Umverteilung nach einem gängigen Kriterium, z.B. von Reich auf Arm, nicht eignen.[93] Beispielsweise könnte eine CSR-Vorschrift zugunsten von Entwicklungsländern auch eine Umverteilung von den nicht unbedingt reichen Aktionären auf die oft schwerreichen Eliten jener Länder bewirken, in denen das Unternehmen tätig ist. Zudem können Marktkräfte die vom Gesetzgeber beabsichtigte Umverteilung zumindest teilweise rückgängig machen, etwa wenn eine Senkung der gesetzlichen Arbeitszeit das Lohnwachstum verlangsamt.[94]

---

[89] Vgl. oben Abschnitt III.4 a.E.

[90] Dazu oben bei Fn. 63.

[91] Siehe etwa *Schäfer/Ott*, Lehrbuch der ökonomischen Analyse des Zivilrechts, 5. Aufl., 2012, S. XL f.

[92] Dazu und zum Folgenden *Häusermann* (Fn. 5), S. 18–29; *Häusermann*, Rechtswissenschaft 2015, 49, 51 ff., je m.w.H.

[93] Siehe allgemein *Ott/Schäfer*, JZ 43 (1988), 213, 222.

[94] Vgl. statt vieler *Eidenmüller*, Effizienz als Rechtsprinzip, 2. Aufl., 1998, S. 275 f. m.H.

Ideelle Rechtssetzungsziele können ganz verschiedene Ausprägungen haben. Ihnen ist gemeinsam, dass die zu verwirklichenden oder zu schützenden Rechtsgüter entweder nicht monetär bewertet werden können oder dies nicht erwünscht ist.[95] Der ideelle Charakter dieser Werte verbietet es, entsprechende Normen an die Rechtsform eines Unternehmensträgers oder an die Börsennotierung von Anteilscheinen anzuknüpfen, da diese Kriterien keinen Bezug zum zu verwirklichenden Wert haben. Wenn schon, müsste der Schutz ideeller Werte an die konkrete (wirtschaftliche) Tätigkeit anknüpfen, die sie gefährden könnte. Deshalb gilt das mit der informationellen Selbstbestimmung legitimierte Datenschutzrecht nicht für bestimmte Rechtsformen, sondern knüpft an der Datenbearbeitung an.[96]

Dass mit dem Gesellschaftsrecht ausschließlich ein Effizienzziel verfolgt werden sollte, bedeutet umgekehrt nicht, dass jedes Effizienzziel eine aktienrechtliche Regelung rechtfertigt. Beispielsweise wären durch Marktversagen legitimierte Umweltschutznormen im Gesellschaftsrecht am falschen Platz, da es beim Umweltschutz nicht darauf ankommen kann, in welche Rechtsform ein Unternehmen gekleidet ist.[97]

Aus diesen Gründen sollten Rechtsnormen, mit welchen Verteilungsziele, ideelle Ziele und/oder nicht rechtsformspezifische Effizienzziele verfolgt werden, nicht bloß für bestimmte Rechts- oder Organisationsformen (z.B. alle Aktiengesellschaften oder alle Publikumsgesellschaften) gelten.

2. Einordnung von CSR-Anliegen am Beispiel der OECD-Leitsätze von 2011

Die verschiedenen CSR-Anliegen lassen sich analog zu Rechtsnormen den drei Arten von Rechtssetzungszielen – Effizienz, Umverteilung und ideelle Ziele – zuordnen. Dies führt zu

These 5: Vorgaben zur CSR lassen sich fallweise mit Effizienz, mit Umverteilung oder mit ideellen Zielen begründen.

Die These sei anhand der OECD-Leitsätze für multinationale Unternehmen von 2011 illustriert:[98]

Der Schutz der *Menschenrechte* ist primär ein ideelles Ziel, dessen Grundlage die Menschenwürde ist. Allerdings sind Menschenrechtsverletzungen auch ineffizient und mit unerwünschter Umverteilung verbunden, weil die

---

[95] Vgl. *Eidenmüller* (Fn. 94), S. 273 f.

[96] Vgl. Art. 2 Abs. 1 des schweizerischen Bundesgesetzes über den Datenschutz (DSG) vom 19.6.1992 (SR 235.1).

[97] Siehe *von der Crone/Beyeler/Dédeyan*, ZSR 122 (2003) I, 409, 443–446.

[98] *OECD*, OECD-Leitsätze für multinationale Unternehmen, Ausgabe 2011, abrufbar unter <http://dx.doi.org/10.1787/9789264122352-de>. Jeder nachfolgend im Text erwähnten Gruppe von Leitsätzen ist in den OECD-Leitsätzen ein eigener Abschnitt gewidmet (Abschnitte IV–XI).

Betroffenen über ihre Rechtsgüter nicht frei verfügen können und die Profiteure der Menschenrechtsverletzungen sich daher auf ineffiziente Weise Ressourcen, z.b. die Arbeitskraft eines Zwangsarbeiters oder das Vermögen eines oppositionellen Geschäftsmannes, aneignen können.

Die OECD-Leitsätze zu den *Arbeitsbedingungen* scheinen größtenteils auf eine Umverteilung vom Unternehmen auf die Beschäftigten abzuzielen.[99] Manche Einzelleitsätze verfolgen ideelle Ziele (z.B. Chancengleichheit, Gleichbehandlung und Verzicht auf Diskriminierung[100]) oder lassen sich auch mit Effizienzüberlegungen begründen (z.b. Beseitigung der Zwangsarbeit[101]).

Mit den OECD-Leitsätzen zum Schutz von *Umwelt, öffentlicher Gesundheit und Sicherheit* wird nach hier vertretener Ansicht zumindest teilweise das Effizienzziel verfolgt, ein Marktversagen bei der Nutzung natürlicher Ressourcen, die den Charakter öffentlicher Güter haben, zu bekämpfen.[102] Zudem ist Umweltschutz nach verbreiteter Ansicht ein Selbstzweck und damit ein ideeller Wert.

Die *Korruptionsbekämpfung* lässt sich als Effizienzanliegen deuten, denn Korruption verzerrt die Ressourcenallokation zugunsten der Korrupten, und zwar zulasten der Nichtkorrupten oder der Allgemeinheit. Daneben hat die Korruptionsbekämpfung nach hier vertretener Ansicht auch eine ideelle Komponente.

Der Schutz von *Verbraucherinteressen* kann in gewissen Fällen theoretisch ebenfalls effizient sein, etwa wenn verhindert wird, dass Verbraucher wegen irreführender Anbieterpraktiken Entscheidungen fällen, die sie in Kenntnis der wirklichen Sachlage nicht gefällt hätten und deswegen vermutungsweise ineffizient sind. Mit manchen Leitsätzen zu den Verbraucherinteressen werden auch ideelle Werte verfolgt wie der Schutz der Privatsphäre oder die Förderung eines nachhaltigen Konsums.[103]

Die OECD-Leitsätze zu *Wissenschaft und Technologie* zielen auf die Entwicklung der Gastländer multinationaler Unternehmen ab und rufen im Ergebnis nach einer Umverteilung auf das Gastland bzw. die dort ansässige Bevölkerung.[104] Belastet würden damit die Bevölkerung und Gemeinwesen

---

[99] Am deutlichsten ist dies vielleicht in OECD-Leitsatz V.4(b) sichtbar, demgemäß multinationale Unternehmen in Entwicklungsländern „die bestmöglichen Löhne, Leistungen und Arbeitsbedingungen bieten" sollen.

[100] OECD-Leitsätze V.1(c) und V.1(e).

[101] OECD-Leitsatz V.1(d); siehe auch soeben die Überlegungen zum Menschenrechtsschutz.

[102] Am deutlichsten wohl OECD-Leitsatz VI.8, demgemäß multinationale Unternehmen „[z]ur Konzipierung einer ökologisch sinnvollen und ökonomisch effizienten staatlichen Umweltpolitik beitragen" sollen.

[103] OECD-Leitsatz VIII.6 bzw. VIII.5(c).

[104] Es handelt sich dabei um die Forderungen, multinationale Unternehmen sollten Technologie in das Gastland transferieren, Entwicklungsarbeiten mit Lokalbezug dort aus-

jener Länder, in denen ein Unternehmen sonst tätig ist, und womöglich auch dessen Anteilseigner.

Die OECD-Leitsätze zum *Wettbewerb* entsprechen dem Effizienzziel des staatlichen Wettbewerbsrechts.[105]

Die OECD-Leitsätze zur *Besteuerung* – und umso mehr die jüngsten Anstrengungen der OECD im Bereich des internationalen Unternehmenssteuerrechts unter dem Stichwort Base Erosion and Profit Shifting (BEPS)[106] – bezwecken hauptsächlich eine Umverteilung von multinationalen Unternehmen und Staaten mit tiefen Unternehmenssteuern auf Staaten mit hohen Unternehmenssteuern.

3. *Wünschenswerte Klarheit über Rechtssetzungsziele*

Der vorangehende Abschnitt hat gezeigt, dass unter dem Sammelbegriff CSR verschiedene Arten von Regelungszielen verfolgt werden, die quer zu den Sachgebieten stehen, denen die einzelnen CSR-Anliegen zugeordnet werden können. Häufig werden selbst innerhalb eines bestimmten Sachgebiets mehrere Arten von Regelungszielen verfolgt. Manchmal sind diese kongruent. Beispielsweise lässt sich der Menschenrechtsschutz nicht nur ideell, sondern auch mit Effizienz- und Verteilungsüberlegungen begründen. In andern Fällen können Regelungsziele hingegen kollidieren. Beispielsweise muss eine Umverteilung regelmäßig durch Effizienzverluste erkauft werden.[107] Solche Zielkonflikte werden erst sichtbar, wenn die mit einem CSR-Anliegen verfolgten Ziele ermittelt und offengelegt werden. Dies führt zur

These 6: Die mit einem CSR-Anliegen verfolgten Ziele sollten identifiziert und in eine der drei Hauptkategorien (Effizienz, Umverteilung, ideelle Ziele) eingeordnet werden.

Dies hätte den Vorteil, dass die Verfechter eines bestimmten CSR-Anliegens die dahinterstehenden Wertungen offenlegen und damit zur Diskussion stellen müssten, worauf sich mögliche Wertungskonflikte ermitteln und entscheiden ließen.

---

führen und dabei einheimisches Personal beschäftigen sowie bei der Vergabe von Lizenzen in einer Weise vorgehen, dass die Aussichten auf eine langfristige nachhaltige Entwicklung des Gastlands förderlich sind. OECD-Leitsätze IX.2–4.

[105] Vgl. auch Erläuterungen zu den OECD-Leitsätzen, Rn. 97.

[106] Übersicht bei *OECD*, Base Erosion and Profit Shifting, <http://www.oecd.org/tax/beps/>.

[107] *Okun* prägte diesbezüglich die Metapher vom undichten Eimer (*leaky bucket*), mit dem das Geld von den Reichen zu den Armen getragen wird. *Okun*, Equality and Efficiency: the Big Tradeoff, Ausgabe 2015, insbes. S. 89.

4. *(Börsen-)Gesellschaftsrecht als ungeeignetes Gefäß für CSR-Anliegen*

Es verbleibt die Frage, welche Rolle das Gesellschaftsrecht bei der Verwirklichung von CSR-Anliegen spielen sollte.

Nach der hier vertretenen Ansicht sollten mit dem Gesellschaftsrecht keine Verteilungsziele, keine ideellen Ziele und keine nicht rechtsformspezifischen Effizienzziele verfolgt werden.[108] Nun aber sind genau dies die Ziele, die hinter den einzelnen CSR-Anliegen stehen.[109] Insbesondere haben die Effizienzziele mancher CSR-Anliegen nichts mit der Rechtsform eines Unternehmens oder einer allfälligen Börsennotierung zu tun, weshalb auch die Gesetzgebung zu diesen Bereichen (z.b. Umwelt- und Wettbewerbsrecht) typischerweise rechtsformneutral ausgestaltet ist. Die Ziele des Gesellschaftsrechts und jene der CSR haben mit anderen Worten eine Schnittmenge von null. Dies führt zur siebten und letzten These dieses Beitrags:

These 7: Rechtliche Vorgaben zur CSR sollten, soweit sie politisch erwünscht sind, an die betreffende wirtschaftliche Tätigkeit und nicht an die Rechtsform oder Börsennotierung des Unternehmensträgers anknüpfen.

Die Forderung nach einer rechtsformneutralen Verwirklichung von CSR-Anliegen ist für die Schweiz nicht neu[110] und wird grundsätzlich auch vom Bundesrat unterstützt.[111] Rechtsformneutralität ist dabei weit zu verstehen und muss auch ein Anknüpfen an die Börsennotierung von Anteilsscheinen verbieten, denn es ist nicht ersichtlich, weshalb ein börsennotiertes Unternehmen andere CSR-Pflichten haben soll als ein gleich großes und auf dem gleichen Gebiet tätiges Unternehmen, das von einer privaten AG, einer GmbH, einer Genossenschaft oder einer Unternehmensstiftung betrieben wird. Das Börsengesellschaftsrecht ist für CSR-Regeln eine genauso unpassende *sedes materiae* wie das Gesellschaftsrecht generell.[112] Ein Anknüpfen von CSR-Vorgaben an eine bestimmte Rechtsform oder an eine Börsennotierung würde überdies den Grundsatz „same business, same risks, same rules" verletzen, den auch das

---

[108] Siehe oben Abschnitt V.1.

[109] Siehe oben Abschnitt V.2.

[110] Siehe etwa *Watter/Spillmann*, GesKR 2006, 94, 115; *Forstmoser* FS Nobel, 2015, S. 157, 166 und 171 ff.; *Kunz*, Rundflug über's schweizerische Gesellschaftsrecht, 2. Aufl., 2012, S. 220; *Hofstetter* (Fn. 17), S. 5; Kritisch auch *Bohrer*, ST 2005, 1004, 1012; *Frick*, SJZ 108 (2012), 234, 242.

[111] Siehe *Bundesrat* (Fn. 18), S. 13. Diesbezüglich zurückhaltend *Watter/Spillmann*, GesKR 2006, 94, 97 ff., wonach CSR-Forderungen nur dann relevant und berechtigt seien, wenn damit ein Marktversagen korrigiert wird.

[112] Es ist symptomatisch für das Begründungsdefizit dieser Anknüpfung, dass jene Autoren, die im Zusammenhang mit CSR Unternehmen mit Publikumsgesellschaften gleichsetzen, die Frage des Anknüpfungskriteriums nicht diskutieren. Vgl. etwa *Schneuwly* (Fn. 8), S. 208–221, 239 f. u.a.; *Bretschger* (Fn. 9), S. 78 u.a.

Bundesgericht anerkennt.[113] Außerdem könnte man sich fragen, ob eine solche Anknüpfung in der Schweiz nicht verfassungswidrig wäre, indem sie als nicht zu rechtfertigende Ungleichbehandlung gegen das Rechtsgleichheitsgebot (Art. 8 Abs. 1 BV) und das in der Wirtschaftsfreiheit (Art. 27 BV) enthaltene Gebot der Wettbewerbsneutralität des Staates bzw. der Gleichbehandlung von Konkurrenten[114] verstößt.

Unabhängig von diesen Fragen, die alle aus einer innerstaatlichen Optik gestellt werden, können selbst rechtsformneutrale CSR-Vorgaben für die betroffenen Unternehmen international einen Wettbewerbsnachteil bedeuten, wenn für ihre Konkurrenten weniger strenge Vorgaben gelten.[115] Im Extremfall könnten einzelstaatliche CSR-Vorschriften sogar kontraproduktiv sein, und zwar wenn sie dazu führen, dass die den Vorschriften unterworfenen Unternehmen Marktanteile an Unternehmen aus Ländern mit tieferen CSR-Standards verlieren und deshalb gezwungen sind, z.B. ihre Präsenz in Entwicklungsländern zu reduzieren.[116]

VI. Zusammenfassung der erarbeiteten Thesen

Die Forderung nach mehr Corporate Social Responsibility (CSR) birgt ein Konfliktpotenzial zwischen den Interessen der Aktionäre und jenen anderer Anspruchsgruppen. Im vorliegenden Beitrag wurden ausgewählte aktienrechtliche Grundfragen im Zusammenhang mit CSR beleuchtet, die für die Entscheidung solcher Zielkonflikte in Gesetzgebung und Unternehmenspraxis von Bedeutung sein könnten. Dabei wurden die folgenden Thesen erarbeitet:

1. Die gesetzlichen Regeln zum Gesellschaftszweck lassen sich als Bündel überwiegend dispositiver Kompetenznormen verstehen.

2. CSR ist auch, wenn nicht sogar primär, eine Frage der Organzuständigkeit.

---

[113] Urteil des Bundesgerichts 2C_345/2015 vom 24.11.2015, E. 4.2 (betr. Finanzmarktregulierung).

[114] Nach gefestigter Rechtsprechung des Bundesgerichts verbieten diese Grundsätze Maßnahmen, „die den Wettbewerb unter direkten Konkurrenten verzerren und dadurch nicht wettbewerbsneutral sind. Als direkte Konkurrenten gelten Angehörige der gleichen Branche, die sich mit dem gleichen Angebot an dasselbe Publikum richten, um das gleiche Bedürfnis zu befriedigen. Die Gleichbehandlung der Gewerbegenossen geht weiter als das allgemeine Rechtsgleichheitsgebot, gilt aber nicht absolut und schliesst gewisse Differenzierungen, etwa aus Gründen der Sozialpolitik, des Umweltschutzes oder der Kulturpolitik nicht aus. Eine entsprechend begründete Ungleichbehandlung muss jedoch verhältnismässig sein und soll spürbare Wettbewerbsverzerrungen vermeiden." BGE 142 I 162 E. 3.7.2.

[115] *Bohrer*, GesKR 2016, 273, 274.

[116] Ähnlich *Bohrer*, GesKR 2016, 273, 274.

3. Die aktienrechtliche Verantwortlichkeit setzt den Organen Anreize, die CSR-Aktivitäten des Unternehmens auf das Ziel der langfristigen Steigerung des Unternehmenswerts auszurichten.

4. Die Organverantwortlichkeit, einschließlich der schweizerischen Variante der Business Judgment Rule, kann helfen, effiziente Organzuständigkeiten in Bezug auf CSR-Aktivitäten durchzusetzen.

5. Vorgaben zur CSR lassen sich fallweise mit Effizienz, mit Umverteilung oder mit ideellen Zielen begründen.

6. Die mit einem CSR-Anliegen verfolgten Ziele sollten identifiziert und in eine der drei Hauptkategorien (Effizienz, Umverteilung, ideelle Ziele) eingeordnet werden.

7. Rechtliche Vorgaben zur CSR sollten, soweit sie politisch erwünscht sind, an die betreffende wirtschaftliche Tätigkeit und nicht an die Rechtsform oder Börsennotierung des Unternehmensträgers anknüpfen.

Corporate Social Responsibility: Gesellschaftstheoretische Überlegungen

Eva Micheler [*]

I. Einleitung..63
II. Hintergrund..64
III. Vertragstheorie..66
   1. Einleitung 66
   2. *Enlightened shareholder value* 67
   3. Stewardship 69
   4. Berichtspflichten und *civil regulation*...................................71
   5. Zusammenfassung und Bewertung 73
IV. Konzessionstheorie..73
V. Gesellschaften als reale Verbandspersonen 76
VI. Zusammenfassung und Bewertung..80

I. Einleitung

Dieser Beitrag befasst sich mit sozialer Verantwortung im Gesellschaftsrecht. Es wird untersucht, welche Regelungstechniken sich dazu eignen, Gesellschaften zu sozial verantwortlichem Handeln zu bewegen. Dabei geht es um die Effektivität von Regelungstechniken vor dem Hintergrund des Gesellschaftsrechts. Es geht darum zu bestimmen, welche Form der Regulierung sich für dem Gesellschaftsrecht unterliegende Organisationen am besten eignet. Es wird auch geprüft, ob und in welcher Form Gesellschaftsrecht beeinflusst, dass Organisationen nicht nur gesetzeskonform, sondern darüber hinaus auch in sozial verträglicher Weise handeln. Beide Fragen werden vor dem Hintergrund dreier gesellschaftsrechtlicher Theorien analysiert: der Vertragstheorie, der Konzessionstheorie und der realen Verbandstheorie.

---

[*] Die Autorin dankt *Prof. Rolf v. Lüde* für Hinweise zur soziologischen Literatur.

II. Hintergrund

Der Beitrag nimmt an, dass der Gesetzgeber aus welchen Gründen auch immer entschieden hat, bestimmte Ziele im Interesse des öffentlichen Wohls zu verfolgen. Rechtsordnungen enthalten Regeln zum Arbeitnehmer- oder Umweltschutz, die die sozialpolitischen Präferenzen des nationalen Gesetzgebers in Normen umsetzen. Die Arbeitsbedingungen, die im 19. Jahrhundert in britischen, deutschen oder österreichischen Produktionsstätten galten, sind durch gesetzliche Intervention inzwischen abgeschafft worden. In allen drei Rechtsordnungen hat der Gesetzgeber auch Regeln zum Umweltschutz implementiert. Inhaltlich unterscheiden sich diese Vorschriften. Sie reflektieren die jeweilige politische Landschaft. Gesellschaften müssen sich an diese Vorschriften genauso halten wie natürliche Personen.

Nationale Regeln waren bis vor relativ kurzer Zeit zur Umsetzung sozialpolitischer Präferenzen ausreichend. Devisenkontroll- und Zollvorschriften verhinderten, dass Waren aus Ländern mit abweichenden Arbeitnehmer- oder Umweltstandards auf den nationalen Markt kamen. Mit der Globalisierung änderte sich das. Devisenkontrollen, Zölle und nicht tarifäre Handelsbarrieren verschwanden.

Außerdem war die Nachkriegswirtschaft zu einem großen Teil in staatlich gelenkter Hand. Die Privatisierungsmaßnahmen der 1980er- und 1990er-Jahre haben vor dem Hintergrund einer globalisierten Welt dazu geführt, dass privatwirtschaftliche Einheiten entstanden sind, die nicht nur international mobil, sondern auch einflussreich sind. Wirtschaftseinheiten sind den Staaten gegenüber in den Vordergrund getreten. Souveräne Staaten sind darum bemüht, günstige Steuerbedingungen und andere Anreize zu schaffen, die internationalen Konzernen die Niederlassung schmackhaft macht.

Das hat Vorteile. Waren in entwickelten Ländern sind billiger geworden. Die Produktion in Ländern mit niedrigem Lohnniveau kann dort zur wirtschaftlichen Entwicklung und zur Hebung von Lebensstandards beitragen.

Ein Nachteil ist aber, dass nunmehr auch Waren auf den nationalen Markt kommen, die unter menschenunwürdigen oder sozialpolitisch unverträglichen Bedingungen produziert wurden, weil es in den Lieferländern entweder keine entsprechenden Vorschriften gibt oder diese nicht umgesetzt werden. Dies mag damit zusammenhängen, dass internationale Wirtschaftseinheiten über Marktmacht verfügen, die es Entwicklungsländern schwer machen, Regeln zu schaffen und durchzusetzen. Es gibt außerdem auch Länder, die über keinen funktionierenden Rechtsstaat verfügen.

Vor diesem Hintergrund stellt sich die Frage, wie der Gesetzgeber reagieren soll, wenn Gesellschaften in Entwicklungsländern Menschenrechte verletzen, die Landschaft verwüsten, Bestechungsgelder zahlen oder Steuer hinterziehen.

Die Antwort auf diese Frage ist nicht einfach. Es stellt sich einerseits das Problem der demokratischen Legitimation. Mit welchem Recht schafft der nationale Gesetzgeber Vorschriften zum Schutz von Interessen in anderen Ländern? Die Souveränität anderer Rechtsordnungen ist zu respektieren. Außerdem können die Motive des nationalen Gesetzgebers vielschichtig sein. Geht es darum, Menschen, die Umwelt oder den Rechtsstaat zu schützen oder werden in Wahrheit Handelsbarrieren unter dem Vorwand schwer zu bestreitender sozialpolitischer Ziele implementiert?

Das Verhalten von Gesellschaften und natürlichen Personen im Ausland kann nicht in jeder Hinsicht der gleichen Prüfung unterzogen werden wie nationales Verhalten. Dennoch kann der Gesetzgeber die Entscheidung treffen, bestimmte Aktivitäten im Ausland zu untersagen. Ein gutes Beispiel ist das Zahlen von Bestechungsgeldern an ausländische Entscheidungsträger. Der Autorin ist keine Rechtsordnung bekannt, in der die Zahlung von Bestechungsgeldern an nationale Beamte keiner strafrechtlichen Sanktion unterliegt. Bestechungsgelder, die an ausländische Entscheidungsträger gezahlt wurden, waren im Gegensatz dazu bis vor kurzem in vielen OECD-Ländern nicht nur nicht untersagt, sie konnten sogar unter bestimmten Umständen von der Steuer abgesetzt werden.[1] Dies hat sich inzwischen geändert. Großbritannien stellte beispielsweise 2002 klar, dass ausländische Bestechungsgelder nicht steuerlich absetzbar sind.[2] Durch den Anti-terrorism, Crime and Security Act 2001 (c 24) und den Bribery Act 2010 (c 23) wurden dann strafrechtliche Sanktionen für die Bestechung im Ausland durch in Großbritannien niedergelassene Gesellschaften eingeführt.

Dieser Beitrag beschäftigt sich mit der Frage, wie vor dem Hintergrund des Gesellschaftsrechts soziale Verantwortung am besten gesetzlich reguliert werden kann. Es geht in diesem Beitrag nicht darum zu prüfen, welche Aktivitäten zu untersagen sind. Es wird daher nicht analysiert, ob der Gesetzgeber Menschenhandel, Sklaverei, die Zerstörung von Landschaft, Bestechung oder vielleicht sogar das Hinterziehen von ausländischen Steuern gesetzlich unterbinden soll. Es geht darum zu prüfen, welchen Einfluss Organisationsrecht auf die Regulierung sozialer Verantwortung hat.

Gesellschaftsrecht ist selbstverständlich Teil des Rechtssystems. Geschäftsleiter, die gesetzwidrig handeln, verletzen damit auch ihre gesellschaftsrechtlichen Pflichten. Es ist aber dennoch möglich, dass Gesellschaftsrecht das Verhalten der beteiligten Personen so steuert, dass die Einhaltung von Rechtsvorschriften erschwert wird, oder, dass die beteiligten Personen zur Entwicklung von Umgehungsstrategien angehalten werden. Es ist möglich, dass ein

---

[1] *Milliet-Einbinder,* Writing off tax deductibility, April 2000, abrufbar unter: <http://oecdobserver.org/news/archivestory.php/aid/245/Writing_off_tax_deductibility_.html>.

[2] Section 68, chapter 2, part 3, UK Finance Act 2002 i.V.m. section 577A Income and Corporation Taxes Act 1988.

Widerspruch besteht zwischen gesellschaftsrechtlichen Zielen, die Unterneh-
mensleiter verfolgen müssen, und der gesellschaftsrechtlichen Organisationsstruktur, die Unternehmensentscheidungen beeinflusst, einerseits und der
Fähigkeit zur Einhaltung von auf soziale Verantwortung gerichteten Rechtsvorschriften andererseits. Organisationsrecht kann Sand ins Getriebe eines
Rechtssystems streuen.

Organisationsrecht kann außerdem auch zu Verhalten anleiten, das zwar
nicht rechtswidrig, aber dennoch sozial unverantwortlich ist. Dieser Beitrag
befasst sich daher auch mit der Frage, welche Auswirkungen Gesellschaftsrecht ganz allgemein und nicht im Hinblick auf bestimmte Normen auf die
Fähigkeit von Gesellschaften hat, in sozial verantwortlicher Weise zu handeln.

Die Antwort auf diese Fragen hängt mit der Rechtsnatur der Gesellschaft
und dem Zweck des Gesellschaftsrechts zusammen. Was Gesellschaften sind
und welche Zwecke Organisationsrecht hat, wird von unterschiedlichen Theorien in unterschiedlicher Weise behandelt. In diesem Beitrag werden drei
Theorien untersucht: die Vertragstheorie, die Konzessionstheorie und die
Theorie der realen Verbandsperson.

III. Vertragstheorie

1. Einleitung

Im englischen und amerikanischen Rechtsraum definiert die herrschende
Lehre Gesellschaften als *nexus of contracts*. Nach dieser Theorie ist eine Gesellschaft ein Anknüpfungspunkt, der vertragliche oder vertragsähnliche Aus-
tauschbeziehungen zwischen den Beteiligten ermöglicht. Gesellschafter, Geschäftsleiter, Lieferanten, Kunden und Arbeitnehmer haben jeweils eigene
vertragliche oder vertragsähnliche Beziehungen mit der Gesellschaft.

Gesellschafter haben aber eine Sonderstellung. Sie tragen Risikokapital
bei. Ihr Beitrag ist nicht ohne Weiteres rückzahlbar. Ansprüche auf Dividenden können nur bestehen, wenn Gewinn erwirtschaftet wurde. Die Gewinn-
ermittlungsregeln geben Gläubigeransprüchen den Vorrang. Gewinn entsteht
nur dann, wenn die Aktiva die Verpflichtungen gegenüber Gläubigern und
das Kapital übersteigen. Das Gleiche gilt bei der Abwicklung der Gesellschaft. Gesellschafter werden daher als *residual claimants* bezeichnet.[3]

---

[3] Für viele *Lowry/Reisberg*, Pettet's Company Law & Corporate Finance, 4. Aufl.,
2012, S. 76 ff.

2. *Enlightened shareholder value*

Die Gesellschaft ist nach dieser Theorie im Interesse der Gesellschafter zu leiten. Der Grund ist, dass damit auch, jedenfalls theoretisch, die Interessen aller anderen Beteiligten, die im Rang den Gesellschaftern vorgereiht sind, berücksichtigt werden. Gewinn entsteht ja nur nachdem Gläubigeransprüche von den Aktiva abgezogen wurden.

Umgekehrt wird angenommen, dass Gesellschafter ein eigenes Interesse an sozial verantwortlicher Unternehmensführung haben. Einer Gesellschaft, die sich nicht an gesetzliche Vorschriften hält oder sich zu nahe an die Grenzen der Legalität heranbegibt, wird es schwer fallen erfolgreich zu sein. Das gleiche gilt für eine Gesellschaft, die sich zwar an gesetzliche Vorschriften hält, aber deren Arbeitnehmer unzufrieden sind. Unzufriedenheit wirkt sich nachteilig auf Produktivität aus. Nachteilig auf den Erfolg der Gesellschaft wirkt sich auch aus, wenn sie ein gestörtes Verhältnis zu ihrem lokalen Umfeld hat, die Umwelt verschmutzt oder ihre Kunden vernachlässigt.

Die Idee, dass soziale Interessen zu einem großen Teil mit betriebswirtschaftlichen Zielen und Gewinnorientierung überlappen, wird auch unter dem Schlagwort *enlightened shareholder value* ausgedrückt.[4] Section 172 des Britischen Companies Act 2006 basiert auf diesem Ansatz. Sie weist Direktoren an:

„(1) A director of a company must act in the way he considers, in good faith, would be most likely to promote the success of the company for the benefit of its members as a whole, and in doing so have regard (amongst other matters) to—
(a) the likely consequences of any decision in the long term,
(b) the interests of the company's employees,
(c) the need to foster the company's business relationships with suppliers, customers and others,
(d) the impact of the company's operations on the community and the environment,
(e) the desirability of the company maintaining a reputation for high standards of business conduct, and
(f) the need to act fairly as between members of the company."

Direktoren müssen so handeln, wie es im besten Interesse aller Aktionäre, die Priorität genießen, liegt. Deren Interessen können aber wohl nur dann optimal gefördert werden, wenn alle anderen Personengruppen, die zum Vertragsnexus beitragen, fair behandelt werden.[5]

Soziale Verantwortung ist vor diesem Hintergrund ins Gesellschaftsrecht eingebaut. Der Markt leistet einen Beitrag zur Bewältigung des Problems der sozialen Verantwortung. Es wird zum Beispiel angenommen, dass Konsu-

---

[4] Department for Trade and Industry, Company Law Reform, White Paper, März 2015, Cm6456, S. 54 f.

[5] Für viele *Davies/Worthington,* Gower's Principles of Modern Company Law, 10. Aufl., 2016, S. 16-37 ff.

menten auf soziale Verantwortung Wert legen. Produkte, die unter sozial unverträglichen Bedingungen produziert werden, finden keinen Absatz. Gesellschaften, die Spielwaren vertreiben, werden in den Medien zur Verantwortung
gezogen, wenn sich herausstellt, dass Kinder unter unzumutbaren Bedingungen in Zulieferbetrieben arbeiten. Dies wirkt sich auf den Absatz der Produkte und somit auf den Gewinn der Gesellschaft aus. Es ist daher im Interesse
der Gesellschafter, dass Geschäftsleiter auf sozial verantwortliches Handeln
achten. Die Gewinnorientierung unterstützt die soziale Verantwortung.

Nach diesem Ansatz wird auch das Umgehungsproblem gesetzlicher Vorschriften adressiert. Gesellschaften können sich sozialer Verantwortung nicht
dadurch entziehen, dass sie die Produktion an Tochtergesellschaften oder an
mit ihnen nur vertraglich verbundene Zulieferer auslagern. Juristisch einwand-
freie Ausweichlösungen beeindrucken Märkte nicht. Auch Verhalten, das gesetzeskonform ist aber von Marktteilnehmer als unsozial empfunden wird,
wird sanktioniert.

Dem Modell ist zuzugestehen, dass sozial wünschenswertes Verhalten in
vielen Fällen betriebswirtschaftlich gerechtfertigt werden kann und daher
tatsächlich dem Aktionärsinteresse dient. Fair Trade-Zertifizierungen können
als Werbemittel eingesetzt werden. Energiesparmaßnahmen wirken sich positiv auf die Umwelt aus und reduzieren Kosten. Personalmaßnahmen, die auf
die bessere Einbindung von Frauen oder ethnischer Minderheiten in Führungsebenen abzielen, sind nicht nur sozial verträglich, sie verbessern auch die
Entscheidungsfindung. Menschen mit unterschiedlichen Hintergründen und
Erfahrungswelten treffen bessere Entscheidungen als Menschen in homo-
genen Gruppen.[6]

Die Grenze dieses Ansatzes liegt dort, wo soziale Verantwortung sich nicht
durch Aktionärsinteressen rechtfertigen lässt. Geschäftsleiter müssen dann
den Interessen der Aktionäre den Vorzug geben.

Für diesen Ansatz spricht auch, dass mediales Interesse an Arbeitsbedingungen in Entwicklungsländern besteht. *Disney* hatte beispielsweise Probleme mit Kinderarbeit in Zulieferbetrieben.[7] Investoren interessieren sich auch
für Klimaschutz. *Exxon Mobil* hat beispielsweise vor kurzem als Reaktion auf
Druck, der von Anlegern ausgeübt wurde, angekündigt, eine Bewertung der
Auswirkungen der Klimaschutzvorschriften auf ihre Geschäftspolitik in den
Jahresbericht aufzunehmen.[8]

---

[6] *Rost/Osterloh,* 18(3) Corporate Governance 212 (2010); siehe auch *dies.,* You Pay a
Fee for Strong Beliefs: Homogeneity as a Driver of Corporate Governance Failure, abruf-
bar unter <https://papers.ssrn.com/sol3/papers.cfm?abstract_id=1304719>; siehe aber *Carter/
D'Souza/Simkins/Simpson,* 18(5) Corporate Governance 396 (2010).

[7] *Chamberlain,* Disney factory faces probe into sweatshop suicide claims, The Guardian, 27.1.2011, abrufbar unter <https://www.theguardian.com/law/2011/aug/27/disney-fac
tory-sweatshop-suicide-claims>.

Es kommt auch vor, dass Gesellschaften sich an Gesetze halten, von Konsumenten aber dennoch boykottiert werden, weil ihr Verhalten als unsozial empfunden wird. *Starbucks* hat beispielsweise einen freiwilligen Beitrag zum britischen Steueraufkommen geleistet, als sich herausstellte, dass durch gesetzeskonforme Gestaltung von Transferlieferungen so gut wie keine Steuer in Großbritannien anfiel. Interessant an diesem Beispiel ist, dass *Starbucks* und nicht der englische oder europäische Gesetzgeber Hauptangriffspunkt der öffentlichen Kritik war.[9]

3. Stewardship

Eine weitere Grenze der Vertragstheorie ist, dass nicht eindeutig ist, was genau unter den Gesellschafterinteressen zu verstehen ist. Man kann annehmen, dass Gesellschafter ein finanzielles Interesse haben. Sie wollen, dass die Gesellschaft sich darauf ausrichtet, Gewinn zu erzielen. Damit ist aber noch nicht festgelegt, auf welchen Zeitraum abzustellen ist. Der Ansatz kann nicht beantworten, ob es um kurzfristige (vielleicht sogar laufend ermittelte Aktienkurse), aufs Jahr gerichtete oder längerfristige Gewinnerzielung geht.

Theoretisch reflektiert der jeweils aktuelle Aktienkurs alle Information, also auch ob die Gesellschaft eine sinnvolle mittel- und langfristige Strategie hat. Die Finanzkrise hat aber gezeigt, dass Märkte nicht immer alle Informationen verwerten.[10] Es stellte sich heraus, dass Aktionäre mehr an kurzfristigen Kursgewinnen als an langfristigen Strategien interessiert waren.[11] Transaktionen sind wichtiger als langfristiges Wachstum. Die Gründe hierfür sind vielschichtig.

Ein wesentlicher Faktor wurde in einem von *John Kay* durchgeführten Review hervorgehoben. Die Aktionärslandschaft ist nicht mehr von wenigen Kleinaktionären geprägt. Stattdessen werden Aktien von Pensionsfonds, Investmentfonds, Staatsfonds und Hedgefonds gehalten.

Selbst wenn wir annehmen, dass die Fondsanleger langfristige und sozial verantwortungsbewusste Wertsteigerung wünschen, stellt sich folgendes grundlegende Problem. Die Verwaltung eines Pensionsfonds wird von *pension trust-*

---

[8] *Crooks,* ExxonMobil bows to shareholder pressure on climate reporting, The Financial Times, 12.12.2017, abrufbar unter <https://www.ft.com/content/8bd1f73a-dedf-11e7-a8a4-0a1e63a52f9c>.

[9] *Neville/Treanor,* Starbucks to pay £20m in tax over next two years after customer revolt, The Guardian, 6.12.2012, abrufbar unter <https://www.theguardian.com/business/2012/dec/06/starbucks-to-pay-10m-corporation-tax>.

[10] Kay Review of UK Equity Markets and Long-term Decision Making, Final Report, Juli 2012, abrufbar unter <https://www.gov.uk/government/uploads/system/uploads/attachment_data/file/253454/bis-12-917-kay-review-of-equity-markets-final-report.pdf>.

[11] Siehe auch *Ferreira/Kershaw/Kirchmaier/Schuster,* Shareholder empowerment and bank bailouts Finance working papers, 345/2013 European Corporate Governance Institute (ECGI), Brüssel, Belgien.

ees überwacht. Die *trustees* ernennen einen oder mehrere *asset managers*. Die *asset managers* berichten regelmäßig über die von ihnen erzielten Ergebnisse und wollen natürlich in möglichst jedem dieser Berichte gute Nachrichten übermitteln. So entsteht Druck auf die Gesellschaften, ihrerseits kurzfristig gute Nachrichten zu produzieren.

Ein weiteres Problem ist, dass nicht sicher ist, dass sich aktives Engagement positiv auf den kurz- oder mittelfristigen Aktienkurs auswirkt. Engagement kostet Zeit und Geld. *Asset managers* stehen unter dem Druck, ihre Spannen möglichst gering zu halten. Das einfachere Geschäftsmodel ist Wertschöpfung durch Aktienhandel. Der Befund von *Kay* ist daher: Die von Investmentintermediären dominierte Investorenlandschaft wandelt langfristige Investmentinteressen in kurzfristige Signale um. Diejenigen, die Investitionsentscheidungen treffen, sind an kurzfristigen Ergebnissen wesentlich mehr interessiert als an langfristigen Strategien.[12]

Aus der Sicht der sozialen Verantwortung von Gesellschaften bedeutet dies, dass eine prioritäre Auslegung des Gesellschaftsrechts auf die Interessen der Gesellschafter soziale Verantwortung von Gesellschaften untergraben kann. Wenn die die Stimmrechte ausübenden Gesellschafter eine Präferenz für kurzfristige Gewinne haben oder sich soziale Verantwortung in diesem Zeitraum betriebswirtschaftlich nicht rechnet, kann das Vertragsmodell dazu führen, dass Gesellschaften in größerem Ausmaß als natürliche Personen unverantwortlich handeln. Gesellschafter sind in zeitlicher Hinsicht flexibel. Sie können ihre Anteile verkaufen. Dabei treffen sie unter Umständen Kursverluste. Diese lassen sich aber durch vernünftiges Portfoliomanagement ausgleichen. Natürliche Personen, die gesetzliche Vorschriften verletzen, können sich den rechtlichen Konsequenzen nicht so einfach entziehen.

Natürliche Personen stehen außerdem den mit wirtschaftlicher Aktivität verbundenen moralischen Fragen näher. Eine natürliche Person, die einen Sweatshop in einem Entwicklungsland betreibt, steht den damit zusammenhängenden moralischen Fragen wesentlich näher als Anleger, die über Fonds Anteile an Gesellschaften halten, die Produkte von Zulieferern verkaufen, die Arbeitnehmer zu menschenunwürdigen Bedingungen beschäftigen. Geschäftsleiter treffen Entscheidungen, handeln aber nicht im eigenen Interesse. Gesellschaftsrecht anonymisiert wirtschaftliches Handeln.

Der Schlüssel zur sozialen Verantwortlichkeit von Gesellschaften liegt bei der Vertragstheorie bei den Gesellschaftern. Als Reaktion auf die Finanzkrise hat der Britische *Financial Reporting Council* 2010 daher einen *Stewardship Code* verabschiedet. Zweck dieses Codes ist es, institutionelle Anleger darauf hinzuweisen, dass sie Verantwortung hinsichtlich ihrer Stimmrechte tragen. Der Code steht vor dem Hintergrund, dass kurzfristige Investitionsstrategien

---

[12] Kay Review of UK Equity Markets and Long-term Decision Making, Final Report, Juli 2012 (Fn. 10).

volkswirtschaftlichen Schaden anrichten können. Es geht also nicht unmittelbar um soziale Verantwortung, sondern darum zu erreichen, dass institutionelle Anleger Ihren Einfluss auf Gesellschaften in einer Form ausüben, die langfristiges nachhaltiges Wachstum fördert.[13] Eine indirekte Verbindung zu sozialer Verantwortung besteht aber darin, dass kurzfristige Gewinnmaximierung schwerer mit sozialer Verantwortung zu verbinden ist als eine Ausrichtung auf langfristiges Wachstum.

4. Berichtspflichten und civil regulation

Das Vertragsmodell baut auf Marktmechanismen auf. Die Aufgabe der Rechtsordnung ist daher, diese Marktmechanismen zu unterstützen. Es geht darum sicherzustellen, dass Gesellschaften den Markt über ihre Geschäftspraktiken informieren. In diesem Sinne sind Veröffentlichungspflichten zu verstehen. Im Stewardship Code müssen *asset managers* ihre Anlagepolitik offenlegen. Gesellschaften müssen außerdem dem Jahresabschluss einen *strategic report* anschließen (CA 2006, section 414c).

Im *strategic report* müssen Gesellschaften ihr Geschäftsmodell beschreiben und dabei auch über ihre Beziehungen zu den *stakeholders* (Arbeitnehmer, Umwelt, Menschenrechte, soziales Umfeld) berichten. Dieser Bericht dient der Information der Aktionäre und erklärt, wie die Direktoren den *shareholder value* in deren Interesse, jedoch aber im Hinblick auf die Interessen der Stakeholder, gefördert haben und weiter zu fördern beabsichtigen. Dabei ist auch offenzulegen, wie viele weibliche und männliche Direktoren die Gesellschaft hat und wie viele Arbeitnehmer allgemein und auf Führungsebenen beschäftigt sind.[14] Gesellschaften mit mehr als 250 Arbeitnehmern müssen außerdem offenlegen, wie sich die Entlohnung von weiblichen und männlichen Arbeitnehmern unterscheidet.[15] CO_2-Emmissionen sind ebenfalls offen zu legen.[16] Es wurde auch überlegt, Offenlegungspflichten hinsichtlich der Zahlungsmoral von Gesellschaften einzuführen.[17]

---

[13] Financial Reporting Council, The UK Stewardship Code 2012, abrufbar unter <https://www.frc.org.uk/investors/uk-stewardship-code>.

[14] CA 2006, section 414c(8).

[15] The Equality Act 2010 (Gender Pay Gap Information) Regulations 2017, SI 2017/172; für weitere Informationen siehe <https://www.gov.uk/guidance/gender-pay-gap-reporting-overview>.

[16] Section 15 Large and Medium-sized Companies and Groups (Accounts and Reports) Regulation 2008, SI 2008/410; siehe auch Richtlinie 2013/34/EU des Europäischen Parlaments und des Rates vom 26.6.2013, ABl. 2013 Nr. L 182, S. 19 und Mitteilung der Kommission, Leitlinien für die Berichterstattung über nichtfinanzielle Informationen (Methode zur Berichterstattung über nichtfinanzielle Informationen) 2017/C215/01, ABl. 2017 Nr. C 215, S. 1.

Diese Veröffentlichungen ermöglichen Gesellschaftern, aber auch Konsumenten, Arbeitnehmern und Lieferanten die Entscheidungsfindung. Sie haben auch einen Effekt, der als *civil regulation* bezeichnet wird.[18] Politisch interessierte Gruppen können an diese veröffentlichen Informationen anknüpfen, ihre Richtig- und Vollständigkeit überprüfen und medienwirksam Kritik anbringen, die dann Produkt- und Arbeitsmärkte informiert. Konsumenten sind so in der Lage, Produkte zu boykottieren, die dem gesellschaftlichen Konsens nicht gerecht werden.

Diese Annahme ist begründet. So zeigte beispielsweise das Medieninteresse, das *Greenpeace* an der Entsorgung der *Brent Spa*-Ölplattform in der Nordsee weckte, und der darauf folgende Boykott von *Shell*-Tankstellen in Deutschland, dass solche Effekte eintreten können.[19] Das Gleiche gilt für die oben erwähnten Probleme, die *Disney* mit Kinderarbeit und *Starbucks* mit der *corporation tax* hatte.[20]

Civil regulation hat aber Grenzen. Unter öffentlichem Druck stehen nur Gesellschaften, deren Bekanntheitsgrad hoch genug ist, dass Nichtregierungsorganisationen sich für sie interessieren und entsprechende Berichte in den Medien Resonanz finden.

Ein weiterer Effekt, der von Veröffentlichungspflichten ausgelöst werden kann, ist Selbstreflexion. Geschäftsleiter, die einen Bericht zur sozialen Verantwortung vorlegen, müssen sich damit befassen, was ihre Gesellschaft zu dem Thema beiträgt. Dies setzt aber voraus, dass die betroffenen Entscheidungsträger die Berichtspflicht zum Anlass für Selbstreflexion nehmen. Berichte zur Corporate Social Responsibility können auch in Form von inhaltsleeren Texten, die in ansprechender Weise formatiert und mit Fotos kombiniert sind, abgegeben werden.

Der britische *Financial Reporting Council* versucht, dem mit einem Leitfaden, der darauf hinweist, dass der *strategic report* für Gesellschafter rele-

---

[17] Siehe dazu die Website des britischen Department for Business, Innovation and Skills zum Thema 'Responsible Payment Culture': <http://www.gov.uk/government/consultations/late-payment-of-finance-building-a-responsible-payment-culture>.

[18] *Parkinson,* Disclosure and Corporate Social and Environmental Performance: Competitiveness and Enterprise in a Broader Social Frame, 3 Journal of Corporate Law Studies 3 (2003); *Belal,* Corporate Social Responsibility Reports in Developing Countries – The Case of Bangladesh, 2016, S. 139f.

[19] *Weyler,* Brent Spar: The sea is not a dustbin, Blogpost, 24.9.2016, abrufbar unter <http://www.greenpeace.org/international/en/news/Blogs/makingwaves/brent-spar-deep-green-rex-weyler/blog/57539/>; Shell hat sich inzwischen auf die öffentliche Meinung eingestellt: <http://www.shell.co.uk/sustainability/decommissioning/brent-field-decommissioning/the-brent-story.html>; siehe auch <https://www.wwf.org.uk/updates/north-sea-shell-brent-de commissioning-plans-published-wwf-comment>.

[20] Siehe oben III.2.

vante Informationen enthalten soll, die sich auf den Jahresbericht beziehen und von einem auf das andere Jahre vergleichbar sind, entgegenzuwirken.[21]

5. Zusammenfassung und Bewertung

Nach der Vertragstheorie orientiert sich Gesellschaftsrecht an den Aktionärsinteressen, weil diese *residual claimants* sind und so daher auch allen anderen Interessen Rechnung getragen wird. Soziale Verantwortung ist damit ins Gesellschaftsrecht eingebaut. Wenn es darum geht gesetzlich einzugreifen werden Berichtspflichten angeordnet.

Ein Vorteil dieses Ansatzes ist, dass er sich an marktwirtschaftlichen Prinzipien orientiert und daher im Einklang zum gegenwärtigen Wirtschaftssystem steht. Berichtspflichten können die öffentliche Aufmerksamkeit wecken und Marktsanktionen auslösen. Weil das Aktionärsinteresse aber im Vordergrund steht, kann soziale Verantwortung aber nur insoweit erreicht werden, als dies unter betriebswirtschaftlichen Gesichtspunkten möglich ist. Außerdem basieren Berichtspflichten auf der Annahme, dass Marktteilnehmer die jeweilige Information wahrnehmen, sich den Inhalt bis zu dem Zeitpunkt merken, zu dem sie Entscheidungen treffen.

Gesellschaftsrecht, das sich nur am Aktionärsinteresse orientiert und vor dem Hintergrund institutioneller Anleger steht, schafft überdies Organisationen, die sich auf kurzfristige Ziele festlegen. Dabei können langfristige Risiken übersehen werden. Soziale Verantwortlichkeit wird dann auch nur insofern beachtet, als sie den kurzfristigen betriebswirtschaftlichen Zielen dient.

IV. Konzessionstheorie

Die moderne Gesellschaftsrechtswissenschaft wird jedenfalls im englischsprachigen Raum von ökonomischer Analyse und der Vertragstheorie dominiert. Daneben kommt auch ein Model zur Anwendung, das Gesellschaften als *concessions* einordnet. Gesellschaften sind vor diesem Hintergrund vom Gesetzgeber errichtete Strukturen, deren Grenzen und Zweck durch Ermittlung des Inhaltes gesetzlicher Vorschriften festzustellen ist. In den Vereinigten Staaten wird dieser Ansatz verwendet, um festzustellen, ob Gesellschaften Grundrechte in Anspruch nehmen[22] oder ob sie strafrechtlich zur Verantwortung gezogen werden können.[23] Die Theorie ist mit dem Konzessionssystem

---

[21] Financial Reporting Council, Guidance on the Strategic Report, June 2014, S. 2 ff., abrufbar unter <https://www.frc.org.uk/getattachment/697745ed-d991-4360-a32c-857dc 28fb949/Guidance-on-the-strategic-report-2014.pdf>; ein Update ist derzeit in Arbeit: <https://frc.org.uk/news/august-2017/frc-consults-on-non-financial-reporting-guidance>.

[22] *Padfield*, Rehabilitating Concession Theory, 66 Oklahoma Law Review 327 (2013–14).

verbunden. Historisch konnten Gesellschaften nur durch im Einzelfall erteilte Bewilligung errichtet werden. Dies änderte sich mit der Zeit. In Großbritannien ist die Gründung von Gesellschaften durch Registrierung beispielsweise seit 1844 möglich.[24]

Dennoch lassen sich Gesellschaften als staatliche Konzession begreifen. Der Gesetzgeber stellt die Rechtsform der Wirtschaftsgesellschaft mit dem Privileg der Haftungsbeschränkung zur Verfügung. Daran sind aber bestimmte Bedingungen geknüpft. Kapitalaufbringungs- und -erhaltungsvorschriften sind ein Bespiel dafür. Es ist auch möglich, soziale Verantwortung von Gesellschaften zu einer Bedingung für das Haftungsprivileg zu erheben.[25]

Anders als das Vertragsmodell, das wenig zwingendes Recht enthält, wird ein Konzessionsmodell jene Bedingungen, deren Einhaltung es für erforderlich hält, mit zwingender Wirkung ausstatten. Der Gesetzgeber kann zum Beispiel zwingend vorschreiben, dass Unternehmensentscheidungen durch Abwägung der Interessen bestimmter Beteiligter, die über den Kreis der Gesellschafter hinausgehen, zu treffen sind. Ein Beispiel dafür enthält das österreichische Aktiengesetz. Im Gegensatz zum englischen Recht, das Direktoren von Gesellschaften durch eine dispositive Vorschrift dazu anleitet, die Gesellschaft im Interesse der Aktionäre zu leiten, bestimmt § 70 Abs. 1 öAktG:

„Der Vorstand hat unter eigener Verantwortung die Gesellschaft so zu leiten, wie das Wohl des Unternehmens unter Berücksichtigung der Interessen der Aktionäre und der Arbeitnehmer sowie des öffentlichen Interesses es erfordert."

Auf Basis dieser Bestimmung ist es möglich zu argumentieren, dass das Unternehmensinteresse dem kurzfristigen Interesse der Aktionäre vorgeht.[26] Wenn dies den gesellschaftspolitischen Wertungen des Gesetzgebers entspricht, könnte soziale Verantwortlichkeit, die über diese Bestimmung hinausgeht, im Aktiengesetz verankert werden.

Ein anderes Beispiel sind Vorschriften, die Arbeitnehmer das Recht zur Mitbestimmung gesellschaftlicher Entscheidungen geben. Wer in Form einer Aktiengesellschaft oder (in bestimmten Fällen) einer GmbH in Deutschland oder Österreich wirtschaftlich tätig wird, muss Arbeitnehmer in den Aufsichtsrat aufnehmen.

Soziale Verantwortung könnte nach diesem Vorbild auch organisatorisch ins Gesellschaftsrecht eingebaut werden. Es wäre möglich, Aufsichtsratsmitglieder/Direktoren zu bestellen, die nach dem Vorbild der Arbeitnehmervertreter

---

[23] *Lipton,* Corporate Capacity for Crime and Politics: Defining Corporate Personhood at the Turn of the Twentieth Century, 96 Virginia Law Review 1911 (2010).

[24] Joint Stock Companies Act 1844 (7 & 8 Vict. c.110).

[25] *Padfield,* Corporate Social Responsibility and Concession Theory, 6 William & Mary Law Review 1 (2015).

[26] *Nowotny,* in: Doralt/Nowotny/Kalss, Kommentar zum Aktiengesetz, 2. Aufl., 2012, § 70 Rn. 10 ff.; *Strasser,* in: Jabornegg/Strasser, Aktiengesetz, 5. Aufl., 2011, § 70 Rn. 17 ff.

eine Verbindung mit sozialen Interessen haben. Dies würde die Schaffung neuer Organisationsstrukturen notwendig machen. Man könnte beispielsweise Menschenrechts-, Umweltschutzorganisationen, Konsumentenschutzverbände, staatliche Ministerien oder Gemeinden in die Organisation von Gesellschaften einbinden.

Alternativ dazu könnten Aufsichtsratsmitglieder/Direktoren gewählt werden, die die Aufgabe haben, in der Entscheidungsfindung des Unternehmens soziale Interessen zu vertreten. Als Vorbild dafür könnte die Empfehlung hinsichtlich unabhängiger Direktoren[27] oder das Erfordernis eines Prüfungsausschusses[28] dienen. Auf diese Weise würde die Perspektive der sozialen Verantwortung der Gesellschaft in ihrer Organisation etabliert werden. Damit kann erreicht werden, dass Fragen der sozialen Verantwortlichkeit in die Entscheidungsfindung Eingang finden.

Der Autorin ist keine Rechtsordnung bekannt, die diesen Weg für Wirtschaftsgesellschaften eingeschlagen hätte. Universitätsverfassungen bauen aber beispielsweise Studenten, Mittelbau- und Professorenvertreter in ihre Organisation ein, und das obwohl diese kein Risikokapital zur Verfügung stellen.[29]

Aus der Sicht der Konzessionstheorie ist es Aufgabe des Gesetzgebers, die Bedingungen, die für die Gründung einer Gesellschaft einzuhalten sind, festzulegen. Ein Nachteil dieses Ansatzes ist, dass er über die Grenzen des Gesetzes nicht hinausreicht. Die Vertragstheorie baut auf ökonomischer Analyse auf und entwickelt auf dieser Basis normative Empfehlungen.

Die Konzessionstheorie ist mit der reinen Rechtslehre verbunden und unterwirft sich damit den vom Gesetzgeber vorgegebenen Grenzen. Sie ist daher nützlich um zu prüfen, ob Gesellschaften Grundrechtsschutz zusteht oder ob und in welcher Form Strafrecht auf Gesellschaften anzuwenden ist. Es lässt sich feststellen, inwieweit *de lege lata* soziale Interessen im Gesellschaftsrecht berücksichtigt sind. Es kann durch Auswertung gerichtlicher Entscheidungen und empirischer Daten geprüft werden, ob und in welchem Ausmaß der gesetzgeberische Zweck erreicht wurde. Darüberhinausgehende Empfehlungen *de lege ferenda* drücken dann aber die, wenn auch begründete, persön-

---

[27] Empfehlung der Kommission vom 15.2.2005 zu den Aufgaben von nicht geschäftsführenden Direktoren/Aufsichtsratsmitgliedern börsennotierter Gesellschaften sowie zu den Ausschüssen des Verwaltungs-/Aufsichtsrats (2005/162/EG), ABl. 2005 Nr. L 52, S. 51.

[28] Art. 41 Richtlinie 2006/43/EG des Europäischen Parlaments und des Rates vom 17.5.2006 über Abschlussprüfungen und konsolidierte Abschlüsse ABl. 2006 Nr. L 157, S. 87.

[29] Zum Spannungsverhältnis zwischen akademischer Freiheit und ökonomischen Zielen in Universitätsorganisationen siehe *v. Lüde*, Academic Freedom under Pressure: From Collegial Governance to Managerialism, in: Zgaga/Teichler/Schuetze/Wolter (Hrsg.), Higher Education Reform: Looking Back – Looking Forward, Higher Education Research and Policy 8, 2015, S. 179 ff.

liche Meinung des jeweiligen Autors aus. Auf normativer Ebene leistet die Konzessionstheorie keinen eigenen Beitrag. Wertungsentscheidungen werden ohne Bezug auf ein bestimmtes Referenzsystem getroffen.

V. Gesellschaften als reale Verbandspersonen

Diese Theorie geht auf Überlegungen zurück, die *Otto von Gierke* zum deutschen Recht veröffentlicht hat. Er vertritt die Auffassung, dass Gesellschaften Verbandspersonen sind. Er bezeichnet Verbandspersonen als „wesenhafte Existenzen der geschichtlichen Wirklichkeit, soziale Organismen mit Haupt und Gliedern".[30] Sie sind „wirkliche, nicht bloß erdichtete" Personen.[31] Ihre Einheit verwirklicht sich nicht in einem „einzelnen menschlichen Leib", sondern in einem „gesellschaftlichen Organismus", der zwar „um seiner organischen Struktur willen [...] ein ‚Körper' mit ‚Haupt' und ‚Gliedern' und mit funktionierenden ‚Organen' vorgestellt und bezeichnet wird, jedoch als soziales Gebilde sich im innersten Wesen von einem bloß natürlichen Gebilde unterscheidet".[32]

Hervorzuheben ist, dass *von Gierkes* Beitrag sich gegen römischrechtliche Ideen richtet, die inhaltlich mit der Vertragstheorie verbunden sind. Er schreibt, dass die römische *universitas* kein „personenrechtliches Band" kennt, sondern nur „die Möglichkeit gleicher Rechtsbeziehungen, wie sie zwischen unverbundenen Individuen vorkommen".[33] Alles „Gemeinschaftliche" löst sich in „getrennte Individualsphären" auf.[34]

Der römischrechtliche Ansatz beschreibt nach *von Gierke* aber nicht das deutsche Körperschaftsrecht, in dem sich ein „personenrechtliches Band, wie es in gleicher Weise außerhalb einer Körperschaft nicht vorkommen kann", „zwischen der Gesamtperson und den Einzelpersonen" „schlingt".[35] Als Beispiel nennt er das Prinzip der gesamten Hand, das eine stärkere Bindung vorsieht als das römische Miteigentumsrecht.[36] Ein anderes Beispiel ist der Vereinigungsakt, der eine „bewusste Willensthat" der Gesellschafter darstelle,[37] aber kein Vertrag, sondern ein „sozialrechtlicher Konstitutivakt" oder ein „schöpferischer Gesamtakt" sei, der eine „gewillkührte Körperschaft" ins Leben ruft. Er besteht aus Einzelhandlungen, die einen bestimmten Zeitraum in

---

[30] *v. Gierke*, Deutsches Privatrecht, Erster Band, Allgemeiner Teil und Personenrecht, 3. Aufl., 1936, S. 468.
[31] *v. Gierke* (Fn. 30,), S. 470.
[32] *v. Gierke* (Fn. 30,), S. 473.
[33] *v. Gierke* (Fn. 30,), S. 479.
[34] *v. Gierke* (Fn. 30,), S. 479.
[35] *v. Gierke* (Fn. 30,), S. 479.
[36] *v. Gierke*, Fn. 30, S. 479.
[37] *v. Gierke*, Fn. 30, S. 485.

Anspruch nehmen und gesetzlich angeordnet sind.[38] Die Mitgliedschaft ist ein personenrechtliches Verhältnis, das bei der Aktiengesellschaft stark vermögensrechtlich geprägt ist.[39]

De lege lata ist *von Gierke* zuzustimmen. Es ist nicht möglich, das bestehende Gesellschaftrecht restlos als Vertragsrecht einzuordnen. Dafür gibt es jedenfalls in Deutschland und Österreich (Satzungsstrenge bei der Aktiengesellschaft), aber auch in Großbritannien zu viele zwingende Vorschriften.[40]

Aus moderner Sicht lässt sich anmerken, dass die von *Otto von Gierke* mit Intuition untermauerte Auffassung in der modernen soziologischen und ökonomischen Literatur überlebt hat bzw. wieder auftaucht. Organisationen werden bezeichnet als „adaptive, organic systems", die von ihren Teilnehmern und ihrer Umwelt beeinflusst werden.[41] Sie entwickeln ein Eigenleben, das mehr ist als eine Beitragssammlung der beteiligten Gesellschafter, Arbeitnehmer, Lieferanten oder Kunden.

Inhaltlich steht diese Beobachtung mit den Erkenntnissen, die *Daniel Kahneman* in seinem Buch „Thinking Fast and Slow" zusammengefasst hat, in Verbindung.[42] Menschliches Handeln folgt demnach rationalen Entscheidungen. Rationale Entscheidungen (*thinking slow*) erfordern aber Zeit und Energie und werden daher relativ selten eingesetzt.

Menschliches Handeln orientiert sich manchmal auch an Tradition. Das Vermeiden von Schweinefleisch, das in einem heißen Klima ohne moderne Kühlung rationale Gründe hatte, ist inzwischen ein Ausdruck religiöser und/oder kulturelle Überzeugungen oder Gefühle.

Menschen handeln auch routiniert (*thinking fast*). Autofahren lernt man durch bewusste Ausführung bestimmter Abläufe, die sich im Laufe der Zeit automatisieren. Konsumenten können theoretisch jeder Zeit die Bank, den Energie- oder Wasserversorger oder die Versicherung wechseln, tun dies in der Praxis aber selten.[43]

Die Bedeutung gewohnheitsmäßigen Handelns wird auch von Organisationssoziologen betont. *Herbert A. Simon* beschreibt die Annahme, dass Menschen rational handeln, als „heroisch" und „unbegründet". Seiner Meinung nach sind Menschen in ihrer Rationalität beschränkt. Organisationen tragen aber zur Rationalisierung von Handeln bei. Sie liefern Verhaltensmuster, die die Entscheidungsfreiheit des Einzelnen beschränken. Sie stellen auch Ver-

---

[38] *v. Gierke* (Fn. 30,), S. 486.

[39] *v. Gierke* (Fn. 30,), S. 492.

[40] Für Großbritannien siehe *Moore,* 34 Oxford Journal of Legal Studies 693 (2014); *ders.,* Corporate Governance in the Shadow of the State, 2013.

[41] *Scott,* Institutions and Organizations, 4. Aufl., 2013, S. 24.

[42] *Kahneman,* Thinking Fast and Slow, 2012.

[43] Die britische Regierung hat deswegen einen Aktionsplan vorgelegt, der Konsumenten das Wechseln von Service providern erleichtern soll, abrufbar unter <https://www.gov.uk/government/publications/switching-suppliers-action-plan>.

haltensmuster zur Verfügung, die zur Anwendung kommen, wenn neue Aufgaben zu bewältigen sind.[44]

Die Einsicht, dass Organisationen von routinierten Verfahrensabläufen geprägt sind, wird auch von einem Teil der ökonomischen Literatur vertreten.
Richard Nelson und *Sidney Winter* basieren ihre Überlegungen auf evolutions-
theoretischen Ansätzen. Routinierte Abläufe bestehen demnach auf bewuss-
tem und unbewusstem (*conscious and tacit*) Wissen und Fähigkeiten. Sie sind
das Ergebnis interner und auf Erfahrung basierender Lernprozesse. Organisationen sind Wettbewerb ausgesetzt. Ihr Überleben wird von der Qualität dieser Verfahrensabläufe bestimmt.[45]

Richard Adelstein schreibt in jüngerer Zeit, dass Unternehmen über Fähigkeiten verfügen, die sich schwer reproduzieren lassen. Diese Fähigkeiten sind
mehr als die Summe der Fähigkeiten ihrer Beteiligten. Das Wissen und die
Fähigkeiten eines Unternehmens manifestieren sich in den jeweiligen operativen Abläufen. Diese Abläufe folgen einer Routine, die aber nicht mecha-
nisch vorprogrammierbar ist. Routiniertes Verhalten ist ein soziales Phänomen.
Organisationen sind keine lebenden Organismen, aber dennoch autonome
lebensähnliche Wesen, die zur eigenen, von ihren Teilnehmern unabhängigen
Willensbildung fähig sind.[46]

David Gindis unterscheidet „Aggregate oder Ansammlungen" (*aggregates
or heaps*) von sozialen Einheiten, die identifizierbar sind und eine charakte-
ristische, sie konstituierende Struktur haben.[47] Soziale Einheiten haben Einfluss auf andere Einheiten und werden selbst von ihnen beeinflusst. Unternehmen (*firms*) bestehen in wirtschaftlicher und rechtlicher Hinsicht und
agieren auf Basis einer Struktur, die routiniertes Verhalten ermöglicht. Das
Unternehmen besteht fort, auch wenn die Teilnehmer ersetzt werden. Diese
Unabhängigkeit rechtfertigt den Schluss, dass Unternehmen reale soziale
Einheiten sind.

Der Mechanismus, der Organisationen ein Eigenleben gibt, sind Verhaltensmuster, die sich entwickeln und von Teilnehmern gelernt, reproduziert,
adaptiert und weitergeben werden.

Versteht man Organisationen als reale soziale Einheiten, so stellt sich die
Frage welche Rolle dem Gesellschaftsrecht in Hinblick auf soziale Verantwortlichkeit zukommt. Die Einsicht, dass Organisationen auf routiniertem
Verhalten basieren, das aber nicht vollständig von den Beteiligten kontrolliert
werden kann, hilft *de lege ferenda* zu verstehen, auf welche Weise das Verhalten von Gesellschaften beeinflusst werden kann.

---

[44] *Simon,* Administrative Behaviour: A Study of Decision Making in Administrative
Organisation, 1945, Reprint 1997.
[45] *Nelson/Winter,* An Evolutionary Theory of Economic Change, 1982.
[46] *Adelstein,* 6 Journal of Institutional Economics 329, 333 (2010).
[47] *Gindis,* 5 Journal of Institutional Economics 25, 37 (2009).

Die Vertragstheorie stellt Überlegungen zur Motivationslage der Entscheidungsträger an. Sie stellt zum Beispiel die Frage, wie erreicht werden kann, dass Geschäftsleiter ihre eigenen Interessen denen der Aktionäre unterordnen. Die Empfehlung knüpft dann an Anreizsysteme wie beispielsweise die Entlohnung an, die das Verhalten der Geschäftsleiter beeinflussen. Dies ist nützlich, erfasst die im Gesellschaftsrecht entstehenden Probleme aber unvollständig. Es wird übersehen, dass routinierte Abläufe und Handlungsmuster nicht nur das Ergebnis der rationalen Entscheidungen bestimmter Teilnehmer sind. *De lege lata* ist daher auch auf Verfahrensabläufe abzustellen. Als Beispiel für eine solche Form der Regulierung kann die Regelung der strafrechtlichen Verantwortung von Gesellschaften nach dem britischen *Bribery Act 2010* genannt werden.

Gesellschaften sind in Großbritannien grundsätzlich dann strafrechtlich verantwortlich, wenn der „directing mind and will" vorsätzlich bzw. fahrlässig handelt. Das führt dazu, dass kleine Organisationen leichter zur Verantwortung gezogen werden können als große international agierende Organisationen, bei denen die Geschäftsleitung nicht oder nur in seltenen Ausnahmefällen an operativen Entscheidungen beteiligt ist.[48]

Dies lässt sich vermeiden, wenn man Verantwortlichkeit nicht an die Sorgfalt bestimmter Personen knüpft, sondern an das Fehlen robuster Prozesse. Ein Beispiel ist section 7(1) des Bribery Act 2010. Gesellschaften sind demnach strafrechtlich verantwortlich, wenn eine Person, die mit ihnen in Verbindung steht, eine andere Person besticht, um den Abschluss eines Geschäftes zu erreichen oder zu erhalten oder um einen Geschäftsvorteil zu erwerben oder behalten. Nach section 7(1) fällt die Haftung weg, wenn die Gesellschaft nachweist, dass sie ein adäquates Verfahren etabliert hat, das darauf ausgerichtet ist, zu verhindern, dass mit ihnen in Verbindung stehende Personen andere bestechen. Damit sind jene Personen gemeint, die Leistungen für die Gesellschaft erbringen (*perform services for or on behalf*). Auf welcher Rechtsgrundlage dies erfolgt, ist irrelevant. Als Beispiel werden Arbeitnehmer, Agenten oder Tochtergesellschaften genannt (section 8 Bribery Act 2010).

Diese Form der Regelung unterscheidet sich grundlegend von der Identifikationstheorie. Haftung besteht, wenn es kein adäquates Verfahren gibt. Ob die Geschäftsleitung für das Fehlen eines solchen Verfahrens fahrlässig oder vorsätzlich verantwortlich ist, ist für die Verantwortlichkeit der Gesellschaft irrelevant.

Es wäre nach diesem Vorbild möglich, Regelungen zu schaffen, die Gesellschaften zur Verantwortung ziehen, wenn sie über keine ausreichenden Prozesse verfügen, um beispielsweise Menschenrechtsverletzungen durch Zulieferer zu vermeiden. Wichtig ist, dass damit keine Erfolgshaftung normiert ist. Es kann auch nur normiert werden, dass Verantwortlichkeit dann ausge-

---

[48] Law Commission, Reforming Bribery (LAW COM No 313) (November 2008).

löst wird, wenn die Kontrollverfahren objektiv ungeeignet waren oder ihre
Einhaltung nicht adäquat überwacht wurde.

Begreift man Organisationen als soziale Einheiten, die ein von routinierten
Abläufen geprägtes Eigenleben haben, so ergibt sich die normative Empfehlung, an diese Abläufe anzuknüpfen als an das Verhalten bestimmter Entscheidungsträger. Dies gilt auch für die Regulierung von sozialer Verantwortung.

Die zweite Frage, die hier von Interesse ist, ist, ob Gesellschaftsrecht zu
sozial unverantwortlichem Handeln verleitet. Aus der Sicht der realen Verbandstheorie ist festzuhalten, dass Organisationen ein Eigenleben entwickeln
und dieses von ihren Teilnehmern unabhängig ist. Gesellschaftsrecht unterstützt dies, indem es eine Struktur zur Verfügung stellt. Das Gesellschaftsrecht ermöglicht das Entstehen von Konzernstrukturen, die eine organisatorische Einheit bilden, aber rechtlich und haftungsmäßig voneinander unabhängig sind. Diese Struktur kann zum Entstehen von Organisationen mit großer
Wirtschaftsmacht führen. Der Einfluss solcher Organisationen kann weit über
den natürlicher Personen hinausgehen. Mit steigender Wirtschaftsmacht steigt
auch das Schadenspotential in allen Bereichen und damit auch im Hinblick
auf soziale Verantwortlichkeit. In diesem Sinne erhöht Gesellschaftsrecht das
Potential für sozial unverantwortliches Handeln.

VI. Zusammenfassung und Bewertung

Der Vertragstheorie ist zuzugestehen, dass die Einsicht, dass sich soziale
Verantwortung und betriebswirtschaftliche Gewinnorientierung überlappen
können, nützlich ist. Es ist sinnvoll zu prüfen, was genau unter betriebswirt-
schaftlichen Gesichtspunkten erreicht werden kann. Inhaltlich hängt soziale
Verantwortlichkeit dabei mit dem Zeithorizont zusammen, auf den sich Ge-
sellschaften ausrichten. Je kurzfristiger die Zeitspanne ist, innerhalb derer
Gewinn erzielt werden sollen, desto schwieriger ist die Integration sozialer
Verantwortlichkeit in betriebswirtschaftliche Überlegungen.

Es macht auch Sinn, Gesellschaften durch Berichtspflichten daran zu erin-
nern, dass ihre Entscheidungen sozial unverträgliche Konsequenzen haben
können. Berichtspflichten lösen aber nur dann selbstreflektiertes Verhalten
aus, wenn die beteiligten Berichterstatter den Anlass dazu wahrnehmen. Berichte können auch in Form von inhaltsleerem PR-Material erstellt werden.

Der Marktmechanismus hat Grenzen und der Gesetzgeber muss entscheiden, inwieweit ihm soziale Verantwortlichkeit, die über betriebswirtschaftlich
rechtfertigbares Verhalten hinausgeht, wichtig ist.

Hervorzuheben ist auch, dass Gesellschaftsrecht nicht neutral ist. Es ermöglicht im Vertragsmodell die Errichtung von Einheiten, die sich nur kurz-

fristig orientieren und so langfristige betriebswirtschaftliche Risiken ignorieren. Dabei wird auch sozial unverträgliches Verhalten, das sich kurzfristig nicht auswirkt, übersehen. Gesellschaftsrecht leistet damit einen Beitrag zu sozial unverantwortlichem Handeln.

Aus der Sicht der Konzessionstheorie entscheidet der Gesetzgeber, ob und wie viel soziale Verantwortlichkeit ins Gesellschaftsrecht integriert wird. Die Bandbreite reicht von einer Gesellschaftsverfassung, die Vertreter sozialer Interessen nach dem Vorbild der Arbeitnehmermitbestimmung in die Organisationsstruktur aufnimmt zu Bestimmungen wie § 70 Abs. 1 öAktG, der den Vorstand dazu anhält, die Gesellschaft im Interesse des „Unternehmens" und nicht nur im Interesse der Aktionäre zu leiten.

Untersucht man Gesellschaftsrecht vor dem Hintergrund, dass Organisationen reale Verbände mit einem von ihren Teilnehmern unabhängigen Eigenleben sind, so stellt sich das Problem, dass Bestimmungen, die Handlungspflichten für Geschäftsleiter oder andere Teilnehmer definieren, das Problem nur unvollständig erfassen. Sie übersehen, dass die betroffenen Entscheidungsträger das Handeln der Organisation nicht vollständig kontrollieren.

Ein weiteres Problem ist, dass die Grenzen der Organisation sich nicht mit den Grenzen der Gesellschaft decken. Gesellschaftsrecht ermöglicht die Errichtung von Konzernstrukturen, deren gesellschaftsrechtliche Bestandteile von der Gesamthaftung abgeschirmt sind. Gesellschaftsrecht untergräbt die Verantwortlichkeit von Organisationen und erleichtert aus dieser Sicht sozial unverantwortliches Handeln.

Organisationsrecht ermöglicht Konzernstrukturen. Es können große und unverantwortliche Einheiten entstehen, die dem entsprechend großen Schaden anrichten können. Aus gesellschaftsrechtliche Sicht ist neben den Regeln, die Geschäftsleitern oder Gesellschaften Sorgfaltspflichten auferlegen auch das Anknüpfen an geeignete Verfahrensabläufe zu überlegen.

Diskussion

zu den Referaten von
Holger Fleischer, Daniel Häusermann und *Eva Micheler*

Elena Dubovitskaya

Die von *Susanne Kalss* geleitete Diskussion zu den Referaten von *Holger Fleischer, Daniel Häusermann* und *Eva Micheler* befasste sich mit den unterschiedlichsten Grundsatzaspekten der CSR von den Handlungsvorgaben für die Unternehmensleitung bis hin zu Fragen der Rechtsvergleichung und der Rechtspolitik.

I.

Einige in der Diskussion aufgeworfene Fragen drehten sich um das Verhältnis zwischen CSR, Gewinnorientierung und Gesellschaftszweck sowie um die daraus resultierenden Handlungsmaximen und Haftungsrisiken für die Unternehmensleitung. Ein Teilnehmer fragte, ob es aus der Sicht des Gesellschaftszwecks einen Unterschied mache, in welchem konkreten Tätigkeitsbereich (etwa Investmentbereich einerseits, Sponsoring andererseits) die jeweilige CSR-Maßnahme stattfinde. Darauf antwortete *Häusermann*, dass es zumindest im Außenverhältnis keinen Unterschied gebe, solange die Maßnahme im Hinblick auf den Gesellschaftszweck nicht ausgeschlossen sei. Was das Innenverhältnis angehe, sei es denkbar, dass in den CSR-nahen Tätigkeitsbereichen die Voraussetzungen der Business Judgement Rule durch eine CSR-Maßnahme leichter erfüllt werden könnten.

Ein österreichischer Diskutant wies auf das Problem unterschiedlicher Interessen hin, die ein Vorstand bei der Leitung der Aktiengesellschaft nach § 70 AktG zu berücksichtigen habe. Es sei bisher nicht gelungen, aus dieser Vorschrift etwas Subsumtionsfähiges abzuleiten. Am Schluss habe der Vorstand alle Interessen zu berücksichtigen, was zugleich seine Verantwortung eliminiere, da es immer ein Interesse gebe, mit dem er sich rechtfertigen könne. Der Teilnehmer fügte hinzu, dass CSR auch ein Verfassungsproblem sei, weil eine Regelung, die z.B. die Verwendung von 1 oder 2 % des Unternehmensgewinns für CSR-Maßnahmen vorsehe, womöglich in das Eigentum der Aktionäre eingreife. Er fragte nach verfassungsrechtlichen Gegenargumenten.

Fleischer stimmte dem Befund zur fehlenden Verantwortlichkeit des Vorstands im System der Interessenpluralität zu: Ein Diener zweier Herren sei niemandem verantwortlich. Zur zweiten Frage bemerkte *Micheler*, dass sich bei solchen CSR-Regelungen ähnliche verfassungsrechtliche Fragen stellten wie bei einer Steuer, was den Rückgriff auf die entsprechenden Lösungen erlaube.

Ein deutscher Teilnehmer griff die Bemerkung *Fleischers* auf, ein großes Unternehmen habe die Züge einer Anstalt. In der Tat sei es manchmal rätselhaft, warum ein und dasselbe Unternehmen einerseits Geld für CSR-Maßnahmen ausgebe, andererseits Steuerminimierung betreibe. Eine Erklärung könne lauten, dass es im Unternehmen zwei Abteilungen gebe, eine für CSR, die andere für Steueroptimierung, die unabhängig voneinander agierten. In diesem Fall sei CSR vielleicht gar nicht die Frage der Organkompetenz, sondern eine Frage, die auf der Abteilungsebene entschieden werde. Ein weiterer Diskutant unterstrich die Bedeutung der Gewinnorientierung für die Unternehmensverwaltung und fragte nach dem Verhältnis zwischen Gewinnorientierung und CSR: Darf CSR ein Selbstzweck sein oder handelt es sich lediglich um ein Mittel zur Gewinnsteigerung (CSR als Teil des Reputationsmanagements und Marketings)? *Häusermann* schlug insoweit eine differenzierte Lösung vor: Im Innenverhältnis müsse die grundsätzliche Gewinnorientierung des Unternehmens beachtet werden, im Außenverhältnis sei aber eine CSR-Maßnahme nicht schon deshalb rechtswidrig, weil sie den Gewinn mindere. Ähnlich differenzierte er bei der Frage, ob es sich bei CSR um eine Zweck- bzw. Gegenstandsänderung des Unternehmens handele: Im Außenverhältnis liege keine Zweckänderung vor; eine gegenteilige Annahme verbiete sich aus den Gründen des Verkehrsschutzes. Im Innenverhältnis könnten dagegen nicht sanktionierte CSR-Maßnahmen eine Zweckänderung darstellen, so dass die Verwaltung bei solchen Maßnahmen ein Haftungsrisiko eingehe.

Eine deutsche Teilnehmerin äußerte Hoffnung, dass über die Hintertür der CSR-Richtlinie und der CSR-Berichterstattung die bisher wenig geklärte Frage der Zulässigkeit von Sponsoring mehr Aufmerksamkeit bekäme. Denn wenn CSR-Maßnahmen berichtspflichtig seien, könnten sie nicht schlichtweg verboten sein. Sie bewertete die Entwicklung insgesamt positiv, einschließlich der von *Fleischer* angesprochenen Verpflichtung zur Schaffung gemeinnütziger Rechtsformen oder Zwischenformen, die For-Profit- und Non-Profit-Aspekte miteinander verbinden würden. Dass das Thema wieder im „großen" Gesellschaftsrecht angekommen sei, verspreche eine tiefere Auseinandersetzung mit den wichtigen praktischen Fragen, die damit verbunden seien.

Mehrere Teilnehmer unterstrichen die Bedeutung der CSR für das Image des Unternehmens. Sowohl die Öffentlichkeit als auch die Medien würden sozial verantwortliches Handeln positiv bewerten. Umgekehrt führe die Vernachlässigung von CSR zu negativen Reaktionen, was insbesondere der Ausstieg der Pensionsfonds aus sozial unverantwortlichen Anlagen sowie die dramatische Berichterstattung über die Ereignisse in Bangladesch zeige. Vor diesem Hintergrund könne CSR als Marketing-Instrument eingesetzt werden, etwa um Anleger zu gewinnen. Ein anderer Diskutant äußerte in diesem Zusammenhang Zweifel an *Häusermanns* These, Organhaftung setze Anreiz, CSR-Maßnahmen zu unterlassen. So könnten Geschäftsleiter darauf verweisen, dass diese Maßnahmen gut für die Reputation des Unternehmens seien und damit den Shareholder-Value steigern würden. *Fleischer* und *Häusermann* stimmten zu, dass CSR ein Marketingtool sei. *Fleischer* ergänzte, dass es in den USA bereits private CSR-Zertifizierungssysteme gebe. *Häusermann* relativierte die These, dass CSR immer gut für die Reputation von Unternehmen sei, in zweifacher Hinsicht. Erstens müsse das auch so kommuniziert werden, was nicht immer geschehe. Es gebe eine Lehrmeinung in der Schweiz, dass altruistische Spenden stets eine Pflichtverletzung seien, wenn sie nicht kommuniziert werden. Zweitens müsse die Information qualitativ gut sein, um zum positiven Image beizutragen. Marketing und Public Relations könnten helfen, dies einzuschätzen.

II.

Eine große Rolle spielte in der Diskussion die Frage, welche Unternehmensmerkmale als Anknüpfung für CSR-Normen dienen sollen. Ein Teilnehmer gab zu bedenken, dass neben der Tätigkeit auch die Rechtsform des Unternehmens und dessen Größe wichtig seien. So verfolgten Genossenschaften typischerweise soziale Zwecke; unter Kapitalgesellschaften sei wiederum die GmbH bei CSR-Maßnahmen etwas freier als die Aktiengesellschaft. Ein weiterer Diskutant äußerte den umgekehrten Eindruck, dass es weniger auf die Rechtsform und Größe als auf allgemeine Überlegungen ankomme. Ein kleiner Betrieb in der Rechtsform der AG bleibe „private Veranstaltung". Die Frage sei, an welche Merkmale stattdessen angeknüpft werden solle. Häufig würden als Anknüpfungskriterien für staatliche Regulierung etwa die Inanspruchnahme des Kapitalmarkts oder die Anzahl von Mitarbeitern gewählt. Es sei indes zweifelhaft, ob es richtig sei, Unternehmen anhand dieser Kriterien sozialpolitische Verantwortung aufzubürden, die zu den bereits bestehenden, etwa kapitalmarkt- und arbeitsrechtlichen Pflichten hinzukomme.

Zu den aufgeworfenen Fragen nahmen *Häusermann* und *Fleischer* Stellung. *Häusermann* stellte klar, dass sich seine These, es komme auf die Tätigkeit des Unternehmens an, auf staatliche Eingriffe in Form der Anordnung verschiedener CSR-Maßnahmen bezogen habe. Davon zu unterscheiden sei die Freiheit der Zwecksetzung in der Gesellschaft. Bei der Wahl der Anknüpfung komme es im Allgemeinen auf das Rechtssetzungsziel an, das man mit CSR-Maßnahmen verwirklichen wolle. Die Anknüpfung soll einerseits auf dieses Ziel, andererseits auf das Regelungsinstrument abgestimmt sein.

Fleischer stützte sich insbesondere auf eine historische Analyse der Einbruchstellen der Gemeinnützigkeit in das Gesellschaftsrecht. Sowohl im 19. Jahrhundert als auch später seien dies in Deutschland Aktiengesellschaften, also große Unternehmen gewesen. Man müsse bedenken, dass etwa das AktG von 1937 für die AG ein Mindestkapital von 500.000 Reichsmark vorgeschrieben habe. Auch die Diskussion der 1970er Jahre, in der es um Publizität und Mitbestimmung gegangen sei, konzentrierte sich auf große Unternehmen. Deshalb schlage er vor, verpflichtende CSR-Normen auf große Unternehmen zu beschränken; für andere Gesellschaften solle CSR freiwillig bleiben. Ein absolut schlüssiges System sei ohnehin unerreichbar: Egal, welche Anknüpfungskriterien man wähle, sie blieben immer arbiträr.

III.

Auch Fragen der Rechtsvergleichung wurden von den Diskussionsteilnehmern oft angesprochen. So wurde auf eine Studie verwiesen, die eine Abhängigkeit der CSR-Aktivität börsennotierter Unternehmen von deren rechtlicher Herkunft festgestellt habe. Civil-Law-Unternehmen würden sich insofern mehr engagieren als ihre Counterparts aus dem Common-Law-Kreis; am aktivsten seien dabei skandinavische Unternehmen. Daraus folgerte ein Diskutant, man müsse dies bei der Rechtsvergleichung beachten und dürfe nicht einzelne CSR-Aspekte aus dem gesamten institutionellen Arrangement herauslösen. Dieser allgemeine Grundsatz der Rechtsvergleichung sei hier besonders wichtig, weil der Staat bei der Regelung der CSR einen Teil seiner Verantwortung den Unternehmen auferlege. Bezeichnend sei das im Referat von *Fleischer* genannte indische Beispiel, das einen starken Eindruck erwecke, der Staat belaste die Unternehmen, die von der Globalisierung besonders profitiert hätten, mit einer Sondersteuer. *Fleischer* bestätigte diesen Eindruck und erläuterte, dass die indische Regelung ihre Herkunft im Recht von Mauritius habe, wo es eine solche Steuer gebe. Auch der Hinweis auf den kulturellen Hintergrund sei völlig richtig, denn die Regelung in Indien habe eine religiöse Prägung.

Ein deutscher Teilnehmer hob die Rolle von Satzungsklauseln bei CSR-Maßnahmen hervor: Solche Klauseln seien neben dem Hauptversammlungsbeschluss die einzige Legitimationsgrundlage für CSR, ansonsten bleibe es bei ausschließlicher Gewinnorientierung. Er fragte nach empirischen Daten aus anderen Ländern, insbesondere ob es dort Satzungsklauseln bzw. Hauptversammlungsbeschlüsse zur CSR gebe, wenn ja, wie viele, und wenn nicht, warum. Zudem beklagte er, dass das deutsche Verfassungsrecht stets auf den wirtschaftlichen Eigentümer und nicht auf die juristische Person abstelle, obwohl diese Rechtsfigur in der Verfassung genannt werde. Dabei blieben

Begriffe wie Konzern und Eigentum sehr schwammig. Es würde ihn interessieren, wie die Lage in anderen Rechtsordnungen aussehe. Zu Satzungsklauseln erklärte *Häusermann* in Bezug auf die Schweiz, dass etwa Stiftungen derartige Klauseln kraft Gesetzes haben müssten; Genossenschaften verfügten ebenfalls manchmal über solche Klauseln; bei Gesellschaften seien ihm aber keine entsprechenden Klauseln bekannt. *Fleischer* stimmte zu, dass das Verfassungsrecht ein Feld sei, das dringend der Bearbeitung bedürfe. So spielten CSR-Fragen in der Rechtsprechung des Supreme Court eine enorme Rolle, etwa in der Citizen-United-Entscheidung aus dem Jahr 2010 zur Höhe von Unternehmensspenden oder im Hobby-Lobby-Urteil, in dem es darum gegangen sei, ob sich Unternehmen auf Religionsfreiheit berufen dürfen.

Ein anderer deutscher Teilnehmer fragte, warum die Diskussion zur CSR in UK und USA zum Teil sehr unterschiedlich verlaufe. *Micheler* erklärte dies mit den Besonderheiten des englischen Finanzsystems. Die letzte Studie des Innovation Center habe gezeigt, dass der englische Finanzmarkt wesentlich stärker „dispersed" sei als der amerikanische. Die Gesellschaft werde damit zum Spielball des Finanzsystems, was den Menschen Angst mache. Daher dränge das Thema der CSR viel stärker in den Vordergrund.

IV.

Rechtspolitisch wurde die Frage aufgeworfen, wann der Gesetzgeber im Bereich des Gesellschaftsrechts CSR-Normen schaffen solle. Ein Schweizer Teilnehmer wies darauf hin, dass die (ökonomisch oder historisch) vorgegebenen Zwecke des Gesellschaftsrechts die Politik in der Praxis nicht daran hinderten, zur Verwirklichung ihrer Zielvorstellungen auf das Gesellschaftsrecht zuzugreifen. Die Frage sei vor allem, wann und auf welche Art sie zugreifen solle, denn das Gesellschaftsrecht zeichne sich durch bestimmte Eigenheiten aus; insbesondere müssten die ultimative Entscheidungsmacht der Eigenkapitalgeber und das Mehrheitsprinzip respektiert werden. *Micheler* replizierte, die Entscheidung hänge überspitzt formuliert davon ab, ob man Kapitalist oder Sozialist sei, es sei also eine politische Entscheidung. Die Finanzkrise habe gezeigt, dass das Gesellschaftsrecht, verbunden mit einer bestimmten Organisation des Kapitalmarkts, sich volkswirtschaftlich schädlich ausgewirkt habe. Das Gesellschaftsrecht habe sich zu einem Werkzeug entwickelt, das den Großteil der Bevölkerung nicht bedient. Es entstehe ein politisches Vakuum, das der Gesetzgeber behandeln müsse. *Häusermann* meinte dagegen, die Politik solle auf das Gesellschaftsrecht nie zu anderen Zwecken als zur Effizienzsteigerung zugreifen. Er fügte hinzu, dass man auch anderer Auffassung sein könne.

Ein Diskutant fragte nach, woher *Häusermanns* These komme, dass das Ziel des Gesellschaftsrechts die Allokationseffizienz sei: Wird dies aus den einzelnen Normen abgeleitet oder handelt es sich um eine philosophische Vorstellung, die von außen an das Privatrecht herangetragen wird? *Häusermann* stellte klar, dass sich seine These nicht auf das Privatrecht insgesamt, sondern nur auf das Handels- und Gesellschaftsrecht bezogen habe. Anknüpfungspunkte für eine Umverteilungsfunktion gebe es dort nicht, vor allem nicht im Aktienrecht. Bei Umverteilung entstünden Effizienzverluste und Verzerrungseffekte. Ein Beispiel dafür seien Steuern, bei denen der Verzerrungseffekt umso größer sei, je schmäler die Steuerberechnungsbasis sei. Eine Umverteilung, die mit großen Effizienzverlusten einhergehe, sei imprakti- kabel.

Ein anderer Teilnehmer warf die Frage nach dem Verhältnis zwischen der exogenen und der intrinsischen Steuerung in der Corporate Governance auf. Er plädierte dabei für die Stärkung intrinsischer Steuerung, vor allem durch die Aufwertung der Rolle interner Unternehmensbeauftragter. *Fleischer* räumte ein, dass ein unternehmensverfassungsrechtlicher Ansatz auch den Unternehmensbeauftragten erfassen würde, in einer *benefit corporation* also nicht nur den *benefit director*, sondern auch den *benefit officer*. Diskutiert wurde ferner über die neuerliche Wiederbelebung der Rechtsfigur des „ehrbaren Kaufmanns" im DCGK, zu der sich *Fleischer* in seinem Referat kritisch äußerte. Ein deutscher Diskutant verteidigte die Regelung und meinte, das Leitbild des ehrbaren Kaufmanns habe eine Appellfunktion, die angesichts von Unternehmensmissständen sehr wichtig sei. *Fleischer* entgegnete, trotz Appellfunktion sehe er die Gefahr, dass durch Verrechtlichung moralischer Kategorien die bereits von *Kant* begründete Unterscheidung zwischen Moralität und Legalität verloren gehen könne.

V.

Diskutiert wurde schließlich auch über kurzfristiges Denken sowie über ökonomische und soziologische Analyse der CSR. Ein Teilnehmer fragte *Micheler*, ob ihre Anmerkung zu Law and Ecomonics eine grundsätzliche Wegbewegung von der insgesamt eher ideengeschichtlichen Ausrichtung des Vortrags sei oder sich vielmehr auf einzelne Positionen beziehe. Ein anderer Diskutant wollte wissen, wie sich CSR zum Short-Termism verhalte. Beim Short-Termism werde eine kurzfristige Option gewählt, obwohl eine langfristige besser wäre. Das Ergebnis sei eine Selbstschädigung der Gesellschaft bzw. der Aktionäre. Handelt es sich dabei um etwas anderes als CSR oder um einen Teil davon? Ferner fragte er, inwieweit CSR überhaupt ein gesellschaftsrechtliches Thema sei. Die diesbezügliche Literatur kombiniere ökonomische, verhaltenspsychologische und soziologische Methoden in Form von Fallstudien. Auch das Papier des *Financial Reporting Counsel* ziele darauf ab, Bewusstsein für CSR zu schaffen statt rechtliche Vorgaben zu machen. Unter diesen Gesichtspunkten könne man das Thema vielleicht der Organisationssoziologie und der Betriebswirtschaft überlassen.

Micheler entgegnete, Short-Termism sei nicht als Selbstschädigung der Gesellschaft zu begreifen, da die Gesellschaft kein eigenes Interesse habe. Das Gesellschaftsinteresse sei im englischen System vielmehr die Summe der Interessen einzelner Gesellschafter. Daher seien Aktionäre, die kurzfristige Gewinne machen wollen, legitimiert, dies auch zu tun. Werden dabei langfristige Risiken außer Acht gelassen, liege keine Selbstschädigung der Gesellschaft, sondern eine Schädigung der Volkswirtschaft vor, die Handlungsbedarf auf politischer Ebene hervorrufe. Im Übrigen unterstrich die Referentin die Bedeutung der Soziologie gegenüber Law and Economics. Die ökonomische Analyse mit ihrem *Incentive*-Ansatz fokussiere darauf, welche Anreize nötig seien, damit individuelle Akteure richtige Entscheidungen treffen. Die Soziologie dagegen richte ihren Blick auf die Entscheidungsprozesse selbst. So könne die Qualität des Risikomanagements durch die räumliche Positionierung der Verantwortlichen beeinflusst werden. Würden z.B. die Risikomanager auf demselben Flur wie die Trader sitzen, könne dies zu häufigen persönlichen Kontakten zwischen den beiden Gruppen und im Ergebnis dazu führen, dass die Risikomanager die Trader schlechter überwachten, als wenn sie räumlich von ihnen getrennt wären. Bei der Analyse der CSR sei es lohnenswert, den Blick mehr auf Prozesse im Unternehmen zu richten als auf individuelle Anreize.

Internationale Regel- und Standardsetzung im Bereich Corporate Social Responsibility

Petra Buck-Heeb

I.   Einleitung 92
     1. Aktueller Kontext 92
     2. Begriff 94
     3. Eingrenzung der Thematik 95
II. Entwicklung der CSR 96
     1. Zwei Entwicklungslinien 96
     2. Schlussfolgerungen 98
III. Internationale Regelwerke 98
     1. Internationale Regel- und Standardsetzung 98
     2. Zehn haftungsbezogene Überlegungen 100
        a) Vielfältigkeit des internationalen Regelwerks 100
        b) Internationalität der Regeln 100
        c) Unternehmen als Adressaten 101
        d) Unverbindlichkeit der Regeln für Unternehmen 101
        e) Uneinheitlichkeit des Unternehmensbegriffs 102
        f) Aufforderung zur Selbstverpflichtung 103
        g) Uneinheitlichkeit des Menschenrechtsbegriffs 104
        h) Menschenrechtliche Sorgfaltspflichten *(human rights due diligence)* 105
        i) Verantwortung auch für fremde Menschenrechtsverletzungen 106
        j) Mangelnde Überwachung und mangelndes Enforcement 107
     3. Zwischenergebnis 107
IV. Haftung nach nationalem Recht 108
     1. Haftung für eigene Menschenrechtsverletzungen 108
     2. Haftung für fremde Menschenrechtsverletzungen 109
        a) Haftung aus §§ 823 Abs. 1, 31 BGB 109
        b) Haftung aus § 831 BGB 111
        c) Deliktsdurchgriffshaftung im Konzernverhältnis 111
     3. Zwischenergebnis 112
V.   Zur Verbindlichkeit von CSR-Selbstverpflichtungen 113
     1. Selbstverpflichtungen, Verhaltenskodizes und deren Freiwilligkeit ...113
     2. Rechtliche Wirkung 113
        a) Rechtsbindungswille 114
        b) Vertrag mit Schutzwirkung zugunsten Dritter 115
        c) Konkretisierung des Sorgfaltsstandards 115
     3. Nichtfinanzielle Berichterstattung 116
     4. Zwischenergebnis 117

VI. Entwicklungen *de lege ferenda* 118
   1. Ausgangspunkt: Druck durch Haftung gegenüber
      Nicht-Menschenrechts-Geschädigten 118
      a) Mängelgewährleistungsrechte der Kunden, Anfechtung,
         vorvertragliche Pflichtverletzung 118
      b) Rechte aus einer fehlerhaften CSR-Erklärung – Deklarationshaftung? 119
   2. Zwischenergebnis: Von der Selbstverpflichtung zur gesetzlichen Regelung 119
   3. Internationale Perspektive: Verbindlicher UN-Rechtsakt 120
   4. Nationale Perspektive: Nationaler Aktionsplan 121
      a) Einstehen für fremde Menschenrechtsverstöße 121
      b) Einhaltung von Sorgfaltspflichten 122
      c) Weitere Punkte 123
VII. Resümee 124

Das Thema Corporate Social Responsibility gewinnt zunehmend auch für das Management deutscher Unternehmen Relevanz. Zwar führt eine Verletzung der menschenrechtlichen Compliance derzeit nur sehr eingeschränkt zu einer Haftung von Unternehmen. Es besteht aber eine Tendenz weg von der freiwilligen, unverbindlichen Selbstverpflichtung hin zu einer „Verrechtlichung". Das ist insbesondere im Hinblick auf die Unklarheit der bestehenden Vorgaben problematisch.

I. Einleitung

1. Aktueller Kontext

Ob das Thema Corporate Social Responsibility „im Recht angekommen" ist,[1] oder ob die CSR nach wie vor „nur ein Spiel mit dem Recht" ist,[2] wird derzeit im Schrifttum heftig diskutiert.[3] Dabei stehen auf der einen Seite Selbstverpflichtungen, die unverbindlich sein sollen,[4] unklare Rechtsbegriffe wie „Menschenrechte", derzeit noch relativ diffuse menschenrechtliche Sorgfaltspflichten von Unternehmen und die Frage nach einer Haftung für andere Unternehmen in der Lieferkette. Auf der anderen Seite gilt es sicherzustellen,

---

[1] *Spießhofer,* NJW 2014, 2473, 2479.

[2] So *Kocher,* KJ 2010, 30, 37, wobei dies in der Überschrift noch als Frage, in den Ausführungen jedoch als Feststellung formuliert ist.

[3] Siehe nur die Untersuchungen von *Weller/Kaller/Schulz,* AcP 216 (2016), 387 ff. und *Wagner,* RabelsZ 80 (2016), 717 ff.; kritisch *Wolfmeyer,* Steuerung von Corporate Social Responsibility durch Recht, Diss. Frankfurt (Oder) 2016, S. 2 („Unbestimmtheit und Interpretationsoffenheit der Thematik").

[4] Näher zu dieser Frage unten V.2.

dass nicht eine „Auslagerung" der Verantwortung für menschenrechtliche Aspekte auf ausländische Unternehmen erfolgt.

Bei all dem spielt die internationale Regel- und Standardsetzung im Bereich CSR eine zentrale Rolle, ist sie doch der Ausgangspunkt für europäische und nationale Gesetzgebungs- sowie für Selbstregulierungsansätze. Das gilt etwa in Bezug auf das seit dem 19.4.2017 geltende CSR-Richtlinie-Umsetzungsgesetz[5], welches auf der CSR-Richtlinie der EU[6] basiert. Danach unterliegen deutsche Unternehmen nunmehr einer gesetzlich verankerten nichtfinanziellen Berichtspflicht, wobei sich die Maßstäbe für das Reporting aus den internationalen Regelwerken ergeben.[7] Außerdem sind der Nationale Aktionsplan der Bundesregierung zur Umsetzung der „UN-Leitprinzipien für Wirtschaft und Menschenrechte" sowie die Forderungen zu erwähnen,[8] wonach menschenrechtsbezogene Sorgfaltspflichten formuliert werden sollen.[9] Drittens wird die Diskussion auch durch die Debatte um die Verankerung des Leitbilds des ehrbaren Kaufmanns im Deutschen Corporate Governance Kodex 2017 befördert.[10]

Flankiert werden diese Punkte von einem aktuellen Verfahren mit internationalem Bezug. Gegen den Textildiscounter KiK ist vor dem Landgericht Dortmund Schadensersatzklage eingereicht worden. Das Unternehmen soll den Brand in einer pakistanischen Textilfabrik, die für das Unternehmen fertigte, mit zu verantworten haben. Zwar betreibe das Unternehmen die Fabrik nicht selbst und sei an dieser auch nicht beteiligt, könne aber als Hauptabnehmer erheblichen Einfluss auf deren Geschäftspolitik ausüben. Diese freiwillig übernommene Verantwortung habe KiK bei seinen Zulieferern nicht hinreichend ausgeübt und müsse deshalb für die entstandenen Schäden haften.[11] Diesbezüglich hat das Landgericht den Klägern immerhin bereits Prozesskostenhilfe gewährt. Angesichts dessen, dass es derzeit in anderen Staa-

---

[5] CSR-Richtlinie-Umsetzungsgesetz vom 11.4.2017 (BGBl. I, S. 802); siehe die dadurch eingeführten §§ 289a ff. HGB.

[6] Richtlinie 2014/95/EU; dazu etwa *Kajüter*, DB 2017, 617 ff.; *Kumm/Woodtli*, Der Konzern 2016, 218 ff.; *Kreipl/Müller*, DB 2016, 2425 ff.; *Seibt*, DB 2016, 2707 ff.; *Voland*, BB 2015, 67, 73 f.; siehe auch *Schön*, ZHR 180 (2016), 279 ff.; *Nietsch*, NZG 2016, 1330 ff.; *Eufinger*, EuZW 2015, 424 ff.

[7] Siehe Erwägungsgrund (9) der CSR-Richtlinie; vgl. auch *Spießhofer*, in: Gesellschaftsrechtliche Vereinigung, Gesellschaftsrecht in der Diskussion 2016, 2017, S. 61, 70.

[8] Siehe Antrag der Fraktion Bündnis 90/Die Grünen vom 12.6.2013, BT-Drucks. 17/13916.

[9] *Spießhofer*, NJW 2014, 2473, 2477.

[10] Siehe unter II.1.; zum Vorschlag der Regierungskommission Deutscher Corporate Governance Kodex am 12.12.2016 siehe *I. Fuchs/Erkens*, NJW-Spezial 2017, 207; *Hauschka*, CCZ 2017, Editorial 3/2017, 97; siehe auch Stellungnahme der Gesellschaftsrechtlichen Vereinigung, AG 2017, 1 ff.

[11] LG Dortmund, AZ. 7 O 95/15; siehe auch *Kaleck/Saage-Maaß*, Unternehmen vor Gericht, 2016, S. 99 ff.

ten etliche vergleichbare Klagen Geschädigter gegen belieferte Konzerne gibt,[12] wird das auch in Deutschland kein Einzelfall bleiben.[13]

2. *Begriff*

Die Unklarheit, die sich durch die Thematik der Corporate Social Responsibility zieht, beginnt bereits mit dieser Begrifflichkeit. Unter CSR wird regelmäßig die Verantwortung von Unternehmen für ihre Auswirkungen auf die Gesellschaft[14] als Teil des nachhaltigen Wirtschaftens verstanden.[15] Der Begriff CSR ist damit ein „Auffangbecken für eine ganze Palette"[16] verschiedener gesellschaftlicher Anforderungen. Umfasst sind nicht nur der Umwelt- und der Klimaschutz, und damit verbunden die Förderung erneuerbarer Energien und die Ressourceneffizienz, sondern auch der international faire Handel, angemessene Arbeitsbedingungen sowie der Schutz von Menschenrechten.[17]

Auch die um die CSR kreisenden Debatten sind vielgestaltig. Auf politikwissenschaftlicher bzw. soziologischer Ebene wird über die Rolle von Unternehmen in der Gesellschaft diskutiert[18] bzw. über deren gesellschaftliche Verantwortung.[19] Eine betriebswirtschaftliche Komponente erlangt das Thema mit der Frage nach der wirtschaftlichen Verantwortlichkeit von Unternehmen. Dabei geht es unter anderem um die CSR als Managementansatz der Betriebswirtschaftslehre bzw. darum, ob die CSR den Unternehmenswert steigert.[20]

Schließlich ist damit aber auch die Frage nach der zivilrechtlichen Verantwortlichkeit von Unternehmen verbunden. Hierbei sind auch die Auswirkungen der CSR auf die Compliance im Unternehmen[21] relevant und die Frage,

---

[12] Siehe <www.deutschlandfunk.de/klage-gegen-kik-brandopfer-fordernentschaedigung. 724.de.html?dram:article_id=374307> (zuletzt abgerufen am 25.4.2018).

[13] *Thomale/Hübner,* JZ 2017, 385, 386.

[14] *Schmidpeter,* in: Hildebrandt (Hrsg.), CSR und Sportmanagement, 2014, S. 95, 96.

[15] Zum Verhältnis von Nachhaltigkeit und CSR etwa *Wehrmann,* in: Walden/Depping (Hrsg.), CSR und Recht, 2015, S. 57, 70 f.; *Wolfmeyer* (Fn. 3), S. 3; *Schrader,* ZUR 2013, 451.

[16] *Rehbinder,* in: Deinert/Schrader/Stoll (Hrsg.), Corporate Social Responsibility (CSR), Die Richtlinie 2014/95/EU – Chancen und Herausforderungen, 2015, S. 10, 15; *Kocher,* KJ 2010, 30 („breites Spektrum an Verhaltensstandards").

[17] *Rehbinder,* in: Deinert/Schrader/Stoll (Fn. 16), S. 15.

[18] *Schmidpeter,* in: Hildebrandt (Fn. 14), S. 95; siehe auch *Coni-Zimmer/Rieth,* in: Schneider/Schmidpeter (Hrsg.), Corporate Social Responsibility, 2012, S. 709 ff.

[19] Strategiepapier der Europäischen Kommission „Eine neue EU Strategie (2011–2014) für die soziale Verantwortung von Unternehmen (CSR)" vom 25.10.2011, KOM(2011) 681 endg., S. 7 f.; Elfter Bericht der Bundesregierung über ihre Menschenrechtspolitik, BT-Drucks. 18/3484, S. 13; siehe auch *Hönke,* KJ 2016, 468, 470 (zur politikwissenschaftlichen Governance-Literatur).

[20] So *Walden,* in: Walden/Depping (Hrsg.), CSR und Recht, 2015, S. 1, 3; siehe auch *Peemöller/Braune,* BB 2013, 2091 ff.; *Rehbinder,* in: Deinert/Schrader/Stoll (Fn. 16), S. 32 f.

[21] Zum Zusammenspiel von Compliance und CSR siehe *Hauschka/Herb,* AnwBl. 2016, 371 ff.; *Spießhofer,* in: Hauschka/Moosmayer/Lösler (Hrsg.), Corporate Compliance, 3. Aufl.,

ob der Vorstand im Rahmen seiner Legalitätspflicht internationale oder unternehmensinterne CSR-Regeln zu beachten hat.[22] Damit geht es auch um die Entwicklung von ethisch-moralischen Erwägungen hin zu einer „Privatisierung"[23] bzw. Verrechtlichung[24] der Menschenrechte.

3. Eingrenzung der Thematik

Eine erste Eingrenzung der sehr weiten Thematik „Internationale Regel- und Standardsetzung im Bereich der CSR" erfolgt im vorliegenden Zusammenhang dahingehend, dass beispielhaft der Menschenrechtsschutz untersucht wird. Spezifisch völkerrechtliche Fragen[25] können ebenso wenig behandelt werden wie solche nach dem Kollisionsrecht bzw. der internationalen Zuständigkeit deutscher Gerichte.[26]

Außen vor gelassen werden muss zudem eine eingehende Untersuchung der Haftungsfragen innerhalb von Konzernverhältnissen, insbesondere von nationaler Mutter- und ausländischer Tochtergesellschaft, wo sich vor allem die Fragen der Durchgriffshaftung und der deliktischen Außenhaftung der Konzernmutter stellen.[27] Auch Ansprüche wegen unlauteren Wettbewerbs bei unzutreffenden Angaben gegenüber dem Publikum oder bei Versprechen im Rahmen der CSR-Policy des Unternehmens müssen außer Betracht bleiben.[28] Das sog. *Greenwashing,* d.h. die Beschönigung des Images in Sachen Nach-

---

2016, § 11 Rn. 7 ff.; *Kroker,* CCZ 2015, 120 ff.; siehe auch die Beiträge in Bungenberg/Dutzi/Krebs/N. Zimmermann (Hrsg.), Corporate Compliance und Corporate Social Responsibility, Chancen und Risiken sanfter Regulierung, 2014.

[22] Diesbezüglich noch sehr vage *Hoffmann/Schieffer,* NZG 2017, 401 ff.; ablehnend bzgl. einer Berücksichtigung völkerrechtlicher Standards durch den Vorstand, da gerade dies eine Pflichtverletzung darstelle, etwa *Ekardt,* ZUR 2016, 463, 470; anders *Spindler,* in: MünchKomm AktG, 4. Aufl., 2014, § 76 AktG Rn. 77; siehe auch *ders.,* in: FS Hommelhoff, 2012, S. 1133, 1140 f.

[23] *Spießhofer,* NJW 2014, 2473; *Kocher,* KJ 2010, 30, 36.

[24] *Voland,* BB 2015, 67 sowie 72 ff.; *K. Schmidt,* in: Gesellschaftsrechtliche Vereinigung, Gesellschaftsrecht in der Diskussion 2016, 2017, S. 61, 80; *Schrader,* ZUR 2013, 451, 458; *Spießhofer,* NZG 2014, 1281, 1287; *Voland,* BB 2015, 67; *Kroker,* CCZ 2015, 120, 125; siehe auch *Saage-Maaß/Leifker,* BB 2015, 2499.

[25] Vgl. *Vöneky,* in: R. Stürner/Bruns (Hrsg.), Globalisierung und Sozialstaatsprinzip, 2014, S. 63 ff.

[26] Dazu *Thomale/Hübner,* JZ 2017, 385, 389 ff. Das KiK-Verfahren etwa wird nach pakistanischem Recht entschieden. Zum Kollisionsrecht auch *M. Stürner,* in: FS Coester-Waltjen, 2015, S. 843 ff.; *Halfmeier,* RabelsZ 68 (2004), 653 ff.; *Wagner,* RabelsZ 80 (2016), 717, 732 ff.; *Weller/Kaller/Schulz,* AcP 216 (2016), 387, 391 ff.; zur Frage, vor welchem Gericht nach welchem Recht geklagt werden kann, siehe auch *Spießhofer,* NJW 2014, 2473, 2476.

[27] Siehe dazu zusammenfassend unten IV.2.a); *Thomale/Hübner,* JZ 2017, 385, 394 ff.; *Spießhofer,* in: Gesellschaftsrechtliche Vereinigung (Fn. 7), S. 71 f.; *Winter,* in: ders. (Hrsg.), Die Umweltverantwortung multinationaler Unternehmen, 2005, S. 3, 28 f.

haltigkeit mit dem Ziel der Absatzsteigerung,[29] kann nämlich unter bestimmten Umständen ein irreführendes Marketing darstellen.[30]

II. Entwicklung der CSR

1. Zwei Entwicklungslinien

Erstmals verwendet worden ist der Begriff Corporate Social Responsibility im Jahre 1953 von dem US-amerikanischen Ökonomen *Bowen*.[31] Der Gedanke einer „Corporate Social Responsibility" war aber schon damals nicht neu. Aus der historischen Entwicklung sollen hier zwei nationale Stränge hervorgehoben werden.

Im Jahr 1932 kam es zu einer wissenschaftlichen Auseinandersetzung zwischen zwei US-amerikanischen Professoren (*Berle* von der Columbia Law School und *Dodd* aus Harvard) zum Thema der unternehmerischen Verantwortung. Konkret ging es darum, in wessen Interesse die Manager von Unternehmen tatsächlich handeln und wessen Interesse sie verpflichtet sind.[32] *Berle* vertrat hierbei ein rein aktionärsbezogenes Unternehmermodell. Wenn andere Stellen im Schrifttum betonen, dass CSR in den USA erst seit den 1950er-Jahren diskutiert wird,[33] trifft das insofern (ebenfalls) zu, als *Berle* inzwischen seine ursprüngliche These widerrufen hatte[34] und nun ein gemeinwohlorientiertes Unternehmensmodell vertrat. Diese Diskussion wurde zwischen 1968 und 1971 aufgrund der Reaktionen auf die Abkehr *Berles* wieder aufgenommen.[35] Letztendlich vermochte sich aber in der amerikani-

---

[28] *Spießhofer,* NJW 2014, 2473, 2476; *Zimmer,* Soziale Mindeststandards und ihre Durchsetzungsmechanismen, 2008, S. 254 ff.; *Birk,* GRUR 211, 196 ff.; *Kocher,* GRUR 2005, 647 ff.; *Kopp/Klostermann,* CCZ 2009, 155 ff.; *Balitzki,* GRUR 2013, 670 ff.; *Säcker,* in: Hilty/Henning-Bodewig (Hrsg.), Corporate Social Responsibility, 2014, S. 261 ff.

[29] *Asmussen,* NJW 2017, 118.

[30] *Schrader,* ZUR 2013, 451, 452; *Rehbinder,* in: Deinert/Schrader/Stoll (Fn. 16), S. 35 f.; *Glinski,* in: Winter (Hrsg.), Die Umweltverantwortung multinationaler Unternehmen, 2005, S. 187, 200 ff.

[31] *Howard R. Bowen,* The Social Responsibilities of the Businessman, 1953 (Reprint 2013); *Raupp/Jarolimek/Schultz,* in: dies., Handbuch CSR, 2011, S. 9; siehe auch *Spießhofer,* in: Hauschka/Moosmayer/Lösler (Fn. 21), § 11 Rn. 2 m.w.N.; zu einer „CSR-Geschichtsschreibung" siehe auch die Rezension von *Hajduk,* zfwu 17/1 (2016), 206 ff. bzgl. des Werks von *Carroll/Lipartito/Post/Werhane,* Corporate Responsibility – The American Experience, hrsg. von Goodpaster, 2012.

[32] *Berle,* 44 Harv.L.Rev., 1049 ff. (1931); *Dodd,* 45 Harv.L.Rev., 1145 ff. (1932); *Berle,* 45 Harv.L.Rev., 1365 ff. (1932).

[33] *Walden,* in: Walden/Depping, (Fn. 20), S. 3; *Kort,* NZG 2012, 926, 928.

[34] *Berle,* The 20th Century Capitalist Revolution, 1954 (vor allem S. 169).

[35] *Berle,* 62 Colum.L.Rev. 433 (1962); *ders.,* Corporate Decision-Making and Social Control, 24 Business Lawyer 149 (1968).

schen Rechtsprechung und Unternehmenspraxis der Gedanke von der gesellschaftlichen Verantwortung der Unternehmen nicht durchzusetzen.[36]

Auch in Deutschland gab es schon lange eine Debatte um die CSR, ohne dass dies damals schon mit diesem anglo-amerikanischen Begriff belegt wurde. Die Diskussion fand unter dem Stichwort des im Mittelalter geprägten Begriffs „ehrbarer Kaufmann" statt.[37] Schließlich fand der Aspekt der gesellschaftlichen Verantwortung von Unternehmen im Jahre 1937 Einzug in das Aktiengesetz.[38] In § 70 AktG wurde die Gesellschaft in nationalsozialistischer Ideologie verpflichtet, das „Wohl des Betriebes und seiner Gefolgschaft" und den „Nutzen von Volk und Reich" zu berücksichtigen.[39] Nachdem diese Gemeinwohlklausel mit § 76 AktG 1965 wieder gestrichen worden war, wird bis heute über die Gemeinwohlverantwortung der Aktiengesellschaft diskutiert. Von der h.M. wird sie jetzt auf der Basis der sozialen Verantwortung des Eigentums jedenfalls in rechtlich unverbindlicher Weise anerkannt,[40] allerdings ohne das Verhalten der Unternehmen bislang nachhaltig geprägt zu haben.[41]

In der Präambel des Deutschen Corporate Governance Kodex ist inzwischen nicht nur ein Verweis darauf enthalten, dass Vorstand und Aufsichtsrat verpflichtet sind, „für den Bestand des Unternehmens und seine nachhaltige Wertschöpfung zu sorgen (Unternehmensinteresse)", sondern es wird auch darauf abgestellt, dass dies „nicht nur Legalität, sondern auch ethisch fundiertes […] Verhalten (Leitbild des Ehrbaren Kaufmanns)" verlangt.[42]

Im vorliegenden Zusammenhang sei auch der im Frühjahr 2017 von der SPD-Bundestagsfraktion eingebrachte Gesetzentwurf gegen hohe Managergehälter erwähnt. Vorgeschlagen wurde, in das Aktiengesetz einen neuen Paragraphen aufzunehmen, wonach der Vorstand nicht nur „dem Wohl des Unternehmens, der Arbeitnehmerinnen und Arbeitnehmer, der Aktionärinnen und Aktionäre" verpflichtet sein soll, sondern auch „dem Wohl der Allgemeinheit".[43]

---

[36] *Rehbinder,* in: Deinert/Schrader/Stoll (Fn. 16), S. 11.

[37] Siehe auch *Spießhofer,* in: Hauschka/Moosmayer/Lösler (Fn. 21), § 11 Rn. 1; *Walden,* in: Walden/Depping (Fn. 20), S. 3; *Kort,* NZG 2012, 926, 928; *Schwalbach/Klink,* in: Schneider/Schmidpeter (Hrsg.), Corporate Social Responsibility, 2012, S. 219 ff.; *Lütge,* in: Hilty/Henning-Bodewig (Hrsg.), Corporate Social Responsibility. Verbindliche Standards des Wettbewerbsrechts?, 2014, S. 33 ff.; *Klink,* in: Schwalbach (Hrsg.), Corporate Social Responsibility, ZfB 2008, Special Issue 3, S. 57–79.

[38] So auch *Säcker,* in: Hilty/Henning-Bodewig (Fn. 28), S. 266.

[39] Zu den rechtlichen Auswirkungen siehe nur etwa *Spindler,* MünchKomm AktG (Fn. 22), § 76 AktG Rn. 77.

[40] *Kort,* NZG 2012, 926 ff.; *ders.,* AG 2012, 605 ff.; *Mülbert,* AG 2009, 766 ff.; *Rehbinder,* in: Deinert/Schrader/Stoll (Fn. 16), S. 12.

[41] So *Säcker,* in: Hilty/Henning-Bodewig (Fn. 28), S 266.

[42] Siehe Deutscher Corporate Governance Kodex in der Fassung vom 7.2.2017, abrufbar unter <www.dcgk.de> (zuletzt abgerufen am 25.4.2018).

2. Schlussfolgerungen

Schon dieser knappe historische Verweis zeigt, dass die Diskussion um die unternehmerische Verantwortlichkeit bzw. die Corporate Social Responsibility auch für bestimmte politische Zwecke missbraucht werden kann. Abgesehen davon ist zu beachten, dass sich inzwischen zwei Punkte im Vergleich zum historischen Verständnis von Gemeinwohlverantwortung bzw. zur Corporate Social Responsibility verändert haben. Durch die Globalisierung und Internationalisierung der Wirtschaft, die mit dem Faktum globaler Liefer- bzw. Wertschöpfungsketten einhergeht, ist die Frage der CSR nicht mehr national, sondern international geworden.[44] Außerdem geht es nicht mehr nur um einen Goodwill der Unternehmen, sondern um deren zivilrechtliche Haftung. Damit hat sich die Qualität der Diskussion verändert.

III. Internationale Regelwerke

1. Internationale Regel- und Standardsetzung

Die Debatte um ein verantwortliches Unternehmertum hat zur Herausbildung von internationalen Regeln bzw. Standards geführt, die gemeinhin mit dem schillernden, aber wenig aussagekräftigen Begriff „soft law"[45] umschrieben werden. Als zentrales Regelwerk können die UN-Leitprinzipien für Wirtschaft und Menschenrechte angesehen werden, die im Juni 2011 vom Menschenrechtsrat der Vereinten Nationen einstimmig verabschiedet wurden.[46]

---

[43] Siehe *Rataj,* Gemeinwohl und Profite, Frankfurter Allgemeine Zeitung, 19.4.2017, S. 18.

[44] Vgl. auch den Hinweis bei *Schmidpeter,* in: Walden/Depping (Hrsg.), CSR und Recht, 2015, S. V; *Walden,* in: Walden/Depping (Fn. 20), S. 3; *Wagner,* RabelsZ 80 (2016), 717, 718 f.; *Mende,* KJ 2016, 431 ff.; *Hamm,* in: Fleschenberg/dos Ramos Puneu/Kneuer/Schapper (Hrsg.), Globale Normen zwischen Anspruch und Wirklichkeit, 2013, S. 209; siehe aber *Schmidpeter,* in: Hildebrandt (Fn. 14), S. 95, wo als Hintergrund für die CSR-Diskussion die gegenwärtigen sozialen, ökologischen und wirtschaftlichen Herausforderungen genannt werden („Demografie", „Ressourcenknappheit" und „Finanzkrise").

[45] *Schrader,* ZUR 2013, 451, 452; Voland, BB 2015, 67; *Spießhofer,* in: Gesellschaftsrechtliche Vereinigung (Fn. 7), S. 76; *dies.,* in: Hauschka/Moosmayer/Lösler (Fn. 21), § 11 Rn. 17; *Wagner,* RabelsZ 80 (2016), 717, 725; *Kocher/Wenckebach,* KJ 2013, 18; siehe auch *Nowrot,* in: Tietje (Hrsg.), Internationales Wirtschaftsrecht, 2. Aufl., 2015, S. 115.

[46] UN Guiding Principles on Business and Human Rights, UN doc A/HRC/17/31, abrufbar unter <http://www.ohchr.org/Documents/Publications/GuidingPrinciplesBusinessHR_EN.pdf> (zuletzt abgerufen am 25.4.2018); siehe auch Geschäftsstelle Deutsches Global Compact Netzwerk (DGCN), Leitprinzipien für Wirtschaft und Menschenrechte, Umsetzung des Rahmens der Vereinten Nationen „Schutz, Achtung und Abhilfe", 2. Aufl., 2014, S. 20 ff., abrufbar unter <https://www.globalcompact.de> (zuletzt abgerufen am 25.4.2018);

Diese sog. *Ruggie-Prinzipien* basieren auf Vorarbeiten des damaligen UN-Sonderbeauftragten für Unternehmen und Menschenrechte *John Ruggie*. Sie betreffen 31 Verantwortlichkeiten im Bereich der wirtschaftsbezogenen Menschenrechte.

Die UN-Leitprinzipien haben auch in die OECD-Leitsätze für multinationale Unternehmen Eingang gefunden,[47] die zwar schon aus dem Jahr 1976 stammen, aber 2011 überarbeitet wurden.[48] Bei den Leitsätzen handelt es sich um „Empfehlungen für verantwortungsvolles unternehmerisches Handeln in einem globalen Kontext".[49] Sie beziehen sich vor allem auf die Bereiche Menschenrechte, Arbeitsnormen, Sozialpartnerschaft, Umwelt, Korruptionsbekämpfung, Verbraucherinteressen, Wissens- und Technologietransfer und Wettbewerb. Ebenfalls Eingang gefunden haben die UN-Leitprinzipien in die DIN ISO 26000 („Leitfaden zur gesellschaftlichen Verantwortung von Organisationen") vom November 2010.[50] Hier sind sieben Kernthemen erfasst, u.a. auch die Organisationsführung und die Menschenrechte.

Hervorzuheben ist zudem der sog. UN Global Compact als im Jahr 2000 gegründete Initiative, die zur Wahrnehmung der unternehmerischen Verantwortung aufruft. Dort sind zehn Prinzipien zu unterschiedlichen Bereichen, wie etwa den Menschenrechten und den Arbeitsnormen, formuliert.[51] Diese leiten sich u.a. aus der allgemeinen Erklärung der Menschenrechte und den ILO-Kernarbeitsnormen[52] ab. Die Teilnehmer müssen regelmäßig über den Umsetzungsstand berichten.[53]

Von den zahlreichen weiteren internationalen Regelwerken sollen exemplarisch etwa die Global Reporting Initiative (GRI) und die UN-Prinzipien für Gesellschaftlich Verantwortliches Investment erwähnt werden.[54] Speziell im Bereich des Arbeitsschutzes sind die Dreigliedrige Grundsatzerklärung über

---

siehe auch *Hamm*, KJ 2016, 479 ff.; *Spießhofer*, in: Hauschka/Moosmayer/Lösler (Fn. 21), § 11 Rn. 14 ff.

[47] OECD, OECD-Leitsätze für multinationale Unternehmen (Guidelines for Multinational Enterprises), 2011, abrufbar unter <http://www.oecd.org> (zuletzt abgerufen am 25.4.2018).

[48] *Spießhofer*, NJW 2014, 2473, 2474; *dies.*, in: Hauschka/Moosmayer/Lösler (Fn. 21), § 11 Rn. 24 f.; *Zimmer* (Fn. 28), S. 83 ff.

[49] OECD Leitsätze für multinationale Unternehmen, 2011, S. 13.

[50] *Spießhofer*, NJW 2014, 2473, 2474; siehe zur hier außen vor gelassenen Frage nach der Legitimität des Normfindungsprozesses bzgl. der ISO 26000 *Hahn*, Business Administration Review (Die Betriebswirtschaft), Vol. 71, No. 2, S. 121 ff.

[51] Siehe nur etwa *Spießhofer*, in: Hauschka/Moosmayer/Lösler (Fn. 21), § 11 Rn 12 f.

[52] Erklärung über die grundlegenden Prinzipien und Rechte bei der Arbeit der Internationalen Arbeitsorganisationen (ILO).

[53] <http://globalcompact.de/de/teilnahme/berichtspflicht.php>; Stand Ende 2014 sollen sich fast 300 deutsche Unternehmen, darunter auch die meisten DAX-Unternehmen, zum Global Compact bekannt haben, siehe <http://globalcompact.de/de/teilnahme/teilnehmerverzeichnis.php>.

multinationale Unternehmen und Sozialpolitik sowie die Kernarbeitsnormen der ILO[55] hervorzuheben.[56]

2. Zehn haftungsbezogene Überlegungen

a) Vielfältigkeit des internationalen Regelwerks

Auf internationaler Ebene existiert mittlerweile eine Vielzahl an unverbindlichen CSR-Regelwerken.[57] Auch wenn das auf den ersten Blick positiv erscheint, wird dies zu Recht häufig als „Übermaß" und „Dschungel" kritisiert.[58] Die Regelwerke sind bzgl. ihrer Anforderungen an die Unternehmen nur teilweise deckungsgleich. Diese Heterogenität führt u.a. dazu, dass die Vergleichbarkeit der durch Unternehmen eingehaltenen Regeln erheblich erschwert wird.[59] Es tritt eine gewisse „Zerfaserung" des Schutzes ein. Das wird zu Recht als sog. „CSR-Schwäche" angesehen.[60]

Zu beobachten ist zwar inzwischen eine gewisse Fokussierung auf die UN-Leitprinzipien für Wirtschaft und Menschenrechte. Sowohl die CSR-Richtlinie der EU als auch die Bestrebungen im Rahmen des Nationalen Aktionsplans der Bundesregierung nehmen auf diese Bezug.[61] Ob das jedoch bereits für eine „Vorrangstellung" ausreicht, ist eine andere Frage.

b) Internationalität der Regeln

Die internationale Regel- und Standardsetzung zeichnet sich dadurch aus, dass sie überwiegend erst aus der Zeit ab 2010 stammt. Außerdem ist ihre Losgelöstheit von nationalen Debatten um eine verantwortungsvolle Unternehmensführung hervorzuheben. Insofern kann es zu einer Vermischung unterschiedlicher historischer, politischer, wirtschaftlicher und rechtlicher Ansätze kommen.[62]

---

[54] SAFA (Sustainability Assessment of Food and Agriculture systems), Guidelines; zu weiteren CSR-Leitlinien siehe *Spießhofer,* in: Hauschka/Moosmayer/Lösler (Fn. 21), § 11 Rn. 30 ff.

[55] Siehe *Zimmer* (Fn. 28), S. 44 ff.

[56] Siehe *Kocher,* KJ 2010, 30, 32.

[57] Siehe etwa *Wehrmann,* in: Walden/Depping (Fn. 15), S. 72 ff.; *Voland,* BB 2015, 67, 68 ff.; *Wolfmeyer* (Fn. 3), S. 215 ff.

[58] *Förster,* RIW 2008, 837 ff.; siehe auch *Schrader,* ZUR 2013, 451, 453.

[59] *Schrader,* ZUR 2013, 451, 453; vgl. auch *Kroker,* CCZ 2015, 120, 123.

[60] *Schrader,* ZUR 2013, 451, 455; *Voland,* BB 2015, 67.

[61] Vgl. auch *Mende,* KJ 2016, 431, 435 („Höhepunkt"); *Voland,* BB 2015, 67, 68.

[62] Diese würde insbesondere bei der Schaffung eines verbindlichen Regelwerks eine erhebliche Rolle spielen; siehe unten VI.3.

c) Unternehmen als Adressaten

Ein juristisch nur schwer einzuordnender Wandel im Schutz von Menschenrechten ist dadurch eingeleitet, dass in den Regelwerken nicht nur die Staaten als Völkerrechtssubjekte, sondern ausdrücklich auch die Unternehmen als nichtstaatliche Akteure adressiert werden.[63] So legt etwa das UN-Leitprinzip 11 fest, dass die Unternehmen die Menschenrechte achten sollen. Ähnliches findet sich auch in den OECD-Leitsätzen und den ISO 26000.

Ein solcher Menschenrechtsschutz durch Unternehmen wird teilweise kritisch gesehen.[64] Das bezieht sich nicht nur auf ein sog. *Greenwashing,* d.h. dem bloßen Fördern des Unternehmensimages durch menschenrechtschutzbezogene Erklärungen, die jedoch nicht umgesetzt werden, sondern auch auf ein sog. *Window Dressing,* d.h. der Verschleierung schlechten Verhaltens durch selektive CSR-Maßnahmen.[65] Dennoch ist die Zweigleisigkeit des Schutzkonzepts vieler internationaler Regelwerke grundsätzlich positiv zu beurteilen. Das gilt jedenfalls, solange sich dadurch nicht die Staaten aus ihrer menschenrechtsbezogenen Regulierungsverantwortung zurückziehen und die Effektivität der selbstregulierten Unternehmenserklärungen im Blick behalten.

d) Unverbindlichkeit der Regeln für Unternehmen

Die internationalen Regelwerke haben als Völkerrecht keine rechtliche Verbindlichkeit für Wirtschaftsunternehmen.[66] In den UN-Leitprinzipien ist daher konsequent auch nicht von einer Verpflichtung der Unternehmen, sondern lediglich von deren „Verantwortung" die Rede.[67] In den OECD-Leitsätzen wird unter I.1. ausdrücklich betont, dass es sich hierbei um Empfehlungen der Regierungen an multinationale Unternehmen handelt.[68] Die Anwendung der ISO 26000 durch die Organisationen ist ebenfalls freiwillig.[69]

Eine Horizontalwirkung der Menschenrechte als Völkerrecht wird ganz überwiegend abgelehnt[70] bzw. allenfalls unter sehr engen Voraussetzungen be-

---

[63] Vgl. *Wagner,* RabelsZ 80 (2016), 717, 722 f.; das gilt jedenfalls für die UN-Leitsätze, die OECD-Leitsätze (oben Fn. 47) sowie die ISO 26000, siehe *Spießhofer,* in: Gesellschaftsrechtliche Vereinigung (Fn. 7), S. 76.

[64] *Hönke,* KJ 2016, 468, 471.

[65] *Hönke,* KJ 2016, 468, 475.

[66] So auch *Weilert,* ZaöRV 2009, 883, 909 ff.; *Klinger/Krajewski/Krebs/Hartmann,* Verankerung menschenrechtlicher Sorgfaltspflichten von Unternehmen im deutschen Recht, Gutachten, März 2016, S. 15, abrufbar unter <https://www.brot-fuer-die-welt.de> (zuletzt abgerufen am 25.4.2018).

[67] *Wehrmann,* in: Walden/Depping (Fn. 15), S. 65.

[68] Siehe *Weidmann,* Der Beitrag der OECD-Leitsätze für multinationale Unternehmen zum Schutz der Menschenrechte, 2014; *Voland,* BB 2015, 67 f.

[69] Vgl. *Spießhofer,* in: Hauschka/Moosmayer/Lösler (Fn. 21), § 11 Rn. 26 ff.

[70] Hierzu *Paschke,* RdTW 2016, 121, 123 ff.; vgl. auch *Wagner,* RabelsZ 80 (2016), 717, 721 ff.

jaht.[71] Umso drängender stellt sich die Frage, ob die internationalen Regelwerke direkt im nationalen Recht wirken können, indem sie unbestimmte Rechtsbegriffe, wie etwa den der „Sorgfaltspflicht" oder der „verkehrserforderlichen Sorgfalt", konkretisieren.[72] Zu fragen ist auch, ob etwa ein „Bekenntnis" der Unternehmen zur Einhaltung dieser Regeln (durch Selbstverpflichtung, Verhaltenskodex etc.) auf dieser Basis rechtsverbindliche Wirkung haben kann.

e) Uneinheitlichkeit des Unternehmensbegriffs

Uneinheitlich ist, welche Art von Unternehmen jeweils von den Regelwerken erfasst sein sollen. Die UN-Leitprinzipien beziehen sich auf alle (!) Wirtschaftsunternehmen.[73] Davon umfasst sollen selbst die sog. Non-profit-Organisationen sein.[74] Leitprinzip 14 bringt dezidiert zum Ausdruck, dass die Verantwortung der Unternehmen „unabhängig von ihrer Größe, dem Sektor, dem sie angehören, ihrem operativen Umfeld, ihren Eigentumsverhältnissen und ihrer Struktur" gelten soll.

Dagegen richten sich die OECD-Leitsätze nur an multinationale Unternehmen. Eine genaue Definition dieses Begriffs sei nicht erforderlich: „Diese Unternehmen sind in allen Wirtschaftsbereichen tätig. Es handelt sich gewöhnlich um Unternehmen oder andere in mehreren Ländern niedergelassene Unternehmensteile, die so miteinander verbunden sind, dass sie ihre Geschäftstätigkeit auf unterschiedliche Art und Weise koordinieren können".[75] Die DIN ISO 26000 beziehen sich wiederum sehr weit auf alle Organisationen („all types of organizations, regardless of their size or location").[76]

Die CSR-Richtlinie der EU wiederum gilt nur für große Unternehmen mit mehr als 500 Mitarbeitern, sofern das Unternehmen „von öffentlichem Interesse" ist. Nach Art. 2 (1) lit. a Richtlinie 2013/34/EU sind hiernach Kreditinstitute, Versicherungen und Unternehmen, deren Aktien an Börsen gehandelt werden, gemeint, sowie sämtliche Unternehmen, die von den Mitgliedstaaten als von öffentlichem Interesse bestimmt werden.[77] In Deutschland sind von der Pflicht zur nichtfinanziellen Erklärung kapitalmarktorientierte Unternehmen mit mehr als 500 Arbeitnehmern erfasst, deren Bilanzsumme 20 Mio. Euro und/oder deren Umsatzerlöse 40 Mio. Euro übersteigen (§ 289b Abs. 1 Satz 1 HGB).

---

[71] Vgl. *Spießhofer*, NJW 2014, 2473, 2475; *dies.*, in: Gesellschaftsrechtliche Vereinigung (Fn. 7), S. 68.
[72] Siehe den Hinweis bei *Voland*, BB 2015, 67, 73.
[73] Kommentar zu UN-Leitprinzip 11.
[74] So *Spießhofer*, in: Gesellschaftsrechtliche Vereinigung (Fn. 7), S. 76.
[75] OECD-Leitsätze, S. 19 f.
[76] DIN ISO 26000, 1. Scope.
[77] *Wagner*, RabelsZ 80 (2016), 717, 726.

f) Aufforderung zur Selbstverpflichtung

Zum Teil werden die Unternehmen in den internationalen Regelwerken zur Schaffung von Selbstregulierungsakten zum Schutz der Menschenrechte angehalten.[78] So werden die Unternehmen nach dem UN-Leitprinzip 16 dazu aufgefordert, „zur Verankerung ihrer Verantwortung zur Achtung der Menschenrechte [...] ihre Selbstverpflichtung, dieser Verantwortung gerecht zu werden, in einer Grundsatzerklärung zum Ausdruck" zu bringen. Eine solche soll auf höchster Führungsebene beschlossen werden.

In den OECD-Leitsätzen werden die Unternehmen ebenfalls ersucht, „wirksame Selbstregulierungspraktiken und Managementsysteme" zu konzipieren und anzuwenden. Diese sollen ein „Klima des gegenseitigen Vertrauens zwischen den Unternehmen und der Gesellschaft der Gastländer begünstigen".[79] In den Erläuterungen zu diesem Grundsatz wird vor allem auf „ein immer dichter werdendes Netz nichtstaatlicher Selbstregulierungsinstrumente und -vorkehrungen" verwiesen.[80]

Die Aufforderung zur Selbstverpflichtung spricht dafür, dass selbst die Regelsetzer nicht von einer unmittelbaren Wirkung der internationalen Regelwerke ausgehen. Die Unternehmen gelten als nichtjuristische Pflichtenträger der völkerrechtlichen Leitprinzipien oder Leitsätze. Letztere enthalten lediglich einen Appell an die Wirtschaftsunternehmen, sich im Rahmen einer Selbstverpflichtung an die Prinzipien zu binden. Welche rechtlichen Wirkungen unternehmerische Selbstverpflichtungen haben, wird in den internationalen Regelwerken nicht beantwortet, sondern richtet sich nach dem nationalen Recht. Sowohl auf der internationalen als auch auf der EU-Ebene oder derjenigen der Bundesregierung wird stets die „Freiwilligkeit gesellschaftlicher Verantwortung durch Unternehmen" betont.[81] Die Regelungen auf internationaler Ebene sollen nicht Recht, sondern Standards sein, „an denen Unternehmen ihre CSR-Strategie orientieren können".[82] Auch die EU-Kommission ging lange Zeit davon aus, dass CSR-Maßnahmen nur solche sind, „die die Unternehmen über ihre rechtlichen Verpflichtungen gegenüber Gesellschaft und Umwelt hinaus" und damit zusätzlich ergreifen.[83]

Manche sehen eine solche „Privatisierung menschenrechtlicher Verantwortung" insbesondere angesichts der mangelnden Durchsetzung kritisch.[84] Diese „Privatisierung" stellt aber nur eine zweite „Schiene" neben der Verpflich-

---

[78] Siehe den Kommentar zu Leitlinie 11: „Wirtschaftsunternehmen können durch andere Selbstverpflichtungen [...] die Menschenrechte unterstützen [...]".

[79] OECD-Leitsätze, II. A 7 (S. 22).

[80] OECD-Leitsätze, S. 26.

[81] *Schrader*, ZUR 2013, 451.

[82] *Schrader*, ZUR 2013, 451.

[83] CSR-Strategie der Europäischen Kommission, KOM(2011) 681 endg., S. 4; kritisch *Walden*, in: Walden/Depping (Fn. 20), S. 15.

tung der Staaten zur nationalen Umsetzung der Menschenrechtsstandards dar. Auf eine mögliche rechtliche Wirkung wird noch einzugehen sein.[85]

g) Uneinheitlichkeit des Menschenrechtsbegriffs

Sowohl die internationalen Regelwerke als auch die darauf basierenden Selbstverpflichtungen der Unternehmen umreißen den angestrebten Menschenrechtsschutz nur sehr ungenau. Das ist in Bezug auf (nationale) haftungsrechtliche Rechtsfolgen problematisch. So ist etwa in den UN-Leitprinzipien die Rede von „nachteiligen menschenrechtlichen Auswirkungen". Daraus lässt sich keine Rechtsverletzung ableiten.[86] Das ist vor allem im Hinblick darauf, dass sich daraus ja Sorgfaltspflichten von Unternehmen ableiten sollen, misslich.

Auch bei einer CSR-Selbstverpflichtung wird häufig allgemein eine Verpflichtung zur Beachtung „der Menschenrechte" erklärt. Das wären nicht nur die UN-Menschenrechtskonventionen, sondern auch regionale Konventionen, die Europäische Menschenrechtskonvention und die EU-Grundrechtecharta sowie die nationalen Grundrechtsregeln. Zwar definiert das UN-Leitprinzip 12 die international anerkannten Menschenrechte dahingehend, dass darunter „mindestens die Menschenrechte, die in der Internationalen Menschenrechtscharta ausgedrückt sind sowie die in der Erklärung der Internationalen Arbeitsorganisation über die grundlegenden Prinzipien und Recht bei der Arbeit genannten zu verstehen sind". Ob das aber allgemeingültig so angenommen werden kann, ist fraglich.

Insgesamt ergibt sich damit ein breit gefächerter unkonturierter Bereich.[87] Zudem sind die Menschenrechtsverständnisse weltweit nicht einheitlich.[88] Zu Recht wird daher im Schrifttum die Vagheit der menschenrechtlichen „Vorgaben" betont.[89] Insofern erscheint es auch problematisch, wenn in § 289c Abs. 2 Nr. 4 HGB in der nichtfinanziellen Erklärung eines Unternehmens als ein Aspekt „die Achtung *der* Menschenrechte" enthalten ist[90] und selbst in den Erwägungsgründen der EU-CSR-Richtlinie der Begriff nicht näher erläutert ist. Hier hätte einer „Fragmentierung der menschenrechtlichen Schutzstandards" entgegengewirkt werden können.[91]

---

[84] *Hamm,* KJ 2016, 479 ff.; *Kocher,* KJ 2010, 30, 37 f.; vgl. auch *Biedermann,* Sozialstandards durch Private Governance, 2007, S. 21.

[85] Siehe unten bei V.

[86] *Klinger/Krajewski/Krebs/Hartmann,* Verankerung menschenrechtlicher Sorgfaltspflichten von Unternehmen im deutschen Recht (Fn. 66), S. 25.

[87] Vgl. auch *Spießhofer,* NJW 2014, 2473, 2475.

[88] *Spießhofer,* NJW 2014, 2473, 2475.

[89] *Spießhofer,* NJW 2014, 2473, 2476.

[90] Hervorhebung v. Verf.; zur Möglichkeit der Nutzung von nationalen, europäischen oder internationalen Rahmenwerken siehe § 289d Satz 1 HGB, wonach auch in der Erklärung das genutzte Rahmenwerk anzugeben ist (§ 289d Satz 2 HGB).

[91] *Voland,* BB 2015, 67, 74.

Ein weiterer offener Punkt ist, wie die Unternehmen sich bei kollidieren-den Menschenrechten verhalten sollen.[92] Unklar ist auch, wie zu verfahren ist, wenn Menschenrechtsbelange mit anderen CSR-Belangen kollidieren.[93]

h) Menschenrechtliche Sorgfaltspflichten (human rights due diligence)

In zahlreichen Regelwerken wird die Einhaltung einer gewissen Sorgfalts-pflicht im Hinblick auf die Menschenrechte verlangt. Damit ist auch die Compliance der adressierten Unternehmen angesprochen. So hebt das UN-Leitprinzip 17 die allgemeine menschenrechtliche Sorgfaltspflicht *(human rights due diligence)* zur Feststellung und Minderung von Menschenrechts-verletzungen hervor.[94] Im Kommentarteil dazu wird deutlich gemacht, dass

„die Ausübung von Sorgfaltspflicht auf dem Gebiet der Menschenrechte […] Wirtschafts-unternehmen dabei helfen (sollte), dem Risiko gegen sie vorgebrachter Rechtsansprüche zu begegnen, indem sie nachweisen, dass sie alle angemessenen Maßnahmen ergriffen haben, um ihre eigene Beteiligung an mutmaßlichen Menschenrechtsverletzungen zu vermeiden".

Fortgesetzt wird dies mit der Aussage, dass die Einhaltung der Sorgfalts-pflichten nicht dazu führen können soll, „dass dies allein sie automatisch und vollständig von der Verantwortung für Menschenrechtsverletzungen befreit, die sie verursacht oder zu denen sie beigetragen haben". Das klingt nach deutschem Verständnis wie der Aufruf an die Staaten, eine Beweislastumkehr zu schaffen.

In UN-Leitprinzip 18 werden die Anforderungen zur Einhaltung der ge-nannten Sorgfaltspflicht präzisiert. Die Unternehmen haben „alle tatsächlichen oder potenziellen nachteiligen menschenrechtlichen Auswirkungen (zu) er-mitteln und (zu) bewerten, an denen sie […] beteiligt sind". Die Grundsätze sollen in allen Geschäftsbereichen verankert werden (UN-Leitprinzip 19) und es soll eine Wirksamkeitskontrolle bzgl. der Feststellung, ob den ermittelten menschenrechtlichen Auswirkungen hinreichend begegnet wird, geschaffen werden (UN-Leitprinzip 20). Gleichzeitig soll Rechenschaft darüber abgelegt werden, wie den menschenrechtlichen Auswirkungen begegnet wird (UN-Leitprinzip 21).

---

[92] *Voland*, BB 2015, 67, 71.

[93] Siehe Stellungnahme des Deutschen Anwaltvereins durch den Ausschuss Corporate Social Responsibility und Compliance vom April 2016, Nr. 19/2016, S. 11 f.

[94] Siehe Geschäftsstelle Deutsches Global Compact Netzwerk (DGCN), Leitprinzipien für Wirtschaft und Menschenrechte, Umsetzung des Rahmens der Vereinten Nationen „Schutz, Achtung und Abhilfe", 2. Aufl., 2014, S. 20 ff. (abrufbar unter <https://www.global compact.de> (zuletzt abgerufen am 25.4.2018); siehe auch *Spießhofer*, NJW 2014, 2473, 2475; zur Integration dieses Begriffs in das deutsche Recht siehe § 289c Abs. 3 Nr. 1 HGB, wobei auch über das Ergebnis der Konzepte berichtet werden muss (§ 289c Abs. 3 Nr. 2 HGB); vgl. dazu auch *Kroker*, CCZ 2015, 120, 123; *Paschke*, RdTW 2016, 121, 127 ff.

Auch die OECD-Leitsätze verlangen die Durchführung einer risikoabhängigen Due-Diligence-Prüfung, etwa indem die Due Diligence in die unternehmensbasierten Risikomanagementsysteme einbezogen wird.[95] Die ISO 26000 sehen ebenfalls eine Due Diligence vor. Als ein Handlungsfeld im Bereich der Achtung der Menschenrechte wird die Verantwortung der Organisationen betont, sorgfältig darauf zu achten, dass die Auswirkungen ihrer Aktivitäten Menschenrechte nicht verletzen.[96] Insgesamt ist die Formulierung einer Sorgfaltspflicht auch hier sehr vage. Daher wird in der DIN ISO 26000 ausdrücklich betont, dass die Norm nicht zertifizierbar ist.[97] Wenn alle in der Norm aufgeführten Aspekte zuverlässig abgedeckt werden sollten, müsste dies konkret nachprüfbare und vergleichbare Kriterien umfassen, was der Leitfaden aber gerade nicht biete.[98] Alles in allem können so für die Unternehmen Schwierigkeiten im Wissen darüber bestehen, wie sie die menschenrechtliche Sorgfalt konkret einhalten sollen.[99]

i) Verantwortung auch für fremde Menschenrechtsverletzungen

Ein Hauptpunkt der internationalen Regel- und Standardsetzungen ist, dass es dort zumeist nicht nur um die Verantwortung für eigene Menschenrechtsverletzungen geht, sondern auch um eine solche für Verletzungen durch andere Akteure am Markt, auf welche das Unternehmen eine Einflussnahmemöglichkeit hat. Mit den „anderen Akteuren" gemeint sind vor allem Tochtergesellschaften und Lieferanten.

Das UN-Leitprinzip 13 etwa erstreckt die Verantwortung auch auf die Gestaltung ihrer Geschäftsbeziehungen zu Dritten, ihren Produkten und ihren Dienstleistungen. Auch im Kommentarteil zu UN-Leitprinzip 17 wird hervorgehoben, dass die menschenrechtliche Sorgfaltspflicht vor allem für die Beziehung zu Zulieferern gilt. Dabei sollen aber Zumutbarkeitserwägungen begrenzend wirken können.[100] Ergänzend formuliert UN-Leitprinzip 22, dass es dann, wenn ein Unternehmen feststellt, dass es Menschenrechtsverletzungen verursacht hat oder daran beteiligt war, für Wiedergutmachung sorgt bzw. an fairen Entschädigungsverfahren mitwirkt.[101] Bei nicht selbst verursachten Menschenrechtsverletzungen oder solchen, zu denen das Unternehmen auch

---

[95] OECD-Leitsätze, II. A. 10 sowie die Erläuterungen auf S. 27.

[96] Siehe Bundesministerium für Arbeit und Soziales, Die DIN ISO 26000 „Leitfaden zur gesellschaftlichen Verantwortung von Unternehmen" – Ein Überblick, 2011, S. 16, abrufbar unter <https://www.bmas.de> (zuletzt abgerufen am 25.4.2018).

[97] ISO, unter I. Scope.

[98] Bundesministerium für Arbeit und Soziales, Die DIN ISO 26000 (Fn. 96), S. 8

[99] *Klinger/Krajewski/Krebs/Hartmann,* Verankerung menschenrechtlicher Sorgfaltspflichten von Unternehmen im deutschen Recht, Gutachten (Fn. 66), S. 8.

[100] UN-Leitprinzipien, S. 21.

[101] Siehe auch *Wagner,* RabelsZ 80 (2016), 717, 725 f.

nicht beigetragen hat, die aber eine unmittelbare Verbindung mit seinen Geschäftsbeziehungen, Produkten oder Dienstleistungen aufweisen, soll eine solche gemäß dem Kommentar zu UN-Leitprinzip 22 nicht bestehen.[102]

In der DIN ISO 26000 wird ebenfalls die gesellschaftliche Verantwortung in der Wertschöpfungskette betont, indem die Due Diligence auch auf die Aktivitäten anderer Organisationen und Partner erstreckt wird, mit denen diese Organisation Beziehungen pflegt.[103] Ob sich aus der in einigen internationalen Regelwerken festgeschriebenen ethisch-moralischen Verantwortung der Unternehmen auch eine entsprechende rechtliche Pflicht ableiten lässt, wird noch zu untersuchen sein.

j) Mangelnde Überwachung und mangelndes Enforcement

Ob die Unternehmen der in den internationalen Regelwerken formulierten Verantwortung nachkommen, wird nicht überprüft. Da es sich um völkerrechtliche Akte handelt, bleibt eine Nichteinhaltung schon von vornherein unsanktioniert. Auch die Einhaltung von Selbstverpflichtungen der Unternehmen in diesem Bereich bleibt regelmäßig unüberwacht.[104] Die Effektivität von menschenrechtlichen Sorgfaltspflichten wird daher zu Recht schon deshalb bezweifelt, weil die Unternehmen keinen ausreichenden wirtschaftlichen Vorteil in der Einhaltung der gesetzten Regeln sehen und eine Nichtanwendung der – im Übrigen konturenlosen – menschenrechtlichen Sorgfalt weitgehend folgenlos bleibt.[105]

3. Zwischenergebnis

Zutreffend betont der Kommentar zu den UN-Leitprinzipien, dass „die Verantwortung von Wirtschaftsunternehmen zur Achtung der Menschenrechte von Fragen der rechtlichen Haftung und Rechtsdurchsetzung zu trennen" sind. Diese unterliegen „nach wie vor weitgehend einzelstaatlichen Rechtsvorschriften im jeweiligen Rechtssystem".[106] Welche Rolle die internationale Regelsetzung hierbei spielt, wird nachfolgend aufgezeigt. Es geht darum, ob und wenn ja, wie weit sich bereits jetzt ein Wandel von „autonom gesetzten Freiwilligkeitsstandards" zu „gesetzlichen Pflichtenstandards für Unternehmen" vollzogen hat.[107]

---

[102] UN-Leitprinzipien, S. 22.

[103] Bundesministerium für Arbeit und Soziales, Die DIN ISO 26000 (Fn. 96), S. 16.

[104] Vgl. *Biedermann* (Fn. 84), S. 21; *Kocher*, KJ 2010, 30, 37 f.; *Hamm*, KJ 2016, 479 ff.

[105] *Klinger/Krajewski/Krebs/Hartmann*, Verankerung menschenrechtlicher Sorgfaltspflichten von Unternehmen im deutschen Recht, Gutachten (Fn. 66), S. 8.

[106] Siehe Kommentar zu UN-Leitprinzip 12.

[107] *Paschke*, RdTW 2016, 121, 126.

IV. Haftung nach nationalem Recht

1. Haftung für eigene Menschenrechtsverletzungen

Wenn ein Geschädigter bei Verletzung von Menschenrechten durch ein deutsches Unternehmen im Ausland dieses auf Schadensersatz verklagen kann, kann ein Anspruch aus § 823 Abs. 1 oder 2 BGB i.V.m. §§ 13, 17, 32 ZPO bestehen.[108] Ungeachtet der hier außer Betracht gelassenen Frage nach dem anwendbaren Recht, ist eine deliktische Haftung bei eigenen Menschenrechtsverletzungen dann unproblematisch, wenn ein Recht oder Rechtsgut i.S. des § 823 Abs. 1 BGB verletzt ist. Sofern weder das Leben noch der Körper, die Gesundheit, Freiheit oder das Eigentum verletzt sind, könnten die Menschenrechte ein „sonstiges Recht" darstellen. Das wird jedoch bislang im Schrifttum zutreffend schon deshalb abgelehnt, weil unklar ist, welche der vielen Menschenrechtserklärungen überhaupt der Bezugspunkt sein soll.[109] Darüber hinaus ist zu bezweifeln, dass diese jeweils konkret genug sind, um ein „sonstiges Recht" sein zu können.

Teilweise wird im Schrifttum vorgeschlagen, dann, wenn es um die Frage der Fahrlässigkeit geht, die menschenrechtliche Due Diligence als Maßstab für eine deliktische Sorgfaltspflicht zu nehmen.[110] Ob es solcher Überlegungen bei Vorliegen einer eigenen Verletzung überhaupt bedarf, ist zu bezweifeln, da das Verschulden an die Verletzung eines Rechts oder Rechtsguts i.S. des § 823 Abs. 1 BGB anknüpft.[111] Dort, wo schon keine Rechts- oder Rechtsgutverletzung vorliegt, kann es nicht mehr auf eine menschenrechtliche Sorgfaltspflicht ankommen.

Eine andere Frage ist, ob die internationalen Menschenrechtsbestimmungen Schutzgesetze i.S. des § 823 Abs. 2 BGB sein können. Das wird im Schrifttum zutreffend nahezu einhellig abgelehnt, da die Menschenrechte dem Deliktsrecht keine Verhaltenspflichten vorgeben. Unklar soll schon sein, welches der internationalen Regelwerke denn jeweils der Bezugspunkt ist. Abgesehen davon sind diese Regelwerke nach Ansicht mancher viel zu allgemein und vage gehalten, als dass sich ein Individualschutz des einzelnen Geschädigten daraus herleiten ließe.[112] Teilweise wird eine Schutzgesetzeigenschaft auch mit dem Argument verneint, dass private Unternehmen mangels Völkerrechtssubjektivität nicht Adressaten der Bestimmungen der Menschenrechtskonventionen seien.[113]

---

[108] *Spießhofer,* NJW 2014, 2473, 2477.

[109] *Weller/Kaller/Schulz,* AcP 216 (2016), 387, 400; vgl. oben III.2.a).

[110] Siehe *Wagner,* RabelsZ 80 (2016), 717, 756 f.; *Spießhofer,* in: Gesellschaftsrechtliche Vereinigung (Fn. 7), S. 66 („Standard für die straf- und zivilrechtliche Fahrlässigkeitshaftung").

[111] So auch *Wagner,* RabelsZ 80 (2016), 717, 761 („bereits geltendes Recht").

[112] *Wagner,* RabelsZ 80 (2016), 717, 755 f.

In Frage kommen kann daher lediglich eine Haftung nach § 826 BGB, wobei hier für den Geschädigten hohe Beweislasthürden bestehen.[114] Ein Fall des § 826 BGB wird in Bezug auf die Haftung für das menschenrechtswidrige Verhalten einer Tochtergesellschaft diskutiert, wenn das konzernrechtliche Trennungsprinzip der Umgehung von Menschenrechtsstandards dient. Scheitern wird eine Haftung regelmäßig am Nachweis des Vorsatzes des Unternehmens sowie der Sittenwidrigkeit.[115]

2. *Haftung für fremde Menschenrechtsverletzungen*

Das deutsche Deliktsrecht kennt ein Einstehenmüssen für das Verhalten Dritter nur in begrenzten Fällen, so etwa bei Haftung für einen Verrichtungsgehilfen (§ 831 BGB).[116] Die Bundesregierung hat im Zusammenhang mit dem vor dem U.S. Supreme Court verhandelten Fall *Kiobel* (gegen *Royal Dutch Petroleum Co. et al.*) darauf verwiesen, dass eine Zurechnung über § 31 BGB (Organhaftung) oder § 831 BGB (Haftung für Verrichtungsgehilfen) rechtlich nicht in Betracht kommen kann.[117]

a) *Haftung aus §§ 823 Abs. 1, 31 BGB*

Fraglich ist, ob das Unternehmen auch für ein Fehlverhalten einer Tochtergesellschaft oder eines Zulieferers oder anderer Unternehmen in der sog. Wertschöpfungs- bzw. Leistungskette einstehen muss. Eine eigene Pflicht i.S. des § 823 Abs. 1 BGB verletzt das Unternehmen nur dann, wenn ihm das Verhalten der Tochtergesellschaft oder des Zulieferers nach § 31 BGB zugerechnet wird bzw. wenn es ein Organisationsverschulden trifft.

Eine solche Zurechnung des Verhaltens der Tochter bzw. der Organisationspflicht gegenüber der Tochter[118] würde jedoch das konzernrechtliche Trennungsprinzip aufheben. Eine konzernweite betriebliche Organisationspflicht besteht ebenso wenig[119] wie eine Pflicht, das Verhalten der Tochtergesellschaft zu überwachen.[120] Eine Ausnahme kann nur dann bestehen, wenn die Muttergesellschaft unmittelbar bei der Tochter eingreifen kann und somit

---

[113] *Weller/Kaller/Schulz,* AcP 216 (2016), 387, 406.

[114] *Weller/Kaller/Schulz,* AcP 216 (2016), 387, 406 f.

[115] *Weller/Kaller/Schulz,* AcP 216 (2016), 387, 407.

[116] Siehe *Wagner,* RabelsZ 80 (2016), 717, 758.

[117] Siehe den Verweis bei *Spießhofer,* NJW 2014, 2473 Fn. 6.

[118] *Thomale/Hübner,* JZ 2017, 385, 394.

[119] Siehe die Überlegungen bei *Glinski,* in: Winter (Fn. 30), S. 235, 274 ff.; *dies.,* Die rechtliche Bedeutung der privaten Regulierung globaler Produktionsstandards, 2011, S. 307 ff., insbesondere S. 344 ff.

[120] Vgl. *Wagner,* RabelsZ 80 (2016), 717, 779; *Weller/Kaller/Schulz,* AcP 216 (2016), 387, 414 ff.; zu Argumenten bzgl. einer Haftungszurechnung *Glinski,* in: Winter (Fn. 30), S. 235 ff., 243 ff.; offener dagegen *Saage-Maaß/Leifker,* BB 2015, 2499, 2502 f.

„die Geschicke in der Hand" hält. Ob das angesichts der Rechtsprechung des EuGH von 2017 bzgl. der Markenverletzung einer Tochtergesellschaft künftig anders zu sehen ist, ist noch offen. Jedenfalls hat laut EuGH ein Konzern eventuell auch für den Markenauftritt der europäischen Tochter- oder Enkelgesellschaft zu haften.[121]

Noch weiter „entfernt" ist der Zulieferer. Für dessen Fehlverhalten muss nicht wegen einer Zurechnung des Verhaltens nach § 31 BGB gehaftet werden. Auch ein Organisationsverschulden liegt nicht vor. Zumindest derzeit kann die in den UN-Leitprinzipien formulierte Verantwortung bzgl. des menschenrechtsbezogenen Verhaltens des Zulieferers noch keine Verkehrspflicht i.S. des § 823 Abs. 1 BGB begründen.[122] Eine Rechtspflicht zum Handeln besteht aus den völkerrechtlichen Regelwerken für Unternehmen gerade nicht. Daher ist auch der Vorschlag, dass eine Überprüfungs„pflicht" zu einer „im Verkehr üblichen Sorgfalt" werden soll, d.h. in die Fahrlässigkeitsprüfung des Schadensersatzrechts Eingang finden soll,[123] jedenfalls gegenwärtig nicht weiterführend. Wenn es schon an einer Rechtspflicht zum Handeln fehlt, stellt sich die Frage der Fahrlässigkeit nicht.

Die CSR-Selbstverpflichtungen wiederum können schon aufgrund ihrer Unterschiedlichkeit und Vagheit nicht als von sämtlichen Unternehmen einzuhaltende Produkt- oder Branchenstandards angesehen werden. Auch diejenigen, die dies vorschlagen,[124] erkennen, dass hierfür zumindest Selbstverpflichtungen vorliegen müssten, die von vielen Unternehmen und gleichförmig erfolgen.

Auch die Überlegung, dass einer Selbstverpflichtung des Unternehmens eine „zwar nicht unmittelbar rechtsgeschäftlich selbstverpflichtende, aber analog §§ 834, 838 BGB verkehrspflichtprägende Wirkung" zukommen könnte, überzeugt nicht.[125] Hintergrund ist hier der Gedanke, dass derjenige, der sich öffentlich zur Einhaltung bestimmter Schutzstandards bekennt, damit wissentlich und willentlich eine qualifizierte Verkehrserwartung prägt, so dass er daran festgehalten werden darf. Weshalb eine Analogie zur Tieraufseherhaftung (§ 834 BGB) und derjenigen des Gebäudeunterhaltungspflichtigen (§ 838 BGB) in Betracht kommen soll, wird nicht dargetan, da beide vertraglich und nicht nur durch eine freiwillige Erklärung verpflichtet sind. Ein Ein-

---

[121] EuGH v. 18.5.2017, Rs. C-617/15 (*Hummel Holding*), BB 2017, 1359.

[122] Anders dagegen *Saage-Maaß/Leifker,* BB 2015, 2499, 2500 ff. (in Bezug auf die Haftung von Compliance-Managern).

[123] Siehe *Spießhofer,* NJW 2014, 2473, 2476; *dies,* in: Gesellschaftsrechtliche Vereinigung (Fn. 7), S. 72; *Kroker,* CCZ 2015, 120, 126.

[124] *Schrader,* ZUR 2013, 451, 452 unter Verweis auf *Glinski,* Recht und globale private Risikosteuerung – Ein Drei-Stufen-Modell, in: Scharrer/Dalibor/Rodi/Fröhlich/Schächterle (Hrsg.), Risiko im Recht – Recht im Risiko, 50. Assistententagung Öffentliches Recht, 2011, S. 249, 259 f.

[125] So *Thomale/Hübner,* JZ 2017, 385, 394.

stehenmüssen für Dritte ist damit allein dann denkbar, wenn konkrete vertragliche Leistungspflichten bestehen.[126] Ein anderer Punkt ist, dass die Bejahung einer solchen Zurechnung den Vorteil hätte, dass sie eine indirekte Verhaltenssteuerung bewirkt, weil das nationale Unternehmen die Lieferkette auf die Einhaltung von Menschenrechten überwachen muss. Dogmatisch lässt sich das jedoch noch weniger als für die Tochtergesellschaft begründen. Daher wird zu Recht derzeit im Schrifttum ganz überwiegend die Haftung eines Unternehmens für fremde Menschenrechtsverletzungen abgelehnt.[127]

b) Haftung aus § 831 BGB

Fraglich ist, ob eine Tochtergesellschaft oder ein ausländischer Zulieferer generell Verrichtungsgehilfe des deutschen Unternehmens ist. Das wird regelmäßig abzulehnen sein, da die Tochtergesellschaft aufgrund des aktienrechtlichen Trennungsprinzips grundsätzlich kein Verrichtungsgehilfe ist,[128] und da auch der Zulieferer in der Regel selbständig und unabhängig von den Weisungen des deutschen Unternehmens als Geschäftsherr agiert.[129] Im Einzelfall kann eine entsprechende Abhängigkeit der Tochtergesellschaft nachgewiesen werden und können somit konzernübergreifende Sorgfaltspflichten in Betracht kommen.

Das kann in den Fällen anders sein, in denen die Muttergesellschaft aktiv bei der Tochtergesellschaft „eingreift", also selbst deren Sicherheitsmanagement übernimmt oder beeinflusst.[130] Auch kann der Zulieferer dann abhängig und damit Verrichtungsgehilfe sein, wenn das deutsche Unternehmen dessen überwiegender Hauptabnehmer ist.[131] Dann müsste es aber dem Unternehmen noch unmöglich sein, sich nach § 831 Abs. 1 Satz 2 BGB vom vermuteten Verschulden zu entlasten.

c) Deliktsdurchgriffshaftung im Konzernverhältnis

Ob bei Deliktsverbindlichkeiten ein Haftungsdurchgriff auf die Muttergesellschaft zulässig sein soll, wird in jüngster Zeit wieder kontrovers unter dem Stichwort Durchgriffshaftung der Konzernspitze oder der eine Kontrollbeteiligung haltenden Gesellschafter bei Delikten der Tochtergesellschaft disku-

---

[126] Vgl. *Wagner,* RabelsZ 80 (2016), 717, 775.

[127] Vgl. nur etwa *Weller/Kaller/Schulz,* AcP 216 (2016), 387, 401 f.; *Kroker,* CCZ 2015, 120, 125.

[128] Siehe BGH NJW 2013, 279 f., Rn 16.

[129] *Thomale/Hübner,* JZ 2017, 385, 393; *Wagner,* RabelsZ 80 (2016), 716, 772 f. mit Verweis auf BGH ZIP 1989, 830, 833, wonach auch Kapitalgesellschaften grundsätzlich Verrichtungsgehilfen sein können.

[130] *Wagner,* RabelsZ 80 (2016), 717, 762 ff. („Unternehmensorganisationspflichten").

[131] Dennoch zurückhaltend *Thomale/Hübner,* JZ 2017, 385, 393.

tiert.[132] Ohne diese Ansätze hier vertiefen zu können, bleibt festzuhalten, dass sich die von der Rechtsprechung herausgearbeiteten Durchgriffstatbestände als Ausnahme vom Trennungsprinzip auf gesellschafts- bzw. insolvenzrechtliche Ausnahmetatbestände beziehen, so etwa bei Vorliegen einer Vermögensvermischung oder einer Existenzvernichtungshaftung. Das Vorliegen einer Menschenrechtsverletzung passt nicht dazu.[133] Insofern dürfte es schwer fallen, auf dieser Basis die Menschenrechtsverletzungen als eine weitere Fallgruppe einer Ausnahme zu generieren. Vielmehr müsste, so man dies wollte, eine Durchgriffsregel *de lege ferenda* eingeführt werden.[134]

3. Zwischenergebnis

Da vertragliche Beziehungen zwischen Unternehmen und Geschädigtem regelmäßig nicht bestehen, kommt allenfalls eine Deliktshaftung bzw. Deliktsorganisationshaftung[135] in Betracht. Eine solche Haftung lässt sich jedoch für den Regelfall nicht aus dem deutschen Deliktsrecht herleiten. Das gilt insbesondere für Menschenrechtsverletzungen durch Tochtergesellschaften oder Zulieferer. Auch wenn das derzeit die einzig dogmatisch „saubere" Lösung ist, bleibt ein gewisses Unbehagen, da hiermit eine Externalisierung von menschenrechtlichen Risiken auf ausländische Unternehmen, insbesondere solche in Schwellen- und Entwicklungsländern, attraktiv gemacht wird.

Das Gesagte erklärt auch, weshalb die Fraktion von Bündnis 90/Die Grünen unlängst einen Gesetzesvorschlag gemacht hat, wonach die internationalen Menschenrechtsabkommen, die Kernarbeitsübereinkommen der ILO (Internationalen Arbeitsorganisation) und die Kernbestandteile der internationalen Umweltabkommen im Wege der gesetzlichen Regelung deliktsrechtlicher Sorgfaltspflichten auch für Unternehmen verbindlich gemacht werden sollten.[136] Umso bedeutsamer ist daher, ob sich aus den Selbstverpflichtungen oder Verhaltenskodizes der Unternehmen eine Haftung ableiten lässt.

---

[132] *Weller/Kaller/Schulz,* AcP 216 (2016), 387, 408.
[133] *Weller/Kaller/Schulz,* AcP 216 (2016), 387, 409.
[134] Kritisch auch *Weller/Kaller/Schulz,* AcP 216 (2016), 387, 409.
[135] So *Weller/Kaller/Schulz,* AcP 216 (2016), 387, 399.
[136] BT-Drucks. 17/13916, S. 2 f. (nach *Wagner,* RabelsZ 80 (2016), 717, 779, der auch darauf hinweist, dass eine solche Haftungsverschärfung ins Leere ginge, weil in den für „Menschenrechtslagen" typischen Fallkonstellationen nach der Rom II-VO kein Weg zum deutschen Deliktsrecht führe).

V. Zur Verbindlichkeit von CSR-Selbstverpflichtungen

1. Selbstverpflichtungen, Verhaltenskodizes und deren Freiwilligkeit

Die internationalen Regelwerke fordern die Unternehmen häufig ausdrücklich zur menschenrechtsbezogenen Selbstregulierung durch Selbstverpflichtungs-erklärungen, Verhaltenskodizes, Codes of Conduct usw. auf. In der Praxis findet sich inzwischen eine Vielzahl solcher Selbstverpflichtungen. Teilweise wurden auch Internationale Rahmenabkommen *(International Framework Agreements, IFAs)* etwa von Unternehmen mit internationalen Gewerkschafts-verbänden etc. geschlossen,[137] die häufig aber lediglich die Funktion einer Erklärung oder Formulierung von Prinzipien haben. Dabei enthalten solche Selbstverpflichtungen zumeist einen Verweis auf internationale Regelwerke[138].

Nicht vertieft werden soll hier der Umstand, dass Selbstverpflichtungen auch vertraglich relevant sein können. Das ist etwa der Fall, wenn ein Unter-nehmen eine Zertifizierung beantragt *(CSR-Label)* und sich gegenüber der Zertifizierungsagentur bestimmten Pflichten unterwirft.[139] Eine vertragliche Integration kann auch dadurch geschehen, dass die Selbstverpflichtungsstan-dards Bestandteil von Zulieferverträgen werden.[140] Soweit die CSR Teil von vertraglichen Verpflichtungen sind, sind sie insofern rechtlich verbindlich. Fraglich ist dann nur, wer im Einzelfall einen (Schadensersatz-)Anspruch herleiten kann, d.h. ob nur der Vertragspartner oder im Einzelfall auch Dritte (z.B. über einen Vertrag zugunsten Dritter). Gleichzeitig muss ausdrücklich eine konkrete (Selbst-)Verpflichtung und nicht nur eine Bemühensklausel vorgesehen sein. Solche Fälle der vertraglichen Integration sind rechtlich nur selten problematisch.

2. Rechtliche Wirkung

Bezüglich der Frage, ob freiwillig eingegangenen Selbstverpflichtungen im Einzelfall juristische Relevanz zukommen kann, steht die Forschung noch am Anfang.[141] Ob man die Selbstverpflichtungen als „soft law"[142] oder als „Bestandteil transnationalen Rechts"[143] bezeichnen will, ist Geschmacks-

---

[137] *Zimmer* (Fn. 28), S. 158 ff.; *Kocher,* KJ 2010, 30, 31.

[138] *Kocher/Wenckenbach,* KJ 2013, 18, 20.

[139] Siehe vor allem die Business Social Compliance Initiative (BSCI), die 2004 von der europäischen Außenhandelsvereinigung (Foreign Trade Association) und deren nationalen Zweigstellen eingerichtet wurde; siehe auch *Zimmer* (Fn. 28), S. 230.

[140] Vgl. *Spießhofer,* NJW 2014, 2473, 2476; *Depping,* in: Walden/Depping, CSR und Recht, 2015, S. 125 ff.

[141] *Buck-Heeb/Dieckmann,* Selbstregulierung im Privatrecht, 2010, S. 95 f; siehe auch den Hinweis bei *Asmussen,* NJW 2017, 118, 119; *Glinski,* in: Winter (Fn. 30), S. 228 ff.

[142] *Mende,* KJ 2016, 431, 434; vgl. auch *Zimmer* (Fn. 28), S. 243 ff.

[143] *Mende,* KJ 2016, 431, 434; siehe auch *Kocher,* KJ 2010, 30 f.

sache. Gewonnen ist mit solchen Aussagen jedoch rechtlich wenig.[144] Der Umstand, dass Selbstverpflichtungen freiwillig sind,[145] bedeutet grundsätzlich noch nicht, dass sie auch zwingend unverbindlich sind.[146]

a) Rechtsbindungswille

Entscheidend wird es zunächst auf den (mangelnden) Rechtsbindungs- bzw. Verpflichtungswillen des Unternehmens[147] und darauf ankommen, was ein objektiver Erklärungsempfänger aus der Selbstverpflichtung erwarten kann. Daher wird in diesem Zusammenhang auch häufig von einem Verhaltenskodex gesprochen. Das besondere Charakteristikum gegenüber einem einseitigen privatrechtlichen Vertrag ist, dass mit einer solchen Erklärung nicht (nur) ein Nutzen für das Unternehmen bezweckt wird, sondern auch Gemeinwohlinteressen verwirklicht werden sollen.[148] Die Selbstverpflichtung der Unternehmen richtet sich regelmäßig nicht auf einen bestimmten Erfolg, sondern auf ihr Bemühen.[149] Insofern besteht regelmäßig ein sprachlicher Widerspruch zwischen der gewollten Unverbindlichkeit und dem verwendeten Begriff „Verpflichtung".

Selbst wenn man im Einzelfall einen Verpflichtungswillen des Unternehmens annehmen will, müssten die Regeln dezidiert genug gefasst sein, so dass sich ein Anspruch daraus ableiten ließe.[150] Zumeist wird es schon deshalb an einer Konkretheit fehlen, weil die Regeln nicht eigenständige Standards formulieren, sondern sich auf die oben genannten unpräzisen völkerrechtlichen Regeln beziehen.[151] Zudem ist zu fragen, wer einen solchen Anspruch ableiten kann: der jeweilige Vertragspartner des Unternehmens oder auch der unmittelbar durch eine Menschenrechtsverletzung Geschädigte.

---

[144] Das sieht auch *Mende,* KJ 2016, 431, 434; siehe auch *A. Beckers,* Enforcing Corporate Social Responsibility Codes, 2015, S. 47 ff.

[145] Siehe *Buck-Heeb/Dieckmann* (Fn. 141), S. 119 ff.; *Frenz,* Selbstverpflichtungen der Wirtschaft, 2001, S. 44; siehe auch *Metz,* VuR 2012, 85 f.

[146] Vgl. die Betonung beim CSR-Forum der Bundesregierung, <http://www.bfnu.de/ files/downloads/Nationales_CSR-Forum_2009_Gemeinsames_Verstaendnis_von_CSR.pdf> (zuletzt abgerufen am 25.4.2018).

[147] *Bachmann,* Private Ordnung, 2006, S. 34.

[148] *Frenz* (Fn. 145), S. 44 f.

[149] Siehe *Weller/Kaller/Schulz,* AcP 216 (2016), 387, 411 (mit einem Vergleich zur Geschlechtergleichstellung im Hinblick auf § 76 Abs. 4 AktG).

[150] Kritisch auch *Kocher,* KJ 2010, 30, 31.

[151] So auch *Kocher,* KJ 2010, 30, 36.

b) Vertrag mit Schutzwirkung zugunsten Dritter

Zutreffend wird nach ganz h.M. davon ausgegangen, dass für Dritte aus einer solchen Selbstverpflichtung kein einklagbarer Anspruch entsteht,[152] sofern das nicht ausnahmsweise in der entsprechenden Erklärung ausdrücklich bestimmt ist.[153] Hierin kann kein (einseitiger) Vertrag mit Schutzwirkung zugunsten Dritter gesehen werden.[154] Die Überlegung, ob der Geschädigte einen Anspruch gegen das Unternehmen aus einem Vertrag mit Schutzwirkung zugunsten Dritter geltend machen kann,[155] setzt voraus, dass sich der (schädigende) Zulieferer oder das schädigende Herstellerunternehmen dem Unternehmen gegenüber verpflichtet hat, die Regeln eines bestimmten Code of Conduct etc. einzuhalten. Da ein solcher Code aber kein Vertrag ist, müsste dieser in den Vertrag zwischen ihm und dem Unternehmen einbezogen sein. In den meisten Fällen werden die Verpflichtungen, die aus einem solchen Verhaltenskodex resultieren, nur ungenau beschrieben sein.

Sollte dies im Einzelfall anders sein, wäre die nächste Voraussetzung, dass der Geschädigte in den Schutzbereich des Liefervertrags zwischen der deutschen Abnehmergesellschaft und dem ausländischen Produzenten einbezogen wäre. Ein solcher Anspruch scheitert jedoch in der Regel schon deshalb, weil der Arbeitnehmer häufig nach ausländischem Recht gegen seinen Arbeitgeber Ansprüche hat, so dass dann eine Schutzbedürftigkeit nicht besteht.[156]

c) Konkretisierung des Sorgfaltsstandards

Die Selbstverpflichtungen könnten nach einer Ansicht im Schrifttum eine Konkretisierung der Sorgfaltspflichten des Unternehmens darstellen und somit den Sorgfaltsstandard umreißen, an den das Unternehmen jedem Dritten gegenüber gebunden ist.[157] Als problematisch kann sich das aber schon deshalb erweisen, weil weder die Erklärungen selbst noch die Bezugnahme auf die internationalen Regelwerke sehr konkret sind und sich die Unternehmen „auch die Definitions- und Interpretationshoheit" über die von ihnen gesetzten Unternehmensstandards vorbehalten.[158]

---

[152] Zum Versuch der Statuierung einer rechtlichen Wirkung vgl. *Heil,* DuD 2009, 228 ff.; *Büllesbach,* Transnationalität und Datenschutz, 2008; *C. Schröder,* Die Haftung für Verstöße gegen Privacy Policies und Codes of Conduct nach US-amerikanischem und deutschem Recht, 2007.

[153] Vgl. auch *Zimmer* (Fn. 28), S. 240 ff.

[154] Vgl. *A. Beckers* (Fn. 144), S. 153 ff.; zur versuchten Konstruktion eines Vertrags mit Schutzwirkung zugunsten Dritter in Bezug auf die Selbstverpflichtung bzgl. eines Girokontos für Jedermann siehe *Buck-Heeb/Dieckmann* (Fn. 141), S. 119 ff.

[155] Vgl. die Hinweise bei *Spießhofer,* in: Gesellschaftsrechtliche Vereinigung (Fn. 7), S. 73.

[156] So auch *Thomale/Hübner,* JZ 2017, 385, 390.

[157] *A. Beckers* (Fn. 144), S. 177 ff.

Wesentlich problematischer ist jedoch, dass ein Sorgfaltspflichten-Ansatz eines rechtlichen Bezugspunkts bedarf. Ohne konkrete Einbeziehung in den jeweiligen Vertrag mit einem Kunden etc. wird die Frage eines pflichtgemäßen Handelns nicht auf den Aspekt der menschenrechtlichen Sorgfalt erweitert werden können. Ob stets im Zweifel eine konkludente Einbeziehung erfolgt, ist eine andere Frage. Insofern ergäbe sich eine Parallele zur Mängelgewährleistung, wo die Nichteinhaltung von Selbstverpflichtungsregeln nach einer Ansicht zur Bejahung eines Mangels der Kaufsache führen kann.[159] Adressat ist hier aber auch der Kunde, nicht das Opfer der Menschenrechtsverletzung selbst.

Eine Konkretisierungswirkung könnte allenfalls dahingehend konstruiert werden, dass man die Selbstverpflichtungen als Verkehrspflichtenstandards anerkennt und damit eine Haftung aus § 823 Abs. 1 BGB wegen Unterlassens einer hinreichenden Überwachung der Verpflichtungen begründet. Da aber bei den Verkehrspflichten nicht an individuelle Verpflichtungen angeknüpft wird, sondern an ein den Verkehrsanforderungen entsprechendes Gefahrsteuerungsverhalten,[160] lassen sich aus Selbstverpflichtungen regelmäßig keine Verkehrspflichten herleiten.

Ansonsten könnte der Sorgfaltsstandard allenfalls im Rahmen der internen Pflichten des Vorstands eine Rolle spielen. Da er zur Vermeidung einer Binnenhaftung die Sorgfalt eines ordentlichen Kaufmanns zu beachten hat, könnte eine menschenrechtliche Sorgfaltspflicht bzw. eine Selbstverpflichtung eine Rolle spielen.

3. Nichtfinanzielle Berichterstattung

Die Abgabe von Erklärungen zur eigenen CSR- bzw. Menschenrechtspolitik bestimmter Unternehmen ist inzwischen in § 289b HGB aufgenommen worden. Nach § 289d Satz 1 kann die Kapitalgesellschaft dabei nationale, europäische oder internationale Rahmenwerke nutzen.[161] Dabei ist anzugeben, ob und wenn ja, welches berücksichtigt wurde bzw. weshalb keines genutzt wird. Die EU-Richtlinie lässt offen, welche Standards „verwendet" werden sollen.[162] Die Erwägungsgründe sehen diesbezüglich vor, dass sich die Unternehmen bei der Bereitstellung der verlangten Informationen auf den Global Compact, die UN-Leitprinzipien für Unternehmen und Menschenrechte, die OECD-Leitsätze, die ISO 26000 usw. beziehen können.[163] Auch die deutsche

---

[158] *Kocher,* KJ 2010, 30, 36.
[159] Siehe unter VI.1.a).
[160] Siehe nur etwa PWW/*Schaub,* 12. Aufl., 2017, § 823 BGB Rn. 105.
[161] Siehe *Lanfermann,* BB 2017, 747, 748.
[162] So *Schrader,* ZUR 2013, 451, 456.
[163] Siehe Erwägungsgrund (9) der CSR-Richtlinie; vgl. auch *Spießhofer,* in: Gesellschaftsrechtliche Vereinigung (Fn. 7), S. 70.

Gesetzesbegründung ist nicht präziser gefasst. Unter anderem wird hier der Deutsche Nachhaltigkeitskodex als möglicher Vergleichsrahmen erwähnt, der freiwillig ist und auf dem Prinzip des „Comply or Explain" basiert.[164] Insofern werden die einzelnen CSR-Erklärungen im Ergebnis wenig vergleichbar sein.[165]

Kritisiert wird an der dynamischen Verweisung auf private und internationale Standards von manchen im Schrifttum, dass ein wesentlicher Teil der normativen Definition unternehmerischer Verantwortung, die ansonsten dem Gesetzgeber obliegt, auf die internationalen Organisationen delegiert werde, denen es an einer demokratischen Legitimation fehle.[166] Das erscheint jedoch solange nicht problematisch, wie die internationalen Leitprinzipien bzw. Leitsätze sehr allgemein gehalten sind und keine Rechtspflicht für Unternehmen auslösen können.[167]

Viel entscheidender ist, dass es bei der nichtfinanziellen Berichterstattung nicht primär um den Menschenrechtsschutz geht, sondern um den Zugang von Investoren zu nichtfinanziellen Informationen.[168] Das zeigt sich etwa auch an § 289b Abs. 2 Nr. 4 HGB, wo in der nichtfinanziellen Erklärung zwar als Aspekt die „Achtung der Menschenrechte" aufzunehmen ist, es aber genügt, wenn sich die Angaben „beispielsweise auf die Vermeidung von Menschenrechtsverletzungen beziehen". Das führt nicht wirklich zu einem Schutz vor Menschenrechtsverletzungen durch das Unternehmen. Zudem eröffnet § 289 Abs. 4 HGB ein „Comply or Explain" im Rahmen der nichtfinanziellen Erklärung. Ein berichtspflichtiges Unternehmen kann nämlich von der Verfolgung eines oder mehrerer der genannten Aspekte absehen, wenn die Verzichtsgründe erläutert werden.

4. *Zwischenergebnis*

Den Selbstverpflichtungen der Unternehmen mangelt es zumeist nicht nur an konkreten Verpflichtungsaussagen, sondern auch an der Durchsetzbarkeit der Einhaltung der Regeln durch die Unternehmen bzw. der Erzwingung einer

---

[164] Zur Kompatibilitätsversion zur KNK-Entsprechenserklärung mit der GRI, dem UN Global Compact, den OECD-Leitsätzen, ISO 26000 usw. siehe Rat für Nachhaltige Entwicklung, Der Deutsche Nachhaltigkeitskodex, Maßstab für nachhaltiges Wirtschaften, 3. aktualisierte Fassung 2016, S. 17 f. (abrufbar unter <https://www.nachhaltigkeitsrat.de/wp-content/uploads/migration/documents/RNE_Der_Deutsche_Nachhaltigkeitskodex_DNK_texte_Nr_52_Juni_2016.pdf>), sowie 4. aktualisierte Fassung 2017, S 18 f. (abrufbar unter <https://www.nachhaltigkeitsrat.de/wp-content/uploads/2017/11/DNK_Broschuere_2017.pdf>) zuletzt abgerufen am 25.4.2018).
[165] So *Schrader*, ZUR 2013, 451, 456.
[166] *Spießhofer*, in: Gesellschaftsrechtliche Vereinigung (Fn. 7), S. 71.
[167] Die rechtlichen Auswirkungen einer fehlerhaften CSR-Erklärung werden sogleich behandelt.
[168] Vgl. Erwägungsgrund (12) der CSR-Richtlinie.

Kontrolle der Zulieferer etc. durch das Unternehmen. Insofern werden die CSR-Selbstverpflichtungen grundsätzlich nicht anders beurteilt werden können als sonstige Selbstverpflichtungen, die ebenfalls regelmäßig nicht nur freiwillig sind, sondern auch keinen durchsetzbaren Anspruch für den durch die Nichteinhaltung Geschädigten beinhalten.[169]

VI. Entwicklungen *de lege ferenda*

1. *Ausgangspunkt: Druck durch Haftung gegenüber Nicht-Menschenrechts-Geschädigten*

Eine mittelbare nationale Wirkung der Einhaltung der Menschenrechtsstandards durch die Unternehmen wird dadurch erreicht, dass sie unter bestimmten Umständen gegenüber anderen als den durch Menschenrechtsverletzungen direkt Geschädigten haften. Zwei Punkte seien hierfür angeführt:

a) *Mängelgewährleistungsrechte der Kunden, Anfechtung, vorvertragliche Pflichtverletzung*

Manche CSR-Erklärungen sollen, sofern die dort enthaltenen „Verpflichtungen" nicht eingehalten werden, nach einer Ansicht als Mangel der Kaufsache anzusehen sein. In diesem Fall sollen dem Kunden (Endabnehmer) als Vertragspartner des Unternehmens Mängelgewährleistungsansprüche zustehen können.[170] Anzuknüpfen ist bei einer Bewertung an die Frage, ob die Nichteinhaltung von CSR-Regelwerkbestimmungen bzw. CSR-Selbstverpflichtungen einen Mangel der Sache darstellen können. Obwohl durch die Nichteinhaltung der Selbstverpflichtungen die Kaufsache regelmäßig nicht *per se* „schlechter" ist als bei einer Einhaltung, wird vertreten, dass eine Einbeziehung solcher Faktoren in den Mangelbegriff des § 434 Abs. 1 Satz 3 BGB möglich sein muss. Erfasst sein sollen hier auch Eigenschaften der Kaufsache, die der Käufer deshalb erwartet, weil sie der Verkäufer oder Hersteller öffentlich bekannt gemacht hat.[171] Begründet wird das damit, dass auch solche Eigenschaften der Kaufsache in die Abwägung über die Kaufentscheidung eingehen.[172] Ob eine solche Sichtweise überzeugend ist, ist fraglich. Das soll aber hier nicht vertieft werden.

[169] *Kocher*, KJ 2010, 30, 35.
[170] *Asmussen*, NJW 2017, 118, 119 f.; vgl. auch *Zimmer* (Fn. 28), S. 246 ff.; *Leyens*, AcP 215 (2015), 611, 614, 626; *Glinski*, in: Winter (Fn. 30), S. 216 ff.; *Dilling*, in: Winter, Die Umweltverantwortung multinationaler Unternehmen, 2005, S. 283, 284 f.; *Weller/Kaller/Schulz*, AcP 216 (2016), 387, 398 f.; *Schrader*, ZUR 2013, 415, 452; *A. Beckers* (Fn. 144), S. 118 ff.
[171] *Schrader*, ZUR 2013, 451, 452.

In die gleiche Richtung gehen die Überlegungen im Schrifttum, dass unwahre Aussagen bzgl. unternehmensbezogener Faktoren im Einzelfall auch eine arglistige Täuschung i.S. des § 123 BGB darstellen können.[173] Dem vergleichbar wird auch vertreten, dass bei falschen CSR-Angaben eine vorvertragliche Informationspflicht verletzt sein kann, für die dem Käufer gegenüber zu haften ist.[174] Daneben soll auch ein Verstoß gegen wettbewerbsrechtliche Regelungen bestehen können.

b) Rechte aus einer fehlerhaften CSR-Erklärung – Deklarationshaftung?[175]

Da die Unternehmen auch eine Negativverklärung abgeben können, ist haftungsrechtlich allein die Abgabe einer fehlerhaften CSR-Erklärung relevant. Hieraus folgen jedoch keine Ansprüche von menschenrechtsgeschädigten Personen. Insofern ergibt sich eine Parallele zur fehlerhaften Erklärung nach § 161 AktG. Die Erklärung richtet sich nicht an die potenziellen Opfer von Menschenrechtsverletzungen,[176] sondern primär an das Anlegerpublikum.[177] Die Aktionäre können das Handeln des Vorstands bzw. Aufsichtsrats dadurch missbilligen, dass sie diesen nicht entlasten (§ 120 Abs. 1 AktG) oder einen Entlastungsbeschluss der Hauptversammlung anfechten (§ 243 Abs. 1 AktG).

Das CSR-Umsetzungsgesetz sieht keine Sanktionen für die Nichtverwirklichung des Menschenrechtsschutzkonzepts vor. Es geht allein um die richtige Abgabe der Erklärung, wobei eine unrichtige Darstellung bußgeldbewehrt ist (§ 331 Nr. 1 bzw. 2 HGB, § 334 Abs. 1 Nr. 3 HGB).

2. Zwischenergebnis: Von der Selbstverpflichtung zur gesetzlichen Regelung

Selbstverpflichtungen sind freiwillig und enthalten regelmäßig keine vom durch die Menschenrechtsverletzung Geschädigten einklagbaren Verpflichtungen. Auch der Deutsche Nachhaltigkeitskodex begründet keine rechtlichen Wirkungen in Bezug auf die Unternehmen.[178] Er stellt ein „bloßes Angebot freiwilliger Benutzung" von Standards dar.[179] Damit können internationale Regelwerke nach derzeitigem Stand weder in Haftungstatbestände integriert werden noch ergibt sich eine Haftung aus einer Selbstverpflichtung.[180]

---

[172] *Schrader,* ZUR 2013, 451, 452 mit Verweis auf *Faust,* BeckOK BGB, § 434 Rn. 80, 83, 87.

[173] *Asmussen,* NJW 2017, 118, 120 ff.

[174] *Asmussen,* NJW 2017, 118, 122 f.

[175] Siehe den Begriff bei *Weller/Kaller/Schulz,* AcP 216 (2016), 387, 410.

[176] So auch *Weller/Kaller/Schulz,* AcP 216 (2016), 387, 412.

[177] *Wagner,* RabelsZ 80 (2016), 717, 778.

[178] Siehe nur etwa *Kort,* NZG 2012, 928 ff., insbes. 929.

[179] *Schrader,* ZUR 2013, 451, 453; siehe auch *Hamborg/Jung,* in: Bungenberg/Dutzi/Krebs/N. Zimmermann (Fn. 21), S. 146 ff.

[180] *Spießhofer,* NJW 2014, 2473, 2474.

De lege lata kommt daher eine Haftung von Unternehmen im CSR-Bereich nur eingeschränkt in Betracht. Insofern stellt sich die Frage, ob eine freiwillige Selbstverpflichtung nach wie vor eine hinreichende Alternative zu gesetzgeberischem Handeln sein kann.[181]

Ein gesetzgeberisches Eingreifen wird von manchen nicht nur deshalb als erforderlich angesehen, weil dann für die Unternehmen ein rechtlicher Anreiz besteht, die Einhaltung und Überwachung von Menschenrechtsverletzungen vorzunehmen (Verhaltenssteuerung).[182] Vielmehr adressieren etwa die UN-Leitprinzipien in erster Linie die Staaten. Diese haben nicht nur national den Menschenrechtsschutz zu gewährleisten, sondern insbesondere in Bezug auf Rechtsbehelfe bei Menschenrechtsverletzungen geeignete Maßnahmen („Abhilfen", „remedies") durch gerichtliche, gesetzgeberische oder sonstige geeignete Mittel zu ergreifen.

Daher wird auch auf der Basis von empirischen Untersuchungen zur Wirkung von menschenrechtschutzbezogenen Selbstverpflichtungen eine staatliche Regulierung empfohlen.[183] Dem stehen neben der Verbesserung des eigenen Images zwei weitere Gründe für eine Implementierung und Einhaltung von Selbstverpflichtungen gegenüber. Zum einen ist der Aspekt der Kostenvermeidung zu nennen, sofern doch im Einzelfall eine Haftbarmachung für menschenrechtsbezogene Schäden bejaht wird. Zum anderen erfolgt auch hier, wie bei jeder Selbstregulierung, diese mit dem Ziel, eine gesetzliche Regelung zu vermeiden. Wie zumeist scheint es in diesem Bereich ebenfalls soweit zu sein, dass auf eine Selbstregulierung die Ernüchterung bzgl. der Erreichbarkeit der angestrebten Ziele folgt, was schließlich auf eine gesetzliche Regelung hinausläuft.

3. Internationale Perspektive: Verbindlicher UN-Rechtsakt

Im Juni 2014 hat der UN-Menschenrechtsrat die Einrichtung einer zwischenstaatlichen Arbeitsgruppe beschlossen, die einen verbindlichen Rechtsakt erarbeiten soll. Es soll ein „legally binding instrument on transnational corporations and other business enterprises with respect to human rights" geschaffen werden.[184] Ob es dazu kommen wird, bleibt abzuwarten.[185]

---

[181] *Kocher/Wenckenbach,* KJ 2013, 18, 21 f.
[182] Vgl. *Schrader,* ZUR 2013, 451, 453; *Kocher,* KJ 2010, 30, 37.
[183] *Kocher/Wenckebach,* KJ 2013, 18, 21 f.; siehe auch die Verweise bei *Klinger/Krajewski/Krebs/Hartmann,* Verankerung menschenrechtlicher Sorgfaltspflichten von Unternehmen im deutschen Recht, Gutachten (Fn. 66), S. 8.
[184] United Nations, General Assembly, Human Rights Council, A/HRC/RES/26/9, Ziff. 1; siehe *Nowrot,* in: Tietje (Fn. 45), S. 115.
[185] *Wagner,* RabelsZ 80 (2016), 717, 725; *Mende,* KJ 2016, 431, 436; *Kroker,* CCZ 2015, 120, 125.

4. Nationale Perspektive: Nationaler Aktionsplan

Der Nationale Aktionsplan der Bundesregierung von 2016[186] soll die UN-Leit-prinzipien in nationales Recht „umsetzen". Es geht damit letztendlich um eine Ersetzung der Selbstregulierung durch Regulierung, ein Vorgang, der schon in vielen Bereichen der Selbstregulierung zu beobachten war. Kritisiert wird teilweise, der Nationale Aktionsplan formuliere lediglich einen Prüfauftrag bzgl. der Einführung gesetzlicher menschenrechtlicher Sorgfaltspflichten für Unternehmen, bleibe aber hinter den UN-Leitprinzipien zurück.[187] Unabhängig davon, ob das zutreffend ist, stellt sich die Frage, wie eine Umsetzung konkret aussehen soll. Nachfolgend sollen die beiden Punkte herausgegriffen werden, die bereits in den UN-Leitprinzipien zentral hervorgehoben wurden und die im nationalen Recht dogmatisch Probleme bereiten.

a) Einstehen für fremde Menschenrechtsverstöße

Ein Hauptgegenstand der Diskussion ist die Verantwortlichkeit von Unternehmen für in ihrem Tätigkeitsbereich eingetretene Menschenrechtsverstöße, d.h. Verstöße etwa bei Exportgeschäftspartnern, Zulieferern oder Tochtergesellschaften. Auch wenn *de lege lata* eine Haftung für Tochtergesellschaften oder Zulieferer nicht in Betracht kommt, ist das Einstehen für Dritte, zu denen man vertraglich in Verbindung steht, dem deutschen und europäischen Recht nicht völlig fremd. So hat etwa nach dem Produkthaftungsgesetz nicht nur der Hersteller eines Produkts zu haften, sondern auch der Importeur. Diesem wird damit mittelbar eine Überwachungspflicht bzgl. des Produkts auferlegt. In bestimmten Fällen kann sich die Haftung sogar auf den Lieferanten der Ware erstrecken (§ 4 Abs. 3 ProdHG).

In Bezug auf eine solche Dritthaftung wird im Schrifttum befürchtet, dieser könne eine (extraterritoriale) Sorgfaltspflicht der Unternehmen für die Einhaltung der Menschenrechtsstandards durch die Geschäftspartner im Ausland begründen.[188] Eine „Solidarhaftung" für Zulieferer wird schon deshalb als problematisch angesehen, weil dann jedes Unternehmen und letztendlich auch jedes Individuum dafür Sorge tragen müsste, dass die Personen, mit denen geschäftlicher Kontakt besteht, nicht die Rechtsgüter anderer verletzen.[189]

---

[186] *Paschke,* RdTW 2016, 121, 127.

[187] So z.B. fehle eine, in UN-Leitprinzip 15 und 22 zum Ausdruck gebrachte Wiedergutmachungspflicht für Auswirkungen, die die Unternehmen verursachen oder zu denen sie beitragen, siehe Kommentar deutscher Nichtregierungsorganisationen zum Nationalen Aktionsplan Wirtschaft und Menschenrechte der Bundesregierung, überarbeitete Fassung vom 6.2.2017, S. 6, abrufbar unter <https://www.brot-fuer-die-welt.de> (zuletzt abgerufen am 25.4.2018).

[188] *Paschke,* RdTW 2016, 121.

[189] So *Wagner,* RabelsZ 80 (2016), 717, 771.

b) Einhaltung von Sorgfaltspflichten

Diskutiert wird, dass nicht allein durch die Androhung von Bußgeldern, sondern auch durch eine zivilrechtliche Haftung gegenüber den Geschädigten die Einhaltung von Sorgfaltspflichten sichergestellt werden könnte. Im Schadensfall soll sich das Unternehmen durch die durchgeführten Sorgfaltsmaßnahmen entlasten können.[190] Dies würde eine konsequente Umsetzung des Prinzips 17 der UN-Leitprinzipien darstellen, wobei nach dem Kommentar zu diesem Leitprinzip die Ausübung von Sorgfaltspflichten den Unternehmen dabei helfen sollte, „dem Risiko gegen sie vorgebrachter Rechtsansprüche zu begegnen, indem sie nachweisen, dass sie alle angemessenen Maßnahmen ergriffen haben, um ihre eigene Beteiligung an mutmaßlichen Menschenrechtsverletzungen zu vermeiden".

Als Vorbild könnte hier das bislang einzigartige, im Februar 2017 in Frankreich verabschiedete und am 28.3.2017 veröffentlichte Gesetz zur Unternehmenshaftung dienen.[191] Dort erfolgte eine verbindliche Verankerung menschenrechtlicher Sorgfaltspflichten für große Unternehmen.[192] Danach sind große französische Unternehmen nicht nur zur Identifikation von Menschenrechts- und Umweltrisiken mit angemessenen Mitteln verpflichtet, sondern auch zu deren Vorbeugung sowie einer öffentlichen Rechenschaft darüber. Pflichtverletzungen können eine Haftung gegenüber den Betroffenen auslösen.[193] Einzigartig ist das Gesetz nicht nur dadurch, dass damit im Bereich Menschenrechts- und Umweltschutz nicht mehr auf die Selbstregulierung der Unternehmen vertraut wird. Vielmehr bestehen die Pflichten, wie das bereits in den UN-Leitprinzipien angedeutet wird, auch in Bezug auf menschenrechtliche Risiken, welche die Tochtergesellschaften oder unabhängige Zulieferbetriebe, mit denen das Unternehmen eine Geschäftsbeziehung unterhält, verursacht haben.[194] Hinzu kommen die Bestrebungen, auch in der Schweiz durch

---

[190] *Klinger/Krajewski/Krebs/Hartmann,* Verankerung menschenrechtlicher Sorgfaltspflichten von Unternehmen im deutschen Recht, Gutachten (Fn. 66), S. 9, 41.

[191] Integriert in Art. L.225-102-4 und L.225-102-5 Code de Commerce.

[192] Siehe *Wesche,* in: Zeit online, 24.2.2017, abrufbar unter <www.zeit.de/wirtschaft/2017-02/frankreich-gesetz-globalisierung-menschenrechte-vorreiter-europa> (zuletzt abgerufen am 25.4.2018); siehe auch den Gesetzesvorschlag bei *Klinger/Krajewski/Krebs/ Hartmann,* Verankerung menschenrechtlicher Sorgfaltspflichten von Unternehmen im deutschen Recht, Gutachten (Fn. 66), S. 37 ff.

[193] *Wesche,* in: Zeit online, 24.2.2017 (Fn. 192); siehe <www.epo.de/index.php?option=com_content&view=article&id=13643:frankreichgesetz-zur-unternehmenshaftung-bei-menschenrechtsverletzungenverabschiedet&catid=269&ltemid=100174> (zuletzt abgerufen am 25.4.2018).

[194] *Wesche,* in: Zeit online, 24.2.2017 (Fn. 192).

einen Art. 101a der Bundesverfassung rechtsverbindlich Sorgfaltspflichten für Unternehmen im Bereich Menschenrechte und Umwelt einzuführen.[195]

c) Weitere Punkte

Vorgeschlagen wird des Weiteren, Menschenrechtsschutzelemente etwa im Recht der Außenwirtschaftsförderung, im Vergaberecht, im Gewerberecht oder im Wettbewerbsrecht zu verankern und gegebenenfalls ordnungswidrigkeitenrechtlich zu sanktionieren.[196] Fraglich ist zudem, ob das deutsche Deliktsrecht eine Änderung hinsichtlich der Zurechnung von Verhalten Dritter erfahren und/oder eine konzernrechtliche Durchgriffshaftung integriert werden sollte. Menschenrechtliche Sorgfaltspflichten könnten auch ausdrücklich als gesetzlich normierte Verkehrs- oder Organisationspflichten formuliert werden.

Ob auf diesem Wege das Handeln von Tochtergesellschaften wirklich ohne Durchbrechung des gesellschaftsrechtlichen Trennungsgrundsatzes dem Unternehmen „angelastet" werden kann, soll hier nicht vertieft werden. Jedenfalls wird im Schrifttum etwa vorgeschlagen, in § 276 BGB eine Änderung der Sorgfaltspflichtenstandards für Unternehmen vorzusehen[197] oder eine entsprechende organschaftliche Regelung zu integrieren.[198] Anhaltspunkte für die Ausgestaltung der Sorgfaltspflichten sollen dabei, so das Schrifttum, die UN-Leitprinzipien und die OECD-Leitsätze für multinationale Unternehmen liefern können.[199]

Kumulativ stellt sich die Frage einer noch weitergehenden extraterritorialen Erstreckung der deutschen Gesetze und der Gerichtsbarkeit. Außerdem wird auch in diesem Zusammenhang schon vereinzelt die Einführung von Sammelklagen sowie eine Offenlegung interner Unternehmensdokumente nach dem Vorbild der „US-pre-trial discovery" diskutiert. Auch Beweislasterleichterungen für die klagenden Geschädigten werden vorgeschlagen.[200]

---

[195] Siehe den von der Konzernverantwortungsinitiative formulierten Initiativtext mit Erklärungen unter <https://sehen-und-handeln.ch/content/uploads/2015/08/KVI_Factsheet _5.pdf?_ga=2.62673903.239587135.1499753027-1379093669.1496824559> (zuletzt abgerufen am 25.4.2018).

[196] Vgl. ECCHR/Brot für die Welt/Misereor, Unternehmen zur Verantwortung ziehen, 2014, S. 22; *Grabosch/Scheper,* Die menschenrechtliche Sorgfaltspflicht von Unternehmen, 2015, S. 48 ff.; zur parallelen Situation bei CSR-Maßnahmen vgl. *Birk,* CSR und Wettbewerbsrecht: Zulässigkeit von Umweltwerbung und CSR-Marketing, in: Walden/Depping, CSR und Recht, 2015, S. 191 ff.

[197] *Grabosch/Scheper* (Fn. 196), S. 60.

[198] *Paschke,* RdTW 2016, 121, 127 Fn. 64.

[199] *Spießhofer,* NJW 2014, 2473, 2477.

[200] *Spießhofer,* in: Gesellschaftsrechtliche Vereinigung (Fn. 7), S. 73.

VII. Resümee

Die tatsächlichen Chancen bzw. Gefahren einer Haftung von Unternehmen wegen Menschenrechtsverletzungen Dritter oder auf der Basis ihrer Selbstverpflichtungen sind derzeit gering. Nachdem die Staaten den Aufforderungen der internationalen Regel- und Standardsetzungswerken im Bereich CSR bislang kaum nachgekommen sind und daher die Selbstverpflichtungen der Unternehmen eine große Rolle gespielt haben, ist jetzt ein allmählicher Wandel zu verzeichnen.

Insofern lässt sich eine typische „Selbstregulierungslage" feststellen: Wenn sich die Unternehmen nicht selbst Regeln im Umgang mit dem Menschenrechtsschutz auferlegen, wird der Gesetzgeber aktiv. Wenn im Schrifttum in Bezug auf die CSR aber von einem „creeping law", d.h. einem sich „schleichend" entwickelnden und teilweise erhärtenden Recht gesprochen wird,[201] ist dem nicht zuzustimmen. Denn es wird hier nicht aus „soft law" aufgrund der Beachtung der Selbstregulierungsregeln ein „hard law", sondern „hard law" entsteht umgekehrt deshalb, weil eine Selbstregulierungslösung als gescheitert erscheint.

---

[201] *Spießhofer*, in: Gesellschaftsrechtliche Vereinigung (Fn. 7), S. 73; *dies.*, in: Hauschka/Moosmayer/Lösler (Fn. 21), § 11 Rn. 43; noch zur Verlagerung der Handlungsaufforderungen an die Staaten auf Unternehmen *Mende*, KJ 2016, 431, 433; siehe auch schon den Titel bei *Voland*, BB 2015, 67 („vom Soft Law zur Rechtspflicht"); *Paschke*, RdTW 2016, 121 ff.

Berichterstattung über Corporate Social Responsibility im Bilanzrecht

Sebastian Mock

I.   Einleitung 127
II.   (Bilanzrechtliche) Grundlagen der CSR-Berichterstattung 127
      1. Freiwillige CSR-Berichterstattung 127
      2. (Völkerrechtlicher) Ursprung der CSR-Berichterstattung 128
      3. Historische Ansatzpunkte der CSR-Berichterstattung in Deutschland 129
      4. Europarechtliche Grundlagen 130
      5. Rechtsvergleichende Umschau 132
      6. Verortung der CSR-Berichterstattung im Bilanzrecht 132
III. Zweck der CSR-Berichterstattung und (die fehlende Beziehung zur)
      Bilanztheorie 133
      1. Funktionentrias der CSR-Berichterstattung 133
         a) Vervollständigung der Berichterstattung über die Vermögens-,
            Finanz- und Ertragslage 134
         b) Schaffung einer Informationsbasis für die Eingehung von
            Vertrags- und Rechtsbeziehungen 135
         c) Ordnungspolitische Förderung einer nachhaltigen
            Unternehmenspolitik 136
         d) Corporate Social Responsibility als unternehmens- oder
            branchenspezifisches Problem?! 137
      2. Fehlende Beziehung zur Bilanztheorie 137
      3. Argumentative Dominanz einer CSR-Berichtsstrategie? 138
IV.   Tatbestand und Umfang der CSR-Berichterstattung 138
      1. Grundstruktur 138
         a) Nichtfinanzielle Erklärung als Teil des Lageberichts 139
         b) Nichtfinanzieller Bericht als eigenständige Berichterstattung 140
         c) Numerus clausus der Berichtsformate und Wahlrecht 140
         d) Entsprechende Anwendung für die Konzernberichterstattung 140
      2. Anwendungsbereich 141
         a) Einzelberichterstattung (§§ 289b ff. HGB) 141
         b) Konzernberichterstattung (§§ 315b ff. HGB) 142
         c) Problem der fehlenden CSR-Relevanz des Anwendungsbereichs ... 142
         d) Option der freiwilligen CSR-Berichterstattung 144
      3. Inhalt der CSR-Berichterstattung 144
         a) (Rechts-)Quellen für die erforderlichen Berichtsinhalte 144
         b) Einzelne Berichtsinhalte 145

4. Standardisierung der CSR-Berichterstattung
   (§§ 289d, 315c Abs. 3 HGB) 161
5. Weglassen nachteiliger Angaben (§§ 289e, 315c Abs. 3 HGB) 162
V. Durchsetzung der Pflicht zur CSR-Berichterstattung 163
   1. Öffentlich-rechtliche Durchsetzung durch das Bundesamt für Justiz ... 163
   2. (Keine) privatrechtliche Durchsetzung 164
      a) (Kein) Anspruch der Gesellschafter der berichtspflichtigen
         Gesellschaft 164
      b) (Kein) Anspruch aus dem Lauterkeitsrecht 164
      c) Verbraucherschutzrecht 165
      d) (Keine) Korrektur der fehlenden privatrechtlichen Durchsetzung
         im Wege der richtlinienkonformen Auslegung 165
      e) (Keine) Bindung an die nichtfinanzielle Erklärung bzw.
         den Bericht in Folgeverfahren 166
VI. Prüfung 166
   1. Aufsichtsrat 167
   2. Abschlussprüfer 168
   3. Enforcement-Verfahren 168
   4. Sonderprüfung 169
   5. Freiwillige Prüfungen 169
      a) Veranlassung durch den Vorstand 169
      b) Veranlassung durch den Aufsichtsrat 170
      c) Veröffentlichung des Prüfungsurteils 170
VII. Publizität 173
VIII. Einfluss der CSR-Berichterstattung auf das Gesellschaftsrecht 174
   1. (Kein) Erfordernis der Änderung des Unternehmensgegenstandes 174
   2. Auswirkungen der CSR-Berichterstattung auf die Unternehmensleitung ... 174
      a) Gesellschaftsrechtliche Pflichtenbindung des Vorstands und
         CSR-Berichterstattung 174
      b) (Keine) Selbstbindung bei Abgabe einer (positiven) nicht-
         finanziellen Erklärung bzw. eines nichtfinanziellen Berichts 175
      c) Einfluss auf die Vorstandsvergütung 176
      d) Basis für Klagezulassungsverfahren 177
IX. Rechtsfolgen einer fehlenden oder fehlerhaften CSR-Berichterstattung ... 177
   1. Bilanzrechtliche Folgen 177
   2. Straf- und bußgeldrechtliche Sanktionen 178
   3. Zivilrechtliche Folgen 179
      a) Anfechtbarkeit von Hauptversammlungsbeschlüssen 179
      b) Haftung 181
      c) Auswirkungen auf das Schuld- und Vertragsrecht 186
   4. Rechtspolitische Kritik und Würdigung des Sanktionenregimes 188
X. Fazit 188

I. Einleitung

Die CSR-Berichterstattung im Bilanzrecht stellt in gewisser Weise das normative Einfallstor für die Corporate Social Responsibility dar, ist sie doch der Regelungsbereich, in dem sich erstmals umfassende Regelungen zu diesem neuen Rechtsgebiet finden. Damit scheint eine enge Verbindung der CSR-Berichterstattung mit dem Bilanzrecht unverkennbar. Eine genauere Betrachtung zeigt jedoch, dass der bilanzrechtliche Regelungsrahmen der CSR-Berichterstattung in vielerlei Hinsicht den Blick verstellt bzw. den Rechtsanwender in eine falsche Richtung weist. Dies gilt vor allem für die Rechtsfolgen einer fehlerhaften CSR-Berichterstattung.[1]

II. (Bilanzrechtliche) Grundlagen der CSR-Berichterstattung

Die CSR-Berichterstattung ist rechtstechnisch im Bilanzrecht verankert (siehe II.6.). Allerdings handelt es sich dabei nicht um eine systemimmanente Vorgabe, sondern vielmehr um eine rechtspolitische Entscheidung des europäischen (siehe II.4.) und des deutschen Gesetzgebers (siehe II.3.). Dies wird vor allem deutlich, wenn man sich die Anfänge der freiwilligen CSR-Berichterstattung (siehe II.1.), deren völkerrechtlichen Ursprung (siehe II.2.) und die Entwicklungen in anderen Rechtssystemen betrachtet (siehe II.5.).

1. Freiwillige CSR-Berichterstattung

Die Anfänge hat die CSR-Berichterstattung im Rahmen der freiwilligen Nachhaltigkeitsberichterstattung genommen, die sich als Phänomen in den vergangenen zehn bis 15 Jahren entwickelte.[2] Dabei handelte es sich aber auch nur um eine Fortentwicklung der sogenannten Umweltberichte, die von einigen Unternehmen seit Mitte der 1990er Jahre erstellt und veröffentlicht wurden. Dieses Regelungsmodell wurde seinerzeit auch von der Europäischen Kommission verfolgt und als ausreichend betrachtet.[3] Bereits in dieser Anfangszeit war eine Vielzahl von Standardsettern aktiv, bei denen es sich allerdings nicht um die traditionellen Standardsetter des Bilanzrechts handelte. So hat weder das *International Accounting Standards Board (IASB)* noch das

---

[1] Siehe ausführlich IX.

[2] Für eine Übersicht vgl. *Mock,* in: Hachmeister/Kahle/Mock/Schüppen (Hrsg.), Bilanzrecht, 2017, § 289b HGB Rn. 13; vgl. auch *Baetge/Hippel,* FS Gauweiler, 2009, S. 545 ff.; *Hüttemann,* AG 2009, 774 ff.; *du Plessis,* 34 Comparative and Securities Law Journal 69 (2016).

[3] Dazu ausführlich II.4.

Financial Accounting Standards Board (FASB) einen entsprechenden Standard veröffentlicht, was letztlich auf den jedenfalls in der Anfangszeit der CSR-Berichterstattung fehlenden bilanzrechtlichen Bezug[4] zurückzuführen ist. Die entsprechenden Standards wurden vielmehr von vor allem auf umweltrechtliche Themen fokussierte Standardsetter – wie etwa der *Global Reporting Initiative (GRI)*[5] – entwickelt, bei denen es sich teilweise auch um staatliche Behörden – wie etwas das (seinerzeitige) *Bundesministerium für Umwelt, Naturschutz und Reaktorsicherheit (BMU)*[6] – handelte.

Trotz dieser zahlreichen Entwicklungen und der zunehmenden Verbreitung und Akzeptanz der CSR-Berichterstattung stellte sich deren Freiwilligkeit als zunehmendes Problem dar. Denn mit der Freiwilligkeit fehlte es an tatsächlichen rechtlichen Sanktionen bzw. waren diese – wie etwa die Ausdehnung der strafrechtlichen Tatbestände auf diese freiwillige Berichterstattung[7] – oftmals nur schwer zu begründen. Zudem fehlte es bei der freiwilligen Berichterstattung an deren Vergleichbarkeit, da die Berichtsinhalte nicht aufeinander abgestimmt oder vorgegeben waren. Schließlich beschränkte sich die Berichterstattung oftmals auf lediglich positive Aspekte und ließ negative Entwicklungen oder Berichtsinhalte unberücksichtigt (*Rosinenpicken*)[8]. Dies war unabhängig von der Freiwilligkeit der Berichterstattung vor allem darauf zurückzuführen, dass diese als Mittel der Werbung und der Imageverbesserung eingesetzt wurde.[9]

2. (Völkerrechtlicher) Ursprung der CSR-Berichterstattung

Ihren modernen normativen Ursprung hat die CSR-Berichterstattung vor allem in den UN-Leitprinzipien für Wirtschaft und Menschenrechte, die durch den Menschenrechtsrat in seiner Resolution 17/4 vom 16.6.2011[10] angenommen wurden.[11] Danach sollten Staaten zur Wahrnehmung ihrer Schutzpflich-

---

[4] Dazu ausführlich II.6.

[5] <www.globalreporting.org>.

[6] *Bundesministerium für Umwelt, Naturschutz und Reaktorsicherheit (BMU)*, Nachhaltigkeitsberichterstattung - Empfehlungen für eine gute Unternehmenspraxis, 2008, abrufbar unter <http://www.4sustainability.de/fileadmin/redakteur/Publikationen/BMU_Nachhaltig keitsberichterstattung_Empfehlungen_Unternehmenspraxis_2008.pdf>.

[7] So scheitert die Anwendung von § 331 HGB auf die freiwillige Berichterstattung bereits an dem strafrechtlichen Analogieverbot (Art. 7 Abs. 1 EMRK, Art. 103 Abs. 2 GG, § 1 StGB), da § 331 HGB tatbestandlich nur auf die bestimmten Instrumente der Unternehmenspublizität abstellt. Eine Anwendung allgemeiner vermögensrechtlicher Straftatbestände wie etwa § 263 StGB (*Betrug*) wurde, soweit ersichtlich, nicht erörtert.

[8] *Mock*, in: Hachmeister/Kahle/Mock/Schüppen (Fn. 2), § 289b HGB Rn. 4.

[9] Zu diesen Zweck der (verpflichtenden) CSR-Berichterstattung siehe III.1.b).

[10] UN doc A/HRC/17/31.

[11] Dort heißt es unter B. Nr. 3:
„Zur Wahrnehmung ihrer Schutzpflicht sollten Staaten: […]

ten Wirtschaftsunternehmen dazu anhalten und es ihnen gegebenenfalls zur Auflage machen, zu kommunizieren, wie sie ihren menschenrechtlichen Auswirkungen begegnen. Dabei gilt es aber zu beachten, dass es sich um nicht verbindliche Vorgaben für die Mitglieder der Vereinten Nationen handelt.[12] Zudem beschränken sich die UN-Leitprinzipien nur auf Menschenrechtsverletzungen, die nur einen Teil der Berichtsinhalte der CSR-Berichterstattung darstellen.[13]

3. Historische Ansatzpunkte der CSR-Berichterstattung in Deutschland

Die historischen Ursprünge der bilanziellen Berichterstattung über Nachhaltigkeit oder Corporate Social Responsibility sind in Deutschland nicht unbedingt eindeutig auszumachen. Denn spätestens seit der Einführung der Geschäfts- bzw. Lageberichterstattung durch das Aktiengesetz 1937 musste über den Geschäftsverlauf und die Lage der Gesellschaft berichtet werden (§ 128 AktG 1937 bzw. § 160 AktG 1965, § 289 HGB [in der Fassung des BiRiLiG 1985]), was auch Berichtsinhalte umfassen konnte, die heute typischerweise als Elemente der CSR-Berichterstattung begriffen werden. Dies kann etwa exemplarisch an den in der Kommentarliteratur empfohlenen Berichtsinhalten in Form des sogenannten *Sozialberichts* festgemacht werden.[14] Eine eigene themenübergreifende Dynamik, die mit der heutigen CSR-Berichterstattung vergleichbar ist, konnten diese Berichtsinhalte aber nicht entwickeln.

In der jüngeren Vergangenheit ist die (Fort-)Entwicklung der CSR-Berichterstattung im Wesentlichen auf die zahlreichen Reformen zur Erweiterung der Lageberichterstattung zurückzuführen, die ihren Ursprung vor allem im europäischen Gesellschaftsrecht[15] hatten.[16] Dies gilt insbesondere für die Schaffung der Berichtspflicht über nichtfinanzielle Leistungsindikatoren wie etwa Umwelt- und Arbeitnehmerbelange nach §§ 289 Abs. 3, 315 Abs. 3 HGB, die bereits durch das Bilanzrechtsreformgesetz von 2004[17] eingeführt wurden. Darüber hinaus wurde in der jüngeren Zeit eine Reihe von Berichtsinhalten

---

(d) Wirtschaftsunternehmen dazu anhalten und es ihnen gegebenenfalls zur Auflage machen, zu kommunizieren, wie sie ihren menschenrechtlichen Auswirkungen begegnen."

[12] Zur fehlenden Bindungswirkung der UN-Leitprinzipien vgl. *Karrenstein,* Der Menschenrechtsrat der Vereinten Nationen, 2011, S. 158 ff.

[13] Zu den Berichtsinhalten siehe ausführlich IV.3.b).

[14] Zum Erfordernis der Erörterung der sozialen Verhältnisse und Leistungen des Betriebs innerhalb des Lageberichts vgl. etwa *Goerdeler,* WPg 1966, 113, 114; *Mellerowicz,* in: Großkomm AktG, 3. Aufl., 1970, § 160 Rn. 6.

[15] Siehe II.4.

[16] Für einen Überblick vgl. *Mock,* in: Hachmeister/Kahle/Mock/Schüppen (Fn. 2), § 289b Rn. 12.

[17] Gesetz zur Einführung internationaler Rechnungslegungsstandards und zur Sicherung der Qualität der Abschlussprüfung (Bilanzrechtsreformgesetz – BilReG) v. 4.12.2004, BGBl. I, 3166.

angeordnet, die zwar nicht ausdrücklich als Berichtsinhalte der Corporate Social Responsibility bezeichnet wurden, diesen aber der Sache nach zuzuordnen sind. Dies trifft auf die Berichtspflichten im Zusammenhang mit der sogenannten *Frauenquote*[18] und die Pflicht zur Erstellung und Veröffentlichung sogenannter Zahlungsberichte zu, die in der mineralgewinnenden Industrie tätig sind oder Holzeinschlag in Primärwäldern betreiben (§§ 341q ff. HGB, § 116 WpHG). Den eigentlichen Quantensprung hat die CSR-Berichterstattung allerdings erst mit dem CSR-Richtlinie-Umsetzungsgesetz[19] gemacht, das diese auf eine eigenständige und umfassende normative Grundlage gestellt hat.

4. *Europarechtliche Grundlagen*

Die CSR-Berichterstattung kann im europäischen Kontext auf eine verhältnismäßig lange Entwicklung zurückblicken. So empfahl die auf Initiative des Europäischen Rats eingesetzte *Hochrangige Sachverständigengruppe für die wirtschaftlichen und sozialen Auswirkungen industrieller Wandlungsprozesse,* dass Unternehmen mit mehr als 1.000 Arbeitnehmern freiwillig einen Bericht „Strategie für den industriellen Wandel" veröffentlichen sollten. Aufgrund der zunehmenden Verbreitung der CSR-Berichterstattung und entsprechender Initiativen veröffentlichte die Kommission 2001 ein *Grünbuch für die soziale Verantwortung von Unternehmen*[20], präferierte in diesem Zusammenhang allerdings noch eine freiwillige Berichterstattung.[21] Einen ersten konkreten Schritt zur Begründung einer Berichtpflicht machte die Bilanzrechtmodernisierungsrichtlinie von 2003[22], womit eine Berichterstattung über nichtfinanzielle Leistungsindikatoren eingeführt wurde (Art. 46 Abs. 1 lit. b Jahresabschlussrichtlinie = Art. 19 Abs. 1 Unterabs. 3 [Neue] Bilanzrechtsrichtlinie). Zudem wurde durch die Transparenzrichtlinie-Änderungsrichtlinie[23] eine

---

[18] Gesetz für die gleichberechtigte Teilhabe von Frauen und Männern an Führungspositionen in der Privatwirtschaft und im öffentlichen Dienst v. 24.4.2015, BGBl. I, 642.

[19] Gesetz zur Stärkung der nichtfinanziellen Berichterstattung der Unternehmen in ihren Lage- und Konzernlageberichten v. 11.4.2017, BGBl. I, 802.

[20] *Europäische Kommission,* Grünbuch – Europäische Rahmenbedingungen für die soziale Verantwortung der Unternehmen, KOM(2001) 366 endg., Rn. 66 ff.

[21] Zu den Gesamtentwicklungen vgl. ausführlich *Szabó/Sørensen,* 12 ECFR 307, 311 ff. (2015).

[22] Richtlinie 2003/51/EG des Europäischen Parlaments und des Rates v. 18.6.2003 zur Änderung der Richtlinien 78/660/EWG, 83/349/EWG, 86/635/EWG und 91/674/EWG über den Jahresabschluss und den konsolidierten Abschluss von Gesellschaften bestimmter Rechtsformen, von Banken und anderen Finanzinstituten sowie von Versicherungsunternehmen, ABl. EU 2003 Nr. L 178, S. 16 ff.

[23] Richtlinie 2013/50/EU des Europäischen Parlaments und des Rates v. 22.10.2013 zur Änderung der Richtlinie 2004/109/EG des Europäischen Parlaments und des Rates zur Harmonisierung der Transparenzanforderungen in Bezug auf Informationen über Emitten-

Pflicht zur länderspezifischen Berichterstattung über Zahlungen an staatliche Stellen für bestimmte Unternehmen des Rohstoffsektors eingeführt, womit auch Nachhaltigkeitsaspekte adressiert wurden.[24]

Eine maßgebliche Erweiterung erfuhr die CSR-Berichterstattung schließlich im Rahmen der sogenannten *CSR-* oder *Barnier*-Richtlinie[25] zur Änderung der (Neuen) Bilanzrichtlinie, mit der die CSR-Berichterstattung vollends zu einer eigenständigen Berichtsform wurde.[26] Dabei stützte sich der europäische Gesetzgeber für die CSR-Richtlinie auf Art. 50 Abs. 1 AEUV, so dass die CSR-Richtlinie der Verwirklichung der Niederlassungsfreiheit für eine bestimmte Tätigkeit dienen soll. Diese Kompetenzgrundlage erscheint allerdings nicht ganz zweifelsfrei bzw. erhält ihre Überzeugungskraft im Wesentlichen aus der Verknüpfung der CSR-Berichterstattung mit dem Bilanzrecht. Insofern ist es allgemein anerkannt, dass die Harmonisierung des Bilanzrechts eine Maßnahme zur Verwirklichung der Niederlassungsfreiheit darstellt, da das Bestehen verschiedener Bilanzrechte in den Mitgliedstaaten Unternehmen davon abhalten kann, sich frei im Binnenmarkt zu bewegen und etwa Niederlassungen oder Tochtergesellschaften in anderen Mitgliedstaaten zu gründen.[27] Auch wenn sich diese Überlegungen in gleichem Maße auf die CSR-Berichterstattung übertragen lassen, bleibt ein gewisses Störgefühl, da bei der CSR-Berichterstattung eine stärkere Ausrichtung auf nicht finanziell interessierte Adressaten[28] als bei der bilanziellen Berichterstattung besteht. Insofern wäre es überzeugender gewesen, die CSR-Richtlinie auf Art. 114 Abs. 1 AEUV zu stützen, da von der Harmonisierung der CSR-Berichterstattung im Wesentlichen das Funktionieren des Binnenmarktes betroffen ist. Da sowohl Art. 114 Abs. 1 AEUV als auch Art. 50 Abs. 1 AEUV auf das ordnungsge-

---

ten, deren Wertpapiere zum Handel auf einem geregelten Markt zugelassen sind, der Richtlinie 2003/71/EG des Europäischen Parlaments und des Rates betreffend den Prospekt, der beim öffentlichen Angebot von Wertpapieren oder bei deren Zulassung zum Handel zu veröffentlichen ist, sowie der Richtlinie 2007/14/EG der Kommission mit Durchführungsbestimmungen zu bestimmten Vorschriften der Richtlinie 2004/109/EG, ABl. EU 2013 Nr. L 294, S. 13 ff.

[24] So ausdrücklich Erwägungsgrund Nr. 4 Transparenzrichtlinie-Änderungsrichtlinie (2013/50/EU).

[25] Richtlinie 2014/95/EU des Europäischen Parlaments und des Rates vom 22.10.2014 zur Änderung der Richtlinie 2013/34/EU im Hinblick auf die Angabe nichtfinanzieller und die Diversität betreffender Informationen durch bestimmte große Unternehmen und Gruppen, ABl. EU 2014 Nr. L 330, S. 1.

[26] Zur Richtlinie vgl. etwa *Rehbinder*, FS Baums, 2017, S. 959 ff.; *Spießhofer*, NZG 2014, 1281, 1282 ff.; *Szabó/Sørensen*, 12 ECFR 307 ff. (2015); *Voland*, DB 2014, 2815 ff.

[27] Vgl. nur *Lutter/Bayer/Schmidt*, Europäisches Unternehmens- und Kapitalmarktrecht, 5. Aufl., 2011, § 10 Rn. 1; *Habersack/Verse*, Europäisches Gesellschaftsrecht, 4. Aufl., 2011, § 9 Rn. 1 ff.; das europäische Bilanzrecht auch als Herzstück des EG-Gesellschaftsrechts bezeichnend *Grundmann*, Europäisches Gesellschaftsrecht, 2. Aufl., 2011, Rn. 495.

[28] Zu den Zwecken der CSR-Berichterstattung siehe III.

mäße Gesetzgebungsverfahren nach Anhörung des Wirtschafts- und Sozial-ausschusses verweisen, ergeben sich insofern aber keine gravierenden Unterschiede, so dass die Diskussion über die *richtige* Ermächtigungsgrundlage für die CSR-Berichterstattung müßig ist und eher akademischer Natur sein dürfte.

5. *Rechtsvergleichende Umschau*

Die CSR-Berichterstattung ist in vielen Rechtsordnungen bereits länger Gegenstand der Gesetzgebung.[29] Herausragende Beispiele sind etwa der im Vereinigten Königreich bestehende *Modern Slavery Act*[30] von 2015 oder der im US-Bundesstaat Kalifornien bestehende *Transparency in Supply Chain Act*[31] von 2010, wonach jährlich darüber zu berichten ist, welche Maßnahmen zur Verhinderung von Sklaverei und Menschenhandel im eigenen Unternehmen und bei Zulieferern (*supply chain*) unternommen wurden. Darüber hinaus wurden in anderen Rechtsordnungen inhaltlich umfassendere Berichtspflichten eingeführt. Dies gilt etwa für Frankreich[32] oder Dänemark[33], wo entsprechende Regelungen bereits 2001 geschaffen und später erweitert wurden. Auch wenn insbesondere die letzten beiden Rechtsordnungen inzwischen die CSR-Richtlinie umgesetzt haben, fällt bei diesen auf, dass teilweise deutlich über deren Vorgaben hinausgegangen wurde.[34]

6. *Verortung der CSR-Berichterstattung im Bilanzrecht*

Die CSR-Berichterstattung scheint in einem direkten Verhältnis zum Bilanzrecht zu stehen, da sie doch sowohl nach der CSR-Richtlinie[35] als auch in ihren historischen Anfängen in Deutschland[36] Teil der Lageberichterstattung ist. Diese gesetzessystematische Verankerung verstellt allerdings den Blick auf den nur bedingten Bezug der CSR-Berichterstattung zum Bilanzrecht.

---

[29] Für einen Überblick vgl. etwa KPMG, Carrots and Sticks: Sustainability reporting policies worldwide – today's best practice, tomorrow's trends, 2013 edition, available at <https://www.globalreporting.org/resourcelibrary/carrots-and-sticks.pdf>, 2013, p. 52 ff.

[30] An Act to make provision about slavery, servitude and forced or compulsory labour and about human trafficking, including provision for the protection of victims; to make provision for an Independent Anti-slavery Commissioner; and for connected purposes vom 26.3.2015; abrufbar unter <http://www.legislation.gov.uk/ukpga/2015/30/pdfs/ukpga_201500 30_en.pdf>.

[31] Cal.Civ.Code, § 1714.43; vgl. dazu etwa *Prokopets,* 37 Hastings Int'l & Comp.L.Rev. 351 (2014).

[32] Vgl. dazu *Delbard,* 8 The International Journal of Business in Society 399 (2008); vgl. auch im Überblick *Böcking/Althoff,* Der Konzern 2017, 246, 253.

[33] Dazu etwa *Buhmann,* 24 European Business Law Review 187 (2013); vgl. auch im Überblick *Böcking/Althoff,* Der Konzern 2017, 246, 252 ff.

[34] Vgl. dazu im Überblick *Szabó/Sørensen,* 12 ECFR 307, 311 ff. (2015).

[35] Siehe II.4.

[36] Siehe II.3.

Letztlich geht es bei der CSR-Berichterstattung weniger um die Berichterstattung über die Vermögens-, Finanz- und Ertragslage der berichtspflichtigen Gesellschaft als vielmehr um die Schaffung bzw. Reflexion einer gesellschaftspolitischen Verantwortung bestimmter Unternehmen.[37] Die Verbindung zum Bilanzrecht ergibt sich lediglich aus dem Umstand, dass dieses ein umfassendes System von Veröffentlichungsmechanismen und gesellschaftsinterne Verfahren bereithält, auf die bei der Schaffung der CSR-Berichterstattung zurückgegriffen werden konnte. Dies wird etwa im Rahmen der Berichterstattung durch den nichtfinanziellen Bericht[38] deutlich, der gerade nicht Teil der klassischen Rechnungslegungsinstrumente ist, hinsichtlich seines Inhalts und seiner Veröffentlichung aber auf die Vorgaben des Rechnungslegungsrechts verweist (§§ 289b Abs. 3, 315b Abs. 3 HGB). Diese somit eher weniger systembedingte Verknüpfung von CSR-Berichterstattung und Bilanzrecht hat vor allem beim Zweck, der Einbindung des Aufsichtsrats bei der Prüfung[39] und bei den Sanktionen[40] erhebliche Auswirkungen.

III. Zweck der CSR-Berichterstattung und (die fehlende Beziehung zur) Bilanztheorie

Die CSR-Berichterstattung dient wie jede Form der Berichterstattung Informationszwecken, ohne dabei aber nur einen Zweck zu verfolgen (siehe III.1.). Keine Rolle spielt hingegen die Bilanztheorie (siehe III.2.). Diese Gemengelage wirkt sich aber nur bedingt auf die anzuwendende CSR-Berichtsstrategie aus (siehe III.3.).

1. Funktionentrias der CSR-Berichterstattung

Im Gegensatz zu den klassischen Instrumenten des Rechnungslegungsrechts in Form der Berichterstattung über die Vermögens-, Finanz- und Ertragslage (siehe III.1.a)) und der Schaffung einer Informationsbasis für die Eingehung von Vertrags- und Rechtsbeziehungen (siehe III.1.b)) zeichnet sich die CSR-Berichterstattung zusätzlich noch durch die Komponente einer ordnungspolitischen Förderung einer nachhaltigen Unternehmenspolitik (siehe III.1.c)) aus (*Funktionentrias der CSR-Berichterstattung*[41]).

---

[37] Zu diesen Zwecken der CSR-Berichterstattung siehe III.
[38] Dazu ausführlich IV.1.b).
[39] Siehe VI.
[40] Siehe IX.
[41] So etwa *Mock*, ZIP 2017, 1195 f.

a) Vervollständigung der Berichterstattung über die Vermögens-, Finanz-
und Ertragslage

Zentraler Zweck der CSR-Berichterstattung ist zunächst die Vervollständigung der Berichterstattung über die Vermögens-, Finanz- und Ertragslage der berichtspflichtigen Gesellschaften.[42] Auch wenn die CSR-Berichterstattung keinen unmittelbaren Einfluss auf den Jahresüberschuss/Jahresfehlbetrag bzw. den Bilanzgewinn/Bilanzverlust hat, kann sich diese teilweise erheblich auf die wirtschaftliche Entwicklung der berichtspflichten Gesellschaft auswirken. Dies zeigt sich eindrucksvoll an den zahlreichen Skandalen der jüngeren Zeit, bei denen Unternehmen bei Verletzungen von Menschenrechten oder Umweltverschmutzungen erheblicher öffentlicher Kritik ausgesetzt waren und Umsatzeinbußen hinnehmen mussten. Nicht zuletzt die Angst vor sogenannten *shitstorms* zwingt in der Öffentlichkeit stehende Unternehmen dazu, sich mit den Inhalten der CSR-Berichterstattung umfassend auseinanderzusetzen, da die negativen Folgen aufgrund der veränderten öffentlichen Diskussionskultur im modernen Medienzeitalter erheblich sein können. Dabei darf der Blick aber nicht nur auf die negativen Seiten der CSR-Berichterstattung gerichtet werden. Die CSR-Berichterstattung ermöglicht vielmehr auch eine Steigerung des Images und der Reputation der berichtspflichtigen Gesellschaft und damit auch der Umsatz- und Ertragslage[43], was letztlich auch der Hintergrund für die Entstehung der freiwilligen Berichterstattung[44] gewesen ist.

Bei dem Zweck der Vervollständigung der Berichterstattung über die Vermögens-, Finanz- und Ertragslage besteht auch kein Widerspruch zwischen kurz-, mittel- und langfristigen Interessen. Zwar werden mit den Inhalten der CSR-Berichterstattung in der Regel eher mittel- und langfristige Ziele verfolgt und das kurzfristige Ziel der Gewinnsteigerung aufgrund der damit verbundenen Kosten relativiert. Allerdings beruht der sich daraus ergebende Konflikt nicht auf der CSR-Berichterstattung selbst, sondern vielmehr auf den der Berichterstattung zugrundeliegenden Zielen der Unternehmenspolitik. Denn die CSR-Berichterstattung zwingt die berichtspflichtigen Unternehmen lediglich zu einer Berichterstattung, ohne diesen selbst konkrete Vorgaben für die Ausrichtung der Unternehmenspolitik zu machen.[45]

---

[42] Dazu *Mock*, in: Hachmeister/Kahle/Mock/Schüppen (Fn. 2), § 289b HGB Rn. 3; *ders.*, ZIP 2017, 1195, 1196.

[43] Dies betonend *Eufinger*, EuZW 2015, 424, 425; *Mock*, in: Hachmeister/Kahle/Mock/Schüppen (Fn. 2), § 289b HGB Rn. 3; *ders.*, ZIP 2017, 1195, 1196.

[44] Siehe II.1

[45] Dazu ausführlich III.3.

b) Schaffung einer Informationsbasis für die Eingehung von Vertrags-
und Rechtsbeziehungen

Weiterhin dient die CSR-Berichterstattung der Schaffung einer Informationsbasis für die Eingehung von Vertrags- und Rechtsbeziehungen. Auch wenn es
sich dabei um einen allgemeinen Zweck der bilanziellen Berichterstattung
handelt, erfährt dieser im Rahmen der CSR-Berichterstattung eine besondere
Ausprägung.[46] So ist es für die Vertragspartner und Investoren der berichtspflichtigen Gesellschaften nicht nur entscheidend, ob diese wirtschaftlich in
der Lage sind, die jeweiligen Erwartungen zu erfüllen. Vielmehr ist es für
viele Vertragspartner und Investoren entscheidend, ob das berichtspflichtige
Unternehmen eine nachhaltige Unternehmenspolitik verfolgt. Für die Investoren ergibt sich dieses Informationsbedürfnis vor allem im Zusammenhang
mit den *Socially Responsible Investments.* Aber auch für die Vertragspartner
besteht insofern ein Informationsbedürfnis, denn wenn diese selbst der Pflicht
zur CSR-Berichterstattung unterliegen, kann sich über die sogenannte Lieferkette (§§ 289c Abs. 3 Nr. 4, 315c Abs. 2 HGB) eine mittelbare Berichtspflicht
ergeben.[47] Berücksichtigt man schließlich, dass im Rahmen der CSR-Berichterstattung auch über Arbeitnehmerbelange zu berichten ist (§§ 289c Abs. 2
Nr. 2, 315c Abs. 1 HGB)[48], ergibt sich auch ein Informationsbedürfnis für die
Arbeitnehmer und die Gewerkschaften als deren Interessenorganisation.[49]

Diese bessere Unterrichtung von (potentiellen) Anlegern und Vertragspartnern ist allerdings mit erheblichen Kosten verbunden, die jedenfalls die mit
der erhöhten Unternehmensreputation verbundenen Vorteile teilweise wieder
aufwiegen. Dies gilt insbesondere für die Kosten einer Kapitalmarktorientierung, die sich – aufgrund des beschränkten Anwendungsbereichs der CSR-
Berichterstattung[50] – erheblich erhöht haben. Zudem offenbart eine umfassende Verfolgung von CSR-relevanten Aspekten ein – aus rein betriebswirtschaftlicher Sicht – erhebliches Einsparungspotential bei den berichtspflichtigen Unternehmen, wodurch diese als Übernahmeziele attraktiver werden
können.

---

[46] Dies betonend *Hommelhoff,* in: FS Hoyningen-Huene, 2014, S. 137, 142 f.; *Mock,* in:
Hachmeister/Kahle/Mock/Schüppen (Fn. 2), § 289b HGB Rn. 5 ff.; *ders., ZIP* 2017, 1195,
1196.
[47] Zur Lieferkette ausführlich IV.3.b)dd)(5).
[48] Dazu IV.3.b)cc)(3).
[49] Dazu *Hommelhoff,* in: FS Hoyningen-Huene, 2014, S. 137, 142 f.; *Mock,* in: Hach-
meister/Kahle/Mock/Schüppen (Fn. 2), § 289b HGB Rn. 5 ff.; *ders., ZIP* 2017, 1195, 1196.
[50] Siehe IV.2.

c) Ordnungspolitische Förderung einer nachhaltigen Unternehmenspolitik

Durch die CSR-Berichterstattung wird zudem das ordnungspolitische Ziel der Förderung einer nachhaltigen Unternehmenspolitik verfolgt.[51] Denn mit der CSR-Berichterstattung wird auf die berichtspflichtigen Gesellschaften ein erheblicher Druck ausgeübt, nicht nur über die entsprechenden Inhalte zu berichten, sondern den Berichtsinhalten positiv nachzukommen, da anderenfalls eine Abstrafung über die öffentliche Wahrnehmung droht. Insofern ergibt sich für die berichtspflichtigen Unternehmen ein indirekter Druck, ihre Unternehmenspolitik auf Nachhaltigkeit auszurichten oder sich aber der öffentlichen Diskussion über eine davon abweichende Unternehmensausrichtung zu stellen.

Diese Ziel- oder Zwecksetzung der CSR-Berichterstattung wirft allerdings zwangsläufig die Frage auf, wie der Begriff der Nachhaltigkeit auszufüllen ist. Dass es sich dabei nicht um eine rein theoretische oder akademische Diskussion handelt, zeigt sich etwa im Rahmen der Berichtsinhalte, da § 289c Abs. 2 HGB insofern eine nicht abschließende Aufzählung enthält.[52] Da die CSR-Berichterstattung auf die entsprechenden Vorarbeiten der Vereinten Nationen zurückgeht, dürfte in diesem Zusammenhang der Nachhaltigkeitsbegriff relevant sein, der etwa von der UN-Konferenz für Umwelt und Entwicklung im Jahr 1992 verwendet und später als sogenanntes *Drei-Säulen-Modell* – auch im Kontext der deutschen Gesetzgebung[53] – etabliert wurde. Danach kann Nachhaltigkeit nur durch eine gleichrangige Verfolgung *ökologischer, ökonomischer und sozialer Ziele* erreicht werden. Im Zusammenhang mit der CSR-Berichterstattung muss aber eine Unmittelbarkeit der Auswirkungen der unternehmerischen Tätigkeit auf diese Ziele gefordert werden, da anderenfalls eine ausufernde Berichterstattung droht. Mit der Schaffung einer verpflichtenden CSR-Berichterstattung muss der Begriff der Nachhaltigkeit zwangsläufig konkretisiert und vermutlich auch eingeschränkt werden.

Schließlich ergeben sich nicht völlig unerhebliche Zweifel, ob das mit der CSR-Berichterstattung verfolgte Ziel der ordnungspolitischen Förderung einer nachhaltigen Unternehmenspolitik tatsächlich erreicht werden kann. Denn

---

[51] Dies betonend Begr. RegE CSR-Richtlinie-Umsetzungsgesetz, BT-Drucks. 18/9982, S. 26 („Durch die neuen Vorgaben für die Berichterstattung kann mittelbar auch das Handeln der Unternehmen beeinflusst und ein Anreiz geschaffen werden, nichtfinanziellen Belangen und damit verbundenen Risiken, Konzepten und Prozessen stärkeres Gewicht in der Unternehmensführung beizumessen."); vgl. auch *Hommelhoff*, FS Hoyningen-Huene, 2014, S. 137, 142; *ders.*, FS Kübler, 2015, S. 291, 293; *Mock*, in: Hachmeister/Kahle/Mock/Schüppen (Fn. 2), § 289b HGB Rn. 5 ff.; *ders.*, ZIP 2017, 1195, 1196; *Seibt*, DB 2016, 2707, 2708.

[52] Siehe IV.3.b)cc)(7).

[53] Vgl. nur *Enquete-Kommission „Schutz des Menschen und der Umwelt – Ziele und Rahmenbedingungen einer nachhaltig zukunftsverträglichen Entwicklung"*, Abschlussbericht, BT-Drucks. 13/11200.

insbesondere für die Länder mit gering entwickelten Rechtssystemen stellt die CSR-Berichterstattung eine Art Strafzoll dar, da die in diesen Ländern tätigen (berichtspflichtigen) Unternehmen erhebliche Kosten zur Überwachung der CSR-relevanten Aspekte haben bzw. aufgrund der fehlenden Möglichkeit der Verhinderung von Verstößen gegen die Corporate Social Responsibility vollständig davon Abstand nehmen, in diesen Ländern tätig zu sein. Die dadurch entstehenden Kosten reduzieren den gegenüber besser entwickelten Ländern bestehenden Kostenvorsprung.

d) Corporate Social Responsibility als unternehmens- oder branchenspezifisches Problem?!

Dieser Funktionentrias der CSR-Berichterstattung wird allerdings nicht von allen Unternehmen adressiert bzw. ist nicht für alle Unternehmen relevant. Vielmehr beschränkt er sich auf Unternehmen, die mit den *klassischen* Berichtsinhalten[54] der Corporate Social Responsibility typischerweise in Berührung kommen, da nur dann ein Interesse der Gesellschafter, der Vertragspartner und der Öffentlichkeit an der Berichterstattung besteht. Dies wird vor allem deutlich, wenn man etwa einen rein regional tätigen Handwerksbetrieb mit einem weltweiten Automobilkonzern vergleicht. Während ersterer kaum mit Aspekten der Corporate Social Responsibility in Berührung kommt, ist letzterer geradezu das Paradebeispiel für das Erfordernis einer entsprechenden Berichtspflicht. Dieses deutliche Beispiel verstellt allerdings den Blick auf die Abgrenzungsproblematik im Rahmen des Anwendungsbereichs der CSR-Berichterstattung, da sich dieser eigentlich an der Intensität der Berührung eines Unternehmens mit den Aspekten der Corporate Social Responsibility ausrichten müsste. Sowohl der europäische als auch der deutsche Gesetzgeber haben sich dieser Problematik nur bedingt gestellt und letztlich mehr oder weniger den Anwendungsbereich des Rechnungslegungsrechts für (große) Kapitalgesellschaften zugrunde gelegt.[55] Dass dies noch nicht der Weisheit letzter Schluss gewesen sein kann, zeigt die Intensität, mit der im deutschen (Umsetzungs-)Gesetzgebungsverfahren um die Ausweitung des Anwendungsbereichs auf andere Unternehmen gerungen wurde.

2. Fehlende Beziehung zur Bilanztheorie

Keinen Ertrag für die CSR-Berichterstattung und deren Zwecke kann schließlich die Bilanztheorie liefern, da es sich bei der CSR-Berichterstattung der Sache nach nicht um eine Frage der Bilanzierung, sondern um eine solche der (allgemeinen) Berichterstattung handelt. Insofern steht weder die Ermittlung

---

[54] Zu den Berichtsinhalten siehe im Einzelnen IV.3.
[55] Zum Anwendungsbereich der §§ 289b ff., 315b ff. HGB und der Kritik daran siehe IV.2.

des Reinvermögens (*statische Bilanztheorie*), des vergleichbaren Periodener-
folgs (*dynamische Bilanztheorie*) oder der relativen Stellung des berichtspflichtigen Unternehmens in der Gesamtwirtschaft (*organische Bilanztheorie*) im
Vordergrund.[56]

3. Argumentative Dominanz einer CSR-Berichtsstrategie?

Diese Zwecke der CSR-Berichterstattung werfen zwangsläufig die Frage auf,
ob eine bestimmte unternehmerische Strategie für die Berichterstattung verfolgt werden sollte bzw. am vielversprechendsten ist. Bei einer genauen Betrachtung ist dies aber keine Frage der CSR-Berichterstattung selbst, sondern
ein auf einer Ebene vorher im Rahmen der Ausrichtung der Unternehmenspolitik zu diskutierendes Problem.[57] Die CSR-Berichterstattung ist sozusagen
ein lediglich nachgelagerter Aspekt, der der Kommunikation der Ausrichtung
der Unternehmenspolitik dient, wie immer diese auch ausgestaltet ist. Zur
Frage des Bestehens und der Ausübung von Wahlrechten im Rahmen der
CSR-Berichterstattung siehe VIII.2.a).

IV. Tatbestand und Umfang der CSR-Berichterstattung

Die CSR-Berichterstattung unterliegt gemessen an ihren Berichtsinhalten
einem verhältnismäßig engen Korsett. So werden sowohl die Grundstruktur
(siehe IV.1.), der Inhalt (siehe IV.3.) als auch die Art und Weise der Berichterstattung (siehe IV.3.b)dd)) jedenfalls für die Unternehmen im Anwendungsbereich der §§ 289b, 315b ff. HGB (siehe IV.2.) zwingend vorgegeben.
Zur Erleichterung der Berichterstattung kann auf Standards zurückgegriffen
werden (siehe IV.4.). Die freiwillige Berichterstattung bleibt hingegen weitgehend unreguliert (siehe IV.5.).

1. Grundstruktur

Für die CSR-Berichterstattung sehen die §§ 289b ff. HGB zwei Berichtsformate in Form der nichtfinanziellen Erklärung als Teil des Lageberichts (siehe
IV.1.a)) und des nichtfinanziellen Berichts als eigenständige Berichterstattung (siehe IV.1.b)) vor, von denen nicht abgewichen werden kann (siehe
IV.1.c)).

---

[56] Ausführlich zu den einzelnen Ansätzen *Mock,* Die Finanzverfassung der Kapitalgesellschaften und internationale Rechnungslegung, Diss. Hamburg 2007, S. 15 ff.
[57] Dazu *Liang/Renneboog,* 72 Journal of Finance 853 (2017) mit ersten empirischen
Ergebnissen zu den Auswirkungen einer nachhaltigen Unternehmenspolitik auf die wirtschaftliche Entwicklung der Unternehmen.

a) Nichtfinanzielle Erklärung als Teil des Lageberichts

Zentrales Format für die CSR-Berichterstattung ist zunächst die nichtfinanzielle Erklärung, um die der Lagebericht zu erweitern ist (§ 289b Abs. 1 HGB). Damit haben sowohl der europäische[58] als auch der deutsche Gesetzgeber den Lagebericht als zentralen Anknüpfungspunkt für die Berichterstattung gewählt, was durchaus in der Tradition der Berichterstattung über vergleichbare Berichtsinhalte steht. Auch wenn § 289b Abs. 1 HGB die Erweiterung des Lageberichts um eine nichtfinanzielle Erklärung fordert, ergibt sich daraus nicht eindeutig, in welcher Form – vor allem in Abgrenzung zur sonstigen Berichterstattung im Lagebericht – die Berichterstattung erfolgen soll. Insbesondere § 289b Abs. 1 S. 3 HGB scheint nahezulegen, dass die nichtfinanzielle Erklärung nicht unbedingt einen eigenständigen Abschnitt des Lageberichts bilden muss, zumal in dieser auf die an anderer Stelle im Lagebericht enthaltenen nichtfinanziellen Angaben verwiesen werden darf. Dabei handelt es sich auch nicht um ein rein gestalterisches oder theoretisches Problem. Trotz der Regelung der CSR-Berichterstattung in den §§ 289b ff. HGB hat es der Gesetzgeber versäumt, die bisher vorgesehenen Inhalte der Lageberichterstattung aufzuheben bzw. in die nichtfinanzielle Erklärung zu integrieren. Dies gilt insbesondere für die Berichterstattung über nichtfinanzielle Leistungsindikatoren nach § 289 Abs. 3 HGB oder einen Teil der in der Erklärung zur Unternehmensführung aufzunehmenden Inhalte (§ 289f Abs. 2 Nr. 4 bis 6 HGB). Vor dem Hintergrund des besonderen Stellenwerts der CSR-Berichterstattung[59] muss § 289b Abs. 1 S. 3 HGB aber dahingehend ausgelegt werden, dass die nichtfinanzielle Erklärung jedenfalls einen eigenständigen Gliederungspunkt im Lagebericht erhält und als solche klar und eindeutig bezeichnet wird.[60] Dies ergibt sich schon aus einer richtlinienkonformen Auslegung von § 289b Abs. 1 S. 3 HGB, da Art. 19a CSR-Richtlinie lediglich von einer Aufnahme der nichtfinanziellen Erklärung in den Lagebericht und somit einer dahingehenden Eigenständigkeit ausgeht.[61] Darüber hinaus darf zur Vermeidung von Doppelangaben[62] in der nichtfinanziellen Erklärung auf andere nichtfinanzielle Angaben verwiesen werden (§ 289b Abs. 1 S. 3 HGB).

---

[58] Zum europäischen Regelungshintergrund siehe II.4.

[59] Dies etwa auch im Zusammenhang mit den Doppelangaben nach § 289b Abs. 1 S. 3 HGB betonend Begr. RegE CSR-Richtlinie-Umsetzungsgesetz, BT-Drucks. 18/9982, S. 44.

[60] Ebenso *Mock,* in: Hachmeister/Kahle/Mock/Schüppen (Fn. 2), § 289b HGB Rn. 36 f.; wohl auch *Eufinger,* EuZW 2015, 424, 427; *Meeh-Bunse/Hermeling/Schomaker,* DStR 2016, 2769, 2771; a.A. aber *Kajüter,* IRZ 2016, 507, 509, der von der Möglichkeit der Integration der nichtfinanziellen Angaben an verschiedenen Stellen innerhalb des Lageberichts ausgeht.

[61] So schon *Mock,* in: Hachmeister/Kahle/Mock/Schüppen (Fn. 2), § 289b HGB Rn. 37.

[62] Begr. RegE CSR-Richtlinie-Umsetzungsgesetz, BT-Drucks. 18/9982, S. 44.

b) Nichtfinanzieller Bericht als eigenständige Berichterstattung

Die CSR-Berichterstattung kann zudem auch in Form eines nichtfinanziellen Berichts unabhängig von den Unternehmensabschlüssen erfolgen (§ 289b Abs. 3 HGB). Voraussetzung dafür ist allerdings, dass der nichtfinanzielle Bericht zumindest den inhaltlichen Vorgaben der nichtfinanziellen Erklärung (§ 289c HGB) entspricht (§ 289b Abs. 3 S. 1 Nr. 1 HGB) und dieser öffentlich zugänglich gemacht wird. Die Veröffentlichung kann zusammen mit dem Lagebericht nach § 325 HGB (§ 289b Abs. 3 S. 1 Nr. 2 lit. a HGB) oder auf der Internetseite der berichtspflichtigen Gesellschaft (§ 289b Abs. 3 S. 1 Nr. 2 lit. b HGB) erfolgen. Zudem muss die Veröffentlichung spätestens vier Monate nach dem Abschlussstichtag vorgenommen werden, der nichtfinanzielle Bericht dort für mindestens zehn Jahre verfügbar sein und der Lagebericht auf diese Veröffentlichung unter Angabe der Internetseite Bezug nehmen (§ 289b Abs. 3 S. 1 Nr. 2 lit. b HGB).

c) Numerus clausus der Berichtsformate und Wahlrecht

Die in § 289b Abs. 1 und Abs. 3 HGB vorgesehenen Berichtsformate in Form der nichtfinanziellen Erklärung[63] und des nichtfinanziellen Berichts[64] sind abschließend, so dass die berichtspflichtigen Gesellschaften auf kein anderes Berichtsformat oder eine andere Berichtsform zurückgreifen können.[65] Diese Beschränkung ergibt sich aus dem Umstand, dass die §§ 289b ff. HGB nicht dispositiv sind und die weitgehend einheitliche Berichterstattung ein zentraler Aspekt zur Herstellung einer Vergleichbarkeit ist. Bei der Wahl zwischen den beiden Berichtsformaten unterliegen die gesetzlichen Vertreter der berichtspflichtigen Gesellschaft keinen besonderen Bindungen, so dass diese das Wahlrecht nach pflichtgemäßem Ermessen ausüben können.[66]

d) Entsprechende Anwendung für die Konzernberichterstattung

Die CSR-Berichterstattung muss auch auf Konzernebene erfolgen, ohne dass dabei aber eigenständige Berichtsformate oder -inhalte vorgesehen sind. Vielmehr wird für die Konzernberichterstattung auf die allgemeinen Vorschriften für den Einzelabschluss verwiesen (§§ 315c f. HGB). Lediglich hinsichtlich des Anwendungsbereichs ergeben sich Besonderheiten.[67] Zur fehlenden Unterscheidung bei den Inhalten siehe IV.3.b)aa).

---

[63] Siehe IV.1.a).

[64] Siehe IV.1.b).

[65] *Mock,* in: Hachmeister/Kahle/Mock/Schüppen (Fn. 2), § 289b HGB Rn. 23 und 53.

[66] Zu den möglichen Motiven für die Ausübung des Wahlrechts vgl. *Kumm/Woodtli,* Der Konzern 2016, 218, 227; *Mock,* in: Hachmeister/Kahle/Mock/Schüppen (Fn. 2), § 289b HGB Rn. 25; zur generellen Problematik der Ausübung von Ermessen bei der CSR-Berichterstattung siehe VIII.2.a).

2. Anwendungsbereich

a) Einzelberichterstattung (§§ 289b ff. HGB)

Der Anwendungsbereich für die Einzelberichterstattung erstreckt sich grundsätzlich auf alle Kapitalgesellschaften (siehe IV.2.a)aa)), erfährt im Rahmen von §§ 289b Abs. 1 S. 1 Nr. 1–3, 289b Abs. 2 Nr. 1 HGB aber erhebliche Einschränkungen (siehe IV.2.a)bb)).

aa) Erfassung aller Kapitalgesellschaften als Grundsatz

Der CSR-Berichtspflicht unterliegen zunächst alle Kapitalgesellschaften, so dass die Aktiengesellschaft, die Kommanditgesellschaft auf Aktien, die Europäische Aktiengesellschaft (SE) und die GmbH erfasst sind.[68] Die Erfassung der Genossenschaft ergibt sich aus § 336 Abs. 2 S. 1 Nr. 2 HGB bzw. für die Europäische Genossenschaft (SCE) aus Art. 68 SCE-VO. Darüber hinaus fallen aber auch die kapitalistischen (nicht aber gesetzestypischen) Personenhandelsgesellschaften in den Anwendungsbereich (§ 264a HGB).[69] Für Kreditinstitute und Versicherungen ergibt sich die Berichtspflicht aus §§ 340a Abs. 1a, 341a Abs. 1a HGB.

Nicht ausdrücklich geregelt ist, ob auch ausländische Kapitalgesellschaften den §§ 289b ff. HGB unterfallen. Zwar ließen sich auch ausländische Kapitalgesellschaften im Wege der international-privatrechtlichen Substitution erfassen. Allerdings unterfällt das Rechnungslegungsrecht im internationalen Gesellschaftsrecht dem Gesellschaftsstatut, so dass die §§ 289b ff. HGB auf ausländische Gesellschaften in der Regel[70] keine Anwendung finden.[71] Daraus ergibt sich aber keine Lücke bei der CSR-Berichterstattung, da Kapitalgesell-

---

[67] Siehe IV.2.b).

[68] Dies ergibt sich aus der amtlichen Überschrift zum Zweiten Abschnitt des Dritten Buchs des HGB (§§ 264 ff. HGB), der die von diesem Abschnitt erfassten Kapitalgesellschaften aufzählt. Die Erfassung der Europäischen Aktiengesellschaft (SE) ergibt sich aus dem Verweis von Art. 61 SE-VO auf § 289b HGB.

[69] Dies betonend Begr. RegE CSR-Richtlinie-Umsetzungsgesetz, BT-Drucks. 18/9982, S. 44; vgl. dazu *Mock,* in: Hachmeister/Kahle/Mock/Schüppen (Fn. 2), § 289b HGB Rn. 27; *ders.,* ZIP 2017, 1195, 1197; *Seibt,* DB 2016, 2707, 2710.

[70] Dies bezieht sich allerdings auf Gesellschaften aus anderen Mitgliedstaaten der Europäischen Union oder aus Staaten, mit denen Deutschland völkerrechtliche Verträge über die Anerkennung ausländischer Gesellschaften geschlossen hat. Für alle übrigen Gesellschaften finden die §§ 289b ff. HGB hingegen wie das deutsche Gesellschaftsrecht insgesamt Anwendung, auch wenn es bei diesen in der Regel an den übrigen Voraussetzungen des § 289b Abs. 1 HGB fehlen dürfte. Zur unterschiedlichen Behandlung von Gesellschaften im internationalen Gesellschaftsrecht vgl. nur *Kindler,* in: MünchKomm BGB, 6. Aufl., 2015, Internationales Gesellschaftsrecht Rn. 427 ff. m.w.N.

[71] *Mock,* in: Hachmeister/Kahle/Mock/Schüppen (Fn. 2), § 289b HGB Rn. 28; *ders.,* ZIP 2017, 1195, 1197.

schaften aus anderen Mitgliedstaaten bei einer Kapitalmarktorientierung im Inland dem jeweiligen nationalen Umsetzungsrecht der CSR-Richtlinie unterliegen (§ 114 Abs. 2 Nr. 2 lit. a WpHG). Für Kapitalgesellschaften aus Drittstaaten mit einer Kapitalmarktorientierung im Inland gelten dann die §§ 289b ff. HGB ohnehin (§ 114 Abs. 2 Nr. 2 lit. b WpHG).[72]

bb) Einschränkungen durch §§ 289b Abs. 1 S. 1 Nr. 1–3, 289b Abs. 2 Nr. 1 HGB

Die CSR-Berichtspflicht besteht für Kapitalgesellschaften aber nur, wenn zusätzlich die Voraussetzungen der §§ 289b Abs. 1 S. 1 Nr. 1–3 HGB erfüllt sind. Danach muss es sich bei der Kapitalgesellschaft um eine große Kapitalgesellschaft im Sinne von § 267 Abs. 3 S. 1 HGB handeln (§ 289b Abs. 1 S. 1 Nr. 1 HGB). Zudem muss eine Kapitalmarktorientierung im Sinne von § 264d HGB vorliegen (§ 289b Abs. 1 S. 1 Nr. 2 HGB) und die Kapitalgesellschaft mehr als 500 Arbeitnehmer beschäftigen (§ 289b Abs. 1 S. 1 Nr. 3 HGB). Schließlich ergibt sich die Negativvoraussetzung, dass die Kapitalgesellschaft nicht in einen Konzernabschluss einbezogen sein darf (§ 289b Abs. 2 Nr. 1 HGB), womit das *Tannenbaumprinzip*[73] auch im Rahmen der CSR-Berichtspflicht verwirklicht wird.

b) Konzernberichterstattung (§§ 315b ff. HGB)

Die Pflicht zur CSR-Konzernberichterstattung baut auf der allgemeinen Pflicht zur Erstellung des Konzernabschlusses (§ 290 HGB) auf und wird im Wesentlichen durch ähnliche Kriterien wie bei der Einzelberichterstattung ergänzt, so dass zunächst auch nur Kapitalgesellschaften erfasst sind (§ 315b Abs. 1 S. 1 HGB), die zudem kapitalmarktorientiert sein müssen (§ 315b Abs. 1 S. 1 Nr. 1 HGB). Auch ist eine Arbeitnehmerzahl von insgesamt mindestens 500 bei allen einzubeziehenden Unternehmen erforderlich (§ 315b Abs. 1 S. 1 Nr. 2 lit. b HGB). Ausgenommen sind aber Kapitalgesellschaften, die die größenabhängigen Befreiungen des § 293 Abs. 1 S. 1 Nr. 1 oder 2 HGB erfüllen (§ 315b Abs. 1 S. 1 Nr. 2 lit. a HGB).

c) Problem der fehlenden CSR-Relevanz des Anwendungsbereichs

Aufgrund der zahlreichen Einschränkungen im Anwendungsbereich werden von der Pflicht zur CSR-Berichterstattung in Deutschland lediglich ca. 540 Kapitalgesellschaften erfasst[74], was vor allem im europäischen Vergleich eine verhältnismäßig geringe Zahl darstellt. Die dafür verantwortlichen Einschrän-

---

[72] *Mock*, in: Hachmeister/Kahle/Mock/Schüppen (Fn. 2), § 289b HGB Rn. 28 a.E.

[73] Dazu *Wöhe/Mock*, Die Handels- und Steuerbilanz, 6. Aufl., 2010, S. 179 ff.

[74] Mit dieser Zahl *Kluge/Sick*, MBF-Report Nr. 27, 11.2016 basierend auf einer bisher unveröffentlichten Studie von *Bayer/Hoffmann*.

kungen des Anwendungsbereichs der CSR-Berichterstattung durch §§ 289b Abs. 1 S. 1 Nr. 1–3, 289b Abs. 2 Nr. 1 HGB sind rechtspolitisch kaum nachvollziehbar, da sie in keinem direkten Bezug zu einer besonderen Bedeutung oder Relevanz der Nachhaltigkeit für diese Unternehmen stehen.[75] Vielmehr wird durch diese Beschränkungen dem generellen Ziel Rechnung getragen, die CSR-Berichterstattung auf eine überschaubare Anzahl von Unternehmen zu beschränken. Dies hat sich vor allem im Rahmen des Gesetzgebungsverfahrens gezeigt, in dem mehrere Versuche unternommen wurden, den Anwendungsbereich teilweise deutlich auszuweiten. So wurde intensiv über die Frage diskutiert, ob der durch § 289b HGB angeordnete Anwendungsbereich etwa durch Streichung des Erfordernisses der Kapitalmarktorientierung (§ 289b Abs. 1 S. 1 Nr. 2 HGB) oder durch eine Herabsetzung der Arbeitnehmerzahl in § 289b Abs. 1 S. 1 Nr. 3 HGB einer Erweiterung bedürfe.[76] Diese Bedenken konnten sich allerdings nicht durchsetzen, da auf diese Weise insbesondere kleine und mittelständische Unternehmen in die CSR-Berichtserstattung einbezogen worden wären, was aufgrund der damit verbundenen Kosten nicht vertretbar gewesen wäre.[77] Allein diese Diskussion und die Berücksichtigung der nicht zwingenden Verknüpfung von CSR-Berichterstattung und Bilanzrecht macht deutlich, dass sich der Anwendungsbereich der §§ 289b ff., 315b ff. HGB bzw. der CSR-Richtlinie nicht auf Unternehmen erstreckt, die in besonderer Weise mit typischen CSR-Berichtsinhalten konfrontiert werden.[78] Vielmehr wurde für die Bestimmung des Anwendungsbereichs auf eine Kategorie von Unternehmen abgestellt, die im Grundsatz dem Bilanzrecht entlehnt ist. Daher fallen in den Anwendungsbereich auch Unternehmen, die in deutlich geringerem Umfang einen CSR-relevanten Unternehmensgegenstand verfolgen. Umgekehrt werden auch viele Unternehmen nicht erfasst, deren CSR-Berichterstattung etwa für die Kunden von großer Bedeutung wäre, wie dies etwa bei Lebensmitteldiscountern der Fall ist. Allerdings muss im Rahmen dieser Kritik auch beachtet werden, dass der Anwendungsbereich der CSR-Berichterstattung durch die Pflicht zur Berichterstattung in der Lieferkette[79] eine erhebliche mittelbare Ausweitung erfahren hat.

---

[75] Dazu ausführlich III.1.d).

[76] So etwa der Antrag einzelner Abgeordneter der Fraktion Bündnis 90/Die Grünen, BT-Drucks. 18/10030, S. 3; vgl. auch Beschlussempfehlung und Bericht des RA, BT-Drucks. 18/11450, S. 47 („*Die [SPD-]Fraktion hätte sich einen größeren Anwendungsbereich des Gesetzes gewünscht.*" Hervorhebung durch den Verfasser).

[77] So auch schon Begr. RegE CSR-Richtlinie-Umsetzungsgesetz, BT-Drucks. 18/9982, S. 44; dem folgend *Mock,* in: Hachmeister/Kahle/Mock/Schüppen (Fn. 2), § 289b HGB Rn. 13.

[78] Dazu ausführlich III.1.d).

[79] Dazu IV.3.b)dd)(5).

d) Option der freiwilligen CSR-Berichterstattung

Schließlich besteht auch für Unternehmen außerhalb des Anwendungsbereichs der §§ 289b ff., 315b ff. HGB die Möglichkeit, eine CSR-Berichterstattung freiwillig vorzunehmen. Das durch die §§ 289b ff., 315b ff. HGB vorgegebene Berichtsformat ist nicht exklusiv und kann grundsätzlich auch von anderen Unternehmen genutzt werden.[80] Soweit die CSR-Berichterstattung als nichtfinanzielle Erklärung oder Bericht bezeichnet wird, müssen auch die Vorgaben der §§ 289b ff., 315b ff. HGB beachtet werden.[81] Anderenfalls drohen die gleichen Sanktionen wie bei einer CSR-Berichterstattung im Rahmen des Anwendungsbereichs[82].

3. Inhalt der CSR-Berichterstattung

Der Inhalt der CSR-Berichterstattung ist denknotwendigerweise das Kernstück der gesetzlichen Regelung, muss diese doch eine normative Rückkopplung des ansonsten eher vagen Begriffs der Nachhaltigkeit[83] erreichen. Dieser ergibt sich aber nicht ausschließlich aus den §§ 289b ff., 315b ff. HGB, sondern auch aus anderen Quellen (siehe IV.3.a)). Dabei lässt sich eine Vielzahl von Berichtsinhalten ausmachen (siehe IV.3.b)), die einer bestimmten Systematik und Struktur folgen (siehe IV.3.b)cc)(1)).

a) (Rechts-)Quellen für die erforderlichen Berichtsinhalte

Die Inhalte der CSR-Berichterstattung werden vor allem durch die §§ 289c, 315c Abs. 1 HGB vorgegeben, die eine weitgehende detaillierte, aber nicht abschließende Aufzählung[84] einzelner Berichtsinhalte enthalten.[85] Darüber hinaus ist aber auch die CSR-Richtlinie und sind vor allem deren Erwägungsgründe von entscheidender Bedeutung für die Bestimmung der CSR-Berichtsinhalte, da dort wichtige Konkretisierungen vorgenommen werden. Dies wird vor allem an den in § 289c Abs. 2 HGB teilweise vorgenommenen Konkretisierungen der dort genannten Aspekte der Berichterstattung deutlich, da diese weitestgehend auf Erwägungsgrund Nr. 7 zurückgehen.

Keine Bedeutung haben hingegen die zahlreichen Standards für die CSR-Berichterstattung, auch wenn diese von den berichtspflichtigen Unternehmen verwendet werden können.[86] Denn keiner dieser Standards hat während des

[80] Ebenso *Mock*, in: Hachmeister/Kahle/Mock/Schüppen (Fn. 2), § 289b HGB Rn. 39.
[81] *Mock,* in: Hachmeister/Kahle/Mock/Schüppen (Fn. 2), § 289c HGB Rn. 39.
[82] Siehe IX.
[83] Siehe oben II.2.
[84] So ausdrücklich Begr. RegE CSR-Richtlinie-Umsetzungsgesetz, BT-Drucks. 18/9982, S. 46; zustimmend *Mock,* in: Hachmeister/Kahle/Mock/Schüppen (Fn. 2), § 289c HGB Rn. 9.
[85] Siehe IV.3.b). zu den einzelnen Berichtsinhalten.
[86] Siehe IV.4.

europäischen oder deutschen Gesetzgebungsverfahrens als Vorbild oder Leit-
motiv gedient und kann daher im Rahmen der Auslegung nicht herangezogen
werden. Aber auch die *Leitlinien der Europäischen Kommission zur CSR-
Berichterstattung*[87] sind keine im Rahmen der Auslegung zu berücksichtigen-
de Quelle, da es der Kommission für die Schaffung einer wie auch immer
gearteten Quelle zur Konkretisierung der CSR-Berichterstattung an der entsprechenden Kompetenz fehlt.[88]

b) Einzelne Berichtsinhalte

Hinsichtlich der Berichtsinhalte unterscheidet § 289c HGB zwischen vier
verschiedenen Inhalten, die sowohl beim Einzel- als auch beim Konzernabschluss beachtet werden müssen (siehe IV.3.b)aa)). So muss zunächst das
Geschäftsmodell der Gesellschaft beschrieben werden (siehe IV.3.b)bb)).
Weiterhin ist eine Reihe von Mindestinhalten vorgegeben (siehe IV.3.b)cc)),
deren Auswirkungen und die von dem berichtspflichtigen Unternehmen verfolgten Konzepte zu beschreiben sind (siehe IV.3.b)dd)). Zudem muss begründet werden, wenn keine entsprechenden Konzepte verfolgt werden (siehe
IV.3.b)ee)). Diese Berichtsinhalte sind aber nicht abschließender Natur, so
dass die Unternehmen auch über weitere Aspekte berichten können (siehe
IV.3.b)cc)(7)).

aa) Keine normative Differenzierung zwischen Einzel- und Konzernabschluss

Bei den Vorgaben für die nichtfinanzielle Erklärung und den Bericht unterscheiden weder die CSR-Richtlinie noch die deutschen Umsetzungsvorschrif-
ten hinreichend zwischen dem Einzel- und dem Konzernabschluss. Vielmehr
wird im Rahmen der Regelung der Inhalte für die nichtfinanzielle Konzernerklärung und den Konzernbericht in § 315c Abs. 1 HGB umfassend auf § 289c
HGB verwiesen. Lediglich im Zusammenhang mit der Art und Weise der
Berichterstattung wird gesondert die Berücksichtigung der Konzerndimension
der Berichterstattung angeordnet (§ 315c Abs. 2 HGB).[89] Diese nahezu vollständige Gleichsetzung von Einzel- und Konzernabschluss im Rahmen der
CSR-Berichterstattung wirft die Frage auf, ob insofern tatsächlich keine Unterschiede in der Berichterstattung bestehen. Dies muss zunächst wegen der
typischerweise bei Konzernen in höherem Maße bestehenden Relevanz der

---

[87] *Europäische Kommission,* Mitteilung der Kommission – Leitlinien für die Berichterstattung über nichtfinanzielle Informationen (Methode zur Berichterstattung über nichtfinanzielle Informationen), 2017/C 215/01, ABl. EU 2017 Nr. C 215, S. 1. Für eine kritische Darstellung der Inhalte *Baumüller/Sopp,* IRZ 2017, 377 ff.
[88] Ausführlich dazu *Mock,* DB 2017, 2144 ff.; offener *Baumüller/Follert,* IRZ 2017,
473, 476; *Schäfer/Schröder,* WPg 2017, 1324 ff.; wohl auch *Seibt,* DB 2016, 2707, 2712
mit dem Hinweis auf deren fehlende Bindungswirkung.
[89] Dazu ausführlich *Holzmeier/Burth/Hachmeister,* IRZ 2017, 215, 218 ff.

Nachhaltigkeit klar verneint werden. Denn vor allem die für Konzerne meist bestehende Internationalität begründet für die Adressaten ein erhöhtes Informationsbedürfnis im Bereich der CSR-Berichterstattung. Abgesehen von derartigen quantitativen Merkmalen dürfte es aber tatsächlich keine weiteren konzeptionellen Unterschiede zwischen dem Einzel- und Konzernabschluss geben, so dass die vom europäischen und deutschen Gesetzgeber gewählte Regelungsverweistechnik nachvollziehbar ist.

bb) Beschreibung des Geschäftsmodells (§§ 289c Abs. 1, 315c Abs. 1 HGB)

Zunächst muss das Geschäftsmodell des berichtspflichtigen Unternehmens kurz beschrieben werden (§§ 289c Abs. 1, 315c Abs. 1 HGB). Dabei ist es schon ausreichend, wenn der Unternehmensgegenstand genannt und der Schwerpunkt der tatsächlichen Unternehmenstätigkeit kurz beschrieben wird. Diese Angaben reichen aus, um den Adressaten in die Lage zu versetzen, die weiteren Mindestangaben zu verstehen, zumal das Geschäftsmodell (ebenfalls[90]) im Rahmen des Lageberichts erläutert werden muss (§§ 289 Abs. 1, 315 Abs. 1 HGB). Insofern soll durch die Beschreibung des Geschäftsmodells lediglich ein Kontext für den weiteren Berichtsinhalt hergestellt werden.

cc) Mindestangaben (§§ 289c Abs. 2, 315c Abs. 1 HGB)

Darüber hinaus muss das berichtspflichtige Unternehmen nach §§ 289c Abs. 2, 315c Abs. 1 HGB auf verschiedene Aspekte der Corporate Social Responsibility eingehen. Diese Mindestangaben ergeben sich im Wesentlichen aus Erwägungsgrund Nr. 7 CSR-Richtlinie und wurden vom deutschen Gesetzgeber bei der Schaffung von § 289c Abs. 2 HGB teilweise umfassender und detaillierter normativ verankert. Mit diesem vergleichsweise hohen Detailgrad wird allerdings der Blick darauf verstellt, dass die Entwicklung einer allgemeinen Systematik und Struktur der CSR-Berichterstattung und darüber hinaus eines allgemeinen Maßstabs zur Entwicklung des CSR-Berichtsinhalts erforderlich ist, aus dem schließlich weitere Berichtsinhalte abgeleitet werden müssen (siehe IV.3.b)cc)(7)).

(1) Systematik und Struktur der CSR-Berichterstattung

Die in § 289c Abs. 2 HGB im Einzelnen erwähnten Mindestangaben der CSR-Berichterstattung bedürfen einer Systematisierung und Strukturierung, da anderenfalls die erforderliche Prüfung der Berichterstattung kaum möglich ist.

---

[90] Zum Erfordernis einer Doppelangabe in diesem Zusammenhang *Kumm/Woodtli*, Der Konzern 2016, 218, 221; *Mock*, in: Hachmeister/Kahle/Mock/Schüppen (Fn. 2), § 289c HGB Rn. 8; tendenziell auch Begr. RegE CSR-Richtlinie-Umsetzungsgesetz, BT-Drucks. 18/9982, S. 47, wonach das Erfordernis der Beschreibung im Lagebericht auf die nichtfinanzielle Erklärung ausgeweitet werden soll.

Dabei lassen sich im Wesentlichen die vier folgenden Arten von Mindestangaben unterschieden.[91]

(i) Angaben zur Beachtung bestimmter rechtlicher Vorgaben

Zunächst ist oftmals über die Beachtung bestimmter rechtlicher Vorgaben zu berichten, da die berichtpflichtigen Unternehmen darlegen müssen, inwiefern sie bestimmte Normen beachtet haben oder nicht. Dies ist etwa bei § 289c Abs. 2 Nr. 2 HGB bei der Umsetzung der grundlegenden Übereinkommen der internationalen Arbeitsorganisation, bei § 289c Abs. 2 Nr. 2 HGB bei der Achtung der Rechte der Arbeitnehmerinnen und Arbeitnehmer zur Information und Konsultation, bei § 289c Abs. 2 Nr. 2 HGB bei der Achtung der Rechte der Gewerkschaften und bei § 289c Abs. 2 Nr. 4 HGB bei der Achtung der Menschenrechte der Fall.

Die Besonderheit bei diesen Angaben ist, dass die §§ 289b ff., 315b ff. HGB für den internationalen Anwendungsbereich dieser Normen keinerlei Vorgaben machen. Dies ist aber aufgrund der häufig bestehenden Kollision unterschiedlicher Normen aus verschiedenen Rechtsordnungen vor allem bei einer weltweiten Tätigkeit eines Unternehmens zwingend notwendig, um keine widersprüchliche Berichterstattung zu riskieren.[92] Diese Regelungslücke muss durch entsprechende Analogien zum internationalen Privatrecht geschlossen werden, so dass stets danach zu fragen ist, wie das deutsche bzw. europäische internationale Privatrecht die für die CSR-Berichterstattung relevanten (inhaltlichen) Normen anknüpft. So muss etwa im Rahmen der Berichterstattung über Arbeitnehmerbelange stets geprüft werden, welches Arbeitsrecht jeweils zur Anwendung kommt.[93] Zudem dürfte die tatsächliche Durchsetzung von Normen in dem Land der Tätigkeit des berichtpflichtigen Unternehmens eine Rolle spielen, da eine Berichterstattung über die fehlende Beachtung (faktisch) nicht geltender Normen kaum verhältnismäßig sein dürfte.[94] Diese Einschränkung ist aber nicht im Rahmen der Berichterstattung über Menschenrechte zu beachten, da diese nicht an eine bestimmte nationale Rechtsordnung gekoppelt sind.[95]

---

[91] Mit dieser Systematik bereits *Mock,* in: Hachmeister/Kahle/Mock/Schüppen (Fn. 2), § 289c HGB Rn. 12 ff.; *ders.,* ZIP 2017, 1195, 1198 f.

[92] Dazu bereits *Mock,* in: Hachmeister/Kahle/Mock/Schüppen (Fn. 2), § 289c HGB Rn. 15.

[93] Ebenso *Mock,* in: Hachmeister/Kahle/Mock/Schüppen (Fn. 2), § 289c HGB Rn. 16.

[94] Mit dieser Einschränkung bereits *Mock,* in: Hachmeister/Kahle/Mock/Schüppen (Fn. 2), § 289c HGB Rn. 17.

[95] Ebenso *Mock,* in: Hachmeister/Kahle/Mock/Schüppen (Fn. 2), § 289c HGB Rn. 17.

(ii) Angaben zum Erreichen bestimmter Werte

Weiterhin ist über das Erreichen bestimmter Werte zu berichten, wie es etwa bei § 289c Abs. 2 Nr. 1 HGB bei den Angaben zu den Treibhausgasemissionen, zum Wasserverbrauch und zur Luftverschmutzung der Fall ist. Diese Werte sind lediglich anzugeben und müssen vor allem nicht in einen bestimmten Kontext gesetzt oder kommentiert werden.[96]

(iii) Angaben über die von der Kapitalgesellschaft ergriffenen Maßnahmen

Zudem sind Angaben über die von der Kapitalgesellschaft ergriffenen Maßnahmen Berichtsinhalt, die allgemein und ohne Beachtung eines bestimmten Formats dargestellt werden müssen. Dies ist bei § 289c Abs. 2 Nr. 1 HGB bei der Nutzung von erneuerbaren und nicht erneuerbaren Energien, bei § 289c Abs. 2 Nr. 2 HGB bei der Angabe der Arbeitsbedingungen und bei § 289c Abs. 2 Nr. 3 HGB bei dem Dialog auf kommunaler oder regionaler Ebene der Fall.

(iv) Angaben über das Erreichen bestimmter Ziele

Schließlich sind auch Angaben über das Erreichen bestimmter Ziele ein häufiger Berichtsinhalt. Dies trifft vor allem bei § 289c Abs. 2 Nr. 1 HGB beim Schutz der biologischen Vielfalt, bei § 289c Abs. 2 Nr. 2 HGB bei den Maßnahmen zur Gewährleistung der Geschlechtergleichstellung, bei § 289c Abs. 2 Nr. 2 HGB beim Gesundheitsschutz, bei § 289c Abs. 2 Nr. 2 HGB bei der Sicherheit am Arbeitsplatz, bei § 289c Abs. 2 Abs. 2 Nr. 3 HGB bei der Sicherstellung des Schutzes und der Entwicklung lokaler Gemeinschaften und bei § 289c Abs. 2 Nr. 4 HGB bei Maßnahmen zur Vermeidung von Menschenrechtsverletzungen zu. Dabei kann eine allgemeine Beschreibung nicht ausreichen. Vielmehr bedarf es in diesem Zusammenhang einer Erläuterung, ob die von der Kapitalgesellschaft ergriffenen Maßnahmen tatsächlich zu einer Erreichung des jeweiligen Ziels geführt haben.[97]

(2) Umweltbelange (§§ 289c Abs. 2 Nr. 1, 315c Abs. 1 HGB)

Zu den berichtspflichtigen Aspekten gehören zunächst die Umweltbelange. Diese werden in § 289c Abs. 2 Nr. 1 HGB als Angaben über Treibhausgasemissionen, den Wasserverbrauch, die Luftverschmutzung, die Nutzung von erneuerbaren und nicht erneuerbaren Energien oder den Schutz der biologischen Vielfalt konkretisiert. Weiterhin sind als Umweltbelange auch Angaben über die Gesundheit, die Umweltsicherheit und die Bodenbelastung zu ver-

---

[96] *Mock,* in: Hachmeister/Kahle/Mock/Schüppen (Fn. 2), § 289c HGB Rn. 18.
[97] *Mock,* in: Hachmeister/Kahle/Mock/Schüppen (Fn. 2), § 289c HGB Rn. 22.

stehen, soweit diese für das berichtspflichtige Unternehmen von Belang sind.[98] Das berichtspflichtige Unternehmen kann in diesem Zusammenhang auch auf globale Umwelt- und Klimaziele Bezug nehmen.[99] Die Berichterstattung über Umweltbelange bezieht sich auf Rechtsverstöße im Zusammenhang mit Umweltschutzvorschriften, so dass etwa auch über Entwicklungen wie den VW-Diesel-Abgasskandal berichtet werden müsste.[100] Nicht zu den Umweltbelangen dürfte aber der Tierschutz zählen, da sich dieser nicht zwangsläufig auf in freier Wildbahn lebende Tiere und damit die Umwelt als solche beschränkt.[101]

Die Berichterstattung über Umweltbelange steht in einem gewissen Spannungsverhältnis zu den Verpflichtungen der berichtspflichtigen Unternehmen nach §§ 10 Abs. 1, 2 Abs. 1 Nr. 2, Abs. 2 Umweltinformationsgesetz (UIG). Da beide Berichtspflichten keinerlei Bezug aufeinander nehmen, muss davon ausgegangen werden, dass diese getrennt voneinander erfüllt werden müssen.[102]

(3) Arbeitnehmerbelange (§§ 289c Abs. 2 Nr. 2, 315c Abs. 1 HGB)

Weiterhin ist über Arbeitnehmerbelange zu berichten, zu denen Maßnahmen, die zur Gewährleistung der Geschlechtergleichstellung ergriffen wurden, die Arbeitsbedingungen, die Umsetzung der grundlegenden Übereinkommen der Internationalen Arbeitsorganisation, die Achtung der Rechte der Arbeitnehmerinnen und Arbeitnehmer, informiert und konsultiert zu werden, den sozialen Dialog, die Achtung der Rechte der Gewerkschaften, den Gesundheitsschutz oder die Sicherheit am Arbeitsplatz gehören können. Zu diesen Angaben zählen auch die Personalplanung im Hinblick auf Fachkräfte, die Krankheitsquoten und die Unfall- und Fluktuationsraten.[103] Hinsichtlich der Maßnahmen zur Gewährleistung der Geschlechtergleichstellung muss beachtet werden, dass §§ 289c Abs. 2 Nr. 2, 315c Abs. 1 HGB bei diesen Angaben – im Gegensatz zur Rechtslage im Rahmen der (sonstigen) Lageberichterstattung – nicht zwischen verschiedenen Arbeitnehmern, Angestellten oder Organträgern unterscheidet, so dass in diesem Zusammenhang kein einfacher Verweis auf die Angaben nach § 289f Abs. 2 Nr. 4 oder Nr. 5 HGB ausreicht. Schließlich scheinen §§ 289c Abs. 2 Nr. 2, 315c Abs. 1 HGB dem berichtspflichtigen Unternehmen bei den Übereinkommen der Internationalen Arbeitsorganisation eine (Aus-)Wahlmöglichkeit einzuräumen, da nur die grundle-

---

[98] So ausdrücklich Begr. RegE CSR-Richtlinie-Umsetzungsgesetz, BT-Drucks. 18/9982, S. 47.

[99] Begr. RegE CSR-Richtlinie-Umsetzungsgesetz, BT-Drucks. 18/9982, S. 47.

[100] *Rehbinder*, FS Baums, 2017, S. 959, 967 f.

[101] *Mock*, in: Hachmeister/Kahle/Mock/Schüppen (Fn. 2), § 289c HGB Rn. 25.

[102] Kritisch hinsichtlich des sich daraus ergebenden Mehraufwands *Mock*, in: Hachmeister/Kahle/Mock/Schüppen (Fn. 2), § 289c HGB Rn. 27.

[103] Begr. RegE CSR-Richtlinie-Umsetzungsgesetz, BT-Drucks. 18/9982, S. 47.

genden Übereinkommen beachtet werden müssen. Tatsächlich dürfte sich der Begriff der grundlegenden Übereinkommen aber nur auf diejenigen beziehen, die von der überwiegenden Mehrzahl der Mitgliedstaaten der Internationalen Arbeitsorganisation ratifiziert wurden.[104] Zudem muss für §§ 289c Abs. 2 Nr. 2, 315c Abs. 1 HGB in Bezug auf die Übereinkommen der Internationalen Arbeitsorganisation eine räumliche Beschränkung dahingehend angenommen werden, dass für die berichtspflichtigen Unternehmen die Übereinkommen dann nicht relevant sind, wenn in dem entsprechenden Land, in dem das berichtspflichtige Unternehmen tätig ist, das jeweilige Übereinkommen nicht ratifiziert wurde. Anderenfalls würde die Hoheit der Mitgliedstaaten der Internationalen Arbeitsorganisation über die Ratifizierung der Übereinkommen faktisch umgangen werden.[105] Vielmehr muss auch im Rahmen der CSR-Berichterstattung der Grundsatz der regionalen Geltung Anwendung finden. Für die Prüfung dieser Angaben zu Arbeitnehmerbelangen kommt den Aufsichtsratsmitgliedern der Arbeitnehmerseite eine besondere Verantwortlichkeit zu (siehe VI.1.).

(4) Sozialbelange (§§ 289c Abs. 2 Nr. 3, 315c Abs. 1 HGB)

Zudem ist auf die Sozialbelange einzugehen, bei denen es sich nach § 289c Abs. 2 Nr. 3 HGB um Angaben über den Dialog auf kommunaler oder regionaler Ebene oder auf die zur Sicherstellung des Schutzes und der Entwicklung lokaler Gemeinschaften ergriffenen Maßnahmen handeln soll. Davon erfasst werden vor allem Spenden und andere Arten von Zuwendungen an öffentliche Einrichtungen oder gemeinnützige Organisationen wie etwa *Sponsoring*. Zur Vermeidung einer ausufernden Berichterstattung muss insofern eine Bagatellgrenze gelten, die sich nach der Größe der Kapitalgesellschaft richtet.[106] Schließlich ist zu beachten, dass gewisse Überschneidungen mit der Berichterstattung über die Bekämpfung von Korruption und Bestechung nach §§ 289c Abs. 2 Nr. 5, 315c Abs. 1 HGB gegeben sind (siehe IV.3.b)cc)(6)).

(5) Achtung der Menschenrechte (§§ 289c Abs. 2 Nr. 4, 315c Abs. 1 HGB)

Außerdem ist auf die Achtung der Menschenrechte durch das berichtspflichtige Unternehmen einzugehen. Dazu zählen ausweislich § 289c Abs. 2 Nr. 4 HGB auch Angaben über ergriffene Maßnahmen zur Vermeidung von Menschenrechtsverletzungen. Die inhaltliche Reichweite dieses Berichtsinhalts dürfte rechtspolitisch die wohl größte *Sprengkraft* besitzen und ist im Augenblick kaum auszumachen. Das Hauptproblem liegt dabei vor allem darin, dass die meisten Menschenrechtserklärungen selbst nicht von einer Bindung pri-

---

[104] *Mock*, in: Hachmeister/Kahle/Mock/Schüppen (Fn. 2), § 289c HGB Rn. 30.
[105] Ebenso *Mock*, in: Hachmeister/Kahle/Mock/Schüppen (Fn. 2), § 289c HGB Rn. 30.
[106] Ebenso *Mock*, in: Hachmeister/Kahle/Mock/Schüppen (Fn. 2), § 289c HGB Rn. 31.

vater Unternehmen ausgehen bzw. eine solche Bindung bisher nicht anerkannt ist. Dies gilt vor allem für die Europäische Menschenrechtskonvention (Art. 1 EMRK)[107] oder die Europäische Grundrechte-Charta (Art. 51)[108]. Hinzu kommt, dass weltweit eine enorme Vielzahl von Menschenrechtskonventionen oder -erklärungen existiert und es insofern an einem internationalen Privatrecht für die Bestimmung der auf die berichtspflichtigen Unternehmen anwendbaren Menschenrechtskonventionen fehlt. Weiterhin ist bei den Menschenrechten zu beachten, dass eine Vielzahl von Menschenrechten durch die berichtspflichtigen Unternehmen kaum verletzt werden können. Dies gilt beispielsweise für die Versammlungsfreiheit (Art. 11 EMRK), das Recht auf Achtung des Familienlebens (Art. 8 EMRK) oder das Recht auf Eheschließung (Art. 12 EMRK). Schließlich ist derzeit noch nicht absehbar, inwiefern eine Berichtspflicht auch dann besteht, wenn die Menschenrechtsverletzungen nicht von dem berichtspflichtigen Unternehmen selbst, sondern von staatlichen Einrichtungen begangen wurden, die berichtspflichtigen Unternehmen diese Menschenrechtsverletzungen aber verursachen. Dies ist etwa bei der Einschaltung staatlicher Hoheitsträger gegen Demonstranten oder Arbeitnehmer der Fall, wie es in rechtsstaatlich unterentwickelten Staaten häufig der Fall ist. Diesen Fällen mag man mit allgemeinen Zurechnungs- oder Kausalitätserwägungen begegnen können, die allerdings erst noch für die CSR-Berichterstattung entwickelt werden müssten.

(6) Bekämpfung von Korruption und Bestechung (§§ 289c Abs. 2 Nr. 5, 315c Abs. 1 HGB)

Schließlich muss über die Bekämpfung von Korruption und Bestechung berichtet werden. Insofern können die berichtspflichtigen Unternehmen nach § 289c Abs. 2 Nr. 5 HGB auch Angaben darüber machen, welche Instrumente zur Bekämpfung von Korruption und Bestechung sie vorhalten.

(7) Entwicklung eines allgemeinen Maßstabs zur Entwicklung des CSR-Berichtsinhalts als Basis für weitere Berichtsinhalte

Da § 289c Abs. 2 HGB ausdrücklich darauf verweist, dass sich die nichtfinanzielle Erklärung *zumindest* auf die dort genannten Aspekte beziehen muss,

---

[107] Zur fehlenden Drittwirkung und Bindungswirkung für (privatrechtliche) Kapitalgesellschaften vgl. *Meyer-Ladewig/Nettesheim,* in: Meyer-Ladewig/Nettesheim/von Raumer (Hrsg.), EMRK, 4. Aufl., 2017, Art. 1 Rn. 19 f.

[108] Zur fehlenden Drittwirkung und Bindungswirkung für (privatrechtliche) Kapitalgesellschaften vgl. *Borowsky,* in: Meyer, Charta der Grundrechte der Europäischen Union, 4. Aufl., 2014, Art. 51 Rn. 16; *Jarass,* Charta der Grundrechte der EU, 3. Aufl., 2016, Art. 51 Rn. 1.

ist diese Aufzählung nicht abschließend.[109] Auch wenn dies nach dem Wortlaut und den Gesetzgebungsmaterialien eindeutig ist, bleibt die Frage, welche
zusätzlichen Berichtsinhalte für die nichtfinanzielle Erklärung bzw. den nichtfinanziellen Bericht berücksichtigt werden müssen. Betrachtet man die nichtfinanzielle Erklärung bzw. den nichtfinanziellen Bericht als ein Informations-
instrument der berichtspflichtigen Unternehmen über die Nachhaltigkeit ihrer
Unternehmenstätigkeit[110], bleibt für weitere Berichtsinhalte kein wirklicher
Raum, da § 289c Abs. 2 HGB die dafür relevanten Aspekte[111] alle nennt.

Insofern dürfte vor allem eine Berichterstattungspflicht über die unternom-
menen Anstrengungen und Maßnahmen im Bereich der Steuervermeidung
bzw. -optimierung ausgeschlossen sein. Zwar könnte diese als Berichtsgegen-
stand aufgrund der inzwischen hohen Sensibilität dieser Thematik der Betrof-
fenheit aller großen Unternehmen durchaus als Aspekt der Nachhaltigkeit
verstanden werden. Allerdings ist eine Ausnutzung der legalen (!) Möglichkeiten zur Steuervermeidung bzw. -optimierung aufgrund der damit verbundenen
Einnahmenausfälle des Staates bzw. der Gemeinden lediglich mittelbarer
Natur, auch wenn sie zwangsläufig soziale Auswirkungen hat. Zudem fehlt es
für diese Berichterstattung schon an einer hinreichend klaren Vergleichsbasis
einer Art von Sollbesteuerung.

Ebenso dürften Parteispenden grundsätzlich nicht als eigenständiger Berichtsinhalt anzuerkennen sein. Denn auch wenn mit Parteispenden Sozialbelange – jedenfalls auf kommunaler und regionaler Ebene (§ 289c Abs. 2 Nr. 3
HGB) – betroffen sein können, berühren diese die Nachhaltigkeit der Tätigkeit der berichtspflichtigen Unternehmen nicht. Auch aus der Pflicht zur Berichterstattung über die Bekämpfung von Korruption und Bestechung (§ 289c
Abs. 2 Nr. 5 HGB) dürfte sich eine Erfassung von Parteispenden grundsätzlich nicht ableiten lassen, solange die Parteispenden jedenfalls im Rahmen
der gesetzlichen Vorschriften geleistet wurden. Allerdings dürften Parteispenden in Ländern mit einem korruptionsanfälligen Regierungsapparat vor dem
Hintergrund von § 289c Abs. 2 Nr. 5 HGB berichtspflichtig sein.

dd) Art und Weise der CSR-Berichterstattung (§§ 289c Abs. 3, 315c
Abs. 2 HGB)

Neben den Mindestangaben wird auch die Art und Weise der CSR-Berichterstattung vorgegeben.

---

[109] So ausdrücklich Begr. RegE CSR-Richtlinie-Umsetzungsgesetz, BT-Drucks. 18/9982,
S. 47 (*kein Bestehen einer Check-Liste*).
[110] Zu den einzelnen Zwecken siehe III.1.
[111] Siehe insbesondere zum sogenannten Drei-Säulen-Modell III.1.c).

(1) Allgemeine Angaben (§§ 289c Abs. 3 S. 1 Hs. 1, 315c HGB)

Dabei sind nach § 289c Abs. 3 S. 1 Hs. 1 HGB zunächst diejenigen Angaben zu machen, die für das Verständnis des Geschäftsverlaufs, des Geschäftsergebnisses, der Lage der Kapitalgesellschaft sowie der Auswirkungen ihrer Tätigkeit auf die Mindestberichtsinhalte erforderlich sind. Bei den Angaben zum Geschäftsverlauf besteht eine Parallele zu § 289 Abs. 3 HGB, wonach jedenfalls die großen Kapitalgesellschaften im Lagebericht ebenfalls auf den Geschäftsverlauf eingehen müssen. Hinsichtlich des Geschäftsergebnisses muss erläutert werden, inwiefern dieses durch Maßnahmen im CSR-Bereich beeinflusst wurde, ohne dass dabei aber konkrete Zahlen genannt werden müssen.[112] Schließlich muss die Lage der Kapitalgesellschaft erläutert werden, über die ebenfalls schon generell im Lagebericht (§ 289 Abs. 3 HGB) berichtet werden muss. Maßgeblich muss in diesem Zusammenhang das Verständnis eines durchschnittlichen Adressaten der Berichterstattung sein. Da sich die CSR-Berichterstattung nicht nur an Anleger, sondern auch an die Allgemeinheit richtet[113], muss insofern ein großzügiger Maßstab angelegt werden, um dem Regelungszweck der Berichterstattung hinreichend Rechnung zu tragen.

(2) Beschreibung der Konzepte (§§ 289c Abs. 3 Nr. 1, 315c Abs. 1 HGB)

Weiterhin verlangen §§ 289c Abs. 3 Nr. 1, 315c Abs. 1 HGB eine Beschreibung der von der Kapitalgesellschaft verfolgten Konzepte, einschließlich der von der Kapitalgesellschaft angewandten Due-Diligence-Prozesse. Dies erfordert zunächst eine Aufzählung und Beschreibung aller CSR-relevanten Maßnahmen im Berichtszeitraum.[114] Weiterhin muss erörtert werden, wie die Unternehmensführung an diese Maßnahmen gebunden gewesen ist und welche Prozesse und Verfahren zur Sicherstellung eingeleitet wurden.[115] Dies bedeutet aber nicht, dass über bestimmte Zielerreichungsprozesse zur Verbesserung einer nachhaltigen Unternehmenspolitik berichtet werden muss, da § 289c Abs. 3 Nr. 1 HGB insofern ergebnisoffen ist und derartige Erweiterungen der Berichtspflicht im Gesetzgebungsverfahren[116] abgelehnt wurden.[117] Werden von dem berichtspflichtigen Unternehmen keinerlei Konzepte verfolgt, muss dies nach §§ 289c Abs. 4, 315c Abs. 1 HGB gesondert begründet werden.

---

[112] *Mock,* in: Hachmeister/Kahle/Mock/Schüppen (Fn. 2), § 289c HGB Rn. 46.

[113] Siehe III.1.

[114] Begr. RegE CSR-Richtlinie-Umsetzungsgesetz, BT-Drucks. 18/9982, S. 49.

[115] Begr. RegE CSR-Richtlinie-Umsetzungsgesetz, BT-Drucks. 18/9982, S. 49.

[116] Begr. RegE CSR-Richtlinie-Umsetzungsgesetz, BT-Drucks. 18/9982, S. 49.

[117] Ebenso *Mock,* in: Hachmeister/Kahle/Mock/Schüppen (Fn. 2), § 289c HGB Rn. 52.

(3) Ergebnis der Konzepte (§§ 289c Abs. 3 Nr. 2, 315c Abs. 1 HGB)

Zudem müssen die Ergebnisse dieser Konzepte dargelegt werden. Diese Ergebnisse müssen von den berichtspflichtigen Unternehmen nicht begründet oder kommentiert werden. Allerdings dürfte vor allem bei einem negativen Ergebnis eine faktische Begründungspflicht bestehen. Die Beschreibung der Ergebnisse nach §§ 289c Abs. 3 Nr. 2, 315c Abs. 1 HGB umfasst auch laufende Gerichtsprozesse mit einem eindeutigen CSR-Bezug.[118]

(4) Beschreibung der wesentlichen Risiken (§§ 289c Abs. 3 Nr. 3, 315c Abs. 1 HGB)

Weiterhin müssen die wesentlichen Risiken, die mit der eigenen Geschäftstätigkeit der Kapitalgesellschaft verknüpft sind und die sehr wahrscheinlich schwerwiegende negative Auswirkungen auf die Mindestangaben haben oder haben werden, sowie die Handhabung dieser Risiken durch die Kapitalgesellschaft, beschrieben werden (§§ 289c Abs. 3 Nr. 3, 315c Abs. 1 HGB). Davon umfasst sind nicht nur die bewusst, sondern auch die unbewusst eingegangenen Risiken, so dass das berichtspflichtige Unternehmen umfassend untersuchen muss, inwiefern durch seine Produkte und Dienstleistungen Nachhaltigkeitsaspekte berührt werden. Der Begriff der Wesentlichkeit muss vor dem Hintergrund der Zielsetzung der CSR-Berichterstattung ausgefüllt werden, so dass nur über solche Aspekte berichtet werden muss, bei denen ein nicht völlig unbeachtliches Medienecho ausgelöst wird.[119]

(5) Berichterstattung im Rahmen der sogenannten Lieferkette (§§ 289c Abs. 3 Nr. 4, 315c Abs. 1 HGB)

Zudem müssen auch Angaben zu den wesentlichen Risiken gemacht werden, die mit den Geschäftsbeziehungen der Kapitalgesellschaft, ihren Produkten und Dienstleistungen verknüpft sind und die sehr wahrscheinlich schwerwiegende negative Auswirkungen auf die Mindestangaben haben oder haben werden, soweit die Angaben von Bedeutung sind und die Berichterstattung über diese Risiken verhältnismäßig ist, sowie die Handhabung dieser Risiken durch die Kapitalgesellschaft (§§ 289c Abs. 3 Nr. 4, 315c Abs. 1 HGB). Dieser auch als Berichterstattung über die *Lieferkette*[120] bezeichnete Berichtsinhalt dürfte den wohl kontroversesten Teil der Berichterstattung darstellen, da mit

---

[118] *Mock,* in: Hachmeister/Kahle/Mock/Schüppen (Fn. 2), § 289c HGB Rn. 56.

[119] Ebenso *Mock,* in: Hachmeister/Kahle/Mock/Schüppen (Fn. 2), § 289c HGB Rn. 58; in diesem Sinne wohl auch Begr. RegE CSR-Richtlinie-Umsetzungsgesetz, BT-Drucks. 18/9982, S. 50 f.

[120] Dieser Begriff geht zurück auf Erwägungsgrund Nr. 8 CSR-Richtlinie; Begr. RegE CSR-Richtlinie-Umsetzungsgesetz, BT-Drucks. 18/9982, S. 51.

diesem – je nach Auslegung – eine erhebliche Ausweitung der CSR-Bericht-erstattung verbunden sein kann.

(i) Regelungsansatz für die Berichterstattung über die Lieferkette

Die Erstreckung der Berichterstattung auf die Lieferkette fußt auf mehreren Begründungsansätzen. Zunächst wäre mit einer Beschränkung der CSR-Berichterstattung auf das berichtspflichtige Unternehmen selbst eine erhebliche Einschränkung verbunden, da CSR-relevante Tatsachen oftmals lediglich bei den Zulieferern auftreten.[121] Weiterhin könnte durch eine simple Auslagerung der Produktion oder der Erbringung von Dienstleistungen auf externe Dienst-leister die CSR-Berichterstattung erheblich manipuliert und damit sinnentleert werden. Die CSR-Berichterstattung wäre dann nahezu vollständig ein Aspekt einer (willkürlichen) Bilanzpolitik.[122] Schließlich ist die Berichterstattung über die Lieferkette auch ein wirkungsvolles Instrument, die ordnungspolitische Zielsetzung der Förderung nachhaltiger Unternehmenspolitik zu verfolgen, da die berichtspflichtigen Unternehmen auch ihre Geschäftspartner drängen, sich mit dem Thema Nachhaltigkeit auseinanderzusetzen, da anderenfalls das be-richtspflichtige Unternehmen selbst über CSR-relevante Verstöße anderer berichten muss. Diese Gefahr der *eigenen Berichterstattung über die Fehler anderer* zwingt die berichtspflichtigen Unternehmen letztlich, die Geschäfts-beziehungen mit nicht nachhaltig ausgerichteten Unternehmen zur Aufrecht-erhaltung oder Steigerung der eigenen Außenwirkung abzubrechen oder je-denfalls zu überdenken. Damit ist zugleich eine erhebliche mittelbare Aus-weitung des Anwendungsbereichs der CSR-Berichterstattung[123] verbunden.

(ii) Inhalt der Berichtspflicht

Hauptproblem der Berichterstattung über die Lieferkette ist deren Reichweite, die durch §§ 289c Abs. 3 Nr. 4, 315c Abs. 1 HGB letztlich nicht hinreichend vorgegeben wird und die auch im Rahmen des Gesetzgebungsverfahrens trotz entsprechender Kontroversen nicht konkretisiert wurde.[124]

(a) Tiefe der Lieferkette

Zunächst stellt sich in diesem Zusammenhang die Frage, ob die Lieferkette auf eine bestimmte Anzahl von Ebenen oder Stufen beschränkt werden kann

---

[121] *Mock,* in: Hachmeister/Kahle/Mock/Schüppen (Fn. 2), § 289c HGB Rn. 60; in die-sem Sinne wohl auch Begr. RegE CSR-Richtlinie-Umsetzungsgesetz, BT-Drucks. 18/9982, S. 51.

[122] *Mock,* in: Hachmeister/Kahle/Mock/Schüppen (Fn. 2), § 289c HGB Rn. 60.

[123] Zum eingeschränkten Anwendungsbereich siehe IV.2.

[124] Vgl. etwa die Empfehlungen der Ausschüsse zum RegE CSR-Richtlinie-Umsetzungs-gesetz, BR-Drucks. 547/1/16, S. 3.

(sogenannte *Tiefe der Lieferkette*). Da dies im Gesetzgebungsverfahren ausdrücklich trotz intensiver Debatten abgelehnt wurde, kann eine entsprechende einschränkende Auslegung von §§ 289c Abs. 3 Nr. 4, 315c Abs. 1 HGB nicht vorgenommen werden.[125] Daher muss das berichtspflichtige Unternehmen nicht nur seine unmittelbaren Geschäftspartner, sondern auch deren Geschäftspartner auf CSR-relevante Verstöße überprüfen. Damit ist eine nicht unerhebliche Ausweitung des Anwendungsbereichs der CSR-Berichterstattung verbunden. Denn auch wenn Unternehmen selbst nicht in den Anwendungsbereich von §§ 289b, 315b HGB fallen, kann sich für diese trotzdem eine mittelbare CSR-Berichterstattung ergeben, wenn sie mit von der CSR-Berichterstattungspflicht erfassten Unternehmen in geschäftlichen Beziehungen stehen. Zum Problem der Erlangung der Informationen durch die Kapitalgesellschaft von anderen Unternehmen siehe IV.3.b)dd)(5)(iii).

(b) Umgekehrte Lieferkette

Weiterhin schließt der Wortlaut von §§ 289c Abs. 3 Nr. 4, 315c Abs. 1 HGB nicht sicher aus, dass von der Berichtspflicht nur die Lieferanten des berichtspflichtigen Unternehmens erfasst sind. Durch das Abstellen auf die *Geschäftsbeziehungen der Kapitalgesellschaft* in § 289c Abs. 3 Nr. 4 HGB liegt es vielmehr nahe, auch die Abnehmer der Produkte und Dienstleistungen des berichtspflichtigen Unternehmens zu erfassen (sogenannte *umgekehrte Lieferkette*[126]). Insofern könnte zwar erwogen werden, die Formulierung *Geschäftsbeziehungen der Kapitalgesellschaft* in § 289c Abs. 3 Nr. 4 HGB einschränkend auszulegen, zumal die CSR-Richtlinie in Erwägungsgrund Nr. 8[127] und auch die Gesetzesbegründung[128] den Begriff der Lieferkette verwendet. Dabei muss aber angezweifelt werden, ob damit tatsächlich eine eindeutige Begriffsdeutung in Richtung Zulieferer unter Ausschluss der Kunden gemeint ist, so dass auch dieser Aspekt die Erfassung der umgekehrten Lieferkette nicht ausschließt.

Dieser Aspekt dürfte vor allem für Kredit- und Finanzdienstleistungsinstitute relevant sein, da diese dann prüfen müssen, ob die von ihnen angebotenen Finanzprodukte und -dienstleistungen auch von Unternehmen nachge-

---

[125] Ebenso *Mock*, in: Hachmeister/Kahle/Mock/Schüppen (Fn. 2), § 289c HGB Rn. 61.

[126] Mit diesem Begriff *Mock*, in: Hachmeister/Kahle/Mock/Schüppen (Fn. 2), § 289c HGB Rn. 62.

[127] Erwägungsgrund Nr. 8 CSR-Richtlinie lautet:
„Die Risiken nachteiliger Auswirkungen können aus eigenen Tätigkeiten des Unternehmens herrühren oder mit seiner Geschäftstätigkeit und, falls dies relevant und verhältnismäßig ist, seinen Erzeugnissen, Dienstleistungen und Geschäftsbeziehungen, einschließlich seiner *Lieferkette und seiner Kette von Subunternehmern*, verknüpft sein. Dies sollte nicht zu übermäßigem Verwaltungsaufwand für kleine und mittlere Unternehmen führen" (Hervorhebung durch den Verfasser).

[128] Begr. RegE CSR-Richtlinie-Umsetzungsgesetz, BT-Drucks. 18/9982, S. 51.

fragt werden, die typischerweise CSR-relevante Probleme haben. Das Gleiche gilt bei Dienstleistungen, die von für die Begehung von Menschenrechtsverletzungen bekannten Staaten etwa im Rahmen der Staatsfinanzierung (z.B. durch die Emission von Staatsanleihen) nachgefragt werden.[129] Damit wird den berichtspflichtigen Unternehmen nicht nur eine erhebliche Nachforschungspflicht hinsichtlich ihrer Kunden, sondern auch eine problematische Form der Unternehmenskommunikation aufgebürdet, da sie letztlich öffentlich dazu Stellung nehmen müssen, inwiefern ihre Kunden CSR-relevante Verstöße begehen oder nicht. Da die Sensibilisierung für Nachhaltigkeit und das Entstehen eines öffentlichen Drucks aber eindeutige Ziele der CSR-Berichterstattung sind[130], müssen derartige Nebeneffekte in Kauf genommen werden. In diesem Zusammenhang ist es auch nicht ausreichend, abstrakt über eine CSR-Gefährdungslage von den eigenen Produkten oder Dienstleistungen zu sprechen. Sobald dem berichtspflichtigen Unternehmen konkrete CSR-relevante Aspekte bekannt sind, muss darüber so konkret wie möglich berichtet werden, da nur dann dem Informationsbedürfnis der Adressaten entsprochen wird. Zur Art und Weise der Berichterstattung über die Lieferkette siehe IV.3.b)dd)(5)(ii)(d).

(c) Sehr wahrscheinlich schwerwiegende negative Auswirkungen und Verhältnismäßigkeit

Eine erhebliche Einschränkung erfährt die Berichterstattung über die Lieferkette dadurch, dass nach § 289c Abs. 3 Nr. 4 HGB dafür sehr wahrscheinlich schwerwiegende negative Auswirkungen erforderlich sind. Damit dürfen die schwerwiegenden negativen Auswirkungen nicht nur theoretisch möglich, sondern müssen vielmehr sehr wahrscheinlich sein. Letzteres dürfte nur dann gegeben sein, wenn eine Wahrscheinlichkeit von mehr als 75 % besteht, da sich anderenfalls keine sinnvolle Abgrenzung zu einer bloßen (einfachen) Wahrscheinlichkeit vornehmen lässt. Für die Bestimmung des sehr wahrscheinlichen Eintritts spielt die Schwere der negativen Auswirkungen keine Rolle, da § 289c Abs. 3 Nr. 4 HGB beide Anforderungen nebeneinander nennt.

Weiterhin müssen die Angaben von Bedeutung und die Berichterstattung verhältnismäßig sein (§ 289c Abs. 3 Nr. 4 a.E. HGB). Die Verhältnismäßigkeit gewinnt vor allem bei einer fehlenden Mitwirkung der anderen Unternehmen gegenüber der Kapitalgesellschaft an Bedeutung, da die Kapitalgesellschaft nur einen angemessenen Aufwand betreiben muss, um die erforderlichen Informationen zu erhalten.[131] Keine Rolle spielt es hingegen, ob das berichtspflichtige Unternehmen eine Einflussnahmemöglichkeit auf die Geschäftspartner hat oder nicht, so dass die Berichterstattung nach § 289c Abs. 3 Nr. 4

---

[129] Vgl. *Mock,* in: Hachmeister/Kahle/Mock/Schüppen (Fn. 2), § 289c HGB Rn. 62 a.E.
[130] Siehe III.1.c).
[131] *Mock,* in: Hachmeister/Kahle/Mock/Schüppen (Fn. 2), § 289c HGB Rn. 65.

HGB nicht mit dem Argument eingeschränkt werden kann, dass die Kapital-gesellschaft versucht habe, negative Auswirkungen auf die in Abs. 2 genannten Aspekte zu verhindern, die Lieferanten oder Subunternehmer sich diesen Bemühungen aber verweigert hätten.[132]

(d) Art und Weise der Berichterstattung

Schließlich wird die Art und Weise der Berichterstattung durch § 289c Abs. 3 Nr. 4 HGB selbst nicht adressiert und lässt sich auch aus § 289c Abs. 3 HGB insgesamt kaum ableiten. Zentrales Problem dürfte dabei sein, inwiefern die einzelnen Geschäftspartner namentlich genannt werden müssen. Dies dürfte schon aus Gründen der Wahrung von Betriebsgeheimnissen im Grundsatz abzulehnen sein, auch wenn § 289e HGB auf diesen Aspekt nicht speziell eingeht. Allerdings muss eine namentliche Nennung der Geschäftspartner er-folgen, wenn das Bestehen der Geschäftsbeziehungen ohnehin öffentlich bekannt ist und ein besonderes CSR-Informationsbedürfnis besteht. Anderen-falls würde sich die CSR-Berichterstattung meist nur in allgemeinen und wenig relevanten Aussagen erschöpfen. Zudem lässt sich meist aus der Be-richterstattung selbst ohne weiteres ableiten, welcher Geschäftspartner kon-kret erfasst ist. Führt etwa ein berichtspflichtiges Unternehmen in seiner nichtfinanziellen Erklärung bzw. dem nichtfinanziellen Bericht aus, dass bei seinem Zulieferer für bestimmte Produkte Menschenrechtsverletzungen be-gangen und Umweltbestimmungen nicht beachtet werden, lässt sich meist ohne weiteres rekonstruieren, welches Unternehmen gemeint ist. Allerdings dürfte die namentliche Nennung einzelner Unternehmen vor dem Hintergrund des in diesem Zusammenhang geltenden Verhältnismäßigkeitsgrundsatzes (siehe IV.3.b)dd)(5)(ii)(c)) eher die Ausnahme sein.

Für die Berichterstattung gelten insoweit auch keine Ausnahmetatbestände für Unternehmen oder Geschäftspartner, die besonderen Verschwiegenheits-pflichten unterliegen, so dass vor allem auch Rechtsanwälte und Wirtschafts-prüfer erfasst sind. Diese können daher trotz der für sie geltenden besonderen Verschwiegenheitspflicht nicht verlangen, dass ihre Mandanten als berichts-pflichtige Unternehmen nicht über CSR-relevante Aspekte berichten.[133] Prak-tische Bedeutung dürfte dies im Hinblick auf freie Berufe vor allem hinsicht-lich der Arbeitnehmerbelange (§ 289c Abs. 3 Nr. 4 HGB)[134] haben.

---

[132] *Mock,* in: Hachmeister/Kahle/Mock/Schüppen (Fn. 2), § 289c HGB Rn. 66.
[133] Ebenso *Mock,* in: Hachmeister/Kahle/Mock/Schüppen (Fn. 2), § 289c HGB Rn. 69; *ders.,* ZIP 2017, 1195, 1199.
[134] Siehe dazu IV.3.b)cc)(3).

(iii) Erlangung der Informationen durch die Kapitalgesellschaft
von anderen Unternehmen

Die Berichterstattung über die Lieferkette stellt die berichtspflichtigen Unternehmen zudem vor das schwierige Problem der Beschaffung der relevanten Informationen. Da § 289c Abs. 3 Nr. 4 HGB dahingehend keine Regelung enthält und die Gesetzesbegründung[135] ausdrücklich betont, dass kein übermäßiger Verwaltungsaufwand für die kleinen und mittelständischen Unternehmen geschaffen werden soll, gelten in diesem Zusammenhang die allgemeinen Grundsätze. Daher kann das berichtspflichtige Unternehmen diese Informationen von seinen Geschäftspartnern nur verlangen, wenn entsprechende Auskunftsrechte vereinbart wurden. Ein entsprechender Anspruch aus § 242 BGB oder eine Pflicht zur Begründung entsprechender Auskunfts- oder Informationsrechte kann nicht angenommen werden.[136] Da es sich bei den berichtspflichtigen Unternehmen aber um börsennotierte Unternehmen handelt, dürften die erforderlichen Informationen aufgrund der Verhandlungsmacht meist gewährt werden.

(iv) Fehlende Mitwirkung oder Falschinformationen der Geschäftspartner
gegenüber dem berichtspflichtigen Unternehmen

Schließlich regelt § 289c Abs. 3 Nr. 4 HGB auch nicht, welche Folgen eine fehlende Mitwirkung oder Falschinformationen der Geschäftspartner gegenüber dem berichtspflichtigen Unternehmen haben. Dabei ist davon auszugehen, dass die fehlende Mitwirkung nicht zu einem Entfallen der Pflicht zur CSR-Berichterstattung führt.[137] Allerdings ist das berichtspflichtige Unternehmen dann auf eine CSR-Berichterstattung anhand dieser Informationen beschränkt. Zudem muss im Einzelfall der Hinweis in der nichtfinanziellen Erklärung bzw. dem Bericht gemacht werden, dass die Informationen nicht vollständig erlangt werden konnten. Bei Falschinformationen durch die Geschäftspartner ergeben sich Einschränkungen bei den möglichen Sanktionen des berichtspflichtigen Unternehmens und seiner Organmitglieder, da es dann meist an einem Verschulden fehlen wird.[138] Zudem dürfte ein solches Verhalten ein Kündigungsrecht (§ 314 BGB) für das berichtspflichtige Unternehmen begründen.

---

[135] Begr. RegE CSR-Richtlinie-Umsetzungsgesetz, BT-Drucks. 18/9982, S. 51.
[136] *Mock,* in: Hachmeister/Kahle/Mock/Schüppen (Fn. 2), § 289c HGB Rn. 68; *ders.,* ZIP 2017, 1195, 1999.
[137] *Mock,* in: Hachmeister/Kahle/Mock/Schüppen (Fn. 2), § 289c HGB Rn. 70.
[138] Dazu *Mock,* in: Hachmeister/Kahle/Mock/Schüppen (Fn. 2), § 289c HGB Rn. 71.

(6) Beschreibung der bedeutsamsten nichtfinanziellen Leistungsindikatoren (§§ 289c Abs. 3 Nr. 5, 315c Abs. 1 HGB)

Weiterhin müssen nach §§ 289c Abs. 3 Nr. 5, 315c Abs. 1 HGB die bedeutsamsten nichtfinanziellen Leistungsindikatoren beschrieben werden. Somit muss das berichtspflichtige Unternehmen wenigstens einen der Mindestinhalte nennen und diesen in der nichtfinanziellen Erklärung bzw. dem nichtfinanziellen Bericht hervorheben.[139]

(7) Hinweise auf im Jahresabschluss ausgewiesene Beträge (§§ 289c Abs. 3 Nr. 6, 315c Abs. 1 HGB)

Schließlich müssen Hinweise auf im Jahresabschluss ausgewiesene Beträge aufgenommen und zusätzliche Erläuterungen vorgenommen werden, wenn dies für das Verständnis erforderlich ist (§§ 289c Abs. 3 Nr. 6, 315c Abs. 1 HGB). Bei den von § 289 Abs. 3 Nr. 6 HGB erfassten Beträgen handelt es sich etwa um Rückstellungen oder ausgewiesene Aufwendungen für CSR-relevante Maßnahmen.[140] Damit werden die Adressaten in die Lage versetzt, hinreichend abschätzen zu können, welchen Aufwand das berichtspflichtige Unternehmen tatsächlich im Bereich der Nachhaltigkeit unternommen hat.

ee) Begründung bei fehlender Verfolgung von Konzepten (§§ 289c Abs. 4, 315c Abs. 1 HGB)

Es steht dem berichtspflichtigen Unternehmen frei, keinerlei Konzept einer nachhaltigen Unternehmenspolitik zu verfolgen.[141] In diesem Fall muss aber nach §§ 289c Abs. 4, 315c Abs. 1 HGB eine Begründung in die nichtfinanzielle Erklärung bzw. den Bericht aufgenommen werden, warum dies nicht der Fall ist. Dabei spielt es keine Rolle, ob das Fehlen eines solchen Konzepts allgemein nachvollziehbar ist.[142]

---

[139] *Mock,* in: Hachmeister/Kahle/Mock/Schüppen (Fn. 2), § 289c HGB Rn. 72.

[140] *Mock,* in: Hachmeister/Kahle/Mock/Schüppen (Fn. 2), § 289c HGB Rn. 73; *ders.,* ZIP 2017, 1195, 1999.

[141] Dazu ausführlich VIII.2.a).

[142] Begr. RegE CSR-Richtlinie-Umsetzungsgesetz, BT-Drucks. 18/9982, S. 52; ebenso *Mock,* in: Hachmeister/Kahle/Mock/Schüppen (Fn. 2), § 289c HGB Rn. 76.

4. Standardisierung der CSR-Berichterstattung (§§ 289d, 315c Abs. 3 HGB)

Zur leichteren Erstellung der nichtfinanziellen Erklärung oder des nichtfinanziellen Berichts ist es den berichtspflichtigen Unternehmen gestattet, nationale, europäische oder internationale Rahmenwerke zu nutzen (§§ 289d S. 1, 315 Abs. 3 HGB). Somit besteht keine Pflicht, auf ein bestimmtes Rahmenwerk zurückzugreifen oder auf ein solches zu verzichten. Mit dieser fehlenden Festlegung auf ein Rahmenwerk ist allerdings eine nicht unerhebliche Einschränkung der CSR-Berichterstattung verbunden, da mit der Maßgeblichkeit nur eines Rahmenwerkes eine allgemeine Vergleichbarkeit der nichtfinanziellen Erklärungen oder Berichte gegeben wäre. Aufgrund der jetzigen Rechtslage droht vielmehr eine vor allem in der inhaltlichen Ausrichtung und der Struktur stark abweichende Berichterstattung, die es den Adressaten nur bedingt ermöglicht, zwischen den Produkten oder Dienstleistungen mehrerer berichtspflichtiger Unternehmen zu unterscheiden.[143] Die fehlende Festlegung auf ein bestimmtes Rahmenwerk ist allerdings verfassungsrechtlich geboten,[144] denn bisher fehlt es bei den existierenden Standardsettern an einer Mandatierung durch den deutschen Gesetzgeber bzw. einem in irgendeiner Form gearteten Kontrollverfahren für die Erstellung der Rahmenwerke. Dies wird insbesondere deutlich, wenn man die institutionellen Absicherungen bei ähnlichen Regelungsinstrumenten betrachtet. So müssen etwa die IAS/IFRS das Komitologieverfahren durchlaufen, bevor sie von der Kommission für verbindlich erklärt werden.[145] Ein anderes Beispiel ist der Deutsche Corporate Governance Kodex (DCGK), der von einer Regierungskommission verabschiedet und vor der Veröffentlichung im Bundesanzeiger vom Bundesministerium der Justiz und für Verbraucherschutz jedenfalls grundsätzlich überprüft wird.[146] Solange es bei den CSR-Standardsettern an einer derartigen institutionellen Rückkopplung fehlt, muss es bei der in §§ 289d S. 1, 315 Abs. 3 HGB angeordneten fehlenden Maßgeblichkeit eines Standards bleiben.

Soweit das berichtspflichtige Unternehmen ein Rahmenwerk benutzt, muss dies in der nichtfinanziellen Erklärung bzw. dem Bericht ausdrücklich angegeben werden (§§ 289d S. 2 Hs. 1, 315c Abs. 3 HGB). Was unter einem Rahmenwerk im Sinne von § 289d HGB zu verstehen ist, bleibt offen. Diese Frage ist aber nicht von Bedeutung, da für jeden einzelnen Standard geprüft werden muss, ob den Vorgaben von §§ 289c, 315c HGB entsprochen wird.

---

[143] Ebenfalls das Erfordernis der Vergleichbarkeit betonend Beschlussempfehlung und Bericht des RA, BT-Drucks. 18/11450, S. 50.

[144] *Mock,* in: Hachmeister/Kahle/Mock/Schüppen (Fn. 2), § 289d HGB Rn. 4; *ders.,* ZIP 2017, 1195, 1999.

[145] Zu diesem Verfahren etwa *Mock* (Fn. 56), S. 78 f.

[146] Dazu *Bachmann,* in: Kremer/Bachmann/Lutter/Werder (Hrsg.), Deutscher Corporate Governance Kodex, 6. Aufl., 2016, Rn. 82 f.

Als Rahmenwerk gelten in jedem Fall aber die in der Gesetzesbegründung[147] ausdrücklich genannten Rahmenwerke. Kein Rahmenwerk stellen aber die *Leitlinien der Europäischen Kommission zur CSR-Berichterstattung*[148] dar. Bei der fehlenden Nutzung eines Rahmenwerks muss begründet werden, warum kein Rahmenwerk genutzt wurde (§§ 289d S. 2 Hs. 2, 315c Abs. 3 HGB). Somit besteht keine Pflicht zur Begründung, warum ein bestimmtes Rahmenwerk verwendet wurde. Auch wenn die Nutzung von Rahmenwerken die CSR-Berichterstattung zu vereinfachen scheint, dürften sich diese in der Praxis kaum durchsetzen. Nach dem bisherigen Stand ist nicht sicher, dass auch nur eines der existierenden Rahmenwerke tatsächlich alle in §§ 289c, 315c HGB genannten inhaltlichen Vorgaben für die nichtfinanzielle Erklärung bzw. den Bericht erfüllt. Somit laufen die berichtspflichtigen Unternehmen Gefahr, gegebenenfalls eine doppelte Fehlerhaftigkeit der nichtfinanziellen Erklärung bzw. des nichtfinanziellen Berichts zu begründen. Insofern könnten sie sowohl gegen das Rahmenwerk als auch gegen die inhaltlichen Vorgaben von § 289c HGB selbst verstoßen.

5. *Weglassen nachteiliger Angaben (§§ 289e, 315c Abs. 3 HGB)*

Die erforderlichen Berichtsinhalte finden schließlich – wie auch bei anderen Berichtspflichten[149] – eine Beschränkung durch den erforderlichen Schutz von Unternehmensinteressen. Nach §§ 289e, 315c Abs. 3 HGB sind keine Angaben zu künftigen Entwicklungen oder Belangen, über die Verhandlungen geführt werden, aufzunehmen. Voraussetzung dafür ist allerdings, dass die Angaben nach vernünftiger kaufmännischer Beurteilung der Mitglieder des vertretungsberechtigten Organs der Kapitalgesellschaft geeignet sind, der Kapitalgesellschaft einen erheblichen Nachteil zuzufügen (§ 289e Abs. 1 Nr. 1 HGB) und das Weglassen der Angaben ein den tatsächlichen Verhältnissen entsprechendes und ausgewogenes Verständnis des Geschäftsverlaufs, des Geschäftsergebnisses, der Lage der Kapitalgesellschaft und der Auswirkungen ihrer Tätigkeit nicht verhindert (§ 289e Abs. 1 Nr. 2 HGB). Zu beachten ist in diesem Zusammenhang, dass § 289e Abs. 1 Nr. 1 HGB ausdrücklich nicht auf eine objektive Eignung der Nachteilszufügung, sondern vielmehr auf eine Eignung nach vernünftiger kaufmännischer Beurteilung der Mitglieder des vertretungsberechtigten Organs der Kapitalgesellschaft abstellt. Somit muss

---

[147] Begr. RegE CSR-Richtlinie-Umsetzungsgesetz, BT-Drucks. 18/9982, S. 52; vgl. auch für eine weitere Aufzählung *Mock*, in: Hachmeister/Kahle/Mock/Schüppen (Fn. 2), § 289d HGB Rn. 11.

[148] Siehe Fn. 87.

[149] Derartige Beschränkungen für Veröffentlichungspflichten finden sich etwa bei Anhangangaben (§ 286 Abs. 2 Hs. 1 HGB – § 286 HGB Rn. 16 ff.), der Sonderprüfung (§§ 145 Abs. 6 S. 2, 259 Abs. 1 S. 3 AktG) oder den Auskunftsrechten von Gesellschaftern (§ 131 Abs. 3 AktG, § 51a Abs. 2 S. 1 GmbHG).

in diesem Zusammenhang die *business judgment rule* (§ 93 Abs. 1 S. 2 AktG) zur Anwendung kommen, so dass die nachträgliche Überprüfung der Richtigkeit dieser Annahme einer Eignung einer eingeschränkten Überprüfungsmöglichkeit unterliegt.[150] Die Möglichkeit des Weglassens nachteiliger Angaben entfällt allerdings, wenn die Voraussetzungen nicht mehr vorliegen (§§ 289e Abs. 2, 315c Abs. 3 HGB). In diesem Fall sind die entsprechenden Angaben in der nachfolgenden nichtfinanziellen Erklärung bzw. dem Bericht nachzuholen.

Keine weitere Beschränkung erfährt die CSR-Berichterstattung, wenn es sich bei einzelnen Angaben um Insiderinformationen handelt, denn sowohl das Insiderhandelsrecht als auch die Finanzberichterstattung sind zwei unabhängig voneinander stehende Regelungsgebiete.[151] Daher kann ein Aspekt in der nichtfinanziellen Erklärung bzw. in dem Bericht nicht mit der Begründung weggelassen werden, dass damit eine Insiderinformation (unrechtmäßig) offengelegt werden würde. Ebenso wenig kann eine Veröffentlichung einer CSR-relevanten Ad-hoc-Mitteilung nach Art. 17 Abs. 4 MAR mit der Begründung aufgeschoben werden, dass diese Information in der nächsten nichtfinanziellen Erklärung bzw. in dem Bericht enthalten sein wird.

V. Durchsetzung der Pflicht zur CSR-Berichterstattung

Die Durchsetzung der Pflicht zur CSR-Berichterstattung erfolgt durch das Bundesamt für Justiz (siehe V.1.). Eine privatrechtliche Durchsetzung ist hingegen nicht vorgesehen (siehe V.2.).

1. *Öffentlich-rechtliche Durchsetzung durch das Bundesamt für Justiz*

Das Bundesamt für Justiz kann nach § 335 HGB zur Durchsetzung der Pflicht zur CSR-Berichterstattung ein Ordnungsgeld verhängen. Da die CSR-Berichterstattung das Bestehen einer Kapitalmarktorientierung erfordert (§§ 289b Abs. 1 S. 1 Nr. 2, 315b Abs. 1 S. 1 Nr. 2 HGB)[152] kann dieses höchstens zehn Millionen Euro, fünf Prozent des jährlichen Gesamtumsatzes oder das Zweifache des aus der unterlassenen Offenlegung gezogenen wirtschaftlichen Vorteils betragen (§ 335 Abs. 1a, 1b HGB). Eine weitere Zuständigkeit der Bundesanstalt für Finanzdienstleistungsaufsicht (BaFin) oder der Europäischen Wertpapier- und Marktaufsichtsbehörde (ESMA) ist grundsätzlich nicht gegeben.[153] Etwas anderes gilt nur für ausländische berichtspflichtige

---

[150] *Mock,* in: Hachmeister/Kahle/Mock/Schüppen (Fn. 2), § 289d HGB Rn. 13.
[151] Ausführlich dazu *Mock,* in: KölnKomm WpHG, 2. Aufl., 2014, § 37v Rn. 33 f. m.w.N. zur Rechtslage vor der Geltung der Marktmissbrauchsverordnung.
[152] Siehe IV.2.a)bb).
[153] Dazu *Mock,* DB 2017, 2144, 2145; *ders.,* ZIP 2017, 1195, 1201.

Unternehmen als Inlandsemittenten (§ 2 Abs. 14 WpHG)[154], da bei diesen die §§ 289b ff., 315b ff. HGB keine direkte Anwendung finden.[155]

2. *(Keine) privatrechtliche Durchsetzung*

Eine privatrechtliche Durchsetzung ist hingegen nicht vorgesehen, was allerdings nicht ausschließt, dass sich eine solche aus allgemeinen Grundsätzen ergeben kann.

a) *(Kein) Anspruch der Gesellschafter der berichtspflichtigen Gesellschaft*

In Betracht kommt insofern zunächst die Durchsetzung im Wege der Leistungsklage durch Gesellschafter oder (andere) Anleger. Eine solche Durchsetzungsmöglichkeit muss jedoch bereits an dem fehlenden Bestehen eines solchen Anspruchs in handelsbilanziellen Zusammenhängen scheitern, da die Gesellschafter schon keinen durchsetzbaren Anspruch gegen den Vorstand auf Erstellung der Unternehmensabschlüsse haben.[156] Die Übernahme dieser bilanzrechtlichen Wertung im Rahmen der CSR-Berichterstattung ist aufgrund von deren nicht zwingender Verknüpfung mit dem Bilanzrecht[157] zwar nicht selbstverständlich. Allerdings erscheint eine gegenteilige Betrachtung für die CSR-Berichterstattung nicht angezeigt, zumal den Gesellschaftern im Rahmen der CSR-Berichterstattung eine deutlich mittelbarere Beeinträchtigung ihrer Rechte als im Bilanzrecht droht.[158]

b) *(Kein) Anspruch aus dem Lauterkeitsrecht*

Auch eine Durchsetzung durch das Lauterkeitsrecht muss im Ergebnis abgelehnt werden.[159] Insofern muss insbesondere ein Anspruch auf Beseitigung

---

[154] Siehe IV.2.a)aa).

[155] *Mock,* ZIP 2017, 1195, 1201.

[156] Für die AG dies schon für die Aufsichtsratsmitglieder ablehnend *Ekkenga,* in: KölnKomm AktG, 3. Aufl., 2015, § 170 Rn. 11; *Hennrichs/Pöschke,* in: MünchKomm AktG, 3. Aufl., 2013, § 170 Rn. 36; für die GmbH vgl. *Ekkenga,* in: MünchKomm GmbHG, 2. Aufl., 2015, § 29 Rn. 43; *Mock,* in: Michalski/Heidinger/Leible/J. Schmidt (Hrsg.), GmbHG, 3. Aufl., 2017, § 29 Rn. 19; *Müller,* in: Ulmer/Habersack/Löbbe (Hrsg.), GmbHG, 2. Aufl., 2014, § 29 Rn. 24; *Verse,* in: Scholz (Hrsg.), GmbHG, 11. Aufl., 2014, § 29 Rn. 17.

[157] Siehe II.6.

[158] Ebenso *Roth-Mingram,* NZG 2015, 1341, 1344 für die Feststellungsklage (§ 256 ZPO); *Mock,* ZIP 2017, 1195, 1201.

[159] *Mock,* in: Hachmeister/Kahle/Mock/Schüppen (Fn. 2), § 289b HGB Rn. 82; *ders.,* ZIP 2017, 1195, 1201 f.; *Seibt,* DB 2016, 2707, 2715; im Ergebnis auch *Kumm/Woodtli,* Der Konzern 2016, 218, 232; *Roth-Mingram,* NZG 2015, 1341, 1345; ausführlich dazu *Köhler,* in: Hilty/Henning-Bodewig (Hrsg.), Corporate Social Responsibilty, 2014, S. 161 ff.; vgl. auch OLG Köln NZG 2017, 992, wonach ein Verstoß gegen die handelsrechtliche Publizitätspflicht nach § 325 HGB keinen Rechtsbruch im Sinne von § 3a UWG darstellt.

oder Unterlassung einer bestimmten CSR-Berichterstattung nach § 8 UWG ausscheiden. Auch wenn die CSR-Berichterstattung für die Außenwirkung der berichtspflichtigen Gesellschaften Bedeutung haben kann[160], begegnet die Qualifikation der CSR-Berichterstattung als unzulässige geschäftliche Handlung im Sinne von § 8 UWG den gleichen Bedenken wie bei der (fehlenden) Annahme eines Anspruchs der Gesellschafter der berichtspflichtigen Gesellschaft[161]. Mit der Verortung der CSR-Berichterstattung im Bilanzrecht[162] hat der Gesetzgeber eine zentrale Weichenstellung vorgegeben, über die man sich nur aufgrund zwingender Gründe hinwegsetzen kann. Dies ist hinsichtlich des Lauterkeitsrechts aber gerade nicht der Fall, zumal man dann konsequenterweise einen entsprechenden Anspruch auch im Zusammenhang mit den (anderen) Berichtsinhalten des Lageberichts oder etwa des Anhangs annehmen oder jedenfalls kaum leistbare Abgrenzungen vornehmen müsste.

c) Verbraucherschutzrecht

Diese Erwägungen führen auch zu einem Ausschluss eines Anspruchs auf Beseitigung oder Unterlassung nach §§ 1, 2 UKlaG, da die fehlerhafte CSR-Berichterstattung nicht als verbraucherschutzgesetzwidrige Praktik betrachtet werden kann.[163] Dies gilt umso mehr, als im Gesetzgebungsverfahren Verbraucherschutzbelange ausdrücklich nicht als Berichtsinhalt bei §§ 289c Abs. 2, 315c Abs. 2 HGB aufgenommen wurden.[164]

d) (Keine) Korrektur der fehlenden privatrechtlichen Durchsetzung im Wege der richtlinienkonformen Auslegung

Diese fehlende Anwendung der privatrechtlichen Durchsetzungsmechanismen bedarf auch keiner Korrektur im Wege der richtlinienkonformen Auslegung. Zwar scheint Erwägungsgrund Nr. 10 CSR-Richtlinie[165] in eine andere Richtung zu deuten. Allerdings stellt dieser die entsprechenden Verfahren

---

[160] Siehe III.1. und III.1.b).
[161] Siehe V.2.a).
[162] Siehe II.6.
[163] *Mock*, in: Hachmeister/Kahle/Mock/Schüppen (Fn. 2), § 289b HGB Rn. 82; *ders.*, ZIP 2017, 1195, 1202; *Roth-Mingram*, NZG 2015, 1341, 1345.
[164] So etwa der Antrag einzelner Abgeordneter der Fraktion Bündnis 90/Die Grünen, BT-Drucks. 18/10030, S. 3.
[165] Erwägungsgrund Nr. 10 CSR-Richtlinie lautet:
„Die Mitgliedstaaten sollten sicherstellen, […] dass wirksame nationale Verfahren eingerichtet sind, mit denen die *Erfüllung der Pflichten nach dieser Richtlinie* gewährleistet wird, und dass diese Verfahren *allen natürlichen und juristischen Personen* offenstehen, die gemäß nationalem Recht ein berechtigtes Interesse daran haben, dass sichergestellt wird, dass die Bestimmungen dieser Richtlinie eingehalten werden." (Hervorhebung durch den Verfasser).

unter den Vorbehalt, dass die natürlichen oder juristischen Personen nach nationalem Recht ein berechtigtes Interesse haben, dass die Bestimmungen dieser Richtlinie eingehalten werden. Da dies im deutschen Recht nicht der Fall ist, würde die Annahme einer entsprechenden privatrechtlichen Durchsetzungsmöglichkeit im Wege der richtlinienkonformen Auslegung einen Zirkelschluss darstellen. Daher scheidet dieser Begründungsansatz aus.[166]

e) (Keine) Bindung an die nichtfinanzielle Erklärung bzw. den Bericht in Folgeverfahren

Schließlich kann sich auch keine mittelbare privatrechtliche Durchsetzung aufgrund einer Maßgeblichkeit der nichtfinanziellen Erklärung bzw. des Berichts in Folgegerichtsverfahren ergeben. Selbst wenn das berichtspflichtige Unternehmen im Rahmen der nichtfinanziellen Erklärung bzw. des Berichts etwa auf die Verletzung bestimmter Normen[167] eingeht, dürften diese Angaben im Rahmen eines Zivilprozesses nicht als zugestanden im Sinne von § 138 ZPO betrachtet werden. Vielmehr steht es dem berichtspflichtigen Unternehmen frei, abweichende Angaben zu machen, auch wenn dies aufgrund des damit verbundenen Eingeständnisses der Fehlerhaftigkeit der CSR-Berichterstattung und der entsprechenden (negativen) Medienwirkung eher selten der Fall sein dürfte. Aufgrund der zunehmenden Bedeutung von Schadenersatzklagen insbesondere wegen Menschenrechtsverletzungen dürfte in diesem Zusammenhang ein nicht zu unterschätzender Anwendungsbereich bestehen.

VI. Prüfung

Die bilanzrechtliche Verortung der CSR-Berichterstattung[168] wirkt sich vor allem auf deren Prüfung aus, da insofern die allgemeinen bilanz- bzw. gesellschaftsrechtlichen Prüfungsinstrumente zur Anwendung kommen, die allerdings nicht unerhebliche Einschränkungen erfahren. Dies gilt sowohl für die Prüfung durch den Aufsichtsrat (siehe VI.1.), die Prüfung durch den Abschlussprüfer (siehe VI.2.), die Prüfung im Rahmen des Enforcement-Verfahrens (siehe VI.3.) und die Sonderprüfung (siehe VI.4.). Eine besondere Rolle nimmt zudem die freiwillige Prüfung ein (siehe VI.5.).

---

[166] Ebenso *Mock,* in: Hachmeister/Kahle/Mock/Schüppen (Fn. 2), § 289b HGB Rn. 82.
[167] Zu den entsprechenden Berichtsinhalten siehe IV.3.b)cc)(1)(i).
[168] Siehe II.6.

1. Aufsichtsrat

Die Prüfung der CSR-Berichterstattung durch den Aufsichtsrat hat der Gesetzgeber im Rahmen des CSR-Richtlinie-Umsetzungsgesetzes ausdrücklich adressiert, dabei aber im Ergebnis eine ganze Reihe von Fragen offengelassen. Ausgangspunkt ist zunächst die Zugehörigkeit der nichtfinanziellen Erklärung zum Lagebericht (§§ 289b Abs. 1, 315b Abs. 1 HGB) [169], da sich die Prüfungspflicht des Aufsichtsrats damit direkt aus § 171 Abs. 1 S. 1 AktG ergibt, die sich nach den allgemeinen Prüfungsgrundsätzen richtet, die für die in § 171 Abs. 1 S. 1 AktG genannten Unternehmensabschlüsse bzw. deren Bestandteile gelten.[170] Soweit das berichtspflichtige Unternehmen statt der nichtfinanziellen Erklärung einen gesonderten nichtfinanziellen Bericht und/oder einen gesonderten nichtfinanziellen Konzernbericht erstellt, ergibt sich die Prüfungspflicht für den Aufsichtsrat direkt aus § 171 Abs. 1 S. 4 AktG. Da dort kein gesonderter Prüfungsmaßstab normiert wird, muss zur Vermeidung eines Regelungs- und Prüfungsgefälles zwischen der nichtfinanziellen Erklärung und dem nichtfinanziellen Bericht der gleiche Prüfungsmaßstab angenommen werden.[171]

Diese somit im Grundsatz umfassend bestehende Prüfungspflicht für den Aufsichtsrat begegnet nicht unerheblichen Bedenken, da der Aufsichtsrat aufgrund der fehlenden inhaltlichen Prüfung durch den Abschlussprüfer[172] nicht auf dessen (Vor-)Prüfung aufbauen kann.[173] Dass der Aufsichtsrat die nach § 171 Abs. 1 S. 1 bzw. S. 4 AktG erforderliche Prüfung nicht allein vornehmen kann, wurde anscheinend auch vom Gesetzgeber erkannt. Denn nach dem speziell für die CSR-Berichterstattung geschaffenen § 111 Abs. 2 S. 3 AktG kann der Aufsichtsrat eine externe inhaltliche Überprüfung der CSR-Berichterstattung beauftragen. Zu den weiteren Einzelheiten der freiwilligen Prüfung, insbesondere zur Veröffentlichung des Prüfungsurteils siehe VI.5.

Unklar bleibt in diesem Zusammenhang, welche Auswirkungen die Möglichkeit der Einschaltung eines externen Prüfers auf die Prüfungsintensität des Aufsichtsrats hat. Da die externe Überprüfung die durch den beschränkten Prüfungsumfang des Abschlussprüfers fehlende Vorprüfung ausgleichen soll, muss davon ausgegangen werden, dass für den Aufsichtsrat in diesem Zusammenhang keinerlei Prüfungserleichterungen greifen. Zu den Folgen einer fehlerhaften Prüfung siehe IX.3.b)bb).

---

[169] Siehe II.6.

[170] Dazu ausführlich *Lanfermann*, BB 2017, 747 ff.; *Mock*, in: Hachmeister/Kahle/Mock/Schüppen (Fn. 2), § 289b HGB Rn. 72; *ders.*, ZIP 2017, 1195, 1201; enger *Hennrichs/Pöschke*, NZG 2017, 121, 125 ff., die sich für eine bloße Plausibilitätsprüfung aussprechen.

[171] *Mock*, ZIP 2017, 1195, 1201; *Hennrichs/Pöschke*, NZG 2017, 121, 126 f.

[172] Zur fehlenden Prüfung durch den Abschlussprüfer siehe VI.2.

[173] Zu diesen Bedenken etwa *Hennrichs/Pöschke*, NZG 2017, 121 ff.; *Velte*, IRZ 2017, 325 ff.

2. Abschlussprüfer

Die Prüfung durch den Abschlussprüfer ist hingegen darauf beschränkt, ob die nichtfinanzielle Erklärung oder der gesonderte nichtfinanzielle Bericht, die nichtfinanzielle Konzernerklärung oder der gesonderte nichtfinanzielle Konzernbericht vorgelegt wurde (§ 317 Abs. 2 S. 4 HGB). Damit erfolgt gerade keine unmittelbare[174] inhaltliche Prüfung durch den Abschlussprüfer, was für die Prüfung durch den Aufsichtsrat[175] erhebliche Auswirkungen hat. Der Hintergrund dieser Beschränkung des Prüfungsumfangs dürfte in dem erheblichen Aufwand der nicht immer bestehenden *Greifbarkeit* aller vorgeschriebenen Berichtsinhalte für eine derartige Prüfung und in der häufig fehlenden Qualifikation der Abschlussprüfer vor allem im Hinblick auf zahlreiche Berichtsinhalte (z.B. Menschenrechtsverletzungen) zu sehen sein, der vor allem bei international tätigen Unternehmen deutlich wird.[176] Interessanterweise gehen weder die CSR-Richtlinie[177] noch die Gesetzesbegründung des CSR-Richtlinie-Umsetzungsgesetzes auf diesen Aspekt oder andere Begründungen ein. Letztlich muss die fehlende Prüfung durch den Abschlussprüfer als weiterer Hinweis darauf gesehen werden, dass es sich bei der CSR-Berichterstattung dem Grunde nach nicht um ein bilanzrechtliches Instrument handelt.[178]

3. Enforcement-Verfahren

Eine inhaltliche Prüfung erfolgt auch nicht im Rahmen des *Enforcement-Verfahrens*.[179] Zwar enthalten die § 342b Abs. 2 HGB, § 106 WpHG keine mit § 317 Abs. 2 S. 4 HGB vergleichbare Beschränkung. Allerdings gilt im Enforcement-Verfahren grundsätzlich der gleiche Prüfungsmaßstab wie bei der Abschlussprüfung[180], so dass die Beschränkung des § 317 Abs. 2 S. 4 HGB dennoch zur Anwendung kommt.

---

[174] Dazu *Baumüller/Follert,* IRZ 2017, 473, 475 ff., die richtigerweise darauf hinweisen, dass der Abschlussprüfer andere Angaben in den Unternehmensabschlüssen zu prüfen hat, die in einem Zusammenhang mit den Inhalten der nichtfinanziellen Erklärung bzw. des nichtfinanziellen Berichts stehen.

[175] Siehe VI.1.

[176] *Rehbinder,* FS Baums, 2017, S. 959, 973 f.

[177] So wird in Erwägungsgrund Nr. 16 CSR-Richtlinie lediglich ausgeführt, dass die Vorlage der nichtfinanziellen Erklärung bzw. des nichtfinanziellen Berichts geprüft werden soll.

[178] Zum Problem der Verknüpfung der CSR-Berichterstattung mit dem Bilanzrecht siehe II.6.

[179] *Mock,* in: Hachmeister/Kahle/Mock/Schüppen (Fn. 2), § 289b HGB Rn. 71; *ders.,* ZIP 2017, 1195, 1201; *Seibt,* DB 2016, 2707, 2715.

[180] Begr. RegE BilKoG, BT-Drucks. 15/3421, S. 13 f.; zustimmend *Paal,* in: Münch-Komm HGB, 3. Aufl, 2013, § 342b Rn. 20; *Grottel,* in: Beck'scher Bilanzkommentar, 10. Aufl., 2016, § 342b HGB Rn. 17; *Hommelhoff,* in: Großkomm HGB, 5. Aufl., 2012,

4. Sonderprüfung

Die nichtfinanzielle Erklärung bzw. der nichtfinanzielle Bericht können zudem auch Gegenstand einer Sonderprüfung nach §§ 142 ff. AktG sein, da es sich bei der Berichterstattung um eine Maßnahme der Geschäftsführung im Sinne von § 142 Abs. 1 S. 1 AktG handelt. Insoweit ist allerdings die Einschränkung zu machen, dass nicht die gesamte nichtfinanzielle Erklärung bzw. der gesamte nichtfinanzielle Bericht einer Sonderprüfung unterzogen werden können, da die Sonderprüfung hinsichtlich der bilanziellen Regelpublizität immer nur auf einzelne Aspekte beschränkt ist.[181] Eine große praktische Bedeutung dürfte die Sonderprüfung im Zusammenhang mit der CSR-Berichterstattung aber nicht haben, da die dafür erforderliche Hauptversammlungsmehrheit bzw. das für eine gerichtliche Bestellung eines Sonderprüfers erforderliche Quorum von den *interessierten*[182] Aktionären kaum erreicht werden dürfte.

5. Freiwillige Prüfungen

Schließlich kann die CSR-Berichterstattung auch einer freiwilligen Prüfung unterzogen werden. Als potentieller Auftraggeber kommt dabei neben dem Vorstand (siehe VI.5.a)) vor allem der Aufsichtsrat in Betracht (siehe VI.5.b)), da letzterer im Rahmen seiner eigenen Prüfung nicht auf die Abschlussprüfung aufbauen kann.[183]

a) Veranlassung durch den Vorstand

Eine freiwillige Prüfung kann zunächst durch den Vorstand initiiert werden, ohne dass es sich dabei um eine bloße Selbstüberprüfung handelt. Denn auch wenn dieser selbst verpflichtet ist, die nichtfinanzielle Erklärung bzw. den nichtfinanziellen Bericht zu erstellen und zu veröffentlichen, kann mit einer solchen freiwilligen Prüfung und vor allem der Veröffentlichung des Prüfungsergebnisses ein Reputationsgewinn für das berichtspflichtige Unternehmen verbunden sein. Abgesehen von der Regelung zur Veröffentlichung des Prüfungsergebnisses in § 289b Abs. 4 HGB[184] unterliegt der Vorstand bei der Beauftragung der freiwilligen Prüfung keinen spezifischen Beschränkungen.

---

§ 342b Rn. 68; *ders./Mattheus*, BB 2004, 93, 96; *Mock*, in: KölnKomm WpHG (Fn. 151), § 37n Rn. 146; *Scheffler*, BB 2006, Sonderheft 3, S. 2, 6 f.; hingegen für eine Prüfungsintensität, die nicht hinter der Abschlussprüfung zurückbleiben soll *Lenz*, BFuP 2004, 219, 236.

[181] Dazu ausführlich *Mock*, in: Spindler/Stilz, AktG, 3. Aufl., 2015, § 142 Rn. 52 mit umfangreichen weiteren Nachweisen.

[182] Dazu ausführlich III.1. und III.1.b).

[183] Siehe VI.1.

[184] Siehe VI.5.c).

b) Veranlassung durch den Aufsichtsrat

Größere Bedeutung dürfte aber die Veranlassung der freiwilligen Prüfung durch den Aufsichtsrat haben, da dieser meist auf eine solche Prüfung angewiesen sein wird. Mit der Schaffung von § 111 Abs. 2 S. 3 AktG hat der Gesetzgeber im Rahmen des CSR-Richtlinie-Umsetzungsgesetzes eine besondere Kompetenzregelung für den Aufsichtsrat geschaffen, den Auftrag für derartige freiwillige Prüfungen zu erteilen. Da § 111 Abs. 2 S. 3 AktG dem Aufsichtsrat lediglich die Möglichkeit der Einschaltung eines externen Prüfers ermöglicht, muss dies nicht zwingend erfolgen. Macht er von dieser Möglichkeit Gebrauch, schließt er den entsprechenden Prüfungsauftrag als Vertreter des berichtspflichtigen Unternehmens im Namen der berichtspflichtigen Gesellschaft mit dem jeweiligen Prüfer. Eine Beauftragung unter Einschaltung des Vorstands muss schon aus Gründen des dann vorliegenden Interessenkonflikts des Vorstands und in Anlehnung an § 317 Abs. 1 S. 4 HGB abgelehnt werden. Weitere Vorgaben etwa an die Auswahl der externen Prüfer, die Vergütung oder die Durchführung der Prüfung sind nicht zu beachten, so dass dem Aufsichtsrat dahingehend ein Ermessen zukommt, das pflichtgemäß auszuüben ist (§§ 116 Abs. 1, 93 Abs. 1 AktG).

c) Veröffentlichung des Prüfungsurteils

Das Prüfungsurteil muss nach §§ 289b Abs. 4, 315b Abs. 4 HGB in gleicher Weise wie die nichtfinanzielle Erklärung oder der gesonderte nichtfinanzielle Bericht öffentlich zugänglich gemacht werden.

aa) Hintergrund und (fehlende) Anreizstruktur

Diese eigenständige Veröffentlichungspflicht erklärt sich vor allem aus der fehlenden inhaltlichen Prüfung der CSR-Berichterstattung im Rahmen der Abschlussprüfung[185] und des Enforcement-Verfahrens[186]. Damit besteht bei den Adressaten der CSR-Berichterstattung eine typische Erwartungslücke, da nicht sichergestellt ist, dass die CSR-Berichterstattung tatsächlich vollständig und inhaltlich richtig vorgenommen wird. Soweit von der berichtspflichtigen Gesellschaft eine solche Prüfung vorgenommen wird, soll diese Erwartungslücke durch die Veröffentlichung des Prüfungsergebnisses geschlossen werden. Problematisch ist dabei allerdings, dass die §§ 289b Abs. 4, 315b Abs. 4 HGB die Veröffentlichungspflicht nur für den Fall vorsehen, dass eine inhaltliche Prüfung tatsächlich vorgenommen wurde. Somit wird ein nicht unwesentlicher Anreiz begründet, diese Prüfung nicht vornehmen zu lassen. Denn letztlich riskiert eine berichtspflichtige Gesellschaft mit der Vornahme

---

[185] Siehe VI.2.
[186] Siehe VI.3.

einer inhaltlichen Prüfung, dass diese negativ ausfällt und dieses negative Prüfungsergebnis veröffentlicht wird. Mit einer bereits fehlenden Durchführung einer inhaltlichen Prüfung kann dies allerdings verhindert werden. Diese Anreizstruktur dürfte dazu führen, dass eine inhaltliche Prüfung nur von denjenigen berichtspflichtigen Gesellschaften vorgenommen wird, die überwiegend von einem positiven Ergebnis der Prüfung ausgehen, während alle anderen berichtspflichtigen Gesellschaften von einer solchen Prüfung Abstand nehmen werden. Dem kann man auch nicht entgegenhalten, dass die fehlende Veröffentlichung eines Prüfungsergebnisses – aufgrund der fehlenden Durchführung einer Prüfung – somit bereits eine Information für die Adressaten darstellt, dass die berichtspflichtige Gesellschaft selbst den Berichtsinhalt anzweifelt. Dies würde voraussetzen, dass jedenfalls eine erhebliche Anzahl von berichtspflichtigen Gesellschaften eine inhaltliche Prüfung vornehmen lässt, da nur dann eine Negativselektion möglich ist. Zudem dürfte bei vielen berichtspflichtigen Gesellschaften kein übermäßiger Anreiz bestehen, die Erwartungslücke der Adressaten durch eine inhaltliche Prüfung zu schließen, da die CSR-Berichterstattung für diese Unternehmen von untergeordneter Bedeutung ist.

Auch wenn somit für die berichtspflichtigen Unternehmen eher geringe Anreize bestehen, eine inhaltliche Prüfung vornehmen zu lassen und das Prüfungsergebnis zu veröffentlichen, müssen in diesem Zusammenhang die Wirkungsmechanismen der internen Corporate Governance berücksichtigt werden. Denn insbesondere für den Aufsichtsrat besteht aufgrund der fehlenden Prüfung der CSR-Berichterstattung durch den Abschlussprüfer[187] in erhöhtem Maße ein Haftungsrisiko[188]. Dieses Haftungsrisiko lässt sich mit der Durchführung einer (externen) inhaltlichen Prüfung erheblich reduzieren, so dass jedenfalls in der Anfangszeit der CSR-Berichterstattung – nach Ablauf der Übergangsfrist[189] – häufig mit einer Veröffentlichung der Prüfungsergebnisse zu rechnen sein dürfte.

bb) Voraussetzungen für die Veröffentlichungspflicht

Tatbestandlich besteht die Veröffentlichungspflicht nur, wenn die nichtfinanzielle Erklärung oder der gesonderte nichtfinanzielle Bericht inhaltlich überprüft worden sind. Welche genauen Anforderungen an diese Prüfung zu stellen sind, lassen die §§ 289b Abs. 4, 315b Abs. 4 HGB unbeantwortet. Grundsätzlich wird man die Veröffentlichungspflicht aber nur auf externe Prüfungen beschränken können, bei denen ein Mindestmaß an inhaltlicher Überprüfung erfolgt ist. Ersteres ergibt sich schon daraus, dass eine interne Überprüfung aufgrund der dann offensichtlich bestehenden Interessenkonflik-

---

[187] Siehe VI.2.
[188] Siehe IX.3.b)bb)(2).
[189] Siehe VI.5.c)ff).

te und Abhängigkeiten die mit der Veröffentlichung bezweckte Vertrauensbildung bei den Adressaten der CSR-Berichterstattung nicht bewerkstelligen
kann. Zudem versteht es sich von selbst, dass der Vorgang der Erstellung der
nichtfinanziellen Erklärung bzw. des nichtfinanziellen Berichts – wie jeder
andere Vorgang der Geschäftsführung – selbst einem jedenfalls minimalen
gesellschaftsinternen Prüfungsprozess unterzogen wurde. Das zudem zu for-
dernde inhaltliche Mindestmaß für die externe Prüfung ergibt sich ebenfalls
aus der mit der Veröffentlichung bezweckten Vertrauensbildung bei den Adressaten der CSR-Berichterstattung. Insofern kann daher eine inhaltliche
Prüfung im Sinne von §§ 289b Abs. 4, 315b Abs. 4 HGB immer nur dann
vorliegen, wenn der gesamte Berichtsinhalt[190] und die Art und Weise der Berichterstattung[191] Prüfungsgegenstand gewesen sind. Etwaige Teilbereichs-
prüfungen erfüllen daher nicht die Anforderungen der §§ 289b Abs. 4, 315b
Abs. 4 HGB.

*cc) Einbindung in den Verfahrensablauf der Erstellung und Veröffentlichung
der Unternehmensabschlüsse*

Die Durchführung einer inhaltlichen Prüfung muss in einem engen Zeitfens-
ter erfolgen. Dies ergibt sich für die nichtfinanzielle Erklärung aufgrund der
Einbindung in den Lagebericht[192] und für den nichtfinanziellen Bericht aus
§§ 170 Abs. 1 S. 3, 171 Abs. 1 S. 4 AktG, da dieser dem Aufsichtsrat vorgelegt
und von diesem auch geprüft werden muss.

dd) Art und Weise der Veröffentlichung des Prüfungsergebnisses

Das Ergebnis der inhaltlichen Überprüfung der nichtfinanziellen Erklärung
bzw. des nichtfinanziellen Berichts ist in der gleichen Weise wie die nichtfinanzielle Erklärung oder der gesonderte nichtfinanzielle Bericht öffentlich
zugänglich zu machen (§§ 289b Abs. 4, 315b Abs. 4 HGB). Auch wenn das
Prüfungsergebnis damit anscheinend nicht gezwungenermaßen ein Bestandteil der nichtfinanziellen Erklärung oder des gesonderten nichtfinanziellen
Berichts sein muss, dürfte sich dies jedenfalls für die nichtfinanzielle Erklärung als Teil des Lageberichts[193] nicht vermeiden lassen. Anderenfalls müsste
das Prüfungsergebnis beim Betreiber des Bundesanzeigers (§ 325 Abs. 1 HGB)
eigenständig eingereicht werden, was zum einen in § 325 HGB nicht vorgesehen ist und zum anderen auch mit dem Regelungsanliegen von §§ 289b
Abs. 4, 315b Abs. 4 HGB in Form der Stärkung des Vertrauens der Adressaten in die Verlässlichkeit der CSR-Berichterstattung nicht vereinbar wäre.

---

[190] Siehe IV.3.
[191] Siehe IV.3.b)dd).
[192] Siehe II.6.
[193] Siehe IV.1.a).

ee) Folgen einer Verletzung der Veröffentlichungspflicht

Keine ausdrückliche Regelung enthalten die §§ 289b Abs. 4, 315b Abs. 4 HGB für den Fall einer Verletzung der Veröffentlichungspflicht. Da das Prüfungsergebnis aber in der gleichen Weise wie die nichtfinanzielle Erklärung oder der gesonderte nichtfinanzielle Bericht öffentlich zugänglich zu machen ist, kommen insoweit die für die CSR-Berichterstattung geltenden Sanktionsmechanismen[194] zur Anwendung.

ff) Übergangsfrist

Die Veröffentlichungspflicht nach §§ 289b Abs. 4, 315b Abs. 4 HGB besteht erst für Jahres- und Konzernabschlüsse bzw. Lage- und Konzernlageberichte, die für das nach dem 31. Dezember 2018 beginnende Geschäftsjahr aufzustellen sind (§ 81 HGB). Mit dieser Übergangsfrist will der Gesetzgeber eine Anreizstruktur für die Durchführung von inhaltlichen Prüfungen schaffen, da die berichtspflichtigen Unternehmen diese ohne die Gefahr eines negativen Ausgangs und dem damit verbundenen Reputationsverlust aufgrund der Veröffentlichung durchführen lassen können. Ob dieses Regelungsanliegen tatsächlich nach nur zwei Berichtsperioden (2017/2018)[195] erreicht werden kann, muss allerdings angezweifelt werden.

VII. Publizität

Die nichtfinanzielle Erklärung muss als Teil des Lageberichts[196] ebenso wie dieser offengelegt werden (§ 325 HGB) und ist dann im Unternehmensregister frei (§ 9 Abs. 6 HGB) abrufbar. Der berichtspflichtigen Gesellschaft steht es zudem frei, die nichtfinanzielle Erklärung zusätzlich auch auf andere Weise zu veröffentlichen. Entscheidet sich die berichtspflichtige Gesellschaft zur Erstellung eines gesonderten nichtfinanziellen Berichts muss dieser entweder zusammen mit dem Lagebericht nach § 325 HGB offengelegt (§§ 289b Abs. 3 S. 1 Nr. 2 lit. a, 315b Abs. 3 S. 1 Nr. 2 lit. a HGB) oder auf der Internetseite der Kapitalgesellschaft spätestens vier Monate nach dem Abschlussstichtag und mindestens für zehn Jahre veröffentlicht werden, sofern der Lagebericht auf diese Veröffentlichung unter Angabe der Internetseite Bezug nimmt (§§ 289b Abs. 3 S. 1 Nr. 2 lit. b, 315b Abs. 3 S. 1 Nr. 2 lit. b HGB).

---

[194] Siehe IX.

[195] Da die §§ 289b ff., 315b ff. HGB nach Art. 80 EGHGB erstmals auf Jahres- und Konzernabschlüsse sowie Lage- und Konzernlageberichte für das nach dem 31.12.2016 beginnende Geschäftsjahr anzuwenden sind, ergeben sich jedenfalls bei Unternehmen, bei denen das Geschäftsjahr mit dem Kalenderjahr übereinstimmt, zwei Berichtszeiträume.

[196] Siehe IV.1.a).

VIII. Einfluss der CSR-Berichterstattung auf das Gesellschaftsrecht

Das Verhältnis der CSR-Berichterstattung zum Gesellschaftsrecht ist bisher wenig untersucht worden und daher noch nicht abschließend geklärt. Dies gilt dabei weniger für das (fehlende) Erfordernis der Änderung des Unternehmensgegenstandes (siehe VIII.1.) als vielmehr für die Auswirkungen auf die Unternehmensleitung (siehe VIII.2.).

1. (Kein) Erfordernis der Änderung des Unternehmensgegenstandes

Mit der Abgabe einer nichtfinanziellen Erklärung bzw. der Veröffentlichung eines nichtfinanziellen Berichts stellt sich zunächst die Frage, ob dafür eine vorherige Änderung des Unternehmensgegenstands erforderlich ist. Dies ist abzulehnen und zwar auch für den Fall, dass der Unternehmensgegenstand der berichtspflichtigen Gesellschaft keinerlei Bezug zur Corporate Social Responsibility hat.[197] Letztlich dürfte diese einen Kernbestand unternehmerischen Handelns darstellen, so dass jeder Unternehmensgegenstand mit einer Ausrichtung auf ein unternehmerisches Handeln davon umfasst ist. Eine Ausnahme dürfte nur für den eher theoretischen Fall zu machen sein, dass eine Ausrichtung auf die Corporate Social Responsibility in der Beschreibung des Unternehmensgegenstandes ausdrücklich ausgeschlossen ist.

2. Auswirkungen der CSR-Berichterstattung auf die Unternehmensleitung

Weitaus schwieriger ist die Bestimmung der Auswirkungen der CSR-Berichterstattung auf die Unternehmensleitung. Insofern sind mehrere Aspekte voneinander abzugrenzen.

a) Gesellschaftsrechtliche Pflichtenbindung des Vorstands und CSR-Berichterstattung

Da durch die §§ 289b ff., 315b ff. HGB den berichtspflichtigen Unternehmen lediglich aufgegeben wird, über die Nachhaltigkeit ihrer Unternehmenspolitik zu berichten, stellt sich die Frage, welchen Einfluss dies auf ihren Pflichtenkreis hat. Dabei muss generell zwischen zwei Aspekten unterschieden werden. Zum einen geht es um die Frage, ob und in welchem Umfang eine nachhaltige Unternehmenspolitik verfolgt werden soll. Dies ist eine unternehmerische Entscheidung, die vom Vorstand in pflichtgemäßem Ermessen getroffen werden muss (§ 93 Abs. 1 S. 2 AktG). Davon ist die CSR-Berichterstattung selbst abzugrenzen. Die Abgabe der nichtfinanziellen Erklärung bzw. die

---

[197] *Mock,* in: Hachmeister/Kahle/Mock/Schüppen (Fn. 2), § 289b HGB Rn. 76; *ders.,* ZIP 2017, 1195, 1196; offenlassend *Nietsch,* NZG 2016, 1330, 1332, 1334.

Veröffentlichung des nichtfinanziellen Berichts liegt aufgrund der bilanziellen Verortung der CSR-Berichtserstattung[198] in der Zuständigkeit des Vorstands bzw. des Geschäftsführers als gesetzliche Vertreter der berichtspflichtigen Gesellschaft (§§ 242, 264 Abs. 1 HGB). Diese unterliegen bei der Erstellung der nichtfinanziellen Erklärung bzw. des nichtfinanziellen Berichts der allgemeinen gesellschaftsrechtlichen Pflichtenbindung (§ 93 Abs. 1 AktG, 43 Abs. 1 GmbHG). Diese gesellschaftsrechtliche Pflichtenbindung führt grundsätzlich dazu, dass die nichtfinanzielle Erklärung bzw. der nichtfinanzielle Bericht mit einem bestimmten Inhalt abgegeben werden muss. Nur wenn hinsichtlich der Art und Weise Wahlrechte bestehen, kommt gesetzlichen Vertretern – wie auch sonst in bilanzrechtlichen Zusammenhängen[199] – ein unternehmerisches Ermessen zu, das sie pflichtgemäß ausüben müssen. Daher ist es auch möglich, eine nichtfinanzielle Erklärung abzugeben bzw. einen nichtfinanziellen Bericht zu veröffentlichen, aus denen sich eine weitgehende Vernachlässigung der in §§ 289c Abs. 2, 315c Abs. 2 HGB aufgeführten Aspekte ergibt. Voraussetzung dafür ist dann aber, dass die Verwaltungsmitglieder bei der *(Total-)Verweigerung* gegenüber der Corporate Social Responsibility vernünftigerweise annehmen durften, auf der Grundlage angemessener Informationen und zum Wohle der Gesellschaft zu handeln (§ 93 Abs. 1 S. 2 AktG). Gerade letzterer Aspekt dürfte aufgrund der allgemeinpolitischen Bedeutung der Corporate Social Responsibility aber nur in den seltensten Fällen gegeben sein, zumal auch nach der Präambel des DCGK die nachhaltige Wertschöpfung Teil des Unternehmensinteresses ist.

b) (Keine) Selbstbindung bei Abgabe einer (positiven) nichtfinanziellen Erklärung bzw. eines nichtfinanziellen Berichts

Nach der Abgabe einer nichtfinanziellen Erklärung bzw. eines nichtfinanziellen Berichts werden die Verwaltungsmitglieder der berichtspflichtigen Gesellschaft nicht dahingehend gebunden, dass sie ihr unternehmerisches Ermessen fortan im Einklang mit den Berichtsinhalten ausüben müssen. Dies ergibt sich schon aus dem Umstand, dass die CSR-Berichtstattung überwiegend vergangenheitsbezogen ist und damit auf das künftige Handeln der gesetzlichen Vertreter nach der Abgabe der nichtfinanziellen Erklärung bzw. der Veröffentlichung des nichtfinanziellen Berichts keinen Einfluss nehmen kann. Aber selbst wenn man der CSR-Berichtstattung zukunftsbezogene Berichtsinhalte zuerkennt, können diese keine Basis für eine Selbstbindung der berichtspflichtigen Gesellschaft oder ihrer Verwaltungsmitglieder sein. Zum einen kann in diesem Zusammenhang auf die vergleichbare Rechtslage

---

[198] Siehe II.6.
[199] Dazu ausführlich *Merkt,* Der Konzern 2017, 353 ff.

bei der Entsprechenserklärung zum DCGK verwiesen werden.[200] Zum anderen würde eine solche Selbstbindung auch stets unter dem Vorbehalt stehen, dass sich die für die Abgabe der nichtfinanziellen Erklärung bzw. der Veröffentlichung des nichtfinanziellen Berichts zugrundeliegenden Annahmen nicht verändert haben, was meist nicht der Fall sein dürfte. Die Problematik der Selbstbindung ist schließlich von der Frage der (nachträglichen) fehlerhaften CSR-Berichterstattung abzugrenzen, die im Rahmen der Anfechtung des Entlastungsbeschlusses eine Rolle spielen kann (siehe IX.3.a)).

c) Einfluss auf die Vorstandsvergütung

Einen Einfluss scheint die CSR-Berichterstattung auf die Vorstandsvergütung zu nehmen, da § 87 Abs. 1 S. 2 AktG verlangt, dass börsennotierte Aktiengesellschaften ihre Vergütungsstruktur auf eine nachhaltige Unternehmensentwicklung ausrichten. Dabei gilt es aber zu beachten, dass der in § 87 Abs. 1 S. 2 AktG verwendete Begriff der Nachhaltigkeit von dem für die CSR-Berichterstattung maßgeblichen Begriff grundverschieden ist. Denn dieser dient nur der Entschärfung des Zeitpräferenzkonflikts[201] und nimmt daher keinen Bezug auf die CSR-Berichterstattung der §§ 289b ff., 315b ff. HGB. Das Gleiche gilt für Ziff. 4.2.3. DCGK.[202] Es bestehen allerdings Zweifel daran, ob an dieser Betrachtungsweise nunmehr aufgrund der reformierten Aktionärsrechterichtlinie[203] festgehalten werden kann. Denn Art. 9a Abs. 6 Unterabs. 3 Aktionärsrechterichtlinie nimmt ausdrücklich auf die soziale Verantwortung der Aktiengesellschaft Bezug, so dass jedenfalls § 87 Abs. 1 S. 2 AktG im Wege der richtlinienkonformen Auslegung abweichend betrachtet werden müsste.[204] Allerdings ist es auch in diesem Kontext nicht eindeutig, ob soziale Verantwortung mit Nachhaltigkeit im Sinne der CSR-Berichterstattung gleichgesetzt werden kann.

---

[200] Vgl. nur *Bayer/Scholz,* in: Spindler/Stilz, AktG, 3. Aufl., 2015, § 161 Rn. 80 ff.; Hüffer/*Koch,* AktG, 12. Aufl., 2016, § 161 Rn. 20; *Leyens,* in: Großkomm AktG, 4. Aufl., 2012, § 161 Rn. 369 ff.

[201] *Fleischer,* in: Spindler/Stilz, AktG, 3. Aufl., 2014, § 87 Rn. 27; *Kort,* in: Großkomm AktG, 5. Aufl., 2015, § 87 Rn. 118; *Mock,* ZIP 2017, 1195, 1196; *Spindler,* in: MünchKomm AktG, 4. Aufl., 2014, § 87 Rn. 75; a.A. *Röttgen/Klug,* NJW 2013, 900, 902 ff.; *Velte,* NZG 2016, 294 ff.

[202] Vgl. zu den verfassungsrechtlichen Vorgaben etwa *Bachmann,* in: Kremer/Bachmann/Lutter/Werder (Fn. 146), Rn. 991.

[203] Richtlinie (EU) 2017/828 des Europäischen Parlaments und des Rates vom 17.5.2017 zur Änderung der Richtlinie 2007/36/EG im Hinblick auf die Förderung der langfristigen Mitwirkung der Aktionäre, ABl. EU 2017 Nr. L 132, S. 1.

[204] *Mock,* in: Hachmeister/Kahle/Mock/Schüppen (Fn. 2), § 289b HGB Rn. 77.

d) Basis für Klagezulassungsverfahren

Eine Bedeutung dürfte die CSR-Berichterstattung auch im Rahmen des Klagezulassungsverfahrens nach § 148 AktG haben, da für dessen Einleitung unter anderem Tatsachen vorliegen müssen, die den Verdacht rechtfertigen, dass der Gesellschaft durch Unredlichkeit oder grobe Verletzung des Gesetzes oder der Satzung ein Schaden entstanden ist (§ 148 Abs. 1 S. 2 Nr. 3 AktG). Soweit die CSR-Berichterstattung auf die Beachtung bestimmter Normen abstellt, kann die Berichterstattung darüber als allerdings nicht uneingeschränkter[205] Nachweis für einen Gesetzesverstoß genutzt werden, wobei es dann noch einer gesonderten Prüfung der besonderen Schwere des Verstoßes (*grobe Verletzung*) bedarf. Im Übrigen dürfte die CSR-Berichterstattung – mit welchem Inhalt auch immer – keine Basis für eine Unredlichkeit im Sinne von § 148 Abs. 1 S. 2 Nr. 3 AktG darstellen.

IX. Rechtsfolgen einer fehlenden oder fehlerhaften CSR-Berichterstattung

Die Rechtsfolgen einer fehlerhaften CSR-Berichterstattung sind vielseitig, wurden vom deutschen Gesetzgeber im Rahmen des Umsetzungsgesetzes ebenso wie vom europäischen Gesetzgeber aber nur sporadisch adressiert. Aufgrund der Verankerung der CSR-Berichterstattung im Bilanzrecht sind die Folgen einer fehlerhaften Berichterstattung zunächst in diesem Sachzusammenhang zu suchen (siehe IX.1.), der unmittelbar mit dem Straf- und Ordnungswidrigkeitsrecht (siehe IX.2.) verbunden ist. Darüber hinaus muss aber auch das Zivilrecht in seiner Gesamtheit in den Blick genommen werden (siehe IX.3.), da sich dort zahlreiche Wechselwirkungen ergeben.

1. Bilanzrechtliche Folgen

Im Rahmen des Bilanzrechts stellt sich zunächst die Frage nach den Auswirkungen einer fehlerhaften CSR-Berichterstattung auf die Bestandskraft der Unternehmensabschlüsse. Mit der Verortung der CSR-Berichterstattung im Lagebericht hat der Gesetzgeber in diesem Zusammenhang eine klare Vorgabe gemacht, da sich die Nichtigkeit und Anfechtbarkeit von Jahresabschlüssen bzw. von deren Feststellung (§§ 256 f. AktG) nur für den Jahresabschluss ergeben können, zu dem der Lagebericht bereits nicht gehört (*arg.* § 264 Abs. 1 S. 1 HGB).[206] Diese systematische Vorgabe muss auch im Rahmen der

---

[205] Zur beschränkten Wirkung der CSR-Berichterstattung in nachfolgenden Zivilprozessen siehe V.2.e).

[206] Zur fehlenden Erstreckung der §§ 256 f. AktG auf den Lagebericht vgl. OLG Köln NJW-RR 1993, 804, 805; OLG Braunschweig NJW 1996, 2888; *Bezzenberger*, in: Groß-

CSR-Berichterstattung beachtet werden, so dass deren Fehlerhaftigkeit keinerlei Auswirkungen auf die Bestandskraft des Jahresabschlusses hat.[207] Erst recht gilt dies für den Konzernabschluss bei einer fehlerhaften nichtfinanziellen Konzernerklärung oder einem fehlerhaften nichtfinanziellen Konzernbericht, da sich für den Konzernabschluss keine Nichtigkeit oder Anfechtbarkeit ergeben kann.[208]

Ebenso wenig kann eine fehlerhafte CSR-Berichterstattung Auswirkungen auf den Bestätigungsvermerk des Abschlussprüfers haben, da dieser keine inhaltliche Überprüfung vornimmt (§ 317 Abs. 2 S. 4 HGB). Fehlt es allerdings vollständig an einer nichtfinanziellen Erklärung oder einem nichtfinanziellen Bericht, muss der Bestätigungsvermerk versagt werden.[209]

2. Straf- und bußgeldrechtliche Sanktionen

Die fehlerhafte CSR-Berichterstattung ist straf- und bußgeldbewährt. So können eine fehlende oder fehlerhafte nichtfinanzielle Erklärung oder ein Bericht den Straftatbestand der unrichtigen Darstellung (§ 331 Nr. 1 HGB) erfüllen, der mit einer Freiheitsstrafe von bis zu drei Jahren oder mit einer Geldstrafe sanktioniert werden kann. Aufgrund der – jedenfalls in diesem Zusammenhang – fehlenden Strafbarkeit der berichtspflichtigen Gesellschaft kann dieser Tatbestand nur durch den Vorstand als gesetzlicher Vertreter verwirklicht werden (§ 14 Abs. 1 Nr. 1 StGB).

Darüber hinaus kann durch eine fehlende oder fehlerhafte nichtfinanzielle Erklärung oder einen Bericht der Ordnungswidrigkeitstatbestand des § 334 Abs. 1 Nr. 3 und Nr. 4 HGB erfüllt sein. Im Gegensatz zu dem Straftatbestand der unrichtigen Darstellung (§ 331 Nr. 1 HGB) können im Ordnungswidrigkeitsrecht sowohl der Vorstand als gesetzlicher Vertreter der Aktiengesellschaft (§ 334 Abs. 3 HGB) als auch das berichtspflichtige Unternehmen selbst (§ 334 Abs. 3a HGB) sanktioniert werden. Während bei natürlichen Personen das Bußgeld maximal zwei Millionen Euro oder das Zweifache des gezogenen Vorteils betragen kann (§ 334 Abs. 3 HGB), kann es sich bei dem berichtspflichtigen Unternehmen selbst auf maximal 10 Millionen Euro oder

---

komm AktG, 4. Aufl., 2013, § 256 Rn. 31; *Koch,* in: MünchKomm AktG, 4. Aufl., 2016, § 256 Rn. 14.

[207] Ebenso *Mock,* in: Hachmeister/Kahle/Mock/Schüppen (Fn. 2), § 289b HGB Rn. 83; *ders.,* ZIP 2017, 1195, 1196.

[208] Zur fehlenden Erstreckung des § 256 AktG auf den Konzernabschluss vgl. BGH AG 2008, 325; OLG Frankfurt/Main AG 2007, 282 f.; OLG Köln NZG 1998, 553, 554; LG München I BB 2007, 2510, 2512; *Adler/Düring/Schmaltz,* Rechnungslegung und Prüfung der Unternehmen, 6. Aufl., 1997, § 256 AktG Rn. 1; *Bezzenberger,* in: Großkomm AktG (Fn. 206), § 256 Rn. 35; *Hennrichs,* ZHR 168 (2004), 383, 397; *Hüffer/Koch* (Fn. 200), § 256 Rn. 3; *Koch,* in: MünchKomm AktG (Fn. 206), § 256 Rn. 10; *Rölike,* in: Spindler/Stilz, AktG, 3. Aufl., 2015, § 256 Rn. 4.

[209] Siehe ausführlich zur Prüfung durch den Abschlussprüfer VI.2.

5 % des Jahresumsatzes oder das Zweifache des gezogenen Vorteils (§ 334 Abs. 3a HGB) belaufen.

3. Zivilrechtliche Folgen

Im Rahmen der zivilrechtlichen Folgen stellen sich im Wesentlichen drei Fraugenkomplexe. So könnte sich aus einer fehlenden oder fehlerhaften CSR-Berichterstattung zunächst eine Anfechtbarkeit von Hauptversammlungsbeschlüssen (siehe IX.3.a)) und eine Haftung für die zuständigen Organmitglieder (siehe IX.3.b)) ergeben. Darüber hinaus muss aber auch das (allgemeine) Schuld- und Vertragsrecht in den Blick genommen werden (siehe IX.3.c)).

a) Anfechtbarkeit von Hauptversammlungsbeschlüssen

Auch wenn die Anfechtbarkeit von Hauptversammlungsbeschlüssen weder durch den deutschen noch durch den europäischen Gesetzgeber im Rahmen der CSR-Berichterstattung ausdrücklich adressiert wurde, kann diese bei einer fehlenden oder fehlerhaften CSR-Berichterstattung nicht *per se* ausgeschlossen werden. Zentraler Anknüpfungspunkt ist insoweit der Entlastungsbeschluss (§ 120 AktG, § 46 Nr. 5 GmbHG), dessen Anfechtbarkeit sich im Zusammenhang mit der CSR-Berichterstattung im Wesentlichen aus zwei Gesichtspunkten ergeben kann (siehe IX.3.a)aa) und IX.3.a)bb)), was insgesamt von herausragender praktischer Bedeutung sein könnte (siehe IX.3.a)cc)).

aa) Vorliegen eines schwerwiegenden Verstoßes gegen das Gesetz oder die Satzung

Als Ansatzpunkt für eine Anfechtung kommt eine Anwendung der allgemeinen Grundsätze für die Anfechtbarkeit von Entlastungsbeschlüssen in Betracht. Eine solche ist grundsätzlich möglich, wenn die Entlastung trotz des Vorliegens eines schwerwiegenden Verstoßes gegen das Gesetz oder die Satzung erteilt wurde.[210] Dies dürfte im Zusammenhang mit der CSR-Berichterstattung nur dann der Fall sein, wenn diese vollständig nicht vorgenommen wurde, was in der Praxis eher selten anzutreffen sein dürfte. Bei einer lediglich fehlerhaften CSR-Berichterstattung dürfte die für die Anfechtung erforderliche Schwelle des Vorliegens eines schwerwiegenden Verstoßes gegen das Gesetz oder die Satzung hingegen nicht erreicht werden.[211] Auch wenn die CSR-Berichterstattung einen enormen Einfluss auf die Ertragslage und/oder die Reputation des berichtspflichtigen Unternehmens insgesamt haben kann,

---

[210] BGH NJW 2003, 1032 (*Macrotron*); BGHZ 160, 385; BGH NZG 2008, 309, 310; BGHZ 182, 272 (*Umschreibungsstopp*); vgl. auch *Kubis,* in: MünchKomm AktG, 3. Aufl., 2013, § 120 Rn. 54 ff.; *Herrler,* in: Grigoleit, AktG, 2013, § 120 Rn. 12 f.

[211] *Mock,* in: Hachmeister/Kahle/Mock/Schüppen (Fn. 2), § 289b HGB Rn. 88; *ders.,* ZIP 2017, 1195, 1202 f.

handelt es sich um lediglich ein Element der inzwischen immer weiter ausufernden unternehmerischen Berichterstattung. Etwas anderes ergibt sich auch nicht aus den konkreten Inhalten der CSR-Berichterstattung. Zwar kann bei Menschenrechtsverstößen und auch bei anderen CSR-Berichtsinhalten eine generelle Bedeutung nicht abgestritten werden. Allerdings betrifft die CSR-Berichterstattung lediglich die Berichterstattung darüber und nimmt im Übrigen keinerlei Wertung der zugrundeliegenden Sachverhalte vor.[212] Insofern bleibt es auch bei einer fehlenden Berichterstattung über Menschenrechtsverletzungen beim Vorliegen eines einfachen Verstoßes gegen das Gesetz, so dass die für die Anfechtbarkeit des Entlastungsbeschlusses erforderliche Schwelle nicht erreicht wird.

bb) Übertragung der zu § 161 AktG entwickelten Grundsätze für die Anfechtbarkeit des Entlastungsbeschlusses

Darüber hinaus könnte in diesem Zusammenhang auch eine Übertragung der zu § 161 AktG entwickelten Grundsätze für die Anfechtbarkeit des Entlastungsbeschlusses erwogen werden. Danach müsste die fehlende oder fehlerhafte CSR-Berichterstattung für einen objektiv urteilenden Aktionär für die sachgerechte Wahrnehmung seiner Teilnahme- und Mitgliedschaftsrechte relevant sein.[213] Die Parallele zwischen der nichtfinanziellen Erklärung bzw. dem nichtfinanziellen Bericht und der Entsprechenserklärung ergibt sich dabei daraus, dass der Inhalt beider Erklärungen nicht vorgegeben ist und in beiden Fällen lediglich verlangt wird, sich hinsichtlich der Beachtung dieser nicht verbindlichen Vorgaben zu erklären. Hinzu kommt, dass auch hinsichtlich der Adressaten[214] Parallelen bestehen. Die CSR-Berichterstattung richtet sich nicht nur an die allgemeine Öffentlichkeit[215], sondern dient gerade auch als Grundlage für Investitions- und Desinvestitionsentscheidungen von Aktionären[216]. Der entscheidende Unterschied liegt aber in dem Gegenstand beider Berichterstattungen. Während sich die Entsprechenserklärung nach § 161 AktG auf die Corporate Governance bezieht, betrifft die nichtfinanzielle Erklärung bzw. der nichtfinanzielle Bericht lediglich die Außendarstellung der berichtspflichtigen Gesellschaft. Insofern verbietet sich eine Übertragung dieser Grundsätze.[217] Hinzu kommt, dass die Gesetzgebungsmaterialien jedenfalls die Anfechtung der Entlastung von Aufsichtsratsmitgliedern ausschließen, so dass

---

[212] Dazu bereits *Mock,* in: Hachmeister/Kahle/Mock/Schüppen (Fn. 2), § 289b HGB Rn. 88.

[213] Grundlegend BGHZ 182, 272 (*Umschreibungsstopp*); vgl. dazu nur *Goette,* in: MünchKomm AktG, 3. Aufl., 2013, § 161 Rn. 91 f.; *Spindler,* in: K. Schmidt/Lutter, AktG, 3. Aufl., 2015, § 161 Rn. 64 mit jeweils weiteren Nachweisen.

[214] Zu den Adressaten der CSR-Berichterstattung ausführlich III.

[215] Siehe III.1.

[216] Siehe III.1.b).

eine Übertragung dieser Grundsätze auch mit dem Willen des (historischen) Gesetzgebers kaum vereinbar ist. Zwar könnte man sich auch auf den Standpunkt stellen, dass die Gesetzgebungsmaterialien nur die Anfechtung der Entlastung von Aufsichtsratsmitgliedern ausschließen und für die gesetzlichen Vertreter somit keine (ausschließende) Aussage getroffen wird. Allerdings erscheint eine abweichende Behandlung der Entlastung von Vorstands- und Aufsichtsratsmitgliedern wenig überzeugend.[218]

cc) Herausragende praktische Bedeutung des Streits um die Anfechtung des Entlastungsbeschlusses

Trotz der somit im Ergebnis – nach der hier vertretenen Ansicht – nicht bestehenden Möglichkeit der Anfechtung des Entlastungsbeschlusses dürfte die Praxis der nächsten Jahre von diesem Aspekt geprägt werden. Mit einer möglichen Anfechtung der Entlastung bietet sich vor allem Nicht-Regierungsorganisationen (NGOs) die Möglichkeit einer effektiven Durchsetzung der Corporate Social Responsibility vor deutschen Gerichten. Insofern könnten diese Organisationen eine neue Kategorie von *räuberischen Aktionären* mit der Zielsetzung bilden, deutsche Unternehmen zu einer umfassenden Beachtung der Corporate Social Responsibility oder jedenfalls zu einer wahrheitsgemäßen Berichterstattung und der damit verbundenen negativen Folgen zu zwingen. Die dafür erforderlichen *Einstiegskosten* sind mit dem Erwerb nur einer Aktie der berichtpflichtigen Gesellschaft denkbar gering.

b) Haftung

Der zweite große Komplex, bei dem die fehlende oder fehlerhafte CSR-Berichterstattung zivilrechtliche Folgen haben könnte, ist die durch diese ausgelöste Haftung. Ansatzpunkt ist neben einer Außenhaftung in Form einer Kapitalmarktinformationshaftung (siehe IX.3.b)aa)) vor allem eine mögliche Innenhaftung der Verwaltungsmitglieder gegenüber der berichtpflichtigen Gesellschaft (siehe IX.3.b)bb)).

aa) (Außen-)Haftung in Form einer Kapitalmarktinformationshaftung

Ansatzpunkte für eine (Außen-)Haftung in Form einer Kapitalmarktinformationshaftung sind neben der Haftung wegen der Verletzung eines Schutzgesetzes (siehe IX.3.b)aa)(1)), eine Haftung nach § 826 BGB (siehe IX.3.b)aa)(2)) und eine Haftung im Rahmen der bürgerlich-rechtlichen Prospekthaftung (siehe IX.3.b)aa)(3)).

---

[217] *Mock*, in: Hachmeister/Kahle/Mock/Schüppen (Fn. 2), § 289b HGB Rn. 88; *ders.*, ZIP 2017, 1195, 1202 f.; a.A. *Roth-Mingram*, NZG 2015, 1341, 1344.
[218] Beschlussempfehlung und Bericht des RA, BT-Drucks. 18/11450, S. 52 f.

(1) Schutzgesetzhaftung nach § 823 Abs. 2 BGB

Für eine (Außen-)Haftung kommt zunächst die Schutzgesetzhaftung nach § 823 Abs. 2 BGB in Betracht, die aber abzulehnen ist. Zwar wird vor allem im Hinblick auf das Bilanzrecht jedenfalls von großen Teilen der Literatur eine Schutzgesetzeigenschaft angenommen[219], so dass man aufgrund der bilanzrechtlichen Verortung der CSR-Berichterstattung[220] ebenfalls von einer Schutzgesetzqualität der §§ 289b ff., 315b ff. HGB ausgehen könnte. Allerdings begegnet bereits die generelle Annahme der Schutzgesetzeigenschaft von bilanzrechtlichen Vorschriften nicht unerheblichen Bedenken.[221] Unabhängig davon wäre mit der Annahme einer Schutzgesetzeigenschaft nur wenig gewonnen, da die geschädigten Anleger insbesondere die Kausalität zwischen der fehlerhafter CSR-Berichterstattung und ihrer Anlageentscheidung beweisen müssten, was ihnen in der Regel nicht gelingen wird. Im Gegensatz zu einigen spezialgesetzlichen Haftungstatbeständen des Kapitalmarktdeliktsrechts besteht im Rahmen von § 823 Abs. 2 BGB generell keine Beweislastumkehr oder -erleichterung.[222] Insofern könnte man vorliegend höchstens mit Beweislasterleichterungen wie etwa den Grundsätzen der Anlagestimmung[223] operieren, was aber mit erheblichen Unsicherheiten verbunden ist, zumal der fehlerhaften CSR-Berichterstattung dann bereits ein erhebliches Einflussnahmepotential auf die Kursentwicklung zugesprochen werden müsste. Aus diesen Gründen dürfte es sich bei der Schutzgesetzdiskussion im Hinblick auf die §§ 289b ff., 315b ff. HGB tatsächlich um eine Scheindiskussion handeln, die zugunsten der Verneinung der Schutzgesetzeigenschaft beendet werden sollte.[224]

---

[219] Für einen umfassenden Überblick zu dieser Diskussion vgl. *Mock,* in: KölnKomm WpHG (Fn. 151), § 37v Rn. 151 ff.

[220] Siehe II.6.

[221] Dazu *Mock,* in: KölnKomm WpHG (Fn. 151), § 37v Rn. 151 ff.

[222] Zum Ganzen *Mock,* in: Welser (Hrsg.), Rechtsfragen bei der Veräußerung von Wertpapieren nach den Rechten der CEE-Staaten, 2017, S. 53 ff. mit umfangreichen weiteren Nachweisen.

[223] BGHZ 160, 134, 146 f. (*Infomatec I*); BGHZ 160, 149, 157 f. (*Infomatec II*); BGH NJW 2004, 2668, 2671 (*Infomatec III*); BGH NZG 2007, 708, 709 (*Comroad IV*); BGH NZG 2007, 711, 712 (*Comroad V*); BGH NZG 2008, 382, 385 (*Comroad VI*); BGH NZG 2008, 385, 386 (*Comroad VII*); BGH NZG 2008, 386, 388 (*Comroad VIII*); zuletzt BGHZ 192, 91, 116 (*IKB*); vgl. dazu auch *Möllers/Leisch,* WM 2001, 1648, 1657 ff.; *dies.,* BKR 2002, 1071, 1077; dem später folgend *Fleischer/Kalss,* AG 2002, 329, 333; *Kissner,* Die zivilrechtliche Verantwortlichkeit für Ad-hoc-Mitteilungen, Diss. Augsburg 2003, S. 114 ff.; *Langenbucher,* FS K. Schmidt, 2009, S. 1053, 1060 f.; *Möllers,* JZ 2005, 75, 78; *Möllers/Leisch,* in: KölnKomm WpHG, 2. Aufl., 2014, §§ 37b, 37c Rn. 351 ff.; *Spindler,* AcP 208 (2008), 283, 333 f.; *Findeisen/Backhaus,* WM 2007, 100, 105 ff.; *Zimmer/Grotheer,* in: Zimmer/Schwark, KMRK, 4. Aufl., 2010, §§ 37b, 37c Rn. 118; a.A. aber *Fuchs,* in: Fuchs, WpHG, 2. Aufl., 2016, §§ 37b, 37c Rn. 34.

(2) (Außen-)Haftung nach § 826 BGB in Form der Kapitalmarktinformationshaftung

Tatsächlicher Anknüpfungspunkt für eine (Außen-)Haftung ist § 826 BGB in Form der Kapitalmarktinformationshaftung. Hinsichtlich des Vorsatzes ist – in Fortführung der *Infomatec*-Rechtsprechung[225] – Kenntnis und billigende Inkaufnahme der allgemeinen Richtung und des Schadens der Anleger ausreichend. Darüber hinaus kann aber erst von einer Sittenwidrigkeit ausgegangen werden, wenn die CSR-Berichterstattung grob fehlerhaft ist und sich die gesetzlichen Vertreter etwa über Bedenken von Mitarbeitern hinweggesetzt und sich durch eine anschließende Veräußerung eigener Aktien persönlich bereichert haben.[226] Hinsichtlich der Kausalität obliegt es allerdings weiterhin dem Anleger, diese zwischen der fehlerhaften CSR-Berichterstattung und seiner (Des-)Investitionsentscheidung zu beweisen. Bei einem engen zeitlichen Zusammenhang können hier aber zugunsten des Anlegers die Grundsätze über den Anscheinsbeweis eingreifen.[227] In diesem Zusammenhang ist allerdings zu beachten, dass diese Grundsätze im Rahmen der allgemeinen Kapitalmarktinformationshaftung entwickelt wurden und erst einer Übertragung auf die CSR-Berichterstattung bedürfen. Vor dem Hintergrund der Zielrichtung der CSR-Berichterstattung[228] und deren Beschränkung auf unter anderem kapitalmarktorientierte Unternehmen begegnet dies aber keinen durchgreifenden Bedenken. Soweit die hier dargestellten Voraussetzungen vorliegen, kommt sowohl eine Haftung der berichtspflichtigen Gesellschaft als auch ihrer gesetzlichen Vertreter in Betracht.[229]

(3) Bürgerlich-rechtliche Prospekthaftung (§§ 280 Abs. 1, 311 Abs. 3 BGB)

Schließlich könnte eine bürgerlich-rechtliche Prospekthaftung nach §§ 280 Abs. 1, 311 Abs. 3 BGB erwogen werden. Ansatzpunkt ist insoweit die höchstrichterliche Rechtsprechung, wonach ein Vertrauenstatbestand der Anleger immer schon dann begründet wird, wenn eine marktbezogene schriftliche Erklärung vorliegt, die für die Beurteilung der angebotenen Anlage erhebliche Angaben enthält oder den Anschein eines solchen Inhalts erweckt und dabei tatsächlich oder zumindest dem von ihr vermittelten Eindruck nach den

---

[224] *Mock,* in: Hachmeister/Kahle/Mock/Schüppen (Fn. 2), § 289b HGB Rn. 90; *ders.,* ZIP 2017, 1195, 1203; *Roth-Mingram,* NZG 2015, 1341, 1345; *Seibt,* DB 2016, 2707, 2715.

[225] Siehe dazu die Nachweise in Fn. 223.

[226] So zuletzt BGH NJW 2012, 1800 (*IKB*) mit dem Hinweis auf die Notwendigkeit der Gesamtbetrachtung aller maßgeblichen Umstände; kritisch zu diesen Ausführungen vor allem *Hellgardt,* DB 2012, 673, 674.

[227] Dazu ausführlich *Mock,* in: Welser (Fn. 222) m.w.N.

[228] Siehe III.

[229] *Mock,* in: Hachmeister/Kahle/Mock/Schüppen (Fn. 2), § 289b HGB Rn. 90; *ders.,* ZIP 2017, 1195, 1203; *Roth-Mingram,* NZG 2015, 1341, 1345; *Seibt,* DB 2016, 2707, 2715.

Anspruch erhebt, eine das Publikum umfassend informierende Beschreibung der Anlage zu sein.[230] Da es sich bei der CSR-Berichterstattung nicht um eine umfassend informierende Beschreibung der Anlage handelt, dürften entsprechende Ansprüche zu verneinen sein.[231]

Etwas anderes dürfte aber im Rahmen der *Socially Responsible Investments* anzunehmen sein. Dann dürfte der für die bürgerlich-rechtliche Prospekthaftung nach §§ 280 Abs. 1, 311 Abs. 3 BGB erforderliche Vertrauenstatbestand dennoch gegeben sein, wenn gerade die Corporate Social Responsibility bei der Bewerbung der Anlage im Vordergrund steht. Soweit man wie vorliegend eine bürgerlich-rechtliche Prospekthaftung nach §§ 280 Abs. 1, 311 Abs. 3 BGB im Rahmen einer fehlerhaften CSR-Berichterstattung grundsätzlich bei *Socially Responsible Investments* für möglich hält, stellt sich das Folgeproblem der Bestimmung der Rechtsfolgen. Ist der Anleger noch Inhaber der betroffenen Finanzinstrumente, kann er Naturalrestitution geltend machen (§ 249 BGB) und somit Rückgabe der Finanzinstrumente gegen Rückgewähr der Investitionssumme verlangen. Problematisch ist allerdings der Fall, dass der Anleger nicht mehr Inhaber der Finanzinstrumente ist, da dann nur ein Ersatz des Differenzschadens in Betracht kommt. Diese Berechnung des Schadens des Anlegers lässt sich aber nicht ohne weiteres auf den Fall einer fehlerhaften CSR-Berichterstattung übertragen. Denn die tatsächlich weniger umfangreiche Verfolgung der Corporate Social Responsibility kann sich durchaus positiv auf die Kapitalanlage auswirken, so dass dem Anleger tatsächlich kein Schaden entsteht. Da er aufgrund der zwischenzeitlichen Veräußerung der Finanzinstrumente auch keine Naturalrestitution vom Emittenten verlangen kann, geht die bürgerlich-rechtliche Prospekthaftung in diesem Fall ins Leere. Dies mag aufgrund des fehlenden Schadens des Anlegers als unproblematisch betrachtet werden, trägt aber den Motiven für die Wahl dieser besonderen Form der *Socially Responsible Investments* nicht hinreichend Rechnung.

Die Grundsätze der bürgerlich-rechtliche Prospekthaftung nach §§ 280 Abs. 1, 311 Abs. 3 BGB können aber in jedem Fall nur im Rahmen der Ausgabe von Finanzinstrumenten eine Rolle spielen. Eine Haftung einer berichtspflichtigen Gesellschaft nach §§ 280 Abs. 1, 311 Abs. 3 BGB gegenüber Anlegern für enttäuschtes Vertrauen in die (tatsächliche) Nachhaltigkeit der Unternehmenspolitik kann es im Rahmen der CSR-Berichterstattung – ebenso wenig wie im sonstigen Bilanzrecht[232] – nicht geben.

---

[230] BGH NJW 2012, 758 (*Rupert Scholz*).

[231] Ebenso *Mock,* ZIP 2017, 1195, 1203.

[232] Vgl. zur entsprechenden Problematik bei der Finanzberichterstattung *Mock,* in: KölnKomm WpHG (Fn. 151), § 37v Rn. 148.

bb) Innenhaftung der Verwaltungsmitglieder gegenüber der berichtspflichtigen Gesellschaft

Weiterhin kommt eine Innenhaftung wegen einer fehlerhaften CSR-Berichterstattung in Betracht, die sowohl die gesetzlichen Vertreter (siehe IX.3.b)bb)(1)) als auch die Aufsichtsratsmitglieder (siehe IX.3.b)bb)(2)) treffen kann.

(1) Gesetzliche Vertreter

Diese dürfte aber für die gesetzlichen Vertreter der berichtspflichtigen Gesellschaft an dem Erfordernis eines kausalen Schadens scheitern.[233] Insofern müsste die fehlerhafte CSR-Berichterstattung selbst und nicht die möglicherweise bestehende Verletzung von berichtspflichtigen Aspekten – wie etwa Umwelt- oder Menschenrechtsverletzungen – kausale Ursache für den Schaden der berichtspflichtigen Gesellschaft sein. Dies dürfte meist nur bei einer verzögerten CSR-Berichterstattung der Fall sein, wenn also der entstandene Schaden bei einer rechtzeitigen und ordnungsgemäßen Berichterstattung nicht entstanden wäre. Ein denkbares Beispiel ist, dass ein Vertragspartner der berichtspflichtigen Gesellschaft mit dieser einen Vertrag geschlossen hat und diesen später kündigt, weil er zum Zeitpunkt des Vertragsschlusses aufgrund der fehlerhaften CSR-Berichterstattung von einer abweichenden Unternehmenspolitik im Bereich der Corporate Social Responsibility ausgegangen ist und er diesen Vertrag aufgrund der tatsächlichen Unternehmenspolitik zur Corporate Social Responsibility kündigen kann.[234]

(2) Aufsichtsratsmitglieder

Diese Überlegungen lassen sich auch auf eine mögliche Innenhaftung der Aufsichtsratsmitglieder (§§ 116, 93 AktG) übertragen, da diese zur Prüfung der CSR-Berichterstattung verpflichtet sind (§ 171 Abs. 1 S. 4 AktG)[235]. Da es sich dabei um eine eigenständige und persönliche Prüfungspflicht handelt, kann dabei weder im Rahmen des anzuwendenden Prüfungsmaßstabs noch des Verschuldens der Umstand berücksichtigt werden, dass die nichtfinanzielle Erklärung bzw. der nichtfinanzielle Bericht einer inhaltlichen Prüfung durch einen externen Prüfer unterzogen wurde.[236] Eine besondere Verantwortung kommt zudem den Arbeitnehmervertretern im Aufsichtsrat bei der Prüfung der Angaben zu den Arbeitnehmerbelangen (§§ 289c Abs. 2 Nr. 2, 315c

---

[233] *Mock,* in: Hachmeister/Kahle/Mock/Schüppen (Fn. 2), § 289b HGB Rn. 89; *ders.,* ZIP 2017, 1195, 1203; *Roth-Mingram,* NZG 2015, 1341, 1345; *Seibt,* DB 2016, 2707, 2715.

[234] Zu Kündigungsrechten aufgrund einer fehlerhaften CSR-Berichterstattung siehe IX.3.c)aa).

[235] Zur Prüfung siehe VI.1.

[236] Zur Möglichkeit der Beauftragung einer externen Prüfung siehe VI.5.

Abs. 1 HGB)[237] zu. Durch ihre (meist bestehende) organisatorische Rück-kopplung an die Gewerkschaften und andere Arbeitnehmerorganisationen können sie meist ohne weiteres die Richtigkeit der Angaben nach §§ 289c Abs. 2 Nr. 2, 315c Abs. 1 HGB überprüfen.

c) Auswirkungen auf das Schuld- und Vertragsrecht

Schließlich kann eine fehlerhafte CSR-Berichterstattung Auswirkungen im Bereich des Schuld- und Vertragsrechts haben. So kann es auf deren Grund-lage zu einem Rücktritts- bzw. Kündigungsrecht (siehe IX.3.c)aa)), zur Ent-stehung von Mängelgewährleistungsrechten (siehe IX.3.c)bb)) und zur Be-gründung von Austrittsrechten von Gesellschaftern (siehe IX.3.c)cc)) kommen.

aa) Rücktritt von Verträgen und Kündigung von Dauerschuldverhältnissen

Zunächst kann es aufgrund einer fehlerhaften CSR-Berichterstattung zu einem Rücktritt von Verträgen und zur Kündigung von Dauerschuldverhältnissen (§§ 313 f. BGB) kommen. Zentrale Voraussetzung ist dafür allerdings, dass die nachhaltige Unternehmenspolitik tatsächlich Vertragsgrundlage geworden ist und der Vertrag nach der Veröffentlichung der fehlerhaften CSR-Bericht-erstattung geschlossen wurde. Dies kann unabhängig von einer wachsenden Bedeutung und gesellschaftspolitischen Anerkennung der Corporate Social Responsibility aber nicht generell angenommen werden. Vielmehr muss noch immer im Grundsatz davon ausgegangen werden, dass Verträge mit berichts-pflichtigen Gesellschaften unabhängig von einer etwaigen Unternehmens-politik im Bereich der Corporate Social Responsibility geschlossen werden. Es steht den Vertragspartnern aber frei, eine bestimmte Ausrichtung auf eine Corporate Social Responsibility direkt oder indirekt zur Grundlage eines Ver-trages zu machen.

Von diesen Grundsätzen muss allerdings für den Fall abgewichen werden, dass der Vertragspartner selbst der CSR-Berichterstattung unterfällt, da in diesem Fall die fehlerhafte CSR-Berichterstattung durch die sogenannte *Lieferkette* (§§ 289c Abs. 3 Nr. 4, 315c Abs. 3 Nr. 4 HGB)[238] direkte Auswir-kungen auf die eigene CSR-Berichterstattung hat und somit eine eigene Sank-tionierung droht. Gerade diese eigene Abhängigkeit von der Richtigkeit der CSR-Berichterstattung eines Vertragspartners ist die Basis dafür, dass die nachhaltige Unternehmenspolitik tatsächlich Vertragsgrundlage geworden ist.

---

[237] Siehe IV.3.b)cc)(3)
[238] Siehe IV.3.b)dd)(1).

bb) Mängelgewährleistungsrecht

Weiterhin kann eine fehlerhafte CSR-Berichterstattung Mängelgewährleistungsrechte (§ 437 BGB) im Kaufrecht begründen.[239] Basis dafür ist der Umstand, dass eine Beschaffenheit im Sinne von § 434 Abs. 1 S. 2 Nr. 2 BGB nach § 434 Abs. 1 S. 3 BGB auch in Form von öffentlichen Äußerungen des Verkäufers, des Herstellers (§ 4 Abs. 1 und 2 ProdHaftG) oder seines Gehilfen insbesondere in der Werbung oder bei der Kennzeichnung über bestimmte Eigenschaften der Sache begründet werden kann. Im Hinblick auf die CSR-Berichterstattung muss dies immer schon dann angenommen werden, wenn in dieser produktspezifische Informationen enthalten sind. Dabei muss es auch schon ausreichen, wenn in der CSR-Berichterstattung allgemein die Herstellungs- und Produktionsprozesse – etwa in Form der Arbeitsbedingungen (§§ 289c Abs. 2 Nr. 2, 315c Abs. 1 HGB)[240], der Beachtung von Umweltauflagen (§§ 289c Abs. 2 Nr. 1, 315c Abs. 1 HGB)[241] oder der Achtung der Menschenrechte (§§ 289c Abs. 4 Nr. 5, 315c Abs. 1 HGB)[242] – beschrieben werden.

Die Begründung einer Beschaffenheit im Sinne von § 434 Abs. 1 S. 2 Nr. 2 BGB durch die CSR-Berichterstattung ist aber dann abzulehnen, wenn der Verkäufer die Äußerung nicht kannte und auch nicht kennen musste, sie im Zeitpunkt des Vertragsschlusses in gleichwertiger Weise berichtigt war oder sie die Kaufentscheidung nicht beeinflussen konnte (§ 434 Abs. 1 S. 3 a.E. BGB). Hinsichtlich der fehlenden Kenntnis des Verkäufers von der CSR-Berichterstattung dürften aufgrund deren umfassender Publizität[243] sehr strenge Anforderungen zu stellen sein. Bedeutsamer dürfte hingegen die möglicherweise fehlende Beeinflussung der Kaufentscheidung sein. Dieses Ausschlusskriterium dürfte bei allen Aspekten der CSR-Berichterstattung eingreifen, bei denen kein unmittelbarer Produktbezug gegeben ist, was bei den Sozialbelangen (§§ 289c Abs. 2 Nr. 3, 315c Abs. 1 HGB)[244] und der Bekämpfung von Korruption und Bestechung (§§ 289c Abs. 2 Nr. 5, 315c Abs. 1 HGB)[245] der Fall sein dürfte.

cc) (Keine) Begründung von Austrittsrechten von Gesellschaftern

Schließlich stellt sich die Frage, inwiefern Gesellschaftern aufgrund einer fehlerhaften CSR-Berichterstattung ein Austrittsrecht aus der berichtspflichtigen Gesellschaft zuerkannt werden muss. Auch wenn dies im Grundsatz abzulehnen ist, ergibt sich im Rahmen von *Socially Responsible Investments*

---

[239] Dazu ausführlich *Asmussen,* NJW 2017, 118 ff.
[240] Siehe IV.3.b)cc)(3).
[241] Siehe IV.3.b)cc)(2).
[242] Siehe IV.3.b)cc)(5).
[243] Siehe VII.
[244] Siehe IV.3.b)cc)(4).
[245] Siehe IV.3.b)cc)(6).

eine Sondersituation, da die CSR-Berichterstattung für diese Arten von Kapitalanlage das zentrale Kontroll- und Informationsmedium ist. Die Richtigkeit der CSR-Berichterstattung ist für die Kapitalanleger das zentrale Motiv für die Wahl dieser Form der Kapitalanlage. Allerdings kann die bloße Fehlerhaftigkeit der Berichterstattung selbst keinen wichtigen Grund für einen Austritt eines Gesellschafters darstellen. Wenn überhaupt ist die fehlende Ausrichtung der Unternehmenstätigkeit auf die Corporate Social Responsibility Basis für ein entsprechendes Austrittsrecht.

4. Rechtspolitische Kritik und Würdigung des Sanktionenregimes

Die gesetzgeberische Zurückhaltung hinsichtlich der Sanktionen bei einer fehlerhaften CSR-Berichterstattung begründet eine nicht unerhebliche Rechtsunsicherheit und ist als solche zweifelsohne zu kritisieren. Allerdings muss in diesem Zusammenhang auch beachtet werden, dass es sich bei der CSR-Berichterstattung um ein weitgehend neues Rechtsgebiet handelt, bei dem kaum auf regulatorische Vorbilder zurückgegriffen werden kann. Insofern dürfte die Zurückhaltung des Gesetzgebers vor allem bei den zivilrechtlichen Folgen auf das junge Alter dieses Rechtsgebiets und die damit verbundenen Unsicherheiten zurückgehen. Dies bedeutet aber nicht, dass die vom Gesetzgeber wohl bewusst hinterlassene Lücke nicht aktiv durch die Rechtsprechung und das Schrifttum geschlossen werden sollte.

X. Fazit

Die Berichterstattung über Corporate Social Responsibility hat mit dem CSR-Richtlinie-Umsetzungsgesetz ihren Ursprung im Bilanzrecht genommen. Die zentrale Herausforderung für dieses Berichtsformat wird allerdings sein, sich in diesem bilanzrechtlichen Regelungsumfeld tatsächlich zu behaupten oder sich aber als eigenständiges Berichtsformat und Berichtsrecht abzuspalten. Dies ist darauf zurückzuführen, dass weder die historischen Wurzeln, noch die Zwecke oder die Inhalte der CSR-Berichterstattung zwingend einen bilanzrechtlichen Hintergrund haben. *Austragungsort* dieses Richtungsstreits wird das Sanktionenregime sein, da dort vor allem im Zusammenhang mit den zahlreichen zivilrechtlichen Folgen einer fehlenden oder unrichtigen CSR-Berichterstattung die Frage beantwortet werden muss, ob das insofern relativ enge Korsett des Bilanzrechts auch für die CSR-Berichterstattung zur Anwendung kommen wird. Diese Weichenstellung wird sich dann auch zwangsläufig auf die Tatbestandsseite und insbesondere auf die Berichtsinhalte auswirken.

Diskussion

zu den Referaten von *Petra Buck-Heeb* und *Sebastian Mock*

Tobias Christoph Rüßmann

Die von *Susanne Kalss* geleitete Diskussion zu den Referaten von *Petra Buck-Heeb* und *Sebastian Mock* hatte neben der internationalen Regel- und Standardsetzung im Bereich CSR die ins deutsche Bilanzrecht implementierte CSR-Berichterstattung zum Gegenstand.

I.

Ein Diskussionskomplex betraf die Frage, ob und inwiefern sich Menschenrechte auf Privatrechtsbeziehungen auswirken können.

Ein Diskutant aus der Schweiz warnte insoweit vor der „Vermenschenrechtlichung" eines traditionell privatrechtlich geprägten Gebiets. Es widerspreche nicht nur einem staatsrechtlichen Dogma, sondern auch rechtspolitische Präferenzen sprächen dagegen, eine direkte Drittwirkung von Menschenrechten anzunehmen. Zwar gebe es kaum noch Zivilrechtler, die einen Einfluss der Grundrechte auf das Privatrecht verneinen. Allerdings rücke durch die Vermenschenrechtlichung der freiheitliche Grundsatz der Privatautonomie aus dem Fokus der Debatte, während hingegen abstrakte Vorstellungen wie Chancengleichheit und Chancengerechtigkeit in den Vordergrund träten. Dies sei dem Umstand geschuldet, dass die CSR-Debatte nunmehr vorwiegend losgelöst von geltendem nationalem Recht stattfinde. Ein österreichischer Teilnehmer betonte die Schwierigkeit der Bestimmung der Reichweite einer menschenrechtlichen Drittwirkung aufgrund des Umstandes, dass bisher keine völkerrechtliche Judikatur etwa in Bezug auf die Wirkungen der EMRK im Horizontalverhältnis ergangen sei. Das Problem sei nicht, dass es keine Rechtsprechung gebe, sondern vielmehr, dass diese aufgrund der das Vertikalverhältnis betreffenden Sachverhalte für die Frage nach einer Drittwirkung nicht fruchtbar gemacht werden könne. Ein deutscher Diskutant entgegnete, dass grundsätzliche Zweifel bezüglich einer Drittwirkung der Grundrechte nicht mehr zeitgemäß seien. Es sei vielmehr unbestritten, dass Grundrechte jedenfalls nicht mehr als bloße Abwehrrechte gegenüber dem Staat einzuord-

nen seien. In der IT-Branche etwa seien multinationale Konzerne dazu aufge-
rufen, eine menschenrechtskonforme Unternehmenspolitik zu verfolgen, was
insbesondere durch rechtliche Anforderungen im Hinblick auf Datenschutz
deutlich werde. *Buck-Heeb* bekräftigte die Position des schweizerischen Diskutanten, dass der Begriff der „Vermenschenrechtlichung" den Kern des Problems recht genau treffe. Allerdings lasse sich keine rechtspolitische Präferenz
erkennen, dass eine direkte Drittwirkung der Grundrechte nicht bestehe.
Unternehmen seien nicht als Völkerrechtssubjekte anzusehen. Sie könnten
daher zwar mit etwaigen Verantwortungen adressiert werden, eine völkerrechtliche Verpflichtung von Unternehmen sei hingegen nicht möglich. Inwiefern
sich internationale, auf Menschenrechten beruhende Standards auf die grundsätzlich nicht grenzenlos bestehende Privatautonomie auswirken, bleibe abzuwarten. Ebenso unklar sei, wie künftig konkrete menschenrechtliche Pflichten
konstruiert werden können; genügend Ansatzpunkte lägen dafür jedenfalls vor.

Eine österreichische Teilnehmerin machte weiterhin darauf aufmerksam,
dass durch die steigende Bedeutung der Menschenrechte nicht etwa das Privatrecht geschwächt sei: Vielmehr sei darin ein Kollaps des öffentlichen Rechts
zu erkennen, da sich Staaten durch die Globalisierung nicht mehr in der Lage
sähen, wirtschaftliches Verhalten zu steuern, weil sich Gesellschaften – etwa
durch Produktionsverlagerungen in Entwicklungsländer – ohne großen Aufwand den staatlichen Regelungen entziehen könnten. Es sei daher grundsätzlich zu befürworten, bestimmte Verhaltensweisen und Geschäftsmodelle von
Unternehmen durch international geltende Standards einzuschränken. Eine
Diskutantin aus der Schweiz pflichtete dem bei; es sei unerlässlich, dass die
Nationalstaaten die Regelungshoheit über ihre multinationalen Unternehmen
zurückerlangen mit der Folge, dass Arbeiter in Entwicklungsländern nach ähnlichen Standards behandelt werden wie die heimischen Arbeitnehmer. Insofern sei eine Konkretisierung der Menschenrechte ein probates Mittel. In den
Vereinigten Staaten beispielsweise finde durch den Foreign Corrupt Practices
Act eine Regulierung von Handelsüblichkeiten statt, die trotz ihrer extraterritorialen Anwendung funktioniere. Auf lange Sicht seien internationale Standards geeignet, in das jeweilige nationale Recht implementiert zu werden.

In diesem Zusammenhang kam der in einem vorherigen Vortrag aufgeworfene Fall „KiK" zur Sprache: Nachdem sich ein österreichischer Diskutant
über ebendiesen erkundigte, stellte *Buck-Heeb* den Sachverhalt kurz dar:
Dabei handle es sich um ein momentan noch beim Landgericht Dortmund an-
hängiges Verfahren, das eine Schadensersatzforderung aufgrund eines Bran-
des in einer für KiK produzierenden pakistanischen Textilfabrik zum Gegenstand habe, bei dem mehrere Menschen gestorben seien. Der Vorwurf der
Herstellung menschenunwürdiger Zustände treffe nicht KiK, sondern einen
Zulieferer, mit dem KiK zusammengearbeitet habe. KiK sei nach Ansicht der
Kläger allerdings durch die Zusammenarbeit mit dem Zulieferer eine Selbstverpflichtung zum Schutze der Belegschaft eingegangen. Da eine direkte Ver-

pflichtung des Unternehmens durch das Völkerrecht nicht möglich sei, stelle dieses Argument der Selbstverpflichtung einen Versuch dar, eine grundsätzliche Verantwortlichkeit für die Lieferkette zu begründen. Im deutschen Recht tue man sich zwar schwer, durch die Aufnahme von Vertragsbeziehungen eine Selbstverpflichtung anzunehmen; allerdings lasse das Vorgehen des Landgerichts auf eine grundsätzliche Aufgeschlossenheit für diese Argumentation schließen, da den Klägern für die Geltendmachung Prozesskostenhilfe gewährt worden sei. Der weitere Lauf des Verfahrens sei mit Spannung zu verfolgen.

II.

Kontrovers diskutiert wurde die Frage, ob und wie sich Menschenrechte in das geltende Deliktsrecht einordnen lassen, namentlich, ob auch ein Menschenrecht als sonstiges Recht im Sinne des § 823 Abs. 1 BGB gelten könne.

Ein Diskutant äußerte, dass die bloße Ablehnung als sonstiges Recht aufgrund einer etwaigen mangelnden Bestimmtheit der Menschenrechte nicht den Ausschlag geben könne. Das deutsche Recht akzeptiere etwa mit dem Allgemeinen Persönlichkeitsrecht (APR) und dem Recht auf den eingerichteten ausgeübten Gewerbebetrieb (ReaG) weitaus unbestimmtere Konstruktionen als sonstiges Recht. Es gehe vielmehr um die Frage, ob sich aus Menschenrechten deliktische Verhaltenspflichten ableiten ließen; dies sei jedoch nicht der Fall, da Menschenrechte nicht für privatrechtliche Horizontalbeziehungen gälten. Allerdings seien im Falle von Menschenrechtsverletzungen bereits andere privilegierte Rechtsgüter (Leib, Leben) regelmäßig betroffen. *Buck-Heeb* entgegnete, dass das sonstige Recht im Rahmen des § 823 Abs. 1 BGB als absolute Ausnahmeregelung konzipiert sei. Der Vergleich zum ReaG sei nicht zielführend, da dieses in Deutschland historisch bedingt und nur unter ganz engen Voraussetzungen einschlägig sei. Demgegenüber stelle das APR den Versuch dar, in irgendeiner Form die Grundrechte ins Deliktsrecht einzubringen; Menschenrechten hingegen fehle die notwendige Horizontalfähigkeit. Bejahte man Menschenrechte als sonstiges Recht, so werde dieses Tatbestandsmerkmal zu extensiv ausgedehnt. Künftig zu erwarten sei hingegen, dass auf Menschenrechten beruhende internationale Standards ein sonstiges Recht darstellen. In Frankreich etwa werde dies schon seit Längerem diskutiert. Da das deutsche Recht im Umgang mit unbestimmten Rechtsbegriffen erprobt sei, seien ähnliche Debatten auch hierzulande zu erwarten.

Ein Diskutant aus Liechtenstein machte in diesem Zusammenhang auf etwaige Spannungsverhältnisse zwischen nationalem Recht und internationalen Standards aufmerksam. Wie sei es *de lege lata* etwa haftungsrechtlich zu beurteilen, wenn ein Gesellschaftsorgan freiwillig eine kostenerhöhende und damit gewinnsenkende Unternehmenshandlung vornimmt, weil dies der

Einhaltung solcher internationalen Standards entspricht? *Buck-Heeb* wies darauf hin, dass diese Frage letztlich das Binnenverhältnis der Gesellschaft betreffe, während ihr Vortrag sich insbesondere mit dem Außenverhältnis beschäftige. Offen bleibe die Frage, ob ein Vorstand solch gewinnsenkende Handlungen überhaupt vornehmen darf oder ob er dafür eine ausdrückliche Erlaubnis benötigt. Zu beobachten sei in der Praxis jedenfalls, dass die kostensteigende Einhaltung von CSR-Standards insbesondere dort stattfinde, wo im Falle der Nichteinhaltung ein gravierender Reputationsverlust drohe. Bei einer Vielzahl international agierender Großkonzerne sei die Einhaltung der CSR-Standards in diesen Bereichen geradezu mustergültig. Ein Großunternehmen, das weltweit bekannte Kinderfilme produziert, unternehme etwa alles in seiner Macht Stehende, um einen Vorwurf der Ausnutzung von Kinderarbeit zu vermeiden. Dagegen fokussierten sich Unternehmen im Bereich von Hygieneartikeln insbesondere darauf, CSR-Standards im Feld des Umweltschutzes einzuhalten, da eine Nichteinhaltung für diese Unternehmen zu dem höchstmöglichen Reputationsverlust führen würde. Viel spannender sei daher die Frage, ob Geld auch für die Einhaltung solcher Standards aufgewendet werden dürfe, die zu keinem spürbar positiven Marketing beim entsprechenden Unternehmen führe. Im Grundsatz müsse dies jedenfalls erlaubt sein, wobei über die Grenze noch zu diskutieren sei.

III.

Nach der abstrakten Bedeutung und der Reichweite von auf Menschenrechten beruhenden internationalen CSR-Standards für nationale Rechtsordnungen stellte den zweiten Diskussionsschwerpunkt die in das deutsche Bilanzrecht implementierte CSR-Berichterstattung dar. Im Fokus stand dabei zunächst die Frage nach der rechtspolitischen Notwendigkeit und dem Umfang dieser Implementierung.

Ein mehrfach geäußerter Einwand betraf die Unterbringung im Bilanzrecht. Ein österreichischer Diskutant bemängelte die „Denaturierung" des Bilanzrechts. Dieses werde zweckentfremdet, da zunehmend Aspekte im Bilanzrecht implementiert würden, die sich an anderer Stelle nicht durchsetzen ließen. Dem stimmte *Mock* unter Hinweis auf die Urfassung des sehr kurz gehaltenen § 289 AktG zu, verdeutlichte aber gleichzeitig, dass der umfassende Tatbestand der Lageberichterstattung nicht erst auf CSR-Aspekte zurückzuführen sei. Insofern sei das Bilanzrecht schon zuvor eine Art Sammelbecken gewesen. Dass in § 289c HGB recht allumfassend auf die „Achtung der Menschenrechte" abgestellt werde, sei letztlich der Ausdruck eines politischen Minimalkonsenses.

IV.

Des Weiteren ging es um den Prüfungsumfang der nichtfinanziellen Erklärung. Uneinheitlich beurteilt wurde insbesondere das Verhältnis zwischen der gesetzlich festgelegten inhaltlichen Überprüfung durch den Aufsichtsrat und der bloßen Vollständigkeitsprüfung der Erklärung durch den Abschlussprüfer. Ein Diskutant stellte hierzu die These in den Raum, es handle sich bei dem geringen Prüfungsumfang durch den Abschlussprüfer um eine gesetzgeberische Wertung, die auf eine verminderte Relevanz der CSR-Erklärung schließen lasse. Aspekte, bei denen sowohl vom Aufsichtsrat als auch vom Abschlussprüfer eine vollständige inhaltliche Überprüfung zu leisten sei, hätten für den Gesetzgeber einen höheren Stellenwert. Ein anderer Teilnehmer lobte die Gesetzesreform, da insbesondere solche Unternehmen, die im Bereich der CSR-Standards vorbildlich agieren, ohne Scheu eine Prüfung durch Abschlussprüfer in Auftrag geben würden. Dies führe zu einer negativen Signalwirkung für solche Unternehmen, die auf eine externe Prüfung verzichten. Möglicherweise gehe die Entwicklung sogar so weit, dass eine Entlastung des Vorstands künftig von der Vornahme einer externen Prüfung abhängig gemacht wird. Dem entgegnete ein weiterer Diskutant, dass es sich bei dieser Möglichkeit der Prüfung durch den Abschlussprüfer letztendlich um erfolgreiche Arbeit der Wirtschaftsprüfer-Lobby handle. Die bloße Prüfung, ob eine Erklärung abgegeben wurde oder nicht, sei ohne Substanz und bringe keinerlei Mehrwert.

Mock bestätigte, dass die Möglichkeit zur Bedienung eines Abschlussprüfers insbesondere auf der erfolgreichen Lobbyarbeit auf EU-Ebene beruhe. Dass diese Prüfung sich jedoch nicht auf inhaltliche Aspekte erstrecke, sei nicht als Präferenz des Gesetzgebers einzustufen; vielmehr sei auch die Beschränkung des Prüfungsumfangs auf die Wirtschaftsprüfer-Lobby zurückzuführen, da eine inhaltliche Überprüfung zu horrenden Prüfungskosten geführt hätte, die am Markt nicht durchsetzbar gewesen wären. Weiterhin warnte *Mock* davor, den Aufsichtsrat mit extensiven inhaltlichen Prüfungspflichten im Bereich CSR zu belasten. Was der Aufsichtsrat nach § 171 Abs. 1 AktG prüfen soll, übersteige seine tatsächlichen Möglichkeiten. Man behelfe sich also in der Praxis damit, statt einer umfassenden inhaltlichen Untersuchung durch den Aufsichtsrat den Prüfungsauftrag einem Wirtschaftsprüfer zu übertragen, und sich darauf zu verlassen, dass gravierende bilanzrechtliche Fehler von diesem erkannt und bemängelt werden. Dass ein negatives Prüfungsergebnis durch den Wirtschaftsprüfer zunächst nicht veröffentlichungspflichtig ist, sei als Zugeständnis des Gesetzgebers anzusehen, die Unternehmen im Rahmen einer Schonzeit an die Gepflogenheiten der CSR-Berichterstattung heranzuführen und zu gewöhnen.

V.

Schließlich rückten die prospekthaftungsrechtliche Bedeutung im Bereich der *Socially Responsible Investments* sowie die Gewährleistungsrelevanz von CSR in den Fokus der Diskussion.

Für den Bereich der Gewährleistungsrelevanz betonte ein österreichischer Teilnehmer, dass CSR-Berichte regelmäßig sehr allgemein gefasst seien und keinen konkreten Produktbezug aufwiesen. Dabei bemühte er einen Vergleich zum Dieselskandal, in dem selbst den konkreten Verkaufsbroschüren eine hinreichende Produktbezogenheit abgesprochen worden sei.

Im Rahmen der Prospekthaftung stellte ein Diskutant heraus, dass das Tatbestandsmerkmal der *wesentlichen Angaben* für den Bereich von sozialen Investments *prima facie* auch sozialrelevante Aspekte umfassen müsse, denen keinerlei Preisrelevanz innewohnt, da diese für die Parteien den Vertragsschluss bedingen. Allerdings lasse sich aus dem Wortlaut sämtlicher Prospekthaftungsvorschriften, die allesamt in irgendeiner Form auf die Kursrelevanz abstellen, erkennen, dass der Gesetzgeber diese Problematik nicht gesehen hat. Ein weiterer Teilnehmer wies auf die Risiken der Berücksichtigung lediglich sozialrelevanter Aspekte hin: Dann müsse im Bereich der sozialen Investments auf der Kausalitäts- und Beweisebene nach einer positiven Anlegerstimmung aufgrund von CSR-Gesichtspunkten gefragt werden. Dies habe jedoch eine Segmentierung von Märkten zur Folge, wobei die einen Märkte auf soziale und ethische Standards gerichtet seien und die positive CSR-gesteuerte Anlegerstimmung berücksichtigten, während die übrigen nach traditionellen ökonomischen Erwägungen kategorisiert würden. Dasselbe gelte im Bereich der Gewährleistung, da bei der Annahme einer Produktrelevanz jedweder Abweichung von CSR-Standards stets der Beweis zu führen sei, dass ein Vertrag bloß im guten Glauben auf die Einhaltung dieser Standards zustande kam. Ein österreichischer Diskutant pflichtete dem bei, dass solche Abweichungen wohl nur in absoluten Ausnahmefällen gewährleistungsrelevant sein können. *Mock* schloss sich den Diskutanten darin an, dass dies die bisher wenig diskutierte Schlüsselfrage sei, die Debatte befinde sich insofern noch im Anfangsstadium.

Die Haftung schweizerischer Unternehmen für Menschenrechtsverletzungen im Ausland?

Überlegungen zur „Konzern-Initiative"

Andreas Bohrer *

I. Einleitung 195
II. Menschenrechtsverletzungen 196
   1. Begriff der „Menschenrechte" 196
   2. Bindungswirkung der Menschenrechte, insb. Dritt-/Horizontalwirkung ... 198
III. Haftungsrechtliche Kontextualisierung 200
   1. Konzerninterne Haftung 201
   2. Haftungsvoraussetzungen 202
   3. Kausalhaftung 202
   4. Geschäftsherrenhaftung 203
   5. Tierhalterhaftung 204
   6. Zwischenfazit 206
IV. Anwendbares Recht und Gerichtsstand 209
   1. Problematik des Initiativtextes 209
   2. Streitschlichtungsverfahren gemäß OECD NKP 210
V. Fazit 212

I. Einleitung

Im Oktober 2016 wurde in der Schweiz die Eidgenössische Volksinitiative „Für verantwortungsvolle Unternehmen – zum Schutz von Mensch und Umwelt" (Konzern-Initiative)[1] eingereicht. Sie verlangt die Ergänzung der Bundesver-

---

* Dieser Beitrag ist in leicht geänderter Form auch in GesKR 3/2017, 323 ff. erschienen.

[1] Eidgenössische Volksinitiative „Für verantwortungsvolle Unternehmen – zum Schutz von Mensch und Umwelt", BBl 2015 3245 (Konzerninitiative), verfügbar unter <https://www.admin.ch/opc/de/federal-gazette/2015/3245.pdf>. Für eine rechtliche Würdigung der Konzern-Initiative siehe auch *Kaufmann*, SZW 2016, 45 ff. Vgl. für einen Überblick über den Stand der Debatte *Geisser/Kaufmann/Schmid*, AJP 2017, 927 ff. und *Kaufmann*, AJP 2017, 967 ff. sowie *Enneking*, AJP 2017, 988 ff. für einen rechtsvergleichenden Diskurs. Für einen strafrechtlichen Diskurs siehe *Pieth*, AJP 2017, 1005 ff., und für eine Darstellung aus Sicht der Initianten der Konzern-Initiative, *Geisser*, AJP 2017, 943 ff. Der Bun-

fassung mit einem neuen Artikel 101a, der den Bund verpflichten will, Maßnahmen zur Stärkung der Respektierung der Menschenrechte und der Umwelt
durch die Wirtschaft zu treffen, und mittels Gesetzgebung die entsprechenden
Pflichten schweizerischer Unternehmen zu regeln.

Gemäß Konzern-Initiative haben schweizerische Unternehmen namentlich
auch im Ausland die international anerkannten Menschenrechte sowie die
internationalen Umweltstandards zu respektieren, und dafür zu sorgen, dass
diese Standards auch durch die von ihnen „kontrollierten" Unternehmen respektiert werden.[2] Sie haben eine Sorgfaltsprüfung vorzunehmen, Maßnahmen
zur Verhütung von Verletzungen solcher Standards zu ergreifen, bestehende
Verletzungen zu beenden und Rechenschaft über Maßnahmen abzulegen – all
dies im Hinblick auf kontrollierte Unternehmen sowie auf „sämtliche Geschäftsbeziehungen".[3] Weiter sollen schweizerische Unternehmen haften
„auch für den Schaden, den durch sie kontrollierte Unternehmen aufgrund der
Verletzung von international anerkannten Menschenrechten oder internationalen Umweltstandards in Ausübung ihrer geschäftlichen Verrichtung verursacht haben".[4] Haftungsbefreiung ist nur möglich mit Nachweis aller gebotenen Sorgfalt oder wenn der Schaden auch sonst eingetreten wäre. Gemäß
Text der Konzern-Initiative sollen also Unternehmen mit satzungsmäßigem
Sitz, Hauptverwaltung oder Hauptniederlassung in der Schweiz für den Schaden haften, der durch Verletzung von international anerkannten Menschenrechten entsteht.

Der vorliegende Beitrag versucht eine Analyse der Konzern-Initiative mit
Fokus auf die Themenbereiche der Menschenrechtsverletzungen als Haftungsgrundlage, ihre Kontextualisierung in das System des außervertraglichen
Haftpflichtrechts der Schweiz und einem Hinweis auf die Probleme, die sich
aus dem anwendbaren Recht und dem Gerichtsstand ergeben.

II. Menschenrechtsverletzungen

1. Begriff der „Menschenrechte"

Der Begriff der *Menschenrechte* lässt sich von demjenigen der *Grundrechte*
nicht immer mit Schärfe abgrenzen, vor allem auch nicht im internationalen
Kontext. Beispielsweise befasste sich die XIII. Konferenz der Europäischen
Verfassungsgerichte im Jahr 2005 in Zypern mit den Kriterien der Einschrän-

---

desrat empfiehlt die Konzern-Initiative ohne Gegenvorschlag zur Ablehnung: Botschaft des
Bundesrates zur Volksinitiative „Für verantwortungsvolle Unternehmen – zum Schutz von
Mensch und Umwelt", BBl 2017 6335.
[2] Art. 101a Abs. 2 lit. a E-BV. Vgl. dazu *Handschin,* AJP 2017, 1000 ff.
[3] Art. 101a Abs. 2 lit. b E-BV.
[4] Art. 101a Abs. 2 lit. c E-BV.

kung von Grundrechten, bzw. den „criteria of the limitation of human rights"
und den „critères de la limitation des droits de l'Homme".[5] Schon daraus er-
hellt, dass Menschenrechte und Grundrechte, zumindest in anderen Sprach-
und Rechtsordnungen, eng zusammenhängen.

In der Schweiz gehen wir gemeinhin davon aus, dass Menschenrechte ihrem
Namen entsprechend allen Menschen zustehen; sie fließen aus der Menschenwürde, sind jedem Menschen angeboren, sind vorstaatlich (man erinnere sich
an die Naturrechtslehre, vertreten etwa durch *John Locke*), unveräußerlich
und universell. Zu Grundrechten werden die Menschenrechte, wenn sie in
eine staatliche Verfassung gegossen werden; diesem Vorgang ist eigen, dass
je nach Ausgestaltung der Verfassung auch die Grundrechte unterschiedlich
ausgestaltet werden können – und zwar unabhängig davon, ob die Verfassung
schriftlich oder ungeschrieben ist. Die Grundrechte kommen im Grundsatz
ebenfalls allen Menschen zu, teilweise aber auch nur den Staatsbürgern.

Historisch standen am Beginn der Entwicklung die bürgerlichen und politischen Rechte. Im Laufe des letzten Jahrhunderts kamen die Sozialrechte
(also wirtschaftliche, soziale und kulturelle Rechte) hinzu, und als letzter
Schritt die als „kollektive Rechte" zu bezeichnenden Rechte auf Entwicklung,
Frieden und intakte Umwelt.[6] Entsprechend dieser historischen Entwicklung
spricht die klassische Menschenrechtslehre von folgenden Grundrechtsarten:

– *Freiheitsrechte (negative Rechte):* Abwehrrechte des Individuums gegen
  die Übergriffe des Staats. Dazu können auch die rechtsstaatlichen Garantien
  (Rechtsgleichheit, Willkürverbot, Verfahrensgarantien) gezählt werden.
– *Politische Rechte (aktive Rechte):* Recht des Individuums auf aktive Teil-
  nahme an der Willensbildung im Staat.
– *Soziale Grundrechte (positive Rechte):* Ansprüche des Individuums auf
  Leistungen des Staats.

Versteht man die historische Entwicklung und Motivierung, so versteht man
auch die verschiedenartigen Grundrechtsverständnisse, nämlich zum einen
das klassische „negatorische" Grundrechtsverständnis als Abwehrrecht des
Individuums gegen den Staat und zum anderen das „konstitutiv-institutionelle"
Grundrechtsverständnis, welches Leistungspflichten des Staates, Gesetzge-
bungsaufträge und (in unserem Kontext wichtig) Formen der Drittwirkung

---

[5] *Steinmann,* Kriterien der Einschränkung von Grundrechten in der Praxis der Verfassungsgerichtsbarkeit. Bericht des Schweizerischen Bundesgerichts hinsichtlich der XIII.
Konferenz der Europäischen Verfassungsgerichte zu den Kriterien der Einschränkung von
Grundrechten in der Praxis der Verfassungsgerichtsbarkeit. Verfügbar <https://www.
bger.ch/index/federal/federal-inherit-template/federal-publikationen/federal-richter-publika
tionen.htm>, S. 1 (zit. „Länderbericht Bundesgericht"). Siehe zum Ganzen auch *Bucher,*
SJZ 1987, 37 ff. sowie *Kley,* Menschenrechte, Historisches Lexikon der Schweiz, <http://
www.hls-dhs-dss.ch/textes/d/D13979.php>.
[6] *Grosz,* AJP 2017, 978 ff.

einschließt. In der Schweiz stehen der größere Teil der Lehre wie auch das Bundesgericht nach wie vor dem klassischen Grundrechtsverständnis näher, auch wenn Elemente des konstitutiv-institutionellen Verständnisses, etwa bei der Drittwirkung, Anerkennung gefunden haben.

2. *Bindungswirkung der Menschenrechte, insb. Dritt-/Horizontalwirkung*

Sprechen wir von Drittwirkung, so sprechen wir von der Bindung der Grundrechte, bzw. von deren Adressatenkreis. Dabei gilt wieder, auf der Basis des negatorischen Verständnisses, dass die Grundrechtsbindung an den Staat und seine Organe adressiert ist. Die Grundrechtsbindung ist für den Staat umfassend, d.h. sie gilt für Exekutive, Legislative und Judikative, für seine Körperschaften, Anstalten und Stiftungen, und für die drei Ebenen Bund, Kantone und Gemeinden. Und gleich wie staatliche Organe bei privatrechtlichen Tätigkeiten an die Grundrechte gebunden sind, so sind Private bei der Wahrnehmung staatlicher Aufgaben ebenfalls an die Grundrechte gebunden (Art. 35 Abs. 2 BV).

Die relevante Frage ist nun aber, ob Private bei privater Tätigkeit an die Grundrechte gebunden sind, ob also die Grundrechte eine „Drittwirkung" oder „Horizontalwirkung" entfalten, dies im Gegensatz zur klassischen vertikalen Wirkung zwischen Individuum und Staat. Nach Art. 35 Abs. 3 BV sorgen die Behörden dafür, dass die Grundrechte, soweit sie sich dazu eignen, auch unter Privaten wirksam werden. Maßgebliches Kriterium der Bestimmung ist mithin die Drittwirkungseignung.[7] Wir unterscheiden hierbei zwischen „direkter" Drittwirkung und „indirekter" Drittwirkung.

Bei der *direkten Drittwirkung* wirken sich die Grundrechte unmittelbar bindend auf die privatrechtlichen Verhältnisse aus.[8] Diese Lehre wird in der Schweiz kaum vertreten.[9] Einer direkten Drittwirkung ist entgegenzuhalten, dass die Beziehungen unter Privaten durch die Rechtssicherheit und die Privatautonomie geschützt sind; würden Private zur Einhaltung der Grund- und Menschenrechte verpflichtet, ergäben sich mannigfache Problemkreise, insbesondere hinsichtlich Kontrahierungszwängen und verwandter Fragestellungen, welche im heutigen Rechtsverständnis (wenn überhaupt) durch Wettbewerbs- und Konsumentenschutzgesetzgebungen inhaltlich zu regeln sind. Als klassisches (und gleichzeitig einziges allgemein anerkanntes) Beispiel der direkten Drittwirkung gilt in der Schweiz die Bestimmung von Art. 8 Abs. 3

---

[7] *Rhinow/Schefer/Uebersax*, Schweizerisches Verfassungsrecht, 3. Aufl., 2016, N. 1167.

[8] *Häfelin/Haller/Keller/Turnherr*, Schweizerisches Bundesstaatsrecht, 9. Aufl., 2016, N. 281; *Schweizer*, in: Ehrenzeller/Schindler/Schweizer/Vallender, Die schweizerische Bundesverfassung, 3. Aufl., 2014, Art. 35 N. 51.

[9] Vgl. *Rhinow/Schefer/Uebersax* (Fn. 7), N. 1171; *Häfelin/Haller/Keller/Turnherr* (Fn. 8), N. 281; weitergehend *Schweizer*, in: Ehrenzeller/Schindler/Schweizer/Vallender (Fn. 8), Art. 35 N. 58 ff.

Satz 3 BV, welche den Arbeitnehmerinnen einen durchsetzbaren Anspruch auf gleichen Lohn für gleichwertige Arbeit verleiht.[10]

Bei der *indirekten Drittwirkung* geht es darum, die Grundrechte zur Auslegung des Privatrechts heranzuziehen, namentlich bei Generalklauseln und unbestimmten Rechtsbegriffen.[11] Aus der Formulierung von Art. 35 Abs. 3 BV mit ihrem expliziten Eignungsvorbehalt ergibt sich bereits eine Zurückhaltung gegenüber Horizontalwirkungen der Grundrechte.[12] Bestätigt wird diese Sicht durch das Bundesgericht:[13]

„Verfassungsrechte bewahren demnach ihre Träger in erster Linie gegen Übergriffe der Staatsgewalt […]. Insoweit kommt den Grundrechten keine unmittelbare Dritt- oder Horizontalwirkung zu. Das Bundesgericht hat eine direkte Dritt- oder Horizontalwirkung in dem Sinne, dass Verfassungsrechte auch gegenüber Privaten gelten gemacht werden könnten, im Grundsatz verneint [m.w.N.]. […] Über diese Drittwirkung hinaus von größerer Bedeutung ist die von der Rechtsprechung anerkannte sog. Indirekte Horizontalwirkung. Sie kommt im Sinne einer verfassungskonformen Interpretation allgemein bei der Auslegung und Anwendung von Normen des Verwaltungs-, Privat- oder Strafrechts zum Tragen und ist namentlich von Bedeutung, wenn diese allgemein gehalten oder lückenhaft sind. [Folgen Beispiele]. Über diese Beispiele hinaus ist allgemein festzuhalten, dass auch einer derartigen Horizontalwirkung Grenzen gesetzt sind. Art. 35 Abs. 3 BV hält ausdrücklich fest, dass für die Wirksamkeit von Grundrechten unter Privaten nur insoweit zu sorgen ist, als sich diese dazu eignen."

Erhellend ist auch die Praxis des Bundesgerichts. Im Fall BGE 129 III 35 i.S. Schweizerische Post gegen Verein gegen Tierfabriken bejaht das Bundesgericht eine Kontrahierungspflicht der Post rein privatrechtlich mit der Begründung, die Beförderungsverweigerung habe gegen die guten Sitten verstoßen. Auf die Frage der mittelbaren Drittwirkung der Grundrechte geht das Bundesgericht zwar ein, allerdings nur, um die Fragestellung der Drittwirkung der Grundrechte ausdrücklich nicht weiterzuverfolgen:[14] „Diese Diskussion

---

[10] *Häfelin/Haller/Keller/Turnherr* (Fn. 8), N. 288; *Rhinow/Schefer/Uebersax* (Fn. 7), N. 1172; weitergehend *Schweizer,* in: Ehrenzeller/Schindler/Schweizer/Vallender (Fn. 8), Art. 35 N. 58 ff.

[11] *Rhinow/Schefer/Uebersax* (Fn. 7), N. 1169 f.; *Häfelin/Haller* (Fn. 7), N. 282.

[12] *Schweizer,* in: Ehrenzeller/Schindler/Schweizer/Vallender (Fn. 8), Art. 35 N. 55. Äußerst zurückhaltend etwa *Bucher,* SJZ 1987, 37, 47, nach einem Hinweis darauf, dass frühere Staatsrechtler sich noch mit römischem Recht befasst hatten: „Heute jedoch das umgekehrte Bild: Verfassungsrechtler, weit davon entfernt, sich mit Privatrecht abzugeben, jedoch in Sorge um diese Disziplin und glaubend, dass das Privatrecht, wesensmäßig auf Wahrung von Partikulärinteressen ausgerichtet, nicht länger sich selber überlassen bleiben dürfe, sondern der ständigen Konfrontation mit dem Verfassungsrecht bedürfe, um die Durchsetzung des Eigennutzes in Schranken zu halten und den Gemeinnutz und höhere Gerechtigkeitsgesichtspunkte angemessen zur Geltung zu bringen."

[13] Länderbericht Bundesgericht (Fn. 5), 7 f.

[14] BGE 129 III 35, S. 42 E. 5.4 i.f.; siehe nunmehr aber BGE 136 I 158, S. 166 E. 3.2, beschränkt auf den konkreten Fall.

ist im vorliegenden Fall entbehrlich, weil sich im Folgenden aufgrund rein privatrechtlicher Überlegungen ergeben wird, dass die Post nicht berechtigt war, die Beförderung [...] zu verweigern."

Daraus ergibt sich als Zwischenfazit, dass die Pflicht der Unternehmen zur Einhaltung von Menschenrechten alles andere als trivial ist, weil Unternehmen grundsätzlich nicht Adressaten der Menschenrechte sind, und sich auch nicht alle Grundrechte für eine indirekte Drittwirkung in gleicher Art eignen.[15]

Die *Konzern-Initiative* befindet sich allerdings nicht im Feld der indirekten Drittwirkung, sondern sie beabsichtigt eine direkte Drittwirkung[16] (samt Haftungsregel) für international anerkannte Menschenrechte und internationale Umweltstandards. Der Umfang des von der erhofften direkten Drittwirkung erfassten Corpus von Menschenrechts- und Umweltnormen ist unbestimmt.[17] Ist „international anerkannt", wozu sich die Schweiz im innerstaatlichen und völkerrechtlichen Verhältnis verpflichtet hat? Fallen darunter die EMRK, die UNO-Pakte, supranationale Sozialpakte? Ist international auch anerkannt, was die Schweiz als Land nicht ratifiziert hat? Geht es um die klassischen Freiheitsrechte (negative Rechte), oder darüber hinaus um die politischen Rechte (aktive Rechte)? Oder sogar, den Begriff der „Menschenrechte" ausdehnend, auf die sozialen Leistungsrechte (positive Rechte)?

III. Haftungsrechtliche Kontextualisierung

Widmen wir uns als nächstes der haftungsrechtlichen Kontextualisierung. Gemäß Initiativtext sollen die Unternehmen für den Schaden haften, den durch sie kontrollierte Unternehmen aufgrund der Verletzung von international anerkannten Menschenrechten oder internationalen Umweltstandards in Ausübung ihrer geschäftlichen Verrichtung verursacht haben. Die Unternehmen haften dann nicht, wenn sie beweisen, dass sie alle gebotene Sorgfalt gemäß lit. b der Bestimmung angewendet haben, um den Schaden zu verhüten, oder

---

[15] Gemäß *Schweizer* eignen sich für indirekte Drittwirkung eher Grundrechte mit einem konstitutiven Charakter, namentlich Rechtsgleichheit, Religionsfreiheit, Meinungsäußerungsfreiheit, Pressefreiheit, Wissenschaftsfreiheit, Versammlungsfreiheit, Wirtschaftsfreiheit, und Koalitionsfreiheit; dagegen sind Leistungsansprüche für mittelbare Horizontalwirkung wenig geeignet: *Schweizer,* in: Ehrenzeller/Schindler/Schweizer/Vallender (Fn. 8), Art. 35 N. 57.

[16] *Rhinow/Schefer/Uebersax* (Fn. 7), N. 1172.

[17] Vgl. *Schmid,* AJP 2017, 930 ff. und mit Blick auf die dynamische Entwicklung des Umweltschutzes über eine ökologische Auslegung der Menschenrechtsgarantien, vgl. *Grosz,* AJP 2017, 978, 980 ff. So im Ergebnis wohl auch Botschaft (Fn. 1), BBl 2017 6335, 6357. A.M. scheinbar *Kaufmann,* AJP 2017, 967, 969, *Handschin,* AJP 2017, 1000 und *Geisser,* AJP 2017, 943, 949 mit Verweis auf die UNO-Leitprinzipien zu Wirtschaft und Menschenrechten, die allerdings eine *nicht abschließende* Aufzählung enthalten.

dass der Schaden auch bei Anwendung dieser Sorgfalt eingetreten wäre. Ob ein Unternehmen ein anderes kontrolliert, bemisst sich gemäß lit. a der Bestimmung nach den tatsächlichen Verhältnissen; eine Kontrolle kann faktisch auch durch wirtschaftliche Machtausübung erfolgen.

1. Konzerninterne Haftung

Eine erste Analyse ergibt, dass der Initiativtext eine direkte Haftung der Schweizer Muttergesellschaft für die Handlungen der von ihr kontrollierten Unternehmen im In- und Ausland vorsieht. Es geht mithin nicht „nur" um eine konzerninterne Durchgriffshaftung im Sinne des „piercing the corporate veil", sondern viel weitgehender um eine direkte solidarische (Mit-)Verpflichtung der Schweizer Gesellschaft neben der wohl weiterbestehenden lokalen Verpflichtung des kontrollierten Unternehmens.

Damit hebt sich der Initiativtext ab von den folgenden, bereits heute bestehenden Haftungskonstellationen der Muttergesellschaft, welche allesamt die Haftung von gewissen Voraussetzungen abhängig machen:[18]

– *Haftung für Organperson nach Art. 722 OR:* Hier muss der Kläger die Organeigenschaft der schadenstiftenden Person nachweisen.[19] Dies steht im Gegensatz zur Konzern-Initiative, welche eine direkte Haftung ohne Voraussetzung der Organeigenschaft beabsichtigt.
– *Haftung für unerlaubte Handlungen bei Doppelorganschaft:* Entsendet die Muttergesellschaft Organmitglieder (z.B. Mitglieder der Konzernleitung) in die Verwaltungsräte der Tochtergesellschaften, kann die Muttergesellschaft für widerrechtliche Handlungen ihrer Organpersonen bei der Tochter haften.[20]
– *Haftung der Muttergesellschaft als faktisches Organ der Tochter:* Greift die Muttergesellschaft wie ein Organ in den Zuständigkeitsbereich der

---

[18] Siehe grundlegend zu konzernrechtlichen Fragen aus neuester Optik: *Bühler*, FS Caspar, 2017, S. 153 ff. Aus rechtsvergleichender Sicht siehe *Enneking*, AJP 2017, 988, 989 ff.

[19] *Watter*, in: Basler Kommentar Obligationenrecht II, 5. Aufl., 2016, Art. 722 N. 15; *Sunaric*, in: Kurzkommentar Obligationenrecht, 2014, Art. 722 N. 3.

[20] *Böckli*, Schweizer Aktienrecht, 4. Aufl., 2009, § 11 N. 470a. BGE 124 III 297, 299 E.5a (Motor Columbus): „Nach Art. 722 OR haftet die Aktiengesellschaft für den Schaden aus unerlaubten Handlungen (Art. 41 OR), die eine zur Geschäftsführung oder zur Vertretung befugte Person in Ausübung ihrer geschäftlichen Verrichtungen begeht. Aufgrund dieser Vorschrift hat die Konzern-Muttergesellschaft unter Umständen für Eingriffe ihrer Organe in die Geschäftsführung der Tochtergesellschaft einzustehen […]. Eine derartige Organhaftung setzt allerdings voraus, dass die fraglichen Handlungen unerlaubt im Sinne von Art. 41 OR, mithin *widerrechtlich* oder zumindest sittenwidrig (Art. 41 Abs. 2 OR) sind […], und dass die Personen, von denen die Handlungen ausgegangen sind, sowohl als Organe der Muttergesellschaft als auch als Organe der Tochtergesellschaft gehandelt haben […]."

Tochter ein, so kann sie als faktisches Organ bei Pflichtwidrigkeit für den bei der Tochter verursachten Schaden haften.

– *Haftungsrechtlicher Durchgriff:* Bei besonders aktivem und bedenkenlosen Schalten und Walten der Muttergesellschaft in der Geschäftsführung der Tochtergesellschaft wäre die Berufung der Muttergesellschaft auf die rechtliche Selbständigkeit der Tochter rechtsmissbräuchlich, und es liegt ein Fall von haftungsrechtlichem Durchgriff von der Tochter auf die Mutter vor; diese Fälle sind allerdings in der Praxis selten.[21]

– *Haftung aus Konzernvertrauen:* Die Figur der Haftung aus Konzernvertrauen beflügelt seit dem Swissair-Entscheid von 1995[22] die Phantasie der Juristen in der Schweiz. Haftung aus Konzernvertrauen liegt vor, wenn die Muttergesellschaft gegenüber Dritten deutlich zum Ausdruck bringt, dass sie für die Schulden ihrer Tochtergesellschaft einsteht, und die Dritten im Vertrauen auf diese Unterstützung geschädigt werden.

2. Haftungsvoraussetzungen

Gehen wir zurück zu den Grundbegriffen des Haftpflichtrechts[23] und den Haftungsvoraussetzungen: Nach Art. 41 OR erfordert außervertragliche Haftung das Vorliegen von Schaden, Kausalzusammenhang, Widerrechtlichkeit und Verschulden. Der Initiativtext verlangt explizit das Vorliegen von Schaden und von Verursachung, also Kausalzusammenhang. Widerrechtlichkeit dürfte wohl auch gefordert sein, zumindest kann die Wendung „aufgrund der Verletzung von international anerkannten Menschenrechten oder internationalen Umweltstandards" entsprechend interpretiert werden. Nicht gefordert wird das Vorliegen von Verschulden.[24]

3. Kausalhaftung

Da Verschulden als Haftungsvoraussetzung nicht verlangt ist, haben wir es mit einer *Kausalhaftung* zu tun. Wird bei der Verschuldenshaftung für eigenes schuldhaftes Verhalten gehaftet (Art. 41 OR), so haftet man bei der Kausalhaftung für eigenes schuldloses Verhalten (z.B. Haftung Urteilsunfähiger, Art. 54 OR), für fremdes Verhalten (z.B. Geschäftsherrenhaftung nach Art. 55 OR, Tierhalterhaftung nach Art. 56 OR) oder für Zufall (z.B. Werkeigentümerhaftung nach Art. 58 OR).

---

[21] *Böckli* (Fn. 20), § 11 N. 456; BGE 120 II 331.
[22] BGE 120 II 331.
[23] *Gauch*, recht 1996, 225 ff.
[24] A.M. *Geisser*, AJP 2017, 943, 949 ff., der die Widerrechtlichkeit aus der Respektierungsverantwortung von Abs. 2 lit. a der Konzern-Initiative, und das Verschulden aus der Sorgfaltsprüfungspflicht ableiten will, obgleich sich die Konzern-Initiative an die Geschäftsherrenhaftung nach Art. 55 OR anlehne (a.a.O., 954).

Die Kausalhaftung ist in der Schweizer Rechtstradition die Ausnahme vom Grundsatz der Verschuldenshaftung, und bedarf jeweils einer gesetzlichen Grundlage; Kausalhaftungen sind allerdings in der Praxis äußerst wichtig.[25] Die Rechtfertigung für Kausalhaftungen sind die besondere Beziehung des Haftpflichtigen zum haftungsbegründenden (gesetzlichen) Anknüpfungstatbestand, nebst dem Vorteil, der sich für den Haftpflichtigen aus dem betreffenden Tatbestand gibt (Grundsatz des *cuius commodum, eius periculum*).

Die Kausalhaftung lässt sich unterteilen in *einfache Kausalhaftungen* und *Gefährdungshaftungen,* letztere wiederum in Betriebshaftungen (etwa die Motorfahrzeughalterhaftung nach Art. 58 SVG) und in Nicht-Betriebshaftungen (etwa die Jagdausübung nach Art. 15 JSG). Vorliegend interessieren jedoch die *einfachen Kausalhaftungen,* die sich unterteilen in sog. milde Kausalhaftungen und scharfe Kausalhaftungen:

– *Scharfe (oder auch „strenge") Kausalhaftungen* lassen dem Haftpflichtigen keinen Entlastungsbeweis (Exzeptionsbeweis) zu. Beispiele dafür sind die Haftung urteilsunfähiger Personen (Art. 54 Abs. 1 OR), die Werkeigentümerhaftung (Art. 58 OR) und die Grundeigentümerhaftung (Art. 679 ZGB). Der Grundgedanke für diese strenge Form der Kausalhaftung war, dass derjenige haften soll, der mittels seines Werkes den natürlichen Zustand verändert und davon profitiert, wenn die Mängel des Werkes einen Schaden verursachen. Der Werkeigentümer haftet auch für den Zufall, etwa das sich trotz Klimaerwärmung bildende Eis auf dem Trottoir/Gehsteig.

– *Milde (oder auch „gewöhnliche") Kausalhaftungen* lassen im Unterschied zur strengen Kausalhaftung einen Entlastungsbeweis zu. Beispiele sind die Geschäftsherrenhaftung (Art. 55 OR), die Tierhalterhaftung (Art. 56 OR), neuerdings auch die Haftung für Signaturschlüssel (Art. 59a OR).

4. *Geschäftsherrenhaftung*

Die *Geschäftsherrenhaftung* (Art. 55 OR) begründet die Haftung des Geschäftsherrn für das Verhalten einer Hilfsperson in Ausübung einer dienstlichen oder geschäftlichen Verrichtung. Haftungsvoraussetzungen sind Schaden, rechtlich genügender Kausalzusammenhang zwischen dem Verhalten der Hilfsperson und dem Schaden, Widerrechtlichkeit, Misslingen des Sorgfaltsbeweises und Misslingen des Befreiungsbeweises.

Wesensmerkmal der Geschäftsherrenhaftung ist, dass es sich um eine Organisationshaftung handelt; der Geschädigte muss nur, aber immerhin beweisen, dass der Schaden aus der Organisation heraus entstanden ist, aber nicht von welcher Hilfsperson; es ist auch nicht ein Verschulden der Hilfsperson notwendig, aber ein Kausalzusammenhang zwischen dem Handeln der Hilfsperson und dem Schaden.

---

[25] *Gauch,* recht 1996, 235.

Geschäftsherr ist, wer ein Geschäft durch eine andere Person besorgen lässt, die seinen Weisungen unterworfen ist und entsprechend in einem *Subordinationsverhältnis* steht; das Unterordnungsverhältnis muss tatsächlich bestehen, die rechtliche Beziehung zwischen Geschäftsherr und Hilfsperson ist nicht entscheidend. Nicht Hilfspersonen sind selbständig Erwerbende, d.h. Auftragsnehmer und Unterakkordanten. Wir stellen hier einen entscheidenden Unterschied zwischen Geschäftsherrenhaftung und der geplanten Haftung gemäß Konzern-Initiative fest, indem die Geschäftsherrenhaftung ihre natürliche Grenze dort zieht, wo die interne Organisation des Haftpflichtigen endet; die Konzern-Initiative hingegen will ihr Recht im wahrsten Sinne „ohne Grenzen" anwenden lassen.[26]

Der Geschäftsherr hat zwei Entlastungsmöglichkeiten, einerseits den Sorgfaltsbeweis und andererseits den Beweis der fehlenden Kausalität:

- Der *Sorgfaltsbeweis* kann erbracht werden, indem die drei *Curae (in eligendo, instruendo et custodiendo)* nachgewiesen werden, zudem die Sorgfalt in der Ausrüstung und in der Organisation.[27] Bei letzterem geht es vor allem um die Schaffung klarer Kompetenzordnungen und von Schutzmaßnahmen bei Gefahren. An den Beweis werden hohe Anforderungen gestellt, in der Praxis scheitert die Entlastung vielfach an der mangelnden Kontrolle.
- Der *Beweis fehlender Kausalität* bezieht sich nicht auf den unmittelbaren Zusammenhang zwischen der Handlung der Hilfsperson und dem Schaden (dieser muss vom Geschädigten ja nachgewiesen werden), sondern auf den mittelbaren Zusammenhang zwischen dem unsorgfältigen Verhalten des Geschäftsherrn und dem Schaden, welcher vermutet wird.

5. Tierhalterhaftung

Die *Tierhalterhaftung* (Art. 56 OR) begründet die Haftung des Tierhalters für die selbständige Aktion des von ihm gehaltenen (und haltbaren) Tiers. Haftungsvoraussetzungen sind Schaden, rechtlich genügender Kausalzusammenhang zwischen dem Wirken des Tiers und dem Schaden, Widerrechtlichkeit, Misslingen des Sorgfaltsbeweises und Misslingen des Befreiungsbeweises.

Die Tierhalterhaftung weist Ähnlichkeiten mit der Geschäftsherrenhaftung auf: Der Halter haftet, weil das Tier ihm als Nutztier einen wirtschaftlichen

---

[26] Gemäß *Handschin*, AJP 2017, 1000, 1001 und 1003 f. wäre richtigerweise ein Subordinationsverhältnis für die Annahme der Kontrolle in der Konzern-Initiative vorauszusetzen. Dazu und zur Problematik des ausufernden Kontrollbegriffs der Konzern-Initiative vgl. auch Botschaft (Fn. 1), BBl 2017 6335, 6357 f.

[27] Die Lehre weist zurecht darauf hin, dass sich hier eine eigentliche Organisationshaftung herausgeschält hat, die über eine Haftung für fremdes Verhalten hinausgeht: *Schönenberger*, in: KUKO OR (Fn. 19), Art. 55 N. 12.

Vorteil bringt (*cuius commodum, eius periculum*),[28] und der Tierhalter muss objektiv betrachtet die tatsächliche Möglichkeit haben, die erforderlichen Maßnahmen zu treffen, um die nötige Sorgfalt zu wahren. Allerdings haftet der Tierhalter auch, wenn er eine Hilfsperson einsetzt, ein Subordinationsverhältnis ist in jenem Fall nicht erforderlich. Möglich ist auch eine mehrfache Halterschaft, etwa bei Miteigentum an einem Reitpferd.[29] Weiter ist zu bemerken, dass der Begriff des „Haltens" erfordert, dass die Tiere durch den Halter seinem Willen unterworfen werden können (nicht aber, dass sie ihm effektiv gehorchen), was *arguendo* dem „kontrollieren" der Konzern-Initiative nahekommt. Das „Halten" umfasst Maßnahmen, mit deren Hilfe der Halter dem Tier die Möglichkeit nimmt, sich ungehindert in Freiheit zu bewegen, etwa Käfighaltung, Anbinden, Dressur).

In diesen Punkten liegt ein Unterschied zur Geschäftsherrenhaftung und eine Parallele zur beabsichtigten Haftung gemäß Konzern-Initiative vor. Wir halten also als Zwischenergebnis fest, dass die Haftungsbestimmung der Konzern-Initiative der Tierhalterhaftung nach Art. 56 OR am nächsten kommt.

Der Tierhalter hat zwei Entlastungsmöglichkeiten, einerseits den Sorgfaltsbeweis und andererseits den Beweis der fehlenden Kausalität:

– Der *Sorgfaltsbeweis* kann erbracht werden, indem der Tierhalter beweist, dass er alle nach den Umständen gebotene Sorgfalt in der Verwahrung und Beaufsichtigung des Tieres angewendet hat. Maßgebend sind die konkreten Umstände, insbesondere die Gefährlichkeit des Tieres. Für das Verhalten von Hilfspersonen haftet der Tierhalter, wenn er nicht beweist, dass diese Hilfspersonen alle gebotene Sorgfalt angewendet haben. Der Beweis der sorgfältigen Auswahl, Instruktion und Überwachung (die drei *Curae*) genügt hingegen nicht.[30] Aus der Kasuistik sei erwähnt, dass es genügt, eine Kuhweide einzuzäunen und zweimal täglich durch einen

---

[28] BGE 104 II 23.

[29] Beispielsweise bei Ehegatten. Die Haftung ist in diesen Fällen solidarisch: *Kessler,* in: Basler Kommentar Obligationenrecht I, 6. Aufl., 2015, Art. 56 N. 11.

[30] „Prinzip der unbedingten Einstandspflicht des Haftpflichtigen für die von ihm beigezogenen Hilfspersonen": Der Tierhalter kann sich nicht durch die drei Curae befreien, Art. 56 geht insofern der Bestimmung von Art. 55 OR vor: *Schönenberger,* in: KUKO OR (Fn. 19), Art. 56 N. 3; *Kessler,* in: BSK OR I (Fn. 29), Art. 56 N. 14. Siehe auch BGE 110 II 136, 139 E. 1b: „Peu importe que M. n'ait pas eu, lors de l'accident, la maîtrise immédiate de l'animal, dès lors qu'il en conservait la maîtrise médiate. Son épouse était alors son auxiliaire, dans la mesure où il lui avait confié la garde de l'animal. La cour cantonale dénie à tort cette qualité à dame M., *en se fondant sur l'absence de lien de subordination entre époux* et sur la considération que la femme n'avait pas à recevoir d'instructions spéciales de son mari. En effet, la responsabilité du détenteur ne se fonde pas sur l'art. 55 CO, mais sur l'art. 56 CO [...], dans le cadre duquel le détenteur répond de la manière dont la personne à laquelle il a remis la garde de la bête accomplit sa tâche (ATF 67 II 28)." (Hervorhebung d.Verf.)

Hirten kontrollieren zu lassen (BGE 126 III 16 ff.), aber nicht das bloße
Platzieren eines Schildes „Warnung vor dem Hunde" (BGE 102 II 236 ff.).
– Der *Beweis fehlender Kausalität* bezieht sich nicht auf den unmittelbaren
Zusammenhang zwischen der Aktion des Tieres und dem Schaden (dieser
muss vom Geschädigten ja nachgewiesen werden), sondern auf die Frage,
ob das Tier den Schaden auch verursacht hätte, wenn sich der Tierhalter
richtig verhalten hätte. Dies ist ein Anwendungsfall des rechtmäßigen
Alternativverhaltens.[31]

In einem Bundesgerichtsentscheid aus dem Jahr 2004 hält das Bundesgericht
fest:[32] „Ob es sich bei der Tierhalterhaftung um eine gewöhnliche Kausalhaftung mit Befreiungsmöglichkeit oder um eine Verschuldenshaftung mit um-
gekehrter Beweislast handelt, hat lediglich dogmatische, aber kaum praktische
Bedeutung […], denn so oder anders sind an den Entlastungsbeweis strenge
Anforderungen zu stellen. Der Tierhalter kann sich nicht darauf berufen, das
allgemein Übliche an Sorgfalt aufgewendet zu haben. Vielmehr hat er nach-
zuweisen, dass er sämtliche objektiv notwendigen und durch die Umstände
gebotenen Maßnahmen getroffen hat. Bleiben über die entlastenden Tatsachen Zweifel bestehen, muss die Haftung des Halters bejaht werden […].
Die konkreten Sorgfaltspflichten richten sich in erster Linie nach geltenden
Sicherheits- und Unfallverhütungsvorschriften. Fehlen gesetzliche oder reg-
lementarische Vorschriften und haben auch private Verbände keine allgemein
anerkannten Vorschriften erlassen, ist zu prüfen, welche Sorgfalt nach der
Gesamtheit der konkreten Umstände geboten ist."

6. Zwischenfazit

Als Fazit ergibt sich für die Haftung gemäß Konzern-Initiative was folgt:

– Unternehmen sollen haften für den Schaden, den durch sie kontrollierte
  Unternehmen aufgrund der Verletzung von international anerkannten
  Menschenrechten oder internationalen Umweltstandards in Ausübung ih-
  rer geschäftlichen Verrichtung verursacht haben.

---

[31] BGE 131 III 115, 119 E.3.1: „Misslingt der Sorgfaltsbeweis, kann sich der Tierhalter
gemäss Art. 56 Abs. 1 OR von der Haftung befreien, indem er nachweist, dass der Schaden
auch bei Anwendung der gebotenen Sorgfalt eingetreten wäre (vgl. zum analogen Befrei-
ungsbeweis des Geschäftsherrn BGE 97 II 221 E. 1). Damit spricht das Gesetz etwas Selbst-
verständliches aus, nämlich, dass die Sorgfaltsverletzung kausal für den Schaden gewesen
sein muss […]. Es kodifiziert den allgemein geltenden Grundsatz, dass keine Haftung greift,
wenn der präsumtiv Haftpflichtige beweist, dass ein rechtmässiges Alternativverhalten
denselben Schaden bewirkt hätte wie das tatsächlich erfolgte rechtswidrige Verhalten […].
Dogmatisch wird auch vom Nachweis der fehlenden Kausalität der Unterlassung oder des
fehlenden Rechtswidrigkeitszusammenhangs gesprochen."
[32] BGE 131 III 115, 116 f.

– Sie haften dann nicht, wenn sie beweisen, dass sie alle gebotene Sorgfalt nach Art. 101a Abs. 2 lit. b E-BV angewendet haben, um den Schaden zu verhüten (Sorgfaltsbeweis). Sie haften auch nicht, wenn der Schaden auch bei Anwendung dieser Sorgfalt eingetreten wäre (Beweis fehlender Kausalität).

– Die Haftung gemäß Konzern-Initiative ist somit eine Kausalhaftung. Sie stellt sich als gewöhnliche (oder „milde") Kausalhaftung dar, indem sie die Entlastungsbeweise der Sorgfalt und der fehlenden Kausalität zulässt.

– Im Gegensatz zur Geschäftsherrenhaftung beschränkt sich die Haftung gemäß Konzern-Initiative nicht auf den Organisationskreis des Unternehmens und dessen Hilfspersonen, sondern will die Haftung auf die Handlungen der (auch nur faktisch) kontrollierten Geschäftspartner, etwa Zulieferer oder Distributoren, ausweiten.[33] Übrigens sagt der Initiativtext nicht, dass die Haftung sich auf die Fälle beschränkt, wo das kontrollierte Unternehmen für die schweizerische Gesellschaft tätig ist; im Gegenteil ist die Formulierung sehr offen, wenn sie sagt, das Unternehmen hafte auch für den Schaden, den durch sie kontrollierte Unternehmen verursachen.[34]

– Im weiteren Gegensatz zur Geschäftsherrenhaftung will die Haftung gemäß Konzern-Initiative die Befreiung durch die drei Curae *(in eligendo, instruendo et custodiendo)* sowie durch eine genügende Organisation wohl nicht zulassen. Der Sorgfaltsbeweis verpflichtet nämlich gemäß Art. 101a Abs. 2 lit. b E-BV die Unternehmen, „namentlich" die tatsächlichen und potenziellen Auswirkungen auf die international anerkannten Menschenrechte und die Umwelt zu ermitteln, geeignete Maßnahmen zur Verhütung von Verletzungen international anerkannter Menschenrechte und internationaler Umweltstandards zu ergreifen, bestehende Verletzungen zu beenden und Rechenschaft über ergriffene Maßnahmen abzulegen. Diese

---

[33] Vgl. dazu auch Botschaft (Fn. 1), BBl 2017 6335, 6359. „Dieser Kontrollbegriff ist wirklich missglückt […]"; *Handschin,* AJP 2017, 1000, 1002.

[34] Erhellend das Beispiel von *Kaufmann,* SZW 2016, 45, 51: „Die Tragweite dieses Unterschieds lässt sich am folgenden Beispiel illustrieren: Eine Schweizer Bank finanziert als Mitglied eines Syndikats ein Tunnelbauprojekt im Ausland. Das für den Tunnelbau hauptverantwortliche Unternehmen nimmt gleichzeitig die Leitung eines Grossprojekts für einen Staudamm wahr in dessen Kontext es zu schweren Menschenrechts- und Umweltbeeinträchtigungen kommt, die unter anderem auf das Fehlen von entsprechenden Managementinformationssystemen bei der Projektleitung zurückzuführen sind. Gestützt auf UNO-Leitprinzip 13 und die weitgehend identische Formulierung in den OECD-Leitsätze wäre die Schweizer Bank mit diesen Menschenrechts- und Umweltbeeinträchtigungen nicht durch eine Geschäftsbeziehung direkt verbunden und damit auch nicht verantwortlich. Anders könnte sich die Lage gemäss Initiative präsentieren: Sollte die Schweizer Bank aus welchen Gründen auch immer faktisch einen substantiellen Einfluss auf das projektleitende Unternehmen ausüben können, wäre eine Verantwortung unabhängig von einer Geschäftsbeziehung auch im Kontext des Dammbaus möglich."

Pflichten gelten in Bezug auf kontrollierte Unternehmen sowie auf *sämt-liche Geschäftsbeziehungen*.[35] Damit will die Konzern-Initiative einen ent-scheidenden Schritt weiter gehen als die (nicht haftungsbeschwerten) UNO-Leitprinzipien und OECD-Leitsätze, wobei die Frage im Raum steht, ob den Initianten der Konzern-Initiative gar ein redaktionelles Versehen unterlief.[36]

– Berücksichtigt man, dass das Schweizer Unternehmen den Sorgfaltsbe-weis erbringen muss, ohne direkte Weisungsbefugnisse gegenüber dem Vertragspartner (z.B. Zulieferer, Abnehmer) zu haben, so ist abzusehen, dass der Entlastungsbeweis regelmäßig scheitern muss. Wir haben es also materiell mit einer strengen Kausalhaftung zu tun. Spricht man bei der Tierhalterhaftung, die über die Geschäftsherrenhaftung hinausgeht, vom „Prinzip der unbedingten Einstandspflicht des Haftpflichtigen für die von ihm beigezogenen Hilfspersonen", so muss man bei der Konzern-Initia-tive (potentiell noch weitergehend) vom „Prinzip der unbedingten Ein-standspflicht des Haftpflichtigen für die von ihm beigezogenen Hilfsper-sonen und (auch faktisch) kontrollierten Unternehmen" sprechen. Es geht hier also letztlich um eine Haftung für eine bestimmte Situation, bzw. um eine Sozialhaftung.

---

[35] „Unklar ist, worin dieser Nachweis im Hinblick auf die in lit. b verlangte Sorgfalts-pflicht genau bestehen soll. Wenig zielführen erscheint ein Abstellen auf die letztlich sub-jektiv gefärbten Kriterien nach Art. 55 OR (cura in eligendo, instruendo und custodiendo) für die von der Initiative anvisierten Konstellationen, denen eine faktische Kontrolle zugrunde liegt. Die Grenzen der Übertragung der Geschäftsherrenhaftung auf Konzern- und Unter-nehmenssachverhalte sind offensichtlich. [...] Vor diesem Hintergrund schafft die Initia-tive mit der Anlehnung an Art. 55 OR entgegen ihren Absichten und dem Erläuterungstext gerade keine Rechtssicherheit für die Wirtschaft": *Kaufmann*, SZW 2016, 45, 53. Siehe auch *Handschin*, AJP 2017, 1000, 1002 f.: „Aber wenn Unternehmen mit statutarischem Zweck, Hauptverwaltung oder Hauptniederlassung in der Schweiz für alle Vorfälle haften, für die an sich der (nicht kontrollierte) Vertragspartner verantwortlich ist, geht das entschieden zu weit. Es wirkt, als ob der Verweis auf die ‚sämtlichen Geschäftsbeziehungen' reinge-schmuggelt wurde und dass nur wenige erkannt haben, welche Konsequenzen diese Be-stimmung hat".

[36] *Kaufmann*, AJP 2017, 967, 976 f.: „Keines der untersuchten Länder scheint Sorgfalts-pflichten für Einheiten ausserhalb einer Geschäftsbeziehung oder Konzernstruktur zu ken-nen. [...] Mit der Erweiterung der Sorgfaltspflichten auf Konstellationen faktischer Kon-trolle und wirtschaftlicher Machtausübung ausserhalb einer Geschäftsbeziehung betrit die Initiative denn auch Neuland und geht im Sinne eines Swiss Finish über die UNO-Leit-prinzipien und die OECD-Leitsätze hinaus. Aus dem Erläuterungstext zur Initiative er-schliesst sich nicht, ob die Initianten damit bewusst eine Vorreiterrolle für die Schweiz anstreben; auch ein (redaktionelles) Versehen scheint nicht ausgeschlossen. [...] Mit der Erweiterung des Geltungsbereichs der Sorgfaltspflichten unternähme die Schweiz im inter-nationalen Vergleich einen Alleingang, der im innerstaatlichen Recht eine Reihe von Folgefragen auslösen würde. Im Ergebnis hätte der erweiterte Geltungsbereich damit statt der angestrebten Klarheit mehr Rechtsunsicherheit zur Folge."

– Die Problematik wird dadurch nicht gemindert, dass sich das Kriterium der „Ausübung geschäftlicher Verrichtung" zunehmend ausweitet. War der Diebstahl einer Uhr durch den Malergesellen in der Wohnung des Kunden nach früherer Auffassung außerhalb der Haftungssphäre des Geschäftsherrn, so gehen die neueren Tendenzen in der Lehre dahin, die Zurechenbarkeit zum Geschäftsherrn zu bejahen.[37] Überträgt man diese Tendenz auf die Konstellation der Konzern-Initiative, ist absehbar, dass das Unternehmen seine Haftung für Handlungen des Vertragspartners ausgedehnt sieht, soweit nur ein Zusammenhang zum Risiko besteht, welches durch die Verrichtung des Vertragspartners geschaffen wird.

IV. Anwendbares Recht und Gerichtsstand

1. Problematik des Initiativtextes

Der Initiativtext sieht in Abs. 2 lit. d vor, dass die gemäß lit. a–c erlassenen Bestimmungen unabhängig von dem durch das internationale Privatrecht bezeichneten Recht gelten. Es gilt mithin Schweizer Recht.

Was den Gerichtsstand betrifft, so sind nach heutigem Recht (LugÜ und IPRG) bei außervertraglicher Haftung von ausländischen Tochtergesellschaften oder ausländischen Vertragspartnern entweder die Gerichte am ausländischen Sitz der betreffenden Tochtergesellschaft oder Vertragspartnerin zuständig, oder die Gerichte am ausländischen Handlungs- oder Erfolgsort.[38] Die Initiative will nun indirekt einen Gerichtsstand begründen, indem die Schweizer Muttergesellschaft aus den Handlungen ihrer ausländischen Tochtergesellschaften oder gar ausländischer Vertragspartner als Mitverpflichtete direkt haftbar würde.

In praktischer Hinsicht würde ein Schweizer Gericht sich mit einem Haftungsprozess auseinandersetzen müssen, dessen Sachverhalt sich im (allenfalls sehr entfernten) Ausland abgespielt hat. Die Beweiserhebung vor Ort wäre dem Schweizer Gericht verwehrt, diese müsste rechtshilfeweise erfolgen. Erschwerend kommt hinzu, dass gerade für den Entlastungsbeweis der Schweizer Gesellschaft die Mitwirkung der ausländischen Drittgesellschaft bei der Beweiserhebung notwendig wäre; daran hat die ausländische Vertragspartnerin in aller Regel aber kein Interesse, weil sie potentiell selber beklagte Partei in einem Haftungsverfahren sein könnte. Die Schweizer Unternehmung trägt mithin das Risiko, dass sie mangels Möglichkeiten der Beweiserhebung im Ausland ihre Entlastungsbeweise nicht produzieren kann;

---

[37] *Kessler,* in: BSK OR I (Fn. 29), Art. 55 N. 13.
[38] Art. 5 Abs. 3 LugÜ und Art. 129 IPRG. Vgl. dazu Botschaft (Fn. 1), BBl 2017 6335, 6367.

nach der schweizerischen Praxis der Beweisstrenge müsste ihre Exzeption daher regelmäßig scheitern. Ebenfalls müsste regelmäßig die Regressforderung der schweizerischen Gesellschaft gegenüber dem ausländischen Verursacher scheitern, da diese wiederum ausländischem Recht untersteht.[39]

Faktisch würden Prozesse vor Schweizer Gerichten nicht von Individuen aus dem Ausland angestrengt, sondern entweder von Nichtregierungsorganisationen (NGO) oder von auf solche Fälle sich spezialisierenden Klägeranwälten. Erstere haben einen Fokus auf die Reputationswirkung, letztere auf erhoffte und wahrscheinliche Vergleichszahlungen, und beiden ist ein substanzielles Missbrauchspotential immanent. Das Risiko, dass die Interessen der lokalen Bevölkerung im Ausland mit der Regelung gemäß Konzern-Initiative auf der Strecke bleiben, ist damit evident.

2. *Streitschlichtungsverfahren gemäß OECD NKP*

Für die Wahrung der berechtigten Interessen der direkt Betroffenen im jeweiligen Land besteht zudem bereits heute mit dem Verfahren vor dem Nationalen Kontaktpunkt (NKP)[40] ein sehr effizienter Streitschlichtungsmechanismus, der zu substantiellen inhaltlichen Verbesserungen bei festgestellten Missständen führt, und diese auch publik macht – in einer Art und Weise, die sich aber wenig zur medienwirksamen Inszenierung für die Einen oder das große Absahnen für die Anderen eignet. Das Verfahren dient der Problemlösung für die Zukunft, nicht der Haftung für die Vergangenheit.

Der Mechanismus lässt sich exemplarisch am Beispiel FIFA/Weltmeisterschaft 2022 in Katar zeigen. Zum selben Sachverhalt haben nämlich verschiedene Parteien unterschiedliche Ansätze gewählt, einerseits eine Klage vor staatlichen schweizerischen Gerichten und andererseits ein Schlichtungsbegehren vor dem schweizerischen Nationalen Kontaktpunkt NKP.

Der *Klage* war kein Erfolg beschieden, weil das angerufene Gericht nach Maßgabe anwendbaren schweizerischen Rechts nur auf Nichteintreten schließen konnte:[41]

– Am 8. Dezember 2016 klagten Gewerkschaftsverbände aus den Niederlanden sowie eine natürliche Person, eigenen Angaben zufolge ein Gastarbeiter in Katar, beim Handelsgericht Zürich gegen die FIFA, einen Verein schweizerischen Rechts mit Sitz in Zürich. Hintergrund der Klage waren die Infrastruktur-Arbeiten zur Vorbereitung der Fußball-Weltmeisterschaft 2022 in Katar. Die Gewerkschaften wollten mit der Klage die FIFA

---

[39] *Handschin,* AJP 2017, 1000, 1004.
[40] <www.seco.admin.ch/nkp>.
[41] Vgl. auch *Bueno,* La responsabilité des entreprises de respecter les droits de l'homme. État de la pratique suisse, AJP 2017, 1015 ff. mit Hinweisen auf die Fälle IBM, Glencore, von Roll, Nestlé und Argor.

für behauptete Menschenrechts- und Persönlichkeitsverletzungen im Zusammenhang mit den Infrastrukturbauten in Katar zur Verantwortung ziehen, die natürliche Person forderte Schadenersatz und Genugtuung.[42]
- Das Handelsgericht entschied, auf die Klage nicht einzutreten. Die Gerichtsgebühr wurde auf CHF 7.000 festgelegt, und auf eine Parteikostenentschädigung zugunsten der FIFA wurde verzichtet, da dieser als Beklagter die Klageschrift gar nicht erst zugestellt wurde und daher keine Umtriebe entstanden.[43] Das Gesuch der (anwaltlich vertretenen) natürlichen Person für unentgeltliche Rechtspflege wurde wegen Aussichtslosigkeit abgewiesen.[44] In der Sache wurden die Begehren aus prozessualen Gründen abgewiesen:
- Einerseits muss das Rechtsbegehren „so bestimmt sein, dass es im Falle der Gutheissung der Klage unverändert zum Urteil erhoben werden kann (BGE 137 III 617 E. 4.3; BGE 142 III 102 E. 5.3.1). Die Formulierung eines korrekten Rechtsbegehrens ist Prozessvoraussetzung. Fehlt ein solches bzw. ist dieses unbestimmt, widersprüchlich oder unklar, ist auf die Klage nicht einzutreten […]. Den Rechtsbegehren muss, mit anderen Worten, das beantragte Urteilsdispositiv entnommen werden können […].“[45] Diese Voraussetzung war bei den Rechtsbegehren der Gewerkschaften nicht gegeben, weil unklar war, was die Beklagte genau zu tun gehabt hätte, und wie die schweizerischen Gerichte das Urteil genau hätten vollstrecken sollen.
- Explizit offen gelassen hat das Handelsgericht die Frage, ob die klägerischen Begehren als widerrechtlich zu taxieren wären und daher das Vorliegen eines schutzwürdigen Interesses zu verneinen wäre:[46] „Immerhin soll durch die mit den Rechtsbegehren verlangte Anordnung eines schweizerischen staatlichen Gerichts ein nach Schweizer Recht organisierter Verein unter Vollstreckungs- und Strafandrohung verpflichtet werden, die Änderung der politischen Organisation, des Gerichtswesens sowie der Rechtsordnung des souveränen Staates F._____ herbeizuführen.“
- Andererseits wies das Handelsgericht die Begehren auf Schadenersatz und Genugtuung der natürlichen Person ab, unter Hinweis darauf, dass es an der Prozessvoraussetzung der handelsrechtlichen Streitigkeit fehle. Das Handelsgericht hielt in diesem Zusammenhang fest, dass die kritisierten Handlungen und gerügten Verletzungen nicht durch die Beklagte als Unternehmen, sondern allenfalls durch den betreffenden ausländischen Staat vorgenommen wurden, und folgerte namentlich: „Die Ausübung einer

---

[42] Entscheid HGer ZH, HG160261-O vom 3. Januar 2017, E. 2.
[43] Entscheid HGer ZH, HG160261-O vom 3. Januar 2017, E. 3.6.3.
[44] Entscheid HGer ZH, HG160261-O vom 3. Januar 2017, E. 3.5.
[45] Entscheid HGer ZH, HG160261-O vom 3. Januar 2017, E. 3.2.
[46] Entscheid HGer ZH, HG160261-O vom 3. Januar 2017, E. 3.2.7.

(behaupteten) Machtfülle zur Einflussnahme auf ein politisches System und eine Rechtsordnung eines ausländischen Staates bzw. ein Unterlassen der entsprechenden Einflussnahme kann – selbst bei einem weiten Verständnis des Begriffs – nicht mehr als geschäftliche Tätigkeit betrachtet werden."[47]

Mehr Erfolg war der *Eingabe beim Nationalen Kontaktpunkt* beschieden: Am 28. Mai 2015 hatte die Gewerkschaft „Building and Wood Workers International" (BWI) eine Eingabe beim NKP gemacht. Im Juni 2015 wurde das NKP-Verfahren eröffnet, im Juli 2015 erfolgte eine schriftliche Eingabe durch die FIFA. Von August bis Oktober 2015 führte der NKP mündliche Konsultationen mit beiden Parteien durch, unterbreitete beiden Parteien ihr „Initial Assessment" (welches auch auf der NKP-Website publiziert wurde), und bot beiden Parteien eine Mediation an. Im Rahmen der Mediation fanden von Januar bis Dezember 2016 sechs Sitzungen zwischen beiden Parteien statt, welche im März 2017 mit einer gemeinsamen Einigung in Form eines 18-Punkte-Planes und mit folgendem Fazit beendet werden konnte: „Both Parties acknowledge that positive and promising steps have been undertaken by the various actors involved, including the government of Qatar."[48]

V. Fazit

Analysiert man das Haftungsregime der Konzern-Initiative, ergibt sich ohne weiteres, dass insbesondere die Haftung für *konzernexterne Dritte* in ihrer Art einzigartig ist, und qua direkter Mitverpflichtung der schweizerischen Konzernmutter für die Handlungen ihrer Geschäftspartner weltweit eine unabschätzbare Haftungs-Exposure mit sich bringen würde, die bereits rückstellungs- und bilanztechnisch nicht abgebildet werden kann. Die Haftungsnorm würde für Schweizer Unternehmen schwer abschätzbare Risiken mit sich bringen, welche das Ausland so nicht kennt. Die Lage der lokalen Bevölkerung würde sich damit kaum verbessern, nach hier vertretener These ganz im Gegenteil. Die Konzern-Initiative wäre damit nicht nur *schädlich für den Wirtschaftsstandort Schweiz,* sondern auch *kontraproduktiv* für die von ihr angestrebten Ziele.

---

[47] Entscheid HGer ZH, HG160261-O vom 3. Januar 2017, E. 3.3.6.
[48] NKP Abschlusserklärung FIFA BWI, Final Statement. Specific Instance regarding the Fédération Internationale de Football Association (FIFA) submitted by the Building and Wood Workers' International (BWI), Ziff. 3., <https://www.seco.admin.ch/dam/seco/de/dokumente/Aussenwirtschaft/Wirtschaftsbeziehungen/NKP/Statements_konkrete_F%C3%A4lle/Abschlusserkl%C3%A4rungen/Abschlusserkl%C3%A4rung_FIFA_BWI.PDF.download.PDF/Abschlusserkl%C3%A4rung_FIFA_BWI.PDF>.

Die Haftung österreichischer Unternehmen für Menschenrechtsverletzungen im Ausland

Patrick Warto

I. Einleitung...213
II. Deliktsrecht als Umsetzung von Menschenrechtsgarantien
im horizontalen Bereich?...215
III. Zivilrechtliche Generalklauseln 218
IV. Deliktsorganisationshaftung 219
V. Durchgriffshaftung...224
VI. Zusammenfassung..226

I. Einleitung

Die Frage der Haftung von Unternehmen für Menschenrechtsverletzungen wurde in Österreich bislang nur am Rande thematisiert. Erste Ansätze einer Diskussion sind gleichwohl erkennbar: Im Jahr 2016 hat das Netzwerk für Soziale Verantwortung (NeSoVe) ein „Rechtsgutachten zur Haftung österreichischer Unternehmen bei Menschenrechtsverletzungen im Ausland" beim European Center of Constitutional and Human Rights (ECCHR) in Auftrag gegeben.[1] Auch widmete sich das Symposium „Forum Alpbach" im November 2016 der strafrechtlichen Verbandsverantwortlichkeit von Unternehmen im Zusammenhang mit Menschenrechtsverletzungen.[2] Allerdings konnte weder im Rahmen des Rechtsgutachtens noch auf der genannten Tagung auf einen konkreten österreichischen Fall, der gerichtsanhängig geworden wäre, zurückgegriffen werden. Auch in der Compliance-Umsetzung großer österreichischer

---

[1] Vgl. *Bueno/Scheidt*, Die Sorgfaltspflichten von Unternehmen im Hinblick auf die Einhaltung von Menschenrechten bei Auslandsaktivitäten, 2015; die Ergebnisse wurden als Broschüre „Menschenrechte ohne Grenzen. Menschenrechtliche Unternehmensverantwortung bei Auslandsaktivitäten – eine Einführung" (hrsg. vom NeSoVe) publiziert. Die Erstpräsentation dieser Broschüre erfolgte im Rahmen einer Veranstaltung des NeSoVe in Kooperation mit der Arbeiterkammer Wien und dem Sozialministerium am 3.5.2016.

[2] Vgl. den Abdruck der Beiträge in AnwBl 2016, 568 ff. Ungeachtet des strafrechtlichen Hintergrunds ist festzuhalten, dass sich bei der Anwendung des Verbandsverantwortlichkeitsgesetzes ähnliche Zurechnungsfragen wie im Zivilrecht stellen.

Patrick Warto

Unternehmen dürfte die Frage der Haftung für Menschenrechtsverletzungen noch nicht auf der Liste der als vorrangig erachteten Agenden stehen.[3]

Der vorliegende Beitrag legt den Fokus weniger auf prozessuale, als vielmehr auf materiellrechtliche Haftungszurechnungsfragen. Die zentralen Themen bilden Deliktsorganisationsverantwortung und Durchgriffshaftung.[4] Grund für diese Schwerpunktsetzung ist, dass sich in der deutschen Diskussion um eine Haftung von Unternehmen für Menschenrechtsverletzungen ein Argument herauskristallisiert hat, welches aus österreichischer Perspektive diskussionswürdig erscheint: So stehe nach *Wagner* und *Weller/Kaller/Schulz* insbesondere das Trennungsprinzip einer zivilrechtlichen Haftung entgegen.[5] Dies gelte für konzernmäßig verbundene Unternehmen und umso mehr für selbständige Zulieferer. In der österreichischen Literatur wurde jüngst die Frage der Gehilfenzurechnung im Konzern diskutiert.[6] Die Ergebnisse weichen dabei von der in Deutschland vertretenen Meinung ab. Die Fokussierung des Beitrags auf zivilrechtliche Zurechnungsfragen ist auch im Einklang mit der Feststellung von *Fleischer*, dass zunächst die nationalen Deliktsrechte aufgearbeitet werden müssten, bevor die Frage der Haftung von Unternehmen für Menschenrechtsverletzungen auf europäischer Ebene angegangen werden könne.[7]

Man könnte freilich der Auffassung sein, eine Diskussion materiellrechtlicher Aspekte ohne Klärung der prozessrechtlichen Vorfragen sei wenig gewinnbringend. Tatsächlich haben die Beiträge zum Thema bislang Fragen der internationalen Zuständigkeit bzw. der kollisionsrechtlichen Anknüpfung in den Mittelpunkt gestellt. Strittig ist dabei insbesondere die kollisionsrechtliche Frage, ob das Deliktsstatut der Rom II-VO (Stichwort: Erfolgsortprinzip) überhaupt eine Anwendung des Rechts der Muttergesellschaft zulässt. *Weller/Kaller/Schulz* und *Weller/Thomale* haben dies vor dem Hintergrund des *ordre public* bejaht[8], *Wagner* verneint.[9] Festzuhalten ist, dass die prozessrechtlichen Vorfragen vor dem europarechtlich geprägten Hintergrund der

---

[3] Dies ergab ein Gespräch des Verfassers mit einem Vorstandsmitglied der VOEST Alpine (größter Technologiegüterkonzern Österreichs mit rund 500 Konzerngesellschaften in über 50 Ländern) im Anschluss an die Tagung „Compliance und Compliance-Kultur. Erfahrungen eines großen Industrieunternehmens" am 5.5.2017 in Salzburg, demzufolge der Konzern bislang keine spezifischen Compliance-Maßnahmen in Richtung Menschenrechtsverletzungen gesetzt hat.

[4] Ausgeklammert bleibt daher auch die freiwillige Selbstbindung an menschenrechtliche Sorgfaltspflichten und deren haftungsrechtliche Folgen. Vgl. dazu *Kocher*, in: Burckhardt (Hrsg.), Mythos CSR – Unternehmensverantwortung und Regulierungslücken, 2001, S. 33 f.

[5] *Wagner*, RabelsZ 80 (2016), 717, 761 (Trennungsprinzip als „eigentliche Hürde für Menschenrechtsklagen"); *Weller/Kaller/Schulz,* AcP 216 (2016), 387, 402.

[6] Vgl. *Angyan*, JBl 2016, 289 ff., 361 ff.

[7] *Fleischer*, ZGR 2017, 1, 34.

[8] *Weller/Kaller/Schulz,* AcP 216 (2016), 387, 398; *Weller/Thomale*, ZGR 2017, 509, 525.

[9] *Wagner*, RabelsZ 80 (2016), 717, 749.

Brüssel Ia bzw. Rom II-VO keine spezifischen Lösungsansätze der österreichischen Rechtsordnung erwarten lassen. Für diesen Beitrag soll von der Prämisse ausgegangen werden, dass die Anwendbarkeit österreichischen Rechts bei Pflichtverletzung der österreichischen Mutter zumindest nicht mit Sicherheit ausgeschlossen werden kann.[10]

Aber auch die Ausführungen zum materiellen Recht müssen sich auf Grundlegendes beschränken: Bevor der Fokus auf detaillierte Fragen der Konzernzurechnung vor dem Hintergrund unterschiedlicher Konzernstrukturen gelegt werden kann, sind allgemeine Fragen der Verknüpfung von Menschenrechtsverletzungen und Deliktsrecht ebenso zu besprechen wie die Frage der Reichweite des eigenen Organisationsbereichs, für den die Mutter- bzw. Auftraggebergesellschaft Verantwortung zu übernehmen hat.

II. Deliktsrecht als Umsetzung von Menschenrechtsgarantien im horizontalen Bereich?

Das dem Konzept der „Drittwirkung von Grundrechten" zu Grunde liegende Problem ist bekannt: Völkerrechtliche Verpflichtungen binden die Vertragsstaaten, schlagen aber grundsätzlich nicht auf die Ebene der Privatrechtssubjekte in ihren Beziehungen zueinander durch.[11] Auch staatliche Grundrechtsgarantien stellen (zumindest historisch gesehen) Abwehrrechte gegen den Staat dar. Zudem sind sie häufig als Staatsbürgerrechte, nicht aber als Menschenrechte ausgestaltet. Es stellt sich die Frage der Drittwirkung von Menschenrechten im Horizontalbereich.

Wagner hat die These vertreten, dass insbesondere das Deliktsrecht die Brücke hinsichtlich der horizontalen Implementierung von Menschenrechtsgarantien schlage. Tatsächlich „suggeriere" die Rede von Menschenrechtsverletzungen, „dass diese weiter gingen, als das Deliktsrecht", was aber nicht der Fall sei.[12] Aus österreichischer Sicht erhebt sich die Frage, ob der zivilrechtliche Schadensbegriff (des ABGB) tatsächlich dazu geeignet ist, die Bandbreite von möglichen Menschenrechtsverletzungen abzudecken. Zwei Fallbeispiele sollen die Variationsbreite aufzeigen:

Fall 1: Die K-GmbH lässt in Pakistan Kleidungsstücke durch das Unternehmen A Enterprises produzieren. Die Brandschutzvorkehrungen im Zuliefererbetrieb sind mangelhaft, u.a. sind die Fenster im Erdgeschoss vergittert und die Notausgänge dauerhaft versperrt. In der Folge kommt es zu einem Brand, bei dem 259 Mitarbeiter sterben.

---

[10] Festzuhalten ist, dass die prozessualen Vorfragen wegen des Erfolgsortprinzips eine materiellrechtliche Fokussierung auf Pflichtverletzungen der Mutter nahelegen.

[11] Vgl. *Koppensteiner*, wbl 2016, 717, 719.

[12] *Wagner*, RabelsZ 80 (2016), 717, 754.

216 *Patrick Warto*

Fall 2: Die A-AG ist Zulieferer des K-Konsortiums zum Bau eines Staudammes in Brasilien. Für seine Errichtung müssten 500 Quadratkilometer Amazonas-Gebiet geflutet und etwa 30.000 Menschen der indigenen Bevölkerung umgesiedelt werden. NGOs betonen, dass die für die umgesiedelten Personen vorgesehenen Fertigteilhäuser aus Beton für das vorherrschende Klima ungeeignet seien.

Der erste, am deutschen Fall „KIK"[13] orientierte Sachverhalt, erscheint vor dem Hintergrund des zivilrechtlichen Schadensbegriffes relativ unproblematisch. Das Deliktsrecht schützt jedenfalls Leib, Leben und Gesundheit.[14] Die Menschenrechtsverletzung ist daher auch mit dem zivilrechtlichen Instrumentarium greifbar. Der an das Staudammprojekt „Belo Monte"[15] in Brasilien angelehnte Fall zwei gestaltet sich aus einer schadenersatzrechtlichen Perspektive bereits viel problematischer: Ungeachtet der Kausalitätsproblematik stellt sich bereits auf Ebene des Schadensbegriffes die Frage, ob der Schutz des Lebensraumes indigener Völker insgesamt als Schaden aufgefasst werden kann. Offenkundig sind sachenrechtliche Kategorien wie „Eigentum" auf diesen Sachverhalt nicht anwendbar. Auch stellt sich die Frage, ob Umweltschäden (z.B. der Schutz der Arten) zugleich Menschenrechtsverletzungen darstellen können.

Entscheidend ist daher, in einem ersten Schritt die Reichweite des zivilrechtlichen Schadensbegriffes abzustecken. Das ABGB geht von einem weiten Schadensbegriff aus[16]: „Schaden heißt jeder Nachteil, welcher jemandem an Vermögen, Rechten oder seiner Person zugefügt worden ist".[17] Auffallend ist, dass das ABGB im Gegensatz zum BGB keinen expliziten Katalog von geschützten Rechtsgütern kennt.[18] Dies würde *prima facie* zu dem Schluss verleiten, dass die österreichische Rechtsordnung auf Grund des Fehlens eines solchen Katalogs flexibler sein müsste, was Nachteile im Sinne von Menschenrechtsverletzungen betrifft. Dennoch ist – nicht zuletzt im „Kielwasser" der BGB-Dogmatik – auch in Österreich anerkannt, dass im deliktischen Bereich nur sogenannte „absolut geschützte Rechtsgüter" geschützt sind, nicht aber das bloße Vermögen oder sonstige Rechtsgüter. Als absolut geschützte Rechtsgüter gelten Leib und Leben, Gesundheit, Ehre, Freiheit, geschlechtliche Selbstbestimmung, Persönlichkeitsrechte sowie das Eigentumsrecht.

---

[13] Zur Klage vor dem LG Dortmund vgl. *Weller/Thomale,* ZGR 2017, 509, 512 f.; *Kroker,* CCZ 2015, 120, 126; zu den Hintergründen siehe <http://www.spiegel.de/wirtschaft/unternehmen/kik-fuenf-jahre-nach-fabrikbrand-in-pakistan-a-1164256.html>.

[14] *Reischauer,* in: Rummel (Hrsg.), ABGB, 3. Aufl., 2007, § 1294 Rn. 13.

[15] Vgl. das Fact Sheet zur Andritz Jahresbilanz 2011, herausgegeben von ECA Watch Österreich, Global 2000 und Greenpeace mit dem Titel „Andritz AG: Profit auf Kosten von Menschen und Umwelt", 2012.

[16] *Kodek,* in: Kletečka/Schauer, ABGB ON, Aufl. 1.03, 2018, § 1293 Rn. 1; *Reischauer,* in: Rummel (Fn. 14), § 1293 Rn. 1.

[17] § 1293 S. 1 ABGB.

[18] *Kodek,* in: Kletečka/Schauer (Fn. 16), § 1295 Rn. 1.

Das zweite Beispiel stößt daher vor dem Hintergrund des österreichischen Deliktsrechts an seine Grenzen. Ein absolut geschütztes Rechtsgut ist nicht betroffen. Die Konstruktion einer Vertragsbeziehung als Grundlage für eine weitergehende Schadenszurechnung wird nicht gelingen.[19] Die problematischen Subsumtionsfälle erscheinen über den angeführten Sachverhalt hinaus beliebig fortführbar. Ein zentrales Beispiel bilden unwürdige Arbeitsbedingungen. Zutreffend wird betont, dass ausbeuterische Arbeitsbedingungen nicht gleichzusetzen sind mit einer Verletzung der Gesundheit, der Freiheit oder des Eigentums.[20] In solchen Fällen greift das Deliktsrecht zu kurz, was zum Ergebnis führt: Der von *Wagner* angedachte Brückenschlag gelingt nicht – jedenfalls nicht vollständig. Nur ein Teil der Menschenrechte wird horizontal durch das Deliktsrecht abgedeckt.

Die Ausführungen haben aber auch gezeigt, dass eine deliktsrechtliche Sanktionierung von Menschenrechtsverletzungen zumindest möglich ist.[21] Es erhebt sich die Frage, ob eine österreichische Muttergesellschaft zumindest für diese Schnittmenge von Menschenrechtsverletzungen, die deliktsrechtlich greifbar sind, haftbar gemacht werden könnte. Entscheidend ist dabei, woraus eine Rechtswidrigkeit des Handelns der österreichischen Mutter/des Auftraggebers abgeleitet werden könnte. In einem Positionspapier des NeSoVe wurde – verbunden mit dem Hinweis auf § 347 UGB – *de lege ferenda* gefordert, der Gesetzgeber solle „klarstellen", dass die Sorgfaltspflichten von Unternehmen nach § 1299 ABGB auch den Respekt für Menschenrechte umfassen.[22] Problematisch an diesem Postulat ist, dass die genannten Normen einen Sorgfaltsmaßstab normieren, für sich genommen aber keine Anknüpfung für eine Rechtswidrigkeit bilden. Zudem ist § 347 UGB nach h.A. auf den vertraglichen Bereich beschränkt.[23] Als Anknüpfungspunkt für eine Rechtswidrigkeit müssen somit andere Tatbestände dienen.

---

[19] Eine Ausnahme könnten Vertragsbestimmungen zwischen dem Auftraggeber und den am Konsortium beteiligten Unternehmen darstellen, die gegebenenfalls als Vertrag mit Schutzwirkung zu Gunsten Dritter zu interpretieren wären.

[20] Vgl. *Weller/Kaller/Schulz,* AcP 216 (2016), 387, 400.

[21] Vgl. den Sachverhalt im Fall KIK, zusammengefasst bei *Weller/Thomale,* ZGR 2017, 509, 512 f.

[22] *NeSoVe*, Positionspapier Menschenrechte und Unternehmen im Ausland, 2015, S. 30.

[23] *Told,* in: U. Torggler (Hrsg.), UGB, 2. Aufl., 2016, § 347 Rn. 4; *Rauter,* in: Straube/Ratka/Rauter (Hrsg.), UGB I, 4. Aufl., 2017, § 347 Rn. 15.

III. Zivilrechtliche Generalklauseln

In einem ersten Schritt ist zu überlegen, ob VR Menschenrechtsgarantien über zivilrechtliche Generalklauseln Eingang in das Zivilrecht finden könnten.[24] In schadenersatzrechtlicher Hinsicht ist hier insbesondere an den Tatbestand der Sittenwidrigkeit bzw. des Missbrauchs der Organisationsfreiheit i.S.d. § 1295 Abs. 2 ABGB zu denken. Das Problem im Zusammenhang mit Generalklauseln liegt freilich weniger darin, ein „Einfallstor" für völkerrechtliche Normen in das Zivilrecht zu finden, als vielmehr im Charakter der völkerrechtlichen Normen selbst. Regelmäßig fehlt die Verbindlichkeit im Horizontalverhältnis. Es erhebt sich daher die Frage, ob bei ausdrücklichem Fehlen einer Verbindlichkeit ein sittenwidriges Handeln vorliegen kann.

Dabei ist zu beachten, dass völkerrechtliche Vorgaben im Regelfall bewusst als „soft law" konzipiert sind. Gemäß den im UN Menschenrechtsrat 2011 angenommenen Leitprinzipien, sollen die Vertragsstaaten rechtlich bindende Instrumente – lediglich – in Erwägung ziehen. Im Juni 2014 stimmte Österreich in der 26. Sitzung des UN Menschenrechtsrats gegen die Verabschiedung der Resolution 26/9 zur Einrichtung einer Arbeitsgruppe mit dem Auftrag, ein internationales, rechtlich verbindliches Instrument zu transnationalen Unternehmen zu entwickeln. Gemäß dem Bundesminister für Europa, Integration und Äußeres solle es vor dem Hintergrund der Konsensfähigkeit des Vorschlags zu „keiner Einschränkung des Prinzips der Freiwilligkeit" kommen.[25]

Zivilrechtliche Generalklauseln bedürfen darüber hinaus einer Konkretisierung. Gerade diese Funktion können völkerrechtliche Vorgaben häufig nicht übernehmen. Zwar wird zur Konkretisierung menschenrechtlicher Sorgfaltspflichten im unternehmerischen Kontext regelmäßig auf die Kataloge der großen Menschenrechtskonventionen verwiesen (UNO-Pakt I, EMRK). Diese sind auch bis zu einem gewissen Grad ausjudiziert. Selbst wenn man aber solchen Verpflichtungen eine horizontale Schutzwirkung auf Ebene der Privatrechtssubjekte zusprechen würde, bliebe das Problem bestehen, dass es zwar konkretisierende Rechtsprechung gibt, diese regelmäßig allerdings gerade nicht im Hinblick auf eine *horizontale Wirkung* ergangen ist. Anders ausge-

---

[24] Das zentrale Einfallstor bildet § 16 ABGB, der – untypisch für ein Zivilgesetz – einen grundrechtlichen Gehalt aufweist: „Jeder Mensch hat angeborne, schon durch die Vernunft einleuchtende Rechte, und ist daher als eine Person zu betrachten. Sklaverei oder Leibeigenschaft, und die Ausübung einer darauf sich beziehenden Macht wird in diesen Ländern nicht gestattet". Zum grundrechtlichen Gehalt s. auch den Beitrag von *Harrer/Warto*, in: Geistlinger/Harrer/Mosler/Rainer (Hrsg.), 200 Jahre ABGB – Ausstrahlungen, 2011, S. 283; zur Funktion des § 16 ABGB als „Schnittstelle zwischen dem Öffentlichen Recht und dem Privatrecht" vgl. *Schauer*, in: Kletečka/Schauer (Fn. 16), § 16 Rn 15.

[25] Vgl. *NeSoVe*, Menschenrechte ohne Grenzen. Menschenrechtliche Unternehmensverantwortung bei Auslandsaktivitäten – eine Einführung, 2016, **S. 6**.

drückt: Die konkretisierende Rechtsprechung besteht lediglich im Vertikalverhältnis zum Staat. Im Horizontalbereich bleibt es im Regelfall bei der höchst auslegungsbedürftigen Konventionsbestimmung.

Es erhebt sich die Frage, aus welchen Normen sich – abseits zivilrechtlicher Generalklauseln, die als Einfallstor für völkerrechtliche Verpflichtungen dienen – eine Rechtswidrigkeit des Handelns der Mutter/der auftraggebenden Gesellschaft ergeben könnte.

IV. Deliktsorganisationshaftung

Den dogmatischen Hintergrund für eine Deliktsorganisationshaftung bilden die sog. Verkehrssicherungspflichten, die den Schutz absoluter Rechtsgüter typisieren und verstärken. Wer eine Gefahr schafft oder in seinem Bereich bestehen lässt, hat dafür zu sorgen, dass diese niemanden schädigt. Im Zusammenhang mit Menschenrechtsverletzungen könnte eine Gefahrschaffung insbesondere in der Ausübung von Preisdruck unter bewusster Missachtung von Arbeitsschutz- und Gebäudesicherheitsstandards liegen.[26] Wesentlich ist, dass sich Verkehrssicherungspflichten nur auf den eigenen Organisationsbereich beziehen. Es erhebt sich die Frage, wie dieser Organisationsbereich abzugrenzen ist. Einen zentralen Anknüpfungspunkt bilden die schadenersatzrechtlichen Gehilfenzurechnungsnormen der § 1313a, 1315 ABGB. Zwar geht es bei der Deliktsorganisationshaftung um eigenes rechtswidriges Verhalten, und nicht um die Zurechnung fremden Verhaltens. Die Reichweite des eigenen Organisationsbereiches lässt sich aber nur aus der Wertung der Gehilfenzurechnung im deliktischen Bereich gemäß § 1315 ABGB ableiten.[27] Tatsächlich lässt sich die Haftung für den Besorgungsgehilfen als Fall der Verkehrssicherungspflicht interpretieren.[28]

§ 1313a ABGB regelt zunächst die Gehilfenzurechnung im vertraglichen Bereich. Der Geschäftsherr haftet für das rechtswidrige und schuldhafte Handeln des Gehilfen wie für sein eigenes. Insbesondere muss der Geschäftsherr im Rahmen der Vertragshaftung auch für bloße Vermögensschäden einstehen und kommt es zu einer Beweislastumkehr zu Gunsten des Geschädigten.[29]

§ 1315 ABGB regelt demgegenüber die Gehilfenzurechnung im deliktischen Bereich. Sie setzt im Gegensatz zu § 1313a keine rechtliche Sonderverbin-

---

[26] Vgl. *Güngör,* Sorgfaltspflichten für Unternehmen in transnationalen Menschenrechtsfällen, 2016, S. 175.

[27] Eine Vertragsbeziehung ließe sich allenfalls durch die Rechtsfigur des Vertrags mit Schutzwirkung zu Gunsten Dritter konstruieren. Dies würde freilich voraussetzen, dass entsprechende Garantien in den Vertragsbeziehungen mit dem Zulieferer bzw. mit der Konzern(unter)gesellschaft verankert sind.

[28] *Harrer/Wagner,* in: Schwimann/Kodek (Hrsg.), ABGB, 4. Aufl., 2016, § 1315 Rn. 1.

[29] § 1298 ABGB.

dung zwischen Geschäftsherrn und Geschädigtem voraus. Die Haftung ist auf die Verletzung absolut geschützter Rechtsgüter beschränkt, eine Abkehr von den allgemeinen Beweisregeln findet nicht statt. [30] Grundsätzlich trägt daher auch in Bezug auf die Untüchtigkeit der Tochter der Geschädigte die Beweislast, was bei Menschenrechtsverletzungen im Ausland eine erhebliche Hürde darstellt.[31]

Als problematisch wird die „Enge" der Zurechnung im Kontext des § 1315 ABGB erachtet: Beim Gehilfen muss es sich eine habituell untüchtigen oder wissentlich gefährliche Person handeln. Überspitzt könnte man sagen: Einen solchen Gehilfen beschäftigt man nicht. Was im nationalen Recht zu einer vielfach als zu eng kritisierten Verantwortlichkeit für Gehilfen führt, gestaltet sich bei der Thematik der Haftung für Menschenrechtsverletzungen möglicherweise anders: Gerade im Zusammenhang mit Rechtsverletzungen im Ausland erscheint es gar nicht so fernliegend, anzunehmen, dass der Geschäftsherr Kenntnis von der Gefährlichkeit/Untüchtigkeit des Gehilfen hat bzw. einen solchen Gehilfen bewusst einsetzt.[32]

Zunächst ist allerdings zu klären, ob das österreichische Recht überhaupt die Subsumtion von Zulieferern bzw. Konzerngesellschaften unter den Gehilfenbegriff erlaubt, und dadurch dem Organisationsbereich des Geschäftsherrn unterstellt. Einhelliger Konsens der bislang erschienenen Beiträge zur Zurechnung von Menschenrechtsverletzungen im Konzern ist, dass einer Haftung der Muttergesellschaft das Trennungsprinzip entgegenstehe. *Wagner* hat unlängst das Rechtsträgerprinzip als eigentliche Hürde für Menschenrechtsklagen identifiziert.[33] Herrschend nach deutschem Recht ist zudem, dass die Verrichtungsgehilfeneigenschaft bei selbständigen Unternehmen abzulehnen ist.[34]

Für Österreich ist zunächst unstrittig, dass der der Besorgungsgehilfe[35] zumindest kein Dienstnehmer des Geschäftsherrn sein muss.[36] Demnach können auch selbständige Unternehmer die Stellung eines Besorgungsgehilfen einnehmen. Die herrschende Lehre reduziert dies allerdings auf den Fall, dass der selbständige Unternehmer bei Ausführung der übertragenen Tätigkeiten

---

[30] Diese Einschränkungen sind der Hauptgrund für die artifizielle Konstruktion von Vertragsverhältnissen (*culpa in contrahendo*, Vertrag mit Schutzwirkung zu Gunsten Dritter) in Rechtsprechung und Lehre.

[31] In jüngerer Zeit hat der OGH allerdings einen Anscheinsbeweis nicht nur im Hinblick auf Kausalitätsfragen bei Arzthaftungsfällen, sondern auch bei Fragen der Rechtswidrigkeit im Zusammenhang mit Verletzungen von Kunden beim Kaufhausbesuch zugelassen, vgl. OGH 22.10.2015, 10 Ob 53/15i.

[32] § 831 BGB.

[33] *Wagner*, RabelsZ 80 (2016), 717, 761.

[34] *Wagner*, RabelsZ 80 (2016), 717, 759 m.w.N.

[35] Der Begriff des „Besorgungsgehilfen" nach österreichischer Terminologie entspricht dem Terminus des „Verrichtungsgehilfen" des BGB.

[36] *Koziol*, Haftpflichtrecht II, 2. Aufl.,1984, S. 353.

den Weisungen des Geschäftsherrn unterliegt.[37] Eine Haftung für weisungsfreie selbständige Unternehmer soll hingegen nicht bestehen. Begründet wird dies mit der Grundprinzip des § 1315 ABGB, demzufolge der Geschäftsherr nur für solche Mängel einzustehen hat, die seiner Sphären entstammen und die er auch kontrollieren kann.[38]

Im Kern geht es somit darum, dass der Gehilfe die Sphäre des Geschäftsherrn als mangelhaft erscheinen lässt. Im Falle des Übertragens von Aufgaben an einen selbständigen, nicht weisungsgebundenen Unternehmer fehlt nach h.M. die Einbeziehung in den Machtbereich des Geschäftsherrn und daher auch die Möglichkeit der Gefahrenbeherrschung. Anders gewendet: Es fehlt das für den Gehilfeneinsatz typische Subordinationsverhältnis, welches Weisungs- und Kontrollbefugnisse einschließt.[39] Aufgrund dieser Erwägungen will die herrschende Lehre selbständige Unternehmer nur bei Weisungsgebundenheit bzw. bei Vorliegen eines gewissen Abhängigkeitsverhältnisses als Besorgungsgehilfen qualifizieren. Für selbständige weisungsunabhängige Unternehmer soll nur dann gehaftet werden, wenn Auswahlverschulden vorliegt.[40]

Das einhellige Meinungsbild in der Lehre darf allerdings nicht darüber hinwegtäuschen, dass die Rechtsprechung einen abweichenden Standpunkt einnimmt. Nach überwiegender Rechtsprechung setzt eine Haftung nach § 1315 ABGB nämlich *kein* Abhängigkeits- bzw. Weisungsverhältnis voraus.[41] Der OGH hat dies in JBl 1978, 91 ausdrücklich verneint.[42] In einer Reihe weiterer Entscheidungen hat das Gericht die fehlende Weisungsgebundenheit nicht als ein Problem identifiziert, das einer Anwendung des § 1315 ABGB entgegenstehen könnte. Insbesondere liefere der Wortlaut der Bestimmung keinen Hinweis für die Notwendigkeit eines Abhängigkeitsverhältnisses. Unlängst hat *Ondreasova* in ihrer Monografie zur Gehilfenhaftung festgestellt, dass mangels jüngerer Rechtsprechung nicht von einem Wandel des Standpunkts des OGH ausgegangen werden könne.[43]

Aber selbst wenn man dem – wohl zutreffenden – Standpunkt der Lehre folgt, erhebt sich vor dem Hintergrund des Trennungsprinzips die Frage, ob

---

[37] *Koziol* (Fn. 36), S. 353; *Reischauer,* in: Rummel (Fn. 14), § 1315 Rn. 1.

[38] *Koziol,* Haftpflichtrecht II, 2. Aufl., 353 f; *Reischauer,* in: Rummel (Fn. 14), § 1315 Rn. 4; *Harrer/Wagner,* in: Schwimann/Kodek (Fn. 28), § 1315 Rn. 6.

[39] *Reischauer,* in: Rummel (Fn. 14), § 1315 Rn. 1.

[40] *Koziol* (Fn. 36), 352 ff.; *Reischauer,* in: Rummel (Fn. 14), § 1315 Rn. 20; *Schacherreiter,* in: Kletečka/Schauer, ABGB-ON, Aufl. 1.05, 2018, § 1315 Rn. 12.

[41] *Schacherreiter,* in: Kletečka/Schauer (Fn. 40), § 1315 Rn. 11.

[42] OGH 3 Ob 217/75 = JBl 1978, 91.

[43] Vgl. *Ondreasova,* Gehilfenhaftung, 2013, S. 109. Ein Grund für fehlende Weiterentwicklung der Rechtsprechung liegt einerseits in der Konzentration auf die Figur des Repräsentanten, andererseits aber auch in der Enge der sonstigen Zurechnungskriterien (habituelle Untüchtigkeit, wissentliche Gefährlichkeit) im deliktischen Bereich.

juristische Personen stets als selbstständige Unternehmer anzusehen sind, wodurch ihre Qualifikation – zumindest im Sinne der Lehre – als Besorgungsgehilfen von vornherein ausgeschlossen wäre, und in der Folge auch eine
(eigene) Pflichtverletzung der Mutter im eigenen Organisationsbereich nicht
vorliegen könnte. Eine solche verallgemeinernde Betrachtungsweise geriete
m.E. in Konflikt mit dem Gleichstellungspostulat des § 26 ABGB, demzufolge natürliche und juristische Personen rechtlich gleichzustellen sind. Für die
Frage der Besorgungsgehilfeneigenschaft kann es tatsächlich keinen Unterschied machen, ob es sich bei dem Gehilfen um eine natürliche oder juristische Person handelt.[44] Für das österreichische Recht lässt sich daher folgende These aufstellen: Die Reichweite des eigenen Organisationsbereiches wird
im deliktischen Bereich nicht in jedem Fall durch das Rechtsträgerprinzip
begrenzt.

Legt man diese Überlegungen auf verbundene Unternehmen um, so ist zu-
nächst nach der Rechtsform der beteiligten Gesellschaften zu differenzieren.
Bei Gesellschaften mbH besteht – im Gegensatz zur Aktiengesellschaft – eine
Eingriffsmöglichkeit der Gesellschafter in die operative Geschäftstätigkeit
der Gesellschaft. Zu klären ist neben der Beteiligungshöhe auch die faktische
Ausübung der Weisungsbefugnis. Klar scheint, dass die bloße Ausübung von
Gesellschafterrechten abseits eines Eingriffes in die operative Geschäftstätigkeit die Tochtergesellschaft im Einzelfall nicht zu einer unselbständigen Ge-
hilfin machen wird. Dabei ist auch zu bedenken, dass mit der Übertragung
von Aufgaben auf eine Konzerntochter regelmäßig die Intention verbunden
ist, die Muttergesellschaft durch die selbständige Erledigung von Aufgaben
zu entlasten. Nach *Angyan* wird es im Ergebnis darauf ankommen, ob die
juristisch selbstständige Gesellschaft unter Berücksichtigung sämtlicher Umstände des Einzelfalls wie eine bloße Betriebsabteilung anzusehen ist.[45]

Im Falle eines selbständigen Unternehmers, dem bestimmte Pflichten übertragen werden (Zulieferer), liegt eine Weisungsbefugnis zwar regelmäßig
nicht vor. Eine Pflichtverletzung des Auftraggebers kann dennoch auf Grundlage eines Auswahlverschuldens gegeben sein. Dabei handelt es sich um ein
Verschulden des Geschäftsherrn (= Auftraggebers) selbst, und nicht um ein
zugerechnetes Verschulden Dritter. Das Auswahlverschulden ist nicht auf
Zeitpunkt der Auswahl beschränkt. Dennoch besteht Konsens darüber, dass
den Geschäftsherrn grundsätzlich keine besonderen Überwachungspflichten
treffen. Zur Kontrolle wird er allerdings dann verpflichtet sein, wenn ihm aus
eigener Wahrnehmung oder durch Mitteilung Dritter Umstände bekannt geworden sind oder bei einem Mindestmaß an Aufmerksamkeit bekannt werden
mussten, die eine Überwachung notwendig machen[46]. Dies kann im Zusam-

---

[44] Wie hier *Angyan*, JBl 2016, 289, 293.
[45] *Angyan*, JBl 2016, 289, 292.
[46] *Reischauer*, in: Rummel (Fn. 14), § 1315 Rn. 20.

menhang mit Menschenrechtsverletzungen im Ausland durchaus Relevanz entfalten, wie das folgende Beispiel zeigt:

A ist Compliance-Beauftragter der österreichischen C-GmbH, die einen Teil der Werkstoffe durch einen selbständigen Zulieferer im Ausland produzieren lässt. Um die Gefahr von Schadenersatzforderungen auf Grundlage einer Gehilfenzurechnung auszuschließen, richtet er ein Monitoringsystem im ausländischen Zuliefererbetrieb ein. Sicherheitsmängel sind der „Zentrale" entsprechend zu melden. Allen Vorsichtsmaßnahmen zum Trotz kommt es im ausländischen Werk zu einem Unfall mit mehreren Verletzten. Im anschließenden Gerichtsverfahren wird festgestellt, dass die Sicherheitsvorkehrungen im Zuliefererbetrieb nicht den österreichischen Standards entsprochen haben. Zufolge des Vorhandenseins eines internen Monitoringsystems nimmt das zuständige Gericht an, die C-GmbH habe Kenntnis von Umständen aufgewiesen, die ein Tätigwerden erforderlich gemacht hätten.

Das Fallbeispiel verdeutlicht, dass es zu einer Haftung für Auswahlverschulden im Zusammenhang mit Menschenrechtsverletzungen kommen kann, gleichwohl (zumindest nach dem Standpunkt der Lehre) wegen der Selbständigkeit des Zulieferers keine Verpflichtung zu Einrichtung eines Monitoringsystems bestanden hätte. Das haftungsauslösende Moment liegt im Bekanntwerden von Umständen, die ein Tätigwerden erfordert hätten.[47]

Fraglich ist, unter welchen Voraussetzungen tatsächlich eine Handlungspflicht im Sinne eines Auswahlverschuldens besteht. Die Annahme einer Pflichtverletzung des Geschäftsherrn im Kontext des § 1315 ABGB setzt einen habituell untüchtigen oder wissentlich gefährlichen Gehilfen voraus. Problematisch ist dabei, dass Tatbestandsmerkmale wie „habituelle Untüchtigkeit" und „Gefährlichkeit" nicht auf juristische Personen zugeschnitten sind. Aspekte wie die regelmäßige Verletzung beruflicher Sorgfaltspflichten, mangelnde Fachkenntnis z.B. im Hinblick auf Sicherheitsvorkehrungen erscheinen aber zumindest übertragbar. Im Hinblick auf die Gefährlichkeit eines Gehilfen wurde ein Pflichtverstoß des Geschäftsherrn bei bloßem Vorliegen von Wissenmüssen dann angenommen, wenn dieser seinen Betrieb schlecht organisiert oder seine Gehilfen nicht ausreichend anleitet. Zu beachten ist, dass die habituelle Untüchtigkeit einer juristischen Person nicht lediglich aus dem zuzurechnenden Handeln von habituell untüchtigen Organen bzw. Repräsentanten abzuleiten ist, sondern gegebenenfalls eine Eigenschaft der juristischen Person selbst darstellen kann. Dies wäre beispielsweise dann der Fall, wenn die beauftragte Gesellschaft eine völlig mangelhafte und inadäquate Organisation bezogen auf die konkrete Tätigkeit aufweist.[48] In diesem Sinne könnte

---

[47] Unbefriedigend an dem Szenario ist freilich, dass das Unternehmen für das Einrichten eines Monitoringsystems im Ergebnis „bestraft" wird. Dies erinnert an vergleichbare Schieflagen im Bereich der Wissenszurechnung, vgl. *Warto*, Wissenszurechnung im Unternehmen, 2015, S. 17, 51.

[48] *Angyan*, JBL 2016, 289, 295. Hier bietet sich ein Vergleich mit der Problematik der Wissenszurechnung an: Nach verbreiteter Ansicht kann ein Unternehmen, selbst wenn die

auch eine juristische Person als untüchtig qualifiziert werden, gleichwohl die Untüchtigkeit nicht an einem bestimmten Organwalter festzumachen ist.[49]

Offen ist auch die Frage, ob der Pflichtenmaßstab des österreichischen Rechts exportiert werden kann. Verkehrssicherungspflichten knüpfen nicht zuletzt an die Erwartungen des Verkehrs an. In einem aktuellen Fall hat der OGH dies zumindest nicht ausgeschlossen: Ein mangelhaft gewarteter Waggon eines französischen Eisenbahnunternehmens hatte eine Entgleisung zur Folge.[50] Zur Wartung hatte das Eisenbahnunternehmen ein selbständiges (ebenfalls französisches) Unternehmen beauftragt. Der OGH beurteilt dabei die Pflicht zur Kontrolle der Muttern nach österreichischem Maßstab, ohne die Frage des Pflichtenmaßstabs auch nur im Ansatz zu problematisieren.[51] Die Frage des Exportes des österreichischen Pflichtenmaßstabs bei Menschenrechtsverletzungen dürfte für die Rechtsprechung somit kein unüberwindbares Hindernis darstellen.

V. Durchgriffshaftung

Im Gegensatz zur Deliktsorganisationshaftung stellt die gesellschaftsrechtliche Durchgriffshaftung im österreichischen Recht nach der hier vertretenen Auffassung eine weit weniger geeignete Haftungsgrundlage dar. Dies rechtfertigt die gestraffte Darstellung am Ende dieses Beitrags. Der OGH erkennt zwar seit der Causa „Eumig"[52] grundsätzlich das Bestehen eines Instituts der Durchgriffshaftung an. Dabei betont er aber regelmäßig, dass die Grenzen der Durchgriffshaftung nicht ausgelotet seien.[53] Auch im Hinblick auf die dogmatische Grundlage hat das Gericht noch nicht klar Stellung bezogen. Die Möglichkeit einer Durchgriffshaftung hat das Gericht insbesondere im Zusammenhang mit einer faktischen Geschäftsführung angenommen. Im Gegensatz dazu hat der OGH die Möglichkeit einer Durchgriffshaftung wegen qualifizierter Unterkapitalisierung noch nie effektiv bejaht.[54] In einem jüngeren Urteil zu einem Rechtsmissbrauch im Zusammenhang mit einer englischen Limited hat sich das Gericht vielmehr ablehnend geäußert.[55]

Informationsträger lediglich Teilwissen besitzen, welches erst zusammengerechnet rechtserhebliches Wissen ergibt, im Einzelfall als wissend betrachtet werden (gleichwohl ein solches Wissen bei *keinem* der Organe/Repräsentanten bzw. bei keiner Hilfsperson vorliegt).

[49] Zur Konkretisierung von Verkehrssicherungspflichten im Kontext von Menschenrechtsverletzungen im Ausland vgl. *Güngör* (Fn. 26), 246 f.
[50] 2 Ob 15/16v.
[51] 2 Ob 15/16v.
[52] OGH 1 Ob 571/8, JBl 1986, 713; 6 Ob 508, 509/86, wbl 1988, 129.
[53] Vgl. OGH 29.4.2004, 6 Ob 313/03b, GES 2005, 19 (*Fantur*).
[54] *Rebhahn,* ÖJZ 2016, 901 ff.
[55] OGH 9 Ob A 125/08k, ecolex 2010, 577 (*Kapsch/Schopper*).

Aber auch im Hinblick auf die faktische Geschäftsführung ist zu bedenken, dass sich diese Frage bislang weitgehend auf den insolvenzrechtlichen Kontext beschränkt hat. Der OGH hält zwar eine Durchgriffshaftung wegen „qualifizierter faktischer Konzernierung" für möglich.[56] Zu beachten ist allerdings, dass die Vorbild genommene BGH-Rechtsprechung auf Wertungen des deutschen Aktienkonzernrechts beruht, für die es in Österreich kein Pendant gibt.[57] Das herrschende Unternehmen unterliegt bei seinen Einflussnahmen nach österreichischem Recht keiner Sonderbehandlung.

Eine weitere Lehrbuchkategorie der Durchgriffshaftung, der Rechtsformmissbrauch (bzw. Organisationsmissbrauch), die für die Frage der Zurechnung von Menschenrechtsverletzungen von Interesse sein könnte, stellt wiederum keinen echten Durchgriffstatbestand dar, sondern bildet „lediglich" eine Unterkategorie des § 1295 Abs. 2 ABGB. Insofern ist auf das oben Gesagte zu zivilrechtlichen Generalklauseln zu verweisen.

Insbesondere ist aber die rechtsdogmatische Abgrenzung der Durchgriffshaftung von der Deliktsorganisationshaftung zu beachten. Die Durchgriffshaftung setzt eine Schuld der Tochter voraus. Zweck der Durchgriffshaftung ist es ja, durch teleologische Reduktion den Trennungsgrundsatz zu überwinden, demzufolge der Gesellschafter nicht für Verbindlichkeiten der Gesellschaft haftet.[58] Im Hinblick auf den Durchgriff käme zwar das Gesellschaftsstatut zur Anwendung, die angesprochene vorausgesetzte Verbindlichkeit der Tochter (sei es vertraglich oder deliktisch) würde sich aber wohl jedenfalls nach ausländischem Recht richten. Insofern ist die praktische Relevanz der Durchgriffshaftung im Zusammenhang mit Menschenrechtsverletzungen als gering einzustufen.

Zusammenfassend kann festgehalten werden, dass eine deliktsrechtliche Haftung für Menschenrechtsverletzungen im Ausland – zumindest im Falle der Verletzung absolut geschützter Rechtsgüter – nicht gänzlich auszuschließen ist. Als Haftungsgrundlage kommen insbesondere Verkehrssicherungspflichten in Frage. Für die weitere Diskussion ist allerdings auch ein Wort zur Vorsicht angebracht: Zu beachten ist nämlich, dass die mit Fokus auf Menschenrechtsverletzungen im Ausland entwickelten Lösungsvorschläge nicht abseits rein nationaler Sachverhalte bewertet werden können. Vertritt man beispielsweise einen entsprechend weiten Begriff des „eigenen Organisationsbereichs", so könnte dies zu einer ausufernden Zurechnung im Rahmen nationaler Sachverhalte führen. Ob dies in Kauf genommen werden soll, „nur" um Menschenrechten im Ausland zum Durchbruch zu verhelfen, erscheint zumindest fraglich.

---

[56] OGH 8 ObA 98/00w, RdA 2002, 401.
[57] *U. Torggler*, in: Straube, GmbHG, 2009 (Vorauflage), § 115 Rn. 27.
[58] § 61 Abs. 2 GmbHG.

VI. Zusammenfassung

– Der Schadensbegriff des österreichischen Deliktsrechts deckt nur einen Teil der möglichen Menschenrechtsverletzungen im Ausland ab.

– Das konzernrechtliche Trennungsprinzip steht der Haftung einer Untergesellschaft nicht in jedem Fall entgegen.

– Das Vorliegen einer Weisungsbefugnis stellt nach der österreichischen Rechtsprechung keine Voraussetzung für die Qualifikation als Besorgungsgehilfen dar.

– Selbst wenn man der herrschenden Ansicht im Hinblick auf die Notwendigkeit einer Weisungsbefugnis folgt, erscheint eine Gehilfenzurechnung im Konzern grundsätzlich möglich. Dies hängt im Einzelfall von der konkreten (rechtlichen und faktischen) Konzernstruktur ab.

– Auch bei selbständigen Zulieferern kann es zu einer Haftung auf Grund von Auswahlverschulden kommen.

– Die Durchgriffshaftung stellt nach österreichischem Recht eine wenig geeignete Grundlage für eine Schadenszurechnung bei Menschenrechtsverletzungen dar.

Diskussion

zu den Referaten von *Andreas Bohrer* und *Patrick Warto*

Jakob Hahn

Die Diskussion zu den Referaten von *Andreas Bohrer* und *Patrick Warto* zum Thema „Haftung inländischer Unternehmen für Menschenrechtsverletzungen im Ausland" leitete *Hans-Ueli Vogt*. Das Plenum diskutierte das Thema aus rechtspolitischer Sicht (I.) und befasste sich mit der Frage der Zurechnung des Verhaltens von Tochtergesellschaften und Zulieferern (II.) sowie der deliktsrechtlichen Haftung *de lege lata* (III.). Daneben kam die Rechtslage in Frankreich kurz zur Sprache (IV.). Abschließend bezogen die Referenten Stellung (V.).

I.

Eine Schweizer Teilnehmerin wies darauf hin, dass sich in der Diskussion eine neue Dogmatik entwickle. Nach klassischem Verständnis verpflichteten Menschenrechte nur den Staat, der allein zu ihrer Durchsetzung berufen sei. Nunmehr lagere man diesen originär staatlichen Belang der Durchsetzung von Menschenrechten auf Private aus. Eine Rechtfertigung für diese Verschiebung biete der Effizienzgedanke: Da die Unternehmen in einem engeren Bezug zu den Menschenrechtsverletzungen stünden und größere Einflussmöglichkeiten auf ihre Tochtergesellschaften und Zulieferer hätten, sei es sinnvoll, auch ihnen die Durchsetzung von Menschenrechtsstandards aufzuerlegen. Damit gingen zwar die praktischen Hürden eines Zivilprozesses einher, doch würden immerhin bedeutende Fälle so noch zu Gericht gelangen. Dass die Wirkung von Menschenrechten im Horizontalverhältnis eine Besonderheit sei, betonte auch ein anderer Diskutant aus der Schweiz. Im Grundsatz bänden Menschenrechte nur staatliche Hoheitsträger, erst durch staatliche Normsetzung würden auch Unternehmen zu ihren Adressaten. Im Übrigen liefe der Ansatz, inländische Unternehmen für Menschenrechtsverletzungen Dritter im Ausland haftbar zu machen, auf eine extraterritoriale Geltung nationalen Rechts hinaus.

Eine österreichische Diskutantin teilte die Analyse, dass es sich bei dem Modell um einen Rückzug des Staates aus seiner Rolle als Wahrer der Men-

schenrechte handele. Dass es schwierig sei, zwischen leichten und gravierenden Menschenrechtsverletzungen zu unterscheiden, sei jedoch kein Grund,
bei schwerwiegenden Menschenrechtsverletzungen von einer Verfolgung
abzusehen – etwa bei Formen moderner Sklaverei.

Ein deutscher Teilnehmer zeigte sich eher skeptisch gegenüber der Notwendigkeit einer Rechtsdurchsetzung durch Private. Soweit ein wirksamer Schutz
von Whistleblowern bestehe, sei die Effektivität der *public enforcements* nicht
zu unterschätzen.

Ein anderer deutscher Teilnehmer gab zu bedenken, dass bei dem Verständnis der Menschenrechte selbst unter anerkannten Demokratien verschiedene
Maßstäbe gelten würden. Anders als in Deutschland gelte etwa in den USA
oder in skandinavischen Ländern die Verherrlichung des Nationalsozialismus
als von der Meinungsfreiheit geschützt. Als weitere Möglichkeit der Rechtsdurchsetzung führte er das Wettbewerbsrecht ins Feld. Würden im Inland
Produkte auf den Markt gebracht, die unter Verletzung von Menschenrechtsstandards hergestellt worden sind, sei eine Abmahnung durch Wettbewerber
erwägenswert.

Ein weiterer deutscher Teilnehmer skizzierte Wege, die aus den befürchte-
ten drakonischen Haftungsfolgen für die Organe inländischer Gesellschaften
herausführen könnten: Einerseits sei an rechtfertigende Pflichtenkollisionen
zu denken, andererseits an eine Erstreckung der Business Judgement Rule auf
die Legalitätspflicht.

II.

Ein Schweizer Diskutant erkundigte sich, ob eine Haftung auch greife, wenn
ein inländisches Unternehmen Geschäftsbeziehungen zu einem ausländischen
Staat unterhielte, der Menschenrechte verletzt. Zu denken sei etwa aktuell an
die Türkei.

Eine Schweizer Teilnehmerin gab zu bedenken, dass sich die Zurechnungs-
kette der Menschenrechtsverletzungen nahezu beliebig weit ausdehnen lasse.
Letztlich könnte man bis zum Konsumenten gelangen, der mit seiner Kaufentscheidung mittelbaren Einfluss auf Menschenrechtsverletzungen nehme.
Freilich sei es nicht effizient, bei diesem Akteur mit rechtlichen Sanktionen
anzusetzen, da seine Einflussmöglichkeiten auf die unmittelbaren Menschen-
rechtsverletzer praktisch gering seien.

Ein österreichischer Teilnehmer erkundigte sich, ob der von der Volks-
initiative zur Konzernverantwortung verwandte Ausdruck des „kontrollierten
Unternehmens" ein im schweizerischen Recht etablierter und definierter
Rechtsbegriff sei.

Ein deutscher Teilnehmer zog eine Parallele zum europäischen Kartellrecht. Bei Kartellbußen bestehe seit langem eine Durchgriffshaftung auf die

Konzernmutter, auch wenn lediglich Tochtergesellschaften an wettbewerbswidrigen Absprache beteiligt seien.

III.

Zur Verzahnung mit dem nationalen Deliktsrecht regte eine deutsche Teilnehmerin an, die Menschenwürde als sonstiges Recht im Sinne des § 823
Abs. 2 BGB zu qualifizieren. Schließlich habe die Rechtsprechung auch schon
das allgemeine Persönlichkeitsrecht, das nur eine besondere Ausprägung der
Menschenwürde sei, in den Rang eines sonstigen Rechts erhoben. Weniger
kritisch als die Referenten beurteilte sie allerdings die Gehilfenhaftung als
Instrument der Rechtsdurchsetzung. Schließlich kenne diese immer auch eine
Entlastungsmöglichkeit.

Auch ein österreichischer Teilnehmer gab eine Anregung aus dem geltenden Deliktsrecht. Zu erwägen sei, ob nicht eine Verkehrssicherungspflicht inländischer Unternehmen bestehe, die es ihnen gebiete, dafür Sorge zu tragen,
dass Tochtergesellschaften und Zulieferer im Ausland die Menschenrechte
achten.

Ein Teilnehmer aus Österreich ging auf die von *Warto* angerissenen Aspekte des Auswahl- und Organisationsverschuldens ein. Insbesondere in
US-amerikanischen und kanadischen Handelsverträgen sei es üblich, den Vertragspartner dazu zu verpflichten, darauf hinzuwirken, dass auch seine Zulieferer die Menschenrechte achten. Unternehme dieser keine Maßnahmen zur
Sicherstellung der Menschenrechte, komme hier ein Verschulden in Betracht.

IV.

Eine deutsche Teilnehmerin wies darauf hin, dass ein vergleichbares Gesetz
in Frankreich[1] bereits in Kraft sei. Den Stein des Anstoßes hätten Menschenrechtsverletzungen in der Textilindustrie in Bangladesch gebildet, zu deren
Abnehmern auch große französische Einzelhandelsketten zählten. Das Gesetz
verpflichtet französische Unternehmen, die entweder mehr als 500 Arbeitnehmer im Inland oder mehr als 10.000 Arbeitnehmer weltweit haben, menschenrechtsrelevante Risiken in ihrem geschäftlichen Handeln zu identifizieren, gegen Menschenrechtsverletzungen vorzusorgen und hierüber Rechenschaft abzulegen. Das Sanktionssystem sei zweigleisig ausgestaltet. Einerseits
drohe bei einer Verletzung ein Bußgeld von bis zu 10 Millionen Euro, andererseits eine zivilrechtliche Haftung. Letztere würde sich nach dem allgemei-

---

[1] Loi n° 2017-399 du 27 mars 2017 relative au devoir de vigilance des sociétés mères
et des entreprises donneuses d'ordre.

nen Deliktsrecht richten. Was das konkret bedeute, sei sehr fraglich. Eine Zurechnung des Verhaltens von Tochtergesellschaften und Zulieferern fände nicht statt. Die Sanktion durch Bußgeld sei zudem durch die Rechtsprechung für nichtig erklärt worden, da der Tatbestand zu unbestimmt sei.

V.

Die Antwortrunde eröffnete *Bohrer*. Zunächst ging er auf die Indienstnahme des Privatrechts für öffentliche Zwecke ein. In der Tat könne der Effizienzgedanke dieses Vorgehen rechtfertigen, da die Unternehmen größeren Einfluss auf die Einhaltung der Menschenrechte im Ausland hätten als der Staat. Man könne dies als Form des Rechtsimperialismus verstehen, letztendlich sei es aber eine Wertungsfrage. Schwierig falle die Grenzziehung bei der Zurechnung des Handelns Dritter. Im Grundsatz gelte weiterhin, dass eine juristische Person für eigene Verbindlichkeiten haftet, alles andere sei abermals eine komplizierte Wertungsfrage. *Bohrer* gab zu bedenken, dass eine ausufernde Zurechnung gar kontraproduktiv wirken könne, da inländische Unternehmen dann davon abgeschreckt werden könnten, überhaupt noch Auslandsgeschäfte zu machen. Damit ginge die Möglichkeit, sich ihrer zur Durchsetzung des öffentlichen Rechts zu bedienen, verloren. Er betonte ferner, dass aus der Volksinitiative nur ein Auftrag zur Gesetzgebung folge. Verbesserungen seien im weiteren Verfahren möglich. Insbesondere müsse der Begriff des „kontrollierten Unternehmens" angegangen werden, dessen Bedeutung unklar sei, da er im schweizerischen Recht sonst nicht vorkomme. Der Anwendungsbereich des französischen Gesetzes sei deutlich enger, als der des in der Schweiz angestrebten. Es beschränke sich auf große Unternehmen, statuiere lediglich eine Verschuldenshaftung und beziehe Zulieferer nur beschränkt ein. Die Volksinitiative wolle das Unternehmen hingegen in eine Art Generalgarantenstellung rücken, auch wenn dessen Kontrollmöglichkeiten begrenzt seien, selbst wenn es eine Due Diligence vornehme. Letztlich bleibe die Frage, ob die zivilrechtliche Haftung der Unternehmen der richtige Weg zum Ziel sei. *Bohrer* gestand ein, dass seine Skepsis überwiege. Es sei zu befürchten, dass die Haftung im Ergebnis lediglich den prozessierenden Anwälten nutze.

Auch *Warto* ging sehr kritisch auf die Frage nach der Zurechnung ein. Diese müsse irgendwo enden, in der Tat solle nicht auch der Konsument einbezogen werden. Hier bedürfe es eines klar umrissenen Tatbestands. Die grundsätzliche rechtspolitische Notwendigkeit einer Haftung inländischer Unternehmen erkenne er aber an. Man müsse bedenken, dass die Verletzung von Menschenrechtsstandards durch teilweise immensen Preisdruck provoziert werde. Den Hinweis auf das französische Recht nahm er interessiert zur

Kenntnis. Bei dem europäischen Kartellrecht handele es sich jedoch um eine Sonderkonstellation, die sich nicht ohne weiteres auf die Haftung für Menschenrechtsverletzungen übertragen lasse. Abschließend gab *Warto* zu bedenken, dass die Ausgangsprämisse, dass das eigene Recht dem Recht der Länder, in denen die Menschenrechtsverletzungen stattfinden, überlegen sei, in dieser Pauschalität nicht zutreffe. Zumindest für Länder, die dem Rechtskreis des *common law* angehörten, müsse diese Annahme überdacht werden.

Corporate Social Responsibility und Arbeitnehmerbeteiligung: zwei Welten?

Rüdiger Krause

I. Annäherungen an das Thema 233
II. Zum prinzipiellen Verhältnis von CSR und Arbeitnehmerbeteiligung 238
  1. Grundlagen 238
  2. Gegenstandsbereiche von CSR und Arbeitnehmerbeteiligung 239
  3. Instrumente von CSR und Arbeitnehmerbeteiligung 246
III. CSR-Berichterstattung und Aufsichtsratsmitbestimmung 252
IV. CSR-Berichterstattung und betriebliche Mitbestimmung 257
V. Ergebnisse 259

I. Annäherungen an das Thema

Die gesellschaftliche Verantwortlichkeit[1] von Unternehmen ist kein grundsätzlich neues Thema, sondern lässt sich der Sache nach bis in das 18. Jahrhundert zurückverfolgen. So gab es schon frühzeitig Unternehmen bzw. einzelne Unternehmerpersönlichkeiten, die aus Philanthropie oder auf Druck der öffentlichen Meinung die sozialen Folgen ihres geschäftlichen Handelns reflektierten und sich insbesondere für das Wohlergehen der eigenen Beschäftigten einsetzten.[2] Darüber hinaus hängt die Frage nach der gesellschaftlichen Verantwortlichkeit von Unternehmen seit jeher mit dem „Ewigkeitsthema"[3] der Ziele der Aktiengesellschaft als ein von der Rechtsordnung zugelassenes Instrument zur gewinnorientierten Akkumulation von Kapital bei gleichzeitiger Beschränkung der Haftung auf das eingesetzte Vermögen[4] zusammen.[5]

---

[1] Zur Karriere des Begriffs der „Verantwortung" als Folge zunehmender Einsicht in komplexe Wirkungszusammenhänge erhellend *Kirchschläger,* Zeitschrift für Wirtschafts- und Unternehmensethik 16 (2015), 264, 266 ff.

[2] Siehe dazu ISO Advisory Group on Social Responsibility, Working Report on Social Responsibility, 2004, S. 2.

[3] Vgl. *Fleischer,* ZGR 2007, 500, 508.

[4] Die politische Relevanz dieser Grundentscheidung betonend *Brammer/Jacksen/Matten,* 10 Socio-Economic Review 3, 6 (2012); zur Notwendigkeit einer „Public-Interest-Justifica-

Zu einem eigenständigen Handlungs- und Forschungsfeld hat sich Corporate Social Responsibility (CSR) allerding erst im Verlauf des 20. Jahrhunderts herausgebildet. Ging es ursprünglich um ein auf die USA beschränktes Phänomen, das im Wesentlichen in der Zeit nach dem Zweiten Weltkrieg in „Corporate America"[6] nicht zuletzt zur präventiven Abwehr staatlicher Regulierungen aufgekommen ist[7] und zunächst nur aus wirtschaftswissenschaftlicher Sicht bearbeitet wurde,[8] hat sich der Kreis der Akteure und Disziplinen, die sich aus unterschiedlichen Motiven und Perspektiven praktisch und theoretisch mit CSR befassen, in den folgenden Jahrzehnten stark erweitert.[9] Dabei hat die Debatte seit dem Ende der 1990er Jahre noch einmal erheblich an Fahrt aufgenommen[10] und mit dem Grünbuch der Europäischen Kommission über die soziale Verantwortung der Unternehmen aus dem Jahr 2001[11] auch die europäische Ebene erreicht.

Als Treiber der neueren Entwicklung von CSR im Sinne einer Unternehmensstrategie, die dem Leitbild der Nachhaltigkeit[12] folgt und eine ökonomische, eine ökologische und eine soziale Dimension aufweist,[13] lassen sich vornehmlich zwei Faktoren identifizieren:[14] Zum einen haben der technologische Fortschritt und die Liberalisierung des Welthandels die Ausbreitung transnationaler Unternehmen gefördert, die ihre operativen Tätigkeiten vielfach

---

tion" von Corporate Power eindringlich *Parkinson,* Corporate Power and Responsibility, 1993, S. 21 ff.

[5] Überblick über die Traditionslinien bei *Fleischer,* AG 2017, 509, 510 ff.

[6] Einflussreich *Abrams,* Management's Responsibilities in a Complex World, 29 Harvard Business Review, Vol. 3, 29 ff. (1951).

[7] Eindringliche Analyse aus soziologischem Blickwinkel *Kaplan,* 13 Socio-Economic Review 125 ff. (2015). Zur US-amerikanischen Entwicklung mitsamt ihrer Vorläufer seit den 1920er Jahren aufschlussreich auch *Marens,* 10 Socio-Economic Review 59, 61 ff. (2012).

[8] Grundlegend *Bowen,* Social Responsibilities of the Businessman, 1953.

[9] Eine Metastudie der Entwicklungen in der CSR-Forschung liefern *de Bakker/Groenewegen/den Hond,* 44 Business & Society 283 ff. (2005), sowie *Carroll,* 38 Business & Society 268 ff. (1999). Zur managementbezogenen CSR-Forschung auch *Lockett/Moon/Visser,* 43 Journal of Management Studies 115 ff. (2006); ferner *Vitols,* Nachhaltigkeit – Unternehmensverantwortung – Mitbestimmung, 2011.

[10] Vgl. *Mülbert,* AG 2009, 766, 767 „neuer globaler Megatrend". Umfassende Schilderung bei *Zerk,* Multinationals and Corporate Social Responsibility, 2006; aktuell *Spießhofer,* Unternehmerische Verantwortung, 2017.

[11] KOM(2001) 366 endg.

[12] Der Begriff der Nachhaltigkeit („Sustainable Development") selber ist wesentlich durch den Abschlussbericht „Our Common Future" der sog. Brundlandt-Kommission der Vereinten Nationen von 1987 popularisiert worden.

[13] So das sog. „Drei-Säulen-Modell", das sich schon im Abschlussbericht der Enquete-Kommission „Schutz des Menschen und der Umwelt – Ziele und Rahmenbedingungen einer nachhaltig zukunftsverträglichen Entwicklung" zum Konzept Nachhaltigkeit von 1998 unter Betonung der Dreidimensionalität der Perspektive findet, BT-Drucks. 13/11200, S. 17 ff.

[14] Statt vieler *Kaltenborn/Norpoth,* RIW 2014, 402.

auf Entwicklungsländer ausdehnen, in denen es an einer wirksamen nationalen Wirtschaftsregulierung fehlt, ohne dass diese Lücke durch einen hinreichend effektiven internationalen Rechtsrahmen geschlossen wird.[15] Zum anderen reagieren Stakeholder und Öffentlichkeit zunehmend sensibler auf Menschenrechtsverletzungen, schlechte Arbeitsbedingungen und Umweltschäden, die mit dem Geschäftsgebaren von transnationalen Unternehmen zusammenhängen. Der Aufschwung von CSR beruht somit neben der globalisierungsbedingt wachsenden Diskrepanz zwischen der Reichweite der Marktkräfte und ihrer hoheitlichen Einhegung durch Recht[16] auf dem Umstand, dass Unternehmen in einem steigenden Maße auf eine positive Reputation bei Investoren, Geschäftspartnern, Behörden, Medien, NGOs und vor allem bei Konsumenten angewiesen sind,[17] was sich nicht zuletzt an der Nachhaltigkeitsberichterstattung zeigt, mit der große Unternehmen schon seit einer Reihe von Jahren freiwillig an die Öffentlichkeit treten, um auf ihre Maßnahmen auf dem Feld von CSR aufmerksam zu machen[18].

In gegenständlicher Hinsicht geht es bei CSR wie skizziert um eine Nachhaltigkeit der Unternehmensführung in ökonomischer, ökologischer und sozialer Hinsicht, wobei sich die soziale Dimension wesentlich auf die Arbeitsbedingungen und damit auf einen Bereich bezieht, der traditionell durch Arbeitsrecht und Arbeitnehmerbeteiligung geprägt wird.[19] Diese Überschneidung lässt

---

[15] Zum sog. „governance gap" auf dem Gebiet der Arbeitsbeziehungen ausführlich International Labour Office (Hrsg.), Decent work in global supply chains, 2016, S. 39 ff., 62 ff.

[16] Treffend *Lübbe-Wolff*, Ein Narrativ für die Europäische Union?, Frankfurter Allgemeine Zeitung Nr. 5 v. 6.1.2018, S. 9; dazu anschaulich auch *Köndgen*, AcP 206 (2006), 477, 511 f.

[17] Umfassend *Vogel*, The Market for Virtue: The Potential and Limits of Corporate Social Responsibility, 2005. Zu den unterschiedlichen Horizonten von Experten- und Laienwahrnehmung von CSR-Aktivitäten *Zülch/Kretzmann*, DB 2016, 2617, 2618 ff. Allgemein zum Corporate Reputation Management *Seibt*, DB 2015, 171 ff.; näher *Fombrun*, Reputation: Realizing Value from the Corporate Image, 1996; *Wüst/Kreutzer* (Hrsg.), Corporate Reputation Management, 2012; zur Bedeutung der Unternehmensreputation auch *Klöhn/Schmolke*, NZG 2015, 689 ff.

[18] Vgl. *Hüttemann*, AG 2007, 774, 776 („Tue Gutes und rede darüber"). Grds. gegen eine Vermengung der Handlungslogiken von CSR und Nutzenkalkül aber *Schreyögg*, AG 2009, 758, 765 f. Weitere Erklärungen für CSR-Aktivitäten jenseits eines instrumentellen Ansatzes bei *Aguilera/Rupp/Williams/Ganapathi*, 32 Academy of Management Review 836 ff. (2007): relationale und moralische Motive. Eingehende Analysen aus soziologischer Sicht mit einem Fokus auf Legitimationsfragen bei *Curbach*, Die Corporate-Social-Responsibility-Bewegung, 2008, *passim* (Zusammenfassung auf S. 241 ff.); *Hiß*, Warum übernehmen Unternehmen gesellschaftliche Verantwortung?, 2005, *passim* (Zusammenfassung auf S. 307 ff).

[19] Siehe aber auch *Backhaus-Maul/Kunze*, in: Backhaus-Maul/Kunze/Nährlich (Hrsg.), Gesellschaftliche Verantwortung von Unternehmen in Deutschland, 2018, S. 273 ff., die in diesem Kontext als gesellschaftliches Handlungsfeld für CSR ausschließlich die allgemeine und betriebliche Sozialpolitik identifizieren.

auf Berührungspunkte sowie gegebenenfalls auf Konfliktfelder schließen. Allerdings haben sich die deutschen Gewerkschaften dem Thema CSR nach verbreiteter Einschätzung zunächst eher zögerlich genähert, was darauf zurückzuführen sein dürfte, dass CSR als eine vornehmlich managementgetriebene Veranstaltung wahrgenommen wird und es zudem nicht selten um Fragen außerhalb der Kernzuständigkeit der Gewerkschaften geht.[20] Andere Stimmen zeichnen ein optimistischeres Bild und betonen vor allem die Möglichkeiten, die mit der CSR-Bewegung für die Arbeitnehmerseite insbesondere auf der globalen Ebene verbunden seien, indem die soziale Komponente in internationale Rahmenabkommen überführt werden könne, mit denen die Arbeitsbedingungen in transnationalen Konzernen verbessert werden könnten.[21] Der DGB hat im Jahr 2009 erstmal eine umfassende Position zu CSR-Konzepten entwickelt, wobei er tendenziell eine kritische Haltung einnimmt und Risiken wie etwa die Instrumentalisierung von Arbeitnehmervertretern für die unternehmerische Selbstdarstellung betont, daneben aber auch die Chance einer Erweiterung von Handlungsspielräumen für die Arbeitnehmerseite hervorhebt.[22]

Soweit es um das deutsche Arbeitsrecht im eigentlichen Sinne geht, scheint CSR jedenfalls derzeit noch kein eigenständiges Thema zu sein. So listet Juris zum Stichwort CSR lediglich eine einzige arbeitsgerichtliche Entscheidung auf, konkret ein erstinstanzliches Urteil, das sich inhaltlich zudem mit einer ganz anderen Frage, nämlich mit der Wirksamkeit einer Ausgleichsquittung beschäftigt und CSR hierbei lediglich am Rande erwähnt.[23] Noch magerer sieht es bei den Standardkommentaren sowohl zum Betriebsverfassungsgesetz[24] als auch zum Mitbestimmungsgesetz[25] aus, die in ihren um-

---

[20] Vgl. *Egbringhoff/Mutz,* in: Backhaus-Maul/Biedermann/Nährlich/Polterauer (Hrsg.), Corporate Citizenship in Deutschland, 2. Aufl., 2010, S. 278, 280 ff.; *Habisch/Wegner,* in: Habisch/Jonker/Wegner/Schmidpeter (Hrsg.), Corporate Social Responsibility Across Europe, 2005, S. 111, 115; *Segal/Sobczak/Triomphe,* Corporate social responsibility and working conditions, 2003, S. 44; *Steger/Salzmann,* Harvard Business Manager 7/2006, 7, 8. Aufschlussreicher Überblick über die Einstellung der Gewerkschaften zu CSR in 11 europäischen Ländern bei Preuss/Gold/Rees (Eds.), Corporate Social Responsibility and Trade Unions, 2014.

[21] *Kluge/Schömann,* Transfer 2008, 13, 21 ff.

[22] *DGB,* Thesen zum Verhältnis von Mitbestimmung und CSR, 2009; *ders.,* Verbindliche Regeln, die für alle gelten! 10-Punkte-Papier des DGB zu Corporate Social Responsibility (CSR), 2009.

[23] Siehe ArbG Berlin v. 14.10.2005 – 28 Ca 12710/05, Juris – Rn. 63 mit Fn. 39.

[24] Vgl. Däubler/Kittner/Klebe/Wedde (Hrsg.), BetrVG, 16. Aufl., 2018; Fitting, BetrVG, 29. Aufl., 2018; Gemeinschaftskommentar zum Betriebsverfassungsgesetz (GK-BetrVG), 11. Aufl., 2018.

[25] Vgl. *Raiser/Veil/Jacobs,* Mitbestimmungsgesetz und Drittelbeteiligungsgesetz, 6. Aufl., 2015; *Ulmer/Habersack/Henssler,* Mitbestimmungsrecht, 3. Aufl., 2013; *Wißmann/ Kleinsorge/Schubert,* Mitbestimmungsrecht, 5. Aufl., 2017.

fangreichen Registern den Eintrag CSR bislang[26] vollständig aussparen[27]. Mehr noch: Obwohl die Themenbereiche von CSR einerseits und die Aufgaben und Handlungsfelder von betrieblicher und unternehmerischer Mitbestimmung beträchtliche Schnittmengen aufweisen, ist im gewerkschaftlichen Schrifttum sogar davon die Rede, dass CSR und Mitbestimmung einander „wesensfremd" seien.[28] Geht es bei der Bestimmung des Verhältnisses von CSR und Arbeitnehmerbeteiligung also um das etwas krampfhafte Bemühen, zwei Materien zusammenzuführen, die nicht so recht zusammenfinden wollen?

Im Folgenden soll vor dem Hintergrund der zunehmenden Verrechtlichung der gesellschaftlichen Verantwortung von Unternehmen durch die CSR-Richtlinie 2014/95/EU von 2014[29] und das CSR-Richtlinie-Umsetzungsgesetz von 2017[30] gleichwohl der Versuch unternommen werden, den verschiedenen Facetten dieses Verhältnisses nachzugehen und sie zu strukturieren. Ein solches Vorhaben erscheint nicht zuletzt deshalb sinnvoll, weil noch vor wenigen Jahren festgestellt wurde, dass das Thema CSR und seine Beziehung zur Mitbestimmung in der Forschung bislang eher stiefmütterlich behandelt worden ist,[31] wobei sich an dem Befund zumindest aus spezifisch arbeitsrechtlicher Sicht seither kaum etwas verändert hat[32]. Zu diesem Zweck sollen zunächst die wesentlichen Merkmale von CSR noch klarer herausgearbeitet und mit dem deutschen System der Arbeitnehmerbeteiligung kontrastiert werden, um Aufschluss über die Frage zu gewinnen, ob und inwieweit das drastische Wort von der Wesensfremdheit beider Formen des Umgangs mit Arbeitnehmerinteressen einen berechtigten Kern aufweist (II.). Daran anschließend geht es um die Auswirkungen der CSR-Richtlinie sowie ihrer aktuellen Umsetzung in das deutsche Recht für die Aufsichtsratsmitbestimmung (III.), bevor dann in einem weiteren Schritt das Verhältnis der CSR-Berichterstattung zur betrieblichen Mitbestimmung ausgeleuchtet werden soll (IV.). Bei alledem beschränken sich die Ausführungen auf die institutionalisierten Formen der Arbeitnehmerbeteiligung, die sich im deutschen Arbeitsrecht heraus-

---

[26] So auch noch Richardi (Hrsg.), BetrVG, 15. Aufl., 2016; anders jetzt aber ders., BetrVG, 16. Aufl., 2018.

[27] Ebenso Erfurter Kommentar zum Arbeitsrecht, 18. Aufl., 2018; Henssler/Willemsen/Kalb (Hrsg.), Arbeitsrecht Kommentar, 8. Aufl., 2018; Schaub, Arbeitsrechts-Handbuch, 17. Aufl., 2017.

[28] *Thannisch,* AiB 2009, 334, 335.

[29] ABl. EU 2014 Nr. L 330/1.

[30] BGBl. 2017, I 802.

[31] *Beile/Feuchte/Homann,* Corporate Social Responsibility (CSR) und Mitbestimmung, 2010, S. 20.

[32] Eine seltene Ausnahme stellt der Beitrag von *Sommer,* RdA 2016, 291 ff., zum Verhältnis von CSR-Richtlinie und Betriebsverfassung dar; siehe jetzt auch *Maschmann,* in: Richardi, BetrVG (16. Aufl.) (Fn. 26), § 75 Rn. 5; ferner andeutungsweise *Wolf,* in: Walden/Depping (Hrsg.), CSR und Recht, 2015, S. 143, 159, 166 f.

gebildet haben, während die europäische Ebene der betrieblichen Mitbestimmung in Gestalt Europäischer Betriebsträte aus Raumgründen ausgeklammert bleibt. Ebenso ausgeblendet bleiben Einflussnahmen der Arbeitnehmerseite auf die Unternehmenspolitik durch rein gewerkschaftliches Handeln, sodass insbesondere das eigenständige Feld der International Framework Agreements bzw. Global Framework Agreements, bei denen es sich um Vereinbarungen zwischen transnationalen Konzernspitzen auf der einen Seite und vornehmlich internationalen Gewerkschaftsvereinigungen auf der anderen Seite über die weltweite Geltung und Durchsetzung von bestimmten Arbeits- und Sozialstandards im gesamten Konzern sowie zuweilen auch in der Lieferkette handelt,[33] nicht thematisiert wird.

II. Zum prinzipiellen Verhältnis von CSR und Arbeitnehmerbeteiligung

Um den Ursachen für den konstatierten tiefgreifenden Unterschied zwischen CSR und Arbeitnehmerbeteiligung auf die Spur zu kommen, empfiehlt es sich, bei der ursprünglichen Konzeption der gesellschaftlichen Verantwortlichkeit von Unternehmen anzusetzen und den vor allem durch die CSR-Richtlinie bewirkten Verrechtlichungsschub zunächst zurückzustellen.

1. Grundlagen

Soweit es um CSR geht, liefert die häufig zitierte Definition der Europäischen Kommission in ihrem bereits erwähnten Grünbuch über die soziale Verantwortung der Unternehmen von 2001 nach wie vor einen brauchbaren Ausgangspunkt.[34] Danach betrifft CSR ein Konzept, das den Unternehmen als Grundlage dient, auf freiwilliger Basis soziale Belange und Umweltbelange in ihre Unternehmenstätigkeit und in die Wechselbeziehungen mit den Stakeholdern zu integrieren.[35] In ihrer Mitteilung von 2011 über eine neue EU-Strategie für die soziale Verantwortung von Unternehmen bezieht die Europäische Kommission in ihre Definition von CSR zwar nunmehr neben den sozialen und ökologischen Belangen ausdrücklich auch ethische, Menschenrechts- und Verbraucherbelange ein,[36] was für manche eine Verbreiterung des

---

[33] Dazu *Krause,* 33 Comp. Labor Law & Pol'y Journal 749 ff. (2012); *ders.,* in: Gött (Hrsg.), Labour Standards in International Economic Law, 2018, S. 319 ff.

[34] Zu weiteren Definitionen von CSR siehe etwa *Hiß,* Warum übernehmen Unternehmen gesellschaftliche Verantwortung?, 2005, S. 22 ff.

[35] KOM(2001) 366 endg., S. 7. Gleichlautend die den Konsultationsprozess abschließende Mitteilung der Kommission aus dem Jahr 2002, KOM(2002) 347 endg., S. 5.

[36] KOM(2011) 681 endg., S. 7.

Ansatzes bedeutet,[37] sich aber ebenso als eine bloße Konkretisierung begreifen lässt. Für das deutsche Umfeld hat das im Jahr 2009 auf Betreiben des Bundesarbeitsministeriums ins Leben gerufene Nationale CSR-Forum eine vergleichbare Definition entwickelt, die gerade aus arbeitsrechtlicher Perspektive eine gewisse Repräsentativität für sich in Anspruch nehmen kann, weil mit der BDA einerseits und dem DGB sowie mehreren großen Einzelgewerkschaften (IG BCE, IG Metall, ver.di) andererseits auch die Sozialpartner an der Formulierung beteiligt gewesen sind. So haben sich die Beteiligten dahin verständigt, als CSR die Wahrnehmung gesellschaftlicher Verantwortung durch Unternehmen über gesetzliche Anforderungen hinaus zu bezeichnen. CSR stehe für eine nachhaltige Unternehmensführung im Kerngeschäft, die in der Geschäftsstrategie des Unternehmens verankert ist. CSR sei freiwillig, aber nicht beliebig.[38] Hervorzuheben ist bei alledem, dass durch CSR die Unternehmen selbst als Zuordnungssubjekt von gesellschaftlicher Verantwortlichkeit angesprochen werden.[39] Es geht also nicht lediglich um wirtschaftsethische Anforderungen an die im und für das Unternehmen handelnden Individuen,[40] auch wenn es insoweit selbstverständlich Berührungspunkte gibt, weil die Korporation als „artificial being, invisible, intangible, and existing only in contemplation of law"[41] zwangsläufig nur durch Menschen handeln kann. Von diesen Definitionen ausgehend, kommt es für die Bestimmung des grundsätzlichen Verhältnisses zwischen CSR und Arbeitnehmerbeteiligung vorrangig auf zwei Aspekte an, nämlich zum einen auf den Gegenstandsbereich sowie zum anderen auf die zur Verwirklichung der Konzeption verwendeten Instrumente.

2. Gegenstandsbereiche von CSR und Arbeitnehmerbeteiligung

Die von CSR gegenständlich erfassten Bereiche sind entsprechend dem soeben Ausgeführten denkbar weit. Mit der grundsätzlichen Erstreckung auf alle ökonomischen, ökologischen und sozialen Auswirkungen der Tätigkeit von Unternehmen wird letztlich kaum ein Phänomen von vornherein aus dem potenziellen Anwendungsbereich von CSR ausgenommen, zumal es nicht nur um die nationalen, sondern auch und gerade um die internationalen Folgen unternehmerischer Aktivitäten gehen soll. Für die nähere Konkretisierung dieser Auswirkungen noch immer hilfreich ist die bereits im Grünbuch von

---

[37] So *Burckhardt,* in: Burckhardt (Hrsg.), Corporate Social Responsibility – Mythen und Maßnahmen, 2. Aufl., 2013, S. 1, 3.

[38] Empfehlungsbericht des Nationalen CSR-Forums an die Bundesregierung, 2010, S. 7.

[39] Vgl. *Spießhofer* (Fn. 10), S. 27.

[40] Zur Unterscheidung siehe auch *Förster,* RIW 2008, 833, 834; *Scherer/Picot,* zfbf Sonderheft 58/2008, S. 1, 5; *Teubner,* ZGR 1983, 34, 43 f.

[41] So die berühmte Formulierung des U.S. Supreme Court in *Trustees of Dartmouth College v. Woodward,* 17 U.S. 518, 636 (1819).

2001 vorgenommene und seither vielfach aufgegriffene Unterscheidung zwischen der internen Dimension und der externen Dimension von CSR. Dabei bezieht sich die interne Dimension in erster Linie auf die Beschäftigten und betrifft den gesamten Komplex des Human Ressource Management, also etwa die Fort- und Weiterbildung, die Vereinbarkeit von Beruf und Familie sowie die Verhinderung von Diskriminierungen, daneben aber auch den Arbeitsschutz sowie die angemessene Bewältigung von Umstrukturierungen.[42] Darüber hinaus werden zum Bereich der internen CSR der Ressourcenverbrauch und die Umweltverträglichkeit des Unternehmens gerechnet.[43] Demgegenüber zielt die externe Dimension auf die Auswirkungen der Aktivitäten des Unternehmens „jenseits des Werkstores" und umfasst Themen wie die Einbettung in die lokalen Gemeinschaften, das Verhältnis zu Zulieferern und Verbrauchern, die Rücksichtnahme auf Menschenrechte sowie den globalen Umweltschutz.[44]

Unter dem spezifischen Blickwinkel der Arbeitnehmerbeteiligung lassen sich vor diesem Hintergrund in einem ersten Zugriff folgende Feststellungen treffen: Wenn und soweit sich der Vorstand bestimmte CSR-Maßnahmen auf die Fahnen schreibt, unterliegt dieses Handeln als Geschäftspolitik bzw. Geschäftsführung seit jeher zumindest der Berichtspflicht des Vorstands nach § 90 AktG und der Aufsichtspflicht des Aufsichtsrats gemäß § 111 Abs. 1 AktG. In diesem Sinne „wächst" die unternehmerische Mitbestimmung also gleichsam automatisch mit, indem sich auch die Arbeitnehmervertreter im Aufsichtsrat mit den CSR-bezogenen Aktivitäten des Vorstands auseinandersetzen dürfen bzw. müssen.

Dagegen besteht auf der betrieblichen Ebene eine andere Ausgangslage, weil im Betriebsverfassungsgesetz keine allgemeine Vorschrift existiert, nach der das gesamte Handeln der Unternehmensleitung zugleich in die Zuständigkeit des Betriebsrats fällt. Daher erweitert sich die Kompetenz des Betriebsrats zur Befassung mit einer Materie nicht automatisch allein dadurch, dass sich das Unternehmen eine CSR-Strategie zulegt. Allerdings deckt sich die interne Dimension von CSR gegenständlich praktisch mit den Themenfeldern, die nach dem BetrVG zum Zuständigkeitsbereich des Betriebsrats gehören. Dies gilt für traditionelle Bereiche wie den Arbeitsschutz (§§ 80 Abs. 1 Nr. 1 und 9, 87 Abs. 1 Nr. 7, 88 Nr. 1, 89 BetrVG), die Qualifizierung und Weiterbildung (§§ 96 ff. BetrVG) sowie die Wahrnehmung von Arbeitnehmerinteressen bei Umstrukturierungen (§§ 111 ff. BetrVG), darüber hinaus aber auch für das modernere Thema der Förderung der Vereinbarkeit von Familie

---

[42] KOM(2001) 366 endg., S. 9 ff.

[43] KOM(2001) 366 endg., S. 11 f.

[44] KOM(2001) 366 endg., S. 12 ff. Zur Unterscheidung zwischen interner und externer CSR mit teilweise etwas anderer Akzentsetzung auch *Hüttemann,* FS Schaumburg, 2009, S. 405, 406, 408 f., 410 ff.; *Mülbert,* AG 2009, 766, 767 f.

und Erwerbstätigkeit („Work-Life-Balance"), das erst durch die Reform von 2001 ausdrücklich in das Betriebsverfassungsgesetz integriert worden ist (§ 80 Abs. 1 Nr. 2b BetrVG).

Demgegenüber führt die externe Dimension von CSR mitten hinein in das bislang nicht abschließend geklärte Problem, ob und in welchem Umfang sich der Betriebsrat mit Angelegenheiten befassen und dazu gegebenenfalls Kontakte knüpfen darf, die einen außerbetrieblichen Charakter haben. Diese Debatte wird schon seit langem aus unterschiedlichen Blickwinkeln wie den Fragen nach der Reichweite des Verbots der parteipolitischen Betätigung im Betrieb gemäß § 74 Abs. 2 S. 3 BetrVG[45] oder der Zulässigkeit von Außenbeziehungen des Betriebsrats[46] geführt und ist im Zuge der Erweiterung der Kompetenzen des Betriebsrats durch das Reformgesetz von 2001 noch einmal aufgeflammt,[47] weil einige der seinerzeit eingeführten Zuständigkeiten jedenfalls auch eine gesellschaftspolitische Stoßrichtung haben, so die (über eine bloße Beschäftigungssicherung hinausgehende) Beschäftigungsförderung (§§ 80 Abs. 1 Nr. 8, 92a BetrVG), der betriebliche Umweltschutz (§§ 80 Abs. 1 Nr. 9, 88 Nr. 1a, 89, 106 Abs. 3 Nr. 5a BetrVG), die Frauenförderung (§§ 80 Abs. 1 Nr. 2a, 92 Abs. 3 BetrVG) sowie die Bekämpfung von Rassismus und Fremdenfeindlichkeit (§§ 80 Abs. 1 Nr. 7, 88 Nr. 4, 104 BetrVG). Dem Normenmaterial fehlt es zumindest prima facie an Eindeutigkeit, wie sich vor allem an § 74 Abs. 2 S. 3 BetrVG zeigt. Nach dessen Halbs. 1 ist (nur) jede parteipolitische Betätigung im Betrieb verboten, wobei der Begriff der Parteipolitik vom BAG[48] mit der mittlerweile wohl h.L.[49] eng ausgelegt und nicht auf allgemeinpolitische Betätigungen ausgedehnt wird. Nach Halbs. 2 ist die Behandlung von Angelegenheiten tarifpolitischer, sozialpolitischer, umweltpolitischer und wirtschaftlicher Art dagegen nur gestattet, wenn sie den Betrieb oder seine Arbeitnehmer unmittelbar betreffen. Eine politische Betätigung, die sich nicht unter Halbs. 2 fassen lässt, weil sie thematisch nicht zu den genannten Angelegenheiten gehört oder es an dem erforderlichen Bezug zum Betrieb bzw. den Arbeitnehmern fehlt, ist dem Betriebsrat bei wörtlicher Interpretation von § 74 Abs. 2 S. 3 BetrVG also weder verboten noch erlaubt. Soweit es um den betrieblichen Umweltschutz geht, hat der Gesetzgeber einerseits zu verstehen gegeben, dass er den Betriebsrat nicht mit einem generellen umweltpolitischen Mandat ausstatten wollte.[50] Andererseits hat er von

---

[45] Hierzu umfassend *Hofmann,* Das Verbot parteipolitischer Betätigung im Betrieb, 1984.

[46] Dazu *von Hoyningen-Huene,* RdA 1992, 355, 366; *Plander,* AuR 1993, 161 ff.; *Simitis/ Kreuder,* NZA 1992, 1009 ff.

[47] Vgl. insbesondere *Picker,* RdA 2001, 259, 270 ff.; *Rieble,* ZIP 2001, 133, 140 ff.

[48] BAG NZA 2010, 1133, 1136 f.; anders noch BAG NZA 1987, 153, 154.

[49] Siehe nur *Kreutz,* in: GK-BetrVG (Fn. 24), § 74 Rn. 111 f. m.w.N.

[50] BT-Drucks. 14/5741, S. 48. Ebenso etwa *Buschmann,* in: Däubler/Kittner/Klebe/ Wedde (Hrsg.) BetrVG (Fn. 24), § 89 Rn. 59; Fitting, BetrVG (Fn. 24), § 89 Rn. 10; *Hanau,* RdA 2001, 65, 73.

einer Wechselwirkung von Arbeitsschutz und Umweltschutz gesprochen[51] und suggeriert damit, dass alle Maßnahmen des betrieblichen Umweltschutzes automatisch auch den Beschäftigten zugutekommen würden, was in dieser Pauschalität freilich kaum zutrifft.

In diesem Zusammenhang erscheint es weiterführend, zwischen den Aufgaben des Betriebsrats und den zu ihrer Durchführung einsetzbaren Mitteln zu unterscheiden.[52] Während die Aufgaben des Betriebsrats durch das Gesetz festgelegt werden, sind die Handlungsformen nicht abschließend bestimmt. So darf sich der Betriebsrat einerseits nicht von sich aus gesetzesübersteigende Aufgaben suchen und hierfür auf die ihm zur Verfügung stehenden Ressourcen wie insbesondere die bezahlte Freistellung von Betriebsratsmitgliedern von der Arbeitspflicht (§§ 37, 38 BetrVG) sowie die Pflicht des Arbeitgebers zur Tragung der Kosten für die Betriebsratstätigkeit (§ 40 BetrVG) zurückgreifen.[53] Andererseits schließt etwa der in § 80 Abs. 2 BetrVG ausdrücklich geregelte Anspruch auf Unterrichtung durch den Arbeitgeber es nicht aus, dass der Betriebsrat seine Informationen auch auf andere, nicht ausdrücklich geregelte Weise bezieht, etwa durch die unmittelbare Befragung von Arbeitnehmern, um hierdurch den ihm übertragenen Aufgaben nachzukommen. Vor diesem Hintergrund vertritt ein Teil des Schrifttums sowohl im Hinblick auf die Aufgaben als auch auf die Zweck-Mittel-Relation einen ausgesprochen engen Ansatz. Danach ist der Betriebsrat eine Einrichtung, deren ausschließliche Funktion darin besteht, die Interessen der im Betrieb beschäftigten Arbeitnehmer gegenüber dem Arbeitgeber zu vertreten.[54] Hiervon ausgehend sei jedes Handeln des Betriebsrats, das nicht unmittelbar darauf abziele, die Stellung der Belegschaftsangehörigen rechtlich oder faktisch zu verbessern bzw. eine Verschlechterung ihrer Lage zu verhindern, als allgemeinpolitisch zu qualifizieren und deshalb vom BetrVG nicht mehr gedeckt.[55] Mit einer Materie wie etwa dem betrieblichen Umweltschutz darf sich der Betriebsrat danach nur befassen, wenn dies zugleich dem Arbeitsschutz dient.[56] Selbst bloße Stellungnahmen des Betriebsrats zu außerbetrieblichen und damit als allgemeinpolitisch aufgefassten Themen sollen offenbar unzulässig sein.[57] Dementsprechend soll es dem Betriebsrat auch untersagt sein, sich mit

---

[51] BT-Drucks. 14/5741, S. 48.
[52] Grundlegend *Plander*, AuR 1993, 161, 165.
[53] *Plander*, AuR 1993, 161, 165.
[54] So vor allem *Picker*, RdA 2001, 259, 270 ff.; *Rieble*, ZIP 2001, 133, 140 ff.; ansatzweise auch *Annuß*, NZA 2001, 367, 370; *Reichold*, NZA 2001, 857, 863 f.
[55] *Rieble*, BB 2013, 245, 249.
[56] *Wiese/Gutzeit*, in: GK-BetrVG (Fn. 24), § 89 Rn. 32, 35.
[57] Siehe *Picker*, RdA 2001, 259, 274, unter Berufung auf die Grundsätze über die Ablehnung eines allgemeinpolitischen Mandats der verfassten Studentenschaft (vgl. BVerwGE 34, 69, 74 ff.; 59, 231, 237 ff.).

einem neuen CSR-Thema wie den Arbeitsbedingungen bei Zulieferern auseinanderzusetzen.[58]

Dieser Ansatz erscheint freilich zu eng. Zum einen steht es dem Gesetzgeber innerhalb gewisser Grenzen frei, den Betriebsrat für Aufgaben zu mobilisieren, die nicht unmittelbar belegschaftsnützlich sind, sofern sie nur mit den betrieblichen Verhältnissen in einem Zusammenhang stehen. Dies gilt etwa für den betrieblichen Umweltschutz, für den der Betriebsrat schon dann zuständig ist, wenn es um die Verhinderung oder zumindest Eindämmung von solchen negativen Umwelteinwirkungen geht, die durch die betrieblichen Zustände und Abläufe verursacht bzw. gefördert werden, ohne dass es darauf ankommt, ob damit zugleich Arbeitnehmerbelange wahrgenommen werden.[59] Zum anderen und noch wichtiger ist, dass nicht jedes Handeln des Betriebsrats als eigenständige Aufgabe zu klassifizieren ist, für die es eines entsprechenden Titels im BetrVG bedarf. Vielmehr können manche Aktivitäten durchaus als bloße Mittel eingeordnet werden, um bestimmte Aufgaben effektiver wahrzunehmen. In diesem Sinne hat das BAG die Vermittlung von Kenntnissen über Ökobilanzen und das Öko-Auditing deshalb in einen Zusammenhang mit den Aufgaben des Betriebsrats gestellt, weil es dabei um die Reduzierung von Kosten, die Verringerung von Umweltbelastungen und die Verbesserung des Unternehmensimages gehe, was sich wiederum auf die wirtschaftliche Lage des Unternehmens und die Beteiligungsrechte nach § 87 Abs. 1 BetrVG auswirken würde.[60] Daran anknüpfend könnte sich der Betriebsrat etwa dann mit den Arbeitsbedingungen bei ausländischen Tochterunternehmen oder bei Zulieferern auseinandersetzen, wenn etwaige externe Missstände erstens ihre Ursache in internen betrieblichen Gegebenheiten haben und zweitens negative Rückwirkungen dieser Missstände auf die wirtschaftliche Lage des eigenen Betriebs vor allem durch einen Imageverlust des Unternehmens zumindest nicht ganz fernliegen, weil sich dies langfristig wiederum auf die Beschäftigungslage auswirken kann, deren Sicherung unstreitig in die Kompetenz des Betriebsrats fällt (§§ 80 Abs. 1 Nr. 8, 92a BetrVG). Demgegenüber ist ein Handeln, das ausschließlich Drittinteressen betrifft, vom Mandat des Betriebsrats nach der gegenwärtigen Gesetzeslage nicht gedeckt. Der Betriebsrat darf also nicht etwa von sich aus während der Arbeitszeit lokale Sportstätten inspizieren, um die ordnungsgemäße Verwendung von Unternehmensspenden zu kontrollieren oder aus seiner Sicht geeignete Empfänger von Unternehmensspenden überhaupt erst ausfindig zu machen. Dasselbe gilt, wenn es um Arbeitnehmer in anderen Betrieben bzw. Unternehmen geht, die

---

[58] *Rieble,* BB 2013, 245, 249.

[59] Siehe BT-Drucks. 14/5741, S. 30. Gleichsinnig *Buschmann,* in: Däubler/Kittner/Klebe/Wedde BetrVG (Fn. 24), § 89 Rn. 59 ff.; *Reichel/Meyer,* RdA 2003, 101, 104 f.

[60] BAG NZA 1996, 934, 937.

vom Betriebsrat nicht repräsentiert werden.[61] Erst recht ist es dem Betriebsrat gemäß § 77 Abs. 1 S. 2 BetrVG verwehrt, selber CSR-Maßnahmen anzuordnen und damit die betriebliche Leitungsmacht des Arbeitgebers partiell an sich zu reißen. Soweit es nur um schlichte Äußerungen geht, ist es dem Betriebsrat hingegen zu gestatten, sich als Sprachrohr der Belegschaft zu allen externen CSR-Aktivitäten des Unternehmens wie beispielsweise einer ausufernden Spendenpolitik zu positionieren und seine Einschätzung betriebsöffentlich[62] zu kommunizieren, aber etwa auch unzuträgliche Arbeitsbedingungen bei ausländischen Tochterunternehmen oder bei Zulieferern anzuprangern.

Von alledem zu unterscheiden ist die einvernehmliche Beteiligung des Betriebsrats an nach außen gerichteten CSR-Strategien des Unternehmens, die von bloßen Beratungen hinsichtlich geplanter oder bereits durchgeführter Maßnahmen des Arbeitgebers über den Abschluss von Vereinbarungen bis hin zu einem regelrechten CSR-Audit bei Vertragspartnern reichen kann. Die gesetzliche Zuständigkeitsordnung steht einer solchen freiwilligen Befassung des Betriebsrats mit außerbetrieblichen CSR-Maßnahmen trotz ihrer zwingenden Wirkung nicht entgegen. Zum einen lässt eine derartige Verfahrensweise diese Ordnung als solche unberührt, was sich daran zeigt, dass der Betriebsrat hierdurch kein Recht erwirbt, auch bei künftigen externen CSR-Konzepten beteiligt zu werden. Zum anderen können die gesetzlichen Zuständigkeitsregelungen nicht als ein an den Arbeitgeber gerichtetes Verbot interpretiert werden, den Betriebsrat von sich aus in die Frage zu integrieren, auf welche Weise das Unternehmen seiner gesellschaftlichen Verantwortung in der externen Dimension am besten gerecht werden kann.[63] Insbesondere ist nicht ersichtlich, warum etwa die Freistellung eines Betriebsratsmitglieds zur Überwachung von sozialen Selbstverpflichtungen des Unternehmens bzw. eines internationalen (globalen) Rahmenabkommens eine verbotene und damit gegebenenfalls sogar strafbare Betriebsratsbegünstigung (§§ 78 S. 2, 119 Abs. 1 Nr. 3 BetrVG) sein soll.[64]

Mittlerweile liegen mehrere empirische Studien zur tatsächlichen Rolle von Betriebsräten im Zusammenhang mit CSR-Konzepten vor,[65] die sich teil-

---

[61] Großzügiger offenbar *Buschmann,* in: Däubler/Kittner/Klebe/Wedde, BetrVG (Fn. 24), § 80 Rn. 18 a.E.

[62] Dagegen nicht gegenüber der allgemeinen Öffentlichkeit, vgl. (am Beispiel von Stellungnahmen zur Preispolitik und zur Werbung) *Plander,* AuR 1993, 161, 169; *Wiese,* FS 50 Jahre BAG, 2014, S. 1125, 1146.

[63] A. A. *Rieble,* BB 2013, 245, 249.

[64] In diesem Sinne aber *Rieble,* BB 2013, 245, 249.

[65] Siehe *Beile/Feuchte/Homann* (Fn. 31); *Hauser-Ditz/Wilke,* Corporate Social Responsibility – Soziale und ökologische Verantwortung von Unternehmen, 2004; *Maschke/Zimmer,* CSR – Gesellschaftliche Verantwortung von Unternehmen, 2013; *Mutz/Egbringhoff,* Gesellschaftliche Verantwortung von Unternehmen. Die Rolle der Arbeitnehmervertretung, 2006;

weise ausdrücklich auch auf die externe Dimension der gesellschaftlichen Verantwortlichkeit beziehen[66]. Danach werden die Betriebsräte in international aufgestellten Großunternehmen regelmäßig frühzeitig in entsprechende Planungen des Managements eingebunden, während sie in der überwiegenden Anzahl der Betriebe (rund 2/3), in denen CSR-Programme eingeführt werden, nicht beteiligt werden, was teilweise an den Unternehmensleitungen, teilweise aber auch an der Zurückhaltung der Betriebsräte selbst liegt. Soweit sich die Betriebsräte mit CSR-relevanten Themen beschäftigen, setzen sie die Prioritäten regelmäßig anders als in der durch internationale Akteure, NGOs und Medien geprägten allgemeinen CSR-Diskussion. Daher gibt es bislang auch kaum Kontakte oder gar Allianzen zwischen betrieblichen Arbeitnehmervertretern und NGOs. So stehen inhaltlich etwa die Beschäftigungs- und Standortsicherung sowie die Bereitstellung von Ausbildungsplätzen im Vordergrund. Dagegen sind Fragen wie die Wahrung der ILO-Kernarbeitsnormen in der Zuliefererkette für die Betriebsräte offenbar von nachgeordneter Bedeutung. Dies korrespondiert mit den Erwartungshaltungen der Belegschaften, die von ihren Betriebsräten in erster Linie die Vertretung von Wählerinteressen und nicht die Verfolgung von Drittinteressen einfordern. Zudem erschweren der Charakter von CSR als Querschnittsmaterie sowie die damit verbundenen unterschiedlichen unternehmensinternen Zuständigkeiten, der teilweise hohe Abstraktionsgrad der Debatte sowie knappe Personalressourcen eine intensivere Befassung mit CSR-bezogenen Materien.[67] Bei alledem ist eine hohe allgemeine Mitbestimmungskultur im Betrieb für die Auseinandersetzung mit CSR-Themen förderlich, während umgekehrt in wirtschaftlichen Krisenzeiten eine stärkere Fokussierung auf die Verhältnisse im konkreten Betrieb stattfindet. Eine besondere Rolle spielt schon seit längerem der betriebliche Umweltschutz, wo vor allem die Implementierung der europäischen Umwelt-Audit-Verordnung und ihrer Novellierungen[68] in zahlreichen davon betroffenen Unternehmen offenbar zu erheblichen Anstrengungen geführt hat, den Anforderungen durch ein professionelles betriebliches Umweltmanagement im Zusammenwirken zwischen Unternehmensleitung und Betriebsrat zu genügen.[69]

Zimpelmann/Wassermann, Mitbestimmung und Nachhaltigkeit – Widerspruch oder Chance?, 2012.

[66] Zu konkreten Beispielen aus der Unternehmenspraxis siehe insbesondere *Beile/Feuchte/Homann* (Fn. 31), S. 38 ff. (Norsk Hydro), 80 f. (Beiersdorf), 115 ff. (Wilkhahn).

[67] Zur tatsächlichen Haltung von Betriebsräten siehe auch *Lauen*, in: Linne/Schwarz (Hrsg.), Handbuch Nachhaltige Entwicklung, 2003, S. 461 ff.

[68] Aktuell gilt die VO (EG) Nr. 1221/2009 über die freiwillige Teilnahme von Organisationen an einem Gemeinschaftssystem für Umweltmanagement und Umweltbetriebsprüfung (EMAS III).

[69] Zu Betriebsvereinbarungen auf dem Gebiet des Umweltschutzes bereits *Salje*, BB 1988, 73 ff.; *Teichert/Küppers*, WSI Mitteilungen 1990, 755 ff. Rechtliche Einzelheiten etwa bei *Wiese/Gutzeit*, in: GK-BetrVG (Fn. 24), § 89 Rn. 45 ff.

Alles in allem scheint CSR rechtstatsächlich am ehesten in transnationalen Großunternehmen mit professionell ausgebauten Mitbestimmungsstrukturen angekommen zu sein und durch Arbeitnehmervertreter aktiv begleitet und gefördert zu werden, während die Palette der angesprochenen Themen für die Betriebsräte kleinerer Unternehmen offensichtlich als zu breit und zu weit von den Bedürfnissen der repräsentierten Belegschaften entfernt empfunden wird.

3. Instrumente von CSR und Arbeitnehmerbeteiligung

Das zweite wesentliche Merkmal von CSR ist der immer wieder betonte Aspekt der Freiwilligkeit entsprechender Maßnahmen. CSR soll sich auf das freiwillige Engagement von Unternehmen in sozialer und ökologischer Hinsicht beziehen, das über ohnehin einzuhaltende gesetzliche oder vertragliche Pflichten hinausgeht („beyond compliance").[70] Damit wird einer der heikelsten Punkte gerade im Verhältnis zur Arbeitnehmerbeteiligung angesprochen, die in Deutschland traditionell gesetzlich geregelt ist und die durch eine Umverteilung von Einflussmöglichkeiten und Entscheidungsbefugnissen innerhalb des Unternehmens die organisationsinterne Allokation von Machtressourcen vornimmt. Hierbei erscheint es für die Zwecke der folgenden Überlegungen hilfreich, eine Unterscheidung zu treffen zwischen solchen Rechtspositionen, die den Arbeitnehmern unmittelbar ein bestimmtes Schutzniveau verschaffen, und solchen Rechtspositionen, die Handlungs- und Partizipationsrechte verbürgen, die der Arbeitnehmerseite also die rechtlich gesicherte Möglichkeit verschaffen sollen, in den jeweiligen „Arenen"[71] ihre Interessen effektiv zu artikulieren, ohne dass ein bestimmtes Ergebnis des jeweiligen Aushandlungsprozesses von vornherein feststeht.

Allerdings wird die an sich klare Gegenüberstellung von Freiwilligkeit und Verbindlichkeit zunächst dadurch etwas verwischt, dass die Europäische Kommission im Rahmen ihrer bereits erwähnten neuen Definition von CSR auch die Einhaltung der zwischen den Sozialpartnern bestehenden Tarifverträge ins Spiel bringt.[72] Tatsächlich stehen Tarifverträge ebenso wie Betriebsvereinbarungen außerhalb des Bereichs der zwingenden Mitbestimmung gleichsam zwischen Autonomie und Heteronomie, weil sie zwar rechtlich verbindliche Verhaltenspflichten erzeugen, ihr Abschluss aber auf einer „freiwilligen" Entscheidung der Arbeitgeberseite beruht, mag diese auch durch einen mehr

---

[70] So exemplarisch das Grünbuch der Kommission über die soziale Verantwortung der Unternehmen, KOM(2001) 366 endg., S. 3. Ebenso KOM(2006) 136 endg., S. 2. Den Einsatz von Unternehmensressourcen als Bezugspunkt der Freiwilligkeit hervorhebend *McWilliams/ Siegel,* 26 Academy of Management Review 117 ff. (2001).

[71] Zum plastischen Bild der „Arena" *Müller-Jentsch,* Soziologie der Industriellen Beziehungen, 2. Aufl., 1997, S. 80 f.

[72] KOM(2011) 681 endg., S. 7.

oder weniger starken wirtschaftlichen Druck der Arbeitnehmerseite befördert worden sein. Wichtiger aber noch ist, dass die Kommission in ihrer neuen Definition das traditionell zentrale Kriterium der Freiwilligkeit gar nicht mehr erwähnt, sondern gerade umgekehrt die Einhaltung der geltenden Rechtsvorschriften und Tarifverträge als Teil der gesellschaftlichen Verantwortung von Unternehmen begreift.[73] CSR mutiert damit zu einem Oberbegriff, der auch die Compliance umfasst. Eine solche Zuordnung ist nicht unproblematisch, weil sie dem Missverständnis Vorschub leisten kann, als stünde den Unternehmen die Einhaltung von Rechtsnormen oder zumindest von Kollektivverträgen etwa im Sinne der Theorie des effizienten Gesetzes- bzw. Vertragsbruchs[74] frei, sodass die Bereitschaft eines Unternehmens, sich an bestehende Normen und Kollektivverträge zu halten, keine selbstverständliche Pflicht, sondern bereits ein freiwilliges Zugeständnis an die umgebende Gesellschaft und damit Ausdruck einer als besonders positiv herauszustellenden sozialen Verantwortlichkeit sei.[75] Soweit durch ein derart weites Verständnis von CSR dagegen nur noch einmal unterstrichen werden soll, dass arbeitsrechtliche Pflichten nicht lediglich abstrakt gelten, sondern auch in der Arbeitswirklichkeit konkret handlungsleitend sein sollen, bestehen allerdings definitionsgemäß keine Friktionen zwischen CSR und Arbeitsrecht im Allgemeinen sowie den Zielen der Arbeitnehmerbeteiligung im Besonderen. Nicht umsonst haben die Gewerkschaften diesen Schwenk in der Ausrichtung von CSR ausdrücklich begrüßt.[76]

Zum Spannungsverhältnis zwischen CSR und Arbeitnehmerbeteiligung dringt man somit erst vor, wenn man diejenigen Aktivitäten von Unternehmen in den Blick nimmt, die über bestehende rechtliche Bindungen hinausgehen, im hier interessierenden Bereich also die Lage der abhängig Beschäftigten in einer über das gesetzliche bzw. kollektivvertragliche Schutzniveau hinausgehenden Weise „freiwillig" verbessern, wobei gerade das Handeln jenseits des bestehenden Rechtsrahmens bis in die jüngste Zeit als eigentlicher Kern von CSR angesehen wird[77]. Hierdurch gerät zunächst der bereits vorhandene Bestand an arbeitnehmerschützenden Regulierungen in den Blick, indem er gewissermaßen die „Nulllinie" bildet, die Unternehmen überschreiten müssen, damit entsprechende Maßnahmen das Label CSR verdienen. Aus dieser Perspektive erschließt sich, warum CSR im Hinblick auf die Belange von

---

[73] KOM(2011) 681 endg., S. 7.

[74] Dazu *Fleischer,* ZIP 2005, 141, 147; näher *Williams,* 76 N.C.L. Rev. 1265, 1280 ff. (1998): „Law-as-Limit" und „Law-as-Price".

[75] Kritisch zur Vermengung von gesetzlich vorgeschriebener Compliance und überobligationsmäßiger CSR am Beispiel der Bekämpfung von Korruption auch *Eufinger,* EuZW 2015, 424, 428.

[76] Stellungnahme des DGB zur CSR-Mitteilung der EU-Kommission vom 25.10.2011, 2012, S. 3.

[77] Vgl. *Eufinger,* EuZW 2015, 424, 425; *Nietsch,* NZG 2016, 1330.

Arbeitnehmern in US-amerikanischen Unternehmen traditionell eine größere Rolle spielt als in europäischen Unternehmen. So ist in der komparativen CSR-Forschung treffend herausgearbeitet worden, dass die „explizite CSR" eine Folge unterschiedlicher „national business systems" ist, wobei das US-amerikanische Modell durch eine geringere Neigung des Staates zur Intervention in die sozioökonomische Sphäre, eine stärkere Abhängigkeit der Unternehmen vom Finanzmarkt und einem daraus resultierenden Bedürfnis nach Transparenz der unternehmerischen Aktivitäten sowie einem größeren Vertrauen auf marktvermittelte Prozesse gekennzeichnet ist.[78] Zudem haben die tendenzielle Schwäche und ein geringerer gesellschaftspolitischer Gestaltungswille der US-amerikanischen Gewerkschaften zu einem niedrigeren Grad der Verrechtlichung der Arbeitsbeziehungen in den USA im Vergleich zu Europa beigetragen, sodass sich „explizite CSR" (auch) als Antwort des Managements auf einen vergleichsweise großzügigen Rechtsrahmen mit dem Ziel begreifen lässt, Legitimität und Akzeptanz herzustellen.[79] Bestätigt wird dieser Zusammenhang durch die Entwicklung im Vereinigten Königreich, in dem es zeitgleich mit der auf Zurückdrängung von Gewerkschaftsmacht gerichteten Politik der Thatcher-Ära zu einem Aufschwung von CSR gekommen ist.[80] Aus einer kritischen Perspektive wird CSR deshalb teilweise auch als Konzept qualifiziert, mit dem die sozialen Härten eines liberalen Wirtschaftsmodells kompensiert werden sollen.[81] Demgegenüber erbringen die Unternehmen vor allem in den kontinentaleuropäischen Staaten mit ihren insbesondere im Vergleich zu den USA deutlich weiter ausgebauten Arbeitsrechts- und Sozialsystemen aufgrund rechtlicher Vorgaben zahlreiche Leistungen an ihre Beschäftigten, die keiner ausdrücklichen CSR-Politik bedürfen und die man deshalb lediglich als „implizite CSR" bezeichnen kann.[82] So kann, um ein einfaches Beispiel zu nennen, die *Starbucks*-Kette in den USA die Übernahme von Krankenversicherungsbeiträgen für die Beschäftigten als eine CSR-Maßnahme kommunizieren, während es sich in Deutschland schlicht um eine gesetzliche Pflicht des Arbeitgebers handelt, für deren Erfüllung der Begriff CSR streng genommen fehl am Platze ist. Arbeitsrecht und beschäftigtenbezogene explizite CSR verhalten sich damit gleichsam wie kommunizierende Röhren: Je niedriger das gesetzliche Schutzniveau ist, desto mehr Spielraum bleibt dem Management für freiwillige Besserstellungen der Arbeitnehmer qua CSR und umgekehrt. Entsprechendes gilt für das kollektivvertraglich geregelte Schutzniveau.

---

[78] *Matten/Moon,* 33 Academy of Management Review 404, 407 ff. (2008).

[79] Zum Zusammenhang zwischen den Eigenheiten der US-amerikanischen Arbeitnehmerbewegung und dem Siegeszug von CSR anschaulich *Marens,* 10 Socio-Economic Review 59, 64 ff. (2012).

[80] *Kinderman,* 10 Socio-Economic Review 29 ff. (2012).

[81] Vgl. *Thannisch,* WSI Mitteilungen 2012, 206.

[82] *Matten/Moon,* 33 Academy of Management Review 404, 407 ff. (2008).

Vor diesem Hintergrund wird verständlich, warum die CSR-Bewegung in den Augen der deutschen Gewerkschaften trotz ihrer Tendenz, den Interessen der Arbeitnehmer entgegenzukommen, nicht nur positiv bewertet wird.[83] So führt die Freiwilligkeit als Modus von CSR-Konzepten zum einen dazu, dass die inhaltliche Definitionsmacht über die im Einzelnen wahrzunehmenden Arbeitnehmerbelange bei der Unternehmensseite liegt. Zwar gibt es mittlerweile eine Vielzahl von internationalen Dokumenten, die zentral oder zumindest auch Arbeits- und Sozialstandards enthalten wie etwa die Dreigliedrige Grundsatzerklärung der ILO,[84] die OECD-Leitsätze für multinationale Unternehmen[85] oder der UN Global Compact,[86] die als Referenzwerke zur Verfügung stehen[87] und inhaltliche Legitimität verheißen[88]. Dies ändert aber nichts an der Grundidee von CSR, dass die genauen Inhalte der jeweiligen Konzepte unilateral vom Unternehmen festgesetzt werden, indem das Management entweder eigene Leitlinien für eine sozial nachhaltige Unternehmenspolitik formuliert oder sich fremdgefertigte Standards zumindest aussucht, während die Gewerkschaften traditionell auf verbindliches Recht, mindestens aber auf bilaterale Vereinbarungen setzen. Zum anderen bedeutet Freiwilligkeit, dass die Beständigkeit der Wahrung von Arbeitnehmerbelangen letztlich vom Good Will des Unternehmens abhängt. Ebenso wie das Management sich in guten Zeiten zu Gunsten der Beschäftigten zu einem bestimmten Verhalten einseitig bekennen („verpflichten") kann, können diese Vergünstigungen in schlechten Zeiten wieder rückgängig gemacht werden. Zwar fehlt es nicht an Versuchen, auch einseitigen Erklärungen des Unternehmens zu Arbeits- und Sozialstandards etwa in einem Code of Conduct zumindest unter bestimmten Voraussetzungen eine verbindliche Wirkung zu verleihen und dadurch Soft Law „zu härten".[89] Soweit ersichtlich, haben diese Versuche einen umfassenden Test auf gerichtliche Anerkennung aber noch nicht erfolgreich durchlaufen.[90]

---

[83] Siehe hierzu die Nachweise in Fn. 22.

[84] Dreigliedrige Grundsatzerklärung über multinationale Unternehmen und Sozialpolitik von 1977 mit Änderungen von 2000, 2006 und 2017.

[85] OECD-Leitsätze für multinationale Unternehmen von 1976 mit Neufassungen von 2000 und 2011.

[86] UN Global Compact von 1999.

[87] Zu alledem etwa *Kaltenborn/Norpoth,* RIW 2014, 402, 403 ff.; *Vitols* (Fn. 9), S. 31 ff.

[88] *Kocher,* KJ 2010, 29, 35.

[89] Siehe nur *Zimmer,* Soziale Mindeststandards, 2008, S. 243 ff.; zum Wettbewerbsrecht ausführlich bereits *Kocher,* GRUR 2005, 647 ff.; zur internationalen Diskussion *Beckers,* Enforcing Corporate Social Responsibility Codes: On Global Self-Regulation and National Private Law, 2015; *dies.,* 24 Ind. J. Global Legal Stud. 15 ff. (2017); zurückhaltend unter Betonung der disziplinierenden Wirkung juristischer Dogmatik aber *Smits,* 24 Ind. J. Global Legal Stud. 99 ff. (2017). Zu den Risiken einer „over-legalization" eingehend *Kawakami,* 24 Ind. J. Global Legal Stud. 147, 161 ff. (2017).

[90] In der Auseinandersetzung um das Phänomen der Freiwilligkeit kommt letztlich der Grundsatzstreit um CSR als „Business Case" oder als „Moral Case" zum Ausdruck, dazu ein-

Sicherlich darf der Aspekt der Freiwilligkeit nicht dahin verstanden werden, als gäbe es für Unternehmen keine sozialen Anreiz- oder Druckmechanis-
men, die sie zum Aufstellen, zur Implementierung und zur Aufrechterhaltung
von arbeitnehmerbezogenen CSR-Konzepten bringen würden. Hierbei stehen
unternehmensintern die Steigerung der Mitarbeiterzufriedenheit[91] und unter-
nehmensextern Signalwirkungen an sozial verantwortungsbewusste Investoren, an Kunden sowie nicht zuletzt an Bewerber im Vordergrund. Hinzu kommt
die Rolle von CSR als Baustein eines Risikomanagements, um etwaigen Re-
putationsschäden vorzubeugen, die vor allem solchen Unternehmen drohen,
die ihre Produkte auf Verbrauchermärkten absetzen.[92] Dennoch insistieren die
Gewerkschaften darauf, dass es einen tief greifenden Unterschied zwischen
verbürgten Arbeitnehmerrechten sowie insbesondere Partizipationsrechten
auf der einen Seite und einer lediglich freiwilligen und daher grundsätzlich
rückholbaren Selbstverpflichtung der Arbeitgeberseite gibt, selbst wenn die
Summe aus verbindlichen Rechtspositionen der Beschäftigten und unverbindlichen CSR-Maßnahmen zu einem konkreten Zeitpunkt in zwei Unternehmen,
die unterschiedlichen Rechtsregimen unterfallen, faktisch identisch sein sollte.[93] CSR sei daher kein gleichwertiges Substitut für Schutz- und Verhand-
lungsrechte der Beschäftigten. Gleichzeitig bestehe aber die Gefahr, dass CSR
als Argument gegen die Weiterentwicklung gesetzlicher Schutz- und Beteiligungsrechte sowie gegen vertragliche Vereinbarungen auf der tariflichen und
betrieblichen Ebene in Stellung gebracht wird oder sogar für den Abbau be-
stehender Regulierungen instrumentalisiert werden könnte. Eine solche Entwicklung wird auch im Schrifttum thematisiert[94] und ist zudem von der Europäischen Kommission angesprochen worden, wenn sie in ihrer Mitteilung zur
sozialen Verantwortung von Unternehmen von 2006 ausdrücklich erklärt,
dass sie CSR nicht als Ersatz für politische Maßnahmen ansehe.[95]

---

gehend *Raith,* Mythos CSR, 2013, S. 84 ff.; gleichsinnig *Curbach,* Die Corporate-Social-
Responsibility-Bewegung, 2008, S. 154 ff.: Zweckrationalität versus Wertrationalität.
    [91] Zu positiven Effekten siehe *Schenkel-Nofz,* Zeitschrift für Wirtschafts- und Unter-
nehmensethik 16 (2015), 288, 301 ff.
    [92] Vgl. *Kocher,* KJ 2010, 29, 32 f. Allerdings sollte die Steuerungswirkung dieses Risi-
kos nicht überschätzt werden, wie das Beispiel von *Apple* zeigt, das wegen der Arbeitsbedingungen bei Zulieferern in China medial immer wieder heftig kritisiert wird, ohne dass
dies die Marktkapitalisierung beeinträchtigt; vgl. *Williams,* Corporate Social Responsibility and Corporate Governance, Osgoode Legal Studies Research Paper Series No. 32/2015,
S. 41 f., abrufbar unter <http://ssrn.com/abstract=2635473>. Zugleich Kapitel für: Gordon/
Ringe (Hrsg.), Oxford Handbook of Corporate Law and Governance (im Erscheinen).
    [93] Siehe dazu die Nachweise in Fn. 22.
    [94] *Curbach* (Fn. 90), S. 63.
    [95] KOM(2006) 136 endg., S. 4. Tendenziell anders aber der Ansatz im Verbraucher-
schutzrecht, vgl. Grünbuch zum Verbraucherschutz in der Europäischen Union, KOM(2001)
531 endg., S. 17: „entschiedenere Durchsetzung von Verpflichtungen im Wege der Selbst-

Die bisherige Entwicklung zeigt freilich, dass sich diese Befürchtungen für Deutschland nicht bewahrheitet haben. Auch wenn im Schrifttum einzelne Fälle diskutiert werden, in denen freiwillige Selbstverpflichtungen der Wirtschaft auf dem Gebiet der Arbeits- und Sozialpolitik gesetzgeberische Maßnahmen verhindert haben,[96] gibt es doch jedenfalls für den Bereich der gesetzlichen Ausgestaltung der unternehmerischen oder betrieblichen Mitbestimmung keine Anhaltspunkte dafür, dass sich die CSR-Bewegung in irgendeiner Weise negativ auf den Ausbau oder gar den Bestand der legislativen Rahmenbedingungen ausgewirkt hat. Dasselbe Bild gilt offenbar auch für die Verhältnisse auf der betrieblichen Ebene. Insoweit ist zunächst festzuhalten, dass CSR-Konzepte auf der Unternehmensebene etwaigen Mitbestimmungsrechten ohnehin nicht normativ wirksam entgegengesetzt werden können, wird doch selbst ein ausdrücklicher Verzicht des Betriebsrats auf die ihm nach dem BetrVG zustehenden Rechte einhellig als unwirksam angesehen.[97] Nun gibt es zwar eine Reihe von Angelegenheiten auf der betrieblichen Ebene, bei denen der Betriebsrat kein Mitbestimmungsrecht bzw. kein Initiativrecht hat, sondern er für die verbindliche Regulierung durch Betriebsvereinbarung auf ein freiwilliges Mitwirken des Arbeitgebers angewiesen ist. Insoweit könnte es daher durchaus dazu kommen, dass das Management ein von ihm entwickeltes CSR-Konzept argumentativ dazu nutzt, sich der Forderung des Betriebsrats nach Abschluss einer Betriebsvereinbarung zu verweigern, um die betreffende Angelegenheit in der aus Arbeitgebersicht beweglicheren Zone einer freiwilligen Selbstverpflichtung zu halten. Darüber hinaus ist im Einzelfall denkbar, dass selbst „harte" Beteiligungsrechte unter Berufung auf CSR in Frage gestellt werden, sodass der Betriebsrat hierdurch gegebenenfalls in eine prozessuale Angreiferrolle gedrängt wird. Die empirische Forschung liefert für diese Szenarien soweit ersichtlich indes keine Belege. Vielmehr scheint es so zu sein, dass die unmittelbar arbeitnehmerbezogenen Belange auf der betrieblichen Ebene trotz paralleler CSR-Strategien nach wie vor in die dafür vorgesehenen Kanäle gelenkt werden, also keine Aushöhlung des Instrumentenkastens zu konstatieren ist, den das BetrVG den Betriebsparteien für die Strukturierung der Arbeitsbeziehungen auf der betrieblichen Ebene zur Verfügung stellt.[98] Für die von den Gewerkschaften zuweilen erhoffte Schrittmacherfunktion von CSR-Konzepten, die dann über kurz oder lang in verbindliche Regelungen überführt werden, gibt es allerdings ebenfalls keine Anhaltspunkte.

---

regulierung wäre ein überzeugenderes Argument für einen weitgehenden Verzicht auf Rechtsetzung."

[96] *Kocher/Wenckebach,* KJ 2013, 18, 21 f., die u.a. auf den Nationalen Pakt für Ausbildung und Fachkräftenachwuchs verweisen.

[97] Siehe nur BAG NZA 2003, 1155, 1158; Fitting, BetrVG (Fn. 24), § 1 Rn. 245; *Joussen,* RdA 2005, 31, 36 ff.

[98] Vgl. *Hauser-Ditz/Wilke* (Fn. 65), S. 23.

III. CSR-Berichterstattung und Aufsichtsratsmitbestimmung

Mit der CSR-Richtlinie 2014/95/EU von 2014 und dem (etwas verspäteten) CSR-Richtlinie-Umsetzungsgesetz von 2017 hat die schon seit langem geforderte und zuletzt von der Europäischen Kommission[99] sowie dem Europäischen Parlament[100] im Einklang mit internationalen Bestrebungen[101] immer stärker forcierte Stärkung der nichtfinanziellen Berichterstattung von Unternehmen ihren vorläufigen Abschluss gefunden.[102] Dabei besteht die Grundidee eines verpflichtenden Reporting über soziale und ökologische Auswirkungen der Geschäftstätigkeit in einer indirekten Verhaltenssteuerung („Nudge-Gesetzgebung")[103]. Unternehmen sollen mittels eines Erläuterungs- und Rechtfertigungszwangs dazu angehalten werden, sich über die negativen Auswirkungen ihrer geschäftlichen Aktivitäten jenseits der Verletzung von Rechten möglichst umfassende Kenntnis zu verschaffen und diese Informationen für Stakeholder sowie die Öffentlichkeit transparent zu machen, damit hierdurch organisationsintern Strategien angestoßen werden, um diesen Auswirkungen entgegenzutreten.[104]

Die Neuregelung betrifft kapitalmarktorientierte Unternehmen sowie Kreditinstitute und Versicherungsunternehmen ohne Rücksicht auf eine Kapitalmarktorientierung, sofern bestimmte Größenkriterien (Bilanzsumme und/oder Umsatzerlöse) erfüllt sind und durchschnittlich mehr als 500 Arbeitnehmer beschäftigt werden.[105] Anders als bei den Regelungen über die Geschlechter- bzw. Frauenquote (§§ 76 Abs. 4, 96 Abs. 2 und 3, 104 Abs. 5, 111 Abs. 5 AktG) hat der Gesetzgeber dieses Mal nicht ausdrücklich an das Vorliegen eines mitbestimmungsrechtlichen Tatbestands angeknüpft. Mit der auf Art. 19a Abs. 1 Unterabs. 1 RL 2013/34/EU i.d.F. der RL 2014/95/EU zurückgehenden Zahl von mehr als 500 Mitarbeitern wird der Sache nach aber der Schwellenwert des § 1 DrittelbG aufgegriffen. Angesichts des Durchsetzungsdefizits gerade beim DrittelbG[106] ist hierdurch freilich noch nicht verbürgt, dass alle Unternehmen, die der Pflicht zur nichtfinanziellen Berichterstattung unterfallen, in jedem Fall auch einen mitbestimmten Aufsichtsrat haben. In rechtstatsäch-

[99] KOM(2011) 206 endg., S. 17; KOM(2011) 681 endg., S. 14 f.
[100] Entschließung vom 6.2.2013, P7_TA(2013)0049.
[101] UN-Leitprinzipien für Wirtschaft und Menschenrechte, 2011, Nr. 3 (d).
[102] Zur Vorgeschichte und den Auseinandersetzungen auf der europäischen Ebene eingehend *Kinderman*, WSI Mitteilungen 2015, 613 ff.
[103] So *Seibt*, DB 2016, 2707. Siehe auch BT-Drucks. 18/9982, S. 26.
[104] *Spießhofer*, NZG 2014, 1281, 1282.
[105] Zu Einzelheiten einschließlich der Sonderregeln für Konzerne etwa *Bürkle*, VersR 2017, 717 ff. (mit Schwerpunkt auf dem Versicherungssektor); *Kajüter*, DB 2017, 617 ff.; *Mock*, ZIP 2017, 1195 ff.; ferner (noch zum Regierungsentwurf) *Kreipl/Müller*, DB 2016, 2425 ff.; *Nietsch*, EuZW 2016, 1330 ff.; *Seibt*, DB 2016, 2707 ff.
[106] Dazu ausführlich *Bayer/Hoffmann*, GmbHR 2015, 909 ff.

licher Hinsicht geht die Gesetzesbegründung davon aus, dass von der Pflicht zur nichtfinanziellen Erklärung in Deutschland 548 Unternehmen erfasst werden.[107] Die nicht zuletzt von den Gewerkschaften heftig kritisierte Nichteinbeziehung von nicht kapitalmarktorientierten Unternehmen (außerhalb der Kredit- und Versicherungsbranche), die aufgrund der weiten Befugnis der Mitgliedstaaten zur Bestimmung des Kreises der Unternehmen von öffentlichem Interesse gemäß Art. 2 Nr. 1 Buchst. d RL 2013/34/EU europarechtlich freigestellt war,[108] lässt zahlreiche vor allem mittelständische Unternehmen aus dem Anwendungsbereich der obligatorischen CSR-Berichterstattung fallen, die sich durch Mitbestimmungsvermeidungsstrategien hervorgetan haben und bei denen die Gewerkschaften gerne eine größere Transparenz gesehen hätten.[109]

Im Folgenden soll die nichtfinanzielle Berichterstattung allerdings nicht in ihrer ganzen Breite aufgerollt werden. Vielmehr soll der Blick gezielt auf diejenigen Aspekte und Veränderungen gelenkt werden, die für das Arbeitsrecht und die Arbeitnehmerbeteiligung aus dieser Reform erwachsen. Insoweit empfiehlt es sich, zwischen der Arbeitnehmerbeteiligung als Objekt und der Arbeitnehmerbeteiligung als Subjekt der Berichterstattung zu unterscheiden.

Die Arbeitnehmerbeteiligung als Objekt der Berichterstattung wird bereits auf der Ebene der CSR-Richtlinie angesprochen. Sie wird zwar nicht in Art. 19a Abs. 1 Unterabs. 1 RL 2013/34/EU i.d.F. der RL 2014/95/EU erwähnt, der lediglich allgemein von Arbeitnehmerbelangen spricht. In Erwägungsgrund 7 RL 2014/95/EU ist in Bezug auf diese Belange aber nicht nur pauschal von Arbeitsbedingungen die Rede, sondern neben anderen Komponenten ausdrücklich auch von partizipationsrelevanten Themen, nämlich vom sozialen Dialog sowie von der Achtung des Rechts der Arbeitnehmer, informiert und konsultiert zu werden. Ersteres nimmt zumindest vorrangig Bezug auf Verhandlungen zwischen der Unternehmensseite und den jeweils zuständigen Gewerkschaften, während letzteres auf das im europäischen Arbeitsrecht an zahlreichen Stellen[110] für bestimmte Situationen geregelte Recht der Arbeitnehmer auf Information und Konsultation anspielt. Die Berichterstattung soll also offenkundig nicht nur Fragen wie die Sicherheit und Gesundheit am Arbeitsplatz oder die Gleichstellung der Geschlechter im Unternehmen betreffen, sondern gezielt auch solche Rechte zum Gegenstand haben, die den Arbeitnehmern die Möglichkeit verleihen, ihre Interessen gegenüber der Arbeitgeberseite zum Ausdruck zu bringen.

---

[107] BT-Drucks. 18/9982, S. 34 f. Etwas geringere Zahl (536) bei *Bayer/Hoffmann*, MBF-Report Nr. 27, 11.2016, S. 5.

[108] Für eine Pflicht zur Offenlegung von nichtfinanziellen Informationen auch im Hinblick auf nichtbörsennotierte Unternehmen bereits die Fraktion BÜNDNIS 90/DIE GRÜNEN, BT-Drucks. 18/2764, S. 2.

[109] Einzelheiten bei *Bayer/Hoffmann*, MBF-Report Nr. 27, 11.2016, S. 6 f.

[110] Z.B. Art. 11 RL 89/391/EWG, Art. 2 RL 98/59/EG, Art. 7 RL 2001/23/EG; Art. 1 ff. RL 2002/14/EG, Art. 1 ff. RL 2009/38/EG.

Der deutsche Gesetzgeber hat diesen Ball aufgegriffen und in § 289c Abs. 2 Nr. 2 AktG nicht nur die für das deutsche Betriebsverfassungsrecht eher ungewöhnliche Wendung vom Recht der Arbeitnehmerinnen und Arbeitnehmer informiert und konsultiert zu werden benutzt, sondern in den Materialien außerdem das Recht gegebenenfalls mitbestimmen zu können als Gegenstand der Berichterstattung hervorgehoben.[111] Weiter sollen gemäß § 289c Abs. 3 Nr. 3 AktG die wesentlichen Risiken der eigenen Geschäftstätigkeit geschildert werden, soweit diese sehr wahrscheinlich schwerwiegende negative Auswirkungen auf die in Absatz 2 genannten Aspekte, also einschließlich der Arbeitnehmerbeteiligung haben.[112] Darüber hinaus hat das Unternehmen nach § 289c Abs. 3 Nr. 1 und 2 AktG die Konzepte auszuweisen, mit denen diesen Risiken begegnet werden soll, oder aber das Fehlen solcher Konzepte gemäß § 289c Abs. 4 AktG zu begründen („comply or explain"). Hiermit ist allerdings noch nicht gesagt, wie tief gestaffelt die nichtfinanzielle Erklärung an diesem Punkt auszufallen hat. Die von der Europäischen Kommission in Ausfüllung von Art. 2 RL 2014/95/EU im Juni 2017 veröffentlichten Leitlinien für die Berichterstattung über nichtfinanzielle Informationen sind insoweit wenig konkret und lassen es bei Informationen über Verfahren zur Anhörung und/oder Mitwirkung der Arbeitnehmer bewenden.[113] Weiter lassen sich auch dem Entwurf des DRÄS 8 zur Änderung des DRS 20 „Konzernlagebericht" des Deutschen Rechnungslegung Standard Committee[114] insoweit keine präzisen Vorgaben entnehmen. Etwas mehr Substanz enthalten dagegen die Standards der Global Reporting Initiative.[115] So betrifft Standard 402-1 GRI die Frage, ob und welche Mindestmitteilungsfrist für erhebliche betriebliche Veränderungen gilt, weil dies, so die Erläuterung, Aufschluss über die Fähigkeit einer Organisation gebe, die Zufriedenheit und Motivation ihrer Arbeitnehmer während der Umsetzung dieser Veränderungen aufrechtzuerhalten. Eine stichprobenartige Betrachtung der Nachhaltigkeitsberichte großer deutscher DAX-Konzerne ergibt folgendes Bild: *Siemens* weist auf die allgemeine Anerkennung von Arbeitnehmerrechten sowie internationale Absprachen mit der Arbeitnehmerseite hin, *Daimler* nennt das Betriebsverfassungsgesetz, die unternehmerische Mitbestimmung und liefert ebenfalls einen kurzen Hinweis auf die internationale Ebene, *Volkswagen* nennt immerhin konkrete Beispiele der frühzeitigen Beteiligung der Arbeitnehmervertreter und gibt zudem nähere Informationen zu den internationalen Gremien. Die Nachhaltigkeitsberichte

---

[111] BT-Drucks. 18/9982, S. 48.

[112] Die europarechtlichen Vorgaben sprechen allerdings nur von „wahrscheinlich negativen Auswirkungen", was auf eine niedrigere Eingriffsschwelle hindeutet, vgl. Art. 19a Abs. 1 Unterabs. 1 Buchst. d RL 2013/34/EU i.d.F. der RL 2014/95/EU.

[113] C(2017) 4234 final, S. 28 f. = ABl. EU 2017 Nr. C 215/1, 16.

[114] Abrufbar unter <https://www.drsc.de/verlautbarungen/e-draes-8-aenderung-des-drs-20-konzernlagebericht/>.

[115] Abrufbar unter <https://www.globalreporting.org/standards>.

enthalten also nur in Einzelfällen einen Neuigkeitswert.[116] Eine detailliertere Auflistung aller möglichen partizipationsrelevanten Aspekte, die in einem Weltkonzern im Laufe eines Jahres auftreten, wird man freilich sinnvollerweise nicht verlangen können.

Die Arbeitnehmerbeteiligung als Subjekt der Berichterstattung betrifft die Zuständigkeiten des mitbestimmten Aufsichtsrats sowie die Organaufgaben der Arbeitnehmervertreter im Aufsichtsrat, die sich angesichts des Grundsatzes der gleichen Rechtsstellung aller Aufsichtsratsmitglieder[117] allerdings nicht von den Rechten und Pflichten der Anteilseignervertreter unterscheiden. Im Zentrum steht daher die Pflicht, die vom Vorstand aufgestellte finanzielle Erklärung als integrierten Teil des nach § 170 Abs. 1 S. 1 AktG vorzulegenden Lageberichts (§ 289b Abs. 1 HGB) bzw. den nach § 170 Abs. 1 S. 3 AktG vorzulegenden gesonderten nichtfinanziellen Bericht (§ 289b Abs. 3 HGB) gemäß § 171 Abs. 1 S. 1 bzw. S. 4 AktG in ihrer ganzen Breite zu prüfen und anschließend gemäß § 171 Abs. 2 AktG an die Hauptversammlung zu berichten. Dabei nimmt ein Teil des Schrifttums an, dass für die CSR-Berichterstattung ein weniger strenger Maßstab als für die Finanzberichterstattung gilt, der Aufsichtsrat also nicht zu einer umfassenden Prüfung auf Rechtmäßigkeit und unternehmerische Zweckmäßigkeit verpflichtet sei, sondern sich grundsätzlich mit einer Plausibilitätskontrolle begnügen könne.[118] Zur Begründung wird vor allem darauf verwiesen, dass für die nichtfinanzielle Berichterstattung nach § 317 Abs. 2 S. 4 bis 6 HGB unstreitig keine inhaltliche Prüfung durch den Abschlussprüfer vorgeschrieben ist[119]. Der Gesetzgeber hat die im Vorfeld erhobene Forderung nach einer dahingehenden eindeutigen Regelung dieser Frage[120] zwar nicht aufgegriffen. In den Materialien wird dem Aufsichtsrat aber ausdrücklich ein Ermessen im Hinblick darauf eingeräumt, was genau und wie intensiv er prüft.[121] Davon abgesehen gilt für Anteilseignervertreter und Arbeitnehmervertreter in jedem Fall ein einheitlicher und kein unterschiedlicher Prüfungsmaßstab. Im Einzelnen sind die Aufsichtsratsmitglieder auch auf der Grundlage einer regelmäßig ausreichenden Plausibilitätskontrolle gehalten, Unregelmäßigkeiten und Unstimmigkeiten im Nachhaltigkeits-

---

[116] Zu weiteren Beispielen *Beile/Kratz/Pohlmann/Vitols,* Nachhaltigkeitsberichte im Vergleich, 2014, S. 127 ff.

[117] Statt aller *Schubert,* in: Wißmann/Kleinsorge/Schubert (Fn. 25), § 25 MitbestG Rn. 230, *Ulmer/Habersack,* in: Ulmer/Habersack/Henssler (Fn. 25), § 25 MitbestG Rn. 11, 76, jeweils m.w.N.

[118] *Hennrichs/Pöschke,* NZG 2017, 121, 123 ff.; grds. zustimmend *Bürkle,* VersR 2017, 717, 725; unentschieden *Lanfermann,* BB 2017, 747, 749.

[119] Dazu auch BT-Drucks. 18/9982, S. 58.

[120] Vgl. *Arbeitskreis Bilanzrecht Hochschullehrer Rechtswissenschaft,* NZG 2016, 1337 ff.

[121] BT-Drucks. 18/11450, S. 47.

bericht nachzugehen,[122] wobei insoweit vor allem die sonstigen Kenntnisse der unternehmensangehörigen Arbeitnehmervertreter einschließlich des leitenden Angestellten bei paritätisch mitbestimmten Unternehmen eine erhebliche Rolle spielen können. Dies betrifft selbstverständlich nicht nur Risiken im Hinblick auf Arbeitnehmerbelange, sondern erstreckt sich auch auf die Achtung der Menschenrechte sowie auf Umweltbelange. Da die unternehmensangehörigen Arbeitnehmervertreter regelmäßig in einem signifikant höheren Maße als die außenstehenden Anteilseignervertreter über organisationsinterne Informationen verfügen, können sie als „Garanten der Nachhaltigkeit"[123] einen wichtigen Beitrag dazu leisten, die ansonsten weithin bestehende Informationsasymmetrie zwischen Vorstand und Aufsichtsrat über die Vorgänge im Unternehmen nicht zuletzt im Interesse eines effektiven Risikomanagements auch und gerade im Hinblick auf soziale und ökologische Aspekte abzubauen. Zudem hat der Aufsichtsrat gemäß dem erst während des Gesetzgebungsverfahrens eingefügten § 111 Abs. 2 S. 4 AktG[124] das Recht, eine externe inhaltliche Überprüfung der CSR-Berichterstattung freiwillig in Auftrag zu geben, wobei diese Befugnis aber nur dem Gesamtgremium, nicht jedoch einzelnen Aufsichtsratsmitgliedern zusteht.[125] Darüber hinaus können sich die Arbeitnehmervertreter in diesem Zusammenhang auf die allgemeinen organschaftlichen Einzelrechte stützen wie insbesondere das Recht auf einen zusätzlichen Bericht des Vorstands an den Aufsichtsrat gemäß § 90 Abs. 3 S. 2 AktG. Dagegen ist der Aufsichtsrat nicht befugt, eigene CSR-Konzepte durchzusetzen, weil ihm nach § 111 Abs. 4 S. 1 AktG keine Maßnahmen der Geschäftsführung übertragen werden dürfen. Denkbar ist insoweit lediglich, die Umsetzung eines solchen Konzepts gemäß § 111 Abs. 4 S. 1 AktG an einen Zustimmungsvorbehalt zu knüpfen.[126] Im Übrigen bleibt es den Arbeitnehmervertretern im Aufsichtsrat unbenommen, eigene Vorstellungen zur gesellschaftlichen Verantwortung zu entwickeln und hierfür argumentativ zu werben.[127] Die CSR-Idee kann sich somit als Quelle für Anregungen erweisen, die aus Kreisen der Arbeitnehmervertreter an die Unternehmensleitung herangetragen werden.[128]

---

[122] Für eine aktivere Rolle des Aufsichtsrats im Hinblick auf CSR generell bereits *Ruter/Sahr,* Der Aufsichtsrat 4/2007, S. 54 f.
[123] So *Thannisch,* AuR 2017, 480, 481.
[124] Siehe BT-Drucks. 18/11450, S. 34, 47.
[125] Vgl. Hüffer/*Koch,* AktG, 12. Aufl., 2016, § 111 AktG Rn. 20.
[126] *Sommer,* RdA 2016, 291, 293.
[127] Zu einem praktischen Beispiel (Ausweitung der betrieblichen Aus- und Weiterbildung während der Wirtschaftskrise) *Feuchte,* in: Ulshöfer/Feuchte (Hrsg.), Finanzmarktakteure und Corporate Social Responsibility, 2011, S. 85, 94.
[128] In diesem Sinne auch *Feuchte* (Fn. 127), S. 85, 90 ff.

IV. CSR-Berichterstattung und betriebliche Mitbestimmung

Soweit es um die betriebliche Mitbestimmung geht, ist es weder infolge der CSR-Richtlinie noch durch das deutsche Umsetzungsrecht zu legislativen Veränderungen gekommen. Insbesondere hat der deutsche Gesetzgeber keinen zusätzlichen Beteiligungstatbestand geschaffen, der sich auf die nichtfinanzielle Berichterstattung bezieht. Auch hat es im Vorfeld der Umsetzung soweit ersichtlich keinen Vorstoß gegeben, die durch Erwägungsgrund 10 RL 2014/95/EU angesprochene Idee eines „private enforcement" durch nicht notwendigerweise finanziell interessierte Stakeholder aufzugreifen und den Betriebsrat in die Durchsetzung der CSR-Berichterstattung einzubinden,[129] wie es etwa im Rahmen des Antidiskriminierungsrechts durch § 17 Abs. 2 AGG[130] geschehen ist. Hinsichtlich der Erstellung der nichtfinanziellen Erklärung als solcher sowie der Konzepte, mit deren Hilfe den identifizierten Problemfeldern Rechnung getragen werden soll, bleibt es daher bei dem vorhandenen betriebsverfassungsrechtlichen Instrumentarium. Damit gerät zunächst der allgemeine Informationsanspruch des Betriebsrats gemäß § 80 Abs. 2 BetrVG in den Blick. Nach dieser Vorschrift ist der Betriebsrat zur Durchführung seiner Aufgaben nach dem BetrVG rechtzeitig und umfassend vom Arbeitgeber zu unterrichten. Das Gesetz fordert für das Informationsrecht somit einen Aufgabenbezug, wobei diese Voraussetzung von der Rechtsprechung aber großzügig interpretiert wird. So besteht eine Unterrichtungspflicht des Arbeitgebers nicht erst dann, wenn feststeht, dass ein Beteiligungsrecht oder eine sonstige Aufgabe des Betriebsrats betroffen ist. Vielmehr dient der Informationsanspruch auch dazu, dem Betriebsrat eine eigenverantwortliche Prüfung der Frage zu ermöglichen, ob ein Tätigwerden angezeigt ist. Dagegen endet die Auskunftspflicht, wenn ein Beteiligungsrecht oder eine sonstige betriebsverfassungsrechtliche Aufgabe offensichtlich nicht berührt ist.[131]

Vor diesem Hintergrund muss zwischen der Berichterstattung als solcher, den in dem Bericht beschriebenen Zuständen und den zur Veränderung dieser Zustände entwickelten Konzepten unterschieden werden. Soweit es um die bloße Formulierung der nichtfinanziellen Erklärung geht, ist ein Beteiligungsrecht des Betriebsrats nicht ersichtlich. Insoweit besteht daher keine Pflicht des Arbeitgebers, den Betriebsrat, Gesamtbetriebsrat oder Konzernbetriebsrat bereits an der Aufstellung des Nachhaltigkeitsberichts zu beteiligen oder ihn gar nur einvernehmlich abzufassen. Gegen eine freiwillige Einbeziehung des

---

[129] Gegen jedes zusätzliche Klagerecht *Seibt,* DB 2016, 2707, 2715; etwas offener *Spießhofer,* NZG 2014, 1281, 1283 (allerdings jeweils ohne ein Eingehen auf betriebliche Arbeitnehmervertreter).

[130] Hierzu BAG NZA 2010, 222, 224 ff.

[131] Näher hierzu etwa BAG NZA 2007, 99, 100 f.; NZA 2011, 811, 812; NZA 2014, 269, 270; Fitting, BetrVG (Fn. 24), § 80 Rn. 51.

Betriebsrats bestehen im Anschluss an die obigen Ausführungen[132] dagegen
wiederum keine Bedenken.[133] Möglich wären sogar Formulierungshilfen sei-
tens des Betriebsrats etwa über spezifische arbeitnehmerrelevante Aspekte,
was an der Verantwortung der Gesellschaftsorgane für die Erfüllung der Pub-
lizitätspflichten aber nichts ändert. Weiter wird man die Unternehmensleitung
entsprechend den Grundsätzen über die Vorlage des Jahresabschlusses (§ 106
Abs. 2 und 3 Nr. 1 BetrVG)[134] als verpflichtet anzusehen haben, dem Wirt-
schaftsausschuss auch den nichtfinanziellen Bericht vorzulegen und unter
Beteiligung des Betriebsrats zu erläutern (§ 108 Abs. 5 BetrVG).[135]

Anders verhält es sich im Hinblick auf die im Bericht beschriebenen Sachverhalte. Soweit diese einen Bezug zu den Aufgaben des Betriebsrats aufweisen, wie beispielsweise eine besondere Häufung von Arbeitsunfällen, hat
der zuständige Betriebsrat einen entsprechenden Auskunftsanspruch nach
§ 80 Abs. 2 BetrVG. Allerdings wird der Betriebsrat über die im CSR-Bericht
regelmäßig nur kurz angerissenen Umstände, die zudem zeitlich meist länger
zurückliegen, regelmäßig ohnehin schon im Bilde sein. Soweit es schließlich
um die im Nachhaltigkeitsbericht zu erläuternden Konzepte im Sinne der
auf dem Gebiet von CSR zu erreichenden Ziele und der dazu geplanten
Maßnahmen[136] geht, hat der Betriebsrat wiederum zwar kein allgemeines Recht
darauf, an der Entwicklung dieser arbeitgeberseitigen Konzepte etwa im
Hinblick auf die Zusammenarbeit mit lokalen Gemeinschaften beteiligt zu
werden.[137] Sobald durch das Konzept aber Zuständigkeiten des Betriebsrats
berührt werden bzw. berührt werden können, entsteht aber mindestens eine
Unterrichtungspflicht des Arbeitgebers über seine Planungen.[138] Darüber hinaus können spezifische Mitbestimmungsrechte betroffen sein, wenn etwa die
Bekämpfung von Korruption und Bestechung nicht lediglich durch mit-
bestimmungsfreie Selbstverpflichtungen des Unternehmens, sondern in der
Weise effektiviert werden soll, dass durch Ethik-Richtlinien bereits bestimmte risikobehaftete Verhaltensweisen der Arbeitnehmer im Vorfeld eines
Gesetzesverstoßes reguliert werden und deshalb § 87 Abs. 1 Nr. 1 BetrVG
betroffen ist.[139] Soweit es auf dem Gebiet von CSR um Angelegenheiten der

---

[132] Siehe oben II.2.

[133] Vgl. dazu auch *Wiese*, FS 50 Jahre BAG, 2014, S. 1125, 1146 (Heranziehung des
Betriebsrats bei öffentlichen Erklärungen des Unternehmens mit dessen Zustimmung zu-
lässig). Praktische Beispiele (Vorworte zu den Nachhaltigkeitsberichten) bei *Beile/Kratz/
Pohlmann/Vitols* (Fn. 116), S. 128 f.

[134] BAG NZA 1990, 150, 155; Fitting, BetrVG (Fn. 24), § 106 Rn. 37.

[135] Zum umstrittenen Zeitpunkt der Erläuterung *Oetker*, in: GK-BetrVG (Fn. 24), § 108
Rn. 71 m.w.N.

[136] Vgl. BT-Drucks. 18/9982, S. 49.

[137] In diesem Sinne auch *Maschmann*, in: Richardi, BetrVG (16. Aufl.) (Fn. 26), § 75
Rn. 5; *Sommer*, RdA 2016, 291, 293.

[138] *Maschmann*, in: Richardi, BetrVG (16. Aufl.) (Fn. 26), § 75 Rn. 5.

erzwingbaren Mitbestimmung geht, kann der Betriebsrat aufgrund seines Initiativrechts[140] sogar von sich aus über die Einigungsstelle eine verbindliche Regelung herbeiführen, sodass er partiell über eine größere Durchsetzungsmacht als die Arbeitnehmervertreter eines mitbestimmten Aufsichtsrats verfügt. Zudem spricht nichts dagegen, dass der Arbeitgeber den Betriebsrat bei der Erstellung der Konzepte in einem weiteren Umfang konsultiert, um sich beispielsweise dessen Einschätzung über die lokalen Gegebenheiten zunutze zu machen. Im Übrigen kann der Betriebsrat im Rahmen seiner gesetzlichen Zuständigkeiten im Rahmen der Erforderlichkeit und Verhältnismäßigkeit auch von sich aus eigene Konzepte erarbeiten und dem Arbeitgeber etwa als Entwurf für eine Betriebsvereinbarung vorlegen.[141] In bestimmten CSR-relevanten Themenfeldern wie der Förderung der Geschlechtergleichstellung und der Vereinbarkeit von Familie und Erwerbstätigkeit hat der Gesetzgeber dem Betriebsrat nach § 92 Abs. 3 BetrVG sogar ausdrücklich die Befugnis eingeräumt, hierzu Vorschläge zu erarbeiten und dem Arbeitgeber Maßnahmen zu ihrer konkreten Durchführung zu unterbreiten. Zwar kann der Betriebsrat die Umsetzung solcher Vorschläge nicht erzwingen.[142] Der Arbeitgeber ist aber immerhin verpflichtet, die Vorstellungen des Betriebsrats gewissenhaft zu prüfen.[143] Alles in allem kann der CSR-Gedanke somit auch auf der betrieblichen Ebene Impulse für entsprechende Aktivitäten des Betriebsrats auslösen, die er etwa in die monatlichen Besprechungen mit dem Arbeitgeber gemäß § 74 Abs. 1 S. 1 BetrVG einbringen oder in Anträge an den Arbeitgeber im Sinne von § 80 Abs. 1 Nr. 2 BetrVG kleiden kann.

V. Ergebnisse

CSR ist im historischen Ausgangspunkt wie auch in der gegenwärtigen Ausprägung ein managementgetriebener Prozess der freiwilligen Übernahme gesellschaftlicher Verantwortung und damit auch der freiwilligen Übernahme von sozialer Verantwortung gegenüber der Belegschaft, der sich von der Grundidee gesetzlicher Beteiligungsrechte als Instrument zur Einschränkung von Arbeitgebermacht bereits im Ansatz unterscheidet. In ausgereiften Mitbestimmungskulturen können CSR-Konzepte aber auch ohne eine Gesetzes-

---

[139] Zur Reichweite der Mitbestimmung bei Ethik-Richtlinien siehe BAG NZA 2008, 1248, 1252 ff.; Fitting, BetrVG (Fn. 24), § 87 Rn. 71; ausführlich *Leitner*, Ethik-Richtlinien im Arbeitsverhältnis, 2016, S. 177 ff.

[140] Dazu statt aller Fitting, BetrVG (Fn. 24), § 87 Rn. 583 ff.; *Richardi*, in: ders., BetrVG (16. Aufl.) (Fn. 26), § 87 Rn. 65 ff.; *Wiese*, in: GK-BetrVG (Fn. 24), § 87 Rn. 135 ff.

[141] Ebenso *Sommer*, RdA 2016, 291, 293 ff.

[142] Fitting, BetrVG (Fn. 24), § 92 Rn. 44.

[143] *Homburg*, in: Däubler/Kittner/Klebe/Wedde, BetrVG (Fn. 24), § 92 Rn. 47.

änderung vergleichsweise bruchlos integriert werden, ohne dass die prinzipielle Freiwilligkeit von CSR die Mitbestimmung unterläuft.

Im Einzelnen hat sich der mitbestimmte Aufsichtsrat im Rahmen seiner Überwachungsaufgabe mit der gesamten Breite der CSR-Aktivitäten der Unternehmensführung auseinanderzusetzen. Hinzu treten die speziellen Kompetenzen bei der Prüfung der nunmehr erforderlichen CSR-Berichterstattung. Die gesetzlichen Zuständigkeiten des Betriebsrats für CSR-relevante Materien reichen dagegen weniger weit und ergeben sich aus dem Aufgabenkatalog des BetrVG, wobei die Befassung mit außerbetrieblichen Auswirkungen innerbetrieblicher Aktivitäten aber jedenfalls dann noch von der Kompetenz des Betriebsrats gedeckt wird, wenn sie Rückwirkungen auf den Betrieb oder die Belegschaft haben. In die CSR-Berichterstattung als solche ist der Betriebsrat kraft Gesetzes nicht involviert. Das Unternehmen kann den Betriebsrat aber freiwillig in sonstige soziale oder ökologische Nachhaltigkeitsthemen wie auch in die darauf bezogene Berichterstattung mit dessen Zustimmung einbinden. Eine Beteiligung der Arbeitnehmerseite bei bestimmten Themen ist auch ratsam, um die Legitimität der Konzepte sowie die Effektivität ihrer Implementierung zu erhöhen, indem die betrieblichen Gegebenheiten sowie nicht zuletzt auch die Einstellungen der Belegschaft von vornherein mitberücksichtigt werden, sodass die spätere Umsetzung der geplanten Maßnahmen möglichst reibungsfrei verläuft. Darüber hinaus kann die CSR-Idee Fragen aufwerfen, die von den Mitbestimmungsträgern auf der Unternehmensebene und der betrieblichen Ebene jedenfalls argumentativ auch proaktiv angegangen werden können. Kurz: CSR und Arbeitnehmerbeteiligung entstammen unterschiedlichen Welten, können aber zusammenfinden.

Diskussion

zum Referat von *Rüdiger Krause*

Elke Heinrich / Ben Fuhrmann

Die von *Matthias Habersack* geleitete Diskussion zum Referat von *Rüdiger Krause* drehte sich zunächst um Fragen der Abgrenzung bzw. einer möglichen Ergänzung von CSR und Arbeitnehmerschutz bzw. Mitbestimmung (I.). Daran anknüpfend wurde thematisiert, ob CSR die Arbeitnehmermitbestimmung substituieren könnte (II.). Angesprochen wurden auch die genuin eigenen Interessenlagen der Arbeitnehmer (III.), bevor abschließend über den CSR-Bericht unter dem Gesichtspunkt eines möglichen Zustimmungserfordernisses des Aufsichtsrates diskutiert wurde (IV.).

I.

Eröffnet wurde die Diskussion von einer österreichischen Teilnehmerin, die darauf hinwies, dass CSR und Arbeitnehmerschutz gar nicht so unterschiedlich seien wie vom Referenten dargelegt. Dies zeige sich vor allem an den Beispielen, die im Rahmen der Tagung unter dem Stichwort CSR adressiert wurden; ein großer Teil von ihnen (etwa Kinderarbeit) betreffe den Arbeitnehmerschutz. In diesem Zusammenhang sprach die Teilnehmerin auch die grenzüberschreitende Arbeitnehmermitbestimmung an. Das Territorialitätsprinzip in der Mitbestimmung schließe Arbeitnehmer nicht-deutscher oder nicht-österreichischer Tochterunternehmen aus. Dies sei jedoch auch deshalb bedauerlich, weil Arbeitnehmer damit in diesem wichtigen Bereich nicht als Akteure in CSR-Fragen einbezogen würden. Nicht zuletzt vor dem Hintergrund des aktuellen EuGH-Verfahrens stellte die Teilnehmerin die Frage in den Raum, ob die an sich europarechtliche Problematik der Mitbestimmung nicht unter dem Schlagwort CSR mit neuem Gehalt aufgeladen und weit über Europa hinaus fruchtbar gemacht werden könnte.

In seiner Stellungnahme räumte *Krause* ein, dass CSR und Arbeitnehmerschutz sich im Gegenstandsbereich freilich überlappen würden; viele Themen der CSR stellten auch eine Materie des Arbeitsrechts dar. Gleichzeitig wies er jedoch darauf hin, dass es ihm vor allem darum gegangen sei, zu zeigen, dass jeweils andere Instrumentarien zur Problembewältigung eingesetzt würden.

Betreffend Arbeitnehmerschutz und Mitbestimmung führte *Krause* aus, dass die Wahrnehmung von Arbeitnehmerinteressen prinzipiell dem *good will* des Managements anheimgestellt sei und sich auf Maßnahmen beschränke, die dieses selbst für richtig halte; möglicherweise spiele auch ein gewisses Maß an Altruismus eine Rolle. Es gelte der Grundsatz „alles für die Arbeitnehmer, aber nichts durch die Arbeitnehmer". Die Mitbestimmung sei hingegen ein Bestandteil der modernen *Corporate Governance* und verwirkliche ein demokratisches Element im Unternehmen. Sie schaffe ein Machtgegengewicht zugunsten der Arbeitnehmer, das ihnen die Möglichkeit der Einflussnahme eröffne. Dadurch könnten die Arbeitnehmer nicht nur die *exit*-Strategie wählen, sondern eine eigene *voice* im Unternehmen ausüben. Arbeitnehmerschutz und CSR seien sehr unterschiedlich, wenn es um die Art und Weise geht, wie man eine Gesellschaft strukturiert. Kommen Arbeitnehmerschutz und CSR zusammen, komme es zu wechselseitigen Überlagerungen.

Im Übrigen stimmte *Krause* zu, dass ausländische Arbeitnehmer im Rahmen der Mitbestimmung berücksichtigt werden sollten. Sie sollten mitwählen, mitstimmen und mitzählen. Er glaubte indes nicht daran, dass es diesbezüglich zu einer zwingenden Regelung auf europäischer Ebene kommen werde.

Der Referent pflichtete der österreichischen Teilnehmerin auch bei, dass CSR über Europa hinausreiche und ein weltweites Phänomen sei. Große Unternehmen seien sowohl über eigene Tochtergesellschaften als auch über Lieferketten weltweit aktiv. Eine globale Mitbestimmung, weit über die EU hinaus, fände in diesen Unternehmen schon statt. Als Beispiel nannte *Krause* unter anderem die VW AG, die bereits einen „Welt-Betriebsrat" eingerichtet habe. Die *supply chains* würden zudem auch von vielen anderen globalen Akteuren adressiert, wie etwa von der Internationalen Arbeitsorganisation (ILO) und den internationalen Gewerkschaftsverbünden; auch gebe es bereits entsprechende *framework agreements*. Er resümierte, dass letztlich viele Akteure eine Rolle spielten und man nicht nur das deutsche System der Arbeitnehmermitbestimmung vor Augen haben dürfe. Man müsse bedenken, dass im internationalen Bereich gerade die Gewerkschaftsbünde viel aktiver seien als dies der Betriebsrat eines mittelständischen deutschen Unternehmens überhaupt je sein könne.

II.

Ein deutscher Teilnehmer postulierte die These, dass – in einer zunehmend globalen Welt – CSR auch als funktionales Substitut der Mitbestimmung fungieren könnte. Die Antwort von *Krause* fiel differenziert aus: Auf nationaler Ebene hielt er eine Substituierung der Mitbestimmung durch CSR nicht für realistisch. Dies sei zwar anfangs befürchtet worden, eine solche Entwicklung sähe er nun aber nicht. Auf globaler Ebene sei die Situation dagegen eine andere. Da der Export des deutschen Mitbestimmungssystems nicht gelinge, werde CSR hier wohl ein wichtiges Instrumentarium darstellen, um das man nicht herumkommen werde.

III.

Ebenfalls von deutscher Seite wurde darauf hingewiesen, dass in der CSR-Diskussion oft vernachlässigt werde, wie es um die Interessenlage der Arbeitnehmer bestellt sei. Diese hätten nämlich kein Interesse daran, Geld für karitative Zwecke auszugeben, das möglicherweise dann beim Lohnbudget fehle. Die für die Arbeitnehmer wichtigen Fragen – wie etwa die Arbeitsbedingungen – seien dagegen ohnehin gesetzlich geregelt.

Darüber hinaus stellte der Teilnehmer die Frage in den Raum, warum die Arbeitnehmer nicht bei grenzüberschreitenden CSR-Fragen einhakten. So könnten sie etwa für bessere Lohn- und Arbeitsbedingungen in Bangladesch und Pakistan eintreten. Dies hätte möglichweise zur Konsequenz, dass das Unternehmen weniger Aktivitäten ins Ausland verlagerte, da ein solches Vorgehen dann unattraktiver würde. Als rechtstechnisches Instrumentarium hierfür biete sich die Vergütungsstruktur von Vorständen an, die schon jetzt manchmal an erfolgreiche Compliance-Systeme angeknüpft würden. Zwar hätten die Arbeitnehmervertreter nicht die Mehrheit im Aufsichtsrat, aber sie könnten sich immerhin zu Wort melden und gerade vor dem Hintergrund rezenter Skandale fordern, dass der Vorstand durch geeignete Maßnahmen derartige Negativschlagzeilen vermeide.

IV.

Schließlich wurde ebenfalls von einem deutschen Teilnehmer die Frage aufgeworfen, warum der Aufsichtsrat die CSR-Berichterstattung als solche und auch konkrete CSR-Maßnahmen nicht an seine Zustimmung binden können sollte (§ 111 Abs. 4 S. 2 AktG). *Krause* stimmte insoweit zu, als er keine Einwände dagegen sehe, den CSR-Bericht zu einem zustimmungsbedürftigen Rechtsgeschäft zu machen. Allerdings äußerte er Bedenken dahingehend, ob der CSR-Bericht tatsächlich eine nachhaltige Wirkung auf die Unternehmenspraxis entfalten könnte. Dazu wies *Krause* insbesondere darauf hin, dass sich die typische Länge der Berichte (bei VW etwa 160–170 Seiten) als problematisch erweisen könnte.

Corporate Social Responsibility: Anreizmechanismus Vergütung

Janine Wendt

I. Einleitung...265
II. Die neue Aktionärsrechterichtlinie..267
III. CSR und Organvergütung...270
IV. Leitlinien für das Vorstandshandeln...271
V. Anreizmechanismus Vergütung 273
VI. Rechtslage Deutschland..274
VII. Rechtslage Österreich...278
VIII. Rechtstatsächliche Betrachtung 279
IX. Fazit...281

I. Einleitung

Was der Begriff Corporate Social Responsibility (CSR) konkret erfasst, ist eine offene Frage.[1] Es existieren viele Definitionsversuche und Zugänge, teils mit, teils ohne moralische Wertung. Ihr gemeinsames Ziel ist es, die soziale Verantwortung von Unternehmen auch mit Blick auf die durch die Globalisierung veränderten Rahmenbedingungen neu zu bestimmen.[2] Nach einer Definition der Europäischen Kommission aus dem Jahr 2011 steht der Begriff für „die Verantwortung von Unternehmen für ihre Auswirkungen auf die Gesellschaft"[3]. Zehn Jahre zuvor, im Jahr 2001, definierte die Europäische Kommission CSR noch deutlich enger. CSR sei ein „Konzept, das den Unternehmen als Grundlage dient, auf freiwilliger Basis soziale Belange und Umweltbelange in ihre Unternehmenstätigkeit und in die Wechselbeziehungen mit den Stakeholdern zu integrieren".[4] Jedenfalls geht CSR über das hinaus, was von den Unternehmen bereits aufgrund einer gesetzlichen Pflicht verlangt wird, über die Compliance also.[5]

---

[1] *Baumüller,* SWK 2015, 983.
[2] *Spießhofer,* AnwBl 5/2016, 366.
[3] KOM(2011) 681 endg., S. 7.
[4] KOM(2001) 366, Rz 20; vgl. auch *Roth-Mingram,* NZG 2015, 1341.

Einer Umfrage der Bertelsmann Stiftung zufolge wünschen sich 88 % der Menschen in Deutschland und 90 % der Menschen in Österreich, dass soziale und ökologische Faktoren verstärkt in den Mittelpunkt des Wirtschaftens rücken.[6] Kapitalgesellschaften werden zunehmend auch danach beurteilt, ob sie die Interessen der Gesellschaft fördern. Dadurch hat sich auch das Konzept der Verantwortung von Unternehmen fundamental verändert: CSR entwickelte sich von einem eher philanthropischen Ansatz, der sich auf Spenden und Sponsoring konzentrierte, zu einem Konzept des Verantwortungsmanagements.[7] Diese strategische Neupositionierung zielt darauf ab, den Unternehmenswert und den gesellschaftlichen Mehrwert gleichermaßen zu steigern.[8]

Empirische Untersuchungen legen nahe, dass sich CSR bzw. eine Stakeholder-Orientierung und Profiterzielung nicht ausschließen: Mehrere Studien belegen einen positiven Zusammenhang zwischen sozialer und finanzieller Performance eines Unternehmens.[9] Die Integration von Stakeholder-Interessen scheint – wie die empirischen Untersuchungen nahelegen – nicht nur positive Auswirkungen auf die finanzielle Leistung des Unternehmens zu haben, sondern wird auch in immer größerem Ausmaß sozial akzeptiert bzw. sogar gefordert.

Instrumentell hat die EU in einem CSR-Aktionsplan, der die Jahre 2011 bis 2014 umfasste, einen sogenannten Smart Mix aus Hard Law, Soft Law und weiteren Steuerungsmechanismen vorgesehen, zu denen auch Multi-Stake-

---

[5] *Spießhofer,* AnwBl 5/2016, 367; *Baumüller,* SWK 2015, 983.

[6] Bertelsmann Stiftung, Bürger wollen kein Wachstum um jeden Preis, Studie 1 abrufbar unter <http://www.bertelsmann-stiftung.de/fileadmin/files/BSt/Presse/imported/down loads/xcms_bst_dms_36359_36360_2.pdf>; vgl. hierzu *Felber,* in: Pfeil/Urnik (Hrsg.), Gesellschaftliche Verantwortung und Gemeinwohl als Unternehmensziele, 2015, S. 15.

[7] *Schmidpeter,* WiPol 2013, 127.

[8] *Schmidpeter,* WiPol 2013, 127; kritisch *Traunwieser,* in: Pfeil/Urnik (Fn. 6), S. 122.

[9] Umfassende Analysen stammen von *Margolis* und *Walsh* (2003) und *Orlitzky et al* (2003). *Margolis* und *Walsh* untersuchten 109 Studien, die im Zeitraum zwischen 1972 und 2002 zum Zusammenspiel von CSR und Corporate Financial Performance publiziert wurden. 54 der Studien wiesen einen positiven Zusammenhang nach, sieben Studien einen negativen. *Orlitzky et al* arbeiteten mit einem Sample von 52 Studien. Sie belegten ebenfalls eine positive Korrelation. Siehe *Margolis/Walsh,* 48 Administrative Science Quarterly 268 (2003); *Orlitzky/ Schmidt/Reynes,* 24/3 Organizational Studies 403 (2003). *Bassen/Busch/ Friede* werteten mehr als 2.000 Studien aus (auch abgedeckt durch Meta-Studien) und befanden, dass 90 % der untersuchten Zusammenhänge zwischen finanzieller und CSR-Performance positiv oder neutral sind, *Bassen/Busch/Friede,* 5(4) Journal of Sustainable Finance & Investment 210 (2015). *Hong/Li/Minor,* 136(1) Journal of Business Ethics 199 (2016) führen aus, dass CSR nicht als Agency-Kosten angesehen werden sollten, sondern letztlich auch den Shareholdern nutzen. Vgl. *Edmans,* 101 Journal of Financial Economics 621 (2011), *Servaes/Tamayo,* 59(5) Management Science 1045 (2013), s. auch *Gutsche/ Gratwohl/Fauser,* IRZ 2015, 455.

holder-Foren zur Entwicklung einer Best Practice zählen.[10] Ein Beispiel für ein Hard-Law-Instrument, das zugleich Soft-Law-Aspekte aufweist und insofern als hybrid bezeichnet werden kann, ist die CSR-Richtlinie[11], die die nicht-finanzielle Berichterstattung durch hartes Recht einführte, das Reporting selbst jedoch als Soft Law unter Rückgriff auf den UN Global Impact oder die UN-Leitprinzipien für Wirtschaft und Menschenrechte ausgestaltet.[12]

Ein weiterer steuerungspolitischer Impuls, der erst jüngst mit der Änderung der Aktionärsrechterichtlinie[13] gesetzt wurde, ist nun die Verknüpfung von erfolgreich implementierten CSR-Maßnahmen im Unternehmen und der Entlohnung der Organe Vorstand und Aufsichtsrat. Mit ihnen befasst sich dieser Beitrag.

II. Die neue Aktionärsrechterichtlinie

Am 14.3.2017 verabschiedete das Europäische Parlament die von der Europäischen Kommission im April 2014 vorgeschlagene Neufassung der Aktionärsrechterichtlinie (ARRL).[14] Der Europäische Ministerrat hat den Text am 3.4.2017 angenommen.

Der Einigung im informellen Trilog waren drei Kompromisstexte mehrerer Ratspräsidentschaften vorausgegangen.[15] Erst nachdem das Europäische Parlament im Dezember 2016 seine Forderungen zur Aufnahme von zusätzlichen Regelungen zur Steuertransparenz aufgegeben hatte, konnte der EU-Gesetzgeber die Verhandlungen zur Änderungsrichtlinie zu der Aktionärsrechterichtlinie zügig abschließen.[16] Die Mitgliedstaaten haben nun bis zum 10.6.2019 Zeit, die Maßnahmen im nationalen Gesellschaftsrecht umzusetzen.

---

[10] *Spießhofer,* AnwBl 5/2016, 368.

[11] RL 2014/95/EU des Europäischen Parlaments und des Rates vom 22.10.2014 zur Änderung der RL 2013/34/EU im Hinblick auf die Angabe nichtfinanzieller und die Diversität betreffender Informationen durch bestimmte große Unternehmen und Gruppen von Bedeutung für den Europäischen Wirtschaftsraum, ABl. EU Nr. L 330 v. 15.11.2014), s. etwa auch *Schulz/Schimka,* GesRZ 2014, 342; *Glaser,* IRZ 2015, 55.

[12] *Spießhofer,* AnwBl 5/2016, 368 f.

[13] Richtlinie (EU) 2017/828 des Europäischen Parlaments und des Rates vom 17.5.2017 zur Änderung der Richtlinie 2007/36/EG im Hinblick auf die Förderung der langfristigen Mitwirkung der Aktionäre, ABl. EU Nr. L 132/1 v. 20.5.2017. S. zur Richtlinie ferner *Brehmer,* NZG 2017, 577; *Bungert/Wansleben,* DB 2017, 1190; *Eggers/de Raet,* AG 2017, 464; *Inci,* NZG 2017, 579; *Lanfermann/Maul,* BB 2017, 1218; *Leuering,* NZG 2017, 646; *Noack,* NZG 2017, 561; *Tarde,* ZGR 2017, 360; *Veil,* NZG 2017, 521; *Velte,* NZG 2017, 368.

[14] S. zur Richtlinie oben Fn. 13 m.w.N.

[15] Vom 10.11.2014 (Dokument 13758/14), 5.12.2014 (Dokument 15647/14), 15.1.2015 (Dokument 5215/15) und vom 20.3.2015 zur Vorbereitung des informellen Trilogs (Dokument 7315/15), vgl. ausf. *Leuering,* NZG 2017, 646.

[16] Vgl. nur *Bayer/Schmidt,* BB 2017, 2114, 2115.

Ein wichtiges Thema der neuen Aktionärsrechterichtlinie sind die Vorgaben zur Vergütungspolitik.[17] Die Richtlinie führt zur Organvergütung zwei neue Corporate-Governance-Instrumente ein: die Vergütungspolitik nach Art. 9a ARRL sowie den Vergütungsbericht nach Art. 9b ARRL. Hierbei macht die Änderungsrichtlinie keine zwingenden materiellen Vorgaben, sondern setzt auf einen indirekten Ansatz der Steuerung mittels Transparenz.[18] Sowohl die Vergütungspolitik als auch der Vergütungsbericht sollen in der Hauptversammlung regelmäßig zur Abstimmung gestellt werden.[19] Das Votum der Hauptversammlung ist grundsätzlich verbindlich;[20] die Richtlinie eröffnet den Mitgliedstaaten aber die Option, ihm lediglich einen empfehlenden Charakter zu geben.[21] Beide Instrumente gehen auf Vorschläge der Europäischen Kommission zurück[22] und haben ein Vorbild im englischen Recht.[23]

Die neuen Vorgaben zur Organvergütung gelten für Gesellschaften, die ihren Sitz in einem Mitgliedstaat der Europäischen Union haben und deren Aktien zum Handel im geregelten Markt zugelassen sind. Die nationalen Gesetzgeber haben die Möglichkeit, den Anwendungsbereich auf weitere Gesellschaften auszudehnen, dies deutet sich aber derzeit nirgends an.

Der Adressat der neuen Regelungen ist die Unternehmensleitung, also die Mitglieder des Verwaltungs-, Leitungs- und Aufsichtsorgans.[24] Für Deutschland und Österreich ist dies dem dualistischen System entsprechend die Vergütung des Vorstands sowie des Aufsichtsrats. Folglich wird es im deutschen und im österreichischen Recht dabei bleiben, dass der Aufsichtsrat über die tatsächlich zu zahlende Vorstandsvergütung entscheidet und dabei die in der Änderungsrichtlinie entwickelten Leistungskriterien heranzuziehen hat.

Die Berücksichtigung nicht-finanzieller Faktoren geht auf einen Vorschlag des Europäischen Parlaments zurück, das die Verbindung von Organvergütung und CSR gefordert hatte. Der Entwurf des Europäischen Parlaments aus Juli 2015 lautete: „Die Leistungen von Mitgliedern der Unternehmensleitung sollten anhand sowohl finanzieller als auch nicht finanzieller Kriterien – wie ökologischen und sozialen Faktoren und Aspekten der Unternehmensführung – bewertet werden."[25]

---

[17] *Leuering,* NZG 2017, 646.

[18] *Inci,* NZG 2017, 579; *Bungert/Wansleben,* DB 2017, 1191; *Leuering,* NZG 2017, 646.

[19] Art. 9a Abs. 2 und 3 ARRL sowie Art. 9b Abs. 4 ARRL, s. hierzu *Bayer/Schmidt,* BB 2017, 2114, 2116.

[20] Art. 9a Abs. 2 Unterabs. 1 S. 1 ARRL.

[21] Art. 9a Abs. 3 S. 1 ARRL.

[22] Empfehlung 2004/913/EG vom 14.12.2004 (zu Say on Pay) und 2009/385/EG vom 30.4.2009 (zur Angemessenheit).

[23] Section 439 und Section 439A Companies Act, vgl. hierzu *Verse,* in: Fleischer/Koch/Kropff/Lutter (Hrsg.), 50 Jahre Aktiengesetz, 2016, S. 303, 321.

[24] Art. 2i (i) ARRL.

In der endgültigen Fassung der Änderungsrichtlinie soll die Vergütungspolitik nach Art. 9a Abs. 6 ARRL klar und verständlich sein, die verschiedenen festen und variablen Vergütungsbestandteile beschreiben und unter anderem „[...] die finanziellen und die nicht finanziellen Leistungskriterien, einschließlich gegebenenfalls der Kriterien im Zusammenhang mit der sozialen Verantwortung der Gesellschaften" angeben. Zudem ist zu erläutern, inwiefern die Vergütungspolitik die Geschäftsstrategie, die langfristigen Interessen und Tragfähigkeit der Gesellschaft fördert und mit welchen Methoden festgestellt werden soll, inwieweit die Leistungskriterien erfüllt wurden.

Diese Vorgaben wird der Aufsichtsrat zukünftig zu berücksichtigen und den Aktionären bekannt zu machen haben. CSR wird damit als „soziale Verantwortung der Gesellschaften" auch in der neuen Aktionärsrechterichtlinie Niederschlag finden.

Die Änderungen in der Aktionärsrechterichtlinie stehen in einem engen inhaltlichen Zusammenhang zu der am 5.12.2015 in Kraft getretenen sog. CSR-Richtlinie:[26] Nach dieser müssen große Unternehmen[27] von öffentlichem Interesse[28], die durchschnittlich mehr als 500 Mitarbeiter beschäftigen, in ihren Lagebericht eine Erklärung über sog. nicht-finanzielle Informationen aufnehmen. Dies sind Angaben, die für das Verständnis des Geschäftsverlaufs, des Geschäftsergebnisses, der Lage des Unternehmens sowie der Auswirkungen ihrer Tätigkeit erforderlich sind und sich mindestens auf Umwelt-, Sozial- und Arbeitnehmerbelange sowie auf die Achtung der Menschenrechte und Bekämpfung von Korruption und Bestechung beziehen.[29] Die Vorgaben der

---

[25] Entwurf einer legislativen Entschließung des Europäischen Parlaments zu dem Vorschlag für eine Richtlinie des Europäischen Parlaments und des Rates zur Änderung der Richtlinie 2007/36/EG im Hinblick auf die Förderung der langfristigen Einbeziehung der Aktionäre sowie der Richtlinie 2013/34/EU in Bezug auf bestimmte Elemente der Erklärung zur Unternehmensführung (COM(2014)0213 – C7-0147/2014 – 2014/0121(COD)), Abänderungsantrag Pkt. 15.

[26] RL 2014/95/EU des Europäischen Parlaments und des Rates vom 22.10.2014 zur Änderung der RL 2013/34/EU im Hinblick auf die Angabe nicht-finanzieller und die Diversität betreffender Informationen durch bestimmte große Unternehmen und Gruppen von Bedeutung für den Europäischen Wirtschaftsraum, ABl. EU Nr. L 330 v. 15.11.2014, s. etwa auch *Schulz/Schimka,* GesRZ 2014, 342; *Glaser,* IRZ 2015, 55.

[27] Große Unternehmen sind Unternehmen, die am Bilanzstichtag mindestens zwei der drei folgenden Größenmerkmale überschreiten: a) Bilanzsumme: 20 Millionen Euro; b) Nettoumsatzerlöse: 40 Millionen Euro; c) durchschnittliche Zahl der während des Geschäftsjahres Beschäftigten: 250 (Art. 3 Abs. 4 RL 2013/34/EU).

[28] Für eine Definition s. Art. 2 Nr. 1 RL 2013/34/EU. Hierunter fallen Unternehmen, die unter das Recht eines Mitgliedstaats fallen und deren Wertpapiere zum Handel an einem geregelten Markt zugelassen sind, sowie alle großen Kreditinstitute, Finanzdienstleistungsinstitute, Versicherungsunternehmen oder Unternehmen, die von den Mitgliedstaaten als Unternehmen von öffentlichem Interesse bestimmt wurden.

[29] Vgl. Art. 1 RL 2014/95/EU.

CSR-Richtlinie waren bis zum 6.12.2016 in nationales Recht aufzunehmen. Deutschland hat dieses Ziel nicht erreicht. Es hat die neuen Regelungen erst durch das CSR-Richtlinie-Umsetzungsgesetz vom 11.4.2017[30] umgesetzt. Die neuen §§ 289b–289e HGB gelten – entsprechend den unionsrechtlichen Vorgaben[31] – für alle nach dem 31.12.2016 beginnenden Geschäftsjahre.[32]

Österreich hat die CSR-Richtlinie durch das Nachhaltigkeits- und Diversitätsverbesserungsgesetz[33] umgesetzt, das am 17.1.2017 verlautbart wurde. Es ist entsprechend der Vorgabe der CSR-Richtlinie rückwirkend zum 6.12.2016 in Kraft getreten. Die Änderungen erfolgten im Unternehmensgesetzbuch (UGB), im Aktiengesetz und im GmbH-Gesetz.

Für Deutschland wird von circa 550 unmittelbar betroffenen Unternehmen ausgegangen, in Österreich sollen etwa 125 Gesellschaften von der Offenlegung betroffen sein.[34] Die Offenlegung nicht-finanzieller Leistungsindikatoren hat damit an Bedeutung gewonnen.[35] Sie bildet einen Baustein des Diskurses um die soziale Verantwortung von Unternehmen.[36]

III. CSR und Organvergütung

Die Verknüpfung der Organvergütung mit nicht-finanziellen Leistungskriterien, einschließlich etwaiger Kriterien im Zusammenhang mit der sozialen Verantwortung der Gesellschaften, kann in diesem Zusammenhang als weiterer steuerungspolitischer Impuls zur Entwicklung eines CSR-Konzepts gesehen werden. Obwohl das Adverb „gegebenenfalls" die Regelung des Art. 9a ARRL gegenüber dem ursprünglichen Vorschlag des Europäischen Parlaments gehörig abschwächt und die Einbeziehung von CSR-Kriterien im Ermessen der Unternehmensleitung belässt und nur noch eventualiter erwähnt, ist eine Verdichtung hin zu mehr Verbindlichkeit unzweifelhaft beobachtbar. *Birgit Spießhofer* hat für diesen Prozess schleichender Rechtsbildung den

---

[30] Gesetz zur Stärkung der nicht-finanziellen Berichterstattung der Unternehmen in ihren Lage- und Konzernlageberichten (CSR-RL-UmsG) v. 11.4.2017, BGBl. I, 802.

[31] Art. 4 Unterabs. 2 CSR-RL.

[32] Art. 80 S. 1 EGHGB.

[33] Bundesgesetz, mit dem zur Verbesserung der Nachhaltigkeits- und Diversitätsberichterstattung das Unternehmensgesetzbuch, das Aktiengesetz und das GmbH-Gesetz geändert werden (Nachhaltigkeits- und Diversitätsverbesserungsgesetz, NaDiVeG), BGBl. I Nr. 20/2017.

[34] *Thurnher/Meusburger-Hammerer*, GesRZ 2017, 167.

[35] *Baumüller/Faseli-Friedl*, ecolex 2015, 917.

[36] Vgl. *Spießhofer* gem. *Kolter*, Bericht über die Diskussion des Referats Spießhofer, in: Gesellschaftsrecht in der Diskussion 2016, 2017, S. 76.

Begriff „creeping law" eingeführt.[37] Die Erwartungen an unternehmerische Verantwortung nehmen – oft als Guidelines oder Leitlinien formuliert – zu. Sie sind formal betrachtet unverbindlich, allein ihre Erwähnung aber formt den Ordnungsrahmen des erwartbaren verantwortlichen Handelns weiter aus.[38] Eine autoritative Abgrenzung fehlt, an ihrer Stelle urteilen die „courts of public opinion"[39]. Dadurch sollen – so *Spießhofer* – rechtliche Verantwortungszuweisungen hinter das öffentliche Urteil zurücktreten und Legalität durch die unscharfen Konturen der Legitimität ersetzt werden.[40] In den Worten *Karsten Schmidts*: Ein „Transformationsgeschehen" findet statt; ein Prozess der Verrechtlichung von Ethik und Moral.[41]

IV. Leitlinien für das Vorstandshandeln

Fraglich ist, ob hinter der Bewusstwerdung tatsächlich auch eine materiellrechtliche Veränderung steht, ob wir also aktuell eine leise Revolution[42] in Form der Verschiebung zugunsten des Stakeholder Values erleben[43] oder ob das Schlagwort CSR nur eine neue Begrifflichkeit für die altbekannte Zielvorgabe verantwortungsvollen unternehmerischen Handelns ist[44] und dieser Grundgedanke dem Aktienrecht – wie *Peter Doralt* an verschiedenen Stellen ausführt – schon seit dem 19. Jahrhundert immanent ist.[45]

Die erste gesetzliche Festlegung von Leitlinien für das Vorstandshandeln enthält das Aktiengesetz von 1937. Der maßgebliche § 70 Abs. 1 AktG 1937 bestimmte sowohl für Deutschland als auch für Österreich, dass der Vorstand die Gesellschaft so zu leiten habe, „wie das Wohl des Betriebes und seiner Gefolgschaft und der gemeine Nutzen von Volk und Reich es erfordern."

Dem entsprach die Vorstellung, dass die Aktiengesellschaft nicht „das privatwirtschaftliche Erwerbsziel lediglich um seiner selbst willen" verfolgen sollte, sondern auch und insbesondere gesamtwirtschaftliche und soziale Aufgaben zu erfüllen habe. Kapital wurde als Bestimmungsfaktor der inhaltlichen Zielsetzung zurückgedrängt.

---

[37] *Spießhofer,* in: Gesellschaftsrecht in der Diskussion 2016, 2017, S. 73; *dies.,* AnwBl 5/2016, 370.

[38] *Spießhofer,* in: Gesellschaftsrecht in der Diskussion 2016 (Fn. 37), S. 73.

[39] *Spießhofer,* Corporate Social Responsibility – Rechts-Ordnung „light"?, AnwBl 5/2016, 370.

[40] *Spießhofer,* in: Gesellschaftsrecht in der Diskussion 2016 (Fn. 37), S. 73.

[41] *Karsten Schmidt* gem. *Kolter,* in: Gesellschaftsrecht in der Diskussion 2016 (Fn. 36), S. 80.

[42] *Spießhofer,* Unternehmerische Verantwortung, 2017, S. 672.

[43] *Spießhofer,* in: Gesellschaftsrecht in der Diskussion 2016 (Fn. 37), S. 70.

[44] „Renaissance historischer Konzepte", so *Spießhofer* (Fn. 42), S. 45 ff.

[45] *Peter Doralt* gem. *Kolter,* in: Gesellschaftsrecht in der Diskussion 2016 (Fn. 36) S. 77.

Im Zuge der Reform von 1965 hat das deutsche Aktiengesetz auf eine Neuformulierung des „pathetischen"[46], nationalsozialistisch geprägten Vokabulars zu den Leitlinien des Vorstandshandelns verzichtet und den Passus ersatzlos gestrichen.[47] Österreich hingegen hat bei der Reform seines Aktiengesetzes in demselben Jahr an einer Zielvorgabe festgehalten und diese neu ausformuliert. Die Fassung des § 70 öAktG 1965 lautet: „Der Vorstand hat unter eigener Verantwortung die Gesellschaft so zu leiten, wie das Wohl des Unternehmens unter Berücksichtigung der Interessen der Aktionäre und der Arbeitnehmer sowie des öffentlichen Interesses es erfordert".

Dabei ist der Wortlaut des § 70 öAktG keine eigenständige österreichische Formulierung, sondern vielmehr die exakte Widergabe eines deutschen Entwurfs. Dieser wurde im Rahmen der Neufassung des Aktiengesetzes von 1965 schließlich verworfen, weil kein Konsens darüber erzielt werden konnte, ob die Interessen der Aktionäre oder der Arbeitnehmer an die Spitze der Aufzählung gehören.[48] Mangels Einigung wurde die Zielvorgabe in Deutschland schließlich schlicht gestrichen; in Österreich hingegen trat der ursprünglich deutsche Entwurf samt Zielvorgabe in Kraft.

Ob mit dem Auseinanderfallen der deutschen und der österreichischen Formulierung der Leitlinien für das Vorstandshandeln auch eine inhaltliche Differenz verbunden ist, wird unterschiedlich beurteilt. Die Regierungsbegründung zu der deutschen Nachfolgenorm des § 76 AktG führt knapp aus, dass die neue Regelung dem geltenden Recht (§ 70 AktG 1937) entspreche.[49] Dass der Vorstand bei seinen Maßnahmen die Belange der Aktionäre und der Arbeitnehmer zu berücksichtigen hat, verstehe sich von selbst und brauche deshalb nicht ausdrücklich im Gesetz bestimmt zu werden. Gleiches gelte für die Belange der Allgemeinheit.

Karsten Schmidt hält die Gesetzesbegründung trotz ihrer Kürze für nicht unbedeutend: Sie verweise schließlich auf die zwei entscheidenden Begriffe „Unternehmensinteresse" und „Gemeinwohl" und lasse erkennen, dass eine Politisierung der Unternehmensziele bewusst vermieden wurde.[50]

Für Österreich betonen *Maria* und *Peter Doralt,* dass sich das Aktiengesetz von 1965 durchaus positioniere, indem es die starke Zurückdrängung des Kapitals wieder aufgehoben und die inhaltlichen Akzente einen großen Schritt in Richtung des Shareholder Values verschoben habe.[51] Das Unternehmensinteresse trat an die Spitze des Zielkatalogs, die Interessen der Arbeitnehmer und das öffentliche Interesse sind nur noch „zu berücksichtigen" (§ 70 Abs. 1

---

[46] *K. Schmidt,* Gesellschaftsrecht, 4. Aufl., 2002, S. 805.
[47] *K. Schmidt* (Fn. 46), S. 805.
[48] So *P. Doralt/M. Doralt,* in: Kalss/Frotz/Schörghofer (Hrsg.), Handbuch für den Vorstand, 2017, § 2 Rz. 24, Fn. 16.
[49] Begr. RegE in *Kropff,* Textausgabe des Aktiengesetzes vom 6.9.1965, 1965, S. 97.
[50] *K. Schmidt* (Fn. 46), S. 805.
[51] *P. Doralt/M. Doralt,* in: Kalss/Frotz/Schörghofer (Fn. 48), § 2 Rz. 30.

öAktG).[52] Hierin liege eine klare Zielveränderung gegenüber der Aktiengesetzfassung von 1937. Dass die neue Rechtslage der früheren materiell entsprach, lasse sich für Österreich nicht behaupten.

Unabhängig von den Differenzen in der Formulierung lässt sich als Zwischenergebnis festhalten, dass die Bedeutung einer verantwortungsvollen Unternehmensführung nicht nur in der Wahrnehmung der Öffentlichkeit in jüngster Zeit – zuletzt durch die Umsetzung der CSR-Richtlinie im HGB bzw. UGB – zugenommen hat. Der Blick rückt von einem reinen Shareholder-Verständnis zu einer Stakeholder-Betrachtung.[53]

V. Anreizmechanismus Vergütung

Entsprechend gibt es gute Gründe, sich als Unternehmen mit dem Thema CSR zu befassen und Maßnahmen zu setzen. Sollen CSR-Belange bei unternehmerischen Entscheidungen berücksichtigt werden, müssen betriebswirtschaftliche Anreizmechanismen greifen. Der Nutzen von CSR kann dabei – gerade vor dem Hintergrund der neu geschaffenen Berichterstattung und Transparenz – zum einen in der Schaffung von Wettbewerbsvorteilen[54] gesehen werden und zum anderen in der Vermeidung von (Haftungs-)Risiken.[55] Mehrere Studien belegen, dass sich CSR-Maßnahmen auch positiv auf die Performance eines Unternehmens auswirken.[56] Allerdings haben *Porter* und *Kramer* schon 2002 herausgearbeitet, dass die konkreten CSR-Maßnahmen passgenau auf die Ziele und Spezifika des Unternehmens zugeschnitten sein müssen, um sich positiv auf den Unternehmenswert auszuwirken.[57] Zudem müssen innerhalb des Unternehmens Anreizsysteme greifen, welche die erarbeiteten Maßnahmen reell in der Unternehmenskultur verankern und dafür Sorge tragen, dass die auf dem Reißbrett entwickelten Richtlinien auch tatsächlich eingehalten werden.[58] Diese Aufgabe kommt im Sinne eines Top-Down-Ansatzes der Unternehmensleitung zu. Die Vorstandsvergütung kann hier ein bestimmendes Element eines extrinsisch wirkenden, materiellen Anreizsystems sein.[59] Denn bei allen kritischen Betrachtungen über die Wirkung

---

[52] *P. Doralt/M. Doralt,* in: Kalss/Frotz/Schörghofer (Fn. 48) § 2 Rz. 30.

[53] *Velte,* NZG 2016, 295.

[54] *Porter/Kramer,* 80(12) Harvard Business Review 56–69 (2002).

[55] *Godfrey,* 30(4) The Academy of Management Review 777 (2005).

[56] Vgl. Fn. 9.

[57] *Porter/Kramer,* Harvard Business Review 56–69 (2002).

[58] *Pacher/Wagner/v. Preen/Siemer,* in: Walden/Depping (Hrsg.), CSR und Recht, Juristische Aspekte nachhaltiger Unternehmensführung erkennen und verstehen, 2015, S. 84.

[59] Vgl. Fact Sheet der Europäischen Kommission vom 14.3.2017: „Directors' remuneration plays a key role in aligning the interests of directors and shareholders [...]. The way

finanzieller Anreize ist davon auszugehen, dass diese – nicht zuletzt auf Vorstandsebene – einen großen Hebel für mehr unternehmerische Verantwortung bilden können;[60] Verhaltenssteuerung gelingt, wenn sie sich wirtschaftlich lohnt.[61]

Damit stellt sich allerdings die Frage, wie CSR im Rahmen der Vorstandsvergütung sinnvoll abgebildet werden kann. Dazu gilt es zunächst, die aktuellen Vorgaben für die Vorstandsvergütung in Deutschland und Österreich einem Vergleich zu unterziehen.

VI. Rechtslage Deutschland

§ 87 Abs. 1 S. 2 AktG bestimmt, dass die Vergütungsstruktur in börsenorientierten Gesellschaften auf eine nachhaltige Unternehmensentwicklung auszurichten ist. Es besteht überwiegende Einigkeit darüber, dass der Begriff „nachhaltige Unternehmensentwicklung" die langfristig rentable Verfolgung des Gesellschaftszwecks zum Inhalt hat.[62] Diese Sichtweise wird im Sinne einer systematischen Interpretation zum einen durch den nachfolgenden Satz gestützt, der eine normative Konkretisierung des Begriffs „Nachhaltigkeit" vornimmt: § 87 Abs. 1 S. 3 AktG gibt vor, dass „variable Vergütungsbestandteile daher eine mehrjährige Bemessungsgrundlage haben [sollen]".

Dieses Verständnis entspricht nicht zuletzt aber auch der Entstehungsgeschichte des § 87 Abs. 1 S. 2 AktG, der im Jahr 2009 im Nachgang zu der Finanzkrise mit dem Gesetz zur Angemessenheit der Vorstandsvergütung (VorstAG) angepasst worden ist. Die Vorgabe, die Vorstandsvergütung auf eine nachhaltige Unternehmensentwicklung auszurichten, ist als Reaktion auf die in der Finanzkrise offensichtlich gewordenen Risiken kurzfristig ausge-

directors are paid influences their decision. [...]", s. auch *Pacher/Wagner/v. Preen/Siemer,* in: Walden/Depping (Fn. 58), S. 85.

[60] *Berger,* CFOaktuell 2016, 207; *Berrone/Gomez-Mejia,* 52:1 Academy of Management Journal 103–126 (2009); *Coombs/Gilley,* 26 Strategic Management Journal 827 (2005).

[61] S. zu der Steuerungsdiskussion im Umweltrecht *Glinksi,* Die rechtliche Bedeutung der privaten Regulierung globaler Produktionsstandards, 2011; *Bachmann,* Private Ordnung, 2006, der die soziologische, ökonomische und juristische Forschung verknüpft; *Leyens,* AcP 215 (2015), 611–654 sowie *Wolfmeyer,* Steuerung von Corporate Social Responsibility durch Recht, 2016. Im Ergebnis lässt sich feststellen, dass die allgemeine Verhaltenssteuerungsforschung zwar recht weit fortentwickelt ist, bislang aber hauptsächlich abstrakt bleibt und noch nicht unmittelbar mit unternehmerischer Verantwortung in Verbindung gebracht wurde. Hier besteht noch eine Forschungslücke.

[62] *Spindler,* in: Münchner Kommentar zum Aktiengesetz, 4. Aufl., 2014, § 87 Rn. 75; ebenso für eine restriktive Auslegung *Koch,* in: Hüffer (Hrsg.), Aktiengesetz, § 87 Rn. 11; *Fleischer,* in: Spindler/Stilz (Hrsg.), 3. Aufl., 2015, § 87 Rn. 27; *Kort,* Gemeinwohlbelange beim Vorstandshandeln, NZG 2012, 926, 928.

richteter Managementvergütungssysteme zu sehen.[63] Nachhaltigkeit im Sinne von CSR-Elementen umfasst der aktienrechtliche Begriff nach überwiegender Auffassung gerade nicht.[64]

Gleichwohl gibt es vereinzelte Stimmen in der Literatur, die dafür plädieren, von dem Versuch einer Begriffsbestimmung der Nachhaltigkeit speziell für das Aktienrecht abzusehen und den „vagen"[65] und von einer gewissen „Beliebigkeit geprägten"[66] Begriff unter Anwendung der Grundsätze der juristischen Methodenlehre vielmehr im Sinne eines Drei-Säulen-Konzepts aus ökonomischen, sozialen und ökologischen Zielen zu verstehen (sog. „weiter Nachhaltigkeitsbegriff").[67]

Diese Gegenansicht zur herrschenden Lehre argumentiert, dass sich der Begriff der Nachhaltigkeit nicht in seiner langfristigen finanziellen Perspektive erschöpfen könne, da § 87 Abs. 1 S. 2 AktG andernfalls verzichtbar bzw. redundant zu der Aussage in Satz 3 („mehrjährige Bemessungsgrundlage") wäre.

Zur Stützung des weiten Nachhaltigkeitsbegriffs wird ferner angeführt, dass seit der Vorlage des Abschlussberichts „Our Common Future" der Brundtland-Kommission der Vereinten Nationen im Jahr 1987[68], spätestens aber seit der Konferenz der Vereinten Nationen in Rio de Janeiro im Jahr 1992, von einem weiten Begriffsverständnis auszugehen ist. Schon die Enquete-Kommission des Deutschen Bundestags „Schutz des Menschen und der Umwelt – Ziele und Rahmenbedingungen einer nachhaltig zukunftsverträglichen Entwicklung" habe deshalb in ihrem Abschlussbericht vom 26.6.1998[69] ein Konzept der Nachhaltigkeit formuliert. Dabei seien weltweite Maßnahmen in der Umwelt-, Entwicklungs-, Sozial- aber auch der Wirtschaftspolitik gefordert worden. Der umfassende Nachhaltigkeitsbegriff entspreche einem übergreifenden politischen Verständnis und müsse daher auch im Aktienrecht gelten.

Daher stützen sich die Befürworter des weiten Nachhaltigkeitsbegriffs auf die historische Auslegung: Der Begriff der Nachhaltigkeit sei erstmals während der Beratungen über den Fraktionsentwurf im Rahmen der koalitionsinternen „Arbeitsgruppe Managervergütung" von CDU/CSU und SPD zur Sprache gekommen.[70] Hier sei dargestellt worden, dass der Aufsichtsrat bei

---

[63] *Eulerich/Velte,* IRZ 2013, 73.

[64] *Velte,* NZG 2016, 294.

[65] *Kort,* in: Großkomm. z. AktG, 4. Aufl., 2011, § 87 Rn. 118.

[66] *Kort,* in: Großkomm. z. AktG (Fn. 65), § 87 Rn. 120: „Modebegriff".

[67] So *Röttgen/Kluge,* NJW 2013, 900; auch nach *Ringleb* ist die Reduktion auf die zeitliche Komponente zu kurz gedacht, *ders.,* in: Ringleb/Kremer/Lutter/v. Werder (Hrsg.), DCGK, 5. Aufl., 2013, Rn. 722.

[68] World Commission on Environment and Development (Hrsg.), Übersetzung in: *Hauff,* Unsere gemeinsame Zukunft, 1987.

[69] BT-Drucks. 13/11200.

[70] Vgl. *Röttgen/Kluge,* NJW 2013, 900, 902 m.w.N.

der Festsetzung der Gesamtbezüge dafür zu sorgen habe, dass diese in einem angemessenen Verhältnis zu den Aufgaben und Leistungen des Vorstandsmitglieds, zur Lage der Gesellschaft und der üblichen Vergütung stünden und überdies langfristige Verhaltensanreize zur „nachhaltigen Unternehmensentwicklung" schaffen sollten. Im Rahmen des dritten Treffens der Koalitionsarbeitsgruppe fand Ende November 2008 ein Fachgespräch mit Vertretern des DGB statt.[71] Der DGB habe gefordert, § 87 Abs. 1 AktG um eine Regelung zu ergänzen, die bei der Bemessung der Vorstandsgehälter die „soziale, gesellschaftliche und ökologische Verantwortung des Vorstands und des jeweiligen Vorstandsmitglieds" berücksichtige. Im Lichte dieser Entstehungsgeschichte sei der Nachhaltigkeitsbegriff unzweifelhaft weit auszulegen.[72]

Dieser Argumentation ist zu entgegnen, dass der Begriff der Nachhaltigkeit kein „Neologismus des Aktienrechts"[73] ist, sondern ein dem Aktiengesetz bereits vertrauter Begriff. Es entspricht inzwischen schon als traditionell zu bezeichnender herrschender Ansicht, dass das Unternehmensinteresse als verbindlicher Maßstab für das Vorstandshandeln eine nachhaltige Steigerung des Unternehmenswerts (anstelle einer kurzfristigen Profitmaximierung) im Blick haben muss. Dies erfordert eine Orientierung der Vergütungsstruktur an einem dauerhaften, periodenübergreifenden Erfolg – im Gegensatz zur stichtagsbezogenen Orientierung an einzelnen Erfolgsparametern wie dem Umsatz oder dem Volumen ausgereichter Kredite.[74]

Die wenigen Autoren, die dem Nachhaltigkeitsbegriff in § 87 Abs. 1 AktG einen selbständigen Inhalt entnehmen, der auch CSR-Belange miteinbezieht, versehen dies mit der Einschränkung, dass die Beurteilung der Frage, ob solche Aspekte bei dem Streben nach nachhaltiger Unternehmensentwicklung zu berücksichtigen sind, der autonomen Kompetenz des Aufsichtsrats unterliegt.[75]

Ihr argumentativer Ausgangspunkt ist eine methodengerechte Auslegung, für die sie die vom BVerfG aufgestellten Grundsätze anwenden. Danach ist für die Auslegung einer Gesetzesvorschrift der in ihr zum Ausdruck kommende objektivierte Wille des Gesetzgebers maßgeblich. Dieser ergibt sich aus dem Wortlaut der Norm und dem Sinnzusammenhang.[76] Um den im Gesetz objektivierten Willen des Gesetzgebers zu erfassen, sind die sich ergänzenden Methoden der Auslegung aus dem Wortlaut der Norm, aus ihrer systematischen Stellung, aus ihrem Zweck sowie aus den Gesetzesmaterialien und der Entstehungsgeschichte heranzuziehen.

---

[71] So *Röttgen/Kluge,* NJW 2013, 900, 903.
[72] So *Röttgen/Kluge,* NJW 2013, 900, 903.
[73] *Thüsing/Forst,* GWR 2010, 515.
[74] *Kort,* NZG 2012, 926, 928.
[75] *Wagner,* AG 2010, 774.
[76] BVerfGE 54, 277.

Gegen eine primär am Wortlaut orientierte Auslegung spricht bereits, dass dem Begriff der Nachhaltigkeit offenkundig kein eindeutiger Begriffsinhalt zugeordnet werden kann. Ebenso wird zugegeben, dass eine teleologische Auslegung, die nach dem Ziel des Gesetzgebers fragt, bei der Klärung des Begriffs kaum zu helfen vermag.[77] Ausweislich der Gesetzesbegründung war es das Ziel des Gesetzentwurfs, die Anreize in der Vergütungsstruktur für Vorstandsmitglieder in Richtung einer auf Langfristigkeit ausgerichteten Unternehmensführung zu stärken.[78] Unklar bleibt, wie das zusätzlich zum Begriff der Langfristigkeit gebrauchte Attribut „Nachhaltigkeit" zu verstehen ist.

Die Schlussfolgerung, dass sich die Regierungsfraktionen zwar nicht auf die weitschweifige Formulierung des DGB-Vorschlags eingelassen hätten, der die ausdrückliche Benennung der drei Säulen „soziale, gesellschaftliche und ökologische Belange" gefordert hatte, sondern vielmehr das für gerechtfertigt gehaltene Anliegen des DGB unter dem zusammenfassenden Begriff der „nachhaltigen Unternehmensentwicklung" gebündelt hätten, bleibt fernliegend: Hätte der Gesetzgeber tatsächlich einen weiten Nachhaltigkeitsbegriff etablieren wollen, hätte er – wie vorgeschlagen – eine explizite Formulierung in das Gesetz aufgenommen. Der Umstand, dass er dies trotz entsprechender Positionsarbeit unterlassen hat, belegt vielmehr, dass er einer restriktiven Interpretation des Nachhaltigkeitsbegriffs den Vorrang gab oder die Diskussion durch die Wahl des Begriffs offenhalten wollte.[79]

Auch jüngst hat der deutsche Gesetzgeber die Gelegenheit, die die Umsetzung der ARRL ihm bot, nicht genutzt, um den Begriff der nachhaltigen Unternehmensentwicklung in § 87 AktG in diesem Sinne zu konkretisieren und die Einbeziehung nichtfinanzieller Aspekte in die Organvergütung explizit anzusprechen.[80] Weder in das Aktiengesetz noch in den Deutschen Corporate Governance Kodex (DCGK), der zuletzt im Februar 2017 neu gefasst wurde, ist ein entsprechender Halbsatz aufgenommen worden. Der Kodex wurde lediglich in der Präambel um den Zusatz ergänzt, dass gute und verantwortungsvolle Unternehmensführung nach nationalen wie internationalen Standards nicht nur Legalität, sondern auch „ethisch fundiertes eigenverantwortliches Verhalten" verlangt. In diesem Zusammenhang ruft die Präambel das historische Leitbild des „ehrbaren Kaufmanns" in Erinnerung. Dieser findet damit zwar nur in die Präambel, über deren Einhaltung die Unternehmen keine Entsprechenserklärung abgeben, Eingang, aber immerhin dort.

Ein Blick in den Abschnitt zur Vergütung des DCGK, Randnummer 4.2.3., zeigt demgegenüber, dass der DCGK lediglich den Wortlaut von § 87 Abs. 1

---

[77] So *Röttgen/Kluge*, NJW 2013, 900, 902.
[78] BT-Drucks. 16/12278, S. 1.
[79] So *Röttgen/Kluge*, NJW 2013, 900, 903.
[80] Vorschlag von *Velte*, NZG 2016, 294, 299.

Satz 2 und 3 AktG wiedergibt, ohne eine weitergehende Konkretisierung der „nachhaltigen Unternehmensentwicklung" vorzunehmen. Die zusätzlichen Empfehlungen betreffen allein die Mischung aus fixen und variablen Vergütungsbestandteilen, die Berücksichtigung von positiven und negativen Entwicklungen bei der Ausgestaltung der variablen Vergütungsbestandteile, die Implementierung von betragsmäßigen Höchstgrenzen („Caps"), die Beziehung der variablen Vergütung auf „anspruchsvolle, relevante" Vergleichsparameter sowie den Ausschluss einer nachträglichen Änderung der Erfolgsziele oder Vergleichsparameter.[81] Allerdings sieht die Randnummer 4.1.1 als Gesetzesauslegung zu § 76 AktG vor, dass der Vorstand „im Unternehmensinteresse, also unter Berücksichtigung der Belange der Aktionäre, seiner Arbeitnehmer und der sonstigen dem Unternehmen verbundenen Gruppen (Stakeholder) mit dem Ziel nachhaltiger Wertschöpfung" das Unternehmen leiten muss. Damit wird dem „reinen Shareholder Value-Ansatz" an dieser Stelle eine Absage erteilt.[82]

VII. Rechtslage Österreich

Die österreichische Regelung der Vorstandsvergütung ist der deutschen Rechtslage sehr ähnlich. Auch § 78 Abs. 1 S. 1 AktG verwendet den Begriff der Nachhaltigkeit, indem er bestimmt, dass der Aufsichtsrat dafür zu sorgen hat, „dass die Gesamtbezüge der Vorstandsmitglieder […] in einem angemessenen Verhältnis zu den Aufgaben und Leistungen des einzelnen Vorstandsmitglieds, zur Lage der Gesellschaft und zu der üblichen Vergütung stehen und langfristige Verhaltensanreize zur nachhaltigen Unternehmensentwicklung setzen".

Im Unterschied zum DCGK ist allerdings eine relevante Konkretisierung der Nachhaltigkeit im Österreichischen Corporate Governance Kodex (ÖCGK) zu finden. Schon seit 2010 sieht der ÖCGK als C-Regel 27 eine Anknüpfung der Vergütung an „nachhaltige, langfristige und mehrjährige Leistungskriterien" vor, die explizit „auch nicht-finanzielle Kriterien" beinhaltet.[83]

Im Gegensatz zum österreichischen Aktiengesetz erwähnt der ÖCGK nicht-finanzielle Kriterien also ausdrücklich. Sie sollen neben quantitativen Kriterien als Zielgröße für Bonuszahlungen herangezogen werden. Schließlich können Messgrößen wie eine Steigerung der Kundenzufriedenheit dazu beitragen, Leistungen abzugelten, die erst zeitverzögert auch zu Steigerungen der Unternehmenskennzahlen beitragen.

---

[81] *Velte,* NZG 2016, 294, 297.
[82] *Velte,* NZG 2016, 294, 297.
[83] *Wasserer,* FS Roth, 2011, S. 871, 878; *Hasenauer/Pracht,* Aufsichtsrat aktuell 2010, 14, 15.

VIII. Rechtstatsächliche Betrachtung

Damit stellt sich die Frage, ob aus der unterschiedlichen Berücksichtigung nicht-finanzieller Leistungskriterien in den Corporate Governance Kodizes auch in der tatsächlichen Vergütungspraxis Unterschiede resultieren.

Mit dem VorstAG 2009 und der darin geforderten Ausrichtung der Vergütungen auf die Nachhaltigkeit der Unternehmensentwicklung wurde die Frage nach der Berücksichtigung von Stakeholder-Interessen in den variablen Vergütungssystemen zum Gegenstand auch der empirischen Forschung.[84] Im Auftrag der Hans-Böckler-Stiftung gingen drei Studien für die Geschäftsjahre 2010 bis 2012 zur Vergütung der Vorstände in den DAX 30-Unternehmen erstmals auf diese Frage ein.[85] Auch *Marc Eulerich* und *Patrick Velte* nahmen eine Geschäftsberichtsanalyse der DAX 30-Unternehmen im Geschäftsjahr 2010 vor.[86] Nur sieben Unternehmen setzten 2010 neben den herkömmlichen finanziellen Erfolgsgrößen auch ein oder mehrere Zielparameter zur Berücksichtigung von Stakeholder-Interessen ein.[87] Dabei zeigten alle sieben Unternehmen mit Kriterien wie Mitarbeiterzufriedenheit oder Arbeitgeber-Attraktivität eine starke Ausrichtung auf die Interessen der Mitarbeiter. An zweiter Stelle folgte in vier Unternehmen die Berücksichtigung von Kundeninteressen. Zielparameter im Sinne einer Corporate Social Responsibility kamen nur vereinzelt vor.

In den beiden Folgejahren erweiterte sich langsam der Kreis der Unternehmen, die die Zielpalette ihrer variablen Vorstandsvergütungen entsprechend ergänzten:[88] Nach acht Unternehmen in 2011 stieg ihre Zahl im Jahr 2012 auf zehn an.[89] Die Nachhaltigkeitskriterien blieben in den drei Jahren so gut wie unverändert.

Im Jahr 2013 gaben im Rahmen einer Studie von *Axel von Werder* und *Jenny Bartz* schließlich etwa 60 %[90] der befragten 120 Finanzvorstände des Prime und General Standard an, auch nicht-finanzielle Ziele bei der Festlegung der variablen Vergütungsbestandteile einzubeziehen.[91] Als relevante Faktoren wurden vor allem das individuelle Führungsverhalten, die Mitarbei-

---

[84] *Evers/Sure,* ZCG 2015, 205, 205.

[85] Vgl. *Hadwiger/Schmid/Wilke,* Die Anwendung von sozialen und ökologischen Kriterien in der Vorstandsvergütung, 2014.

[86] Vgl. *Eulerich/Velte,* IRZ 2013, 78.

[87] Vgl. *Wilke/Priessner/Schmid/Schütze/Wolff,* Kriterien für die Vorstandsvergütung in deutschen Unternehmen nach Einführung des Gesetzes zur Angemessenheit der Vorstandsvergütung, 2011, S. 3.

[88] *Evers/Sure,* ZCG 2015, 205, 207.

[89] Vgl. *Wilke/Schmid,* Entwicklung der Vorstandsvergütung 2011 in den DAX-30-Unternehmen, 2012, S. 37 f.; *Hadwiger/Schmid/Wilke* (Fn. 85), S. 14 f.

[90] Zum Befragungszeitpunkt 58,9 % bzw. zum Jahresende 61,1 %.

[91] Vgl. *v. Werder/Bartz,* DB 2014, 905, 913.

terzufriedenheit und die Kundenzufriedenheit herangezogen. Das Thema Corporate Social Responsibility wurde von 14 % der Unternehmen genannt, reine Umweltaspekte von 12 % der Befragten. Das Gewicht der nicht-finanziellen Faktoren in der Gesamtvergütung reichte dabei von 2,5 % bis zu 80 %. Dabei lag der häufigste, von sieben Unternehmen angegebene Wert bei 20,0 %.[92] Nahezu drei Viertel der Gesellschaften hatten einen Anteil bis einschließlich 20,0 % gewählt.[93]

Für das Geschäftsjahr 2014 werteten *Philipp Evers* und *Matthias Sure* die Vergütungsberichte der DAX 30-Unternehmen aus. Sie kamen zu dem Ergebnis, dass inzwischen sechzehn der dreißig Unternehmen in ihrer variablen Vorstandsvergütung auch Stakeholder-Interessen durch spezifische Zielkriterien berücksichtigt.[94]

Für Österreich wurde die jährliche Entwicklung der Vorstandsvergütung in den zwanzig ATX-Unternehmen ab dem Geschäftsjahr 2011 von der Arbeiterkammer Wien untersucht. Schon im Jahr 2013 verwendeten fünfzehn der zwanzig ATX-Unternehmen nicht-finanzielle Kriterien als Bemessungsgrundlage der variablen Vergütung.

Im vergangenen Jahr erstellten schließlich *Viktoria Aust* und *Hannah Kammerlander* eine noch umfassendere Studie, in der sie die Vorstandsvergütungen von 34 Unternehmen untersuchten, die durchgängig am Prime Market der Wiener Börse notierten. Grundlage für die Analyse waren die Berichte des Geschäftsjahres 2015 bzw. 2015/16.

Nach ihrer Analyse kamen nur acht der 34 untersuchten Unternehmen der Aufforderung des ÖCGK, auch nicht-finanzielle Leistungskriterien bei der Ermittlung der variablen Vergütungskomponente zu beachten, nicht nach. 26 Unternehmen hingegen nutzten nicht-finanzielle Kriterien.[95]

Damit ist die Anwendung nicht-finanzieller Kriterien als Bemessungsgrundlage der variablen Vergütung in Österreich stärker gelebte Unternehmenspraxis als in Deutschland. Die Integration von sozialen und ökologischen Aspekten bei der Bemessung der variablen Vorstandsvergütung hat sich bereits früher und deutlicher zu einer Best Practice entwickelt.

Wenngleich viele Aspekte hier ursächlich sein mögen, wird sicherlich auch die explizite Nennung der nicht-finanziellen Vergütungsfaktoren im Corporate Governance Kodex eine Rolle spielen.

---

[92] *v. Werder/Bartz,* DB 2014, 905, 913.
[93] *v. Werder/Bartz,* DB 2014, 905, 913.
[94] *Evers/Sure,* ZCG 2015, 205, 209.
[95] *Aust/Kammerlander,* RWZ 2017, 51.

IX. Fazit

Der europäische Gesetzgeber hat bereits mit der CSR-Richtlinie bewiesen, dass er bereit ist, das unbedingte Freiwilligkeitsprinzip in CSR-Belangen aufzugeben.[96] Die Verknüpfung von CSR-Anstrengungen und der Organvergütung könnte der nächste steuerungspolitische Impuls sein, den er gewillt ist zu setzen. Die Reform der Aktionärsrechterichtlinie hat hier noch keinen harten Einschnitt mit sich gebracht, den Weg aber bereits vorgezeichnet. Weniger drastisch und damit wünschenswerter als die aktienrechtliche Verpflichtung zu der Integration von CSR-Zielen im Rahmen der Organvergütung wäre – dem österreichischen Vorbild folgend – eine Konkretisierung im Deutschen Corporate Governance Kodex.[97] Eine solche Konkretisierung könnte die Diskussion um den Sinngehalt des Begriffes „nachhaltig" beenden und wäre zugleich geeignet, dem politischen Wunsch nach mehr unternehmerischer Verantwortungsübernahme mit einem gelinderen Mittel als dem aktienrechtlichen Zwang entgegenzukommen.

---

[96] *Roth-Mingram,* NZG 2015, 1341.
[97] *Velte,* NZG 2016, 294.

Corporate Social Responsibility: Politisches Engagement von Unternehmen

Karin Müller *

I.   Einleitung..284
II.   Macht und Einfluss von Unternehmen in einer globalisierten Welt 286
      1. Allgemeines...286
      2. Corporate Social Responsibility 287
         a) Allgemeines und theoretischer Hintergrund 287
         b) Begriff und Regelwerke der Corporate Social Responsibility........288
         c) Theorien der erweiterten Unternehmensverantwortung
            in der Ökonomie..289
III. Politisches Engagement von Unternehmen...292
      1. Allgemeines und Begriff des politischen Engagements von Unternehmen 292
      2. Arten politischen Engagements von Unternehmen.............................293
      3. Formen politischen Engagements von Unternehmen..........................294
         a) Allgemeines 294
         b) Spenden...294
         c) Sponsoring 295
         d) Lobbyismus..295
         e) Ausübung von Grundrechten 296
         f) Wahrnehmung öffentlicher Aufgaben 297
      4. Interesse an politischem Engagement von Unternehmen....................298
IV.   Das Unternehmen als *good corporate citizen* 299
V.   Korporative Freigiebigkeit..300
VI.   Rechtliche Rahmenbedingungen politischen Engagements 302
      1. Allgemeines...302
      2. Voraussetzungen der Zulässigkeit politischen Engagements,
         insbesondere der korporativen Freigiebigkeit 302
         a) Allgemeines 302
         b) Zuständigkeit..303
         c) Vom Gesellschaftszweck gedeckt 307
         d) Im Gesellschaftsinteresse liegend 308
         e) Verhältnismäßigkeit bzw. das Gebot der Angemessenheit............318
      3. Überprüfung von Ermessensentscheiden 320
VII. Grenzen politischen Engagements 321
      1. Allgemeines...321
      2. Problematik der Korruption..322
VIII. Erforderlichkeit staatlicher Regulierung politischen Engagements
      von Unternehmen? 325
IX.   Fazit und Schlussbemerkungen...331

I. Einleitung

Darf und soll ein Unternehmen sich politisch engagieren? Und wenn ja, wo liegen die Grenzen des zulässigen politischen Engagements? Die Stora, die älteste, heute noch bestehende Aktiengesellschaft der Welt,[1] hatte sich Mitte des 15. Jahrhunderts in das politische Geschehen in Schweden eingemischt, indem sie sich gegen den damaligen schwedischen König aufgelehnt hatte. Der schwedische König sicherte die finanziellen Interessen des Staates, indem er hohe Forderungen an die Unternehmen stellte. Diese Forderungen bedrohten die Existenz von Unternehmen wie Stora. Die Stora musste dem König die Stirn bieten, um ihre Unabhängigkeit und Identität bewahren zu können. In den Aufzeichnungen zum 700-jährigen Jubiläum der Stora, die damals Kupfererzabbau betrieb, heißt es, dass die Bergwerksmeister eine Gilde gründeten, die sich von anderen Zusammenschlüssen von Kaufleuten dadurch unterschied, dass sie eine unabhängige und kämpferische Haltung einnahm. „For the members, loyalty to the Guild superceded the law of the land," and the word of the Master of the Guild weighed heavier than that of a judge."[2]

Indem die Stora sich kämpferisch gegen den schwedischen König auflehnte, mischte sie sich in das politische Geschehen der Zeit ein, sicherte ihre Existenz und hat bis heute überlebt.

Nicht nur damals für die Stora, sondern auch heute kann sich für ein Unternehmen die Frage stellen, ob es sich politisch engagieren darf und soll oder ob vielmehr gilt: „The business of business is business". Die gemeinhin verkürzt wiedergegebene Aussage von Milton Friedman, „The social responsibility of business is to increase its profits",[3] suggeriert, dass ein Unternehmen –

---

* Der Beitrag basiert auf dem am 2.6.2017 gehaltenen Vortrag. Das Manuskript wurde am 1.9.2017 abgeschlossen. Ich danke meinen Assistierenden und Hilfsassistierenden, RA *Simon Leu,* MLaw, *Alice Käch,* MLaw, *Hermann Julen,* BLaw und *Kristina Martinovic,* BLaw, für ihre wertvolle Mithilfe. Sie haben nicht nur für Teile dieses Beitrags Material gesammelt und Vorabklärungen getroffen, sondern waren mir auch bei der Zitatkontrolle und der formellen Bereinigung des Beitrags behilflich.

[1] Die Stora ist erstmals 1288 urkundlich verbrieft (seit 1862 als *Stora Kopparbergs Bergslags Aktiebolag*). Ihr Zweck bestand ursprünglich im Kupfererzabbau, wobei freie Minenarbeiter Anteile an der Mine proportional zu ihrem Besitz an Kupferhütten bzw. Kupferschmelzbetrieben besaßen (zur Geschichte der Stora vgl. *Rydberg,* The Great Copper Mountain, The Stora Story, 1988). Die Stora ist damit der Vorläufer einer modernen Aktiengesellschaft. Nach der Fusion mit einer finnischen Gesellschaft im Jahr 1998 firmiert das Unternehmen heute unter Stora Enso und ist „a leading provider of renewable solutions in packaging, biomaterials, wooden constructions and paper on global markets" (<http://www.storaenso.com>).

[2] *Rydberg* (Fn. 1), S. 50; vgl. dazu auch *de Geus,* Jenseits der Ökonomie, 1998, S. 50 ff.

[3] *Friedman,* A Friedman Doctrice – The Social Responsibility of Business Is to Increase Its Profits, The New York Times Magazine, 13.9.1970, 33; vgl. auch *ders.,* Capitalism and Freedom, 1962, S. 133. Vollständig lautet die Aussage: „That responsibility is to

im Sinne von Gewinnmaximierung – ausschließlich seinen *shareholders* verpflichtet ist.

Oft sehen sich Unternehmensleitungen indessen mit der Frage konfrontiert, ob sie Mittel der Gesellschaft unentgeltlich für soziale, politische oder kulturelle Zwecke investieren dürfen.[4] Soweit es um parteipolitische Einflussnahme von Unternehmen geht, ist diese zudem vielfach verpönt.[5] Es wird befürchtet, dass es dadurch zu einer regelwidrigen Beeinflussung des politischen Willensbildungsprozesses oder wenigstens zu einer Verzerrung des Wettbewerbs zwischen politischen Gruppierungen kommen kann.[6] Lobbying durch einzelne Unternehmen wird von der Öffentlichkeit oft als anrüchige, wenn nicht gar als korruptionsnahe, egoistische und informelle Einflussnahme auf staatliche (insbesondere politische) Prozesse wahrgenommen. Mischen sich Unternehmen in den politischen Prozess ein, wird rasch der Verdacht gehegt, dies geschehe aus eigennützigen Motiven.[7]

Im Folgenden wird auf die Fragen eingegangen, ob politisches Engagement von Unternehmen zulässig oder gar geboten ist und wo gegebenenfalls die Grenzen der Zulässigkeit liegen. Ferner wird dazu Stellung genommen, ob zusätzliche rechtliche Regelungen zur Festlegung des Rahmens zulässigen politischen Engagements erforderlich sind.

Politisches Engagement von Unternehmen wird mitunter im Rahmen der Diskussion um die Corporate Social Responsibility (CSR) erörtert. Zahlreiche – vorab multinationale – Unternehmen sind machtvolle und einflussreiche Institutionen.[8] Insbesondere mit Blick auf sie stellt sich die Frage, wieweit sie sich in das politische Geschehen einmischen dürfen und sollen. Aber auch für kleinere und mittlere Unternehmen kann die Frage nach der Zulässigkeit politischen Engagements auftauchen. Zahlreiche solcher Unternehmen engagieren sich nämlich im lokalen Bereich auf verschiedenen Ebenen.[9]

Bevor auf die Zulässigkeit politischen Engagements eingegangen wird, soll daher die Problematik der Macht von Unternehmen und ihres Einflusses auf die Gesellschaft thematisiert werden. In diesem Zusammenhang sind auch Ausführungen zur Corporate Social Responsibility erforderlich.

---

conduct the business in accordance with their desires, which generally will be to make as much money as possible while conforming to the basic rules of the society, both those embodied in law and those embodied in ethical custom" (*Friedman,* The New York Times Magazine, 13.9.1970, 33).

[4] *Westermann,* ZIP 1990, 771, 771.

[5] Vgl. auch *Stindt,* Mit einem „Zustupf" Rahmenbedingungen beeinflussen, Finanz und Wirtschaft, 22.1.2000, 29.

[6] Vgl. *Westermann,* ZIP 1990, 771, 772.

[7] Vgl. *Wyss,* LeGes 2013, 571, 572.

[8] Vgl. dazu unten II.

[9] Vgl. dazu etwa *Braun,* APuZ 31/2008, 6, 6 ff.

II. Macht und Einfluss von Unternehmen
in einer globalisierten Welt

1. Allgemeines

Die Globalisierung hat zu einem Pluralismus von Rechtssystemen und Werte-
gemeinschaften geführt.[10] Multinationale Unternehmen sind keiner bestimmten Rechtsordnung unterworfen, sondern können diese nach ökonomischen
Gesichtspunkten auswählen.[11] Das hat unter anderem dazu geführt, dass zahlreiche – vorab multinationale – Unternehmen zu machtvollen und einflussreichen Institutionen geworden sind.[12] In einer globalisierten Welt konnten viele
dieser Unternehmen in ökonomischer und sozialer Hinsicht beträchtliche
Macht erlangen und sich als zentrale Akteure der Weltpolitik etablieren.[13]
Teilweise besitzen sie mehr Macht als manche Regierung.[14] Macht und Einfluss generieren die Unternehmen unter anderem durch das Wissen über die
Gesellschaft, durch proaktive und flexible Organisation und die Verknüpfung
mit sozialen Lebensbereichen wie Arbeit und Medien.[15]

In einer globalisierten Welt hat sich auch die Rolle des Staates verändert.
Die klare Aufgabenteilung zwischen Staat und Wirtschaft ist verwischt. Der
Staat befindet sich nicht nur in einer Funktions-, sondern auch in einer Legi-
timationskrise.[16] Durch diese Veränderungen hat die Selbstregulierung an
Bedeutung gewonnen.

Neben großen multinationalen Unternehmen können auch kleinere und
mittlere Unternehmen auf lokaler Ebene maßgebenden Einfluss ausüben, indem sie sich – in unterschiedlichster Weise – in den gesellschaftspolitischen

---

[10] Vgl. *Scherer,* Multinationale Unternehmen und Globalisierung, 2003, S. 10 ff. und
43 f.

[11] Vgl. *Scherer* (Fn. 10), S. 90.

[12] Vgl. auch *Mildenberger/Khare/Thiede,* Festgabe Bellmann, 2008, S. 107, 111; *Nobel,*
in: Berner Kommentar, Obligationenrecht, Das Aktienrecht, 2017, § 9 Rn. 284 f.; *Watter/
Spillmann,* GesKR 2006, 94, 94. Zu den multinationalen Unternehmen und den für sie gel-
tenden OECD-Leitsätzen vgl. etwa *Nobel,* Internationales und Transnationales Aktienrecht,
Band 1: Teil IPR und Grundlagen, 2. Aufl., 2012, Kap. 3 Rn. 1 ff. und 16 ff.; *ders.,* in:
Berner Kommentar (Fn. 12), § 9 Rn. 282 ff. und 286 ff.

[13] Vgl. *Garriga/Melé,* 53(1–2) Journal of Business Ethics 51, 56 f. (2004); *Nobel,* in:
Berner Kommentar (Fn. 12), § 9 Rn. 285; *ders.,* Internationales und Transnationales Aktienrecht (Fn. 12), Kap. 3 Rn. 3. Zur Rolle multinationaler Unternehmen im Prozess der
Globalisierung und zu ihrer ökonomischen Bedeutung vgl. *Scherer* (Fn. 10), S. 1 ff. und
98 ff.

[14] Vgl. *Garriga/Melé,* 53(1–2) Journal of Business Ethics 51, 57 (2004); vgl. auch
Watter/Spillmann, GesKR 2006, 94, 94.

[15] Vgl. *Mildenberger/Khare/Thiede,* Festgabe Bellmann, 2008, S. 107, 111 m.w.H.; vgl.
auch *Scherer* (Fn. 10), S. 92.

[16] Vgl. dazu *Scherer* (Fn. 10), S. 125 ff.

Diskurs einbringen. Eine Studie belegt, dass sich viele kleine und mittlere Unternehmen in ihrer lokalen Umgebung in verschiedenster Art und Weise engagieren. Das Engagement ist allerdings selten in eine übergeordnete unternehmerische Konzeption und Strategie eingebettet. Es erfolgt vielmehr spontan, zufällig und unkoordiniert. Die Aktivitäten sind zudem eher personalisiert und informell als zentralisiert und standardisiert.[17]

Politisches Engagement von Unternehmen ist auf unterschiedliche Art und Weise möglich. Neben parteipolitischem Engagement kommt auch sozialpolitisches Engagement in Betracht.[18] Für viele Unternehmen stellt sich damit die Frage, ob und wie sie sich politisch engagieren dürfen oder sollen und wieweit ein zulässiges Engagement gehen darf.

Im Zusammenhang mit großen und multinationalen Unternehmen wird seit geraumer Zeit zudem diskutiert, inwiefern sie Pflichten bzw. Obliegenheiten haben, die über die gesetzlichen Pflichten hinausgehen. Diese Diskussion findet unter dem Schlagwort „Corporate Social Responsibility" statt.[19]

2. Corporate Social Responsibility

a) Allgemeines und theoretischer Hintergrund

Bis in die 1970er-Jahre haben sich vor allem die Disziplinen der Ökonomie, des Business Managements, der Soziologie und in gewissem Maße auch die Politischen Wissenschaften für Corporate Social Responsibility (CSR) interessiert. Das Recht hat in der Corporate Social Responsibility erst in neuerer Zeit einen Forschungsgegenstand entdeckt.[20] Der CSR-Ansatz geht davon aus, dass Unternehmen gegenüber der Gesellschaft auch soziale und ethische Verpflichtungen haben und nicht nur dem reinen Profitstreben verpflichtet sind.[21] Im Sinne einer freiwilligen Selbstverpflichtung sollen Unternehmen unter Berücksichtigung der Interessen der *stakeholders* zu einer nachhaltigen ökonomischen, ökologischen und gesellschaftlichen Entwicklung beitragen.[22] Das CSR-Konzept fordert Aktivitäten, die über die bloße Einhaltung gesetzlicher Vorschriften hinausgehen.[23]

---

[17] *Braun,* APuZ 31/2008, 6, 6 ff., insbes. 12.

[18] Vgl. dazu unten III.

[19] Vgl. *Nobel,* in: Berner Kommentar (Fn. 12), § 9 Rn. 282.

[20] *Amstutz,* SZW 2015, 189, 198; vgl. auch *Forstmoser,* ZSR 92 (1973) I, 1, 1 ff.; *Watter/ Spillmann,* GesKR 2006, 94, 95 f. Literatur zur Corporate Social Responsibility kann bis in die 30er-Jahre des 20. Jahrhunderts zurückverfolgt werden (vgl. dazu *Carroll,* 38(3) Business & Society 268, 268 ff. [1999]; vgl. auch *Fleischer,* AG 2017, 509, 517).

[21] Vgl. etwa *Mildenberger/Khare/Thiede,* Festgabe Bellmann, 2008, S. 107, 107 f.; vgl. auch *Watter/Spillmann,* GesKR 2006, 94, 94 f.

[22] *Nobel,* in: Berner Kommentar (Fn. 12), § 9 Rn. 276.

[23] *Watter/Spillmann,* GesKR 2006, 94, 96.

b) Begriff und Regelwerke der Corporate Social Responsibility

„Corporate Social Responsibility" wird nicht einheitlich definiert.[24] Der schweizerische Bundesrat umschreibt Corporate Social Responsibility in seinem *Positionspapier und Aktionsplan zur Verantwortung der Unternehmen für Gesellschaft und Umwelt* wie folgt: „CSR umfasst ein breites Spektrum von Themen, die bei der Unternehmensführung neben den Eigentümerinteressen zu berücksichtigen sind. Dazu gehören die Arbeitsbedingungen (inkl. Gesundheitsschutz), Menschenrechte, Umwelt, Korruptionsprävention, fairer Wettbewerb, Verbraucherinteressen, Steuern, Transparenz und weitere Aspekte (Berücksichtigung der Bedürfnisse der lokalen Umgebung, Einbindung lokaler Kapazitäten, Wissenstransfer, Schutz der Rechte an geistigem Eigentum, usw.)."[25] Bei der Corporate Social Responsibility geht es um „die Verantwortung der Unternehmen für die Auswirkungen ihrer Tätigkeit auf Gesellschaft und Umwelt".[26] CSR soll einen Beitrag der Unternehmen zur nachhaltigen Entwicklung leisten.[27] In diesem Sinn definiert auch die Europäische Union CSR als „Verantwortung von Unternehmen für ihre Auswirkungen auf die Gesellschaft".[28]

Auf internationaler Ebene sind seit geraumer Zeit Bestrebungen im Gange, einheitliche Standards und Regelwerke zur Corporate Social Responsibility zu erlassen.[29] Dazu gehören insbesondere die *OECD Guidelines for Multi-*

---

[24] Vgl. etwa *Crane/Matten/Spence,* Corporate Social Responsibility, 2. Aufl., 2014, S. 66 ff.; *Fleischer,* AG 2017, 509, 509; *Klein,* Die Bedeutung nachhaltigen Verhaltens von Unternehmen – ein interdisziplinärer Ansatz, 2011, S. 50 f.; *Mildenberger/Khare/Thiede,* Festgabe Bellmann, 2008, S. 107, 108. Für eine Auswahl von Definitionen vgl. etwa *Schneuwly,* Corporate Social Responsibility an der Schnittstelle von Wirtschaft, Recht und Politik, 2012, S. 8 ff.; *Watter/ Spillmann,* GesKR 2006, 94, 96; vgl. auch *Carroll,* 38(3) Business & Society 268, 269 ff. (1999).

[25] *Bundesrat,* Gesellschaftliche Verantwortung der Unternehmen, Positionspapier und Aktionsplan des Bundesrates zur Verantwortung der Unternehmen für Gesellschaft und Umwelt vom 1.4.2015, S. 5 (<http://www.news.admin.ch/NSBSubscriber/message/attach ments/38880.pdf>).

[26] *Bundesrat* (Fn. 25), S. 3.

[27] *Bundesrat* (Fn. 25), S. 3.

[28] Mitteilung der Kommission an das Europäische Parlament, den Rat, den Europäischen Wirtschafts- und Sozialausschuss und den Ausschuss der Regionen, Eine neue EU-Strategie (2011–14) für die soziale Verantwortung der Unternehmen (CSR) vom 25.10.2011, KOM(2011) 681 endgültig, Ziff. 3.1. 2001 hatte die Kommission CSR noch definiert „als ein Konzept, das den Unternehmen als Grundlage dient, auf freiwilliger Basis soziale Belange und Umweltbelange in ihre Unternehmenstätigkeit und in die Wechselbeziehungen mit den Stakeholdern zu integrieren" (Grünbuch, Europäische Rahmenbedingungen für die soziale Verantwortung der Unternehmen vom 18.7.2001, KOM[2001] 366 endgültig, Ziff. 20).

[29] Vgl. dazu etwa *Bohrer,* GesKR 2016, 273, 274; *Nobel,* in: Berner Kommentar (Fn. 12), § 9 Rn. 286; *Watter/Spillmann,* GesKR 2006, 94, 110.

national Enterprises (OECD-Leitsätze für multinationale Unternehmen),[30] der *UN Global Compact,*[31] die *UN Guiding Principles on Business and Human Rights* (UNO-Leitprinzipien für Wirtschaft und Menschenrechte, *Ruggie-Principles),*[32] die *ILO Core Conventions*[33] und die *ISO 14000*[34] *und 26000*[35].

c) Theorien der erweiterten Unternehmensverantwortung in der Ökonomie

(1) Allgemeines

In der Ökonomie hat sich im Kontext von CSR eine Vielzahl von Theorien und Konzepten entwickelt.[36] Dabei werden verschiedene *Theorien der erweiterten Unternehmensverantwortung* diskutiert.[37] Nach den *(ökonomisch-)instrumentellen Theorien* sind Unternehmen auf Profitmaximierung ausgerichtet. Im Zentrum steht der klassische *shareholder value-Ansatz.*[38] Die *politischen Theorien* legen den Fokus auf die Tatsache, dass zahlreiche Unternehmen einflussreiche Institutionen sind. Von ihnen wird erwartet, dass sie als gesellschaftliche Akteure ihre Macht verantwortungsbewusst einsetzen und teilweise auch staatliche Aufgaben übernehmen. Ein zentraler Begriff dieser Theorien ist die sog. *corporate citizenship.*[39] Nach den *(sozial-)integrativen Theorien* sind die Unternehmen auf die (zivile) Gesellschaft angewiesen und müssen daher gesellschaftliche Belange bei ihrem Handeln mitberücksichtigen. Die Diskussion dreht sich bei diesen Theorien unter anderem um die Begriffe *stakeholder management* und *corporate social performance.*[40]

---

[30] <https://www.oecd.org/corporate/mne/48004323.pdf>.

[31] <https://www.unglobalcompact.org/what-is-gc/mission/principles>.

[32] <http://www.ohchr.org/Documents/Publications/GuidingPrinciplesBusinessHR_EN.pdf>.

[33] <http://www.ilo.org/asia/decentwork/dwcp/WCMS_143046/lang--en/index.htm>; vgl. auch die *Tripartite declaration of principles concerning multinational enterprises and social policy (MNE Declaration)* (<http://www.ilo.org/wcmsp5/groups/public/---ed_emp/---emp_ent/---multi/documents/publication/wcms_094386.pdf>).

[34] *Umweltmanagement.*

[35] *Leitfaden zur gesellschaftlichen Verantwortung,* vgl. dazu <https://www.kmu.admin.ch/kmu/de/home/praktisches-wissen/kmu-betreiben/zertifizierung-und-normierung/normierung/qualitaetsmanagement/corporate-social-responsibility.html>.

[36] Vgl. etwa *Crane/Matten/Spence* (Fn. 24), S. 66 ff.

[37] Vgl. dazu *Garriga/Melé,* 53(1–2) Journal of Business Ethics 51, 52 ff. (2004).

[38] Vgl. *Garriga/Melé,* 53(1–2) Journal of Business Ethics 51, 53 ff. (2004). Zu den Vertretern dieser Theorien vgl. *dies.,* 53(1–2) Journal of Business Ethics 51, 63 f. (Table 1) (2004), wobei *Milton Friedman* der bekannteste Vertreter sein dürfte. Zum *shareholder value*-Ansatz vgl. unten VI.2.d)(1).

[39] Vgl. *Garriga/Melé,* 53(1–2) Journal of Business Ethics 51, 55 ff. (2004). Zu den Vertretern dieser Theorien vgl. *dies.,* 53(1–2) Journal of Business Ethics 51, 63 f. (Table 1) (2004). Zur *corporate citizenship* vgl. unten II.2.c)(2)(b).

[40] Vgl. *Garriga/Melé,* 53(1–2) Journal of Business Ethics 51, 57 ff. (2004). Zu den Vertretern dieser Theorien vgl. *dies.,* 53(1–2) Journal of Business Ethics 51, 63 f. (Table 1) (2004).

Ethische Theorien gehen von der Notwendigkeit aus, dass sich Unternehmen für eine gute Gesellschaft engagieren. Dabei stehen das sog. *sustainable development,* die *universal rights* und der *common good approach* im Zentrum der Diskussion.[41]

Im vorliegenden Zusammenhang interessieren die *politischen Theorien* und der im Zentrum stehende Begriff der *corporate citizenship* bzw. des *good corporate citizen.* Darauf ist im Folgenden einzugehen.

(2) Politische Theorien

(a) Allgemeines

Wie ausgeführt, knüpfen die politischen Theorien daran an, dass zahlreiche Unternehmen einflussreiche Institutionen sind. Die Gesellschaft darf von ihnen erwarten, dass sie ihre Macht und ihren Einfluss verantwortungsbewusst einsetzen. Dazu kann auch gehören, dass sie staatliche Aufgaben übernehmen, soweit der Staat nicht in der Lage ist, diese Aufgaben selbst zu erfüllen.[42]

Das Engagement der Unternehmen wird bisweilen mit der Rolle als „Bürger"[43] umschrieben. Unternehmen sind somit *corporate citizens*[44] und sollen sich als *good corporate citizens*[45] aufführen.

(b) Corporate citizenship

Der Begriff der sog. *corporate citizenship* wurde in den 80er-Jahren des 20. Jahrhunderts in die Unternehmenspraxis eingeführt.[46] Er umschreibt die Rolle des Unternehmens in der Gesellschaft.[47] Der herrschende Ansatz konzentriert sich hauptsächlich auf die Pflichten, Verantwortung und Beziehungen der Unternehmen zu weiteren gesellschaftlichen Gruppen und Institu-

---

[41] Vgl. *Garriga/Melé,* 53(1–2) Journal of Business Ethics 51, 60 ff. (2004). Zu den Vertretern dieser Theorien vgl. *dies.,* 53(1–2) Journal of Business Ethics 51, 63 f. (Table 1) (2004).

[42] Vgl. auch *Matten/Crane/Chapple,* 45(1–2) Journal of Business Ethics 109, 116 f. und 118 (2003); *Mildenberger/Khare/Thiede,* Festgabe Bellmann, 2008, S. 107, 112; *Scherer/Palaz-zo/Matten,* 53(2) Business & Society 143, 143 ff. (2014).

[43] Zur Problematik des Begriffs vgl. auch Fn. 54 unten.

[44] Vgl. *Crane/Matten/Moon,* in: Scherer/Palazzo (Hrsg.), Handbook of Research on Global Corporate Citizenship, 2008, S. 35; vgl. auch *Garriga/Melé,* 53(1–2) Journal of Business Ethics 51, 56 f. (2004).

[45] Vgl. etwa *Carroll,* 34(4) Business Horizons 39, 42 (1991).

[46] Vgl. *Crane/Matten/Moon* (Fn. 44), S. 25; *Garriga/Melé,* 53(1–2) Journal of Business Ethics 51, 57 (2004); *Melé,* in: Crane/McWilliams/Matten/Moon/Siegel (Hrsg.), The Oxford Handbook of Corporate Social Responsibility, 2009, S. 47, 69. Der Begriff *citizenship* stammt aus der Politikwissenschaft (*Garriga/Melé,* 53(1–2) Journal of Business Ethics 51, 57 [2004]).

[47] Vgl. *Crane/Matten/Moon* (Fn. 44), S. 35.

tionen.[48] Die *corporate citizenship*-Theorie ist Teil des politischen Konzepts des CSR-Ansatzes und beinhaltet ihrerseits verschiedene Ausrichtungen und Modelle.[49] Je nach Ansatz sollen die Verantwortung und Aufgaben der Unternehmen weiter gehen.

Bei der *limited view of corporate citizenship* steht die philanthropische Verantwortung der Unternehmen im Zentrum.[50] Nach der CSR-Pyramide von *Carroll* steht die philanthropische Verantwortung an der Spitze der vierstufigen Pyramide, wobei auf den unteren Stufen aufsteigend die ökonomische, rechtliche und ethische Verantwortung dargestellt werden.[51] Nach diesem Ansatz führt nur ein stabiles soziales, ökologisches und politisches Umfeld zu gewinnbringender unternehmerischer Aktivität. Eigennützige Interessen des Unternehmens werden langfristig durch Investitionen in die soziale Umwelt maximiert.[52] In diesem Sinn ist die Verfolgung eigennütziger Interessen des Unternehmens nicht ausgeschlossen. Auf freiwilliger Basis sollen finanzielle und personelle Ressourcen zum Wohl der Gesellschaft „im Sinne der Mildtätigkeit" bereitgestellt werden.[53] Das Unternehmen wird als „korporative Bürgerschaft"[54] betrachtet, das in einem vertikalen Verhältnis zur Regierung steht und in der politischen Debatte eine Schlüsselfunktion einnimmt, indem es bestimmte Probleme ansprechen kann.[55]

Bei der *extended view of corporate citizenship* nehmen Unternehmen eine Rolle ein, die originär dem Staat gebührt.[56] Sie werden mit öffentlichen Aufgaben betraut, namentlich mit der Bereitstellung von öffentlichen Gütern wie Wasser und Strom, aber auch der Sicherstellung von Rechten und Tätigkeiten im Gesundheits- und Bildungswesen. Zur Staatsgewalt, die selbst nicht in der

---

[48] Vgl. auch *Crane/Matten/Moon* (Fn. 44), S. 28.

[49] Vgl. *Garriga/Melé,* 53(1–2) Journal of Business Ethics 51, 55 ff. (2004); *Mildenberger/Khare/Thiede,* Festgabe Bellmann, 2008, S. 107, 111 und 124. Neben einer *limited view of corporate citizenship* werden auch eine *view equivalent to CSR* bzw. eine *equivalent view of corporate citizenship* und eine *extended view of corporate citizenship* vertreten, die inhaltlich unterschiedlich weit gehen (vgl. zu diesen Ansätzen etwa *Matten/Crane/Chapple,* 45(1–2) Journal of Business Ethics 109, 112 ff. [2003]; *Garriga/Melé,* 53(1–2) Journal of Business Ethics 51, 57 [2004]).

[50] Vgl. *Crane/Matten/Moon* (Fn. 44), S. 28; *Garriga/Melé,* 53(1–2) Journal of Business Ethics 51, 57 (2004); *Mildenberger/Khare/Thiede,* Festgabe Bellmann, 2008, S. 107, 111.

[51] *Carroll,* 34(4) Business Horizons 39, 42 (1991).

[52] Vgl. *Crane/Matten/Moon* (Fn. 44), S. 28 f.

[53] Vgl. *Mildenberger/Khare/Thiede,* Festgabe Bellmann, 2008, S. 107, 118.

[54] Zur Problematik der Übersetzung der englischen *citizenship* mit dem Begriff der deutschen *Bürgerschaft* vgl. *Matten/Crane/Chapple,* 45(1–2) Journal of Business Ethics 109, 118 (Note) (2003) m.w.H.

[55] Vgl. *Crane/Matten/Moon* (Fn. 44), S. 35 f.

[56] Vgl. *Crane/Matten/Moon* (Fn. 44), S. 30 f. und 36 ff.; *Garriga/Melé,* 53(1–2) Journal of Business Ethics 51, 57 (2004); *Mildenberger/Khare/Thiede,* Festgabe Bellmann, 2008, S. 107, 112.

Lage ist, diese Aufgaben wahrzunehmen,[57] stehen sie in einem horizontalen Verhältnis.[58] Vorab in Entwicklungsländern treten multinationale Konzerne als „Regierungssurrogat" auf.[59] Damit kommt es zu einer problematischen Verschiebung der Rollen zwischen Unternehmen und Regierung, die vielfach mit Ängsten und mangelnder Transparenz verbunden ist, weil Unternehmen für solche Aufgaben nicht bestimmt sind.[60]

Corporate citizenship-Konzepte haben derzeit zwar Hochkonjunktur,[61] sie stoßen aber nicht nur auf Zustimmung,[62] sondern verschiedentlich auch auf Kritik und Ablehnung.[63] Ob *corporate citizenship* „An Idea Whose Time Has Not Yet Come"[64] ist bzw. ob die verschiedenen Theorien dazu beitragen werden, die Auswirkungen der Tätigkeit von Unternehmen in einer globalisierten Welt besser zu verstehen und Probleme zu lösen, kann an dieser Stelle nicht erörtert werden. Ebenso wenig kann im Rahmen dieses Beitrags näher auf die verschiedenen *corporate citizenship*-Konzepte eingegangen werden. Vorliegend interessiert die Frage, ob politisches Engagement von Unternehmen zulässig ist und wo die Grenzen liegen. Dies ist eine rechtliche Frage, auf die eingegangen werden soll.[65] Inwieweit politisches Engagement demgegenüber *wünschenswert* ist, ist eine soziologische und philosophische sowie allenfalls ökonomische Frage, die im Rahmen dieses Beitrags nicht abgehandelt werden kann.

III. Politisches Engagement von Unternehmen

1. *Allgemeines und Begriff des politischen Engagements von Unternehmen*

Der Einfluss von Unternehmen auf den politischen Prozess etwa durch Spendentätigkeit, Lobbyismus oder andere Aktivitäten hat stark zugenommen. Unternehmen sind zu einem öffentlich mehr oder weniger akzeptierten *Player* im politischen Prozess geworden.[66] Durch Lobbyismus und Kampagnenfinanzierung können Unternehmen einen wichtigen Beitrag zur politischen

---

[57] Entweder liegt ein Staatsversagen vor oder die Regierung konnte sich die öffentliche Aufgabe noch nicht anmaßen (*Crane/Matten/Moon* [Fn. 44], S. 37).

[58] Vgl. *Crane/Matten/Moon* (Fn. 44), S. 37.

[59] Vgl. *Crane/Matten/Moon* (Fn. 44), S. 37 f.

[60] Vgl. auch *Crane/Matten/Moon* (Fn. 44), S. 38.

[61] So *Nobel,* in: Berner Kommentar (Fn. 12), § 9 Rn. 277.

[62] Vgl. *Matten/Crane/Chapple,* 45(1–2) Journal of Business Ethics 109, 117 (2003), die von einer „enthusiastic adoption of the term CC [*corporate citizenship*] in the business world" sprechen.

[63] Vgl. dazu *Crane/Matten/Moon* (Fn. 44), S. 44.

[64] *Van Oosterhout,* Academy of Management Review 4/30, 677, 677 (2005).

[65] Vgl. dazu unten VI.

[66] Vgl. etwa *Matten/Crane/Chapple,* 45(1–2) Journal of Business Ethics 109, 117 (2003).

Diskussion leisten.[67] Der Begriff des politischen Engagements von Unternehmen wird in der Literatur indessen nicht als rechtlich feststehender Begriff verwendet. Die Unternehmen selbst brauchen den Begriff oder ähnliche Begriffe, um ihre Aktivitäten im (partei-)politischen Bereich zu umschreiben, insbesondere Lobbying-Aktivitäten und Spendentätigkeit. Politisches Engagement beinhaltet aber nicht nur parteipolitische Aktivitäten, sondern kann auch im sozialpolitischen Umfeld stattfinden. Im Folgenden werden die Arten und Formen politischen Engagements von Unternehmen näher betrachtet.

2. Arten politischen Engagements von Unternehmen

Bei den Arten von politischem Engagement in einem weiteren Sinn kann man parteipolitisches Engagement (im eigentlichen Sinn) sowie sozialpolitisches Engagement bzw. gesellschaftspolitisches Engagement im weiteren Sinn unterscheiden.

Beim parteipolitischen Engagement geht es darum, dass sich das Unternehmen in die Politik einmischt, indem es beispielsweise Spenden an politische Parteien tätigt, Lobbyismus betreibt oder Grundrechte ausübt. Unter sozialpolitischem bzw. gesellschaftspolitischem Engagement kann die Verfolgung der unterschiedlichen Anliegen der verschiedenen *stakeholders* verstanden werden. Hauptsächlich um diese Art von Engagement dreht sich die Diskussion im Rahmen der Corporate Social Responsibility. Es geht um die Frage, inwieweit sich ein Unternehmen beispielsweise für Arbeitnehmer, Umwelt und die Einhaltung von Menschenrechten einsetzen soll. Gesellschaftspolitisches Engagement im weiteren Sinn umfasst demnach jede Tätigkeit des Unternehmens, die nicht nur und unmittelbar der Gewinnmaximierung dient, sondern neben dem Mehrwert für die *shareholders* auch für die *stakeholders* einen *added value* generiert. Dabei wird auch vom *triple bottom line*-Ansatz gesprochen. Letztlich geht es dabei um die Schaffung von Mehrwert im Interesse aller Anspruchsgruppen.[68]

---

[67] Vgl. *Crane/Matten/Moon* (Fn. 44), S. 36.

[68] Vgl. dazu etwa *Forstmoser,* FS Nobel, 2015, S. 157, 158. In neuster Zeit hat der *stakeholder approach* (vgl. dazu unten VI.2.d)(1)) durch das Konzept des *shared value,* bei dem es nicht (bloß) um Verantwortung, sondern um die Schaffung von Mehrwert sowohl für die Unternehmen (Steigerung der Wettbewerbsfähigkeit) wie auch für die Gesellschaft (Verbesserung der wirtschaftlichen und sozialen Bedingungen) geht, eine Akzentuierung erhalten (vgl. dazu *Porter/Kramer,* 89(1–2) Harvard Business Review 62, 62 ff. insbes. 66 [2011]; vgl. auch *Forstmoser,* FS Nobel, 2015, S. 157, 158 m.w.H.).

3. *Formen politischen Engagements von Unternehmen*

a) *Allgemeines*

Es gibt verschiedene Formen, wie sich ein Unternehmen politisch engagieren kann. Neben der Spendentätigkeit und dem Sponsoring kommt auch Lobbyismus in Betracht. Auch die Ausübung von Grundrechten und die Wahrnehmung öffentlicher – an sich dem Staat vorbehaltener – Aufgaben sind eine Form von politischem Engagement. Im Folgenden sollen diese Formen näher beleuchtet werden.

b) *Spenden*

Spenden sind freiwillig erfolgte Zuwendungen, denen keine wirtschaftlich gleichwertige Gegenleistung durch den Empfänger gegenübersteht, die aber in der Absicht erbracht werden, dass der Empfänger mit den Mitteln einen bestimmten Zweck verfolgt.[69] Zivilrechtlich handelt es sich dabei in aller Regel um Schenkungen.[70]

Spenden von Unternehmen werden bisweilen unter dem Begriff korporative Freigiebigkeit bzw. korporative Philanthropie abgehandelt.[71] Dabei kann man einerseits zwischen öffentlich gemachten und nicht öffentlichen Spenden, andererseits zwischen gemeinnützigen Spenden, Parteispenden und sonstigen Spenden unterscheiden.[72] Im Rahmen von parteipolitischen Spenden unterstützen Unternehmen vielfach Komitees, Verbände, Kampagnen und Veranstaltungen im Umfeld von Abstimmungen, die für sie von Interesse sind. Die gezielte Unterstützung von Parteien als solche wird von den Unternehmen demgegenüber als heikel eingestuft.[73] Durch Geld soll keine Machtpolitik betrieben werden und politisches Engagement soll nicht als Schuss nach hinten losgehen. Gemeinhin ist man versucht, wirtschaftlichen Schaden durch politisches Engagement zu verhindern und hält sich daher mit Informationen lieber bedeckt.[74]

---

[69] Zum Begriff vgl. *Watter/Rohde,* Festgabe Schweizerischer Juristentag, 2006, S. 329, 330 ff. m.w.H.; vgl. auch *Homburger,* in: Zürcher Kommentar zum Schweizerischen Zivilgesetzbuch, Band V./5.b, 2. Aufl., 1997, Art. 717 Rn. 966, der von Vergabungen spricht.

[70] Art. 239 Abs. 1 und Art. 245 Abs. 1 OR. „Spenden erfolgen wie Schenkungen freiwillig. Von der gewöhnlichen Schenkung unterscheidet sich die Spende darin, dass der Spender mit seiner Zuwendung bezweckt, dass der Empfänger eine bestimmte Aufgabe erfüllt" (BGE 126 II 443, E. 8.a) [im mehrwertsteuerlichen Kontext]).

[71] Vgl. dazu unten VI.2.d)(3).

[72] Vgl. dazu unten VI.2.d)(4).

[73] Vgl. etwa *Stindt,* Finanz und Wirtschaft, 22.1.2000, 29; vgl. dazu auch unten VI.2.d)(4)(a).

[74] Vgl. *Stindt,* Finanz und Wirtschaft, 22.1.2000, 29; vgl. auch *Actares,* Politische Spenden von Unternehmen im Swiss Market Index 2013 & 2014, 3 ff. (<http://www.actares.ch/download/150709_Actares_SMI_PolitischeSpenden13-14.pdf>).

c) Sponsoring

Das Sponsoring beruht – anders als die Spende[75] – auf dem Prinzip von Leistung und Gegenleistung. Der Sponsor erbringt im Rahmen eines Vertragsverhältnisses mit dem Sponsornehmer gewisse Leistungen und der Sponsornehmer entfaltet seinerseits eine bestimmte Tätigkeit und überlässt dem Sponsor Rechte für kommunikative (Werbe-)Maßnahmen.[76] Sponsoring ist ein Instrument der *Public Relations,* indem der Sponsor sich damit in der Öffentlichkeit zur Geltung bringt.[77]

Unternehmen legen in aller Regel Wert darauf, dass durch Geldvergabe keine Machtpolitik betrieben wird und mit dem Sponsoring keine konkreten Forderungen verbunden sind.[78]

d) Lobbyismus

Beim Lobbyismus oder Lobbying geht es um die Einflussnahme von Interessengruppen auf die politische Entscheidungsfindung.[79] Lobbyisten sind Personen, die Interessen Dritter in deren Auftrag und gegen Entgelt gegenüber den politischen Entscheidungträgern vertreten.[80] Für eine demokratische Ordnung ist es charakteristisch, dass soziale Probleme der Allgemeinheit in öffentlicher Auseinandersetzung gelöst werden.[81] Interessenverbände fungieren dabei als strukturierte, meinungsbildende Öffentlichkeit.[82] Sie werden etwa auf dem Gebiet der Rechtssetzung und im Rahmen von Vernehmlassungsverfahren tätig, indem sie Entscheidungträger mit fachlichen Informationen dokumentieren und für eigene Anliegen sensibilisieren.[83]

Die zunehmend stärkere weltweite Vernetzung von Wirtschaft und Gesellschaft führt dazu, dass heute nicht mehr nur (große) Interessenverbände, sondern vermehrt auch einzelne Unternehmen oder kleine Gruppen von Unter-

---

[75] *Watter/Rohde,* Festgabe Schweizerischer Juristentag, 2006, S. 329, 342 Fn. 58, weisen allerdings richtigerweise darauf hin, dass die Grenze zwischen Spende und Sponsoring fließend ist. Die Unterscheidung zwischen Spende und Sponsoring spielt etwa im mehrwertsteuerlichen Kontext eine Rolle (vgl. Art. 3 lit. i MWSTG zum Begriff der Spende).

[76] *Watter/Rohde,* Festgabe Schweizerischer Juristentag, 2006, S. 329, 331 m.w.H.; vgl. auch *Homburger,* in: Zürcher Kommentar zum Schweizerischen Zivilgesetzbuch (Fn. 69), Art. 717 Rn. 973; *Rapp,* SZW 1991, 189, 190 ff. Eingehend zum Sponsoring *Bruhn,* Sponsoring, 5. Aufl., 2010.

[77] *Homburger,* in: Zürcher Kommentar zum Schweizerischen Zivilgesetzbuch (Fn. 69), Art. 717 Rn. 973.

[78] *Stindt,* Finanz und Wirtschaft, 22.1.2000, 29.

[79] *Bösch,* LeGes 2013, 631, 631.

[80] *Wyer,* LeGes 2013, 591, 594.

[81] *Müller,* Die demokratische Verfassung, 2. Aufl., 2009, S. 91.

[82] Vgl. *Wyss,* LeGes 2013, 571, 571 f.; zur strukturierten, meinungsbildenden Öffentlichkeit vgl. *Müller* (Fn. 81), S. 94 ff.

[83] *Wyss,* LeGes 2013, 571, 572 f.

nehmen eigenständig ihre Interessen vertreten und Lobbyismus betreiben.[84] Die wachsende Komplexität der Gesetzgebung bringt zudem mit sich, dass wissenschaftliche Politikberatung an Bedeutung gewinnt. Vielfach sind die Grenzen zwischen einer Expertenbeteiligung im Sinne eines fachlichen Inputs von Kennern der Materie und aktiver Interessenpolitik fließend.[85]

e) Ausübung von Grundrechten

Nicht nur natürliche Personen, sondern auch juristische Personen des Privatrechts können sich auf Grundrechte berufen.[86] Wer – wie juristische Personen des Privatrechts – rechtsfähig ist,[87] ist grundsätzlich auch grundrechtsfähig. Juristische Personen sind indessen nur dann Träger eines Grundrechts, wenn das entsprechende Grundrecht seiner Natur nach einer juristischen Person zustehen kann.[88] Soweit das Unternehmen Rechtspersönlichkeit besitzt, kann es daher grundsätzlich auch verfassungsrechtliche Garantien mit *politischem* Einschlag anrufen.[89] Die Ausübung von Grundrechten ist aber nur im Rahmen der Zweckbestimmung der juristischen Person geschützt.[90]

Zu den Grundrechten, die eine juristische Person ausüben kann, gehört insbesondere das Petitionsrecht.[91] Dabei geht es allerdings nicht um eine eigentliche Mitwirkung am politischen Willensbildungsprozess, sondern darum, dass sich jemand mit einer Bitte, einem Vorschlag oder einer Kritik an eine Behörde wendet und von ihr auch gehört wird.[92] Auch auf die Wirtschaftsfreiheit,[93] welche kommerzielle Kundgaben[94] und gewinnstrebige Vereinigungen

---

[84] *Bösch*, LeGes 2013, 631, 634; vgl. auch *Anastasiadis*, 53(2) Business & Society 260, 260 ff. (2014).

[85] Vgl. *Wyss*, LeGes 2013, 571, 574 f.

[86] Zur Grundrechtsträgerschaft juristischer Personen vgl. *Müller/Baldegger*, FS Wiegand, 2005, S. 551, 551 ff., insbes. 558 ff., die festhalten, dass in der Bundesverfassung nichts zur Grundrechtsträgerschaft juristischer Personen gesagt werde und auch die staatsrechtliche Literatur das Problem wenig grundsätzlich diskutiere.

[87] Art. 53 ZGB.

[88] Vgl. etwa *Häfelin/Haller/Keller/Thurnherr*, Schweizerisches Bundesstaatsrecht, 9. Aufl., 2016, Rn. 294; *Kiener/Kälin*, Grundrechte, 2. Aufl., 2013, S. 63 f. Zum Begriff der Grundrechte vgl. etwa *Haller/Kölz/Gächter*, Allgemeines Staatsrecht, 5. Aufl., 2013, Rn. 1047.

[89] Vgl. auch für das deutsche Recht *Fleischer*, AG 2001, 171, 179.

[90] Vgl. *Baldegger*, Menschenrechtsschutz für juristische Personen in Deutschland, der Schweiz und den Vereinigten Staaten, 2017, S. 349 f. (in Bezug auf das Petitionsrecht).

[91] Art. 33 BV; vgl. etwa *Häfelin/Haller/Keller/Thurnherr* (Fn. 88), Rn. 903; *Huguenin/Reitze*, in: Basler Kommentar Zivilgesetzbuch I, 5. Aufl., 2014, Art. 53 Rn. 11; *Kiener/Kälin* (Fn. 88), S. 283; *Müller/Schefer*, Grundrechte in der Schweiz, 4. Aufl., 2008, S. 647. Man spricht dabei auch vom *korporativen Petitionsrecht*, vgl. etwa *Baldegger* (Fn. 90), S. 349.

[92] *Müller/Schefer* (Fn. 91), S. 641; vgl. auch *Kiener/Kälin* (Fn. 88), S. 283.

[93] Art. 27 BV.

schützt,[95] können sich juristischen Personen berufen.[96] Die politischen Rechte im Sinne von Art. 34 BV[97] stehen demgegenüber den als juristische Personen konstituierten privatrechtlichen Unternehmen nicht zu.[98]

f) Wahrnehmung öffentlicher Aufgaben

Unternehmen können sich (sozial-)politisch engagieren, indem sie öffentliche Aufgaben wahrnehmen, etwa im Gesundheitswesen oder in der Bildung. Oft geschieht die Wahrnehmung öffentlicher Aufgaben im Rahmen von Öffentlich-Privaten Partnerschaften, sog. *Public Private Partnerships*. Was *Public Private Partnerships* sind, wird nicht einheitlich umschrieben. So zahlreich die Definitionen sind, so weit sind auch die Felder und Formen, in denen sie in Erscheinung treten.[99] *Public Private Partnerships* umfassen in einem weiteren Sinn sämtliche Formen und Arten der Zusammenarbeit und Kooperationen zwischen öffentlichen Stellen und Privatunternehmen zur Erfüllung öffentlicher Aufgaben.[100] Sie befinden sich an der Schnittstelle von privatem und öffentlichem Recht, wobei die juristische Diskussion vorab im öffentlichen Recht stattfindet.

---

[94] *Müller/Schefer* (Fn. 91), S. 366 f.

[95] *Kiener/Kälin* (Fn. 88), S. 265.

[96] Vgl. *Huguenin/Reitze*, in: Basler Kommentar Zivilgesetzbuch I (Fn. 91), Art. 53 Rn. 11; *Kiener/Kälin* (Fn. 88), S. 63; *Reich*, Grundsatz der Wirtschaftsfreiheit, 2011, Rn. 138; *Uhlmann*, in: Basler Kommentar Bundesverfassung, 2015, Art. 27 Rn. 28.

[97] Dazu gehören die aktive Teilnahme an der staatlichen Willensbildung im Rahmen des Wahlrechts, die Teilnahme an Volksabstimmungen, die Lancierung und Unterzeichnung von Initiativen und Referenden (vgl. etwa *Kiener/Kälin* [Fn. 88], S. 289 und 292 f.).

[98] Vgl. *Huguenin/Reitze*, in: Basler Kommentar Zivilgesetzbuch I (Fn. 91), Art. 53 Rn. 11 (bezüglich des Stimm- und Wahlrechts in öffentlich-rechtlichen Gebietskörperschaften); *Kiener/Kälin* (Fn. 88), S. 291 (mit Hinweis darauf, dass das Bundesgericht ausnahmsweise aber auch juristischen Personen, die politische Aktivitäten entfalten, wie etwa politische Parteien und Initiativkomitees, die Befugnis zugestehe, sich im Beschwerdeverfahren auf Art. 34 BV zu berufen); vgl. auch *Attinger*, Die Rechtsprechung des Bundesgerichts zu kantonalen Volksinitiativen, 2016, S. 25 f.; *Besson*, ZBJV 2011, 843, 852 ff.

[99] Vgl. *Beyeler*, Der Geltungsanspruch des Vergaberechts, 2012, Rn. 924 m.w.H., wonach bei genauerer Betrachtung unter den Titel *Public Private Partnership* verschiedenste Sachverhalte von ganz unterschiedlicher tatsächlicher Natur und rechtlicher Qualifikation subsumiert werden könnten; vgl. auch *Häfelin/Müller/Uhlmann*, Allgemeines Verwaltungsrecht, 7. Aufl., 2016, Rn. 1805; *Europäische Kommission*, Grünbuch zu öffentlich-privaten Partnerschaften und den gemeinschaftlichen Rechtsvorschriften für öffentliche Aufträge und Konzessionen vom 30.4.2004, KOM(2004) 327 endgültig, Ziff. 1.1 sowie die daran angelehnte Definition bei *Chamakou*, Die Öffentlich-Private Partnerschaft als neues Handlungsinstrument zwischen öffentlichem Recht und Zivilrecht, 2011, S. 50.

[100] Vgl. *Ehrensperger*, Erfolgsvoraussetzungen von Public Private Partnership im öffentlichen Hochbau, 2007, S. 6 f.; *Loer*, Public Private Partnership und Public Public Partnership, 2007, S. 31.

Indem im Rahmen von *Public Private Partnerships* die öffentliche Hand und privatrechtlich organisierte Unternehmen zusammenarbeiten und Ressourcen zusammenlegen, kann fallweise ein Mehrwert erzeugt werden. Aufgaben können entsprechend den Stärken und Kenntnissen der Partner aufgeteilt werden. Wird ein Partner aus der Privatwirtschaft in Projekte der öffentlichen Hand eingebunden, kann der längerfristige Nutzen eines Projekts erhöht werden.[101]

Die Wahrnehmung öffentlicher Aufgaben durch Private ist kein modernes Phänomen, auch wenn die Problematik in der heutigen Zeit intensiv diskutiert wird, unter anderem weil von Unternehmen erwartet wird, dass sie als gesellschaftliche Akteure ihre Macht verantwortungsbewusst einsetzen und unter Umständen auch staatliche Aufgaben übernehmen.[102] Bereits im Mittelalter gab es Unternehmen, die sich für das Wohl der Allgemeinheit einsetzten und damit sozialpolitisch tätig waren. Zu denken ist etwa an die *Fugger,* eine Kaufmannsfamilie, welche die älteste bestehende Sozialsiedlung der Welt, die *Fuggerei,* im Jahre 1521 in Augsburg gestiftet hatte.[103]

4. *Interesse an politischem Engagement von Unternehmen*

Damit ein Unternehmen nachhaltig bestehen und erfolgreich wirken kann, braucht es günstige Rahmenbedingungen. Unternehmen haben daher ein Interesse, durch politisches Engagement wie beispielsweise Lobbying vorteilhafte wirtschaftliche Rahmenbedingungen zu erwirken.[104] In diesem Sinn fungiert etwa die *Avenir Suisse* als Lobby des Liberalismus.[105]

Ein Interesse daran, dass sich Unternehmen politisch engagieren, haben indessen nicht nur die Unternehmen selbst, sondern auch die Zivilgesellschaft. Ein Unternehmen, das sich politisch engagiert bzw. engagieren darf und für seine Interessen kämpft, wird weniger geneigt sein, seinen Standort zu verlegen. Damit bleiben Arbeitsplätze im Land erhalten und Steuereinnahmen werden gesichert. Das ist im Interesse der Zivilgesellschaft.

Schließlich hat auch der Rechtsstaat als solcher ein Interesse am politischen Engagement von Unternehmen. Unternehmen sind Machtfaktoren und können auf Missstände aufmerksam machen.[106] Werden Missstände behoben und ungünstige Rahmenbedingungen beseitigt, ist die Wahrscheinlichkeit höher, dass ein Unternehmen seinen Standort nicht in ein rechtsstaatlich pro-

---

[101] *Bundesrat* (Fn. 25), S. 14.
[102] Vgl. dazu auch *Scherer/Palazzo/Matten,* 53(2) Business & Society 143, 143 ff. (2014) sowie oben II.
[103] Vgl. dazu <http://www.fugger.de/home.html>.
[104] Vgl. auch *Stindt,* Finanz und Wirtschaft, 22.1.2000, 29.
[105] Vgl. *Grünenfelder,* Finanz und Wirtschaft, 29.3.2017, 12.
[106] Zu den Unternehmen als machtvolle Institutionen vgl. oben II.

blematisches Land verlegt und dort seine Tätigkeit fortführt. Damit ist letztlich auch rechtsstaatlichen Interessen gedient.

(Sozial-)politisches Engagement wird daher verschiedentlich auch vom Staat gefördert. So unterstützt der Bund Unternehmen beispielsweise bei der Wahrnehmung der Corporate Social Responsibility durch verschiedene Maßnahmen,[107] etwa durch die Förderung von Öffentlich-Privaten Partnerschaften, sog. *Public Private Partnerships* (PPP),[108] aber auch durch die Förderung der Teilnahme von Schweizer Unternehmen an Projekten der Entwicklungszusammenarbeit[109] und von globalen Partnerschaften für die Entwicklung.[110]

IV. Das Unternehmen als *good corporate citizen*

Wie oben ausgeführt, sind zahlreiche Unternehmen machtvolle und einflussreiche Institutionen. Von ihnen wird erwartet, dass sie ihre Macht verantwortungsbewusst einsetzen.[111] Das Auftreten des Unternehmens als *good corporate citizen* verbessert die soziale Akzeptanz und die gesellschaftliche Integration.[112] Ein Unternehmen ist für ein „erfolgreiches Wirtschaften auf den Rückhalt aller Bezugsgruppen angewiesen".[113] In diesem Sinn sind nicht nur die Interessen der *shareholders* zu berücksichtigen, sondern auch – in angemessenem Umfang – diejenigen der *stakeholders*.[114] Die soziale Akzeptanz des Unternehmens ist untrennbar mit seinen erwerbswirtschaftlichen Zielen verknüpft, indem sie letztlich auch das wirtschaftliche Fortkommen der Gesellschaft verbessert. Nur wenn das Gemeinwohl mitberücksichtigt wird, kann langfristig auch der wirtschaftliche Erfolg des Unternehmens sichergestellt werden.[115] Soziales Engagement erlaubt es dem Unternehmen, bestimm-

---

[107] *Bundesrat* (Fn. 25), S. 14.

[108] *Bundesrat* (Fn. 25), S. 14. Zu den *Public Private Partnerships* vgl. auch oben III.3.f).

[109] *Bundesrat* (Fn. 25), S. 36 ff.

[110] *Bundesrat* (Fn. 25), S. 36, wonach Partnerschaften mit multinationalen fortschrittlichen Unternehmen, Anspruchsgruppen der Zivilbevölkerung sowie Regierungen gefördert werden.

[111] Vgl. dazu oben II.

[112] Vgl. BGHSt 47, 187, 195; *Fleischer*, in: Spindler/Stilz, AktG, 3. Aufl., 2015, § 76 Rn. 46; *ders.*, FS Meincke, 2015, S. 101, 105.

[113] BGHSt 47, 187, 194 f.; vgl. auch *Fleischer*, in: Spindler/Stilz, AktG (Fn. 112), § 76 Rn. 46; *ders.*, AG 2001, 171, 175; *Watter/Rohde*, Festgabe Schweizerischer Juristentag, 2006, S. 329, 338.

[114] Zur Diskussion *shareholder value*-Ansatz vs. *stakeholder approach* vgl. unten VI.2.d)(1).

[115] Vgl. *Rapp*, SZW 1991, 189, 193; vgl. auch *Forstmoser*, Summa Dieter Simon, 2005, S. 207, 222; *Watter/Rohde*, Festgabe Schweizerischer Juristentag, 2006, S. 329, 338; für das deutsche Recht *Fleischer*, in: Spindler/Stilz, AktG (Fn. 112), § 76 Rn. 45 f.; *Kind*, NZG 2000, 567, 568.

te Kundengruppen anzusprechen, neue Märkte für Produkte zu erschließen und dadurch seinen Goodwill zu festigen.[116]

Es stellt sich somit die Frage, ob sich aus der Corporate Social Responsibility bzw. der Tatsache, dass die Gesellschaft ein *good corporate citizen* sein soll, für das politische Engagement von Unternehmen unmittelbar etwas ableiten lässt.

Nach der hier vertretenen Auffassung ist es weder eine aus der (*good) corporate citizenship* folgende Verantwortung, die das Unternehmen zu politischem Engagement verpflichtet, noch gibt es eine spezielle Corporate Social Responsibility, die *per se* eine Gesellschaft zu politischem Engagement ermächtigt.[117] Vielmehr ist es eine genuine Frage des Rechts, ob und in welchem Umfang politisches Engagement von Unternehmen zulässig ist.

Die Bezeichnung des Unternehmens als *good corporate citizen* hat zwar einen rechtstatsächlich richtigen Kern, weil die Gesellschaft integraler Bestandteil eines Sozialgefüges ist. Letztlich ist es aber nur eine Beschreibung der juristischen Person, die in gesellschaftsrechtliche Kategorien übersetzt und dogmatisch untermauert werden muss.[118] Es geht somit darum, das politische Engagement von Unternehmen in einen rechtlichen Rahmen einzuordnen.

V. Korporative Freigiebigkeit

Im Zusammenhang mit dem politischen Engagement von Unternehmen kreist die gegenwärtige Diskussion in Deutschland hauptsächlich um die Grenzen korporativer Freigiebigkeit, wobei die Spendentätigkeit des Vorstands im Zentrum steht.[119] Im Gegensatz zu Deutschland, aber auch dem weiteren

---

[116] *Fleischer,* in: Spindler/Stilz, AktG (Fn. 112), § 76 Rn. 45; vgl. auch *ders.,* FS Meincke, 2015, S. 101, 105.

[117] Vgl. auch *Watter/Rohde,* Festgabe Schweizerischer Juristentag, 2006, S. 329, 338 und 345, wonach eine spezielle Corporate Social Responsibility *per se* keine Spendenkompetenz des Verwaltungsrats rechtfertigen könne. Vgl. auch *Watter/Spillmann,* GesKR 2006, 94, 108, wonach die „fundamentalste Form sozial verantwortlichen Verhaltens, nämlich die Einhaltung der Gesetze, [...] durch das Aktienrecht bereits abgedeckt" sei. *Watter/Spillmann,* GesKR 2006, 94, 112 ff., insbes. 114 weisen zu Recht darauf hin, dass ein Aufweichen der Pflichten des Verwaltungsrats und des Managements durch die Statuierung eines Rechts oder gar einer Pflicht, auch andere Ziele als die langfristige Steigerung des Unternehmenswerts zu verfolgen, die Gefahr mit sich bringe, dass Verantwortlichkeiten verwischt und damit auch die Funktionsweise des Aktienmarktes in Mitleidenschaft gezogen würden.

[118] *Fleischer,* AG 2001, 171, 175; vgl. auch unten VI.2.d)(3).

[119] Vgl. etwa *Fleischer,* FS Meincke, 2015, S. 101, 102 ff. (mit Besprechung des Urteils des LG Essen vom 9.9.2013 – 44 O 164/10, BeckRS 2014, 22313) und 111; *ders.,* in: Spindler/Stilz, AktG (Fn. 112), § 76 Rn. 47; *ders.,* AG 2017, 509, 523; *ders.,* AG 2001, 171, 171 ff.; *Laub,* AG 2002, 308, 308 ff.; BGHSt 47, 187.

Ausland,[120] gibt es in der Schweiz nur vereinzelt Beiträge, die sich mit dieser Problematik auseinandersetzen,[121] obwohl auch Schweizer Unternehmen in beträchtlichem Umfang Geld spenden.[122] Das Problem korporativer Freigiebigkeit besteht darin, dass der Verwaltungsrat[123] nicht sein eigenes Geld ausgibt, sondern dasjenige der Gesellschaft.[124] Man spricht dabei auch von sog. *corporate charitable contributions.*[125]

Politisches Engagement von Unternehmen beinhaltet aber nicht nur korporative Freigiebigkeit in Form von Spenden. Auch Lobbyismus, in dessen Rahmen Geldzahlungen an Dritte fließen, damit diese die Interessen des Unternehmens gegenüber den politischen Entscheidungsträgern vertreten, oder die Wahrnehmung öffentlicher Aufgaben, bei der Mittel des Unternehmens im Interesse verschiedener Anspruchsgruppen verwendet werden, sind Formen politischen Engagements,[126] die danach fragen, wo die Grenzen der Zulässigkeit liegen.

Die folgenden Ausführungen konzentrieren sich auf das Problem der korporativen Freigiebigkeit. Für die anderen Formen politischen Engagements können die Überlegungen sinngemäß herangezogen werden.

---

[120] Vgl. dazu etwa *Fleischer,* FS Meincke, 2015, S. 101, 103 Fn. 11 f., 112 f. m.w.H. Für die USA vgl. etwa den berühmten Streit in Sachen *Ford Motor Company* aus dem Jahre 1919 (*Dodge v. Ford Motor Company,* 204 Mich. 459, 170 N.W. 668) sowie dazu *Fleischer,* AG 2001, 171, 172; *Rapp,* SZW 1991, 189, 193; *Watter/Rohde,* Festgabe Schweizerischer Juristentag, 2006, S. 329, 329 Fn. 1.

[121] Vgl. etwa *Rapp,* SZW 1991, 189, 189 ff. (in Bezug auf Sponsoring); *Watter/Rohde,* Festgabe Schweizerischer Juristentag, 2006, S. 329, 329 ff.; vgl. auch *Homburger,* in: Zürcher Kommentar zum Schweizerischen Zivilgesetzbuch (Fn. 69), Art. 717 Rn. 965 ff.; *Kunz,* in: Kunz et al. (Hrsg.), Berner Gedanken zum Recht, 2014, S. 217, 226 f.; *Watter,* Unternehmensübernahmen, 1990, Rn. 13 f.; *Watter/Spillmann,* GesKR 2006, 94, 94 ff. Nach Abschluss des Manuskripts ist der Beitrag von *Jutzi,* Unternehmensspenden: Zuständigkeit, Grenzen und Handlungsoptionen gemäss schweizerischem Aktienrecht, recht 2017, 251 ff. erschienen.

[122] Vgl. *Actares,* Politische Spenden von Unternehmen im Swiss Market Index 2013 & 2014, 3 ff. (<http://www.actares.ch/download/150709_Actares_SMI_PolitischeSpenden13-14.pdf>).

[123] Bzw. im deutschen Recht der Vorstand.

[124] *Fleischer,* FS Meincke, 2015, S. 101, 101.

[125] Vgl. *Fleischer,* FS Meincke, 2015, S. 101, 103.

[126] Zu den verschiedenen Formen politischen Engagements vgl. oben III.3.

VI. Rechtliche Rahmenbedingungen politischen Engagements

1. Allgemeines

Politischem Engagement von Unternehmen setzen sowohl die Verfassung[127] als auch Gesetze Schranken. Zur Beurteilung der im vorliegenden Zusammenhang besonders interessierenden Zulässigkeit korporativer Freigiebigkeit von Gesellschaften stehen gesetzliche Schranken sowie statutarische Vorgaben im Vordergrund.[128] Neben öffentlich-rechtlichen Einschränkungen[129] sind es vorab privatrechtliche Schranken, die der korporativen Freigiebigkeit von Unternehmen Grenzen setzen. Darauf ist im Folgenden einzugehen.

2. Voraussetzungen der Zulässigkeit politischen Engagements, insbesondere der korporativen Freigiebigkeit[130]

a) Allgemeines

Im schweizerischen Recht gibt es keine ausdrückliche Regelung der korporativen Freigiebigkeit von Unternehmen.[131] Die korporative Freigiebigkeit ist somit in das allgemeine aktienrechtliche System[132] einzuordnen.[133] Daraus ergeben sich die Schranken für politisches Engagement von Unternehmen. Neben den aktienrechtlichen Zuständigkeitsvorschriften und dem Gesellschaftszweck ist Art. 717 Abs. 1 OR maßgebend, wonach die Mitglieder des

---

[127] Juristische Personen des Privatrechts können sich zwar grundsätzlich auch auf Grundrechte berufen. Sie sind aber nur dann Träger eines Grundrechts, wenn dieses seiner Natur nach einer juristischen Person zustehen kann (vgl. dazu oben III.3.e)).

[128] Für das deutsche Recht vgl. *Fleischer,* FS Meincke, 2015, S. 101, 108. Zu einer möglichen verfassungsrechtlichen Einschränkung vgl. die zurzeit pendente eidgenössische Volksinitiative „Für mehr Transparenz in der Politikfinanzierung (Transparenz-Initiative)", deren Ziel es ist, in der Bundesverfassung einen neuen Art. 39a „Offenlegung der Finanzierung von politischen Parteien sowie von Wahl- und Abstimmungskampagnen" einzufügen (vgl. dazu unten VIII.).

[129] Vgl. dazu *Caroni,* Geld und Politik, 2009, S. 161 ff., die aber darauf hinweist, dass die Finanzierung politischer Kampagnen durch Private, mithin auch Unternehmen, in der Schweiz praktisch keinen Einschränkungen unterliegt (S. 160).

[130] Die folgenden Ausführungen konzentrieren sich wie oben ausgeführt auf das Problem der korporativen Freigiebigkeit, wobei die Überlegungen für die anderen Formen politischen Engagements sinngemäß herangezogen werden können.

[131] Gleiches gilt für das deutsche (vgl. dazu *Fleischer,* FS Meincke, 2015, S. 101, 104) und soweit ersichtlich auch für das österreichische Recht.

[132] Die vorliegenden Ausführungen konzentrieren sich auf die Aktiengesellschaft als in der Schweiz häufigste Gesellschaftsform, gelten sinngemäß aber auch für die anderen Gesellschaftsformen.

[133] Für das deutsche Recht *Fleischer,* FS Meincke, 2015, S. 101, 103 ff.; vgl. auch *Watter/Rohde,* Festgabe Schweizerischer Juristentag, 2006, S. 329, 333.

Verwaltungsrates „ihre Aufgaben mit aller Sorgfalt erfüllen und die Interessen der Gesellschaft in guten Treuen wahren" müssen. Sorgfältiges Tätigwerden des Verwaltungsrats im Sinne von Art. 717 Abs. 1 OR bedingt stets gesetzeskonformes Verhalten.[134] Der Verwaltungsrat ist verpflichtet, die Befolgung der Gesetze, Statuten, Reglemente und Weisungen zu überwachen.[135] Die Einhaltung der Gesetze ist die fundamentalste Form sozial verantwortlichen Verhaltens.[136] Das politische Engagement muss zudem dem Gebot der Angemessenheit genügen. Auf diese Voraussetzungen, unter denen politisches Engagement von Unternehmen zulässig ist, wird im Folgenden eingegangen.[137]

b) Zuständigkeit

Die Frage, ob politisches Engagement von Unternehmen zulässig ist – mithin die Legitimationsfrage –, ist im Kern eine Kompetenzfrage,[138] nämlich die Frage danach, welches Organ der Gesellschaft dafür zuständig ist. In Frage kommen der Verwaltungsrat und die Generalversammlung.

Nach Art. 716 Abs. 1 OR kann der Verwaltungsrat in allen Angelegenheiten Beschluss fassen, die nicht nach Gesetz oder Statuten der Generalversammlung zugeteilt sind. Es besteht somit eine Kompetenzvermutung zugunsten des Verwaltungsrats.[139] Der Verwaltungsrat führt die Geschäfte der Gesellschaft und vertritt die Gesellschaft nach außen, soweit nichts anderes bestimmt ist.[140]

Das Gesetz enthält keine Vorschrift zur Frage des politischen Engagements von Unternehmen. Soweit auch keine einschlägige Statutenbestimmung besteht, ist daher der Verwaltungsrat für das politische Engagement der Gesellschaft zuständig.[141]

---

[134] Vgl. *Bärtschi,* Verantwortlichkeit im Aktienrecht, 2001, S. 243 m.w.H.; *Watter/ Spillmann,* GesKR 2006, 94, 107.

[135] Art. 716a Abs. 1 Ziff. 5 OR (unübertragbare und unentziehbare Aufgabe des Verwaltungsrats).

[136] *Watter/Spillmann,* GesKR 2006, 94, 108; vgl. auch unten VII.2.

[137] Vgl. dazu auch *Watter/Rohde,* Festgabe Schweizerischer Juristentag, 2006, S. 329, 333 ff.

[138] *Fleischer,* AG 2001, 171, 175; vgl. auch *Westermann,* ZIP 1990, 771, 772 und 774.

[139] Vgl. etwa *Watter/Roth Pellanda,* in: Basler Kommentar Obligationenrecht II, 5. Aufl., 2016, Art. 716 Rn. 1.

[140] Art. 716 Abs. 2 und Art. 718 Abs. 1 und 2 OR.

[141] Vgl. *Watter/Rohde,* Festgabe Schweizerischer Juristentag, 2006, S. 329, 334 (bezüglich der Spendenkompetenz); *Homburger,* in: Zürcher Kommentar zum Schweizerischen Zivilgesetzbuch (Fn. 69), Art. 717 Rn. 965 (bezüglich Vergabungen, Sponsoring, Mäzenatentum).

Nach Art. 716b Abs. 3 OR steht die Geschäftsführung allen Mitgliedern des Verwaltungsrats gesamthaft zu, soweit sie nicht übertragen worden ist.[142] Hat keine Delegation von Geschäftsführungskompetenzen stattgefunden, besteht daher eine Notwendigkeit, über Geschäftsführungsakte im Gesamtverwaltungsrat abzustimmen, wobei allerdings kein Einstimmigkeitserfordernis gilt.[143] Zumindest bei größeren Gesellschaften ist indessen die Delegation von Geschäftsführungskompetenzen an einzelne Verwaltungsratsmitglieder oder an eine Geschäftsleitung die Regel,[144] sodass sich aus der internen Geschäftsverteilung eine andere Zuständigkeit ergeben kann.

Aus diesen Ausführungen folgt, dass (vermutungsweise) der (Gesamt-)Verwaltungsrat zuständig ist, über politisches Engagement der Gesellschaft zu entscheiden, zumal politisches Engagement ein Geschäftsführungsakt ist.[145] Wie zu zeigen sein wird, ist die Kompetenz des Verwaltungsrats aber kein *plein pouvoir,* sondern hat sich in den Schranken des Gesetzes zu bewegen.[146] Im Unterschied zur Geschäftsführung steht die Befugnis zur Vertretung der Gesellschaft jedem Mitglied des Verwaltungsrats einzeln zu, sofern die Statuten oder das Organisationsreglement nichts anderes bestimmen.[147] Beruht das politische Engagement nicht auf einem Beschluss des Gesamtverwaltungsrats, sondern wird ein einzelnes Mitglied des Verwaltungsrats (gegen außen) tätig, ohne dass (intern) eine Delegation von Geschäftsführungsbefugnissen stattgefunden hat, indem es beispielsweise eigenmächtig eine Spende ausrichtet, stellen sich vorab zwei Fragen: Erstens, ist das Rechtsgeschäft gegenüber dem Dritten verbindlich? Zweitens, kann sich das Verwaltungsratsmitglied im Rahmen einer allfälligen Verantwortlichkeitsklage mit dem Einwand entlasten, der mutmaßliche Schaden (der Gesellschaft) wäre

---

[142] Die Verfassung der Aktiengesellschaft ist in der Schweiz nach der gesetzlichen Grundkonzeption „monistisch" (einstufig) ausgestaltet. Geschäftsführungs- und Überwachungsfunktionen sind grundsätzlich durch den Verwaltungsrat *in corpore* auszuüben, womit – im Unterschied zur dualistischen Struktur der Leitungsorgane im deutschen Recht – eine personelle und funktionelle Identität der Führungsebene besteht (*Watter/Roth Pellanda,* in: Basler Kommentar Obligationenrecht II [Fn. 139], Art. 716b Rn. 1).

[143] *Watter/Roth Pellanda,* in: Basler Kommentar Obligationenrecht II (Fn. 139), Art. 716b Rn. 31.

[144] *Watter/Roth Pellanda,* in: Basler Kommentar Obligationenrecht II (Fn. 139), Art. 716b Rn. 1. Damit kristallisiert sich eine gewisse Trennung der Funktionen der Geschäftsführung und Überwachung heraus (vgl. *Watter/Roth Pellanda,* in: Basler Kommentar Obligationenrecht II [Fn. 139], Art. 716b Rn. 3) und es wird eine Annäherung an das deutsche dualistische System möglich (*Watter/Roth Pellanda,* in: Basler Kommentar Obligationenrecht II [Fn. 139], Art. 716 Rn. 10 und Art. 716b Rn. 2).

[145] Vgl. dazu unten VI.2.d)(3).

[146] Vgl. dazu unten VI.2.c) und VI.2.d); für das deutsche Recht *Fleischer,* AG 2001, 171, 177 ff.

[147] Art. 718 Abs. 1 OR.

auch bei rechtmäßigem Verhalten, mithin einem vorgängigen Beschluss des Gesamtverwaltungsrats, eingetreten?

Zur Beantwortung der Frage, ob ein Rechtsgeschäft gegenüber dem Dritten verbindlich ist, wenn es beispielsweise wegen des fehlenden Entscheids des Gesamtverwaltungsrats von der Vertretungsbefugnis des Handelnden nicht erfasst und damit aus interner Sicht unzulässig ist, kommt es darauf an, ob das Geschäft vom Gesellschaftszweck gedeckt ist.[148] Der Verwaltungsrat kann die Gesellschaft nur durch Handlungen verpflichten, die innerhalb des Gesellschaftszwecks liegen. Weil der Gesellschaftszweck extensiv ausgelegt wird, ist das Geschäft in aller Regel vom Gesellschaftszweck gedeckt.[149] Soweit der Dritte in gutem Glauben davon ausgehen durfte, das Geschäft sei durch die Organvollmacht gedeckt, ist es für die Gesellschaft verbindlich.[150] Das Vorhandensein des guten Glaubens wird vermutet und der Dritte darf darauf vertrauen, dass der Verwaltungsrat im Umfang der objektiven Zweckgrenze Vertretungsbefugnis hat.[151] Ist das Geschäft demgegenüber nicht vom Gesellschaftszweck gedeckt und auch nicht durch einstimmigen Beschluss der Aktionäre genehmigt worden, ist es im Außenverhältnis unverbindlich.[152]

Die Einrede, der mutmaßliche Schaden wäre auch bei rechtmäßigem Verhalten eingetreten, mithin auch dann, wenn der Gesamtverwaltungsrat einen entsprechenden Beschluss gefasst hätte, muss zulässig sein.[153] Der Einwand des rechtmäßigen Alternativverhaltens kann auch bei einer Kompetenzüber-

---

[148] Zur Frage, ob ein zweckwidriges Geschäft vorgängig oder nachträglich durch die Aktionäre genehmigt werden kann, vgl. *Watter/Rohde*, Festgabe Schweizerischer Juristentag, 2006, S. 329, 342 f.

[149] Vgl. dazu unten VI.2.c).

[150] Vgl. *Watter/Rohde*, Festgabe Schweizerischer Juristentag, 2006, S. 329, 336 und 344 (in Bezug auf Spenden); vgl. auch *Watter*, in: Basler Kommentar Obligationenrecht II, 5. Aufl., 2016, Art. 718a Rn. 8 ff.; *Watter/Spillmann*, GesKR 2006, 94, 112 (in Bezug auf CSR-Aktivitäten im Allgemeinen).

[151] Vgl. *Watter*, in: Basler Kommentar Obligationenrecht II (Fn. 150), Art. 718a Rn. 8 und 11; *Zobl*, ZBJV 1989, 289, 296 ff. Zur Frage, wonach sich die Gutgläubigkeit des Dritten beurteilt, vgl. *Zobl*, ZBJV 1989, 289, 297 ff.

[152] Vgl. *Watter/Rohde*, Festgabe Schweizerischer Juristentag, 2006, S. 329, 343 f. (in Bezug auf Spenden).

[153] Der Einwand des rechtmäßigen Alternativverhaltens kann als Ausdruck eines allgemeinen Rechtsgedankens gelten, wonach „keine Haftung greift, wenn der präsumtiv Haftpflichtige beweist, dass ein rechtmässiges Alternativverhalten denselben Schaden bewirkt hätte wie das tatsächlich erfolgte rechtswidrige Verhalten" (BGE 131 III 115, E. 3.1 m.w.H.). Zum *Einwand des rechtmäßigen Alternativverhaltens* vgl. etwa *Fellmann/Kottmann*, Schweizerisches Haftpflichtrecht, Band I, 2012, Rn. 510 ff.; *Kramer*, ZBJV 1987, 289, 292 ff. In welchen Fällen der Einwand zugelassen werden muss, ist in der Literatur umstritten. Einig ist sich die (schweizerische) Lehre, dass der Einwand bei Unterlassungen möglich sein muss. Strittig ist demgegenüber, ob der Einwand auch zulässig ist, wenn es nicht um eine Unterlassung, sondern um ein aktives Tun geht (vgl. etwa *Fellmann/Kottmann* [Fn. 153], Rn. 510 ff.).

schreitung geltend gemacht werden,[154] sodass das Verwaltungsratsmitglied sich entlasten kann, wenn ihm der Beweis gelingt,[155] dass der Gesamtverwaltungsrat der Spende mit der erforderlichen Mehrheit zugestimmt hätte und die Zahlung im Rahmen des Ermessensspielraums des Verwaltungsrats lag.[156]

Art. 698 OR regelt die Befugnisse der Generalversammlung. Danach ist die Generalversammlung unter anderem zuständig für die Beschlussfassung über die Gegenstände, die ihr durch das Gesetz oder die Statuten vorbehalten sind.[157] Wie ausgeführt, gibt es keine gesetzliche Bestimmung über die Zuständigkeit für politisches Engagement. Die Generalversammlung kann aber zuständig sein, wenn die Statuten dies vorsehen. Ferner ist sie zuständig, wenn die weiteren Voraussetzungen der Zulässigkeit politischen Engagements nicht erfüllt sind. Dies ist beispielsweise bei Spenden der Fall, die über den Gesellschaftszweck hinausgehen, mithin vom Gesellschaftszweck nicht gedeckt sind.[158] Gleiches gilt, wenn die Gewinnstrebigkeit der Gesellschaft durch die Spendentätigkeit partiell aufgehoben wird[159] oder Spenden zur Diskussion stehen, die der bisherigen Zuwendungspraxis zuwiderlaufen oder dem mutmaßlichen Willen der Gesellschafter widersprechen, mithin nicht im Gesellschaftsinteresse liegen.[160] Fallen Spenden summenmäßig aus dem Rahmen und verletzten sie demnach das Gebot der Angemessenheit, ist ebenfalls die Generalversammlung zuständig.[161]

---

[154] Vgl. etwa *Bühler,* in: Isler/Sethe (Hrsg.), Verantwortlichkeit im Unternehmensrecht VIII, 2016, S. 61, 78 f. und 84; *Rusterholz/Held,* GesKR 2016, 186, 195 f. m.w.H.

[155] Der Entlastungsbeweis muss strikt erbracht werden (BGE 131 III 115, E. 3.3), sodass sich in der Regel beträchtliche Beweisschwierigkeiten ergeben dürften (vgl. dazu *Bühler* [Fn. 154], S. 82 f.).

[156] Vgl. für das deutsche Recht *Fleischer,* FS Meincke, 2015, S. 101, 108 f. und 114 m.w.H.; *ders.,* DStR 2009, 1204, 1207 ff.

[157] Art. 698 Abs. 2 Ziff. 6 OR.

[158] Vgl. *Watter/Rohde,* Festgabe Schweizerischer Juristentag, 2006, S. 329, 336 und 342 f., die in diesem Fall eine Verletzung der Gewinnstrebigkeit der Aktiengesellschaft sehen und daher einen einstimmigen Beschluss der Aktionäre für erforderlich halten.

[159] *Watter/Rohde,* Festgabe Schweizerischer Juristentag, 2006, S. 329, 342 f. (einstimmiger Beschluss der Aktionäre aufgrund von Art. 706 Abs. 2 Ziff. 4 OR).

[160] Vgl. für das deutsche Recht *Fleischer,* MünchKomm GmbHG, 2. Aufl., 2016, § 43 Rn. 106; *ders.,* GmbHR 2010, 1307, 1311; vgl. auch *Watter/Rohde,* Festgabe Schweizerischer Juristentag, 2006, S. 329, 343.

[161] Vgl. für das deutsche Recht *Fleischer,* MünchKomm GmbHG (Fn. 160), § 43 Rn. 106; *ders.,* GmbHR 2010, 1307, 1311; *Schneider,* in: Scholz, GmbHG, 11. Aufl., 2014, § 43 Rn. 72; zum Gebot der Angemessenheit vgl. unten VI.2.e).

c) Vom Gesellschaftszweck gedeckt

Das politische Engagement des Unternehmens muss vom Gesellschaftszweck gedeckt sein.[162] Der Zweck der Gesellschaft bestimmt den abstrakten Umfang der Vertretungsmacht der Organe.[163] Im vorliegenden Zusammenhang beschränkt sich die Frage nach dem Gesellschaftszweck auf die Unterscheidung zwischen rechtlichem (externen) *Können* und rechtlichem (internen) *Dürfen*.[164]

Die zur Vertretung der Gesellschaft befugten Personen können nach Art. 718a Abs. 1 OR im Namen der Gesellschaft alle Rechtshandlungen vornehmen, die der Zweck der Gesellschaft mit sich bringen kann. Die Handlungen des Verwaltungsrats müssen demnach zweckkonform sein.[165] Der Begriff des Zwecks der Gesellschaft wird von der Rechtsprechung weit ausgelegt. Unter die Bestimmung von Art. 718a Abs. 1 OR fallen alle Rechtshandlungen, die durch den Gesellschaftszweck nicht geradezu ausgeschlossen sind.[166]

Erlaubt der Gesellschaftszweck ausdrücklich politisches Engagement und/ oder eine Spendentätigkeit der Gesellschaft,[167] bestehen grundsätzlich keine Schwierigkeiten.[168] Fehlt in den Statuten demgegenüber eine Klausel, die politisches Engagement bzw. Spendentätigkeit explizit gestattet – und das dürfte der Regelfall sein[169] –, ist zu prüfen, ob das politische Engagement oder die Spendentätigkeit aus objektiver Sicht dem Gesellschaftszweck zumindest

---

[162] Zum Gesellschaftszweck vgl. etwa *von der Crone,* Aktienrecht, 2014, § 2 Rn. 47 f.; *Forstmoser/Meier-Hayoz/Nobel,* Schweizerisches Aktienrecht, 1996, § 8 Rn. 46 f.

[163] Art. 718a Abs. 1 OR; *von der Crone* (Fn. 162), § 2 Rn. 49.

[164] Für das deutsche Recht vgl. *Fleischer,* AG 2001, 171, 173. Zur Unterscheidung zwischen (externem) *Können* (Vertretungsmacht) und (internem) *Dürfen* (Vertretungsbefugnis) vgl. grundlegend *Zobl,* ZBJV 1989, 289, 291 ff.; vgl. auch *Watter,* in: Basler Kommentar Obligationenrecht II (Fn. 150), Art. 718a Rn. 10. Im Interesse des Verkehrsschutzes gilt die sog. *ultra vires*-Lehre als überwunden. Danach waren die Rechtsmacht des Verwaltungsrats und die Zweckverfolgung aufeinander abgestimmt und die Rechtsfähigkeit der Gesellschaft auf den Satzungszweck limitiert, was vor allem dem Schutz der Anteilseigner diente (vgl. dazu etwa *Fleischer,* AG 2001, 171, 173).

[165] Der Gesellschaftszweck darf weder unsittlich noch widerrechtlich sein (Art. 52 Abs. 3 ZGB; vgl. *Forstmoser/Meier-Hayoz/Nobel* [Fn. 162], § 8 Rn. 49).

[166] Vgl. BGE 126 III 361, (unveröffentlichte) E. 2a, 116 II 320, 323, 111 II 284, 288 ff.; BGer 4A_147/2014 vom 19.11.2014, E. 3.1.1, 4A_617/2013 vom 30.6.2014, E. 5.1; vgl. auch *Watter,* in: Basler Kommentar Obligationenrecht II (Fn. 150), Art. 718a Rn. 3; *Watter/Rohde,* Festgabe Schweizerischer Juristentag, 2006, S. 329, 335.

[167] So etwa, wenn sich in den Statuten eine Gemeinwohlklausel findet, vgl. dazu *Fleischer,* AG 2001, 171, 173 mit Beispielen; vgl. auch *Watter/Rohde,* Festgabe Schweizerischer Juristentag, 2006, S. 329, 336.

[168] *Rapp,* SZW 1991, 189, 192 f.

[169] Vgl. *Fleischer,* AG 2001, 171, 173, wonach in den meisten Fällen keine für alle Anleger einsehbare Satzungsermächtigung existiere; vgl. auch *Watter/Rohde,* Festgabe Schweizerischer Juristentag, 2006, S. 329, 336.

indirekt dienlich sein können[170] bzw. durch diesen nicht geradezu ausgeschlossen sind.

In aller Regel wird das politische Engagement des Verwaltungsrats von der
Vertretungsmacht und damit vom externen *Können* gedeckt sein.[171] Die Problematik liegt daher nicht so sehr in der Zweckkonformität der Handlung,
sondern vielmehr in der Frage, ob das Engagement auch im Gesellschaftsinteresse liegt.[172]

d) Im Gesellschaftsinteresse liegend

(1) Allgemeines

Das politische Engagement des Unternehmens muss im Gesellschaftsinteresse
liegen, damit es zulässig ist. Zentrale Norm ist in diesem Zusammenhang
Art. 717 Abs. 1 OR, wonach die Mitglieder des Verwaltungsrates die Interessen der Gesellschaft in guten Treuen wahren müssen. Das Gesetz definiert
das Gesellschaftsinteresse nicht. Beim Gesellschaftsinteresse handelt es sich
um einen unscharfen Begriff,[173] der in der Lehre kontrovers diskutiert wird.[174]
Vorliegend reduziert sich die Frage nach dem Begriff des Gesellschaftsinteresses im Ergebnis auf den Konflikt zwischen dem *shareholder value*-Ansatz
und dem *stakeholder approach*.[175]

---

[170] *Watter/Rohde*, Festgabe Schweizerischer Juristentag, 2006, S. 329, 336; vgl. auch
Rapp, SZW 1991, 189, 193.

[171] Vgl. *Rapp*, SZW 1991, 189, 193 f. (in Bezug auf Sponsoring); vgl. auch *Kunz*
(Fn. 121), S. 226 Fn. 57 (in Bezug auf Unternehmensspenden). Eine andere Frage ist, ob
der Verwaltungsrat im Innenverhältnis seine Vertretungsbefugnis überschritten hat, indem
er sich bei seinem Entscheid nicht vom Gesellschaftsinteresse leiten ließ (vgl. auch *Watter*,
in: Basler Kommentar Obligationenrecht II [Fn. 150], Art. 718a Rn. 5, wonach interessen-
und pflichtwidriges Handeln stets außerhalb der Organvollmacht liegt; BGE 126 III 361,
363 f.; BGer 4A_147/2014 vom 19.11.2014, E. 3.1.1) oder es am erforderlichen Beschluss
des Gesamtverwaltungsrats fehlt (vgl. dazu oben VI.2.b)). In diesem Fall ist zu prüfen, ob
der Dritte bezüglich der Kompetenzüberschreitung gutgläubig oder bösgläubig war (vgl.
Zobl, ZBJV 1989, 289, 296 f.).

[172] *Rapp*, SZW 1991, 189, 194 (in Bezug auf Sponsoring).

[173] Vgl. *Watter/Roth Pellanda*, in: Basler Kommentar Obligationenrecht II (Fn. 139),
Art. 717 Rn. 1a; vgl. auch *Watter/Rohde*, Festgabe Schweizerischer Juristentag, 2006,
S. 329, 337 m.w.H. Für das deutsche Recht vgl. etwa *Fleischer*, GmbHR 2010, 1307, 1308
m.w.H., der von der „viel strapazierten Vokabel des Unternehmensinteresses" spricht;
ders., in: Hommelhoff/Hopt/v. Werder (Hrsg.), Handbuch Corporate Governance, 2. Aufl.,
2009, S. 185, 189.

[174] Vgl. dazu *Drenhaus*, Das Gesellschaftsinteresse im Schweizer Aktienrecht, 2015,
S. 33 ff.; *Graf*, Gesellschaftsorgane zwischen Aktienrecht und Strafrecht, 2017, Rn. 690 ff.;
Sommer, Die Treuepflicht des Verwaltungsrats gemäss Art. 717 Abs. 1 OR, 2010, S. 36 ff.
m.w.H.

[175] Vgl. auch *Watter/Roth Pellanda*, in: Basler Kommentar Obligationenrecht II
(Fn. 139), Art. 717 Rn. 1a.

Der *shareholder value-Ansatz* hat die nachhaltige Maximierung des Werts der Gesellschaftsbeteiligung bzw. des Unternehmenswerts im Auge,[176] während beim *stakeholder approach* neben den Aktionärsinteressen auch die Interessen weiterer Anspruchsgruppen bzw. *stakeholders* wie etwa Gläubiger, Arbeitnehmer, Kunden, Lieferanten und die Allgemeinheit mit in Betracht zu ziehen sind.[177] Im Rahmen dieses Beitrags kann nicht ausführlich auf die Diskussion über den *shareholder value-Ansatz* und den *stakeholder approach* eingegangen werden.[178] Letztlich geht es um die Frage, ob der Verwaltungsrat die Interessen der *stakeholders* auch um den Preis derjenigen der Aktionäre, mithin der *shareholders,* verfolgen darf, mithin „mit Blick auf weitere Anspruchsgruppen Kosten in Kauf nehmen [darf], denen keine Steigerung des Unternehmenswerts gegenübersteh[t]".[179] Dazu wird zu Recht gesagt, die Antwort laute *nein,* wenn die Frage in dieser Schärfe gestellt werde.[180] Denn ein Unternehmen wird nur dann nachhaltig bestehen können, wenn es auch Wert schafft.[181] Der Verwaltungsrat hat daher für die dauerhafte Rentabilität des Unternehmens und die langfristige Steigerung des Unternehmenswerts zu sorgen, solange die Aktionäre nicht beschließen, die Gewinnstrebigkeit der

---

[176] Vgl. statt vieler *Sommer* (Fn. 174), S. 38 m.w.H.

[177] Vgl. statt vieler *Sommer* (Fn. 174), S. 39 m.w.H.

[178] Die Diskussion um das Konzept des *shareholder value* und seine Antipode *stakeholder value* geht bis in die früheren 60er-Jahre des letzten Jahrhunderts zurück (*Watter/Spillmann,* GesKR 2006, 94, 94 Fn. 1 m.w.H.; vgl. auch *Sommer* [Fn. 174], S. 37 f.). Zum *shareholder value-*Ansatz und *stakeholder approach* vgl. etwa *Sommer* (Fn. 174), S. 38 f. mit zahlreichen weiteren Hinweisen; *Forstmoser,* Festgabe Schweizerischer Juristentag, 2006, S. 55, 60 ff.; *ders.,* Summa Dieter Simon, 2005, S. 207, 213 ff. (jeweils zu den Stärken und Schwächen der beiden Ansätze); *Watter/Roth Pellanda,* in: Basler Kommentar Obligationenrecht II (Fn. 139), Art. 717 Rn. 1a; für das deutsche Recht *Fleischer,* in: Hommelhoff/Hopt/v. Werder (Fn. 173), S. 185 ff. Im schweizerischen Recht hat sich bislang keine vorherrschende Ansicht herausgebildet (vgl. *Drenhaus* [Fn. 174], S. 50; *Graf* [Fn. 174], Rn. 690 ff.; *Sommer* [Fn. 174], S. 36 und 42; vgl. aber auch *Forstmoser,* FS Nobel, 2015, S. 157, 160). In der neueren deutschen Lehre wird überwiegend ein interessenmonistisches Modell vertreten, wonach die Aktionärsinteressen maßgebend sind oder es jedenfalls einen Gewichtungsvorsprung der Aktionärsinteressen gibt (vgl. dazu *Fleischer,* GmbHR 2010, 1307, 1308). Die hergebrachte und bislang herrschende deutsche Doktrin vertrat demgegenüber eine interessenpluralistische Konzeption, nach welcher der Vorstand im Konfliktfall zwischen den Interessen der Aktionäre (Kapital), der Arbeitnehmer (Arbeit) und der Allgemeinheit (Gemeinwohl) vermitteln soll, ohne an eine bestimmte Reihenfolge der Interessen gebunden zu sein (vgl. dazu *Fleischer,* in: Spindler/Stilz, AktG [Fn. 112], § 76 Rn. 37 f.; *ders.,* FS Meincke, 2015, S. 101, 104 m.w.H.; *ders.,* GmbHR 2010, 1307, 1307 und 1309, der sich kritisch zur Begründung des herkömmlichen Ansatzes äußert).

[179] *Von der Crone* (Fn. 162), § 1 Rn. 24.

[180] *Von der Crone* (Fn. 162), § 1 Rn. 24.

[181] *Von der Crone* (Fn. 162), § 1 Rn. 24.

Gesellschaft aufzuheben.[182] In diesem Sinn gebührt den Aktionärsinteressen ein genereller Vorrang, der die Förderung von Interessen anderer *stakeholders* allerdings nicht ausschließt.[183] Diese Überlegungen stehen unter dem Vorbehalt, dass die Gesellschaft ihren gesetzlichen Verpflichtungen nachkommt. Dem Verwaltungsrat ist es daher nicht erlaubt, Aktivitäten zu ergreifen, die zwar zu einer Steigerung des Unternehmenswerts führen, aber mit dem Gesetz in Widerspruch stehen.[184]

In der Praxis wird es zudem oft zu einem Gleichlauf der Interessen der *shareholders* und der *stakeholders* kommen.[185] Eine Konvergenz der Interessen der unterschiedlichen Anspruchsgruppen ist umso eher gegeben, je länger der Zeithorizont angesetzt wird, auf den der Verwaltungsrat seine Tätigkeit und seine Entscheidungen auszurichten hat.[186] Diese Überlegungen dürften auch für ein politisches Engagement von Unternehmen gelten, das geeignet ist, das Gesellschaftsinteresse zu fördern.[187] Setzt sich ein Unternehmen beispielsweise für günstige Rahmenbedingungen an seinem Standort ein, dient dies nicht nur den Interessen der Aktionäre, indem eine langfristige Steige-

---

[182] Vgl. *Watter/Roth Pellanda,* in: Basler Kommentar Obligationenrecht II (Fn. 139), Art. 717 Rn. 37; *Watter/Rohde,* Festgabe Schweizerischer Juristentag, 2006, S. 329, 338; *Watter/Spillmann,* GesKR 2006, 94, 105. Zur Zulässigkeit der Aufhebung der Gewinnstrebigkeit der Gesellschaft vgl. etwa *Watter/Roth Pellanda,* in: Basler Kommentar Obligationenrecht II (Fn. 139), Art. 717 Rn. 39. Für das deutsche Recht vgl. *Fleischer,* AG 2001, 171, 173, der die langfristige Rentabilität des Unternehmens als „aktienrechtlichen Leitstern" bezeichnet.

[183] Vgl. *Watter/Rohde,* Festgabe Schweizerischer Juristentag, 2006, S. 329, 337 f.; für das deutsche Recht *Fleischer,* FS Meincke, 2015, S. 101, 104, der von einem „generellen Gewichtungsvorsprung" spricht. Der sog. *triple bottom line*-Ansatz fordert vermehrt die Berücksichtigung der Interessen aller Anspruchsgruppen und einen Ausgleich zwischen finanziellem Erfolg (Gewinnmaximierung bzw. -optimierung), sozial verantwortungsvollem Handeln (*Social Responsibility*) und nachhaltigem sowie umweltschonendem Wirtschaften (*Environmental Responsibility*) (vgl. *Forstmoser,* Festgabe Schweizerischer Juristentag, 2006, S. 55, 60; *ders.,* Summa Dieter Simon, 2005, S. 207, 212; *ders.,* FS Nobel, 2015, S. 157, 158; *Nobel,* in: Berner Kommentar [Fn. 12], § 9 Rn. 280).

[184] Vgl. *Watter* (Fn. 121), Rn. 7 und 15 (mit Beispiel); vgl. dazu auch unten VII.2.

[185] *Forstmoser,* FS Nobel, 2015, S. 157, 160; vgl. auch *von der Crone* (Fn. 162), § 1 Rn. 23; *Fleischer,* FS Meincke, 2015, S. 101, 104; *Hofstetter,* corporate governance in der schweiz, 2002, S. 7, wonach *shareholders* und übrige *stakeholders* letztlich im selben Boot sitzen würden; *Sommer* (Fn. 174), S. 49 f.; *Watter/Spillmann,* GesKR 2006, 94, 105, wonach die Diskussion über den *shareholder value*-Ansatz und den *stakeholder approach* „ideologisch be- bzw. überladen" sei.

[186] *Watter/Spillmann,* GesKR 2006, 94, 106; vgl. auch *Forstmoser,* Herzensanliegen oder Feigenblatt?, Neue Zürcher Zeitung, 6.1.2005, 25, wonach es nicht Gutmenschentum sei, soziale Verantwortung und eine schonungsvolle Nutzung von Umweltressourcen ernst zu nehmen, sondern auch dem *shareholder value* bekömmlich, jedenfalls in einer längerfristigen Optik.

[187] Vgl. auch *Fleischer,* MünchKomm GmbHG (Fn. 160), § 43 Rn. 105 bzgl. Spenden.

rung des Unternehmenswerts in Aussicht steht, sondern auch verschiedenen *stakeholders,* wie etwa den Arbeitnehmern, indem Arbeitsplätze erhalten bleiben, und dem Gemeinwesen, das sich durch den Verbleib des Unternehmens am bisherigen Standort Steuereinnahmen sichert. In diesem Sinn bestehen zwischen dem *shareholder value*-Ansatz und dem *stakeholder approach* tatsächlich mehr Gemeinsamkeiten als man gemeinhin erwarten würde.[188]

Ein Gleichlauf der Interessen der verschiedenen Anspruchsgruppen ist indessen nicht zwingend.[189] Unter Umständen lohnt es sich für ein Unternehmen auch über einen längeren Zeithorizont nicht, gewissen Interessen der Allgemeinheit Rechnung zu tragen. Sollen diese Interessen auch durch die Unternehmen gewahrt werden, sind staatliche Maßnahmen oder Selbstregulierung gefragt.[190] Die Förderung des Gemeinwohls kann nämlich nicht unmittelbar Ziel privatwirtschaftlichen Tuns sein. Vielmehr bedeutet die Verfolgung von Gesellschaftsinteressen die Wahrnehmung von *Privat*interessen.[191]

(2) Positive und negative Dimension der Ausrichtung am Gesellschaftsinteresse

Die Ausrichtung des politischen Engagements am Gesellschaftsinteresse hat eine positive und eine negative Dimension. Im Sinne einer negativen Bindung sind alle Aktivitäten unzulässig, die mit dem Gesellschaftsinteresse nicht vereinbar sind. Soweit kein erkennbarer Nutzen für das Unternehmen ersichtlich ist, liegt das Engagement nicht im Gesellschaftsinteresse.[192]

Geboten ist demgegenüber die Verfolgung von Aktivitäten, die im Gesellschaftsinteresse liegen. Dies ist beispielsweise der Fall, wenn sich das Unternehmen politisch engagiert, um die wirschaftlichen Rahmenbedingungen zu optimieren und damit längerfristig den Wert des Unternehmens zu steigern. Geht der Verwaltungsrat in guten Treuen davon aus, dass das Engagement dem langfristigen Gedeihen des Unternehmens dient und den Unternehmenswert steigert bzw. dessen Verminderung verhindert, ist es vom Gesellschaftsinteresse gedeckt.[193] Setzt sich das Unternehmen beispielsweise für neue gesetzliche Vorschriften, Branchenstandards oder *codes of best practices* ein, die CSR-Forderungen reflektieren, kann es unter Umständen auch Kosten-

---

[188] *Forstmoser,* Festgabe Schweizerischer Juristentag, 2006, S. 55, 67; *ders.,* Summa Dieter Simon, 2005, S. 207, 219 f.

[189] Vgl. *Forstmoser,* FS Nobel, 2015, S. 157, 160; *ders.,* Festgabe Schweizerischer Juristentag, 2006, S. 55, 82 ff.; *ders.,* Summa Dieter Simon, 2005, S. 207, 220 und 232 ff. (der dabei jeweils von *hard cases* spricht); *Watter/Spillmann,* GesKR 2006, 94, 107.

[190] Vgl. *Watter/Spillmann,* GesKR 2006, 94, 107; vgl. auch unten VIII.

[191] *Forstmoser,* Festgabe Schweizerischer Juristentag, 2006, S. 55, 81; *ders.,* Summa Dieter Simon, 2005, S. 207, 230 f.

[192] Vgl. *Watter/Spillmann,* GesKR 2006, 94, 111.

[193] Vgl. *Watter/Rohde,* Festgabe Schweizerischer Juristentag, 2006, S. 329, 339 bezüglich der Ausrichtung von Spenden; *Watter/Spillmann,* GesKR 2006, 94, 111.

nachteile vermeiden, die sich durch die freiwillige Einhaltung solcher Regelungen gegenüber den Konkurrenten ergeben, und den Markteintritt durch
neue Konkurrenten erschweren.[194]

(3) Gewinnstreben und korporative Freigiebigkeit

Wie oben ausgeführt, besteht das Problem korporativer Freigiebigkeit darin,
dass der Verwaltungsrat nicht sein eigenes Geld ausgibt, sondern dasjenige
der Gesellschaft.[195] Es stellt sich damit die Frage, ob sich korporative Freigiebigkeit und Gewinnstreben der Gesellschaft ausschließen. Auf den ersten
Blick könnte man versucht sein, dies zu bejahen, zumal jede Spende unmittelbar zu einem Geldabfluss führt. Spendentätigkeit muss indessen auf langfristige Sicht den Gewinn nicht schmälern, sondern kann im Gegenteil dazu
beitragen, dass das Unternehmen dadurch seine soziale Akzeptanz steigert
und mehr Gewinn erwirtschaftet. Das Streben nach Gewinn und korporative
Freigiebigkeit sind demnach nicht notwendigerweise einander widerspre-
chende, sondern durchaus komplementäre Ziele.[196] Korporative Freigiebigkeit
stellt die Gewinnorientierung des Unternehmens nicht notwendigerweise auf
den Kopf.[197]

In der Lehre wird versucht, die Zulässigkeit korporativer Freigiebigkeit
von Unternehmen auf unterschiedliche Weise zu begründen.[198] Im Vordergrund stehen zwei Begründungsversuche: Einerseits die Annahme, dass die
Gesellschaft als *good corporate citizen*[199] Spenden tätigen darf und soll sowie
andererseits das Geschäftsführungsermessen des Verwaltungsrats.

Die Überlegung, dass die Zivilgesellschaft von einflussreichen Unternehmen erwarten darf, dass diese ihre Macht und ihren Einfluss verantwortungsbewusst einsetzen, sich mithin als *good corporate citizen* aufführen und daher
auch Spenden tätigen dürfen und sollen, weist einen rechtstatsächlich richtigen Kern auf, weil das Unternehmen integraler Bestandteil eines Sozialgefüges ist.[200] Zu Recht wird allerdings eingewendet, es gehe dabei aber nur
um die „vorläufige, anthropomorphe Beschreibung der juristischen Person,
die in aktienrechtliche Kategorien übersetzt und dogmatisch stabilisiert werden" müsse.[201] Die Denkweise, dass korporative Freigiebigkeit der Markt-

---

[194] *Watter/Spillmann,* GesKR 2006, 94, 111.

[195] Vgl. dazu oben V.

[196] BGHSt 47, 187, 194 für das deutsche Recht; vgl. auch *Fleischer,* in: Spindler/Stilz,
AktG (Fn. 112), § 76 Rn. 46; *ders.,* AG 2001, 171, 173; zu den Grenzen des Gleichlaufs
Fleischer, AG 2001, 171, 174.

[197] Vgl. *Fleischer,* AG 2001, 171, 181.

[198] Zu den verschiedenen Begründungsversuchen (im deutschen Recht) vgl. *Fleischer,*
AG 2001, 171, 174 ff. m.w.H.

[199] Zur *corporate citizenship* vgl. oben II.2.c)(2)(b).

[200] *Fleischer,* AG 2001, 171, 175.

[201] *Fleischer,* AG 2001, 171, 175.

wirtschaftsordnung ein menschliches Antlitz verleiht, ist letztlich überzeichnet.[202] Weder aus der Corporate Social Responsibility noch der *Corporate Citizenship* ergeben sich nach der hier vertretenen Auffassung somit weitere Befugnisse oder Pflichten als diejenigen, die das Gesetz dem Verwaltungsrat auferlegt.[203]

Wie oben ausgeführt, ist die Frage, ob politisches Engagement von Unternehmen zulässig ist, im Kern ein Kompetenzproblem.[204] Der Verwaltungsrat hat in Bezug auf Geschäftsentscheide einen großen Ermessensspielraum. Weil Spendentätigkeit, Sponsoring und politisches Engagement an sich unternehmerische Entscheidungen sind, gilt das auch in diesem Bereich.[205] Es liegt demnach im Ermessen des Verwaltungsrats, darüber zu befinden, für welche politischen und sozialen Zwecke er Gelder des Unternehmens einsetzt und welchen Aufwand er zur Erreichung sozialpolitischer Ziele betreibt.[206] Das Unternehmen ist in erster Linie zwar auf die Interessen der *shareholders* ausgerichtet. Für die Mitberücksichtigung anderer Interessen und damit auch für „korporative Philanthropie"[207] bleibt indessen Raum.[208] Das Geschäftsführungsermessen erlaubt es dem Verwaltungsrat somit, sich für das Unternehmen politisch zu betätigen, soweit das Engagement vom Gesellschaftszweck gedeckt ist und im Gesellschaftsinteresse liegt.

(4) Die Spendentätigkeit im Besonderen[209]

(a) Zulässige Spenden

Man kann zwischen öffentlich gemachter Spendentätigkeit und nicht öffentlichen Spenden unterscheiden. *Öffentlich gemachte Spenden* haben in aller Regel einen Werbeeffekt und steigern somit die soziale Akzeptanz des Unternehmens in der Öffentlichkeit.[210] Sie dienen dem Ansehen des Unternehmens

---

[202] *Fleischer,* AG 2001, 171, 181.

[203] Vgl. auch *Watter/Rohde,* Festgabe Schweizerischer Juristentag, 2006, S. 329, 338 und 345; vgl. dazu auch oben IV.

[204] Vgl. dazu oben VI.2.b).

[205] Vgl. für das deutsche Recht *Fleischer,* FS Meincke, 2015, S. 101, 107.

[206] *Fleischer,* in: Spindler/Stilz, AktG (Fn. 112), § 76 Rn. 46; *ders.,* FS Meincke, 2015, S. 101, 105, jeweils unter Bezugnahme auf BGHSt 47, 187, 195.

[207] *Fleischer,* AG 2001, 171, 181.

[208] *Fleischer,* AG 2001, 171, 181; vgl. dazu auch oben VI.2.d).

[209] Die schweizerische Rechtsprechung beschäftigte sich bis anhin soweit ersichtlich lediglich im steuer- und (steuer-)strafrechtlichen Kontext mit der Spendentätigkeit von Unternehmen, vgl. dazu etwa BGE 115 Ib 111 (= Pra. 1990, Nr. 84; Migros Genf); BGer 2P.54/1999 vom 1.5.2000 (Denner); OGer Solothurn, in: forumpoenale 2013, 297, 297 ff.

[210] Vgl. *Watter/Rohde,* Festgabe Schweizerischer Juristentag, 2006, S. 329, 339. In diesem Zusammenhang wird vielfach von *Reputationsmanagement* gesprochen (*Nobel,* in:

und leisten dadurch einen Beitrag an ein stabiles Gesellschaftsumfeld. Dies gilt beispielsweise für Spenden an gemeinnützige Institutionen, die öffentlich gemacht werden.[211] Solche Spenden liegen im Gesellschaftsinteresse und sind daher zulässig, soweit sie auch vom Gesellschaftszweck gedeckt und angemessen sind.[212] Öffentlich gemachte Spendentätigkeit wird regelmäßig auch steuerlich anerkannt, indem die Zuwendungen aufgrund des Werbecharakters als geschäftsmäßig begründeter Aufwand qualifiziert und damit bei der Bemessung der Gewinnsteuer berücksichtigt werden.[213] Ob sich Spenden und soziales Engagement für das Unternehmen indessen *finanziell* tatsächlich lohnen, ist demgegenüber eine andere Frage.[214]

Auch *nicht öffentlich gemachte Spendentätigkeit* kann längerfristig positive Auswirkungen auf den Unternehmenswert haben. Zwar ist damit kein Werbeeffekt verbunden, dennoch kann die Wettbewerbssituation des Unternehmens verbessert werden, indem solche Spenden zur Schaffung eines für die Gesellschaft günstigen Umfelds beitragen. Sind solche Zuwendungen vom Gesellschaftszweck gedeckt und angemessen, sind sie gesellschaftsrechtlich

---

Berner Kommentar [Fn. 12], § 9 Rn. 280; vgl. auch *Bühler,* Regulierung im Bereich der Corporate Governance, 2009, Rn. 439; *Kunz* [Fn. 121], S. 226 f.).

[211] Vgl. *Watter/Roth Pellanda,* in: Basler Kommentar Obligationenrecht II (Fn. 139), Art. 717 Rn. 38, die allerdings fordern, dass der Verwaltungsrat solche Zuwendungen eher aus den eigenen Taschen als aus fremden Mitteln der Gesellschaft tätigen soll; vgl. auch *Homburger,* in: Zürcher Kommentar zum Schweizerischen Zivilgesetzbuch (Fn. 69), Art. 717 Rn. 966 f.

[212] Vgl. *Watter/Rohde,* Festgabe Schweizerischer Juristentag, 2006, S. 329, 339; vgl. auch *Homburger,* in: Zürcher Kommentar zum Schweizerischen Zivilgesetzbuch (Fn. 69), Art. 717 Rn. 967; *Watter* (Fn. 121), Rn. 13. Für das deutsche Recht *Fleischer,* FS Meincke, 2015, S. 101, 104 m.w.H.

[213] Vgl. für die direkte Bundessteuer Art. 58 Abs. 1 lit. b (voll abzugsfähig) sowie auch Art. 59 Abs. 1 lit. c DBG (bis zu 20 % des Reingewinns abzugsfähig, sofern nicht bereits geschäftsmäßig begründet) und für die Kantons- und Gemeindesteuern Art. 24 Abs. 1 lit. a und Art. 25 Abs. 1 lit. c StHG sowie die (unterschiedlichen) kantonalen Regelungen; vgl. auch BGE 115 Ib 111, E. 6. (= Pra. 1990, Nr. 84; Migros Genf). Zum Ganzen vgl. *Brülisauer/Mühlemann,* in: Kommentar zum Schweizerischen Steuerrecht, Bundesgesetz über die direkte Bundessteuer (DBG), 3. Aufl., 2017, Art. 58 Rn. 322 ff., insbes. Rn. 328 ff.; *Brülisauer/Guler,* in: Kommentar zum Schweizerischen Steuerrecht, Bundesgesetz über die direkte Bundessteuer (DBG), 3. Aufl., 2017, Art. 59 Rn. 1 ff. und 58 ff.; *Brülisauer/ Krummenacher,* in: Kommentar zum Schweizerischen Steuerrecht, Bundesgesetz über die Harmonisierung der direkten Steuern der Kantone und Gemeinden (StHG), 3. Aufl., 2017, Art. 24 Rn. 303 ff., insbes. Rn. 312; *Kuhn/Guler,* in: Kommentar zum Schweizerischen Steuerrecht, Bundesgesetz über die Harmonisierung der direkten Steuern der Kantone und Gemeinden (StHG), 3. Aufl., 2017, Art. 25 Rn. 63 ff.

[214] In einer neueren Studie kommen *Rost/Ehrmann,* 56(6) Business & Society 840, 870 (2017), zum Ergebnis, dass es kaum Belege für einen tatsächlichen Zusammenhang zwischen *corporate social performance* und *corporate financial performance* gäbe.

zulässig.[215] Steuerlich können nicht öffentlich gemachte Zuwendungen dem-gegenüber als geschäftsmäßig begründeten Aufwand nur berücksichtigt werden, wenn die Aktivität der Abwehr eines unmittelbar gegen das Unter-nehmen gerichteten Angriffs – etwa zur Verhinderung einer politischen Ak-tion gegen die Gesellschaft – dient.[216] Die gesellschaftsrechtliche Zulässigkeit deckt sich in diesem Fall nicht mit der steuerlichen Abzugsfähigkeit.

Nicht öffentlich gemacht werden häufig auch Parteispenden. Sie sind eine geläufige Form politischer Interessenwahrung.[217] Die Gesellschaft unterstützt diejenigen politischen Parteien, die für die Geschäftstätigkeit günstige Rah-menbedingungen zu schaffen versprechen.[218] Weil keine Verpflichtung der Gesellschaft zu parteipolitischer Neutralität besteht, sind Parteispenden grund-sätzlich zulässig, soweit sie eine positive Auswirkung auf den Unternehmens-wert haben.[219] Sie können aber ungewöhnlich sein, weil sie ein besonderes

---

[215] Vgl. *Watter/Rohde,* Festgabe Schweizerischer Juristentag, 2006, S. 329, 340, die als Beispiel eine nicht öffentlich gemachte Spende eines Pharmaunternehmens zur Finanzie-rung eines Lehrstuhls an der Universität am Sitz der Gesellschaft anführen, sofern dieser Lehrstuhl dazu dienen könne, die vom Unternehmen benötigten Spezialisten auszubilden. A.M. offenbar *Watter/Spillmann,* GesKR 2006, 94, 112, wonach finanzielle Zuwendungen an Dritte, die das Unternehmen nicht publik macht, nicht im Gesellschaftsinteresse liegen und damit – folglich – unzulässig sind; zurückhaltend auch *Kunz* (Fn. 121), S. 227.

[216] Vgl. BGer 2P.54/1999 vom 1.5.2000, E. 2.b, wonach es nicht willkürlich sei, wenn von einem Unternehmen, das politische Anliegen fördern will, die außerhalb einer bloßen Abwehr von „Angriffen" auf seine unmittelbaren Geschäftsinteressen liegen, grundsätzlich verlangt werde, dass es sich dafür öffentlich engagiere, sowie E. 3.a. Vgl. auch *Brülisauer/ Mühlemann,* in: Kommentar zum Schweizerischen Steuerrecht, Bundesgesetz über die direkte Bundessteuer (DBG) (Fn. 213), Art. 58 Rn. 329 (in Bezug auf Zuwendungen an politische Parteien), wonach ein Handeln im Hintergrund keine geschäftsmäßig begründe-ten Aufwendungen entstehen lasse, sowie Rn. 332 (vgl. aber auch Rn. 330 mit Hinweis auf abweichende Meinungen).

[217] Für das deutsche Recht *Fleischer,* AG 2001, 171, 179.

[218] Vgl. *Watter/Rohde,* Festgabe Schweizerischer Juristentag, 2006, S. 329, 340. Man spricht dabei – jedenfalls soweit die Zuwendungen öffentlich gemacht werden – auch von *Politsponsoring.* Die politischen Parteien wirken an der Meinungs- und Willensbildung des Volkes mit (Art. 137 BV) und haben daher im politischen System der Schweiz eine erheb-liche Bedeutung. Sie können aber nur auf geringfügige staatliche Unterstützung zählen. Der Staat vergibt kein Geld direkt an die Parteien oder andere politische Organisationen. Die Fraktionsbeiträge sind die einzige direkte finanzielle Unterstützung des Staates an die Parteien (vgl. dazu Art. 62 Abs. 5 ParlG und Art. 12 PRG [jährlicher Beitrag an die Frak-tionen zur Deckung der Kosten ihrer Sekretariate]). Zur steuerlichen Behandlung bzw. Abzugsfähigkeit politischer Aufwendungen vgl. BGer 2P.54/1999 vom 1.5.2000 (finan-zielle Unterstützung eines Referendums); OGer Solothurn, in: forumpoenale 2013, 297 (private Wahlkampfkosten des Alleinaktionärs und Verwaltungsratspräsidenten).

[219] Vgl. auch *Fleischer,* AG 2001, 171, 179 für das deutsche Recht; differenzierend *Homburger,* in: Zürcher Kommentar zum Schweizerischen Zivilgesetzbuch (Fn. 69), Art. 717 Rn. 969 ff.; *Watter/Rohde,* Festgabe Schweizerischer Juristentag, 2006, S. 329, 340.

Konfliktpotenzial mit sich bringen.[220] Denkbar ist auch ein (negativer) Einfluss auf das Sozialprestige der Gesellschaft, wenn Parteispenden einseitig erfolgen. Bei politisch anders denkenden Aktionären können sie zu Unmut führen.[221] Bei Spenden im politischen Bereich ist daher Zurückhaltung geboten.[222]

Aufgrund des politischen Systems mit direktdemokratischen Elementen und nebenamtlichen Parlamentariern haben Parteispenden in der Schweiz nicht dieselbe Bedeutung wie teilweise im Ausland. Im Rahmen des Referendumsrechts hat das Volk das letzte Wort,[223] sodass der privaten Parteifinanzierung ein anderes Gewicht als anderorts zukommt.[224] Spendet ein Unternehmen an eine ihm genehme Partei, ist nämlich nicht garantiert, dass bestimmte Vorhaben tatsächlich geltendes Gesetz werden, selbst wenn die Partei über Mehrheitsverhältnisse im Parlament verfügt.

(b) Unzulässige Spenden

Die Spendenkompetenz des Verwaltungsrats ist kein *plein pouvoir*. Die Entscheidung, wie sich die Gesellschaft politisch engagiert, muss im Gesellschaftsinteresse liegen und darf insbesondere nicht sachwidrig durch persönliche Präferenzen der Verwaltungsratsmitglieder beeinflusst sein. Auch im Bereich des politischen Engagements und insbesondere bei der Spendenkompetenz besteht ein Verbot von Interessenkonflikten und insofern eine negative Bindung an das Gesellschaftsinteresse.[225] Diese Vorgaben schließen indessen nicht aus, dass der Verwaltungsrat sich bei der erforderlichen Auswahl zwischen verschiedenen gleichermaßen geeigneten Empfängern von Spendenzahlungen für diejenigen entscheidet, die ihm persönlich besonders am Herzen liegen.[226]

---

[220] Vgl. *Fleischer,* GmbHR 2010, 1307, 1311; *ders.,* in: Spindler/Stilz, AktG (Fn. 112), § 76 Rn. 51.

[221] *Fleischer,* in: Hommelhoff/Hopt/v. Werder (Fn. 173), S. 202 und Fn. 153; vgl. auch *Mertens,* FS Goerdeler, 1987, S. 349, 357. *Fleischer,* AG 2001, 171, 172 verweist auf das Beispiel des Siemens-Konzerns, der laut Presseberichten eine größere Parteispende an die CDU ausgerichtet hatte, was zu einem Protest verschiedener Aktionäre führte, die einer anderen politischen Richtung zuneigten.

[222] Vgl. für das deutsche Recht *Mertens,* FS Goerdeler, 1987, S. 349, 357; *Mertens/Cahn,* in: Kölner Kommentar AktG, Band 2/1, 3. Aufl., 2010, § 76 Rn. 41.

[223] Nach Art. 141 Abs. 1 lit. a BV können 50'000 Stimmberechtigte oder acht Kantone innerhalb von 100 Tagen seit der amtlichen Veröffentlichung eines Bundesgesetzes verlangen, dass der Erlass dem Volk zur Abstimmung vorgelegt wird.

[224] Vgl. auch *Senti,* Transparenz ist kein Selbstzweck, Neue Zürcher Zeitung, 30.4.2011, 25.

[225] *Fleischer,* AG 2001, 171, 178; vgl. auch oben VI.2.d)(2).

[226] Für das deutsche Recht *Fleischer,* FS Meincke, 2015, S. 101, 105 m.w.H.

Unzulässig sind aber jedenfalls Spenden, die der Verwaltungsrat im Eigeninteresse ausrichtet.[227] Man spricht in diesem Zusammenhang von sog. *pet charities* und *personal aggrandizement.* Bei den *pet charities* verfolgt der Verwaltungsrat mit der Spende persönliche Vorstellungen. Beim *personal aggrandizement* dient die Spende vorab dem persönlichen Prestigegewinn des Verwaltungsrats. Solche Spenden dürfen nicht aus Mitteln des Unternehmens finanziert werden.[228] Dies bedeutet indessen nicht, dass jede Spende an eine nahestehende Person oder an eine Einrichtung, an der nahestehende Personen ein Interesse haben, *per se* unzulässig ist. Soweit solche Spenden auch im Gesellschaftsinteresse liegen, dürfen sie grundsätzlich ausgerichtet werden. An die Beurteilung, ob die Spende tatsächlich im Interesse der Gesellschaft liegt, ist aber ein besonders strenger Maßstab zu legen,[229] weil es sich in solchen Fällen um problematische Interessenvermischungen handeln kann.[230]

Unzulässig sind ferner Spenden, denen kein oder nur ein konstruiertes Interesse der Gesellschaft zugrunde liegt.[231] Gleiches gilt für Spenden, die außerhalb des Gesellschaftszwecks liegen.[232]

Zu Recht wird gesagt, bei ethisch begründeten Projekten müsse stets gefragt werden, „ob die handelnden Personen nicht wesentlich ethischer handeln würden, wenn sie mit ihrem privaten Geld, statt mit dem fremden ihrer Aktionäre spenden würden."[233]

---

[227] Vgl. *Homburger,* in: Zürcher Kommentar zum Schweizerischen Zivilgesetzbuch (Fn. 69), Art. 717 Rn. 974; *Watter/Rohde,* Festgabe Schweizerischer Juristentag, 2006, S. 329, 341; für das deutsche Recht *Fleischer,* in: Hommelhoff/Hopt/v. Werder (Fn. 173), S. 200 f.; vgl. auch *Schneider,* in: Scholz, GmbHG (Fn. 161), § 43 Rn. 72.

[228] Vgl. für das deutsche Recht *Fleischer,* FS Meincke, 2015, S. 101, 107 und 109; vgl. auch *ders.,* in: Hommelhoff/Hopt/v. Werder (Fn. 173), S. 200 f.; *Watter/Rohde,* Festgabe Schweizerischer Juristentag, 2006, S. 329, 341, wonach beispielsweise Spenden an den Fussballverein, bei dem der Sohn des Verwaltungsratspräsidenten mitspielt, unzulässig seien.

[229] Dies gilt jedenfalls dann, wenn die betroffenen Mitglieder des Verwaltungsrats bei der Entscheidung nicht in den Ausstand getreten sind (*Watter/Rohde,* Festgabe Schweizerischer Juristentag, 2006, S. 329, 341).

[230] *Watter/Rohde,* Festgabe Schweizerischer Juristentag, 2006, S. 329, 341 m.w.H.

[231] *Watter/Rohde,* Festgabe Schweizerischer Juristentag, 2006, S. 329, 341, wonach beispielsweise Zahlungen an die Klimaforschung unzulässig seien, wenn kein Interesse bei Abnehmern oder gegenwärtigen oder künftigen Mitarbeitern bestünde; vgl. auch *Watter/Spillmann,* GesKR 2006, 94, 111, wonach eine Spende eines in der Schweiz lokal tätigen KMU für ein Straßenprojekt in Brasilien grundsätzlich keine zulässige CSR-Aktivität sei.

[232] Vgl. *Watter/Spillmann,* GesKR 2006, 94, 112, wonach eine Spende eines Biotech-Unternehmens, das nach statutarischer Zwecksetzung auch Genforschung betreibt, an ein Komitee, das ein gänzliches Verbot der Genforschung in der Schweiz anstrebt, klar außerhalb des Zwecks der Gesellschaft wäre. Zu den Rechtsfolgen eines solchen Rechtsgeschäfts vgl. oben VI.2.b).

[233] *Watter/Rohde,* Festgabe Schweizerischer Juristentag, 2006, S. 329, 341.

(5) Die Wahrung des Gesellschaftsinteresses als Schranke politischen
Engagements und korporativer Freigiebigkeit

Zentrale Schranke politischen Engagements und korporativer Freigiebigkeit
ist die Wahrung des Gesellschaftsinteresses. Hält sich der Verwaltungsrat
nicht an diese Schranke, begeht er eine Sorgfaltspflichtverletzung wegen Ver-
schwendung des Gesellschaftsvermögens. Gerade auch beim Einsatz von Mitteln der Gesellschaft für Spendenzwecke hat der Verwaltungsrat die Sorgfalt
eines gewissenhaften Geschäftsführers aufzuwenden.[234] In Frage kommt auch
ein Verstoß gegen die Treuepflicht, wenn die Zuwendung sachwidrig durch
persönliche Präferenzen der Verwaltungsratsmitglieder bestimmt ist oder aus
Sicht der Gesellschaft kein Grund besteht, sie zu gewähren.[235]

Verletzt der Verwaltungsrat die ihm nach Art. 717 Abs. 1 OR obliegende
Sorgfalts- und/oder Treuepflicht, wird er verantwortlich, wenn die weiteren
Voraussetzungen der aktienrechtlichen Verantwortlichkeit, mithin ein Scha-
den, der adäquate Kausalzusammenhang und ein Verschulden, vorliegen.[236]

e) Verhältnismäßigkeit bzw. das Gebot der Angemessenheit

(1) Allgemeines

Politisches Engagement eines Unternehmens muss verhältnismäßig sein. Korporative Freigiebigkeit darf einen vernünftigen Rahmen nicht überschreiten
und muss dem Gebot der Angemessenheit genügen.[237] Weil *Angemessenheit*
ein unbestimmter Rechtsbegriff ist,[238] stellt sich die Frage, wie dieser Begriff
ausgefüllt werden soll. Es geht darum, zu entscheiden, nach welchen Kriterien sich die Angemessenheit des politischen Engagements bzw. der korporativen Freigiebigkeit beurteilt und wo die Grenze zwischen zulässigen und
unzulässigen Spenden liegt.

---

[234] Vgl. *Fleischer,* FS Meincke, 2015, S. 101, 107 und 115.

[235] *Fleischer,* FS Meincke, 2015, S. 101, 109; vgl. auch *ders.,* in: Spindler/Stilz, AktG
(Fn. 112), § 93 Rn. 153 (Aneignung von Gesellschaftsressourcen als Fallgruppe der Treue-
pflichtverletzung) sowie oben VI.2.d)(4)(b).

[236] Zur Frage, wann bei einer unzulässigen Spende ein Schaden vorliegt, vgl. *Watter/*
Rohde, Festgabe Schweizerischer Juristentag, 2006, S. 329, 344. Zu den Voraussetzungen
der aktienrechtlichen Verantwortlichkeit im Allgemeinen vgl. statt vieler *Gericke/Waller,*
in: Basler Kommentar Obligationenrecht II, 5. Aufl., 2016, Art. 754 Rn. 13 ff. Qualifiziert
sich die Spende als verdeckte Gewinnausschüttung, kommt auch eine Rückerstattung nach
Art. 678 Abs. 2 OR in Betracht (vgl. *Jutzi,* recht 2017, 251, 273 ff.).

[237] Vgl. *Watter/Rohde,* Festgabe Schweizerischer Juristentag, 2006, S. 329, 342 (in Bezug auf die Höhe von Spenden); für das deutsche Recht *Fleischer,* FS Meincke, 2015,
S. 101, 111 m.w.H.; *ders.,* AG 2001, 171, 177; vgl. auch *Homburger,* in: Zürcher Kommentar zum Schweizerischen Zivilgesetzbuch (Fn. 69), Art. 717 Rn. 967.

[238] *Fleischer,* AG 2001, 171, 178, spricht von einem *Blankettbegriff.*

(2) Beurteilungskriterien

Zur Beurteilung der Angemessenheit wäre es denkbar, eine summenmäßige Begrenzung von unentgeltlichen Zuwendungen des Unternehmens festzulegen. Dabei könnte auf die steuerliche Abzugsfähigkeit abgestellt werden.[239] Unter bestimmten Voraussetzungen können juristische Personen Spenden vom Reingewinn steuerlich in Abzug bringen.[240] Das Abstellen auf die steuerliche Abzugsfähigkeit erscheint indessen nicht sachgerecht, weil den steuerrechtlichen Vorschriften mit fiskalischen Zweckmäßigkeitserwägungen andere Wertungen zugrunde liegen.[241]

In Betracht kämen auch gesellschaftsrechtliche Höchstgrenzen wie beispielsweise ein bestimmter Prozentsatz des Bilanzgewinns.[242] Gesellschaftsrechtliche Höchstgrenzen sind aber ebenfalls abzulehnen, weil sie auf die mannigfaltigen Spendenaktivitäten im Unternehmensalltag nicht genügend Rücksicht nehmen.[243]

Sinnvoll erscheint es demgegenüber, das Gebot der Angemessenheit nach der Größenordnung und der finanziellen Lage der Gesellschaft zu konkretisieren.[244] Als Anhaltspunkte dafür kommen die Ertragslage der Gesellschaft, die Verkehrsüblichkeit der Spende sowie die Nähe des unterstützten Zwecks zum Unternehmensgegenstand in Betracht.[245] Je enger die Verbindung zum Unternehmensgegenstand, desto größer der Handlungsspielraum des Verwaltungsrats.

(3) Sonderfall: Angespannte Finanzlage des Unternehmens

Ist die Finanzlage des Unternehmens angespannt, können sich bei der Beurteilung der Zulässigkeit bzw. Angemessenheit korporativer Freigiebigkeit besondere Schwierigkeiten ergeben.[246] Es stellt sich in diesem Fall nämlich –

---

[239] Vgl. für das deutsche Recht *Baas,* Leitungsmacht und Gemeinwohlbindung der AG, 1976, 211 f.; *Kind,* NZG 2000, 567, 569.

[240] Vgl. dazu oben VI.2.d)(4)(a).

[241] Vgl. für das deutsche Recht *Fleischer,* FS Meincke, 2015, S. 101, 111 m.w.H.; *ders.,* AG 2001, 171, 178.

[242] Für das deutsche Recht *Kind,* NZG 2000, 567, 569 f. (1 % des Bilanzgewinns); vgl. auch *Schneider,* in: Scholz, GmbHG (Fn. 161), § 43 Rn. 72, wonach 2 % des Bilanzgewinns in der Regel unbedenklich seien.

[243] Für das deutsche Recht *Fleischer,* FS Meincke, 2015, S. 101, 111 m.w.H.; vgl. auch *ders.,* AG 2001, 171, 178.

[244] Für das deutsche Recht *Fleischer,* FS Meincke, 2015, S. 101, 111 m.w.H.; vgl. auch *Watter/Rohde,* Festgabe Schweizerischer Juristentag, 2006, S. 329, 342, wonach die Spende ein angemessenes Mittel zur langfristigen Steigerung des Unternehmenswerts darstellen müsse.

[245] *Fleischer,* FS Meincke, 2015, S. 101, 111 f. m.w.H.

[246] *Fleischer,* AG 2001, 171, 178, mit Hinweis auf das Beispiel des Flugzeugherstellers *Boeing,* der im Geschäftsjahr 1997 einen Verlust von 178 Millionen US-Dollar erwirt-

getreu dem Grundsatz *nemo liberalis, nisi liberatus*[247] – die Frage, ob ein Unternehmen, das keinen Gewinn erwirtschaftet, Geld für Spenden oder Sponsoring ausgeben darf.[248] Grundsätzlich ist auch in Krisenzeiten kein vollständiger Verzicht auf eine Spendentätigkeit oder Sponsoring geboten.[249] Auch in Verlustjahren kann vom Verwaltungsrat weder juristisch noch ökonomisch verlangt werden, vollständig auf Spenden oder andere Zuwendungen zu verzichten, so „wie es in Krisenzeiten ein Kardinalfehler sein kann, den Werbeetat drastisch zu kürzen".[250] Es ist in solchen Fällen indessen in besonderer Weise zu prüfen, ob die korporative Freigiebigkeit noch im Interesse der Gesellschaft liegt.[251] Jedenfalls ist größere Zurückhaltung geboten, als wenn die Gesellschaft finanziell robust ist.[252]

3. Überprüfung von Ermessensentscheiden

Wie oben ausgeführt, hat der Verwaltungsrat in Bezug auf ein politisches Engagement und eine Spendentätigkeit des Unternehmens einen großen Ermessensspielraum.[253] Ob politisches Engagement oder die Spendentätigkeit zulässig sind, beurteilt sich aufgrund einer *ex-ante*-Betrachtung. Es kommt somit nicht darauf an, ob das politische Engagement sich später tatsächlich positiv auf den Unternehmenswert auswirkt. Von Bedeutung ist lediglich, ob der Verwaltungsrat im Zeitpunkt der Vornahme in guten Treuen davon ausgehen durfte, das politische Engagement oder die Spende lägen im Gesellschaftsinteresse und seien angemessen.[254]

Nach der sog. *Business Judgement Rule* haben sich die Gerichte bei der nachträglichen Beurteilung von Geschäftsentscheiden Zurückhaltung aufzuerlegen, wenn diese in einem einwandfreien (formell korrekten), auf einer angemessenen Informationsbasis beruhenden und von Interessenkonflikten freien Entscheidungsprozess zustande gekommen sind.[255] Der Geschäftsent-

---

schaftete und Mitarbeiter entließ, gleichzeitig aber 51 Millionen US-Dollar für philanthropische Zwecke ausgab.

[247] „Freigiebig nur, wenn schuldenfrei."

[248] Vgl. *Fleischer,* FS Meincke, 2015, S. 101, 114; vgl. auch *Mertens,* FS Goerdeler, 1987, S. 349, 357.

[249] Vgl. *Fleischer,* FS Meincke, 2015, S. 101, 110, 111 f. und 114; *ders.,* AG 2001, 171, 178.

[250] *Fleischer,* FS Meincke, 2015, S. 101, 114; *ders.,* AG 2001, 171, 178.

[251] *Fleischer,* FS Meincke, 2015, S. 101, 110.

[252] *Fleischer,* FS Meincke, 2015, S. 101, 114.

[253] Vgl. dazu oben VI.2.d)(3).

[254] Vgl. auch *Watter/Rohde,* Festgabe Schweizerischer Juristentag, 2006, S. 329, 342.

[255] BGE 139 III 24, 26; BGer 4A_259/2016 und 4A_267/2016 vom 13.12.2016, E. 5.1, 4A_603/2014 vom 11.11.2015, E. 7.1.1, 4A_626/2013 und 4A_4/2014 vom 8.4.2014, E. 5.1, 4A_97/2013 vom 28.8.2013, E. 5.2, 4A_15/2013 vom 11.7.2013, E. 6.1, 4A_74/2012 vom 18.6.2012, E. 5.1.

scheid ist alsdann in inhaltlicher Hinsicht lediglich darauf zu prüfen, ob er als vertretbar erscheint. Fehlt es demgegenüber an einer dieser Voraussetzungen, rechtfertigt es sich nicht, besondere Zurückhaltung zu üben.[256] Die *Business Judgement Rule* dient somit der Abschirmung von Haftungsansprüchen.[257]

Soweit der Verwaltungsrat sich daher an die genannten Kriterien hält, wird sein Entscheid bezüglich des politischen Engagements des Unternehmens nur eingeschränkt überprüft.[258] Fehlt es hingegen an einer Voraussetzung, findet eine uneingeschränkte Prüfung statt. In diesen Fällen liegt alsdann eine Pflichtverletzung vor, wenn der Geschäftsentscheid bei umfassender Prüfung als fehlerbehaftet erscheint, mithin beispielsweise ein Spendenentscheid mit einem Interessenkonflikt behaftet ist und somit nicht im Interesse der Gesellschaft liegt.

VII. Grenzen politischen Engagements

1. Allgemeines

Verfassung und Gesetze setzen politischem Engagement von Unternehmen Schranken. Politisches Engagement ist – wie oben ausgeführt – (gesellschaftsrechtlich) zulässig, wenn es vom zuständigen Organ ausgeht, vom Gesellschaftszweck gedeckt ist, im Gesellschaftsinteresse liegt und dem Gebot der Angemessenheit genügt.[259] Im Rahmen ihrer Tätigkeit können sich Unternehmen auch öffentlichen Aufgaben widmen, indem sie sich beispielsweise an *Public Private Partnerships* beteiligen.[260] Die Förderung des Gemeinwohls und die Wahrnehmung öffentlicher Aufgaben sind indessen nicht *unmittelbar* Ziel privatwirtschaftlichen Tuns.[261] Privatwirtschaftliche Unternehmen haben letztlich nur eine öffentliche Aufgabe, nämlich diejenige, „ihre Dienstleistungen und Produkte effizient und in der richtigen Qualität bereitzustellen und am Markt abzusetzen – und zwar gewinnbringend".[262] Unternehmen als

---

[256] BGer 4A_259/2016 und 4A_267/2016 vom 13.12.2016, E. 5.1, 4A_603/2014 vom 11.11.2015, E. 7.1.1, 4A_219/2015 vom 8.9.2015, E. 4.2.1, 4A_97/2013 vom 28.8.2013, E. 5.2; vgl. auch *Fleischer,* FS Meincke, 2015, S. 101, 114, wonach die *Business Judgement Rule* bei einem Verstoß gegen gesetzliche oder statutarische Pflichten nicht anwendbar sei.

[257] *Fleischer,* AG 2001, 171, 175 f.

[258] Vgl. auch *Watter/Rohde,* Festgabe Schweizerischer Juristentag, 2006, S. 329, 342.

[259] Vgl. dazu oben VI.2.

[260] Vgl. dazu oben III.3.f).

[261] *Forstmoser,* Festgabe Schweizerischer Juristentag, 2006, S. 55, 81; *ders.,* Summa Dieter Simon, 2005, S. 207, 230.

[262] *Forstmoser,* Festgabe Schweizerischer Juristentag, 2006, S. 55, 81; *ders.,* Summa Dieter Simon, 2005, S. 207, 231.

unmittelbare Förderer des Gemeinwohls zu betrachten, ist verfehlt. „Wo die Wahrung von Privatinteressen nicht genügt, um den Interessen der Allgemeinheit gerecht zu werden, wo also die *invisible hand* von ADAM SMITH ihren Segen nicht *allen legitimerweise Interessierten* spenden kann, da ist der *Staat gefordert*".[263] Es stellt sich damit die Frage, ob im Bereich des politischen Engagements von Unternehmen staatliche Regulierung erforderlich ist. Darauf ist zurückzukommen.[264]

Mischen sich Unternehmen in den politischen Prozess ein, besteht immer auch ein gewisses Risiko, dass die Handlungen korruptionsanfällig sind. Bei Zuwendungen an Dritte kann die Gefahr bestehen, dass das Unternehmen seine Macht für private Zwecke missbraucht. Im Folgenden sollen daher einige Ausführungen zur Problematik der Korruption bei politischem Engagement von Unternehmen gemacht werden.

2. *Problematik der Korruption*

Die Grenzen zwischen zulässigem politischem Engagement und Korruption bzw. (strafbarer) Bestechung können fließend sein. Ist beispielsweise eine (geldwerte) Zuwendung an Dritte zwar vom Gesellschaftszweck gedeckt und liegt sie auch im Gesellschaftsinteresse, weil sie zu einer Steigerung des Unternehmenswerts beiträgt, verfolgt das Unternehmen damit aber ein unlauteres Ziel, kann sich die Frage stellen, ob sich das Unternehmen im Bereich der Korruption bewegt. Zu denken ist etwa an Spenden und andere unentgeltliche Zuwendungen, die sich für das Unternehmen objektiv gesehen profitabel auswirken, die aber gesetzeswidrig sind oder mittels derer das Unternehmen jedenfalls seine Macht missbraucht. Vor allem in Entwicklungsländern und Übergangsökonomien ist Korruption als klassisches Instrument der Herrschaftssicherung weit verbreitet.[265]

Das schweizerische Strafrecht kennt keinen Tatbestand, der als „Korruption" an sich bezeichnet wird. Der Begriff der Korruption wird vielmehr als Überbegriff verwendet, der verschiedene Formen des Machtmissbrauchs zu

---

[263] *Forstmoser,* Festgabe Schweizerischer Juristentag, 2006, S. 55, 81; *ders.,* Summa Dieter Simon, 2005, S. 207, 230 f.

[264] Vgl. dazu unten VIII.

[265] *Pieth,* in: Basler Kommentar Strafrecht II, 3. Aufl., 2013, Vor Art. 322ter Rn. 1 m.w.H.; vgl. auch *ders.,* in: Ackermann/Heine (Hrsg.), Wirtschaftsstrafrecht der Schweiz, 2013, § 22 Rn. 2. Zum Problem der transnationalen Korruption und dem Reformbedarf für das innerstaatliche Korruptionsstrafrecht in der Schweiz vgl. Botschaft über die Änderung des Schweizerischen Strafgesetzbuches und des Militärstrafgesetzes (Revision des Korruptionsstrafrechts) sowie über den Beitritt der Schweiz zum Übereinkommen über die Bekämpfung der Bestechung ausländischer Amtsträger im internationalen Geschäftsverkehr vom 19.4.1999, BBl 1999, S. 5497, 5515 ff. Vgl. auch das OECD-Übereinkommen über die Bekämpfung der Bestechung ausländischer Amtsträger im internationalen Geschäftsverkehr (SR 0.311.21), das für die Schweiz am 30.7.2000 in Kraft getreten ist.

privaten Zwecken beinhaltet.[266] Im Titel zu den Korruptionstatbeständen der Art. 322ter ff. StGB spricht das Strafgesetzbuch von „Bestechung".[267] Der (aktiven) Bestechung strafbar machen kann sich grundsätzlich jedermann und die Bestechung kann auch Bezugstatbestand der strafrechtlichen Verantwortung des Unternehmens sein.[268] Die Strafbarkeit des Unternehmens ist in Art. 102 StGB geregelt. Nach Art. 102 Abs. 1 StGB gilt der Grundsatz der subsidiären Strafbarkeit.[269] Bei gewissen Straftatbeständen wird das Unternehmen indessen unabhängig von der Strafbarkeit natürlicher Personen bestraft, „wenn dem Unternehmen vorzuwerfen ist, dass es nicht alle erforderlichen und zumutbaren organisatorischen Vorkehren getroffen hat, um eine solche Straftat zu verhindern".[270] Zu diesen Straftaten gehören auch die (aktive) Bestechung und die Vorteilsgewährung.[271] Was ein Unternehmen im Sinne von Art. 102 StGB ist, regelt schließlich Abs. 4 dieser Bestimmung. Dazu zählen unter anderem Gesellschaften.[272]

Bei geldwerten Zuwendungen einer Gesellschaft kann sich daher der Verwaltungsrat oder auch die Gesellschaft strafbar machen. Im Einzelfall ist zu prüfen, ob der strafrechtliche Tatbestand erfüllt ist.[273] Was strafrechtlich rele-

---

[266] *Pieth,* in: Basler Kommentar Strafrecht II (Fn. 265), Vor Art. 322ter Rn. 7 m.w.H.; vgl. auch *ders.,* in: Ackermann/Heine (Fn. 265), § 22 Rn. 14, der darauf hinweist, dass unterschiedlich weite Begriffe der Korruption bestünden. In der Schweiz war das Korruptionsstrafrecht bis in die 80er-Jahre des 20. Jahrhunderts von untergeordneter Bedeutung (vgl. *Jositsch,* ZStrR 2005, 241, 243 m.w.H.). Allerdings darf heute die Relevanz des schweizerischen Finanzplatzes bei der Vorbereitung und Ausführung von Bestechungsvorgängen und damit die Gefahr und das Ausmaß von Korruption nicht unterschätzt werden (vgl. *Pieth,* in: Basler Kommentar Strafrecht II [Fn. 265], Vor Art. 322ter Rn. 3).

[267] Durch die Revision des Korruptionsstrafrechts wurden unter dem neunzehnten Titel „Bestechung" die Art. 322ter bis Art. 322[decies] ins Strafgesetzbuch (StGB) eingefügt. Diese Bestimmungen regeln sowohl die aktive wie die passive Korruption im weiteren Sinn (*Jositsch/Brunner,* ST 2009, 141, 141), wobei das Gesetz von „Bestechen", „Sich bestechen lassen", „Vorteilsgewährung" und „Vorteilsannahme" spricht. Im Weiteren wird im Gesetz zwischen der Bestechung schweizerischer Amtsträger, der Bestechung fremder Amtsträger und der Bestechung Privater unterschieden.

[268] *Pieth,* in: Ackermann/Heine (Fn. 265), § 22 Rn. 25.

[269] "Wird in einem Unternehmen in Ausübung geschäftlicher Verrichtung im Rahmen des Unternehmenszwecks ein Verbrechen oder Vergehen begangen und kann diese Tat wegen mangelhafter Organisation des Unternehmens keiner bestimmten natürlichen Person zugerechnet werden, so wird das Verbrechen oder Vergehen dem Unternehmen zugerechnet. In diesem Fall wird das Unternehmen mit Busse bis zu 5 Millionen Franken bestraft" (Art. 102 Abs. 1 StGB).

[270] Art. 102 Abs. 2 StGB.

[271] Vgl. die in Art. 102 Abs. 2 StGB aufgeführten Straftatbestände.

[272] Art. 102 Abs. 4 lit. c StGB.

[273] Vgl. dazu auch *Watter/Spillmann,* GesKR 2006, 94, 108 f. Im Rahmen dieses Beitrags kann nicht näher auf die strafrechtliche Problematik der Korruption eingegangen werden. Es wird hierfür auf die einschlägige Literatur verwiesen. Zu den Möglichkeiten

vant ist, ist auch gesellschaftsrechtlich unzulässig, zumal sorgfältiges Tätigwerden des Verwaltungsrats gesetzeskonformes Verhalten bedingt[274] und es
keine Berechtigung gibt, aus Profitüberlegungen Gesetze zu missachten.[275]

In diesem Zusammenhang von Bedeutung ist insbesondere auch, dass nicht
nur die Bestechung von schweizerischen und ausländischen Amtsträgern strafbar ist,[276] sondern seit dem 1.7.2016 auch die Bestechung Privater.[277] Dabei
wird das Unternehmen unabhängig von der Strafbarkeit natürlicher Personen
bestraft, wenn ihm vorzuwerfen ist, dass es nicht alle erforderlichen und zumutbaren organisatorischen Vorkehren getroffen hat, um eine Privatbestechung zu verhindern.[278] Der Geltungsbereich der strafrechtlichen Korruptions-
bestimmungen ist weit. Entsprechend hoch sind auch die Anforderungen an
das unternehmensinterne Compliance-System und die Vorsichtsmaßnahmen,
die das Unternehmen vorsehen muss, um sich nicht den Folgen des Unter-
nehmensstrafrechts auszusetzen.[279]

Weil Korruption letztlich ein Überbegriff ist, der verschiedene Formen des
Machtmissbrauchs zu privaten Zwecken beinhaltet, muss korruptes Verhalten
nicht notwendigerweise strafbar sein.[280] Bei der Ausrichtung von unentgeltlichen Zuwendungen befindet sich der Verwaltungsrat daher bisweilen auf
einer Gratwanderung und zwar gleich in zweierlei Hinsicht. So ist nicht nur
der Grat zwischen (gesellschaftsrechtlich) zulässigen, strafrechtlich nicht
relevanten, aber korrupten Zuwendungen einerseits und strafbarer Korruption
andererseits schmal, sondern auch derjenige zwischen rechtlich unproblema-
tischen und damit unbedenklichen Zuwendungen sowie korrupten, aber straf-
losen Vorteilsgewährungen.[281] In welchem Bereich sich das Unternehmen
befindet, ist erheblich. Ist es in einen Korruptionsskandal verwickelt und wird
dies publik, wird es nämlich regelmäßig einen Reputationsschaden erleiden,
und zwar unabhängig davon, ob das korrupte Verhalten strafbar ist oder
nicht.[282]

---

und Grenzen der strafrechtlichen Korruptionsbekämpfung in der Schweiz vgl. *Jositsch,*
ZStrR 2005, 241, 241 ff.

[274] Vgl. dazu oben VI.2.a).

[275] *Watter/Spillmann,* GesKR 2006, 94, 108.

[276] Art. 322ter und Art. 322[septies] Abs. 1 StGB.

[277] Art. 322[octies] StGB.

[278] Art. 102 Abs. 2 StGB.

[279] Vgl. *Blattner,* forumpoenale 2015, 94, 96 ff. Zur Privatbestechung vgl. auch *Acker-
mann/Baumann,* Gedächtnisschrift Heine, 2016, S. 1, 7 ff.; *Jositsch/Drzalic,* AJP 2016,
349, 349 ff.

[280] *Pieth,* in: Basler Kommentar Strafrecht II (Fn. 265), Vor Art. 322ter Rn. 7 m.w.H.,
der als Beispiel dafür die illegale Parteifinanzierung nennt.

[281] Vgl. *Satzger,* ZStW 115 (2003), 469, 472, wonach zwischen Sponsoring und Bestechung strukturelle Ähnlichkeiten bestehen.

[282] Vgl. *Watter/Spillmann,* GesKR 2006, 94, 109, unter Hinweis auf das Beispiel von
Statoil, die in einen Korruptionsskandal verwickelt gewesen sein soll. *Watter/Spillmann,*

Korruption bezeichnet letztlich nichts anderes als den Degenerationsprozess der sozialen und wirtschaftlichen Ordnung.[283] Um diesem Prozess Einhalt zu gebieten, wurden verschiedene internationale Vereinbarungen zur Bekämpfung von Korruption geschlossen.[284] Mit dem Erlass der Richtlinie 2014/95/EU betreffend die Angabe nichtfinanzieller und die Diversität betreffender Informationen durch bestimmte Unternehmen ist auch der Europäische Gesetzgeber tätig geworden. Danach sind die Mitgliedstaaten der Europäischen Union gehalten, Bestimmungen bezüglich einer Berichtspflicht großer Unternehmen im Lagebericht unter anderem in den Bereichen Sozialbelange und Bekämpfung von Korruption und Bestechung zu erlassen.[285] Die Richtlinie betrifft explizit zwar nur nichtfinanzielle Informationen. Indem die Erklärung der Unternehmen aber eine Beschreibung der Konzepte, Ergebnisse und Risiken sowie Angaben zu den Due-Diligence-Prozessen in Bezug auf die erwähnten Belange umfassen sollte,[286] können davon (indirekt) auch die Politfinanzierung und andere Zuwendungen an Dritte erfasst sein. Die Schweiz ist zwar nicht Adressat der EU-Richtlinie. Der Bundesrat beabsichtigt indessen eine Vorlage zur Nachhaltigkeitsberichterstattung auszuarbeiten, welche sich an der Regelung in der Europäischen Union orientiert. Vorerst will er aber die Erfahrungen in der EU abwarten und die Arbeiten dann an die Hand nehmen, wenn die Umsetzungsvorhaben der EU-Mitgliedstaaten weiter fortgeschritten sind und der Kenntnisstand somit besser ist.[287]

VIII. Erforderlichkeit staatlicher Regulierung politischen Engagements von Unternehmen?

Es stellt sich die Frage, ob politisches Engagement von Unternehmen staatlich reguliert werden soll. Staatliche Regulierung ist dort angezeigt, wo ein Marktversagen[288] besteht, das eine behördliche Intervention erforderlich macht.[289]

GesKR 2006, 94, 109 Fn. 166 weisen richtigerweise darauf hin, dass ein Reputationsschaden oft nur sehr schwer quantifizierbar ist.

[283] Vgl. *Dembinski,* in: Cassani/Héritier Lachat (Hrsg.), Lutte contre la corruption internationale, 2011, 15, 26 f.

[284] Vgl. dazu etwa *Nobel,* Internationales und Transnationales Aktienrecht (Fn. 12), Kap. 3 Rn. 41 ff.

[285] Richtlinie 2014/95/EU des Europäischen Parlaments und des Rates vom 22. Oktober 2014 zur Änderung der Richtlinie 2013/34/EU im Hinblick auf die Angabe nichtfinanzieller und die Diversität betreffender Informationen durch bestimmte große Unternehmen und Gruppen (ABl. L 330 vom 15.11.2014).

[286] Richtlinie 2014/95/EU (Fn. 285), S. 2 (6).

[287] *Bundesrat* (Fn. 25), S. 41.

[288] Ein Marktversagen liegt – vereinfacht gesagt – vor, wenn es in einem sich selbst überlassenen Markt nicht möglich ist, die Ressourcen effizient zu allozieren und demnach

Rechtsnormen braucht es dann, wenn Selbstverpflichtungen und der Druck von Markt und Gesellschaft nicht ausreichen[290] und eine Regulierung effizienter ist als keine. Dabei ist zu bedenken, dass jede rechtliche Regelung in einem Spannungsverhältnis von Rechtssicherheit, Zweckmäßigkeit und Gerechtigkeit steht.[291] Letztlich geht es um die Frage, wie Maßnahmen und gesetzliche Vorschriften aussehen müssen, damit das fragile Gleichgewicht zwischen verschiedenen Faktoren nicht zerstört wird.[292]

Soweit ersichtlich gibt es keine Hinweise oder Belege, dass Unternehmen im Bereich des politischen Engagements systematisch gegen Regeln verstoßen oder dass der Markt versagt. In Bezug auf staatliche Regulierung von politischem Engagement von Unternehmen ist daher Zurückhaltung geboten.[293] Es sind keine (zusätzlichen) rechtlichen Regelungen erforderlich, die politisches Engagement von Unternehmen verbieten oder umgekehrt Unternehmen zu (sozial-)politischem Engagement verpflichten. Regulatorische Eingriffe bringen Nebeneffekte mit sich und können das marktwirtschaftliche System unterwandern. Jede rechtliche Regelung läuft zudem Gefahr, über das Ziel hinauszuschießen. Gerade auch im Bereich der Corporate Social Responsibility droht diese Gefahr, wenn das Konzept überstrapaziert wird.[294] Auch im vorliegenden Kontext gilt: So viel wie notwendig, so wenig wie möglich.

Zu überlegen wäre, ob im Bereich von Unternehmensspenden und sonstigen Zuwendungen die Transparenz verbessert werden sollte.[295] Transparenz fördert das Vertrauen der Aktionäre, erhöht die soziale Anerkennung des Unternehmens und steigert damit dessen Wert.[296] Regulierung und staatlich verordnete Transparenz dürfen aber nicht dazu führen, dass die nachhaltige

---

kein Marktgleichgewicht entsteht. Die Gründe für Marktversagen sind unterschiedlichster Natur (*Watter/Spillmann,* GesKR 2006, 94, 97 ff.; vgl. auch *von der Crone/Beyeler/Dédeyan,* ZSR 122 [2003] I, 409, 439 ff.). Zu den Ursachen eines Marktversagens vgl. etwa *Fritsch,* Marktversagen und Wirtschaftspolitik, 9. Aufl., 2014, S. 79 ff.

[289] Vgl. *Watter/Spillmann,* GesKR 2006, 94, 101 f. und 114.

[290] *Forstmoser,* FS Nobel, 2015, S. 157, 174.

[291] Vgl. *Radbruch,* Süddeutsche Juristen-Zeitung 1946, 105, 107; vgl. dazu auch *Müller,* Eigenkapitalersetzende Darlehen, 2014, Rn. 633 f. m.w.H.

[292] In diesem Sinn setzt auch der Bundesrat im Rahmen der Umsetzung der *CSR* auf einen sog. *smart mix,* der rechtlich nicht verbindliche Maßnahmen und nötigenfalls ergänzende gesetzliche Vorschriften vorsieht (vgl. *Bundesrat* [Fn. 25], S. 10 f.).

[293] Vgl. auch *von der Crone/Beyeler/Dédeyan,* ZSR 122 (2003) I, 409, 441 f., wonach der Ruf nach staatlicher Regulierung nicht unreflektiert erfolgen dürfe.

[294] Vgl. auch *Hofstetter,* Swiss Code of Best Practice for Corporate Governance 2014, 2014, S. 4, wonach das Gewinnstreben der Aktionäre Motor des gesellschaftlichen Wohlstands und Fortschritts sei und dessen Unterbindung das marktwirtschaftliche Gesamtsystem aus den Fugen heben würde.

[295] *Fleischer,* AG 2001, 171, 178 f.

[296] Vgl. *Forstmoser,* Festgabe Schweizerischer Juristentag, 2006, S. 55, 85; *ders.,* Summa Dieter Simon, 2005, S. 207, 235.

Existenz von Unternehmen gefährdet wird. Zwingende Regeln werden von Unternehmen zudem häufig als Kosten und nicht als Chance betrachtet.[297]

Bezüglich der Transparenz kommen zwei Ansätze in Betracht. In privat-rechtlicher Hinsicht könnte die handelsrechtliche Transparenz von Unter-nehmensspenden im Rahmen der Rechnungslegungsvorschriften verbessert werden.[298] Als öffentlich-rechtlicher Ansatz wäre die Offenlegung von Partei-spenden durch die politischen Parteien zu diskutieren.

Unentgeltliche Zuwendungen wie Spenden sind in der Erfolgsrechnung nicht gesondert auszuweisen, sondern gehen in der Regel ununterscheidbar im Sammelposten „übriger betrieblicher Aufwand"[299] (sonstiger Betriebsaufwand) auf.[300] Im Jahr 2012 wurde in der Schweiz eine parlamentarische Initiative eingereicht, die unter anderem verlangte, dass börsenkotierte Gesellschaften im Geschäftsbericht die Gesamtsumme der Zuwendungen an politische Ak-teure (insbesondere politische Parteien, Verbände und für Kampagnen) anzu-geben haben.[301] Der Initiative wurde allerdings keine Folge geleistet; sie wur-de als erledigt abgeschrieben.[302] Dass (börsenkotierte) Unternehmen Spenden offenlegen sollen, wird von verschiedener Seite gefordert. So wurde in der Vergangenheit auch versucht, das Ziel über die Generalversammlungen zu erreichen, indem die Aktionäre börsenkotierter Unternehmen aufgefordert werden sollten, anlässlich der Generalversammlungen Auskunft darüber zu verlangen, welche Parteien Geld erhalten und wie viel dafür eingesetzt werde. Davon erhoffte man sich Verbesserungen bezüglich der Transparenz, hatte dieses Vorgehen doch bereits einmal zum Erfolg geführt, nämlich bei der Transparenz von Managergehältern.[303] Der Aktionärsverein *Actares*[304] fordert

---

[297] Vgl. auch *Bohrer*, GesKR 2016, 273, 277.

[298] Für das deutsche Recht *Fleischer*, in: Spindler/Stilz, AktG (Fn. 112), § 76 Rn. 49; *ders.*, AG 2001, 171, 178 f., der in der zwingenden Einzelaufschlüsselung Steuerungsvor-teile in verschiedener Hinsicht sieht.

[299] Art. 959b Abs. 2 Ziff. 5 OR.

[300] Vgl. *Boemle/Lutz*, Der Jahresabschluss, 5. Aufl., 2008, 238, wonach es aus Sicht der Bilanzanalyse erwünscht sei, die wichtigsten Posten des sonstigen Betriebsaufwands im Anhang aufzuschlüsseln (vgl. nun auch Art. 959c Abs. 1 Ziff. 2 OR). Gleich verhält es sich im deutschen Recht, vgl. dazu *Fleischer*, AG 2001, 171, 178 f.

[301] Parlamentarische Initiative 12.499. Zum Instrument der parlamentarischen Initiative vgl. Art. 160 Abs. 1 BV und Art. 107 ff. ParlG.

[302] Vgl. <https://www.parlament.ch/de/ratsbetrieb/suche-curia-vista/geschaeft?AffairId =20120499>.

[303] Vgl. dazu *Bundi*, Parteispenden: SP nimmt Firmen ins Visier, Tagesanzeiger, 12.6.2008, 2. Dabei ist zu beachten, dass allgemeine politische oder soziale Postulate der Aktionäre an der Generalversammlung unzulässig sind, soweit kein direkter Bezug zur Tätigkeit des Unternehmens besteht, wobei es auf den Inhalt des Antrags selbst und nicht auf das zugrundeliegende Motiv ankommt (*Forstmoser*, ZSR 92 [1973] I, 1, 16 f.).

[304] *AktionärInnen für nachhaltiges Wirtschaften. Actares* setzt sich für die Ausrichtung von Unternehmen auf eine nachhaltige Entwicklung im sozialen, ökologischen und wirt-

ebenfalls mehr Transparenz bezüglich Unternehmensspenden. Er führt regelmäßig Umfragen bei SMI-Unternehmen zur politischen Spendentätigkeit
durch und veröffentlicht die Ergebnisse in einem Bericht zur Partei- bzw.
Politfinanzierung. Nach diesen Berichten variiert die Informationsfreudigkeit
der Unternehmen im Bereich der politischen Spenden allerdings stark und ist
insbesondere im Bereich der Spenden an Verbände und Abstimmungskomi-
tees für Kampagnen tief.[305]

Handelsrechtliche Transparenzvorschriften könnten sich als sinnvoll erweisen, können sie doch dazu führen, dass das Vertrauen der Aktionäre und
der Allgemeinheit in die schweizerischen Unternehmen und die Wirtschaft
und damit auch der Standort Schweiz gestärkt würde.[306] Dass durch die Einführung von entsprechenden Rechnungslegungsvorschriften Unternehmen
und Privatpersonen in Bezug auf ihre Spendentätigkeit nicht in gleicher Weise
zu Transparenz verpflichtet würden, lässt sich rechtfertigen, zumal der Verwaltungsrat nicht sein eigenes, sondern fremdes Geld ausgibt.[307] Beim Erlass
neuer Bestimmungen wäre aber jedenfalls dem Grundsatz *de minimis non
curat praetor* Rechnung zu tragen, indem eine gesonderte Offenlegung von
unentgeltlichen Zuwendungen erst ab einem bestimmten Betrag bzw. einer
bestimmten Grenze zu erfolgen hätte. Eine entsprechende Regelung sollte
zudem rechtsformneutral ausgestaltet werden. Zu bedenken wäre ferner, dass
– wenn mit den Transparenzregelungen hauptsächlich die Offenlegung der
Empfänger beabsichtigt wird – die Regelungen auch umgangen werden könnten, indem die Zahlungen über Vereine und Stiftungen getätigt werden und
die definitiven Empfänger der Leistungen, z.B. bei politischen Spenden die
Parteien, nicht bekannt werden.

Neben handelsrechtlichen Transparenzvorschriften, welche die Unternehmen zur Offenlegung von unentgeltlichen Zuwendungen (wobei davon nicht

---

schaftlichen Bereich sowie auf Basis der Menschenrechte ein (*Actares,* Charta <http://www.
actares.ch/download/160225-Actares-Charta-D.pdf>).

[305] Vgl. etwa *Actares,* Politische Spenden von Unternehmen im Swiss Market Index
2013 & 2014, 3 ff. (<http://www.actares.ch/download/150709_Actares_SMI_PolitischeSpen
den13-14.pdf>).

[306] Der schweizerische Gesetzgeber beabsichtigt, im Rahmen der laufenden Aktienrechtsrevision für große Rohstoffunternehmen Transparenzvorschriften einzuführen (vgl.
BBl 2017, 683 ff.). Nach Art. 964a Abs. 1 E OR 2016 müssen große Rohstoffunternehmen
jährlich einen Bericht über die Zahlungen (Geld- oder Sachleistungen, vgl. Art. 964b
Abs. 1 E OR 2016) an staatliche Stellen (zum Begriff vgl. Art. 964a Abs. 5 E OR 2016)
verfassen.

[307] Zum Problem der korporativen Freigiebigkeit vgl. oben V. Soweit es um Spenden
an politische Parteien und andere politische Akteure geht, ist zudem zu beachten, dass sich
juristische Personen nicht auf das Wahl- und Abstimmungsgeheimnis berufen können (vgl.
Schiess Rütimann, in: St. Galler Kommentar, Die schweizerische Bundesverfassung, 3. Aufl.,
2014, Art. 137 Rn. 29; vgl. auch *dies.,* in: Baer/Rother [Hrsg.], Geld, 2013, S. 116).

nur Parteispenden erfasst würden)[308] verpflichten, kommt auch die Offenlegung von Parteispenden durch die politischen Parteien selbst in Betracht. In der Schweiz gab es in den letzten Jahren verschiedene politische Vorstöße zur Verbesserung der Transparenz von Parteispenden. Auf Bundesebene sind bislang alle gescheitert.[309] Die Parteien und ihre Vertreter im Parlament haben offensichtlich kein Interesse an einer Offenlegung. Auf kantonaler Ebene war den meisten Initiativen ebenfalls kein Erfolg beschieden.[310] Auch der schweizerische Bundesrat lehnt eine gesetzliche Regulierung der Finanzierung von Parteien und Wahlkampagnen ab[311] und stellt sich damit gegen die Forderungen der GRECO.[312] Er begründet seine Haltung damit, dass sich die Offenlegung nicht mit der direkten Demokratie, dem föderalistischen Staatsaufbau und dem schweizerischen Milizsystem vereinbaren ließe.[313] In ihrem vierten

---

[308] Vgl. auch *Schiess Rütimann*, in: Baer/Rother (Hrsg.) (Fn. 307), S. 91 ff. und 115 f., die fordert, dass Zahlungen von Unternehmen im Zusammenhang mit Wahlen (nicht aber Abstimmungen) *de lege ferenda* ausdrücklich zu verbieten seien.

[309] Vgl. nur etwa unlängst die Motionen 15.3715 „Transparenz über die Parteienfinanzierung" (<https://www.parlament.ch/de/ratsbetrieb/suche-curia-vista/geschaeft?AffairId= 20153715>) und 15.3714 „Politische Kampagnen zu Wahlen und Abstimmungen. Transparenz über die Finanzierung" (<https://www.parlament.ch/de/ratsbetrieb/suche-curia-vista/ geschaeft?AffairId=20153714>), welche der Nationalrat (eine der beiden Kammern des Schweizerischen Parlaments) am 1.6.2017 mit deutlicher Mehrheit ablehnte, nachdem der Bundesrat sich gegen die Motionen ausgesprochen und dem Parlament beantragt hatte, sie abzulehnen. In den beiden Motionen wurde der Bundesrat eingeladen, einen Erlassentwurf vorzulegen, der Transparenz über die Parteienfinanzierung sowie die Finanzierung politischer Wahl- und Abstimmungskampagnen schafft. Darin soll festgehalten werden, dass Zuwendungen von natürlichen und juristischen Personen an Parteien oder Kampagnen öffentlich gemacht werden müssen, wenn sie einen bestimmten Betrag überschreiten.

[310] Vgl. nur etwa *Kanton Aargau* (<https://www.nzz.ch/schweiz/abstimmungen/aargauer­politiker-muessen-finanzen-nicht-offenlegen-1.18392560>). Einzelne Kantone (Tessin, Genf und Neuenburg) hingegen kennen Regelungen bezüglich der Transparenz von Wahl- und Abstimmungskampagnen (vgl. dazu *Auer,* Staatsrecht der schweizerischen Kantone, 2016, Rz. 1102 ff.; *Schürer,* AJP 2016, 476, 480 f. [Tessin und Genf]). Zur Unzulässigkeit der Begrenzung von Politspenden in einem kantonalen Gesetz (Tessin) vgl. BGE 125 I 441 sowie dazu etwa *Caroni* (Fn. 129), S. 162 ff.; *Schiess Rütimann,* SJZ 2011, 329, 332.

[311] Vgl. etwa die in Fn. 309 genannten beiden Motionen; vgl. auch *Flückiger,* Anhaltende Kritik an Parteienfinanzierung, Neue Zürcher Zeitung, 5.7.2014, 13; *Schoenenberger,* Kein Gesetz zur Finanzierung der Parteien, Neue Zürcher Zeitung, 13.11.2014, 9.

[312] Die GRECO (*Group d'états contre la corruption/Group of States against Corruption*) ist die Staatengruppe zur Korruptionsbekämpfung des Europarats.

[313] Medienmitteilung des Bundesrats, Parteienfinanzierung wird nicht gesetzlich geregelt vom 12.11.2014 (<https://www.admin.ch/gov/de/start/dokumentation/medienmiteilungen. msg-id-55194.html>); vgl. auch *Häfliger,* Bundesräte erklären Europa die helvetischen Parteifinanzen, Neue Zürcher Zeitung, 11.4.2013, 11; *Schoenenberger,* Kein Gesetz zur Finanzierung der Parteien, Neue Zürcher Zeitung, 13.11.2014, 9; vgl. ferner *GRECO,* Vierter Zwischenbericht über die Konformität der Schweiz, „Transparenz der Parteienfinanzierung" vom 23.6.2017 (GrecoRC3[2017]10) (<https://www.bj.admin.ch/dam/data/

Zwischenbericht vom 23.6.2017 über die Konformität der Schweiz betreffend Parteienfinanzierung moniert die GRECO, dass die Schweiz die entsprechenden Empfehlungen nach wie vor nicht umgesetzt hätte und deshalb weiterhin im Nichtkonformitätsverfahren bleibe. „Die GRECO nimmt erneut mit Bedauern zur Kenntnis, dass die Schweizer Regierung an ihrer Haltung, im Bereich der Transparenz der Finanzierung der politischen Parteien und der Wahlkampagnen zurzeit nicht gesetzgeberisch tätig zu werden, festhält".[314]

Zurzeit ist auch eine eidgenössische Volksinitiative „Für mehr Transparenz in der Politikfinanzierung (Transparenz-Initiative)" pendent. Ziel der Initiative ist es, in der Bundesverfassung einen neuen Art. 39a „Offenlegung der Finanzierung von politischen Parteien sowie von Wahl- und Abstimmungskampagnen" einzufügen.[315] Man darf auf den Ausgang der Initiative und die weitere Diskussion um die Verbesserung der Transparenz von Parteispenden gespannt sein.[316]

Abgesehen von der Verbesserung der Transparenz im Bereich von Unternehmensspenden und sonstigen Zuwendungen ist wie oben ausgeführt eine staatliche Regulierung politischen Engagements von Unternehmen nicht erforderlich und auch nicht wünschenswert. Jedenfalls wären allfällige negative externe Effekte durch Gesetze in den entsprechenden Bereichen aufzufangen und nicht dadurch, dass das Verwaltungsratsmandat um die Pflicht zur Wahrung von Interessen von *stakeholders* bzw. eine Pflicht zu (sozial-)politischem Engagement erweitert wird.[317] In diesem Sinn ergeben sich aus der Corporate Social Responsibility bzw. der *corporate citizenship* keine weiteren Pflichten als diejenigen, die das Gesetz dem Verwaltungsrat auferlegt und es existiert somit auch keine Pflicht der Unternehmen zu (sozial-)politischem Engagement. Unternehmen werden vielfach bereits im eigenen Interesse auf ihr

---

bj/sicherheit/kriminalitaet/korruption/grecoberichte/ber-iii-2017-10-d.pdf>), Ziff. 10 (bezüglich der Argumente der Schweizer Regierung): „Aufgrund der direkten Demokratie und, damit verbunden, der häufigen Volksabstimmungen sind die Parteien bei Weitem nicht die einzigen Akteure des politischen Geschehens in der Schweiz. Die Kantone verfügen über eine grosse Autonomie. Ihnen eine einheitliche nationale Regelung über die Parteienfinanzierung aufzuerlegen, wäre nicht mit dem Föderalismus zu vereinbaren. Schliesslich herrscht in der Schweiz die Auffassung, dass die Politik und die Parteienfinanzierung zum grossen Teil durch privates Engagement und nicht vom Staat zu tragen sind. Dank dem Milizsystem ist der finanzielle Bedarf der Parteien deutlich geringer als im Ausland".

[314] *GRECO* (Fn. 313), Ziff. 18. Die Schweiz wird von der GRECO gebeten, bis Ende März 2018 erneut Bericht über die Fortschritte bei der Umsetzung der noch nicht vollständig berücksichtigten Empfehlungen zu erstatten (*GRECO* [Fn. 313], Ziff. 24).

[315] BBl 2016, 3613 f. Die Volksinitiative ist ein Kernelement der direkten Demokratie in der Schweiz.

[316] Die Initiative ist im Oktober 2017 zustande gekommen (BBl 2017, 6893).

[317] Vgl. auch *von der Crone* (Fn. 162), § 1 Rn. 23; *von der Crone/Beyeler/Dédeyan,* ZSR 122 (2003) I, 409, 437 f. Zur Internalisierung externer Effekte vgl. auch *Watter/ Spillmann,* GesKR 2006, 94, 101.

Umfeld Rücksicht nehmen, weil sie sonst Gefahr laufen, einen Reputations-schaden zu erleiden oder gar staatliche Regulierung heraufzubeschwören.[318] Ein nachhaltiges und langlebiges Unternehmen ist sensibel für die Welt, in der es lebt.[319]

IX. Fazit und Schlussbemerkungen

Politisches Engagement von Unternehmen ist zulässig, soweit es sich in den Schranken des Gesetzes bewegt. Dazu muss es vom Gesellschaftszweck ge-deckt sein, im Interesse der Gesellschaft liegen und das Gebot der Angemes-senheit wahren. Grundsätzlich ist der Verwaltungsrat das für das politische Engagement der Gesellschaft zuständige Organ.

In Bezug auf eine (zusätzliche) staatliche Regulierung politischen Enga-gements von Unternehmen ist Zurückhaltung geboten. Sinnvoll könnte eine Verbesserung der Transparenz von Zuwendungen von Unternehmen an Dritte sein. Von einer weitergehenden Regulierung, die Unternehmen systematisch zu *good corporate citizens* erziehen will, ist demgegenüber abzusehen. Sozial-politisches Engagement von Unternehmen kann je nach Situation erwünscht sein,[320] staatlich verordnet werden sollte es aber nicht.

Um kein Missverständnis aufkommen zu lassen: Auch in Drittwelt- und Schwellenländern sollen Unternehmen neben den lokalen Vorschriften ge-wisse – international festzulegende – (Minimal-)Standards insbesondere in Bezug auf Menschenrechte und Umwelt einhalten müssen. Unternehmen, die ihre Produktion in solche Länder auslagern oder Produkte aus diesen Ländern erwerben, profitieren vielfach von nicht existierenden oder sehr viel niedrige-ren Regulierungsstandards oder einem Rechtsdurchsetzungssystem, das nicht funktioniert und/oder korruptionsanfällig ist.[321] Ob die neben den lokalen Vorschriften einzuhaltenden Standards zwingend deckungsgleich sein müssen mit denen, die in hochindustrialisierten Ländern gelten, ist zu diskutieren. Beim Aufzwingen von Vorstellungen ist Vorsicht geboten, besteht doch die Gefahr, dass eine Art „moderner Imperialismus" betrieben wird und sich der Rechtsstaat im betroffenen Land erst recht nicht entwickelt. Ferner ist zu

---

[318] Vgl. *Forstmoser,* Festgabe Schweizerischer Juristentag, 2006, S. 55, 81 f.; *ders.,* Summa Dieter Simon, 2005, S. 207, 231; vgl. auch *Aiolfi,* Der Staat als Anstandsdame, Neue Zürcher Zeitung, 22.6.2017, 34.

[319] *De Geus* (Fn. 2), S. 23 f. und 310 f.

[320] Es gibt allerdings zahlreiche Beispiele, bei denen sozialpolitisches Engagement oder die Übernahme öffentlicher Aufgaben durch Unternehmen nicht zum gewünschten Ziel geführt haben, sondern eher zum Gegenteil (vgl. etwa die Berichterstattung im ARTE „Konzerne als Retter? Das Geschäft mit der Entwicklungshilfe", 2017, <http://www.arte.tv/de/videos/059525-000-A/konzerne-als-retter>).

[321] *Watter/Spillmann,* GesKR 2006, 94, 102.

bedenken, dass ethisches Verhalten und Moral nicht absolut und „[z]eitstabile Moralsysteme [...] ebenso wenig wahrscheinlich wie erstrebenswert"[322] sind.

Im zweiten Vorbehalt begründet liegt wohl auch ein Problem der Legitimation der zahlreichen Forderungen, die aus der Corporate Social Responsibility fließen.[323] Unternehmen zu verantwortungsvollen „Bürgern" zu erziehen, scheint auf den ersten Blick erstrebenswert.[324] Auf den zweiten Blick schießen die Bemühungen jedoch vielfach über das Ziel hinaus. Dies gilt nicht nur für die sog. Konzernverantwortungsinitiative,[325] sondern teilweise auch für das Maßnahmenprogramm des schweizerischen Bundesrats im Bereich Corporate Social Responsibility. In einem im Juni 2017 veröffentlichten Bericht nimmt der Bundesrat Stellung zum Stand der Umsetzung seines Aktionsplans zur gesellschaftlichen Verantwortung der Unternehmen aus dem Jahre 2015. Der CSR-Aktionsplan hat verschiedene Stoßrichtungen und beinhaltet einen umfangreichen Katalog von Maßnahmen, mit denen Unternehmen zu verantwortlichem Handeln angehalten werden sollen.[326] Der Bund engagiert sich unter anderem in verschiedenen Organisationen wie der *OECD,* der *UNO* oder der *ILO*[327] und wirkt so bei der Festlegung grenzüberschreitender Rahmenbedingungen und CSR-Standards mit, an die sich auch schweizerische Unternehmen halten müssen. Dies ist in der Sache zu begrüßen. Die *UNO-Leitprinzipien für Wirtschaft und Menschenrechte* und die *OECD-Leitsätze für multinationale Unternehmen*[328] fordern eine erweiterte Sichtweise in

---

[322] *Becker,* Moral ist Privatsache, Neue Zürcher Zeitung, 6.1.2016, 10; vgl. auch *Watter/ Spillmann,* GesKR 2006, 94, 114.

[323] Vgl. auch *Watter/Spillmann,* GesKR 2006, 94, 107, wonach sich gewisse CSR-Forderungen als fragwürdig erweisen bzw. unter dem Deckmantel von CSR unreflektiert handfeste Eigeninteressen verfolgt würden.

[324] Zur Frage, ob Unternehmen als juristische Personen aus rechtsdogmatischer Sicht überhaupt in der Lage sind, sozial bzw. ethisch oder moralisch zu handeln, vgl. *Watter/ Spillmann,* GesKR 2006, 94, 102 ff.

[325] Eidgenössische Volksinitiative „Für verantwortungsvolle Unternehmen – zum Schutz von Mensch und Umwelt" (BBl 2015, 3245 ff.), die dem Volk und den Ständen zur Abstimmung unterbreitet wird mit der Empfehlung der Bundesversammlung, die Initiative abzulehnen (BBl 2017, 6379 f. und BBl 2017, 6335 ff. [Botschaft]. Problematisch ist insbesondere der weite Geltungsbereich der Sorgfaltspflichten (vgl. etwa *Kaufmann,* AJP 2017, 967, 977). Zur Konzernverantwortungsinitiative vgl. *Bohrer,* GesKR 2017, 323, 323 ff.; *ders.,* GesKR 2016, 273, 276 f.; *Handschin,* AJP 2017, 998, 998 ff.; *Kaufmann,* AJP 2017, 967, 977; *dies.,* SZW 2016, 45, 45 ff.; *Nobel,* in: Berner Kommentar (Fn. 12), § 9 Rn. 296 ff.; *Pieth,* AJP 2017, 1005, 1005 ff. (aus strafrechtlicher Perspektive); *Weber,* SJZ 2016, 25, 26 f.

[326] Vgl. *Bundesrat,* Positionspapier und Aktionsplan des Bundesrates zur Verantwortung der Unternehmen für Gesellschaft und Umwelt, Bericht des Bundesrates zum Stand der Umsetzung des Aktionsplans, 21.6.2017 (<https://www.newsd.admin.ch/newsd/message/ attachments/48740.pdf>).

[327] *International Labour Organization* (ILO) (Internationale Arbeitsorganisation [IAO]).

[328] Vgl. dazu oben II.2.b).

Bezug auf die Unternehmensverantwortung, bei der es nicht ausschließlich um die Gewinnmaximierung geht, und führen somit zu einem Überdenken des traditionellen Begriffs des Gesellschaftszwecks und desjenigen des Unternehmensinteresses.[329] Auch dagegen ist grundsätzlich gar nichts einzuwenden. Zu hoffen bleibt indessen, dass der Bundesrat mit Augenmaß reguliert und – entgegen verschiedener Befürchtungen[330] – kein Bürokratiemonster geboren wird.

Der Bericht des Bundesrats unterstreicht zweifelsohne den Willen der Politik, auf den Gang der Wirtschaft auf unterschiedlichste Art und Weise einzuwirken.[331] Tatsächlich sind staatliche Maßnahmen – insbesondere in Fällen tatsächlichen Marktversagens – effektiver als die in der CSR-Diskussion verbreiteten moralischen Appelle, die wenig wirksam sind.[332] Ob eine Intervention des Staates in derart vielen Bereichen indessen tatsächlich erforderlich ist und auch zum gewünschten Ziel führt, ist nicht gesichert. Indem der Staat sich zunehmend als „Vorkämpfer einer besseren, gesünderen, gerechteren und moralischeren Welt"[333] präsentiert, wird die kantische Unterscheidung von Recht und Moral als eine der zentralen Errungenschaften der Moderne aufgeweicht.[334] „Moral wird immer dann aktiviert, wenn die Probleme im Rahmen rechtlicher oder sozialer Kontexte nicht mehr lösbar scheinen."[335] Dass Unternehmen nicht nur gegenüber den *shareholders* verantwortungsvoll handeln sollen, sondern auch gegenüber den *stakeholders,* steht außer Diskussion. Die Frage ist allerdings, wie weit der Staat eingreifen und den Unternehmen diesbezügliche Pflichten auferlegen soll. Auf diese Debatte kann im Rahmen des vorliegenden Beitrags nicht eingegangen werden, sie muss an anderer Stelle geführt werden. Für das politische Engagement von Unternehmen gilt jedenfalls, dass das geltende Recht ausreicht, um die Grenzen der Zulässigkeit abzustecken. Lediglich im Bereich der Transparenz könnten sich neue Vorschriften als sinnvoll erweisen.

---

[329] Vgl. dazu *Kaufmann*, FS von der Crone, 2017, S. 3, 4 ff.

[330] So etwa *Aiolfi*, Bern lehrt die Firmen Mores, Neue Zürcher Zeitung, 22.6.2017, 23.

[331] *Aiolfi*, Bern lehrt die Firmen Mores, Neue Zürcher Zeitung, 22.6.2017, 23, der die Rolle des Bundes als „Vorbild für die Privatwirtschaft" als „Indiz für ein skurriles paternalistisches Credo" erachtet und fragt, ob man „in Bern im Ernst [glaube], dass die Schweizer Firmen ohne Anleitung des Bundes völlig verantwortungslos handeln würden?".

[332] *Watter/Spillmann*, GesKR 2006, 94, 100 f.

[333] *Becker*, Moral ist Privatsache, Neue Zürcher Zeitung, 6.1.2016, 10.

[334] *Becker*, Moral ist Privatsache, Neue Zürcher Zeitung, 6.1.2016, 10.

[335] *Becker*, Moral ist Privatsache, Neue Zürcher Zeitung, 6.1.2016, 10.

Diskussion

zu den Referaten von *Janine Wendt* und *Karin Müller*

Elke Heinrich / Matthias Pendl

Die Diskussion zu den Referaten von *Janine Wendt* und *Karin Müller* drehte sich im Wesentlichen um drei Themenkreise. Im Zusammenhang mit dem Referat von Frau *Wendt* wurde vor allem die Anreizwirkung von CSR-Kriterien in Vergütungsregelungen thematisiert (I.). Der Vortrag von Frau *Müller* gab Anlass, zunächst die Kompetenzfrage in Bezug auf Spenden und Sponsoring zu erörtern (II.). Anschließend entspann sich eine lebhafte Diskussion um Zulässigkeit und Transparenz politischer Spenden (III.).

I.

Zunächst hegte ein deutscher Teilnehmer Sympathie dafür, Vergütungsregelungen an die CSR-Komponente zu koppeln. Im Vortrag habe er zunächst den Eindruck gehabt, dass die Referentin einer solchen Koppelung ebenfalls positiv gegenüberstehe, weshalb er überrascht gewesen sei, dass sie sich letztlich doch dagegen ausgesprochen habe. Unter der Prämisse, dass von Vergütungsregelungen tatsächlich Verhaltensanreize ausgingen, fragte er daher nach dem Grund für ihr ablehnendes Fazit.

Frau *Wendt* räumte ein, in der Tat eine Sympathie für die Abbildung von CSR-Faktoren in der Vorstandsvergütung zu hegen. Sie glaube jedoch, dass dies zum jetzigen Zeitpunkt zu früh käme, zumal die CSR-Richtlinie gerade erst umgesetzt worden sei. Sie plädierte dafür, derzeit nur so viel wie nötig und so wenig wie möglich zu implementieren. Eher würde sie die Forschung zur Verhaltenssteuerung forcieren wollen und sich ansehen, wieviel transparent gemacht werde. Erst, wenn – wie hinsichtlich der Frauenquote in Aufsichtsräten – festgestellt würde, dass sich nichts bewege und es dennoch ein gesellschaftliches Verlangen nach CSR-Maßnahmen gebe, würde sie den nächsten Schritt zur Verrechtlichung setzen wollen. Unternehmen, die gerade erst die Frauenquote hätten „schlucken müssen", sollte nicht gleich der nächste Stein vorgeworfen werden.

Ein anderer deutscher Teilnehmer richtete sich mit der Frage an Frau *Wendt*, welche Faktoren ganz konkret in die Vergütung einfließen würden, da diese ja nicht immer so leicht greifbar seien. Daran schloss er die Frage an, ob wirklich davon ausgegangen werden könne, dass die einzelnen Vergütungsfaktoren eine Anreizwirkung auf Unternehmensleitungen ausüben würden und welcher Bestandteil der Vergütung an CSR-Faktoren geknüpft sein müsse, damit eine Verhaltenssteuerung erzielt werden könne. Zudem fragte er, ob es diesbezügliche Studien gebe und an welchen Trends sich die Beratungspraxis in Vergütungsfragen derzeit orientiere.

Frau *Wendt* replizierte, indem sie auf jene Faktoren Bezug nahm, welche die DAX-Unternehmen verankert hätten. Bei BMW orientiere sich die Vergütung an der Innovationsleistung, was ein sehr unbestimmter Begriff sei. Konkret werde die Reduktion von CO_2-Immissionen genannt, die Kundenorientierung, die aufgrund einer Umfrage ermittelt werden solle, die Wandlungsfähigkeit, die Führungsleistung, der Beitrag zur Attraktivität als Arbeitgeber, Fortschritte bei der Umsetzung des Diversity-Konzepts und generell Aktivitäten zur Wahrnehmung von gesellschaftlicher Verantwortung. Bei Lufthansa gehe es etwas konkreter um die Nachhaltigkeitsparameter bei Treibstoffeffizienz und CO_2-Immissionen, aber auch die Mitarbeiterzufriedenheit werde abgefragt. Bei RWE würden 25 % der variablen Vergütung zurückgehalten und erst nach drei Jahren ausbezahlt, wenn ein Bonus-Malus-Faktor erfüllt sei. 45 % dieses Faktors würden wiederum anhand eines unternehmensspezifischen Index zu CSR ermittelt. Dieser baue auf der RWE-Nachhaltigkeitsberichterstattung auf und bilde das ökologische und gesellschaftliche Handeln ab.

Die zweite und dritte Frage konnte die Referentin nicht beantworten. Sie wisse jedoch, dass es Studien zum erforderlichen CSR-Bestandteil in der Vergütungsregelung gebe, könne im Moment jedoch keine konkreten Zahlen daraus nennen. Sie verwies auf die eben erwähnte Vergütungsregelung der RWE, welche eine ungefähre Idee vermittle, wohin es in der Praxis gehen könnte. Ausführungen zur Vergütungsberatung behielt sich die Referentin für die schriftliche Ausfertigung vor.

Auch eine schweizerische Diskussionsteilnehmerin richtete eine Frage an Frau *Wendt*. Angesichts der von der Referentin dargestellten Studien, wonach so viele Menschen in der Bevölkerung eine stärkere Ausrichtung an sozialen und ökologischen Faktoren wünschten, könnten doch Mitbestimmungsmöglichkeiten institutioneller Investoren genutzt werden. Sie fragte sich, ob das Setzen von Anreizen nicht über diese Stelle besser funktionieren könne, wenn man sich den Vergütungsbericht oder die Entlastung zunutze machte.

Frau *Wendt* konstatierte, dass die Hebelwirkung über institutionelle Investoren mit Abstand am größten sei. Das Bundesumweltministerium habe vor zwei Jahren eine Umfrage durchgeführt, in der danach gefragt wurde, wie Investitionen in den Klimaschutz gestärkt werden könnten. Vorstandsvergütungen und CSR-Berichterstattungen seien dabei als mäßig interessant beurteilt worden.

Schließlich bemerkte ein Teilnehmer aus Österreich, dass ihn vieles in der Diskussion an jene bei einer Zivilrechtslehrertagung erinnere, bei der Verhaltenssteuerung durch Zivilrecht im Fokus gestanden sei. Letztlich gehe es auch hier um Verhaltenssteuerung durch Anreize. Mit Vergütungsregelungen würde man positive Anreize setzen; ziehe man die Organmitgliedshaftung oder auch das Strafrecht mit ins Kalkül, würden auch negative Anreize gesetzt. Ihm stelle sich daher die Frage, ob CSR-Kriterienkataloge – soweit diese als gut und sinnvoll angesehen werden können – ein und dieselbe Medaille seien, wo auf der einen Seite Achtung der Kriterien zu Honorierung führe, während auf der Kehrseite die Nichtbefolgung Haftung nach sich ziehe. Es sei zu überlegen, ob die beiden Seiten in der gedanklichen Argumentation verbunden werden sollten.

Frau *Wendt* entgegnete, dass zunächst das Setzen von Verhaltensanreizen im Bereich CSR besser verstanden werden müsse. Die Haftung sei zweifellos stets ein großes Thema für das Management, auch wenn sie nur selten tatsächlich schlagend werde. Sie sei jedoch davon überzeugt, dass dies die „größere Seite der Medaille" sei. Positive und negative Anreizsysteme müssten definitiv gemeinsam betrachtet werden; sie könne allerdings nicht abschätzen, in welchem Verhältnis die beiden Größen zueinander stünden.

II.

Ein deutscher Diskussionsteilnehmer stimmte der von Frau *Müller* referierten Ansicht ausdrücklich zu, dass die Frage, ob politisches Engagement von Unternehmen zulässig ist, eine Kompetenzfrage sei. Zum erwähnten Zitat von *Milton Friedman* („The social responsibility of business is to increase its profits.") bemerkte er, dass dieses – zwar nicht von *Müller*, jedoch in der allgemeinen Debatte – häufig verkürzt und fälschlicherweise als rein kapitalistisches Petitum angeführt werde. Jedoch sei *Friedman* von der Anteilsstruktur in der klassisch amerikanischen *corporation* ausgegangen, welche der Altersvorsorge ihrer Eigentümer und damit breiten Schichten der Gesellschaft diene. Vor diesem Hintergrund sei es völlig konsequent, dass Gesellschaftsgewinne zugunsten derer eingesetzt würden, die ihr hart verdientes Erspartes investiert hätten. Mit dem Einsatz des Zitats im kontinentaleuropäischen Kontext werde daher ein falsches Bild gezeichnet.

Ein deutscher Diskutant bemerkte, dass die Entscheidung über Spenden nicht der Unternehmensleitung obliegen sollte, die mit fremdem Geld wirtschaftet. Vielmehr sollten die Vorstandskompetenzen in diesem Bereich eng verstanden, Gewinne ausgeschüttet werden und die Aktionäre selbst über deren Verwendungszweck befinden.

Zum vorangegangenen Vortrag von Frau *Micheler* merkte er noch an, dass er Unternehmen nicht bloß als *nexus of contracts* ansehen wolle. Vielmehr hätten diese auch eine soziale und psychologische Relevanz, wie etwa ein Unternehmen, das in einer bestimmten Region schon lange investiert und Arbeitsplätze schafft. Dies dürfe ökonomisch nicht ausgeblendet werden – ein Fehler, den leider viele Makroökonomen machen würden. Deshalb wären die reinen *shareholder-value*-Ansätze wahrscheinlich zu modifizieren. In Ergänzung zu Frau *Müllers* Erläuterung, dass in der Schweiz der Verwaltungsrat entscheide, wie der Gewinn verwendet wird, wies er darauf hin, dass in Deutschland immerhin als kleines Kontrollinstrument der Aufsichtsrat vorhanden sei. Er könne über – durchaus vorhandene – Zustimmungsvorbehalte zu bestimmten Spenden und Sponsoring mitwirken. Im Aufsichtsrat säßen sowohl unabhängige Mitglieder als auch Vertreter von Kleinaktionären. Dadurch werde zumindest eine gewisse Schranke etabliert, die es in der Schweiz nicht zu geben scheine, es sei denn, man etablierte auch dort unabhängige Verwaltungsratsmitglieder, die vielleicht bestimmten Spendenleistungen zustimmen müssten.

Daran anknüpfend stellte ein Diskussionsteilnehmer die an Frau *Müller* gerichtete Frage, ob auch die Möglichkeit bestehe, dass der Verwaltungsrat die geplanten Parteispenden der Generalversammlung vorlege. Falls dies der Fall sei, interessiere ihn, ob es in der Praxis dazu komme.

Frau *Müller* betonte, dass nach ihrer Ansicht die Anerkennung einer Kompetenz der Generalversammlung in der Spendenfrage unter Rechtssicherheitsgesichtspunkten problematisch sei, da es zu Abgrenzungsschwierigkeiten zwischen den Zuständigkeiten der Gesellschaftsorgane kommen könne. Dies sei aus Sicht des Verwaltungsrats besonders heikel, da er für kompetenzwidrige Verfügungen hafte. Ihres Erachtens sei daher die derzeitige strikte Kompetenzverteilung zu befürworten. Den Aktionären bliebe es jedoch unbenommen, in diesem Punkt ergänzende Statutenbestimmungen einzuführen.

III.

Ein deutscher Diskussionsteilnehmer stimmte den kompetenzrechtlichen Ausführungen *Müllers* zu und meinte, es bestehe kein großer Unterschied zwischen dem deutschen und dem schweizerischen Recht. Rechtspolitisch habe er nicht so richtig nachvollziehen können, warum es einen so wesentlichen Unterschied mache, ob eine direkte oder eine repräsentative Demokratie bestehe. Er verwies auf die Supreme-Court-Entscheidung zu Parteispenden (*Citizens United v. FEC*), die gravierende Folgen für den gesamten Demokratieprozess gehabt hätte. In den USA würden sich Großunternehmen massiv in politische Prozesse einmischen und diese in eine bestimmte Richtung drängen. Dies werde bloß teilweise durch aktienrechtliche Vorschriften aufgefangen. Er glaube daher, es bräuchte mehr Vorkehrungen: volle Transparenz, damit man die politischen Einflüsse kenne, bestimmte Höchstgrenzen, deren Höhe nach länderspezifischen Gegebenheiten festzusetzen sei, sowie eine Verhinderung von Umgehungsmöglichkeiten, was in den USA zu kurz komme. Er stellte sodann die Frage, warum dies in der Schweiz so nicht diskutiert werde und ob wirklich die direkte Demokratie den entscheidenden Unterschied ausmache.

Ein schweizerischer Diskussionsteilnehmer nahm hierzu mit einem Beispiel Stellung. Er verwies auf die ehemals in der Schweiz vorhandene Buchpreisbindung durch ein Kartell, welches das Bundesgericht für rechtswidrig erklärte. Daraufhin hätten die Buchhändler für ein Gesetz lobbyiert, welches die Buchpreisbindung wieder erlaubt hätte. Dieses sei vom Parlament angenommen und verabschiedet worden. Daraufhin sei jedoch über eine Unterschriftensammlung ein Referendum initiiert worden, in dem das Gesetz vom Volk abgelehnt wurde.

Im Anschluss daran wies Frau *Müller* darauf hin, dass der schweizerische Bundesrat stets betone, dass das Volk das letzte Wort habe. Es könne zu jedem Gesetz von der Möglichkeit eines Referendums Gebrauch machen und darüber abstimmen. Daher habe ein Unternehmen, welches eine bestimmte Partei sponsere, keine Sicherheit, dass seine Anliegen tatsächlich gesetzlich umgesetzt würden. Das Volk könnte immer noch dagegen entscheiden. Dies sei der Unterschied zur repräsentativen Demokratie in Deutschland, weshalb die erhebliche Gefahr „unnützer" Spenden bestehe.

Ein Diskussionsteilnehmer aus der Schweiz fügte an, dass es in der Politik um den Kampf zwischen konträren Ansichten über die Gestaltung der Gesellschaft gehe. Wer sich politisch engagiert, habe fast immer zu entscheiden, auf welche Seite er sich dabei schlage. Als Beispiele nannte er zum einen die Schweizer Großbanken, die sich irgendwann dafür entschieden hätten, die bürgerlichen Parteien zu unterstützen. Es sei klar, dass sie sich nicht zur Unterstützung solcher Parteien hinreißen ließen, die gegen den Bankensektor politisierten. Zum anderen verwies er auf den möglichen Mauerbau an der Grenze zwischen den USA und Mexiko, zu dem es eben auch sehr unterschiedliche Meinungen gebe. Es stelle sich nun aber für das zuständige Gesellschaftsorgan stets die Frage, wie sich die Gesellschaft in kontroversen politischen Bereichen positionieren solle. Die Antwort müsse wohl stets im Einzelfall mit Blick auf die Wahrung des Gesellschaftsinteresses ergehen, womit sich freilich die Frage stelle, was die Interessen der Gesellschaft seien. Es stelle sich nun aber auch die Frage, ob das Einbeziehen von CSR zu einer inhärenten, materiellen, vorbestimmten Verschiebung in der sonst einzelfallorientierten politischen Beurteilung führe. Die Einbeziehung von CSR bedeute dann einen sehr einseitigen *bias* sowie eine Verpflichtung auf *softlaw* und zu bestimmter politischer Positionsnahme.

Eine schweizerische Diskutantin ging in diesem Zusammenhang auf die Äußerung von Frau *Müller* ein, wonach es praktisch eher wenig Konflikte zwischen *shareholder-value-Ansatz* und *stakeholder-approach* gebe. Wenn aber danach gefragt werde, wie viel Geld ein Unternehmen etwa zur Abwehr einer ihm nachteiligen Gesetzesinitiative einsetzen dürfe, wäre die am Gesellschaftsinteresse orientierte Obergrenze wohl beinahe unbeschränkt. Eine Schranke könne sich jedoch mit Blick auf die *stakeholders* ergeben. Vielleicht gebe es also doch manchmal Spannungsverhältnisse zwischen den beiden Ansätzen.

Ein österreichischer Teilnehmer adressierte ebenfalls die Spenden- und Sponsoringproblematik und schickte voraus, dass hier die Grenze zur Korruption sehr fließend sei. Frau *Müller* habe als Kriterien für die Zulässigkeit solcher Zuwendungen unter anderem das Gesellschaftsinteresse und die Angemessenheit genannt. Er wolle diese anhand eines Beispiels um einen weiteren Gesichtspunkt anreichern. Als Österreicher freue es ihn zunächst, dass die Referentin die österreichische Spendentransparenz lobend hervorgehoben habe. Jedoch müsse er darauf hinweisen, dass die diesbezüglichen Vorschriften sehr leicht umgangen werden könnten. Wenn etwa der Bürgermeister einer Gemeinde Fußballfan sei, gehe die Unternehmensspende eben nicht direkt an die Partei, sondern an den ortsansässigen Fußballverein. Für das Unternehmen sei dabei klar, dass es ohne Spende in Zukunft wohl keine Aufträge der Gemeinde mehr bekommen oder sein nächster Antrag auf Genehmigung einer Betriebsanlage auf wenig Wohlwollen treffen werde. Dies sei im Ergebnis Korruption, aber in einem anderen Kleid. Dennoch sei eine solche Zuwendung eindeutig im Unternehmensinteresse, soweit sie auch in angemessener Höhe erfolge. Er fragte daher Frau *Müller*, wie sie diesen Fall lösen würde.

Auch ein schweizerischer Diskutant zeigte sich in Hinblick auf die geforderte Transparenz bei Parteispenden skeptisch, weil er insoweit massives Umgehungspotential sehe. So könne an Verwandte oder an Verbände gespendet werden; irgendwie würde wohl immer ein Weg gefunden, um politisch motivierte Zuwendungen nicht offenlegen zu müssen.

Ein deutscher Teilnehmer ergänzte daraufhin die rechtliche Ausgangslage zu Parteispenden aus deutscher Sicht und konzentrierte sich dabei bewusst auf die aktienrechtliche Ebene. Das deutsche Aktienrecht statuiere keine parteipolitische Neutralität für Aktiengesellschaften. Dies wäre auch verfassungswidrig, wie das BVerfG einst unter Hinweis auf die in Art. 5 GG verbürgte Meinungsfreiheit entschieden habe. Die Kompetenz liege beim Vorstand, nicht bei der Hauptversammlung. Als kleines Zusatzproblem könnten jedoch Interessenkollisionen auftreten. Eine solche sei etwa gegeben, wenn der Vorstandsvorsitzende maßgeblichen Einfluss auf die Spendenpraxis nehme und seit Jahrzehnten eingeschriebenes Mitglied einer politischen Partei sei. Im

Strafrecht habe es vor rund zehn Jahren einen Fall gegeben, in dem Vorstand und Aufsichtsrat eines Verkehrsunternehmens Spenden an einen örtlichen Sportverein beschlossen hätten. Dies sei im Rahmen der Angemessenheit für grundsätzlich zulässig erklärt worden, sodass sich Organmitglieder unter den Schutzschirm der Business Judgement Rule begeben könnten. Bei Parteispenden müsse man zusätzlich aber berücksichtigen, dass diese Reputationsaspekte aufweisen würden. Mit Blick auf die Rechtstatsachen erläuterte der Diskutant, dass große Unternehmen kaum, und wenn, in überschaubarem Maße spenden würden. Kürzlich sei die seit langem größte Spende in Höhe von € 500.000 von einem Internetunternehmen gegeben worden. Großkonzerne würden üblicherweise € 100.000 an alle bürgerlichen Parteien spenden, sodass die Thematik hierzulande keine große Angelegenheit sei. Die Parteien hätten aus einem Skandal gelernt, nämlich der Großspende einer Hotelkette an die FDP als diese gerade sehr viele Stimmen erhalten hatte und schließlich an der Regierung beteiligt wurde. Dies habe die deutsche Öffentlichkeit über zwei oder drei Monate hinweg beschäftigt. Daher bestehe eine große Zurückhaltung deutscher Großunternehmen bei Spenden an politische Parteien. Es würde folglich eher an andere Organisationen gespendet. Ein Beispiel dafür sei beim LG Mannheim anhängig, in dem es um eine Spende in Höhe von € 200.000 an eine Stiftung des Boxers Klitschko gehe. Der Vorstand wurde infolgedessen abberufen, weil diese Zuwendung zu hoch gewesen sein soll; vor Gericht werde darüber gestritten, ob die Maßnahme im Gesellschaftsinteresse gelegen habe. International betrachtet nähmen Parteispenden eine gewisse Sonderstellung ein. So gebe es in Großbritannien seit dem Jahr 2000 eine Sonderregelung, wonach der *board* grundsätzlich über alle Spenden entscheiden dürfe. Wenn es aber um Parteispenden gehe, müsse die Hauptversammlung über die Spenden-Policy abstimmen. Zudem wies der Teilnehmer auf das indische Beispiel hin, wo große Unternehmen 2 % der Gewinne in CSR-Maßnahmen investieren müssten. Davon explizit ausgenommen seien jedoch Parteispenden.

Frau *Müller* konstatierte zunächst, dass Parteispenden natürlich immer dort in Erwägung gezogen würden, wo es um kontroverse Fragen gehe. Auf Gesellschaftsebene stelle sich dann die Frage nach dem Gesellschaftsinteresse, welches sie eher weit fassen wolle. Auch die Anliegen der *stakeholders* seien zu berücksichtigen. Gewiss bestehe ein Spannungsverhältnis zwischen *shareholder*- und *stakeholder*-Interessen. Auch unter diesem Gesichtspunkt bestehe aber Spielraum für politische Spenden, weil es unter Umständen nicht nur im Interesse der Aktionäre liege, ein Gesetz zu verhindern. Dies sei etwa dann der Fall, wenn das Gesetzesvorhaben das Unternehmen zur Abwanderung zwingen würde und der Schweiz dadurch Arbeitsplätze, Steuereinnahmen etc. verloren gingen. In Bezug auf die Korruptionsproblematik führte die Referentin aus, dass nach ihrer Ansicht die Höhe der Zuwendung eine maßgebliche Rolle spiele. Als unproblematisch empfinde sie Spenden, die zum Zwecke der sozialen Akzeptanz erfolgten, wie dies häufig bei kleineren Unternehmen der Fall sei, die überdies kaum zielgerichtet und auf Anfrage spenden oder sponsern würden. Die Grenze zur Korruption sei freilich eine fließende. Große Unternehmen wüssten meist sehr genau, an wen sie wie viel spenden. Hierzu ergänzte sie, dass der Aktionärsverein in einem Spendenbarometer abfrage, was Großunternehmen spenden würden. Interessant sei stets die Quintessenz. Danach herrsche insgesamt wenig Transparenz. Banken und Pharmaunternehmen seien Vorreiter im positiven Sinne; alle übrigen verhielten sich dagegen recht intransparent. Besonders bedeckt hielten sich die Unternehmen in Bezug auf Spenden an Verbände. Daraus ergebe sich für die Praxis natürlich das mehrfach angesprochene Umgehungsproblem.

Autorenverzeichnis

Prof. Dr. Andreas Bohrer, LL.M.

Rechtsanwalt,
Titularprofessor für Handels- und Kapitalmarktrecht, Universität Zürich

Univ.-Prof. Dr. Petra Buck-Heeb

Inhaberin des Lehrstuhls für Zivilrecht, Europäisches und Internationales Wirtschaftsrecht und Sprecherin der Forschungsstelle für Bank- und Kapitalmarktrecht sowie Kapitalmarktstrafrecht, Leibniz Universität Hannover

Elena Dubovitskaya, Kand. d. Rechtswissenschaften (Lomonossov-Univers. Moskau)

Wissenschaftliche Referentin am Max-Planck-Institut für ausländisches und internationales Privatrecht, Hamburg

Prof. Dr. Dr. h.c. Holger Fleischer, LL.M. (Univ. of Michigan), Dipl.-Kfm.

Geschäftsführender Direktor des Max-Planck-Instituts für ausländisches und internationales Privatrecht, Hamburg

Ben Fuhrmann

Ehem. studentischer Mitarbeiter am Max-Planck-Institut für ausländisches und internationales Privatrecht, Hamburg

PD Dr. Daniel M. Häusermann, LL.M. (Harvard)

Rechtsanwalt in Zürich,
Privatdozent für Privat- und Wirtschaftsrecht, Universität St. Gallen

Jakob Hahn

Wissenschaftlicher Assistent am Max-Planck-Institut für ausländisches und internationales Privatrecht, Hamburg

Dr. Elke Heinrich
Wissenschaftliche Referentin am Max-Planck-Institut für ausländisches und internationales Privatrecht, Hamburg

Prof. Dr. Rüdiger Krause
Inhaber des Lehrstuhls für Bürgerliches Recht und Arbeitsrecht;
Direktor des Instituts für Arbeitsrecht der Georg-August-Universität Göttingen

Associate Professor (Reader) Dr. Eva Micheler, MJur (Oxon), MLitt (Oxon)
London School of Economics and Political Science

PD Dr. Sebastian Mock, LL.M. (NYU), Attorney-at-Law (New York)
Lehrstuhlvertreter an der Universität Hamburg

Prof. Dr. iur. Karin Müller
Ordentliche Professorin für Privatrecht, Handels- und Wirtschaftsrecht sowie Zivilverfahrensrecht an der Universität Luzern (Schweiz)

Dr. Matthias Pendl
Ehem. wissenschaftlicher Assistent am Max-Planck-Institut für ausländisches und internationales Privatrecht, Hamburg

Tobias Rüßmann
Studentischer Mitarbeiter am Max-Planck-Institut für ausländisches und internationales Privatrecht, Hamburg

Assoz.-Prof. MMag. DDr. Patrick Warto
Fachbereich für Arbeits- und Wirtschaftsrecht, Universität Salzburg

Prof. Dr. Janine Wendt
Fachgebiet für Bürgerliches Recht und Unternehmensrecht, Technische Universität Darmstadt

Beiträge zum ausländischen und internationalen Privatrecht

Herausgegeben vom
Max-Planck-Institut für ausländisches
und internationales Privatrecht

Direktoren:
Holger Fleischer und Reinhard Zimmermann

In der Schriftenreihe *Beiträge zum ausländischen und internationalen Privatrecht* (BtrIPR) werden regelmäßig wichtige Schriften, namentlich Habilitationsschriften, aus den Aufgabengebieten des Max-Planck-Instituts für ausländisches und internationales Privatrecht publiziert. Etliche in dieser Reihe erschienene Monografien und Gesamtdarstellungen sind im Institut verfasst oder betreut worden. Die Vielfalt der Forschungsthemen reicht etwa über die Darstellung des Internationalen Privatrechts in Lateinamerika oder vergleichende Studien zum Ehe- und Kindschaftsrecht oder Sanierungs- und Reorganisationsrecht bis zur Aufarbeitung des Internationalen Versicherungsvertragsrechts. Für thematisch einschlägige Dissertationen steht anstelle der Reihe *BtrIPR* die Reihe *StudIPR* offen.

ISSN: 0340-6709
Zitiervorschlag: BtrIPR

Alle lieferbaren Bände finden Sie unter *www.mohrsiebeck.com/btripr*

Mohr Siebeck
www.mohrsiebeck.com